茂名年鉴

MAOMING NIANJIAN

2020

茂名年鉴编纂委员会　编

天津出版传媒集团

天津古籍出版社

图书在版编目（CIP）数据

茂名年鉴. 2020 / 茂名年鉴编纂委员会编. — 天津：天津古籍出版社，2020.11

ISBN978-7-5528-1050-9

Ⅰ. ①茂… Ⅱ. ①茂… Ⅲ. ①茂名—2020—年鉴 Ⅳ. ①Z526.53

中国版本图书馆CIP数据核字（2020）第220407号

茂名年鉴2020

MAOMING NIANJIAN

茂名年鉴编纂委员会 / 编

出　　版　天津古籍出版社
出 版 人　张　玮
地　　址　天津市和平区西康路35号康岳大厦
邮政编码　300051
邮购电话　（022）23517902

责任编辑　门　辉
封面设计　懿　祥

印　　刷　韶关市典经社彩印有限公司
经　　销　新华书店
开　　本　889毫米 × 1194毫米　1/16
印　　张　28
字　　数　692千字
版次印次　2020年11月第1版　2020年11月第1次印刷
定　　价　230.00元

茂名年鉴编纂委员会

茂名年鉴编辑部

《茂名年鉴·2020》撰稿人员（按姓氏笔画为序）

编辑说明

一、《茂名年鉴》是茂名市人民政府主管的大型资料性年刊。2006年创刊，2009年没有出版，以后每年出版一卷，由茂名年鉴编纂委员会编纂。《茂名年鉴》编纂出版坚持以马克思列宁主义、毛泽东思想、邓小平理论、“三个代表”重要思想、科学发展观和习近平新时代中国特色社会主义思想为指导，宗旨是全面、系统、准确地反映茂名市自然、政治、经济、文化、社会等方面的基本情况，为读者了解和研究茂名提供基本资料。

二、《茂名年鉴》采用分类编辑法。主体内容设类目、分目、次分目、条目4个结构层次，条目为记述内容的主要形式。全书条目的标题统一用黑体加“【 】”表示，少数类目中，根据实际内容设3个层次，个别包含多方面资料条目则采用分段记述，用楷体标题表明各段资料的主题。

三、《茂名年鉴·2020》着重反映2019年茂名市经济社会发展的基本情况。全书设茂名概貌、茂名石化、2019年茂名大事记、年度关注、政治、经济、文化、社会、人物、区、县级市及经济功能区、文献专载·文件目录、附录13个类目，共77个分目，202个次分目，1283个条目。

四、《茂名年鉴·2020》在保持基本框架相对稳定的前提下，对部分内容进行更新、调整、充实。其中：“年度关注”类目内容全部更新。“茂名概貌”类目增设“文化建设”分目。将“文化”类目中的“科学技术·知识产权”分目“防震减灾”次分目调至“社会”类目的“应急管理”分目作次分目。将“文化”类目“文化艺术”分目中的“档案工作”“地方志工作”次分目易名为“档案事业”“地方志事业”，并调至“社会科学”分目作次分目。“经济”类目中的“对外经济贸易”分目易名为“经济贸易”；“对外贸易”次分目易名为“开放型经济”；增设“利用外资”次分目；“工业”分目中的“原材料及装备工业”次分目易名为“先进制造业”；在“商贸流通业”分目增设“消费市场”次分目，“拍卖业”次分目降为条目，并归至“消费市场”作条目；“商品供销”次分目易名为“供销合作社”；类目十一“茂名石化”调至类目二。

五、本年鉴统计数据采用法定计量单位。书中所刊载的内容和数据，分别由茂名市各有关部门负责提供，并经各级主管部门和统计部门审核（数据以茂名市统计局提供的《经济社会统计资料》为准）；未收入该资料的数字，均按统计局规定的统计方法计算。

目 录

茂名石化

2019年茂名大事记

年度关注

政 治

经 济

文 化

社　会

人　物

区、县级市及经济功能区

文献专载·文件目录

统计资料

附　录

茂名数字·2019

- 土地面积　11428平方千米
- 年末常住人口　641.15万人
- 年末户籍人口　817.71万人
- 地区生产总值　3252.34亿元
- 第一产业增加值　581.60亿元
- 第二产业增加值　1124.89亿元
- 工业增加值　821.34亿元
- 规模以上工业增加值　502.47亿元
- 第三产业增加值　1545.86亿元
- 一、二、三产业构成比例　17.9：34.6：47.5
- 人均地区生产总值　51119元
- 水果种植面积　359.31万亩
- 水果总产量　395.72万吨
- 固定资产投资增长速度　–7.1%
- 社会消费品零售总额　1667.36亿元
- 地方一般公共预算收入　139.89亿元
- 地方一般公共预算支出　458.12亿元
- 税收收入　418.1亿元
- 住户存款余额　1996.8亿元
- 城镇常住居民人均可支配收入　29405元
- 农村常住居民人均可支配收入　18482元

（市统计局）

大事要闻

2019年10月10日，中共茂名市委书记许志晖、市长袁古洁等市领导在化州市笪桥镇柑村开展党史、新中国史专题学习教育活动（甘杨松　摄）

2019年6月19日，“好心茂名”2019广东省龙舟锦标赛在小东江茂名市区段举行（甘杨松　摄）

2019年9月25日，茂名市在市民中心举办党章党规党纪教育培训班

2019年9月26日，茂名市庆祝中华人民共和国成立70周年"我和我的祖国"主题文艺晚会在市体育中心举行（茂名市文化馆供图）

2019年10月1日，茂名市在市民中心广场举行升国旗仪式，庆祝中华人民共和国成立70周年（甘杨松　摄）

2019年12月3日，茂名市在市民中心举行"不忘初心、牢记使命"主题教育先进事迹报告会（丘立贺　摄）

2019年10月12日，茂名市水东湾城区引罗供水工程建成，占鳌水厂开机制水（周启昌　摄）

高州市沙田镇海亮大棚蔬菜生产基地（余力　摄）

高州市镇江镇火龙果种植基地

2019年9月23日，茂名市举办“中国农民丰收节”暨“好心湖畔”田园综合体首期示范区开放活动

化州市杨梅镇高岭拦河坝（丘立贺　摄）

2019年，茂名高新区环氧乙烷产能进一步释放，成为全国第二大环氧乙烷生产和深加工基地

2019年3月22日，茂名港博贺新港区通用码头建成开港（丘立贺　摄）

2019年5月16日，中国电信在茂名市安装第一个5G基站（丘立贺　摄）

2019年10月21日，茂名火车站南站房建成投用

2019年11月13日，茂名博贺疏港铁路开工仪式在电白区举行

2019年12月31日，茂名博贺湾大桥全线通车（丘立贺　摄）

茂名市官渡公园全景（丘立贺　摄）

2019年2月1日—4月15日，茂名市在新湖公园举办迎春艺术花会（丘立贺　摄）

2019年4月17日，茂名市电白区对口援助南宁市马山县扶贫协作项目——马山电白小学建成投用

2019年4月26日，茂名露天矿博物馆建成并对外开放

2019年5月9—12日，2019亚洲沙滩排球锦标赛在茂名市南海旅游岛“中国第一滩”举行（卢建达　摄）

2019年5月31日，茂名职业技术学院创新创业实践基地揭牌

2019年8月16—20日，“南国书香节”暨茂名书展在南越文创街举行
（丘立贺　摄）

2019年9月9日，茂名市教育大会暨庆祝2019年教师节大会在市民中心召开（甘杨松　摄）

2019年9月10日，广东石油化工学院西城校区揭牌

2019年10月24日，茂名浪漫海岸打造国家级旅游度假区二期工程暨海昌海洋公园项目启动活动

2019年11月12日，茂名市在化州文楼镇举办扫黑除恶宣传活动

2019年12月17—23日，第二届“好心茂名”冼夫人文化周活动在茂名市南越文创街举行（康乾　摄）

广东茂名农林职业技术学院（丘立贺　摄）

2019年7月25日，广东省道德模范与身边好人（茂名）现场交流活动在茂名市市民中心举行

2019年10月29日，茂名市举办“最美现役军人”“最美退役军人”“最美军嫂”学习宣传晚会

2019年12月26日，“好心茂名2020音乐会”在茂名市市民中心举行（丘立贺　摄）

2019年，“唱响茂名”百姓大舞台国庆专场活动在茂名市体育馆举行

2019年12月29日，中国电信茂名分公司在茂名市会展中心举办2020年迎新年客户答谢晚会

（李卫　摄）

茂名概貌

基本市情

地 理

【位置和面积】 茂名市位于广东省西部，东接阳江市，南邻南海，西连湛江市，北与广西壮族自治区玉林市交界。地理坐标介于东经110° 20'～111° 40'，北纬21° 25'～22° 43'。至2019年年底，全市陆地总面积11458平方千米，辖区总面积114.28万公顷。农用地面积97.95万公顷，建设用地面积12.94万公顷，未利用地面积3.38万公顷。（市自然资源局）

【地质】 茂名市地质构造为寒武纪以前的古老变质岩、古生代变质水成岩、中生代侵入花岗岩、新生代沉积岩和喷出岩、近代冲积物等不同地质年代岩石及其风化物构成。母岩和母质种类繁多，分布变化复杂。母岩以花岗岩、片麻岩为主，次为砂岩、页岩、片岩、板岩，尚有少量石灰岩、凝灰岩分布。母质有洪积物、河流冲积物、浅海沉积物、滨海沉积物、坡积物等。信宜市西部的北界花岗岩为印支期第三次入侵的岩基类型的岩体，面积约176平方千米，中粒及细中粒云母花岗岩。北界岩体周围一般为白垩纪花岗岩，多为黑云花岗，广泛分布在电白区、信宜市、高州市、化州市等地。东北部变质岩类为片麻岩、混合岩。信宜市中、东部，高州市东北部，电白区东北部，构成云开大山的主体。混合砂页岩，分布在信宜市北部、高州城及化州城以南包括茂南区至电白区七迳镇。石灰岩，零星分布在信宜市贵子镇、洪冠镇、平塘镇，高州大坡镇、长坡镇、古丁镇，化州市文楼镇，电白区黄岭镇。红色砂页岩主要分布在高州市谢牛岭、石鼓，化州市南盛，茂南区金塘以南至鳌头，电白区旦场、羊角等地。第四纪浅海沉积物，分布在化州市，高州市、电白区南部海拔50米高程线以下地区，表层有铁结核、铁结盘及大量陨石散

▲ 茂名市“中国第一滩”旅游度假区夏季海滨浴场一角 （何伟 摄）

布。河流冲积物，分布在鉴江、曹江、罗江、袂花江、沙琅江中下游沿岸地区。滨海沉积物，分布在电白沿海。

【地貌】 茂名市地形特征，背山面海，北高南低，由东北向西南倾斜，海拔最高点1704米，最低点1.6米。北部和东北部“云开、勾漏、云雾”三大山脉盘亘集结。境内河流纵横交错切割，形成山地、丘陵、台地、平原层次分明的地形地貌。山地主要由从北面进入境内的云开大山、东北面进入的大云雾山脉和由西北面进入的勾漏山脉交汇而成。信宜东南与高州东北交界区有海拔500米以上的山地1300平方千米，主峰大田顶1704米海拔高程，为广东省第二高峰。棉被顶（高州、信宜交界处）海拔1627米，鹅凰嶂（电白、阳春交界处）海拔1337米。这带山地，形成茂名市北部屏障，冬季阻挡着北方冷空气流，减轻对本地的寒流危害。春、夏季抬升南来的暖团，促成茂名市南部山区降雨充沛。山区河流多，水资源丰富，是林业和发展水电的主要地区。

丘陵海拔高程在500～200米之间，相对高度50～200米。面积约7500平方千米，分布在本市中部及西南部，土地平坦、土层深厚，气候温和，是茂名市热带、亚热带经济林果主要地区。

平原、台地海拔高程在200米以下，面积约2600平方千米，主要分布在鉴江、小东江、袂花江中下游及沿海地带，是农业、畜牧业、养殖业主要用地，交通方便，工、商企业也较发达地区。

【气候】 茂名市地处北回归线以南，属热带和亚热带季风气候区，季风明显，气候类型多样，冬季盛行偏北风，夏季盛行东南风。主要气候特征是：一是冬无严寒，夏无酷暑，夏长冬短，热量丰富，雨量充沛，干湿季明显；二是地势北高南低，北部多山地，气温垂直差异大，山区降水丰富、小地形气候复杂多样，立体气候显著；三是有两个多雨期，4—6月为前汛期，属锋面降水，7—9月为后汛期，多台风等低纬热带天气系统降水；四是气候资源丰富，气象灾害频繁且严重。

茂名市常年平均气温在22.8℃～23.4℃之间，稳定通过22℃的达191～207天，≥10℃年积温8148℃～8544℃。一月份最冷，平均气温15.1℃～16.3℃，极端低温0.5℃；七月份最热，平均气温28.3℃～28.7℃，极端高温38.9℃。年降雨量1500～1800毫米，4—9月降雨量占全年80%以上。年平均日照时数1700～2000小时，日照百分率40%～44%，日照最多是7月和10月，平均每天7小时以上；最少是2月和3月，平均每天不到3小时。

茂名市主要气象灾害有台风、暴雨洪涝、低温阴雨、倒春寒、雷雨大风、干旱、寒露风等，尤以台风、旱涝最为突出。春季北方冷空气与南海暖湿气流交汇，形成南岭静止锋长期控制华南沿海时，出现的低温阴雨天气，造成龙眼、荔枝、芒果等果树落花落果，严重影响春种春播，使早造水稻烂秧、花生烂种，造成缺苗。春旱和秋冬旱也较常见，春旱影响早造水稻插秧、也影响越冬和春种作物如红薯、花生、甘蔗等。秋旱影响晚稻孕穗、抽穗，致使秋花生、甘蔗生长不良及许多旱作物减产。夏季台风、暴雨和雷雨大风频繁发生，狂风暴雨会造成房屋倒塌，致使沿江河两岸低洼农田受侵，影响农业生产，严重时造成橡胶、果树、香蕉、甘蔗等折断，减产失收。冬季寒潮南侵，偶有5℃以下低温，山区有短期霜冻。 （市气象局）

【水文】 茂名市境内集雨面积100平方千米以上的河流有40条，其中鉴江流域18条，袂花江流域10条，西江流域9条，独流入海3条，主要河流有鉴江、袂花江、罗江、黄华江和小东江。茂名市多年平均降雨总量202.76亿立方米，折合降雨深1791毫米；多年平均水资源总量110.17亿立方米，其中地表水资源量110.17亿立方米，地下水资源量31.49亿立方米（茂名市地下水资源全部由降水和地表水体入渗补给，全市水资源总量即为地表水资源）。

【土壤】 按中国现行土壤分类标准，茂名市土壤分8个土类、15个亚类、60个土属、192个土种。8个土类分别是水稻土、黄壤、红壤、赤红壤、砖红壤、潮沙泥、滨海盐渍沼泽土、滨海沙土。15个亚类分别是淹育型水稻土、潴育型水稻土、渗育型水稻土、潜育型水稻土、沼泽型水稻土、盐渍型水稻土、矿毒型水稻土、黄壤、粗骨黄壤、红壤、赤红壤、砖红壤、潮沙泥土、滨海盐渍沼泽土、滨海沙土。

行政区划情况

【概况】 2019年，茂名市辖茂

南、电白2个市辖区，代管信宜、高州、化州3个县级市，5个县级行政区，下设86个镇，25个街道。

【区划变更事项】 2019年4月，茂名市人民政府印发《茂名市人民政府关于同意电白区水东街道分设水东、电海、陈村三个街道的批复》，同意将水东街道分设水东、电海、陈村3个街道。

【区划地名管理】 2019年，茂名市刊登《茂名市征集不规范地名信息的公告》，明确不规范地名认定原则和标准，开展不规范地名情况征集和不规范地名清理工作。在市区各主要道路安装174块公益广告路名牌。在北组团81个小区、296条街坊路，安装592块街坊路路牌。 （市民政局）

茂名市行政区划简表

（至2019年12月31日）

区、县级市	镇、街道名称	居委数（个）	村委会（个）
茂南区	红旗街道、河西街道、河东街道、露天矿街道、新华街道、官渡街道、站前街道、城南街道，羊角镇、金塘镇、公馆镇、新坡镇、镇盛镇、鳌头镇、袂花镇、高山镇、山阁镇	86	153
电白区	南海街道、高地街道、水东街道、陈村街道、电海街道，博贺镇、电城镇、马踏镇、岭门镇、树仔镇、麻岗镇、旦场镇、林头镇、霞洞镇、观珠镇、沙琅镇、黄岭镇、罗坑镇、那霍镇、望夫镇、坡心镇、七迳镇、沙院镇、小良镇	58	350
信宜市	东镇街道，金垌镇、朱砂镇、贵子镇、池洞镇、怀乡镇、茶山镇、洪冠镇、北界镇、镇隆镇、水口镇、丁堡镇、大成镇、白石镇、钱排镇、平塘镇、合水镇、新宝镇、思贺镇	50	352
高州市	潘州街道、山美街道、宝光街道、石仔岭街道、金山街道，荷花镇、石板镇、潭头镇、大井镇、东岸镇、深镇镇、古丁镇、马贵镇、荷塘镇、南塘镇、曹江镇、长坡镇、平山镇、大坡镇、沙田镇、镇江镇、石鼓镇、谢鸡镇、新垌镇、云潭镇、泗水镇、根子镇、分界镇	49	439
化州市	东山街道、河西街道、下郭街道、石湾街道、南盛街道、鉴江街道，文楼镇、平定镇、播扬镇、宝圩镇、那务镇、合江镇、中垌镇、林尘镇、江湖镇、新安镇、官桥镇、丽岗镇、笪桥镇、良光镇、杨梅镇、同庆镇、长岐镇	33	334
合　计		276	1628

资　源

【土地资源】 至2019年年底，茂名市辖区总面积114.28万公顷。农用地面积97.95万公顷，其中耕地22.64万公顷、园地21.42万公顷、林地47.46万公顷、其他农用地6.44万公顷；建设用地面积12.94万公顷，其中城镇村及工矿用地11.27万公顷、交通运输用地9059.51公顷、水库及水工建筑7673.96公顷；未利用地面积3.38万公顷，其中草地7967.77公顷、水域2.22万公顷、其他土地3708.23公顷。

（市自然资源局）

【水资源】 2019年，茂名市降雨总量210.51亿立方米，折合降雨深1860毫米，水资源总量114.35亿立方米，其中地表水资源量114.35亿立方米，地下水资源量32.62亿立方米，人均水资源量1797立方米。水资源利用量26.23亿立方米，其中农业用水占76.5%，工业用水占4.8%，生活用水占18.0%，生态环境补水占0.7%。

【物产状况】 茂名市所辖区、县级市历史以来就以农业和林业为主。粮食以水稻为主，全年粮食播种面积25.28万公顷，粮食产量148.11万吨；经济作物以水果、蔬菜、南药为主，高州、电白、化州、信宜、茂南的荔枝和龙眼，高州、化州、信宜的香蕉，高州、电白、化州、茂南的北运菜，电白的花生、水东芥菜，信宜的三华李，化州的化橘红等驰名海内外。电白的渔业和水产养殖业占相当比重，博贺、水东及东山港是省内有名渔港，每年渔获量10万～15万吨。

中华人民共和国成立以后，尤其自20世纪60年代初期以来，茂名市经济建设发展迅速，由于石油工业的兴起，带动全市相关产业的发展。改革开放为茂名经济发展注入新的动力，至1988年，全市初步形成以国有经济为主体，国有、集体、私营和个体等多种经济形式共同发展的工商企业。工业生产稳步增长，除炼油、农产品深加工、矿产品深加工等传统支柱产业以外，充分依托石油、乙烯的优势，大力发展一批高新技术和精细化工产业，全市民营企业也得到迅速发展，工业产业结构得到进一步优化。茂名物产丰富，“三高农业”蓬勃发展，荔枝、香蕉、龙眼、三华李等“岭南佳果”驰名中外。在1996年“中华之最”评选活动中，茂名市被国务院发展研究中心命名为“中国最大的水果生产基地”。2000年，江泽民总书记在茂名高州出席县级领导干部“三讲”教育动员会，期间亲手植下“中华红”荔枝树，使茂名荔枝更是名扬天下。

【植被和生物资源】 茂名市植被具有明显的亚热带和热带特征。植物种类繁多，高等植物有120多科1400余种。主要乔木类有杉、松、红花荷、毛竹，林下以九节野牡丹、鸭脚草等为优势的地被植物。茂名市地形复杂，山高岭峻，河溪纵横，林草丰茂，野果繁多，生态环境良好，是野生动物生长繁殖的理想场所，动物资源丰富。据调查统计，记录昆虫种类超过1500种，野生脊椎动物380种。（市林业局）

【矿产资源】 2019年，茂名市发现矿产种类53种，占全省发现矿产148种的35.81%，查明资源储量的矿产42种，其中能源矿产4种，金属矿产16种，非金属矿产20种，水气矿产2种。查明资源储量的矿产地319处，其中大型矿产地有10处，主要优势矿产有高岭土、油页岩、地热、锡、金、钛铁矿、南方玉、建筑用（粉料）大理岩等。油页岩，累计查明资源储量矿石量45.87亿吨，资源储量在全国地级市排名第二位；高岭土，累计查明资源储量矿石量5.91亿吨，其中沉积岩风化型高岭土矿床资源储量居全国第一位；钛铁矿，查明资源储量3912千吨，伴生锆英石55千吨；锡矿，查明资源储量160千吨，保有资源储量157千吨；建筑用（粉料）大理岩主要为化州文楼大理岩，查明资源储量34187.7千吨。

▲ 国家AAAA级景区——茂名放鸡岛海洋度假公园（市旅游局供稿）

【海洋资源】 茂名市陆域面积114.58万公顷，大陆海岸线长182.1千米，拥有水东湾、博贺湾、鸡打港等港湾。全市有海岛21个，其中面积大于500平方米的海岛有16个，面积最大的海岛为放鸡岛。

海域自然环境　茂名境内地质条件复杂，区域构造属缓慢抬升和较稳定地区，区域内矿产资源丰富，地势北高南低，地貌类型包括山地、丘陵、台地和平原。海岸地貌类型以海相堆积地貌为主，主要包括砂砾质海岸地貌、淤泥质海岸地貌和生物海岸地貌等。茂名海域陆源来沙较少，沿岸泥沙以岸滩供沙为主，海岸线基本稳定。茂名地处北热带、南亚热带的过渡地带，属热带、亚热带季风气候区，年均气温23.4℃，年均日照时数1959.1小时，年降水量1564.2毫米；秋冬季盛行东北、北风，春季盛行东南偏东风，夏季盛行南风和东南风，多年平均风速2.6米/秒。茂名海域的潮汐属不正规半日潮，潮流性质属于不正规半日潮流，潮流运动形式基本为往复流，波浪类型为以风浪为主的混合浪。近岸海域海水水质总体良好。

海域自然资源　茂名市有博贺湾、水东湾两大港湾。浅海滩涂资源、海洋生物资源丰富，滨海旅游资源品质优良。海岸线面向南海，自然水深优越，泥沙来源少，博贺湾、水东湾两个潟湖海湾形成掩护，具备港口开发条件。滨海旅游资源优厚，有沙滩、林带、海岛、渔港等海岸带风光，有温泉、丘陵、文物古迹等资源组合，具备旅游开发价值。浅海滩涂生物资源、近海渔业资源、海水养殖和增殖资源、海洋药物资源丰富。海域生物饵料充足，栖息环境良好，生物资源丰富。（市自然资源局）

▲ 茂名市电白区电城镇冼太夫人故里景区冼夫人铜像（林宗瑜 摄）

建置沿革

【先秦时期】 距今约4500年的新石器晚期，今茂名境内有土著民族繁衍生息。夏商时期，土著民族属南越族。

【秦至南北朝时期】 秦代，境内分属南海郡、象郡和桂林郡地，部分南越族逐渐融于汉族。

汉高帝刘邦元年（前206年），今茂名市境属赵佗所建立的南越国。汉元鼎六年（前111年），汉武帝灭南越国，置南海、合浦、苍梧等郡，上隶交趾部，今茂南区和高州市、电白区。化州市属合浦郡高凉县地，今信宜市属苍梧郡端溪县地。

汉献帝建安二十五年（220），东吴析合浦郡增设高凉郡，治所在安宁县（今阳西县）；在今开平、恩平、阳江北设高兴郡，治所在广化县。今茂名市境，信宜市属苍梧郡端溪县地，其余属高凉郡地。苍梧郡、高凉郡同隶广州。

西晋太康年间（280—289年）高兴郡并入高凉郡。东晋永和七年（351），苍梧郡增设晋康等郡。今茂名市境，信宜市属晋康端溪县地，其余属高凉郡地。晋康郡、高凉郡同隶广州。

南朝宋元嘉三年（426），高凉郡增置罗州县，治所在陵罗江口石城（今化州市境）；元嘉十六年（439），增置海昌郡，治所在宁化县（今电白区境）；公元457—464年的大明时期，复置高兴郡（在今化州市境），旋废。今茂名市境，信宜市仍属晋康郡端溪县地，化州市属罗州县地，茂南区、高州市属高凉县地，电白区属海昌郡地。齐复置高兴郡，增置高兴县，郡、县治所在今化州市境，隶越州。梁天监元年（502），析端溪县置梁德郡和梁德县，隶泷州，梁大通元年（507），升罗州县为罗州，置石龙郡，罗州领高兴、石龙2郡，州、郡治所在石龙县（今化州市）；中大通元年（529），置高州，析高凉郡，增置连江、南马、电白等郡。今茂南区属当时的高州南巴郡地，高州市属当时高州的电白、南巴和罗州的高兴郡地，电白区属当时高州的电白、海昌、连江和南巴郡地，化州市属罗州的高兴、石龙郡地，信宜市属泷州的梁德郡地。陈永定二年（558），高凉郡增设务德郡（今高州市东北），其余仍梁制。

【隋、唐、五代十国时期】 隋开皇九年（589），废电白、海昌2郡置电白县，废连江郡、南巴郡置连江县、南巴县，废务德郡置良德县，均隶高州。高州治所在高凉县（今阳江市境）。废梁德郡置梁德县，隶泷州。废高兴、石龙2郡置石龙、吴川县。开皇十八年（598），增置茂名县，石龙、吴川、茂名3县均隶罗州，州治所在石龙县（今化州市）。改梁德县为怀德县。大业三年（607），废高州、罗州，复置高凉郡。废南巴县入连江县。废泷州置永熙郡，怀德县隶永熙郡。今茂名市境，茂南区属连江县地，化州市属石龙县地，信宜市属怀德县地，其余属高凉郡的电白、连江、茂名县地和永熙郡的良德县地。

唐武德四年（621），废高凉郡，电白、连江等县隶广州；析怀德县增置信义、潭峨2县，隶南扶州，治所在信义县（今信宜市镇隆镇）。武德五年（622），析连江县复置南巴县，又于南巴西境增置潘水县；析信义县增置特亮县；复置罗州，治所在石龙县（今化州市），领石龙、陵罗、干水、罗辩、招义、吴川、石城等11县。武德六年（623）复置高州，治所在西平县（今恩平县），领电白、连江、良德等县；罗州治所迁石城（今廉江市），析罗州增设南石州，州治所在石龙县（今化州市），领石龙、陵罗、龙化、辩州等6县。贞观元年（627），废南扶州，怀德、信义、潭峨、特亮等县复隶泷州。至贞观六年（632），南扶州两次废置。贞观八年（634），南宕州更名潘州，治所从定川县（今广西玉林）境迁至茂名县，领茂名、潘水、南巴3县。贞观九年（635），南石州更名辩州，领石龙、陵罗、龙化3县。贞观二十三年（649），高州治所从西平县迁至良德县（今高州市东北354米），领良德、电白、保宁3县；析潘水县增置毛山县。永徽元年（650），复置潘州，领茂名、潘水、毛山、南巴等县，后省潘水县。开元元年（713），改毛山县为潘水县。开元五年（717），高州治所从良德县迁至连江县，连江县更名保安县。天宝元年（742），高州改为高凉郡，潘州改为南潘郡，辩州改为陵水郡，窦州改为怀德郡；招义县更名干水县。至德二年（757），保安县更名保宁县。乾元元年（758），为郡复各州。大历十一年（776），高州治所从保宁县（今电白区马踏镇蒉岳）至电白县（今高州市东北长坡），领电白、良德、保宁3县。唐末，高州领电白、良德、保宁3县，治所在电白县；潘州领茂名、潘水、南巴3县，治所在茂名县；辩州领石龙、陵罗2县，治所在石龙县；窦州领信义、怀德、潭峨、特亮4县，治所在信义县。今茂名市境，茂名市区属南巴县地，信宜市属窦州地，高州市、电白县属高州、潘州地，化州市属辩州地。均隶岭南道东道。

后梁开平元年（907）茂名县更名越裳县，龙德三年（923）复茂名县。仍唐制，属南汉。

【宋、元、明、清时期】 北宋开宝五年（972），废潘州和南巴、潘水2县并入茂名县；省良德、保宁2县并入电白县，均属高州。省怀德、潭峨、特亮3县并入信义县，属窦州。罗州并入辩州，省陵罗县入石龙县，辩州领石龙、吴川2县。太平兴国元年（976），信义县因避太宗赵光义讳，改称信宜县；太平兴国五年（980）改辩州为化州。景德元年（1004），废高州，其属县归窦州，治于茂名县；景德三年（1006），复高州，茂名、电白县还属，复治信宜县。熙宁四年（1071），并窦州入高州：领茂名、电白、信宜县，属广南西路。乾道三年（1167），析吴川西乡置石城县。景炎三年（1278）五月，升硇洲为翔龙县。化州领石龙、吴川、石城、翔龙4县，属广南西路。

元至元十七年（1280），高州、化州改为高州路安抚司、化州路安抚司，领县不变，同属湖广行省海北海南道。化州路治石龙县（今化州城）；高州路治于大德八年（1304）由电白县迁茂名县（今高州市区），至正十五年（1355）还治电白县。

明洪武元年（1368），高州路、化州路改为高州府、化州府；洪武七年（1374），降为州，茂名县撤销并入高州，石龙县撤并入化州；洪武九年（1376），高州复府，化州降为化县，化县及原化州辖县归属高州府；洪武十四年（1381），复茂名县，化县复化州，原辖县还属高州府。至此，高州府领茂名县、电白县、信宜县、化州及其辖县吴川、廉江。成化三年（1467），高州府治从电白县迁茂名县，隶广东行省。

清顺治四年（1647），高州府属高雷阳道，领化州和茂名、电白、信宜、吴川、廉江1州5县，府治茂名县。

【民国时期】 1912年，化州改称化县。1913年，撤高州府，广东省派出高州绥靖处，驻茂名县高州城，领茂名、信宜、电白、化县、吴川、廉江6县。1914年，撤高州绥靖处，设高雷道，治所在茂名县，辖原高州府、雷州府、阳江直隶州属下11县。1920年，撤道，派出高雷善后处，治所和辖县与高雷道同。1925年，撤善后处，派出南路行政专员公署，驻茂名县，辖县与高雷善后处同。1926年，南路行政专员公署改为南路绥靖专员公署。1929年，为缓冲茂名、吴川两县的水上运输纠纷，设梅菉管理局，辖梅菉城区，归南路绥靖专员公署管辖。1936年11月，广东省派第七区行政督察专员公署驻茂名县，辖茂名、信宜、电白、化县、吴川、廉江、阳江和梅菉管理局。1938年，派出南路行署驻茂名县，管理第七区、第八区行政督察专员公署。1947年，民国政府对广东行政区做调整，原第七区行政督察专员公署改为第八区行政督察区，治所和辖地不变。

【中华人民共和国成立至今】 1949年10月底，信宜、茂名、电白、化县4县属南路专区。1950年，4县属高雷专区。1952年，属粤西行政区。1956年，属湛江专区。1958年5月12日，成立茂名市政筹备处；5月23日改为茂名工矿区城市筹备处；8月26日成立茂名工矿区市，以后陆续将茂名县公馆乡全部和袂花、鳌头两乡的部分镇（今金塘、公馆、新坡、高山、镇盛、鳌头、袂花7个镇）划归茂名工矿区市。1959年3月22日，国务院批准茂名市为广东省省辖市，同时，以茂名县划属茂名市以外的地区及信宜县设立高州县。化县、吴川县合并为化州县。1959年5月9日，茂名工矿区市更名为茂名市。市政府设在城区河西。1961年4月，信宜、吴川县恢复建制。信宜县、高州县、电白县、化州县与茂名市同属湛江专区。1983年7月，茂名市直隶广东省，辖信宜、高州、电白、化州4县。1985年4月18日，以原茂名市城区和公馆、新坡、金塘、镇盛、高山、袂花、鳌头、山阁8个镇成立茂南区。茂名市政府迁城区河东，原河西旧址改设茂南区府。1993年至1995年，高州、化州、信宜先后撤县设市。2001年1月，经国务院批准成立茂港区；茂港区辖从电白县划出羊角、坡心、七迳、小良、沙院和南海6个镇，茂港区人民政府驻南海镇。2014年4月18日，茂名市电白区挂牌成立，撤销茂名市茂港区和电白县，以原茂港区和电白县的行政区域为电白区的行政区域。2017年9月18日，茂名市将电白区羊角镇划归茂南区管辖。茂名市辖茂南区、电白区，代管信宜市、高州市、化州市。此外，茂名市另设广东茂名滨海新区、茂名高新区、茂名水东湾新城3个经济功能区。

▲ 潘茂名公园夜景　　（丘立贺　摄）

人口·语言

【人口】 至2019年年底，茂名市户籍总人口817.71万人；户籍人口出生11.47万人，出生率14‰，其中政策内出生8.44万人，政策生育率73.6%；人口自然增长8.52万人，人口自然增长率10.4‰；出生人口性别比值为116.24。至年底常住总人口641.15万人，常住人口出生8.75万人，出生率14‰，其中政策内出生6.46万人，政策生育率为73.8%；人口自然增长6.05万人，人口自然增长率9.7‰；出生人口性别比值为115.72。　（市卫生健康局）

【语言】 茂名市的方言主要有白话、客家话、雷话、海话，还有少数地方说旧时正话、思贺话、容县话。这些方言的分布，与自然环境有着密切的联系。白话主要分布在鉴江及其支流罗江、陵江、曹江流域，客家话分布在东部、西部和东北部的边境山区，雷话、海话分布在南部沿海，黄华江流域为白话、客家话的混合区，袂花江流域为雷话、客家话混合区。

白话是粤方言的次方言，是茂名市分布最广、使用最多的方言，分布面积约占全市总面积的70%，约440万人（占全市总人口的65%）的母话是白话。白话在全市范围内通行。

客家话　茂名市有130万人讲客家话，约占全市总人口的20%，主要分布在市境东西两侧的山区，比较集中的有三大片：

东北片，包括信宜市的平塘、合水、新宝、钱排，高州市的马贵、古丁等镇，信宜市的贵子、朱砂、茶山、怀乡、洪冠、白石、大成等镇也有部分居民讲客家话；东片，包括高州市的谢鸡、新垌、云潭、泗水、根子、分界，电白区的那霍、望夫、罗坑、沙琅、黄岭、观珠等镇，电白区的霞洞、岭门、旦场、马踏、麻岗、林头等镇也有部分居民讲客家话；西片，包括化州市罗江以西的文楼、平定、中垌、官桥、新安等镇。

雷话 （当地称“黎话”，当地“雷”“黎”谐音，与黎族无关）茂名市有70万人讲雷话，约占全市总人口的10%，集中分布在电白区的霞洞、林头、旦场、博贺、陈村、水东、南海、沙院、小良、坡心、七迳、羊角和茂南区的鳌头、袂花镇。

海话 茂名市有约50万人讲海话，集中分布在电白区东南沿海一带的马踏、岭门、电城、树仔、麻岗、博贺等镇。雷话和海话同属闽方言。

旧时正话 茂名市有约5万人讲旧时正话，散居在电白区的林头、麻岗、马踏、电城各镇的山村。旧时正话为明代来自浙江等的神电卫（今电城镇）驻军遗留下来的方言。

思贺话 集中在信宜市思贺镇，约5万人讲思贺话。

容县话 主要分布在信宜市与广西壮族自治区毗邻的金垌镇的3个村，约8000人。

民族·宗教

【民族】 2019年，茂名市有51个民族成分，其中有少数民族50个，汉族1个。少数民族人口7.24万人，其中常住人口6.1万人、外来流动少数民族人口7570人。有少数民族聚居村5个，分别是信宜市朱砂镇琶垌村、新宝镇桂垌村、钱排镇云开村和化州市平定镇那宾村、文楼镇塘表村。5个少数民族聚居村总人口1.58万人，其中少数民族人口5300人，少数民族人口占总人口33.5%。

【宗教】 茂名宗教历史悠久，“佛教、道教、基督教、天主教、伊斯兰教”五大宗教齐全，成立有“市佛教协会、市道教协会和市基督教三自爱国会”3个市级爱国宗教团体。2019年，茂名市有合法登记开放的宗教活动场所105所。

侨乡侨情

【概况】 茂名市是粤西重点侨乡，信宜市是全国重点侨乡。2019年，茂名市有海外侨胞60万多人，归侨侨眷55万人，其中回国定居的华侨1227人。分布于60多个国家和地区，他们大部分是20世纪50—70年代先后从印度尼西亚、马来西亚、缅甸、越南等东南亚地区回国的。茂名籍的海外侨胞主要分布在东南亚、澳大利亚、美国、加拿大等地。侨界著名人物有李孝式、甘尚武等。在海外的知名人士有李剑桥、林锦胜、胡朝栋、温锦昌、黄水养、郭严芳、谢永等。联系较为密切的海外侨胞有马来西亚高州总会的胡朝栋、莫天来等，新加坡广西暨高州总会历任会长黄水养、陈奇培；美国茂名同乡会的郭严芳、谢永、杨国强；加拿大茂名同乡会的朱任胜、莫骏荣；澳大利亚的吴飞鹏、梁积兰；西班牙广东（粤港澳）同乡总会的梁豪创、吴青；俄罗斯的欧寿国等。较具影响力的海外社团有马来西亚高州总会、新加坡广西暨高州会馆、美国茂名同乡会、加拿大茂名同乡会、澳大利亚茂名同乡会等。

【归侨侨眷权益维护】 2019年，中共茂名市委统战部（简称茂名市统战部）加强涉侨法律法规政策的宣传，利用“侨法宣传角”、《茂名侨报》、社区墙报专栏、涉侨网站等阵地在全市开展涉侨法律法规政策宣传和咨询活动。2019年发放为侨服务宣传小册子822本，开展侨务政策咨询活动24次，接受咨询侨胞121人次，受理海外侨胞、归侨侨眷电话来信来访来电142人次。做好归侨侨眷权益维护工作，配合茂名市人大开展侨法执法检查调研活动；茂名市统战部聘请律师，免费为侨胞、侨眷提供咨询服务；结合“一村一律师”平台，建立覆盖全市的为侨法律服务网络；协助侨胞寻找失联亲人；出具归侨子女就学资格证明；全市受理海外侨胞及国内归侨侨眷维权案件22件，涉侨案件主要涉及房屋拆迁补偿纠纷、华侨房产政策落实、回国定居申请、经济纠纷和华侨子女教育等方面。

【涉侨行政服务】 2019年，茂名市统战部优化行政审批和政务服务。在涉侨网站或服务指南小册子公开服务内容、申办所需要的材料、法律依据及办事程序等，使服务对象办事“最多走一次”。打造“互联网+侨务”服务平台，提供“三侨生”（归侨青年、归侨子女、华侨在国内子女）证明办理、华侨回国定居办理、归侨侨眷身份证办理等涉侨行政服务。2019年全年办理华侨回国定居2批3人次、“三侨生”高考加分身份确认3人次、归侨侨眷身份证30人次。

【侨胞投资家乡建设】 2019年，茂名籍海外侨胞关心支持家乡的经济建设和社会发展。茂名籍海外侨胞踊跃回乡投资创办企业，主要分布在各区、县经济开发区和承接产业转移工业园区等，行业涉及房地产、食品加工、建筑材料等。

【侨胞联谊交流】 2019年，茂名市侨务系统密切与海外侨胞的联谊交流，加强对海外和谐侨社建设的引导和服务，接待美国茂名同乡会访问团、加拿大茂名同乡会、马来西亚高州总会等访问团，与美国茂名同乡会执行会长谢永、加拿大朱任胜及马来西亚青年团黄国梁等加强联系。举办“海外侨胞故乡行——走进茂名”活动，全年先后有1560人次海外侨胞回乡参观访问、探亲考察。 （市委统战部）

领导机构党派团体领导人员名单（2019年）

【中国共产党茂名市委员会】

书　记：许志晖

副书记：袁古洁（4月到任）、刘芳（10月离任）

常　委：陈小锋、赵广辉、吴刚强、黄玉华（女）、徐晓霞（女）、倪谦、尹兆林（挂职）、李长林、刘灿莹（3月到任）

市委机关事务管理局局长：（空缺）

市委督查室主任：陈敏玲（女）

市委组织部部长：徐晓霞（女）

市“两新”组织党工委书记：梁田欢（1月离任）

市委老干部局局长：卢军

市公务员局局长：（空缺）

市委宣传部部长：倪谦

市精神文明建设委员会办公室主任：黄少兰（女，7月离任）

市委宣传部讲师团团长：张善标

市政府新闻办公室主任：周绍健

市新闻出版局（市版权局）局长：（空缺）

市委统一战线工作部部长：黄玉华（女）

市民族宗教事务局局长：龚朝文

市委政法委员会书记：赵广辉

市委政策研究室主任：张学强

市委网络安全和信息化委员会办公室主任：何星华（1月到任）

市委外事工作委员会办公室主任：邓崇可（1月到任）

市委机构编制委员会办公室主任：王弘（1月到任）

市委台港澳工作办公室主任：吴奕（女，1月到任）

市直属机关工作委员会书记：刘付德金

市委巡察工作领导小组办公室主任：沈东明

市委机要和保密局局长：柯碧(女，3月到任）

市委党校校长：徐晓霞（女）

市接待办公室主任：戴浪（女）

市委党史研究室（市政府地方志办公室）主任：朱雄文

茂名日报社党委书记、社长：车永强

茂名日报总编辑：赵志明

茂名晚报总编辑：车永强

【茂名市人民代表大会常务委员会】

主　任：许志晖（1月到任）

副主任：梁罗跃、邓永明、马学友、林振光、黄奕奕（女）、陈凡晓

秘书长：杨雄

▲ 2019年6月26日，袁古洁当选茂名市人民政府市长。图为袁古洁就职宣誓 （丘立贺　摄）

【茂名市人民政府】

市　长：许志晖（1月离任）、袁古洁（6月到任）
副市长：吴刚强、李多民、崔剑、黄果、吴世文（1月到任）
市政府秘书长：冼奕辉
市政府研究室主任：王志军（5月到任）
市政府机关事务管理局局长：曾庆波
市综合考核办公室主任：邓勇
市政府督查室主任：叶秀强
茂名市发展和改革局党组书记、局长：吴海强
茂名市粮食和物资储备局局长：李务辉
茂名市教育局党组书记、局长：罗欣荣
茂名市委教育工作委员会书记：罗欣荣（兼任）
茂名市招生委员会办公室主任：苏科
广东茂名幼儿师范专科学校
党委书记：林业强（6月到任）
校长：伍世亮（6月到任）
茂名市第一职业技术学校校长：钟声（9月到任）
茂名市第一中学校长：洪喜亮
茂名市第十六中学校长：吴中耀
茂名市田家炳中学校长：刘广海
广东茂名农林科技职业学院党委书记：董荣权（6月到任）
院长：李国章（6月到任）
广东茂名健康职业学院党委书记：余义才（8月到任）
院长：梁德萍（8月到任）
茂名市科学技术局党组书记：梁其敏（1月到任）
局长：崔锡明
茂名市工业和信息化局党组书记、局长：梁田欢（1月到任）
茂名市集体企业联社主任：许亚强
茂名市公安局党委书记、局长：黄果
茂名市公安局政治处主任：葛维才
茂名市公安局指挥中心主任：陈华辉
茂名市公安局交通警察支队长：徐冠新
政委：蔡润文
茂名市公安局治安巡逻警察支队长：叶富山（5月离任）、冯海（5月到任）
政委：陈宝强
茂名市公安局刑事警察支队长：（空缺）
政委：黄智勇（9月到任）
茂名市公安局机关服务中心主任：陈泓淞
茂名市民政局局长：黄一才
茂名市司法局党组书记、局长：朱向贤
茂名市司法局政治处主任：陈振亮
茂名市财政局党组书记、局长：王伯昌
茂名市人力资源和社会保障局党组书记、局长：董晓璐（女）
茂名市社会保险基金管理局局长：何哲
茂名市高级技工学校校长：吴泽波
茂名市自然资源局党组书记、局长：梁荣杰（1月到任）
茂名市土地开发储备中心党组书记、主任：陈木亮
茂名市生态环境局党组书记、局长：李康（1月到任）
茂名市住房和城乡建设局党组书记、局长：曹万里
茂名市住房委员会办公室主任：曹万里
茂名市建设工程质量与安全中心主任：杨上柱
茂名市建设工程质量检测站站长：彭任（10月到任）
茂名市交通运输局党组书记、局长：梁世廉（1月到任）
茂名市交通运输局综合行政执法局局长：徐泽亮
茂名市公路管理局局长：（空缺）
茂名市港航管理局局长：李占才
茂名市地方公路管理总站总站长：蔡东
茂名市水务局党组书记、局长：吕卫华
茂名市农业农村局党组书记、局长：曾春（1月到任）
茂名市委农村工作办公室主任：曾春
茂名市水果局局长：叶颖邦
茂名市扶贫开发领导小组办公室主任：李海林（6月离任），曾春（6月到任）
茂名市农作物技术推广站站长：曾祥有
茂名市动物卫生监督所所长：冯周平
茂名市商务局党组书记、局长：李确
中国国际贸易促进委员会茂名市委员会会长：李确
茂名市口岸局局长：（空缺）
茂名市投资促进局局长：（空缺）
茂名市文化广电旅游体育局党组书记、局长：陈研（1月到任）
茂名市书画院院长：廖静
茂名市文化市场综合执法支队支队长：刘嵘
茂名市体育运动学校校长：张振强
茂名市卫生健康局党组书记、局长：黄立红（女，1月到任）
茂名市人民医院党委书记：张锋华
院长：陈纯波（6月到任）
茂名市中医院党委书记、院长：黎治荣
茂名市疾病预防控制中心主任：许桂锋
茂名市卫生监督所所长：吴文锋（3月离任）、宁凌峰（12月到任）

茂名市妇幼保健计划生育服务中心主任：陈赞雄
茂名市退役军人事务局党组书记、局长：麦俊苗（1月到任）
茂名市应急管理局党组书记、局长：倪壁盛（1月到任）
茂名市地震局局长：黎湛
茂名市审计局党组书记、局长：黄晓文
茂名市人民政府国有资产监督管理委员会主任、党委书记：杨润星
茂名市市场监督管理局党组书记：龙国军（女，1月到任）
局长：黄权（1月到任）
茂名市统计局党组书记、局长：胡汉顺
茂名市医疗保障局党组书记、局长：吴卫华（1月到任）
茂名市金融局党组书记、局长：何江（1月到任）
茂名市城市管理和综合执法局党组书记、局长：吕国记（1月到任）
茂名市园林事务中心主任：唐决（8月到任）
茂名市市政事务中心主任：陈耀（8月到任）
茂名市信访局党组书记、局长：周沛洲
茂名市政务服务数据管理局党组书记、局长：陈祥（1月到任）
茂名市公共资源交易中心主任：宁文超
茂名市林业局党组书记、局长：蔡剑锋
茂名市公安局森林分局局长：梁冰
政委：黎静
广东大雾岭省级自然保护区管理处主任：吴天民
广东茂名林洲顶鳄蜥省级自然保护区管理处主任：陈华勇
茂名高新技术产业开发区党工委书记：李多民
茂名高新技术产业开发区管委会主任：梁剑辉
广东茂名滨海新区党工委书记：刘芳
广东茂名滨海新区管委会主任：陈尧
茂名水东湾新城党工委书记：陈小锋
茂名水东湾新城管委会主任：潘伟强
茂名市鉴江流域水利工程管理局党组书记、局长：黄彪
茂名市广播电视台党组书记、台长：姚大斌
广东省茂名731台台长：萧增智
广东省信宜732台台长：陈朝晖
茂名市供销合作联社党组书记、主任：车东耀
茂名市政府驻北京联络处党组书记、主任：梁晓晗
茂名市政府驻广州办事处党组书记、主任：吴云
茂名市住房公积金管理中心党组书记、主任：曾春盛
茂名职业技术学院党委书记：高鹏
院长：张庆
茂名开放大学党委书记、校长：董艳清（女）

【中国人民政治协商会议茂名市委员会】

主　席：黄心强
副主席：崔锡明、黄辉、梁育雄、罗明（10月离任）、黄宝强、邵杭伟、董晓璐（女）、周天
秘书长：杨培基

【中国共产党茂名市纪律检查委员会】

书　记：李长林
副书记：李亚奎（12月离任）、吴玲河、潘湖
常　委：张海莲（女）、沈东明、李骥全、徐庆、李劲
市监察委员会
主　任：李长林（1月到任）
副主任：李亚奎、吴玲河、潘湖
委　员：张海莲、杨敦、李劲、沈东明

【茂名市中级人民法院】

院　长：林建辉（12月离任）

【茂名市人民检察院】

检察长：王天鸿

【民主党派】

中国国民党革命委员会茂名市委员会主任委员：周天
中国民主同盟茂名市委员会主任委员：（空缺）
中国民主建国会茂名市委员会主任委员：陈凡晓
中国民主促进会茂名市委员会主任委员：晨光
中国农工民主党茂名市委员会主任委员：赖强
中国致公党茂名市委员会主任委员：邵杭伟
九三学社茂名市委员会主任委员：崔锡明

【人民团体】

茂名市总工会
党组书记、主席：黄奕奕（女）
共青团茂名市委员会
书　记：何龙江
茂名市妇女联合会
党组书记、主席：周玉东（女）
茂名市文学艺术界联合会
党组书记：朱积
茂名市社会科学界联合会
党组书记、主席：郭亿万
茂名市工商业联合会
党组书记：支勇
茂名市归国华侨联合会

党组书记、主席：肖军（女）
茂名市残疾人联合会
党组书记、理事长：陈有宽
茂名市科学技术协会
党组书记、主席：余其同
茂名市红十字会
会　长：（空缺）

经济建设

茂名市经济发展概况

【经济运行稳中有进】 2019年，茂名市实现地区生产总值（GDP）3252.34亿元，总量位居全省第七（粤东西北首位），按可比价计算，比上年增长4.3%，经济增速在合理区间。分产业看，第一产业增加值581.60亿元，比上年增长3.6%，第二产业增加值1124.89亿元，增长2.5%，第三产业增加值1545.86亿元，增长5.9%。规模以上工业实现增加值611.25亿元，增长0.5%。固定资产投资比上年下降7.1%。社会消费品零售总额1667.36亿元，比上年增长8.2%。一般公共预算收入139.88亿元，增长2.8%。进出口总额196亿元，比上年增长29%，增幅在全省排第一名。物价总体稳定，居民消费价格比上年上涨3.9%。

【经济发展质量效益提升】 2019年，茂名市农业产业化进程加快。依托现代农业重大平台和优势资源，构建“1+1+2+6”和“一县一园、一镇一业、一村一品”现代农业新格局。6个省级现代农业园建设项目122个，完成投资5.31亿元。15个镇入选省级“一村一品、一镇一业”专业镇，为全省最多。工业发展提质增效。先进制造业增加值占规模以上工业增加值74.6%。六大工业主导产业规模以上企业增加值增长0.7%，高于规模以上的工业增加值增速0.2个百分点。34个工业行业大类中增长面50%。89种工业主要产品种类增长面56.2%。民营经济对经济增长的贡献率76.2%。服务业增加值占地区生产总值47.5%，现代服务业增加值占服务业增加值47.4%。农信社改制工作全面完成，茂名农商行挂牌开业。六韬珠宝创意产业园获评“广东省省级文化产业示范园区”。

【创新驱动发展战略实施】 2019年，茂名市在创新工作投入约15亿元。获准立项省级以上科技项目128个，获省科技奖数量连续3年在全省排前6名。高新技术企业净增12家。首次承办中国创新创业大赛地方赛。创新平台加快建设，有省级新型研发机构3家、省实验室1家、省重点实验室2家、省级工程中心72家。获批建设岭南现代农业科学与技术广东省实验室茂名分中心。茂名高新区绿色化工和氢能产业园纳入国家高新区“一区多园”管理范围。创新生态持续优化，与粤科金融集团合作组建2亿元创新创业投资基金。成功举办首届“茂名市人才活动周”。有院士工作站11个、博士后工作站7个、省“扬帆计划”创新创业团队。

【重点项目建设】 2019年，茂名市列入广东省考核通报的63项省重点项目提前超额完成年度投资计划，完成投资157.2亿元，投资完成率133.9%，在全省排第二名，新开工项目12个，完工投产项目3个。197个市重点项目（含省重点项目）超额完成年度投资计划，全年完成投资323.5亿元，投资完成率100.2%。广东滨海旅游公路茂名段、复兴大道、茂石化高端碳材料、茂南区6万吨/年催化剂综合回收再利用

▲ 广东农业公园——高州荔枝主题公园 （余力　摄）

▲ 茂名荔枝文化形象大使给游客介绍荔枝 （丘立贺 摄）

等51个项目新开工建设；粤电茂名镇盛农光互补、茂南区10万吨/年丙烯等18个项目完工投产。全年基础设施投资增长7.9%，总投资5000万元及以上项目投资增长1.2%。

【区域合作和开放合作新篇章】 2019年，茂名市拟订广东省构建“一核一带一区”区域发展新格局实施方案。承接珠三角梯度转移项目6个。与香港地区商务部门、海口市旅游部门签署合作备忘录。密切与伊春市对口合作关系，深化梧茂、玉茂战略合作。与南宁市、来宾市“携手奔小康”扶贫协作，完成扶贫项目48个。参加西江经济带城市共同体及市长联席会议第四次会议暨西江经济发展论坛。茂名职业技术学院加入德国双元制职业教育联盟（AHK），并与巴斯夫（中国）有限公司开展校企合作，首批订单班开始招生。

【招商引资】 2019年，茂名市举办招商推介会（广州）、茂名建市60周年茂名博贺新港区开港仪式暨产业招商大会、沿海经济带发展推进大会、粤港澳大湾区与粤西发展机遇对接会、北京世园会茂名投资推介系列活动等，与东华能源、普洛斯、海康威视、粤海集团、恒大健康集团、绿地集团等签约。全市引进超千万元项目282个，协议投资总额超2000亿元，开工186个。引进总投资400亿元的烷烃资源综合利用项目，广东省政府给予专项补助10亿元。与中石油、协鑫集团开展合作，联手加快粤西LNG项目建设。亚洲最大的醇醚类企业江苏德纳落户茂名。

【乡村振兴战略推进】 2019年，茂名市农业产业化经营组织16680个，农民专业合作社5108家，均居全省前三名。“茂名罗非鱼”“化州橘红”入选国家级区域公用品牌。专业镇入围数量居全省第一位。生猪产业复产进程加快。茂名市在非洲猪瘟联防联控工作中的做法在全省推广。新农村建设发力提效，筹集支持新农村建设24.7亿元，建成信宜市毛家村、高州市桥头村、化州市湖艳村等人居环境整治示范村61个。茂南区车田村、电白区槟榔村、化州市大埇村入选全国乡村治理示范村。高州市创建广东首个国家级“美丽乡村建设”标准化试点。1062户农村危房改造工程竣工投用，15.3万人达到2019年脱贫标准。完成省定贫困村“三清三拆三整治”等村容村貌整治工作。“四好农村路”建设全面超额外完成。

【农业生产保持稳定】 2019年，茂名市农林牧渔业实现增加值592.14亿元，比上年增长3.7%，其中种植业增长5.3%，林业增长13.9%，畜牧业下降8.6%，渔业增长5.4%，农林牧渔服务业增长8.4%。

【规模以上工业低速增长】 2019年，茂名市规模以上工业实现增加值611.25亿元，比上年增长0.5%，其中民营工业下降0.9%。分三大门类看，采矿业增加值下降20.7%，制造业增长1.3%，电力、热力、燃气及水生产和供应业增长0.4%；按企业类型分，大型企业增长1.7%，中型企业增长30.4%，小微企业下降7.7%。

【固定资产投资负增长】 2019年，茂名市固定资产投资比2018年下降7.1%，其中民间投资下降15.4%。5000万元及以上项目投资保持增长，增长1.2%；基础设施投资保持增长，增长7.9%；工业投资下降5.6%，工业技术改造投资下降2.0%。

【房地产业发展】 2019年，茂

名市房地产开发投资比上年下降1%，房屋施工面积增长12.8%，房屋竣工面积增长8.7%；商品房屋销售面积444.71万平方米，下降14.9%，降幅比前三季度收窄4个百分点；商品房待售面积增长11.8%，比前三季度回落10.2个百分点。

【消费市场稳中有升】 2019年，茂名市社会消费品零售总额1667.36亿元，比上年增长8.2%。按销售单位所在地分，城镇市场增长8%，乡村市场增长8.7%；按行业分，批发业增长6.9%，零售业增长8.6%，住宿业增长7.7%，餐饮业增长6.9%。

【财政金融运行总体稳健】 2019年，来源于茂名的财政总收入587.15亿元，比上年增长4.7%；地方一般公共预算收入139.88亿元，增长2.8%。12月末，金融机构本外币存款余额3012.91亿元，首次突破3000亿元，比上年增长10.6%；贷款余额1582.35亿元，比上年增长19.3%，存贷比52.5%，15年来首次超过50%，提高3.8个百分点。

经济结构调整

【工业主导产业发展概况】 2019年，茂名市工业六大主导产业增加值占规模以上工业增加值93.5%。原油加工量、乙烯产量分别为1991万吨、118万吨。5万吨/年聚醚、3万吨/年醇类衍生物装置和系统配套技术改造、5000吨/年流化床助剂新材料、10万吨/年生物柴油项目、罗非鱼切片等项目建成投产；益海嘉里粮油和食品加工、日本阪田环保油墨、新华粤金刚烷、德纳醇醚、瑞丰锆钛新材料等项目加快推进。茂名石化实华、新华粤上榜广东企业500强。高新区成为全国第二大环氧乙烷深加工基地。

【现代服务业发展】 2019年，茂名市开展“家520”、汽车展销等活动。编制《茂名市农村物流建设发展规划（2019—2023）》。外星人跨境电商快件清关监管中心获得国际快递经营许可证。化州跨境电商产业园开工建设。高州市获批国家级电子商务进农村综合示范县。粤西空港物流园项目加快推进。金融机构日益丰富，至年末，全市有银行业金融机构18家、保险机构74家、证券公司9家。交通银行茂名市分行开业，广东省股权交易中心在茂名设立运营中心。12家重点民营企业列入上市资源后备库。建立市中小微企业贷款风险补偿基金、转贷资金，鼓励和引导金融机构向中小微企业发放贷款。茂名市获评全国家政服务业提质扩容“领跑者”行动重点推进城市。成立全省首家家政服务业职业教育集团——广东好心家政职教集团，设立茂名市巾帼家政服务联盟。

【旅游业发展】 2019年，茂名市住宿设施接待过夜游客1551.29万人次，比上年增长10.9%；旅游总收入476亿元，增长11.8%。信宜市镇隆镇八坊村上榜首批全国乡村旅游重点村名录，电白上榜中国十大特色休闲县市。“南越1959”文化创意街成功创建AAA级旅游景区。海昌海洋公园启动建设。

【经济新动能项目加快形成】 2019年，投资400亿元的烷烃资源综合利用项目落地，开启茂名绿色石化产业新时代。中氢动力氢燃料电池项目开工建设。云兴科技大数据中心（一期）建成投用，粤西数据湖产业园开工建设。大参林医药基地、三环医药园一期基本建成。南方国际汽车产业园动工建设。200家工业企业开展技术改造，成功申报省智能制造试点示范项目2个，粮丰园生产基地技术改造项目建成投产。

基础设施建设

【交通基础设施建设】 2019年，茂名市完成交通基础设施建设投资81.8亿元，比上年增长14.3%。其中公路（桥梁）建设完成投资68.3亿元，铁路建设完成投资1.3亿元，港口建设完成投资9.2亿元，枢纽站场完成投资3亿元。至2019年年底，全市公路通车总里程为18658.724千米，其中高速公路361.695千米、一级公路382.731千米，二级公路1192.214千米，公路桥梁4178座/169301.67延米。铁路运营里程319千米。等级客货运站场42个。港口生产性码头泊位19个，年设计通过能力4579万吨，增长107%，港口危险品仓储361.4万立方米。

路桥建设 2019年，玉茂一级公路化州至丽岗先行段开工建设。云茂高速茂名段加快推进，沈海高速茂名段改扩建工程全面开工。阳春至信宜高速公路及其茂名港延长线加快前期工作。博贺湾大桥建成通车。

港口建设 茂名港博贺新港

▲ 云茂高速信宜市水口段建设现场（丘立贺 摄）

区于2019年3月22日开港营运。是年，茂名港博贺新港区纳入《全国沿海及内河LNG码头布局方案（2035）》，为茂名市LNG天然气项目建设创造前提条件。水东港口岸获批更名为茂名港口岸，并扩大开放水东港区和博贺新港区。粤电煤炭码头工程、广港通用码头工程、防波堤工程、10万吨航道工程建成投用；粤西LNG项目造陆护岸工程、东区油品码头、港政码头工程动工建设；利丰散货码头、东区化工码头、昌利石化码头、30万吨原油码头、30万吨级航道、协鑫粤西LNG接收站等项目前期工作加快推进；水东港区正源万吨级码头扩建工程建成投产，长晟万吨级通用码头扩建工程加快建设，水东港区航道常规性疏浚维护工作实施。吉达港区防波堤一期工程和东作业区进港航道工程启动建设。

茂名站南站房建设　2019年10月21日，茂名火车站南站房建成投用，使用近30年的北站房停止运营并拆除重建。茂名火车站站房总规模2万平方米，其中北站房9000平方米，南站房1.1万平方米，南北站房与进站天桥在总平面关系上采用"Z"字型布局，总投资2.85亿元。南站房于2018年3月动工建设，2019年10月南站房建设完成。

快速路网建设　2019年，云茂高速公路建设进入冲刺期，沈海高速公路阳茂段改扩建工程全面动工，采用双向8车道高速公路标准。博贺疏港铁路和广湛高速铁路先行段动工建设。博贺湾大桥、彭村湖环湖路等项目建成通车；茂化快线东延线基本完工；广东滨海旅游公路茂名先行段动工建设；水东湾大桥、科创路、复兴大道、省道291高州云潭墟至黄岭墟、省道280高州石仔岭至茂南爱群段路面改造工程，省道283汕湛高速公路金塘出入口至公馆段改建工程等重点交通项目加快建设。

"四好农村路"建设　2019年，茂名市完成"畅返不畅"整治目标任务1371千米，省定贫困村通20户以上200人以下自然村村道硬底化完成目标任务259千米，等外路改造完成目标任务234千米，砂土路改造目标任务902千米，新建通村组硬化路年度目标任务896千米，完成危桥改造35座。推行项目包管理和"建养一体化"工作，探索农村公路养护市场化改革。

【能源水利设施建设】　2019年，粤电集团2×100万千瓦燃煤电厂项目具备并网条件。粤西天然气主干管网茂名至湛江段建成投用。500千伏博贺电厂送出工程建成投产。滨海新区供水工程部分通水，引罗供水工程全面完成。高岭拦河坝重建工程完工。

（市发展改革局、市交通运输局）

政治建设

依法治市

【依法治市概况】　2019年，茂名市委成立市委全面依法治市委员会，制定相关工作规则、茂名市推进全面依法治市行动方案、茂名市2019年全面依法治市工作要点等，建立工作台账，加强督促检查，推动各项依法治市工作任务落实到位。在全市全面铺开党政主要负责人述法工作，在全省率先出台《茂名市法治建设第一责任人述职评议和年度述法考核工作制度（试行）》，压实各地党政主要负责人、各部门主要负责人推进履行法治建设第一责任人职责，推动全面落实市委提出的法治建设各项任务。印发《茂名市2019年依法行政工作要点》《茂名市2019年依法治市工作要点》并协调组织推进落实。协调推进法治化营商环境建设，做好证明事项清理、强化行政执法监督、开展“法律体检进民企”活动、提升公共法律服务质量等工作，为营造法治化营商环境保驾护航。开展法治政府示范创建活动，组织市本级申请全国、全省示范创建单位。茂名市推荐茂南区人民政府申报全国法治政府建设综合示范单位，推荐茂名市人民政府及高州市人民政府申报全国法治政府建设单项示范单位；推荐茂名市人民政府、高州市人民政府、信宜市人民政府申报全省法治政府建设综合示范单位；推荐茂南区司法局镇盛司法所、电白区旦场镇人民政府、高州市南塘镇人民政府、高州市司法局金山司法所、化州市市场监督管理局、信宜市怀乡镇人民政府申报全省法治政府建设单项示范单位。

【立法工作】 2019年，茂名市委加强对立法工作的领导，建立健全立法机关党组向市委请示报告制度，完善立法工作问题向市委请示报告制度。围绕推动经济高质量发展、实施乡村振兴、打好污染防治攻坚战等决策部署，完成《茂名市村庄规划建设管理条例》《茂名市危险化学品道路运输管理条例》《茂名市烟花爆竹燃放安全管理条例》等立法工作。

【法治政府建设】 2019年，茂名市开展法治政府示范创建活动，推动简政放权，完成市、县两级机构改革及政务服务事项调整。加快政务诚信和社会信用体系建设。进一步规范行政执法，推动各执法部门全面推行行政执法公示、执法全过程记录和重大执法决定法制审核“三项制度”。畅通行政复议渠道，市政府全年办理行政复议案件104件、行政诉讼应诉案件83件；市政府领导带头出庭应诉，市直部门15名行政机关负责人出庭应诉。依法妥善处理政府信息公开申请，全年市政府受理政府信息依申请公开20件，全部依法答复办结。

【司法改革】 2019年，茂名市制定《茂名市关于政法领域全面深化改革的实施方案》，推动落实99项改革事项。持续推进法院、检察院内设机构改革和以审判为中心的刑事诉讼制度改革。解决“执行难”问题，推动全市党政机关为被执行人案件清理工作。公安机关建立重大案件侦查终结前对讯问合法性进行核查制度，严格把好案件事实关、证据关、程序关和法律适用关。

【社会治理格局建设】 2019年，茂名市围绕重点领域和重点群体开展12个社会矛盾专项治理行动。全年调解各类案件2.87万件，调解成功2.84万件，调解成功率98.7%。全年全市村（居）法律顾问为基层提供法律服务3.2万件次。推进示范性公共法律服务工作站和工作室的建设，全市39个示范性镇（街道）公共法律服务工作站和258个示范性村公共法律服务工作室建成开展工作。开展基层普法“每月一重点”普法活动，举办全市中小学生“晨读宪法·好心平安”电视展演活动。深化法治建设，完成5个法治县（市、区），107个法治镇（街道），847个省级民主法治村（社区），1706个市级民主法治村（社区）的复查。

【法治化营商环境优化】 2019年，茂名市“数字政府”基础建设取得突破，政务云平台茂名节点建成交付使用。推进一体化在线政务服务平台改造。强化产权保护的法治保障，各政法机关出台服务保障民营企业发展的措施；成立“茂名市服务民营企业律师团”等律师服务团队，帮助企业完善法律风险防范机制。加强融入大湾区法治服务保障工作，茂名市的市场营商环境持续改善，吸引华侨城、东华能源等大型企业相继投资落户茂名市。

依法行政

【依法行政概况】 2019年，茂名市贯彻落实党中央、国务院《法治政府建设实施纲要（2015—2020年）》和《广东省法治政府建设实施纲要（2016—2020年）》的决策部署，推进法治政府建设。

【法治建设推进】 2019年，茂名市对广东省反馈茂名市法治广东建设考评存在的6方面、28项问题，组织进行整改落实。组成6个考核组对5个区、县级市和市直31个有行政执法职能的部门进行考核，1个区获得优秀等次、4个县区获得良好等次，市直6个单位获得优秀等次、24个单位获得良好等次、1个单位为一般等次。开展法治政府示范创建活动，组织市本级申请全国、全省示范创建单位，推荐督导1个县区申请全国综合示范创建单位、1个县区申请全国单项示范创建单位；2个县区申报省综合示范创建单位、6个镇街或司法所申报省单项示范示范创建单位。

【依法行政制度体系完善】 2019年，茂名市司法局审查的《茂名市村庄规划建设管理条例》《茂名市危险化学品道路运输管理条例》《茂名市烟花爆竹燃放安全管理条例》，均通过市政府常务会议审议并报市人大常委会审议。全年审查规范性文件61件、综合性文件361件，对于市政府印发的规范性文件及时向省政府及市人大常委会报备，实现报备率100%、及时率100%。组织开展涉及机构改革、涉及企业办事证明文件“兜底规定”与《外商投资法》不相符、综合行政执法改革、工程建设项目审批制度等5项规范性文件专项清理。

【行政依法决策】 2019年，茂名市推进政府法律顾问制度落实，促进市、县两级党政机关设立法律顾问。市政府、市直21个行政机关，以及5个区（县级市）政府均外聘法律顾问。加强重大行政决策合法性审查，全年各类决策共征求法律意见416件，涉及金额1121.65亿元。

【执法规范】 2019年，茂名市司法局督促落实《茂名市依法行政工作领导小组办公室关于印发行政执法公示暂行办法等三个办法的通知》，规范茂名市行政执法机关的执法行为，推进行政执法规范化、标准化、信息化建设。全年市直31个行政执法单位配备1386部执法记录仪等音像记录设备，市直有31个单位配备162名法制审核人员。组织283个单位完成2018年度茂名市行政执法数据采集上报和公示工作。全年组织开展4期市直行政执法单位的行政执法人员综合法律知识培训班，对31个单位609名行政执法人员进行培训；全市举办34场次行政执法人员综合法律知识网上考试，有2069名行政执法人员参加网上考试。做好行政执法主体和行政执法人员资格审核工作，依法审核办理行政执法证596个，办理注销行政执法证89个，审核办理开通办证用户22个，办理用户变更57个。依法办理行政诉讼案2件、简政便民投诉案2件、行政执法投诉案件1件。

【法治督察】 2019年，茂名市委常委会传达学习《法治政府建设与责任落实督察工作规定》，提升市领导对督察规定的认识。印发《关于贯彻落实〈法治政府建设与责任落实督察工作规定〉的通知》，全市各级党委政府和政府部门学习贯彻落实《规定》。5月，组成2个督察组对14个单位开展食品药品监管执法司法督察，发现问题9个，督促进行整改。10月，组成5个专项督察组开展茂名市营造法治化营商环境、保护民营企业发展实地督察，召开10场督察座谈会、走访15家民营企业、检查100件行政执法案件，督察中发现存在16个突出问题，并推进整改。做好省法治政府建设全面督察工作，组织市本级相关单位的100项督察指标佐证材料和情况说明的上传报送，督导区（市）做好法治政府建设全面督察的抽查准备工作。

【行政复议与应诉】 2019年，茂名市司法局推进行政机关负责人出庭应诉工作，提高负责人的法治意识和依法行政能力。市司法局修订印发《茂名市行政机关负责人出庭应诉办法》。全市行政机关负责人出庭应诉84件，出庭应诉率23.5%，高于2018年的18.4%约5个百分点。全市全年办理行政复议案件409件。其中，茂名市本级办理行政复议案104件（含2019年新收83件、2018年结转21件），除8件不予受理、1件告知以外，立案受理95件（含上年结转），审结74件（含上年结转），审结率77.9%。审结案件其中维持19件，占25.7%；撤销47件，占63.5%；确认违法3件，占4%；因调解、和解或其他终止3件，占4%；驳回1件，占1.4%，综合纠错率67.6%。督促、协调和指导各区、县级市和本级政府部门办理行政复议案305件。办理一审行政诉讼应诉案件770件。其中，茂名市本级共办理一审行政诉讼应诉案件85件（2019年新收60件，2018年结转25件）。法院做出判决60件，胜诉52件，占86.7%；督促、协调和指导各区、县级市和本级政府部门办理行政诉讼应诉案件685件。（市司法局）

政务公开

【政务公开制度建设】 2019年，茂名市人民政府办公室（简称市政府办公室）推进政务公开制度建设，助力法治政府建设，印发《茂名市政府系统政策解读工作细则（试行）》，从政策解读范围、解读主体、解读程序、展现形式、跟踪回应等多方面提出明确细致的工作规范和要求。完善政府公报工作制度，印发《茂名市人民政府办公室关于完善政府公报工作机制的通知》，规范市本级政府公报的办刊流程，提升各级政府公报办刊质量。健全政府网站管理机制，会同市委网信办、市委编办、市公安局、市政务服务数据管理局、市通信建设办公室等单位，印发《茂名市政府网站管理协同工作机制》。同步建立“月巡查、季通报”制度，做好全市政府网站日常监测和问题整改工作。

【政府信息公开】 2019年，茂名市人民政府门户网站发布信息3.2万条，重要文件83份，政策解读文本（材料）72份。市直各单位在茂名市人民政府门户网站信息公开目录发布信息277万条。茂名市人民政府办公室微信公众号推送政务信息791条、政务微博发布政务信息2899条。编印《茂名市人民政府公报》12期。市政府政务公开栏公布2019年市政府工作报告决定事项、全市经济运行情况分析、工程招标、政府采购、国有土地出让等信息。

【政府信息公开申请】 2019年，茂名市各级行政机关收到政府信息公开申请226份，依法办理政府信息公开申请230份（含2018年结转政府信息公开申请9件，结转2020年办理5件），比上年下降15.4%。信息公开类行政复议29件，诉讼10件。

【解读回应工作推进】 2019年，茂名市政府办公室跟踪落实政府规章1份、政府规范性文件11份、部门规范性文件的解读工作16份，茂名市人民政府门户网站发布政策解读稿件72篇。在《茂名市人民政府公报》增设“政策解读”专栏，全年刊登规章和规范性文件解读材料27件。举办在线访谈6次，市委副书记、市长袁古洁和市发展和改革局、市市场监督管理局、市自然资源局、市生态环境局、市应急管理局主要领导分别接受访谈。

【政府网站和政务新媒体管理】 2019年，茂名市政府办公室贯彻落实《国务院办公厅关于印发〈政府网站集约化试点工作方案〉的通知》《广东省政府办公厅关于印发地级以上市政府网站集约化工作方案的通知》《广东省推进政务新媒体健康有序发展实施意见的通知》精神，印发《茂名市人民政府办公室关于做好政府网站集约化建设准备工作的通知》《关于进一步落实政务新媒体集约化工作的通知》，部署安排全市政府网站和政务新媒体集约化工作，12月中旬全面完成该项工作。印发《茂名市政府门户网站栏目内容保障责任表分工方案》，强化政府网站建设的主体责任落实和分工协作机制建设。 （市政府办公室）

廉政建设

【廉政建设概况】 2019年，茂名市全面从严治党取得新成效，政治生态持续净化、党风政风好转。以思想自觉引领行动自觉，注重发掘红色基因，创新打造固定课堂、板凳课堂、在线课堂、思政课堂、红色课堂、船上课堂。持续正风肃纪反腐，推进基层正风反腐三年行动，开展扶贫领域腐败和作风问题专项治理，严惩涉黑涉恶腐败和“保护伞”，严肃查处侵害群众利益问题。全市全年查处违反中央八项规定精神问题52起，给予党纪政务处分99人；查处形式主义、官僚主义问题38起66人。强化日常监督，全市运用“四种形态”（经常开展批评和自我批评、约谈函询，让“红红脸、出出汗”成为常态；党纪轻处分、组织调整成为违纪处理的大多数；党纪重处分、重大职务调整的成为少数；严重违纪涉嫌违法立案审查的成为极少数）处理2294人次，比上年增长18.7%，其中第一、二种形态占比超过87%。全年全市纪检监察机关立案1737件，增长13.8%；给予党纪政务处分1171人；立案查处处级干部21人。坚持追逃追赃并重，全市追回外逃人员12人。贯彻“三个区分开来”（把干部在推进改革中因缺乏经验、先行先试出现的失误和错误，同明知故犯的违纪违法行为区分开来；把上级尚无明确限制的探索性试验中的失误和错误，同上级明令禁止后依然我行我素的违纪违法行为区分开来；把为推动发展的无意过失，同为谋取私利的违纪违法行为区分开来）原则，制定查处诬告陷害行为实施办法。

▲ 2019年9月20日，茂名市新提任市管领导干部集体廉政谈话

【“不忘初心、牢记使命”主题教育警示教育会议暨2019年领导干部党章党规党纪教育培训班】 2019年9月25日，茂名市“不忘初心、牢记使命”主题教育警示教育会议暨2019年领导干部党章党规党纪教育培训班在市民中心召开。市委、市人大常委会、市政府、市政协领导班子成员；市法院院长、市检察院检察长；滨海新区、高新区、水东湾新城，市委各部委、市直各单位、市各人民团体、中央和省驻茂各单位副处以上干部；各区、县级市四套班子成员及纪委副书记，各镇（街道）党（工）委书记等参加。市委书记许志晖主持会议并讲话，市长袁古洁出席会议。进一步强化领导干部党性观念，把全面从严治党落到实处。培训班上，市委常委、市纪委书记、市监委主任李长林围绕“认清全面从严治党越往后越严的新形势，自觉落实党风廉政建设要求不断加强党的领导”做专题报告，分析全面从严治党越来越严的新形势，剖析茂名市全面从严治党存在的突出问题，对落实管党治党政治责任、推进自我革命进行工作部署。与会人员观看由市纪委监委拍摄制作的反腐倡廉警示教育片。

【述责述廉】 2019年1月3日，茂名市召开2019年度述责述廉大会。市委书记许志晖出席会议并讲话，强调要抓住工作重点，强化“一把手”监督，推进全面从严治党向纵深发展，以党建引领推动事业发展。市领导李长林、黄奕奕、董晓璐，市中级人民法院代理院长金军、市检察院检察长王天鸿等参加会议。化州市委办、茂名市民政局、茂名市自然资源局、茂名市农业农村局、茂名市城投集团、茂名市第一中学党委（党组）书记作述责述廉报告，对质询问题做出答辩解释，接受现场评议。在同级党委常委会（党组）扩大会议述责述廉环节，提前向参会人员发放征求意见表，有针对性地选取人员进行个别访谈；市党廉办通过网络向社会公开征集对述责述廉人员的意见建议，增加质询提问，扩大评议范围。市党廉办将综合评议满意率和发现的有关问题，报市委同意后反馈给参加述责述廉的人员及其所在党组织，对综合评价满意率较低的人员进行谈话提醒，督促问题整改。

【领导干部配偶廉洁家庭建设座谈会】 2019年6月11日，茂名市纪委监委、市委组织部、市妇联联合召开市直单位领导干部配偶廉洁家庭建设座谈会，推进领导干部廉洁家庭建设，教育引导领导干部配偶传承好家风，当好廉内助。与会人员共同观看《守望家风》第二集“俭廉”专题教育片； 领导干部配偶签订廉洁家庭建设承诺书，对建设廉洁家风做出承诺。三位领导干部的配偶代表邓东霞、黎涛、周汉杰结合个人实际先后发言，传承好家风。承诺共同遵守廉洁自律的相关规定，共建清廉之家，共守幸福平安之门。

【市监委第一届特约监察员聘请会议】 2019年7月18日，茂名市监委召开第一届特约监察员聘请会议，聘请25名特约监察员。建立特约监察员制度，推动监察机关依法接受民主监督、社会监督、舆论监督。2月，市纪委监委制定《茂名市监察委员会特约监察员工作办法》；3月，启动特约监察员选聘考察工作。推荐比选、严格考察、征求各方意见，聘请25名特约监察员，加强对纪检监察机关的监督。聘请的特约监察员，有人大代表、政协委员、民主党派、党政机关人员代表、律师、高校教授等。从聘请日起，特约监察员将履行对监察机关监督的职责。

（市纪委监委）

文化建设

【文化建设概况】 2019年，茂名市加快公共文化基础设施建设，推进茂名影剧院等大型文化场馆项目建设。县级图书馆、文化馆、博物馆，镇级文化站，村级综合文化服务中心等公共文化设施建设100%全覆盖。推进“好心书屋”建设，推进农家书屋优化和出版物轮换。茂名市开展系列文化惠民活动，庆祝中华人民共和国成立70周年文艺晚会、新年音乐会等晚会；举办南国书香节茂名分会场暨茂名书展；举办第二届冼夫人文化周等系列活动；举办“根深叶茂·著名国画家美术作品茂名展”等展览；擦亮“唱响茂名”“好心茂名”等文化品牌。在文化文艺发展方面，茂名市加大文物保护力度，高州宝光塔入选全国重点文物保护单位（全市第二处）。实施《茂名市冼夫人文化发展纲要》，启动冼夫人电视连续剧《巾帼传奇》、动漫连续剧《好心宝宝之冼夫人》、动漫图书的拍摄创作，加快《茂名历史文化发展丛书》的编写，冼夫人文化研究网上线。推动茂名文化“走出去”，组团参加广东省文博会等；开展“冼夫人文化海外行”活动。一批文艺精品获奖。

【文化基础设施建设】 2019年，茂名市获得广东省财政补齐人均公共文化财政支出短板奖补资金8149万元，主要用于三级乡镇综合文化站达标升级、社区体育公园建设、旅游厕所建设及露天矿博物馆布展工作。至2019年年底，加快推进三级乡镇综合文化站达标升级109个，完成建设社区体育公园20座、旅游厕所39座，完成露天矿博物馆布展工作。加快推进茂名市影剧院新院区、电白区博物馆、电白区美术馆的建设。

社会建设

社会事业发展概况

【民生保障】 2019年，茂名市教育、社会保障和就业等民生类支出379.72亿元，比上年增长6.6%，占一般公共预算支出的83.0%。拨付省十件民生实事市、县级配套资金18.33亿元，完成年度预算的251.8%，超额完成年初预算任务。城乡居保基础养老金最低标准、失业保险金分别提高至170元、1269元。基本医疗保险参保率99.5%以上。城镇新增就业6.01万人，城镇登记失业率2.4%。全市有养老机构149家，每千名老人拥有养老床位33.9张。颐年苑项目竣工验收。完成棚户区住房改造新开工任务2715套，公租房分配入住7892套，人才公寓完成主体建设。5—12月启动茂名市社会救助和保障标准与物价上涨挂钩联动机制，缓解价格上涨对低收入群众基本生活的影响。

【公共服务供给】 2019年，茂名市通过广东省推进教育现代化先进县（市、区）督导验收，建成粤东西北首个广东省现代职业教育综合改革示范市。华南师范大学附属电白学校动工建设，茂名市东湾学校招生开学，茂名市福地小学、茂南第一实验学校启动建设。广东石油化工学院西城校区开学招生，广东茂名幼儿师范专科学校二期开工建设。特殊教育学校实现县区全覆盖。卫生强市稳步推进，完成中心卫生院升级和乡镇卫生院标准化建设、县级公立医院升级项目，基本实现“大病不出县”“基层首诊”的目标。高州市公立医院综合改革工作获国务院相关激励支持。文体事业加快发展，高州宝光塔入选全国重点文物保护单位。露天矿博物馆开馆。“好心书屋”投用。举办“好心茂名”冼夫人文化周活动。

（市发展改革局）

平安茂名

【打击违法犯罪】 2019年，中共茂名市委政法委员会（简称市委政法委）组织开展“飓风2019”、护航金融“利剑2019”专项行动，推进严打涉枪涉爆、“两抢一盗”、涉黄赌、涉食药环等各类突出违法犯罪。全年全市破获刑事案件7537件，刑拘7604人，比上年上升6.2%；逮捕5114人，上升2%，刑事治安警情下降6.1%。各类突出违法犯罪发案呈现下降态势，其中命案比上年下降52.4%，涉枪案件下降47.2%，“两抢一盗”案件下降23.1%，涉赌案件下降23%。打击黄赌专项和打击食药环专项均列全省第一名。涉枪整治考核全省名列前茅，电白区涉枪涉爆问题重点地区如期摘牌。

【社会风险防控中心建设】 2019年6月，茂名市在原信访维稳工作专班的基础上，成立茂名市社会风险防控中心，由市委常委、政法委书记赵广辉任主任，副市长、市公安局局长黄果任常务副主任，市委政法委、市人社局、市公安局等20多个部门领导为成员。防控中心下设综合协调、情报研判、现场处置3个功能组，其中综合协调组由市委政法委牵头，负责协调统筹全市不稳定因素以及可能引发社会风险苗头的防控工作；情报研判组由市公安局牵头，负责统一归口处理各类可能引发社会风险的线索核查以及情报预警；现场处置组由市信访局、市公安局牵头，负责及时处置到省进京上访滋事、采取极端行为以及其他可能引发社会风险的事件。至12月底，核查各类线索信息6.2万条，指令处置风险点5407个，采集录入风险点警情10万多条。2019年全国“两会”特别防护期首次实现“零非访”，维稳安保工作被省委政法委评为“优秀”等次。完成庆祝中华人民共和国成立70周年维稳安保任务，平安度过各敏感节点。

【无邪教“三个一”创建】 2019年，茂名市有县级反邪教宣传主题公园6个，德育学校宣传阵地6个，村级“一墙一窗”宣传阵地1903个，实现无邪教“三个一”（每个地级市培育1个县、每个县培育1个镇、每个镇培育1个村）创建全覆盖。高州市，茂南区河西街道、电白区麻岗镇、信宜市水口镇、高州市南塘镇、化州市良光镇、高新区七迳镇6个镇（街道），茂南区河西街道红旗中社区、信宜市东镇街道北逻村、高州市南塘镇大塘笃村等110个村（社区），分别被评为全省无邪教“三个一”创建示范市、镇（街道）、村（社区）。

【重点整治和挂牌整治】 2019年，茂名市侦破毒品刑事案件381件。6月，省委政法委解除对电白区毒品问题的挂牌整治。全年全市刑拘电信网络诈骗犯罪嫌疑人533人，比上年增长44.1%；逮捕415人，增长77.4%，从茂名拨出的“冒熟”类电话诈骗案件下降99%。茂南区袂花镇等5个社会治安重点治理镇（街道），电白区霞洞镇等4个涉黑恶突出问题重点镇（街道）挂牌整治，电白区霞洞镇等11个涉枪突出问题重点镇（街道）通过验收并“摘帽”。

【社会治安防控体系】 2019年，茂名市推进“红袖章”志愿者工程。全市有“红袖章”平安志愿者12.86万人，参与巡逻180.4万人次，参与安全防控宣传167.8万人次，排查不稳定因素5293起，协助抓获犯罪嫌疑人801人。“雪亮工程”稳步推进。全市全年完成投资5.2亿，占总投资预算123%，基本建成全市四级一类公共安全视频监控联网应用体系。继续深化“中心+网格化+信息化”防控工作体系建设，全市升级改造完成的综治中心1988个，其中县级3个、镇级110个、村级1875个，基本形成县、镇、村三级上下对应、配套联动的综治工作体系。全市各区（县级市）、经济功能区共划分网格9787个，配备网格员1.02万人，配备“综治e通”手机终端1.57万台，配备率100%。各区（县级市）、经济功能区纵向联通到镇（街道）、村（社区）覆盖率100%；茂南区、电白区、高州市、化州市、信宜市、滨海新区横向与各级综治成员单位联通覆盖率100%。全市网格员全年上报巡查事件数1.4万件，结案

▲ 2019年9月28日，茂名市公安机关中华人民共和国成立70周年大庆安保维稳战时表彰会

1.3万件，结案率96.2%。加强严重精神障碍患者救治救助工作，推动“以奖代补”和监护责任保险制度落实。至12月底，全市登记在册严重精神障碍患者3.41万人，检出率5.5‰；管理率95.5%，规范管理率91.5%，服药率89.7%；危险性评估三级及以上患者355人。

【铁路护路联防】 2019年，茂名市两级护路办以开展“铁路防风险·平安迎大庆”专项行动为抓手，强化铁路沿线重点行业、重点场所清查、整治，加大爱路护路宣传力度，有效管控铁路沿线重点人员。全市护路组织开展4次统一清查行动，出动护路力量300多人次，清查铁路沿线废品收购店203家、工棚85个，登记流动、闲杂人员265人。6月，在各区（县级市）举办“强化安全意识，共创平安铁路”集中宣传活动17场，派发宣传单张10万张、宣传折页4万份、宣传小册子1万份和宣传环保袋3.18万个，刊出宣传专栏20多个，悬挂宣传标语60多条。

【“好心”政法创建】 2019年，茂名市筹建“好心书院”，将“好心”精神与党建工作、志愿服务、法律援助、阅读服务、艺术交流高度融合，为基层提供多元化、精准化服务。选定高州市南塘镇作为打造新时代广东“枫桥经验”实践创新项目试点镇，弘扬以党建统领农村基层治理思路，“贪一罚万”的廉洁精神、“给一做二”的干事精神、“人人做义工”的奉献精神和“良心秤”的诚信精神为内容的“彭村精神”。检察系统开展“好心乡间检察”，以巡回检察为主要方式，以乡镇检察室为前沿阵地，建立检察机关联通群众的多元化多层次工作网络，设立乡间检察联络点39个，下访巡访200次，提供法律咨询服务285次，调处矛盾纠纷129次。司法行政部门将“好心文化”融入“枫桥经验”，打造个人品牌调解室以及行业性、专业性的纠纷化解平台，推动建成9个“好心五老调解工作室”，人民调解工作不断创新。全年全市人民调解组织调解各类案件2.62万件、调解成功2.59万件，调解成功率98.8%，其中疑难复杂案件2450件；排查纠纷3068件，预防纠纷2100件。全市“以案定补”审核通过2.38万件，发放490.64万元。

【“两度一率”宣传】 2019年，茂名市委政法委联合市委宣传部制定《茂名市全面提升“两度一率”宣传工作方案（2019—2021年）》，将“两度一率”宣传与扫黑除恶专项斗争以及依法打击黄赌毒、网络传销、非法集资、电信诈骗等各类严重危害人民群众生命财产安全的犯罪宣传相结合，调动各方力量将工作推向纵深。全市全年悬挂“两度一率”宣传横幅3100多条，派发宣传资料100多万份；电信、移动、联通三大运营商发送“两度一率”公益短信580余万条；市广播电视台刊播“两度一率”新闻17条，播出平安建设公益广告5040次；茂名日报社推送“两度一率”稿件129篇；全市县级以上政法机关组织开展“开放体验日”宣传活动35场次、“媒体开放日”活动20多场次。茂名市平安创建知晓率排全省第九名，平安创建参与度排全省第二名，两项指标得分升幅均为全省最高。

（市委政法委）

生态文明建设

【生态文明建设概况】 2019年，茂名市全面推进生态文明建设，经济发展质量和效益进一步提高。资源节约型和环境友好型社会建设稳步推进，资源利用更加高效；主体功能区布局和绿色低碳发展格局建设初步形成，国土空间开发格局进一步优化；生态环境质量总体改善，主要污染物排放总量减少；生态系统稳定性增强；生态文明主流价值观越来越深入人心，绿色低碳生活模式全面推广，绿色建筑和产品得到广泛推广，初步形成绿色出行和消费的生态自觉；生态文明制度建立完善，源头预防、过程控制、损害赔偿、责任追究的生态文明制度体系建设加快推进，自然资源资产产权和用途管制、生态保护红线、生态保护补偿、生态环境保护管理体制等制度建设取得进展。全年完成造林与生态修复作业面积1.14万公顷。广东省下达茂名市森林碳汇工程约束性造林任务1447公顷，完成率100%。完成森林抚育面积2.11万公顷，占总任务的100%。完成沿海防护林体系工程约束性任务为基干林带33公顷，占总任务的100%。参加义务植树总人数402.47万人次，义务植树1288.69万株，义务植树尽责率96.4%；完成乡村绿化美化示范点建设144个，其中省定贫困村示范点83个。全年全市林地面积58.61万公顷，森林总面积63.77万公顷（含非林地森林），森林总蓄积3057.70万立方米，森林覆盖率55.8%。高州市长坡镇、化州市文楼镇被认定为“广东省森林小镇”。

（市生态环境局、市林业局）

【绿色技术创新】 2019年，茂名市获得广东省科技专项资金360万元，用于生态环境保护和治理、节能环保、生态农业等7个项目建设。推动高校和科研单位建设科技创新平台，岭南现代农业科学与技术广东实验室茂名分中心获省批准建设，全年全市建设省重点实验室1家、省农业现代产业园2家、省院士专家企业工作站2家，新认定绿色技术市级工程技术研究中心6家，获省认定农业现代产业园2家，获得广东省支持项目建设资金460万元。

【工业循环化改造】 2019年，茂名市推动园区循环化改造工作。广州白云江高（电白）产业转移工业园、高州产业转移工业园、信宜产业转移工业园、化州产业转移工业园先后被纳入广东省循环化改造试点园区。指导和督促茂南工业园，按照循环经济“减量化、再利用、资源化”理念，根据《园区循环化改造实施方案编制指南（2019年度）》要求，推进茂南工业园建设，加快纳入广东省园区循环化改造试点的步伐。茂名产业转移工业园获“广东循环经济工业园”称号。

【低碳环保产业发展】 2019年，茂名市开展重点行业企业清洁化改造，对6家水污染防治企业开展清洁生产改造。开展清洁生产审核，印发《茂名市工业和信息化局关于开展清洁生产工作的通知》《关于组织开展茂名市2019年度强制清洁生产审核工作的通知》。至2019年年底，完成清洁生产审核企业17家，并通过验收；加快推进清洁生产审核企业20家，待完成后验收。鼓励工业高耗能企业进行技术改造，引进培育高新技术企业，发展先进制造业、新兴产业，提高现代服务业发展水平。

【三线一单划定】 2019年，茂名市做好“三线一单”（生态保护红线、环境质量底线、资源利用上线、环境准入清单）工作，在2018年完成生态保护红线划定上报的基础上，整理资料及开展编制工作，确定茂名市环境管控单元和制定环境准入清单。

【生态示范镇村创建】 2019年，广东省下达茂名市环境综合整治建制村任务77个，完成89个，完成率115%。加快开展2019年度生态示范镇村评选，累计创建省级生态示范镇3个和市级生态示范村72个。加快实施农村“厕所革命”，全年建设完成卫生公厕539个，完成计划任务的116%。累计建设完成卫生公厕1714个，普及率99.4%，提前完成“三年行动”2019年度任务。

【自然保护地调查】 2019年，茂名市整合优化各类自然保护地，探索建设以森林公园、湿地为主体的自然保护地体系。至2019年年底，完成自然保护地数量的摸底调查，采集上报自然保护地89个，其中自然保护区38个、森林公园38个、湿地公园12个、矿山公园1个。自然保护地总数量居全省前列。

【河（湖）长制推进】 2019年，茂名市继续实行双总河长制，由党政主要负责人分别担任第一总河长、总河长，河长、湖长履行巡河、治河、管河、护河责任，推动河长制、湖长制工作从“有名”向“有实”转变，河流的面貌向“河畅、水清、堤固、岸绿、景美”的目标转变。市级河长带头巡河，全年市县镇三级河长巡河32817次，发现（指出）问题1479个，发出河长令或督办令126次，落实整改问题1433个。实施省总河长第1号令和《茂名市“清河行动”实施方案（2017—2019年）》，全力开展河湖“清四乱”和河道“五清”工作。全年完成“四乱”问题整治388宗，累计清理河长1822千米，湖泊水库93平方千米，清理水浮莲及水面垃圾16万吨；清淤疏浚河道471.29千米，黑臭水体面积0.1831平方千米；完成入河排污口整治335个。

【生态环境损害赔偿制度制定】 2019年10月10日，《茂名市生态环境损害赔偿制度改革实施方案》报经市政府审定。11月8日，茂名市生态环境保护委员会环委会印发《茂名市生态环境损害赔偿制度改革实施方案》。《茂名市生态环境损害赔偿制度改革实施方案》明确实施范围、确定赔偿义务人、明确赔偿权利人、开展赔偿磋商、完善赔偿诉讼规则、加强生态环境修复与损害赔偿的执行和监督、规范生态环境损害鉴定评估、加强生态环

▲ 茂名市小东江畔红旗公园风景图（丘立贺 摄）

境损害赔偿资金管理。还规定发生其他严重影响生态环境后果的具体情境，致使森林或者其他林木死亡50立方米以上、幼树死亡1000株以上等情形的赔偿。

【行政审批制度改革】 2019年，茂名市按照广东省《关于进一步深化生态环境监管服务推动经济高质量发展的实施意见》要求，深化生态环境领域“放管服”改革，在窗口实行“一门式一网式”服务，执行“一次性告知”“首问责任制”原则，主动为企业和群众办事提供便利；印发《茂名市生态环境局建设项目环境影响评价文件管理规定》，优化环评文件审批流程和绿色通道。审批时间进一步缩短，环评报告书为15个工作日、环评报告表为7个工作日，按上级文件要求对部分行业项目实行豁免审批，绿色通道办理时间在此基础上进一步缩减，并提前提供便利服务。（市生态环境局）

精神文明建设

【创文“八大提升行动”实施】 2019年，茂名市以“好心茂名”文化为引领，以全国文明城市创建“八大提升行动（基础设施建设、环境卫生、公共秩序、社区建设、宣传教育、志愿服务、文明校园创建、文明窗口创建）”为抓手，全面推动各项全国文明城市创建工作深入开展，人民群众的获得感、幸福感、安全感增强。茂名市2019年文明城市测评总分和未成年人思想道德建设工作测评总分均位居同类城市第一名，91.42%的受访群众对文明城市创建成效表示满意。

【市民文明素质培育】 2019年，茂名市注重市民文明素质培育，全国文明城市建设开展“百日无违章 创文好榜样”“文明进社区”“小手拉大手·同上文明课”“清洁家园·文明同行”“好心茂名 从我做起”等主题实践活动；编印社会主义核心价值观书籍《茂名市中华优秀传统文化读本（试用版）》103万册、日历海报4万份、市民文明手册11万本；在市主流媒体设立《创文在行动》《创文红黑榜》《创文曝光台》《创文监督岗》等专版专栏，全年报道创文信息1350条，被“学习强国”采用10条，《南方日报》“南方+”平台采用11条；设计制作“讲文明树新风”“文明礼仪”等11个类别106幅融合地方特色的公益广告作品；在全市重要点位设置公益广告宣传栏、宣传牌1.05万块，景观小品1116处；印发创建文明日历海报、利是封、毛巾等一批宣传品；制作“文明在哪里，从我来做起”的H5动画，转发量超过25万，市民文明素质进一步提高。

【“好人之城”打造】 2019年，茂名市弘扬“好心”文化，开展“好心茂名人”“好心茂名家庭”“新时代好少年”“最美退役军人、最美医生”等评议活动。承办全省道德模范与身边好人（茂名）现场交流活动。茂名市相关经验做法被省委办公厅《每日汇报》编发。全市有5人获评“中国好人”、6人获评“广东好人”，为历年最多，多个先进人物事迹在中央、省主流媒体报道。市委宣传部编印《身边的楷模》，收录68位市级以上道德模范先进事迹。

【志愿服务】 2019年，茂名市在扶贫济困、帮孤助残、传播精神文明等领域建立覆盖全市的志愿服务体系。全市拥有注册志愿者45.6万名，注册志愿服务组织及团体4196个；累计志愿服务时数756万小时，人均志愿服务时数16小时。

【文明村镇创建】 2019年，茂名市加强文明村镇创建，力求精神文明建设“横到边、纵到底”，打通精神文明建设“最后一千米”。全市有建制镇86个，获得县级及以上文明镇的镇有69个。全市有行政村1628个，基本完成文明村建设任务，达到镇级及以上文明村创建标准的行政村有1476个，占比90.7%，全市文明村镇覆盖率90.1%。

【文明实践中心建设】 2019年，茂名市抓好省级新时代文明实践中心试点县——高州市试点工作，在工作统筹、资源整合、项目设置、宣传发动上探索经验。高州市践行“好心高凉”精神，为群众解忧纾困，帮助群众解决实际难题1.3万次。在县、镇、村三级共建成新时代文明实践中心（所、站）517个。茂南区成为全国第二批试点县（区），电白区、信宜市成为全省第二批试点县（区），推动文明实践中心建设工作向全市各地各级延伸。

（市委宣传部）

链接

第三届好心茂名人：

吴美蓉　阮勇鹏　罗海星　陈燕平　陆朝位　梁超生　王冠力　曾关火　周红菲　吴茂强

提名奖：李树芳　李华松　刘贤亮　梁国超　许怀光　林常威　凌小云　余华丹　周春晓　李进生

第三届好心茂名家庭：

江火任　杨　赤　梁丽坚　邱　伟　陈智聪　朱伯瑞　易明芳　董用才　李肖玲　卢坤华

提名奖：梁海涛　陈　英　羽祖荫　李亚丽　刘付关平　梁权生　邹金莲　涂贵瑞　陈政镱　吴荣辉

新时代好少年：

邓小焕　崔霆钧　林嘉辉　李沛霖　卢城钦　潘思瑜　蔡泽强　杨皓文　谭茗心　黎家欣　李奕宽

杨雅婷　朱容莹　吴妙颐　潘彦桦　陈思羽　吴宇洋　黄炜昊　曾关火　萧祺媛（上半年）

李欣怡　钟欣苡　梁璟怀　李侯磊　吴文雨　吴颖庭　杨非凡　钟玥茗　卢晶滢　李耀伶　谭雅馨

钟文浩　刘翔炜　李欣仪　李奕宗　周小枫　李霭君　林欣颐　李沛珊　杨可煍（下半年）

最美退役军人：

邓　刚　邓华林　王国兴　肖发亮　李丽芬　张贤东　李树芳　陈　浩　余锦有　梁土贵　黄志平

朱汝志　农槟玮　陈勇源　陈祝生　梁周明　黄　辉　潘权普　邓高明　李庆业　袁洁林　黎名洋

卢楚强　莫启强　梁桂武　李英杰　梁　忠　彭国祥　黄金兴　郑树业

茂名好医生：

孔敏莉　刘春美　苏时豪　吴文华　何开德　张会忠　陈　昊　陀子能　周洵和　徐永强　徐国帆

凌朝霞　涂明中　黄　坤　黄飞雄　黄金波　曹　勇　崔小林　詹　敏　黎　喜

茂名石化

▲ 茂名石化2000万吨炼油厂全景

综 述

【茂名石化概况】 中国石化集团茂名石油化工有限公司、中国石油化工股份有限公司茂名分公司统称“茂名石化”。茂名石化位于广东省茂名市，东毗阳江，西临湛江，北连云浮和广西壮族自治区，南临南海；东北距广州362千米，西南距湛江121千米，占地面积1617万平方米。茂名石化创建于1955年5月，是国有特大型综合石化企业，于1983年整体并入中国石化总公司。至2019年年底，茂名石化设30个中层机构单位，其中公司机关部室14个、直属基层8个、业务中心8个、另有合资合作单位6个，共有在岗职工总数7292人，其中正高级职称14人、副高级职称519人、中级职称1385人，有固定资产原值494.31亿元。

茂名石化有炼油生产装置60套、化工生产装置22套、CFB锅炉5台及6台配套汽轮发电机组，同时有港口、铁路运输、原油和成品油输送管道以及30万吨级单点系泊海上原油接卸码头等较完善的配套系统。原油加工能力2000万吨/年，乙烯生产能力110万吨/年。主要生产汽油、煤油、柴油、润滑油、溶剂油、石脑油、沥青、乙烯、甲苯、聚丙烯、乙二醇、苯乙烯、丁苯橡胶、SBS等30多类石油化工产品。

2019年，茂名石化缴纳税金283.15亿元，连续位居广东省工业企业前列。总资产报酬率17.14%，净资产收益率21.71%，国有资产保值增值率122.98%，流动资产周转率7.36次。转型发展实现突破。50万吨/年的轻石脑油正异构分离装置建成投产，260万吨/年浆态床渣油加氢项目建设高效推进，10万吨/年高端碳材料、50万吨/年重芳烃轻质化等项目开工建设。全年落实发展建设投资58.86亿元。科技创新再创佳绩。承担总部“十条龙”攻关项目数量与化工新产品开发数量、生产总量与均列中国石化各炼化企业首位，化工新产品和专用料占比创历史新高。内部改革步伐加快，净减员296人，合同制员工降到7432人。物业市场化改革完成。治理能力显著增强，精益管理、穿透式管理全面深化，管理效率大幅提升。获得全国乙烯行业能效领跑者第一名，万元产值综合能耗下降3.9%，节能量超过2016—2018年总和的2倍，炼油装置运行平稳率跃居中国石化集团公司首位。

【“穿透式管理”宣传贯彻】 2019年，茂名石化采用穿透式管理模式管控公司重要工作。以穿透式管理（穿透式管理是对重要工作的管控同时作用于各层级的直接管控与层级管控相结合的一种管理机制，其实质是在层级管理的基础上，增强“越级性”和直管性）提升管理效率、科学理念和有效工作率。采用召开各种会议、举办学习培训等方式，加强宣传贯彻、详细解读穿透式管理基本内涵、重要作用、实施途径。领导班子带头推动，核心管理干部带动全员自觉贯彻穿透式管理，加快提升管理效率和质量。调研、挖掘收集典型案例，检查指导各单位运用穿透式管理的情况，推动穿透式管理得到广泛运用。

【与广东移动签订5G战略合作协议】 2019年8月30日，茂名石化与广东移动公司签约5G战略合作协议，双方全力推动5G技术在智慧工厂的应用。全面加快5G网络建设，实现茂名石化园区5G网络全覆盖，加快5G在超高清视频监控回传、监测设备数据的采集，车间巡视检查等应用的落地，推动人工智能、云计算、大数据、互联网边缘计算等新技术在茂名石化工业控制现场调度、生产调度，仓储物流等重点工业场景的应用，助力茂名石化打造5G+工业互联网的应用示范标杆。

【“三项制度”改革】 2019年，茂名石化“三项制度”（劳动、人事、分配制度）改革取得突破，完善落实干部、人才能“下”机制，首次有高层级人才降聘。启动“三挂钩”（“岗酬”挂钩、“能酬”挂钩、“效酬”挂钩）薪酬分配体系创建，进行岗位测评、定级和基本薪酬兑现，部分岗位与价值不匹配的问题得到解决，基本薪酬保障功能增强，增加能力薪酬，出台能力评价标准和能力薪酬方案，建设符合新时代要求、公司实际、更加科学的薪酬分配机制。继续推进转岗、减员工作，实现转岗207人，新招大学生134人，减少合同制员工267人。

【智能工厂（茂名）提升项目通过验收】 2019年4月30日，茂名石化智能工厂（茂名）提升项目——设备三维应用系统上线运行。8月5日，日优化管理系统上线运行，实现日优化指令定性和定量制定、下达、跟踪分析等流程化管理和业务协同，促使日优化和日绩效融合；12月24日，智能工厂（茂名）提升项目通过中国石化总部专家组验收，完成新一代指挥中心、调度指挥提升、原油加工优化、日效益与优化、设备健康、设备可靠性等15个子项的建设，提升企业优化协同、

▲ 2019年4月26日，茂名石化第一期人才强企管理论坛举办

设备预测预警、安全管控和物资管理能力。

【茂名石化人才培养】 2019年，茂名石化践行“人才靠自己培养”理念，分层级、分专业、分年龄段建立涵盖58个专业、40个工种、3096人的人才储备库，2568人的“三鹰”人才库，119名优秀年轻基层干部人才库，系统推进人才梯队建设；设立广东省博士工作站；首次启动高校预约助学工作；举办人才强企管理论坛、科技论坛、工匠论坛、青年论坛和17个主体工种、10个专业的岗位竞赛活动。

【关爱员工六件实事】 2019年，茂名石化开展员工关爱行动，推进“六件实事”全面落实。加强食堂软硬件建设，提升食堂的服务质量，员工工作餐人均标准由8元/餐提升到12元/餐，白班工作餐全面自助，点餐视频识别系统启用；住院陪护费标准由50元/天提高到80元/天；优化健康体检方案，建立健康信息系统，实现手机预约体检和体检结果微信查询；加强银行与企业合作，员工工资账户享受活期利率4.85～11倍的收益；提高员工安全保障险，发生意外伤害赔付金额提高13%；筹集资金2700万元，坚持边远地区优先原则，实施改善基层办公条件项目152个；装修单身公寓，并配置家电，新入职大学生实现拎包入住；深化“主题探访”活动，探访各类人员1380人次，办理各级帮扶救助2211人次、发放救助金844.76万元，解决员工小诉求748项。

炼油生产

【炼油生产概况】 中国石油化工股份有限公司茂名分公司炼油分部成立于2005年10月8日，厂区位于广东省茂名市厂前西路，占地4.2平方千米。至2019年年底，固定资产原值171.78亿元、净值61.9亿元。经过多年的发展，炼油分部装置配套齐全，深度加工能力强，原油年加工设计能力2350万吨，拥有60套炼油生产装置及配套完善的公用工程设施和辅助生产系统，是一个集生产汽油、煤油、柴油、化工轻油、溶剂油、苯类、高等级道路沥青、液化气、全精炼石蜡等70多类产品于一身的现代化大型炼油企业。先后成功炼制来自52个国家的183种原油。

【生产总量再创历史】 2019年，茂名石化原料油加工量首次突破2100万吨，达2183.36万吨，比上年增长138.03万吨；原油加工量再次突破1900万吨，达1990.59万吨，比上年增加84.58万吨；成品油产量首次突破1200万吨，达1221.48万吨，比上年增加61.76万吨；成品油出口量首次突破300万吨，达314.76万吨，同比增长19.64%。

【产品产量创历史新高】 2019年，茂名石化优化产品结构，多种高附产品产量再创历史新高。航煤产量首次突破350万吨，达354.08万吨，比上年增长8.6%，连续4年稳居中国石化炼化企业首位；高标号汽油产量157.08万吨，比上年增加6.77万吨；环氧乙烷产量首次突破25万吨，达27.24万吨，同比增长13.9%；白油产量首次突破50万吨，达到50.86万吨，同比增长29.4%。

【炼油主要技术经济指标提升】 2019年，茂名石化优化产品结构，严抓节能降耗管理，加工损失率、综合能耗、可比综合商品率均达到中国石化总部指标。其中加工损失率0.3%，比上年下降0.01%；可比综合商品率95.7%，比上年增长0.1%；综合能耗54.44千克标油/吨，比上年下降0.6千克标油/吨。

【原油劣质化加工】 2019年，茂名石化实施原油劣质化加工方案，优化巴士拉原油替代沙轻原油，实现巴士拉轻原油在4号常减压装置配炼加工，减少沙轻油购买；首次试验巴士拉轻生产沥青，摸索提高玛雅、沙重等劣质原油加工比例，成功利用劣质原油试产出70A级沥青，减少科威特原油购买，降低沥青生产成本；利用杰诺、卡宾达等原油作为催化原料，实现不买石蜡基原油，降低生产加工成本。

【全精炼和60号石蜡生产】 2019年，茂名石化通过提高常减压馏分油分馏精度，优化润滑油生产装置，细化蜡膏掺炼操作，增产高熔点低含油脱油蜡，克服石蜡基原油严重不足、原料品种多、性质不够稳定等不利因素，生产出58号全精炼石蜡和60号全精炼石蜡，创效300万元。

【中国石化第一家成功产出1号低硫石油焦】 2019年，茂名石化全面总结阿姆纳第一次试产经验，选用尼罗原油，按专罐转储专输专炼原则，通过细化卸船、倒罐、转输、收储、常减压加工、焦化加工和石油焦装车一系列精益化操作工作，成功产出1号低硫石油焦，成为中国石化系统内第一家。

【原油加工损失率创历史新低】 2019年，茂名石化抓住“安全、质量、优化”三个基本点，按照建设国内一流炼厂的要求，全面实施精细化管理，实现全年加工损失率0.33%，比上年下降0.005%，创历史新低。原油加工损失率在中国石化系统继续处于领先水平。

【新原油加工】 2019年，茂名石化先后完成“巴西布希奥斯、萨宾诺、LAPA、刚果可可、俄罗斯莫斯塔尔、伊拉克巴士拉重、俄罗斯劣质乌拉尔、挪威约翰斯维尔德鲁普”8种新油种加工。至2019年年底，累计加工原油种类183种（52个国家），提高炼油装置原油加工适应能力，为原油资源替代提供有力保证。

化工生产

【化工生产概况】 中国石化股份有限公司茂名分公司化工分部成立于2005年10月7日，其前身茂名石化乙烯工业公司成立于1997年1月1日。其厂区位于广东省茂名市高新区七迳镇，占地面积320公顷。一期工程30万吨乙烯/年，总投资156.15亿元，于1993年11月开工建设，1996年9月建成投产；1999年2月，经扩能改造后，乙烯生产能力提高到36万吨/年。二期工程增加64万吨乙烯/年产能，投资73.31亿元，于2004年12月开工建设，2006年9月建成投产，乙烯产能达到100万吨/年，成为全国首座百万吨级乙烯生产基地。化工分部拥有22套主体生产装置及配套完善的辅助生产系统、公用工程系统，每年向市场提供合成树脂、合成橡胶、液体有机化工原料等系列产品300多万吨。

【乙烯产量突破100万吨】 2019年，茂名石化对化工装置运行末期关键机组瓶颈问题进行攻关，装置实现稳定运行，两套裂解装置乙烯产出稳定在139吨/小时。通过强化工艺报警、抓好装置平稳率和仪表自控率管理、全面检查辅助系统、对关键机泵实行预防性维修等措施，抓好装置平稳运行，杜绝非计划停工。密切跟踪原料质量变化，及时调整裂解深度、优化三元制冷压缩机运行，实施C-400尾气膨胀压缩机外甩燃料气、调优三元制冷系统组分配比确保冷量充足等措施，优化调整降低高附产品损失，提高乙烯、双烯收率，全年累计生产乙烯100.24万吨，产量突破

▲ 茂名石化100万吨乙烯厂区夜景

百万吨大关。

【丁二烯尾气加氢装置改造】2019年，茂名石化首次采用国内自主技术，由国内厂家单独设计、制造、安装，对原有丁二烯尾气加氢装置进行扩能改造，将异壬醇装置抽余碳四进行全加氢，生产富含丁烷的碳四烷烃作为优质乙烯裂解原料，提高乙烯收率。3月9日，丁二烯尾气加氢装置扩能改造项目建成投产，成功产出合格产品。装置产能从4万吨/年提高到10万吨/年，每年可创效约2000万元。

【高抗冲聚苯乙烯专用改性胶BR9100试产成功】 2019年4月17日，茂名石化顺丁橡胶装置成功生产高抗冲聚苯乙烯专用改性胶BR9100，主要作用是添加到聚苯乙烯产品提高产品的耐高抗冲性能。该产品成功研发，可增加顺丁橡胶产品的种类，改变此前顺丁橡胶产品单一的现状，拓宽产品销路。

【化工三元流延膜专用料取代进口产品】 2019年，茂名石化通过优化原料配比、调整进料速度和助催化剂用量等措施，解决三元流延膜专用料新产品F4908、F4608等生产过程中存在的凝胶、结块等行业内难题，提升产品性能和质量稳定性，可逐步取代同类进口产品。

【IBC大桶料TR580M产量突破万吨】 2019年，茂名石化高密度聚乙烯装置拳头产品IBC大桶料TR580M产量1.42万吨，比上年提高38.8%，创历史同期新高，累计创效2565万元。该产品于2012年开发，茂名石化持续优化产品三剂配方和反应器关键控制参数，持续提升产品的耐冲击性、耐化学性等性能，产品质量获得下游厂家的好评。

▲ 2019年9月9日，茂名石化50万吨年轻石脑油正异构分离装置开车成功

【系统内首次实现双釜生产三元共聚产品】 2019年，茂名石化3号聚丙烯装置首次增投一釜生产三元共聚产品，实现双釜串联运行，减少挤压机停车待料情况，产量每小时提高5～6吨，提高操作弹性，解决产品分子量分布范围不够宽导致拉膜性能差的问题，进一步提升产品质量。

【化工新产品和专用料增效3.24亿元】 2019年，茂名石化有医用注射器聚丙烯PPB-MT16等10个化工新产品实现首次工业化生产，其中替代进口牌号产品9个，新产品产量和数量继续位居系统内第一名。其中，新产品产量24.94万吨，占树脂产品比例16%；新产品和专用料120.59万吨，占合成树脂总量比例77.4%，比上年提高5.94个百分点，新产品和专用料创效3.24亿元。

工程建设

【工程建设概况】 2019年，茂名石化实施的一类、二类、三类重点技术措施项目27个，其中建成中交15个；续建和新建一般技术改造及隐患治理项目232个，完工74个，完成年度投资23.16亿元，完成率99.99%。

【年产50万吨石脑油正异构分离装置开车成功】 茂名石化投资2900万元的50万吨/年石脑油正异构分离装置，于2018年7月开工，2019年8月底建设完成。2019年9月9日，50万吨/年石脑油正异构分离装置开车成功。该装置采用精细蒸馏技术，具有投资省、操作难度小、分离精度高等特点，可从汽油调和组分轻石脑油中分离异戊烷，减少MTBE外购，为公司降本增效。

【年产50万吨重芳烃轻质化项目开工建设】 2019年12月，茂名石化50万吨/年重芳烃轻质化项目开工建设。项目总投资2.96亿元，建成投产后，可解决汽油调和组分中芳烃含量过高而无法出厂的问题，提升经济效益。

【年产10万吨高端碳材料项目开工建设】 2019年11月1日，茂名石化10万吨/年高端碳材料项目开工建设，项目总投资9.96亿元。利用华南区域的催化油浆为原料，采用中国石化自有技术建设针状焦生产全流程装置，产品用于生产高功率、超高功率石墨电极和锂离子电池负极材料，是茂名石化炼油产业向高端化发展的重要项目。

【电热技改工程开工建设】 2019年7月28日，茂名石化电热技改工程项目开工建设。项目总投资9.43亿元，主要建设2台410吨/时高温超高压CFB锅炉，并配套建设1台30兆瓦抽背式汽轮发电机组，年操作时数8000小时。处理后烟气氮氧化物、二氧化硫、烟尘排放浓度不高于50毫克/立方米（标准）、35毫克/立方米（标准）、10毫克/立方米（标准），达到国家超低排放标准。建成投产后，停用低效油炉，提高化工蒸汽系统的可靠性，降低化工用气成本。

【年产40万吨粗裂解气制苯乙烯项目可研获批复】 2019年5月，茂名石化新建40万吨/年粗裂解气制苯乙烯项目可行性研究报告获中国石化总部批复，批复总投资24.4亿元。主要工程包括建设12万吨/年粗裂解气装置、40万吨/年苯乙烯装置及相关配套设施。该项目利用公司富乙烷气和纯苯资源，对调整化工板块产品结构、增强抗风险能力具有重要意义。

【新建聚烯烃立体仓库项目可研获批】 2019年5月，茂名石化新建聚烯烃立体仓库项目获中国石化总部批复，批复总投资2.28亿元。主要工程包括建设库容2.56万吨的立体仓库1座、出入库输送系统及相关配套设施。该项目的建设旨在提高公司的仓储现代化水平。

新产品开发

【新产品开发概况】 2019年，茂名石化开发化工新产品11个，化工新产品产量25.46万吨，完成计划的140%；生产总部级新产品24.38万吨，达到计划的131.78%。新产品累计产量占合成树脂的比例16.25%，比上年提升2.2个百分点。新产品专用料累计产量占合成树脂的比例77.25%，比上年提升4.1个百分点，各项指标均创历史最好水平。获省部级科技进步奖5项，获认定广东省工程技术研究中心2个；1个科研团队被总部评为优秀创新团队，1项成果获集团公司QC成果竞赛二等奖；6项成果通过省部级鉴定，8个科技成果通过总部验收；获发明专利申请号48件（申请专利首次实现发明专利占比100%）、获国家专利授权10件、获美国专利授权1件。5项专利获茂名市专利优秀奖。

【医用注射器聚丙烯PPB-MT16开发成功】 2019年3月11日，医用注射器聚丙烯PPB-MT16在1号聚丙烯装置首次试产成功，生产过程采用中国石化自主研发的专利技术，产品兼具透明及耐冲击性能，其冲击强度明显高于同熔指的无规透明聚丙烯，具有混合均匀、韧性强、低析出不脱针、跌落不易破损等特点。通过鲁尔分离力的测试（GB/T1962.1-2015），取得YY/T0242-2007《医用输液、输血、注射器具用聚丙烯专用料》认证，无须下游改性可直接用于生产医用注射器。产品推出市场后很快获得客户认可。

【高分子量星型SBS F430B开发成功】 2019年3月，高分子量星型SBS F430B在橡胶装置实现工业化生产。该新产品具有星型结构、分子量大、硬度高的特点，用于制鞋领域体现出耐磨性好、填充油可充量大等优点。该产品填补公司在该领域的空白，满足市场的多元化需求。

【聚苯乙烯改性用顺丁橡胶（BR）9100开发成功】 2019年4月17日，聚苯乙烯改性用顺丁橡胶（BR）9100在顺丁橡胶装置试产成功，产品主要用作聚苯乙烯产品改性，提高聚苯乙烯耐高抗冲性能。产品成功研发增加公司顺丁橡胶产品的种类，改变此前顺丁橡胶牌号单一的状况，拓宽产品销路。

【车饰无纺布背胶专用料625-000开发成功】 2019年5月5日，车饰无纺布背胶专用料625-000在1号高压聚乙烯装置首次试生产100吨。该产品的下游制品具有柔软性强、高抗冲、无异味等优点，能同时满足车饰无纺布背胶用料和食品包装盒盖注塑用料的生产条件。根据市场调研，国内该类产品主要依赖进口，市场前景广阔。

【三元共聚镀铝膜电晕层专用料F4708开发成功】 2019年5月，三元共聚镀铝膜电晕层专用料F4708在3号聚丙烯装置成功试产约500吨。区别于此前的三元共聚牌号，F4708除具有三元共聚特有热封温度低的优势外，还具有光泽度高、室温可溶物含量低，机械性能优良等特点，主要用于食品、药品镀铝膜等包装领域。该新产品的推出，有助于公司进一步丰富在流延聚丙烯镀铝膜领域的系列牌号，扩大市场份额。

【中熔指透明聚丙烯PPR-MT08开发成功】 2019年6月21日，中熔指透明聚丙烯PPR-MT08在2号聚丙烯装置成功试产约400吨。该产品力学性能优良、透明性好、易于加工，可广泛应用于食品、日用品等行业，具有透明度高、刚韧平衡性好的优点，是公司对该领域应用市场的进一步细分。

【抗冲透明聚丙烯树脂PPB-MT02开发成功】 2019年8月，抗冲透明聚丙烯树脂PPB-MT02在装置成功试生产约350吨。生产过程采用非对称外给电子体技术和橡胶粒径控制技术，产品具有密度低、不含增塑剂，具有良好透明度和光泽度等特点，可媲美国外同类产品，填补国内市场空白。帮助国内行业解决聚丙烯树脂挤吹成型生产透明中空制品的熔体强度、透明度、光泽度和冲击强度达不到市场要求，无法与进口产品竞争的问题。

【高熔高透丙丁共聚聚丙烯PPD-MT60开发成功】 2019年8月19日，高熔高透丙丁共聚聚丙烯PPD-MT60在2号聚丙烯装置试产成功。产品具有流动性好、注塑周期短、成型快、高加工速率下低黏度等特性，主要运用于制作快速成型薄壁透明食品容器，有助于下游加工厂商降低加工温度和缩短生产周期，提高生产效率和节约能耗。根据市场调研，该种产品市场需求达10万吨/年。

【合成橡胶F730开发成功】 2019年10月1日，合成橡胶F730在橡胶装置成功试产。该产品属线型结构 SBS，具有低温柔性好、耐热性能高、延伸性能好等特点，适用于生产自黏型防水卷材。产品开发功后，公司有望借助地域优势占领华南区域同类型产品市场。

【高压聚乙烯电缆料2260H开发成功】 2019年10月24日，高压聚乙烯电缆料2260H在2号高压装置成功试产。电缆料2260H作为交联聚乙烯的基础树脂，具有耐击穿强度高，绝缘电阻大，介电常数小、输电容量大、耐热耐老化、耐化学品等多种优点，可用于制作电力电缆绝缘层。据市场调研，华南地区暂无交联电缆绝缘料用合成树脂生产企业，而下游各电缆加工厂需求量巨大，产品具有较好的前景。

茂名石化主要技术经济指标

表1　　单位：亿元

指标名称 \ 年份	2014	2015	2016	2017	2018	2019
原料油加工量/万吨						
茂名分公司	1930.01	1941.82	1937.12	1979.62	2051.49	2183.36
工业总产值						
茂名分公司	1072.99	776.12	732.19	863.09	1059.95	1030.97
茂名石油化工有限公司	13.46	13.49	14.07	16.64	18.73	25.09
工业增加值						
茂名分公司	210.91	293.20	335.41	366.13	342.95	276.21

续表

指标名称 \ 年份	2014	2015	2016	2017	2018	2019
茂名石油化工有限公司	5.33	4.84	6.38	6.95	9.02	8.55
资产总计						
茂名分公司	267.38	235.10	265.87	311.87	340.09	348.73
茂名石油化工有限公司	46.55	48.47	50.03	47.89	41.99	40.35
流动资产						
茂名分公司	91.03	63.93	97.06	139.95	130.43	138.69
茂名石油化工有限公司	13.69	14.48	12.7	11.02	9.73	10.18
固定资产原值						
茂名分公司	353.34	368.46	382.44	391.08	408.77	414.77
茂名石油化工有限公司	69.28	71.4	72.35	79.54	77.59	79.54
固定资产净值						
茂名分公司	142.17	140.68	137.47	129.36	128.17	118.17
茂名石油化工有限公司	29.06	24.35	29.23	34.79	31.50	31.54
销售收入						
茂名分公司	1052.19	768.44	726.61	854.46	1065.67	1045.23
茂名石油化工有限公司	27.36	26.71	27.49	29.93	32.26	30.81
实现利税						
茂名分公司	292.01	330.84	381.02	413.21	420.11	344.06
茂名石油化工有限公司	4.96	5.52	4.33	4.66	4.82	3.93
税金						
茂名分公司	277.51	269.12	291.08	301.88	320.07	280.84
茂名石油化工有限公司	2.84	3.35	2.09	2.1	2.57	2.31
万元产值综合能耗（吨标煤/万元）						
茂名分公司	0.580	0.564	0.547	0.549	0.551	0.530
茂名石油化工有限公司	1.40	1.390	1.34	1.335	1.284	1.279

备注：1. 茂名分公司销售收入不含炼化互供；2.茂名分公司实现利税和税金的数据为当年税金实际缴纳数，并含进口原油增值税。

茂名石化主要产品产量一览表

表2 单位：万吨

产品名称＼年份	2014	2015	2016	2017	2018	2019
乙烯	114.12	105.39	113.03	117.59	119.06	118.20
丙烯	64.44	60.51	64.92	66.3	69.69	54.24
混合芳烃	45.47	40.19	40.09	43.23	45.08	41.44
三苯（化工）	38.02	33.36	32.84	35.91	37.26	35.47
三苯（炼油）	3.83	3.67	4.31	4.1	34.05	76.29
聚丙烯	59.53	59.25	64.92	67.98	69.40	69.10
线性聚乙烯	20.56	19.46	19.83	19.72	14.76	13.87
高密度聚乙烯	36.42	32.53	36.03	35	36.87	37.37
高压聚乙烯	40.59	35.50	39.44	40.99	36.38	35.59
丁二烯	14.12	13.45	14.40	15.02	14.67	14.47
MTBE	9.82	13.64	13.98	16	23.26	17.43
1-丁烯	1.65	1.65	1.65	1.72	1.51	1.62
乙二醇	3.17	4.0	3.93	5.88	12.26	5.68
环氧乙烷	10.68	11.86	10.44	14.41	23.45	27.24
苯乙烯	12.30	12.81	11.37	13.11	11.11	12.78
SBS橡胶	7.76	6.64	7.24	7.46	7.62	7.12
顺丁橡胶	6.72	6.35	8.46	9.7	9.05	9.53
液化气	118.69	126.26	142.50	148.03	160.91	128.29
石脑油	212.61	186.17	193.75	186.96	214.45	187.68
汽油	394.51	421.61	421.53	412.67	422.82	433.83
其中：高标号汽油	281.31	325.51	274.19	143.65	151.14	157.08
煤油	217.32	268.62	284.59	290.03	323.64	354.08
柴油	528.61	455.63	419.28	444.41	413.27	433.57
润滑油基础油	24.02	25.67	35.82	36.51	37.78	35.91
石蜡	6.82	7.55	8.21	5.13	4.26	4.73
商品重油	22.39	19.73	15.84	14.12	11.69	10.96
沥青	101.23	135.49	137.81	146.12	125.79	111.39
石油焦	77.02	66.49	70.46	77.59	70.66	77.54
硫黄	20.80	20.04	19.52	20.45	20.22	22.01

2019年茂名大事记

▲ 2019年，茂名市在小东江举办“滨海绿城好心茂名”迎春灯会 （丘立贺 摄）

1月

1日 茂名市公安边防支队转改官兵集体换装和入警宣誓仪式举行。

△“个人所得税”手机App开通新功能，纳税人可以在手机App上完成填报个人所得税专项附加扣除信息等相关操作。

2日 茂名市召开全市干部大会，宣布广东省委决定：许志晖任中共茂名市委书记。

△茂名市第四次全国经济普查登记启动仪式在市中心城区文化广场举行。

链接

2019年1月1日起，新修改的《中华人民共和国个人所得税法》全面施行。取得“综合所得”或“经营所得”的纳税人，在5000元的基本减除费用和“三险一金”（养老保险、失业保险、医疗保险）专项扣除外，还可以依条件享受子女教育、继续教育、大病医疗、住房贷款利息或者住房租金、赡养老人等6项专项附加扣除。为贯彻落实党中央、国务院关于个人所得税改革要求，国家税务总局开发的“个人所得税”手机App于2018年12月31日完成更新升级，纳税人可以直接在手机App上完成填报个人所得税专项附加扣除信息等相关操作，网页版（https：//its.etax-gd.gov.cn）的相关功能同步开通应用。

△茂名市纪委监委发出关于在全市党员干部中开展《中国共产党纪律处分条例》考学活动的通知。

4日 茂名市打击“两违”（违法用地和违规建设）攻坚战会议在市政府四楼会议室召开。

6日 由广东石油化工学院、茂名市律师协会共建的律师学院（广东石油化工学院律师学院）揭牌成立。

8日 中共茂名市委常委会议召开，传达学习广东省委第十二届第六次全会精神，研究茂名市贯彻落实意见。

△香港中华煤气有限公司行政总裁陈永坚一行到茂名进行投资考察。

△国际合作交流与校企战略合作签约仪式在广东茂名幼儿师范专科学校茂名校区举行。

9日 中国共产党茂名市第十一届委员会第八次全体会议在市民中心召开，总结2018年工作，研究部署2019年工作和茂名市机构改革工作。中共茂名市委书记听取许志晖代表市委常委会所做的报告，审议市委常委会抓党建工作情况报告。审议通过《中国共产党茂名市第十一届委员会第八次全体会议决议》。听取市委常委、组织部部长徐晓霞关于《茂名市机构改革方案》的说明，对茂名市深化机构改革工作进行动员部署。

10日 茂名市第十二届人大常委会第三十七次主任会议召开，市人大常委会常务副主任梁罗跃主持会议。会议决定市十二届人大常委会第二十一次会议于1月11日上午召开，时间半天。

△茂名市人大常委会宣讲会举行，系统宣讲解读《茂名市城市市容和环境卫生管理条例》。

△茂名市公安局以“警民牵手‘110’，共创平安迎大庆”为主题的“‘110’宣传日”宣传活动在沃尔玛超市东门举办。

△茂名市制造的石化重装备——裂解炉辐射段在水东港码头装船启运，发运泉州市项目施工地。

11日 茂名市退役军人事务局、市政务服务数据管理局、市农业农村局、市文化广电旅游体育局、市工业和信息化局、市卫生健康局等新组建机构挂牌成立。

△茂名市第十二届人民代表大会常务委员会第二十一次会议召开，决定：市第十二届人民代表大会第五次会议于2019年1月22日在茂名市市区召开。决定在市十二届人大五次会议的全体会议上设置旁听席，名额不超20人。接受李红军辞去茂名市人大常委会主任职务的请求，并报茂名市第十二届人民代表大会第五次会议备案。

△茂名市政府第十二届第六十二次常务会议召开，研究部署组建广东粤科茂名创新创业投资基金、调整管道天然气销售价格等相关工作，审议并原则通过《茂名市城市道路管理规定》。

12日 茂名市第一届武术大会在茂南区鳌头镇举行。

14日 茂名市举办机构改革培训班，中共茂名市委常委、组织部部长、市委机构改革办主任徐晓霞就做好机构改革组织实施工作进行动员部署。

15日 茂名市与茂名石化公司联席会议召开，通报2018年第一次联席会议决定事项落实情况，并围绕协调解决茂名石化卫生防护距离搬迁安置、回收茂名石化公司位于南海旅游岛（中国第一滩）的土地等14项需要茂名石化公司支持事项和高端碳材料项目建设、炼油厂区环境防护隔离带征地工作等10项需要茂名市支持解决的事项进行讨论研究，逐一交流沟通，初步达成共识。

△茂名市企业联合会第二届第六次理事会暨第三届第一次会员代表换届选举大会和2019迎春年会在茂名市区举行。

△茂名市炎黄文化研究会暨冼夫人文化研究中心成立。

16日 茂名市政府第十二届第六十三次常务（扩大）会议召开，传达贯彻全省“一核一带一区”区域发展格局建设推进会精神，讨论市政府2019年政府工作报告初稿，研究部署保障农民工工资支付等工作。

△政协第九届茂名市委员会常务委员会第九次会议召开，决定政协第九届茂名市委员会第三次会议于2019年1月21—23日在茂名市区召开。

△广东省十三届人大常委会第九次会议审查批准《茂名市畜禽养殖污染防治条例》。

17日 中国石化集团公布首批绿色企业名单，茂名石化公司成为中国石化命名的首批十家绿色企业之一。

△茂名军分区党委第六届八次全体（扩大）会议召开，传达学习广东省军区党委全会精神，总结2018年工作，表彰先进单位与个人。研究部署2019年任务。

19日 茂名市气排球协会成立。

△茂名市中心城区金城路（站前大道至西粤南路）建成通车。

20日 茂名市第十二届人大常委会第二十二次会议召开，听取和审议茂名市人大常委会关于茂名市第十二届人民代表大会代表变动情况和代表资格审查的报告；审议有关人事任免事项；举行宪法宣誓仪式。

21日 至23日，中国人民政治协商会议第九届茂名市委员会第三次会议在市民中心召开，审议通过市政协主席代表第九届市政协常务委员会所做的工作报告，审议通过副主席黄宝强代表九届市政协常务委员会所做的提案工作报告，补选政协第九届茂名市委员会常务委员。

△中共茂名市委书记许志晖与到茂名考察的华侨城华南集团总经理倪明涛一行座谈交流。

22日 至24日，茂名市第十二届人民代表大会第五次会议在市民中心召开，听取和审议许志晖代表市人民政府所做的工作报告。审查批准茂名市2019年国民经济和社会发展计划，审查批准《茂名市2018年国民经济和社会发展计划执行情况与2019年计划草案的报告》。审议批准茂名市2019年预算和《茂名市2018年预算执行情况和2019年预算草案的报告》。决定设立茂名市人民代表大会社会建设委员会。依法补选李长林为茂名市监察委员会主任。听取和审议王天鸿代表茂名市人民检察院所做的工作报告。同意接受许志晖辞去茂名市人民政府市长职务的请求，许志晖当选茂名市第十二届人民代表大会常务委员会主任，李长林当选茂名市监察委员会主任。

23日 2019年茂名市春节军政联谊会召开，市委书记许志晖代表市委、市政府以及全市人民，向驻茂名市解放军、武警官兵致以节日的祝贺和美好的祝愿。向全市退役军人和其他优抚对象致以崇高的敬意和亲切的慰问。

△茂名市信访局，市应急管理局，市委外事工作委员会办公室、市外事局，市市场监督管理局和市自然资源局等新机构挂牌成立。

△茂名市政协九届第十一次常委会议召开，听取茂名市“两会”期间市政协各小组讨论市政协常委会工作报告、提案工作报告、政府工作报告及其他报告和有关文件的情况汇报。

△茂名市公安机关首次启用无人机空地联勤护航春运。

24日 茂名市第二批新组建、设立和更名机构（包括市司法局、市医疗保障局、市城市管理和综合执法局、市生态环境局等）挂牌成立。

28日 茂名市政府召开2019年全市人力资源和社会保障工作会议，总结2018年工作，部署2019年任务。

31日 茂名地区首个“风、光、储”一体化微电网在化州市新安镇高山埚村投放运行。

2月

1日 中共茂名市第十一届纪律检查委员会第四次全体会议在市民中心召开。

△中共茂名市委常委会召开会议，传达贯彻全国、全省非洲猪瘟防控工作电视电话会议精神，研究部署进一步做好非洲猪瘟防控工作。

2日 至3日，中共茂名市委书记、市人大常委会主任许志晖带队检查春运、供应保障、节日安全等工作，并看望慰问坚守一线的工作人员。

6日 茂名市副市长崔剑带领各区（县级市）和市直相关单位负责人赴湛江市，与湛江海关进行工作座谈。湛江海关副关长贝景波通报2019年全国海关工作会议、湛江海关工作会议精神，介绍推进机构改革、优化口岸营商环境、维护国门安全和服务经济发展等方面所做的努力和取得的成绩。

11日 茂名市人民医院成功实施茂名市首例“剖宫产术前行髂内动脉球囊置入术”。

13日 高州市法治文化主题公园和化州市宝山法治文化主题公园被评为省级“法治文化主题公园”，其中高州市法治文化主题公园还被评为全省“十佳法治文化主题公园”。

14日 茂名市纪委常委会召开扩大会议，学习贯彻中纪委三次全会、省纪委四次全会有关精神，专题研究部署集中整治形式主义、官僚主义工作。

16日 “南粤春暖·2019”——茂名市“百企千岗”就业服务春季广场招聘会在市文化广场图书馆南侧举行，现场吸引当地155家知名企业进场招聘，提供就业岗位7500多个。

18日 茂名市制定实施《茂名市精准扶贫“红色引擎”计划实施方案》，打造17个“抓党建、促脱贫攻坚，引领乡村振兴”示范点，以点带面把全市180个省定贫困村建设成为“五好”基层党建新农村示范村。

21日 中共茂名市委书记、市人大常委会主任许志晖与中国铁建投资集团有限公司董事长、党委书记张沛然一行座谈交流。

△中共茂名市委书记、市人大常委会主任许志晖会见云南省城投置业股份有限公司海南事业部总经理易威洲一行。

△共青团茂名市第十届委员会第六次全体（扩大）会议在茂名迎宾馆召开，学习贯彻团中央十八届二中全会、中共茂名市委十一届八次全会和团市省委第十四届第三次全会精神，全面总结茂名共青团2018年工作情况，研究部署2019年重点工作任务。

24日 危化品重点县（茂名高新区）专家指导服务工作预备会召开。

26日 第十一届茂名市委2019年度巡察工作动员部署会召开，贯彻落实中央八项规定精神关于精简会议的要求，整体动员部署安排2019年度巡察工作任务

△茂名市第十二届人大常委会召开第三十九次主任会议，决定茂名市十二届人大常委会第二十三次会议于3月13日召开。

27日 茂名市商务局与阿里巴巴（中国）软件有限公司在茂名签署战略合作协议。

28日 茂名市宣传文化工作会议在市民中心召开。

3月

1日 中共茂名市委常委会议暨中心组学习会议召开，传达学习习近平总书记在中央政治局第十二次集体学习时的重要讲话精神，研究茂名市贯彻落实意见。

△中共广东省委第五巡视组巡视茂名市工作动员会议在市民中心召开，省委第五巡视组组长范先军通报巡视进驻的有关事项，并就开展的巡视工作讲话，中共茂名市委书记许志晖主持会议并表态讲话。

△中国—智利自贸协定升级议定书实施。议定书生效后，中国在3年内对智利逐步取消部分木制品关税，智利对中方立即取消纺织服装、家电、蔗糖等产品关税，双方相互实施零关税的产品达到98%，这是茂名市海关签发首份中国—智利新版原产地证书。

9日 茂名市首届“平安杯”中国少儿民族民间舞颁奖晚会在茂名石化职工文化中心举行。

11日 广东省网上中介服务超市（茂名）开业，完成茂名市首个上线的中介服务项目交易。

13日 茂名市第十二届人大常委会第二十三次会议召开，决定：免去吴再铭的茂名市人大常委会副秘书长、罗文的茂名市中级人民法院刑事审判第一庭副庭长、莫少芬的茂名市中级人民法院刑事审判第二庭副庭长、邹辉球的茂名市中级人民法院环境资源审判庭副庭长、黄晓颖的茂名市中级人民法院审判员的职务；任命罗文为茂名市中级人民法院环境资源审判庭副庭长，莫少芬为茂名市中级人民法院刑事审判第一庭副庭长，邹辉球为茂名市中级人民法院执行实施庭副庭长，郭剑锋为茂名市人民检察院检察委员会委员，麦海泓为茂名市人民检察院检察委员会委员；批准容慧辉任信

▲ 2019年3月22日，茂名港博贺新港区通用码头开港仪式

宜市人民检察院检察长。

14日 茂名市《中国共产党支部工作条例（试行）》《中国共产党农村基层组织工作条例》专题培训班举办。

16日 茂名市人民医院与中山大学附属第一医院建立妇科专科联盟。

18日 茂名市就部署学习贯彻习近平总书记重要讲话精神及全国“两会”精神召开学习会。

△茂名市医疗救助“一站式”结算服务启动。

19日 由茂名市政协主编、市委宣传部协编的《点赞茂名精选集》举行首发式。

22日 茂名市博贺新港区开港。中共茂名市委书记、市人大常委会主任许志晖出席活动并宣布开港，各界代表出席活动。

△茂名市沿海经济带发展推进大会（招商推介会）在茂名港博贺新港区召开。

23日 “砥砺六十载，茂名再出发”好心湖健步行活动在露天矿生态公园举行。

26日 茂名市第十二届人大常委会第四十次主任会议召开，决定市第十二届人大常委会第二十四次会议于4月2日召开，时间1天。

27日 茂名市安全生产工作会议召开。

28日 茂名市实现首次移动支付缴税。

△茂名河东水厂应急管网一期工程建成投产。

29日 中国人民政治协商会议第九届茂名市委员会常务委员会第十二次会议召开，传达学习贯彻习近平总书记重要讲话、全国两会精神及市委部署要求，中共茂名市委书记许志晖在市政协九届三次会议闭幕大会上的讲话精神；审议市政协常委会2019年工作要点和增设市政协农业和农村委员会有关事项，具体部署2019年的工作任务。

△高州市被评为广东省全域推进农村人居环境整治示范县。

4月

2日 茂名市第十二届人大常委会第二十四次会议召开，审议通过，任命赖慧嫦为茂名市中级人民法院民事审判第一庭副庭长。

3日 茂名市组织工作会议召开，学习贯彻习近平总书记关于党的建设和组织工作重要论述，贯彻落实全国、全省组织工作会议和全国、全省组织部长会议精神，研究部署2019年茂名市党的建设和组织工作。

4日 茂名市公安局直属侦查五大队成立，揭牌仪式在茂南区鳌头镇市公安局直属侦查五大队办公楼前举行。

8日 茂名市领导干部学习贯彻《粤港澳大湾区发展规划纲要》专题研讨班在市民中心开班。

△中国石化信宜城北加油站新能源汽车充电业务启动，是茂名市首家“加油＋充电”综合供能服务站。

12日 中共茂名市委书记、市人大常委会主任许志晖会见珠海出入境边检总站总站长涂林一行。

14日 国家文化和旅游部艺术发展中心茂名美术考区办公室挂牌成立。

△粤桂扶贫协作重点项目马山电白小学工程竣工。

15日 至5月5日，在第125届广交会上，茂名市组织47家企业、57个展位参展，达成出口成交额1905.41万美元。

△茂名信宜市钱排镇入选“广东十大绿美森林小镇”。

17日 茂名市农业农村工作会议在市民中心召开。学习贯彻习近平总书记关于“三农”工作重要论述和对广东重要讲话、重要指示批示精神，全面落实中央农村工作会议、全国扶贫开发工作会议精神，总结2018年全市乡村振兴及脱贫攻坚工作，研究部署2019年的重点任务。

25日 中共茂名市委全面深化改革委员会第一次会议召开，学习贯彻习近平总书记关于全面深化改革的重要论述，传达学习广东省委全面深化改革委员会第二次、第三次会议主要精神。

△茂名市安全生产委员会印发《茂名市党政领导干部安全生产责任制实施细则》。

△茂名市首家面向技工院校学生的技能创业孵化基地，在茂名市高级技工学校“互联网+”技能创业创新孵化基地揭牌成立。

27日 茂名市组织工作调度会暨软弱涣散村（社区）党组织整顿工作推进会召开，通报基层党建三年行动计划实施情况，分析存在问题，对基层党建工作和软弱涣散整顿工作做部署。

5月

8日 茂名市第十二届人大常委会第四十一次主任会议召开，决定市十二届人大常委会第二十五次会议于5月14日上午召开，时间半天。

9日 至12日，SMM2019“华侨城”亚洲沙滩排球锦标赛在茂名市南海旅游岛·中国第一滩举行。

11日 至12日，茂名市第一职业技术学校在广东省高校体育舞蹈锦标赛暨青少年体育舞蹈公开赛中获得3项第一。

13日 茂名市南海旅游岛土地盘整收储工作动员会在水东湾新城召开。

14日 茂名市第十二届人大常委会第二十五次会议举行，审议市人大常委会主任会议关于提请审议袁古洁任职的议案，决定任命袁古洁为茂名市人民政府副市长；审议市人大常委会主任会议关于提请审议袁古洁代理茂名市人民政府市长职务的议案，决定任命袁古洁为茂名市人民政府代理市长。

△茂名“政商·税企”关系建设恳谈会在广州举行。

15日 茂名市政府第十二届第六十九次常务会议召开，研究部署大学生征兵、高州水库水资源环境保护、鼓励金融业支持地方经济发展等工作。

16日 中共茂名市委常委会议暨中心组学习会议召开，中共茂名市委书记许志晖主持会议。传达学习中共中央《关于加强和改进中央和国家机关党的建设的意见》精神，研究茂名市贯彻落实意见。

△中共茂名市委宣传部和市委宣传部讲师团联合举办“我和我的祖国”百姓宣讲报告会。

△茂名市首个5G视频电话拨通。

19日 茂名市中医院获得“国家高级卒中中心建设单位”称号，为广东省第二家、粤西首家获此称号的中医医院。

20日 广东荔枝采购节启动仪式在茂名市举行。

23日 茂名市政府第十二届第七十次常务会议由市委副书记、代市长袁古洁主持召开，传达学习国务院安委会2018年度省级政府安全生产和消防工作现场考核巡查组向广东省的反馈意见，听取整治“保健”乱象百日行动工作情况汇报，研究部署相关工作。

△茂名市纪检监察机关警示教育大会召开。

24日 中共茂名市委书记许志晖、副书记袁古洁率市党政代表团赴湛江市考察交流。双方召开对接工作座谈会，就深化两市合作、推进区域协同发展进行深入交流。

28日　首届“茂名市人才活动周”暨广东青年科学家茂名行科技志愿服务行动启动。广东省科学技术协会、中共华南理工大学委员会、中国科学院广州能源研究所、中国科学院南海海洋研究所分别与茂名市签约。

30日　第九届广东省残疾人文化节茂名地区启动仪式暨茂名市首届特教学校文艺汇演在市特殊教育学校举行。

△茂名五人制足球俱乐部（简称茂名FC）夺得全国五甲联赛总决赛季军。

6月

1日　茂名市全面实施公安交管“放管服”新措施10项，包括5类业务“异地通办”、5项服务“便捷快办”。

2日　中共茂名市委常委会扩大会议召开，传达学习贯彻习近平总书记在“不忘初心、牢记使命”主题教育工作会议上的重要讲话精神，贯彻落实全省开展“不忘初心、牢记使命”主题教育工作会议精神，研究部署茂名市开展“不忘初心、牢记使命”主题教育工作。

△2019年茂名市“文化和自然遗产日”非物质文化遗产宣传展示活动在“南越·1959”文化创意街举行。

3日　以“传承销烟精神共享无毒生活”为主题的“6·3”虎门销烟180周年纪念暨全民禁毒宣传活动在茂名市东汇城举行。

△茂名市为全国首个获由中国轻工业联合会、中国焙烤食品糖制品工业协会颁发“中国月饼名城”称号的城市。

5日　茂名电信智能宽带发布会召开。茂名电信智能宽带发布，可提供全系列智能高速网络。

6日　茂名市第十二届人大常委会第四十三次主任会议召开，决定茂名市第十二届人大常委会第二十六次会议于6月10日召开。

△茂名市荔枝国家现代农业产业园建设现场会在高州市根子镇举行，副市长崔剑主持会议，部署进一步推动现代农业产业园项目建设工作。

10日　茂名市第十二届人大常委会第二十六次会议召开，审议通过《茂名市第十二届人民代表大会常务委员会关于召开茂名市第十二届人民代表大会第六次会议的决定》；审议通过《茂名市第十二届人民代表大会常务委员会关于列席和邀请列席茂名市第十二届人民代表大会第六次会议人员的决定》。

11日　茂名市政府与交通银行广东省分行战略合作框架协议签署仪式举行。

△茂名市第五届“税务杯”青年创新创业大赛初赛在粤西创业创新孵化基地举行，11个项目进入决赛。

12日　茂名市创建国家卫生城市迎接省级技术评估有关工作会议在市民中心召开。

△至13日，广东省人力资源和社会保障厅厅长陈奕威带领省督导考核组一行到茂名市开展全省职业年金实账积累、推进工伤保险基金省级统筹改革督导、2018年企业养老保险省级统筹以及促进就业工作目标责任制考核工作。

13日　2019年广东省健康素养进机关活动启动仪式暨健康素养省级巡讲活动茂名站启动。

14日　新时代中加传承白求恩精神高州行大型公益系列活动在高州市人民医院举行。

△在茂名市委宣传部、茂名滨海新区党工委、茂名市文化广电旅游体育局的指导下，由茂名市文化传媒集团和广州达力动漫集团、茂名市一叶文化传媒有限公司、汉道（茂名）文化产业发展有限公司联合打造的冼夫人文化主题动漫剧先导片《好心宝宝灵动茂名》首次在国家级学习平台上播出展映。

15日　至16日，茂名市在茂名东汇城广场举办第十二届汽车文化节。

16日　至18日，中共茂名市委副书记、代市长袁古洁带领市乡村振兴战略专题研讨班成员，赴浙江考察学习农村人居环境整治“千村示范、万村整治”工作经验，找差距、学经验、促进步、谋发展，扎实推进茂名市乡村振兴工作。

19日　由省体育总会、茂名市人民政府主办，省社会体育中心、省龙舟协会、茂名市文化广电旅游体育局、茂名日报社承办的“海龙阁饼业·好心茂名”2019广东省龙舟锦标赛在茂名市小东江茂名市区段举行。来自全省各地的22支队伍、700多名队员参加比赛。

20日 中共茂名市委国家安全委员会第一次全体会议召开，学习贯彻习近平总书记关于国家安全的重要论述，传达学习省委国家安全委员会第一次全体会议精神，审议有关工作规则和工作细则，研究部署茂名市下一时期的国家安全工作。

△茂名市第五届“税务杯”青年创新创业大赛（总决赛）在粤西创业创新孵化基地路演厅举行，11个项目（团队）参加比赛。

21日 茂名市创建国家卫生城市省技术评估通报会召开。研究推进茂名市创卫工作。

△茂名市政府第十二届第七十二次常务会议召开，专题听取省自然资源厅领导关于土地管理政策宣讲，研究茂名土地管理改革工作，听取关于阶段性调整城镇职工基本医疗保险单位缴费费率的汇报。

△茂名市第十二届人大常委会第二十七次会议召开。会议决定任命朱向贤为茂名市司法局局长。免去李惠滨的茂名市中级人民法院审判员职务。免去任子旭的茂名市人民检察院检察员职务。免去林瑞松的茂名市人民检察院检察员职务。

△茂名市茂南区“好心湖畔”田园综合体文旅项目签约，为广东省首个国家农业综合开发融合发展试点示范项目。

22日 化州市新安镇第三届水果文化旅游节新闻发布会暨新安镇首届“寻找乡村最美媳妇”公益活动启动仪式在茂名中心城区东汇城南广场举行。

△茂名市人民政府印发《茂名市构建“1369”审批便民服务体系实施方案》，“1369”审批便民服务体系是指“坚持一个服务理念，提升三大服务平台，创新六种服务模式，强化九项服务保障”。

25日 至26日，茂名市第十二届人民代表大会第六次会议在市民中心召开，表决通过《茂名市第十二届人民代表大会第六次会议选举办法》《茂名市第十二届人民代表大会社会建设委员会组成人员表决办法》。大会主席团常务主席、执行主席、市委书记、市人大常委会主任许志晖为当选市人民政府市长的袁古洁颁发证书。

△中国银行茂名分行交易银行部挂牌成立，为茂名地区首家成立交易银行部的银行。

26日 茂名市政协九届第十三次常委会召开，围绕“加快产业发展，打造沿海经济带上的新增长极”开展专题协商议政。

27日 茂名市2019年扶贫济困日活动仪式举行。

△中共茂名市委审计委员会第一次会议召开，审议《中共茂名市委审计委员会工作规则》《中共茂名市委审计委员会办公室工作细则》《茂名市本级2019至2020审计年度审计项目计划》《关于茂名市2018年度市级预算执行和其他财政收支的审计工作报告》。会前，许志晖、吴刚强、李长林等为市委审计委员会办公室揭牌。

△茂名市老促会成立30周年座谈会在市老干部活动中心召开。

28日 茂名市纪念建党98周年座谈会召开。

△茂名市食品安全委员会办公室在东汇城广场举行主题为“尚德守法，食品安全让生活更美好”2019年全市食品安全宣传周启动仪式。

29日 茂名炎黄冼夫人文化研究中心、电白区霞洞镇政府联合举办冯冼联婚历史意义暨霞洞冯冼文物遗迹座谈会，50多名专家学者齐聚全民通金融集团会议室。

30日 茂名市在高州根子镇召开荔枝国家现代农业产业园种质资源圃、荔枝博览馆项目规划设计论证会。

7月

1日 茂名市在广东茂名幼儿师范专科学校举办庆祝中华人民共和国成立70周年、中国共产党成员98周年暨2019年征兵宣传系列活动。

2日 茂名220千伏袂花变电站竣工投产，是茂名地区首座220千伏GIS变电站，是茂名保底电网的重要节点。

△茂名市人民政府市长袁古洁主持召开防御热带低压视频会商会议，强调要保持高度警惕，把防御工作做深、做细、做实、做好，确保人民群众生命安全，把损失降到最低程度。

4日 茂名市人民政府市长袁古洁主持召开市政府第十二届第七十三次常务会议，听取“三防”工作情况汇报，研究部署茂名市第三幼儿园建设等工作。

△茂名市召开创建全国文明城市“宣传教育提升行动”工作现场会。

5日 市委常委会召开会议，传达学习省委书记李希在全省县（市、区）委书记“守初心担使命暨抓基层党建促乡村振兴”研讨班开班式上所作主题教育专题党课精神，研究部署茂名市贯彻落实意见，中共茂名市委书记许志晖主持会议。

10日 茂名市2019年“三支一扶”高校毕业生专场招聘会在粤西创业创新孵化基地举行，吸引200多名“三支一扶”高校毕业生进场应聘。

12日 茂名市在北京世园会举行2019北京世园会“广东日”茂名专场活动，茂名市人民政府市长袁古洁出席活动。

15日 中国共产党广东石油化工学院第二次代表大会召开，中共茂名市委书记许志晖出席并讲话，茂名石化公司党委书记陆建明代表茂名石化党委致辞，广东石油化工学院党委书记、校长张清华做工作报告。

△广东省首家产教融合型家政职教集团——广东好心家政职教集团在茂名市揭牌。市领导李多民、董晓璐参加活动。

16日 中联办新界工作部常务副部长叶虎、香港茂名同乡总会主席容冰率香港茂名同乡总会200多位成员回乡开展考察活动。茂名市举行欢迎会，中共茂名市委书记许志晖出席并致辞，市长袁古洁主持。

17日 2019年茂名市文明委全体（扩大）会议暨全国文明城市创建工作推进会在市民中心召开，研究部署全市精神文明建设重点工作和创建卫生城市迎接国家级暗访“100天攻坚大行动”工作。

△由广东省美术家协会、中共茂名市委宣传部主办，市文学艺术界联合会承办，市美术家协会、市图书馆协办的“好心茂名系列展览活动——根深叶茂·著名国画家美术作品茂名展”在市图书馆开幕，市委常委倪谦推杆启动。

19日 粤西片区农村道路交通管理工作座谈会在茂名市召开，总结交流各地农村道路交通安全工作经验及做法，分析存在的问题，研究部署下一步工作。省公安厅副厅长孙太平参加会议。

23日 茂名滨海新区管委会与广州港集团有限公司签署深化茂名港博贺新港区港口合作框架协议。中共茂名市委书记许志晖，广东粤财投资控股有限公司党委书记、董事长杨润贵，茂名市人民政府市长袁古洁，广州港集团有限公司党委书记、董事长蔡锦龙等见证签约。

△茂名市人民政府市长袁古洁主持召开市政府第十二届第七十五次常务会议，学习《中华人民共和国土壤污染防治法》《地方党政领导干部食品安全责任制规定》。

25日 广东省第十三届“百歌颂中华”歌咏活动茂名市选拔赛在茂名市体育中心体育馆举行。

△由广东省文明委主办，茂名市文明委承办的广东省道德模范与身边好人现场交流活动在茂名市民中心举行。来自各地的41名“广东好人”分享践行美德的经历，现场有1500名观众。

△文化和旅游部发布《关于公示第一批拟入选全国乡村旅游重点村名录乡村名单的公告》，信宜市镇隆镇八坊村入选首批“全国乡村旅游重点村名录乡村名单”。

27日 中共茂名市委书记许志晖带队到广州港集团考察，落实省委全会部署，学习借鉴港口建设管理先进经验，对接滨海新区与广州港集团签署的深化茂名港博贺新港区港口合作框架协议。

29日 中共茂名市委书记许志晖率团走访慰问驻茂名部队，向驻茂部队全体官兵和全市军队离退休干部、转业退伍军人、革命伤残军人、烈军属、广大民兵预备役人员致以节日祝贺和诚挚问候。

30日 茂名市召开2019年全市上半年经济形势分

▲ 图为2019年茂名市拥军慰问团慰问演出合影

析会，贯彻落实省委、省政府关于做好当前经济工作的部署，研判经济形势，分析存在问题，部署下半年经济工作。茂名市人民政府市长袁古洁出席会议并讲话，市委常委吴刚强主持会议。

△茂名市人民政府市长袁古洁主持召开市政府第十二届第七十六次常务会议，听取茂名市现代农业产业项目建设工作和基层医疗卫生服务升级建设项目情况汇报。

8月

1日　中共茂名市委常委会会议召开，学习贯彻习近平总书记在中央政治局第十五次集体学习时的重要讲话精神、在深化党和国家机构改革总结会议上的重要讲话精神，广东省委常委会会议决定事项通知精神，广东省委第十二届第七次全会精神。中共茂名市委书记许志晖主持会议。

△茂名市推进重点项目建设工作会议在市民中心召开，总结上半年全市重点项目建设进展情况，部署推进重点项目建设。许志晖出席并讲话，市委副书记、市长袁古洁做工作部署。

2日　茂名市供电局举办电网开放日活动，主题是“智慧电网，美好生活”。茂名市政府机关单位、客户和媒体记者70多人参加活动。

4日　茂名市政府党组（扩大）会议召开，市长袁古洁主持。会议学习中国共产党广东省第十二届委员会第七次全体会议精神，专题学习《中华人民共和国政府信息公开条例》。

△至17日，茂名市与东华能源股份有限公司、广东金辉新材料股权投资中心签署战略合作协议。

△2019年第八届中国创新创业大赛（广东茂名赛区）暨“圆梦创客”杯创新创业大赛半决赛在茂名国际大酒店举行。

5日　茂名市共青河新城土地收储座谈会召开，市委书记许志晖听取共青河新城土地收储、用地报批、指挥部运作情况汇报。

6日　茂名市政府第十二届第七十七次常务会议召开，市长袁古洁主持会议。解读《广东省全面开展工程建设项目审批制度改革实施方案》，审议通过《茂名市全面开展工程建设项目审批制度改革实施方案》。

7日　茂名市在2019广东省群众艺术花会比赛中获金牌3枚、银牌6枚、铜牌4枚，总成绩全省排第二名。

△中共茂名市非公经济组织委员会第二届代表大会在市区召开，听取和审议中共茂名市非公经济组织第一届委员会工作报告，选举产生新一届中共茂名市非公经济组织委员会书记、副书记、委员，部署下一阶段非公经济组织党建工作。

△茂名市创文办公室联合团市委、

茂名市妇女联合委员会在中心城区小东江同心岛举办“我们的节日·七夕”主题活动，150名单身男女在七夕节寻找有缘人。

△茂名市首座取消省界收费站ETC门架在阳化高速成功吊装。

8日 中共茂名市委常委会扩大会议召开，研究部署防范化解重大风险工作。许志晖主持会议，市领导袁古洁、赵广辉、倪谦就分管领域防范化解重大风险做工作部署。

△茂名市人民医院与广东省人民医院“高水平医院建设”合作签约仪式在茂名市人民医院举行。

9日 茂名市红色经典诗文朗诵大赛——“在党的旗帜下”在茂名日报社举行，由中共茂名市委宣传部、市文明办、中共茂名市直属机关工作委员会主办。

△茂名市生猪产销对接会在茂名市农业农村局召开。通报茂名市非洲猪瘟防控和生猪产销情况。

△至10日，2019“我要出唱片”茂名赛区新闻发布会暨启动仪式在茂名南越1959文创街举行。活动由茂名市总工会，茂名市文化广电旅游体育局，市文学艺术界联合会指导，华纳时代文化传媒集团有限公司主办，茂名市音乐家协会、广东健宇文化传播有限公司承办。

11日 民建茂名市委第六届第十七次（扩大）会议召开。

12日 中国共产党茂名市第十一届委员会第九次全体会议在茂名市民中心召开。听取许志晖代表中共茂名市委常委会所做报告、袁古洁做关于上半年经济形势分析和下半年经济工作的部署。审议通过《中国共产党茂名市第十一届委员会第九次全体会议决议》。

13日 茂名市“网络诚信伴我行”宣传活动暨网民网络安全感满意度调查活动启动。70多家互联网单位签署网络诚信倡议书，发布2019年网民网络安全感满意度调查。

14日 中共茂名市委常委会会议召开，审议中共茂名市委关于广东省委第五巡视组反馈意见整改落实工作安排意见，研究部署整改落实工作，许志晖主持会议。

15日 茂名市总工会第十二届六次全委会议和工会代表会议召开，履行替补经审委员的民主程序，选举产生兼职工会副主席2人。茂名市人大常委会副主任、市总工会主席黄奕奕出席会议并讲话。

16日 2019年第八届中国创新创业大赛（广东茂名赛区）暨“圆梦创客”杯创新创业大赛举行决赛。

17日 “南国书香节茂名分会场暨茂名书展”在南越1959文创街开幕

21日 茂名市第十二届第七十九次常务会议召开，听取重点项目建设进展汇报，市长袁古洁主持。

△茂名市创建全国文明城市基础设施建设及环境卫生提升行动工作现场会召开，总结上一阶段创文工作，部署下一步工作任务。

△至22日，广东省副省长张光军到茂名市人民医院、茂名市第三人民医院、电白区慢性病防治中心、小东江石碧国考断面等地调研，要求做好高水平医院建设、水污染防治工作。

22日 “南粤家政”工程促进就业工作启动仪式在茂名市举行。广东省各市人力资源社会保障局、妇女联合会等部门，各市家政行业主要负责人出席启动仪式。

△“嘉豪轩”2019北部湾城市群冼夫人文化宣传大使选拔赛新闻发布会在茂名市民中心举行。

28日 茂名全国交通一卡通和美团打造“城市绿色新生活”发布会在茂名举行。广东省交通运输厅、市交通运输局、美团、多家城市公交企业的负责人出席。

29日 茂名市第十二届人大常务委员会第二十八次会议举行，审议《茂名市村庄规划建设管理条例（草案）》。

30日 中共茂名市委书记专题会议召开，听取十一届市委第十一轮巡察情况汇报，研究下一阶段巡察工作。市委书记许志晖主持会议并讲话，袁古洁、刘芳、李长林以及市委巡察工作领导小组成员出席。

△茂名市政府第十二届第七十八次常务会议召开，市长袁古洁主持。审议通过《茂名市村庄规划建设管理条例（草案）》

《茂名市“一村一品、一镇一业”建设奖补办法》。

9月

2日 广东省岭南现代农业科学与技术省实验室茂名分中心获批。市长袁古洁在广东省实验室（第三批）建设启动会上，接受广东省领导授牌。

5日 茂名市举办市直行政机关防范和化解法律风险专题培训班，市长袁古洁出席开班式并讲话。

6日 中共茂名市委常委会议暨中心组学习会会议召开，学习《中共中央国务院关于支持深圳建设中国特色社会主义先行示范区的意见》精神，市委书记许志晖主持会议。

△茂名市交通运输局茂南分局承建的国道325线至森林公园三级公路（科创路）新建工程的茂化快线至广东石油化工学院西城校区南门路段完工通车。

△茂名首个5G智慧社区示范中心揭牌仪式在茂名绿地四季印象营销中心举行。

7日 广东茂名幼儿师范专科学校（西城校区）举行青年人才中秋联谊活动，茂名市引进的特聘人才、急需紧缺人才、选调生及高校青年教师100人参加活动。

9日 中共茂名市委常委会会议暨“不忘初心、牢记使命”主题教育领导小组第一次会议召开，学习中央、广东省委“不忘初心、牢记使命”主题教育第一批总结暨第二批部署会议精神，审议有关文件稿。市委书记许志晖主持并讲话，市长袁古洁出席会议。

△中共茂名市委、市政府在市民中心召开全市教育大会暨庆祝2019年教师节大会。市委书记许志晖等市领导，广东省教育厅副厅长王创出席，为茂名市名校长、名教师、名班主任、先进个人代表颁发证书。

10日 茂名市“不忘初心、牢记使命”主题教育会议在市民中心召开。市委书记许志晖做动员讲话，广东省委第七巡回指导组组长林琳出席并讲话，市长袁古洁主持。

△广东石油化工学院西城校区校名石揭牌仪式举行。

11日 在“2019中国优质荔枝擂台赛”中，茂名市早熟荔枝品种“白糖罂”获白糖罂类金、银、铜奖，“妃子笑”获银、铜奖。

16日 茂名市政府与东华能源股份有限公司、广东省金辉新材料股权投资中心在广州签署烷烃资源综合利用项目投资协议。广东省省长马兴瑞见证签约。

△茂名市政府2019年第十一次党组（扩大）会议召开，市长袁古洁主持。会议学习习近平总书记在“不忘初心、牢记使命”主题教育工作会议上的讲话精神，对市政府党组和政府系统开展主题教育工作进行部署。

△茂名市油城老年大学开学典礼暨金融系统反电诈知识进校园宣传活动在茂名市开放大学礼堂举行，以防范电信诈骗犯罪为主题，向老年群体宣传普及防范知识。

△至22日，茂名市公安机关开展第六届茂名市网络安全宣传周“法治日”主题活动，倡导市民做网络法治的建设者与网络安全的维护者。

17日 茂名市“不忘初心、牢记使命”主题教育集中学习研讨在市民中心开班，市委书记许志晖主持会议并讲话，市长袁古洁出席。

18日 2019年茂名市“全国科普日”活动在茂名市文化广场举行，以“礼赞共和国，智慧新生活”为主题。

19日 茂名市政府第十二届第八十二次常务会议召开，袁古洁主持。传达学习广东省领导关于强降雨灾害应对及镇村防灾救援工作的批示精神，听取全市削坡建房综合整治工作汇报，研究部署相关工作。

20日 市委书记许志晖主持召开专题学习研讨会，学习习近平总书记关于“三农”工作重要论述，推进乡村治理体系和治理能力现代化。市长袁古洁出席会议。

21日 市委书记许志晖主持召开专题学习研讨会，学习习近平总书记关于“牢记初心使命、推进自我革命”的重要论述和习近平总书记关于“增强斗争精神、勇于担当作为”的重要论述。市长袁古洁出席会议。

△茂名银保监分局、茂名市委网信办

等机构在广东石油化工学院开展“2019年金融知识普及月，金融知识进万家，争做理性投资者，争做金融好网民”宣传活动。

22日　市委书记许志晖会见中国工程院院士邱冠周一行，就加快钛锆新材料产业发展进行交流。

23日　茂名市2019年“中国农民丰收节”暨“好心湖畔”田园综合体首期示范区开放活动，在茂南区金塘镇牙象大地艺术公园丰收广场举行。中共茂名市委书记许志晖、广东省主题教育巡回小组领导和农民代表出席会议。

25日　茂名市“不忘初心、牢记使命”主题教育警示教育会议暨2019年领导干部党章党规党纪教育培训班在市民中心召开。中共茂名市委书记许志晖主持会议并讲话，市长袁古洁出席。

26日　中共茂名市委书记许志晖，市长袁古洁会见湛江海关关长郭辉一行，就加强关地合作、促进茂名开放型经济发展进行交流。

27日　茂名市民族宗教事务局在全国民族团结进步表彰大会上，获得“全国民族团结进步模范集体”称号。

△茂名市政府“不忘初心、牢记使命”主题教育暨党风廉政建设会议召开，茂名市人民政府市长袁古洁主持。落实省、市“不忘初心、牢记使命”主题教育警示教育会议暨2019年领导干部党章党规党纪教育培训班精神。

△茂名市政府第十二届第八十三次常务会议召开，茂名市人民政府市长袁古洁主持。审议通过《贯彻落实省乡村振兴战略若干用地政策措施实施细则》。

29日　茂名市职工书画艺术比赛获奖作品展览在市图书馆开幕。市委常委、政法委书记赵广辉等市领导出席并为获奖者颁奖。

30日　广州至湛江高速铁路开工仪式在茂名市电白区举行，广东省省长马兴瑞出席。

△茂名市举行烈士纪念日敬献花篮仪式，许志晖、袁古洁与党政军群各界代表900多人出席仪式。

△茂名市人民医院经广东省胸痛中心认证委员会现场核查，通过广东省胸痛中心第七批次认证。

△中交第四航务工程局有限公司承建的广东茂名港博贺新港区粤电煤炭码头工程通过验收。

△广东茂名健康职业学院“药食同源”团队在安徽省亳州市举行的中国“华佗杯”中国（亳州）药膳大赛中获团体赛金奖。

△茂名市5G+工业互联网应用暨企业服务券奖补推介会在茂名市迎宾馆召开，大会以“5G引领，智造未来”为主题。茂名市工业和信息化局、中国联通广东省公司制造中心、中国联通茂名市分公司领导出席会议。

△茂名石化完成铁路罐车洗刷月1540辆，创4年来洗罐量单月新高。其中特洗罐车1319辆，创建厂以来铁路罐车特洗量的单月历史新高。

10月

1日　茂名市在市民中心广场举行升国旗仪式，组织收看庆祝中华人民共和国成立70周年大会，庆祝新中国成立70周年。

5日　“同饮一江水”2019广东劳动者歌唱大赛茂名赛区总决赛举行。林晓梨等4名茂名市选手晋级省赛半决赛。

7日　省道280高州石仔岭至茂南爱群段（茂高快线）路面改造工程开工。

8日　茂名博贺新港区10万吨级粤电煤炭码头开港，粤电煤炭码头投入运营。

△茂名市滨海新区供水工程通水，日供水10万立方米。

9日　中共茂名市委举行学习《习近平新时代中国特色社会主义思想学习纲要》宣讲报告会，广东省委宣讲团成员、省委宣传部副部长杜新山受邀做专题宣讲报告。

△“茂名市2019年青年马克思主义者素质能力提升班”在市委党校开班。50名市直和县区的优秀年轻干部、优秀团干部、企事业单位骨干、“两新”组织优秀青年和优秀青年干部参加。

10日 茂名市领导到“红色村”——化州市笪桥镇柑村开展党史、新中国史专题学习。许志晖参加并讲话，广东省委党史研究室主任杨建伟授课。

△茂名市政府第十二届第八十四次常务会议召开，市长袁古洁主持。会议听取创建国家森林城市工作情况汇报，研究部署相关工作。

11日 中共茂名市委常委会会议召开。

△广东茂湛高速公路有限公司在包茂高速（粤境段）粤桂省界收费站广场举行拆除收费站土建工程开工仪式。

12日 茂名市水东湾城区引罗供水工程试通水现场会在旦场镇占鳌水厂召开。

△茂名市工商业联合会主办的“新时代、新茂商、新发展”第十次全国各地茂名商会会长联席会议在重庆举行。中共茂名市委统战部、茂名市工商联、茂名市商务局相关领导和来自全国各地茂名商会会长、秘书长等120多人参加。

△茂名港博贺新港口岸区域“病媒生物和放射性、植物种类和有害生物”本底调查启动。

△至13日，第四届茂名市青少年科技实践能力挑战赛在信宜市职业技术学校举行。活动由茂名市科学技术协会、茂名市教育局、茂名市青少年科技教育协会等联合主办，主题为“挑战极限·纸论英雄”。来自70余所学校的102支队伍400余名师生参加。

15日 国家税务总局茂名市税务局、国家外汇管理局茂名市中心支局在茂名市新泽源商贸有限公司建立茂名市首个外汇税收政策长效宣传教育基地。

17日 茂名市领导干部学习贯彻《关于支持深圳建设中国特色社会主义先行示范区的意见》专题研讨班在市民中心开班。许志晖出席开班式并做题为“悟初心，担使命，为打造沿海经济带上的新增长极提供坚强保障”的主题教育党课报告。省委第七巡回指导组组长林琳，茂名市委副书记、市长袁古洁，省委第七巡回指导组副组长李宜航及其他成员出席。

18日 茂名市2019年“世界精神卫生日”系列宣传活动主题晚会在市中心城区文化广场下沉舞台举行，活动由市委政法委和市卫生健康局主办。

△茂名市“十乱”整治专项行动联合执法启动。

21日 茂名站南站房建成投用，在茂名站交汇的有广茂、河茂、洛湛、茂湛、深茂铁路。

△“广东渔政亮剑2019”系列专项执法行动中查获的“三无”船舶和违规渔具在电白区博贺码头销毁。

△茂名市区2700多个设于小区内的垃圾收集桶完成垃圾分类规范标识设置。

22日 茂名市政府与中国石油天然气股份有限公司签订天然气领域战略合作框架协议，双方拟在天然气领域开展合作。

△广东省茂名市国家荔枝种质资源圃在高州市根子镇开工建设。项目建设规模35.72公顷，总投资8450万元。

23日 茂名市召开全市中小河流治理工作现场会暨实施河长制工作推进会。

△茂名市召开2019年度“十大优秀环卫工人”表彰暨环卫工作经验交流会。市长袁古洁出席会议并为受表彰的优秀环卫工人颁奖。

24日 茂名市大型海洋公园项目启动。海昌海洋公园联合广东万旅集团，举办茂名浪漫海岸二期浪漫小镇和海昌海洋公园项目启动活动。

25日 市委常委会会议暨中心组学习会议召开。

△广东股权交易中心茂名运营中心揭牌暨首批企业挂牌仪式在茂名市创新大厦举行。

△至26日，第七届广东省青少年科技创新实践成果交流活动在揭阳市华美实验学校举行。茂名市科协、茂名市教育局组织16支学校代表队参加，共获省一等奖11项（省赛一等奖数21项）、省二等奖3项、省三等奖2项，实现历史性突破。活动由广东省青少年科技中心主办，来自全省14个地市的156支队伍，600多名师生参加小学、初中、高中3个组别角逐。

29日 2019茂名市“最美现役军人”“最美退役军人”“最美军嫂”学习宣传活动晚会在市文化广场中心舞台举行，对王清等10名“最美现役军人”，邓华林等30名“最美退役军人”和韦玉媛等8名“最美军嫂”进行表彰。活动由市双拥工作领导小组办公室、市委宣传部、市退役军人事务局、市妇女联合会、茂名军分区政治工作处和茂名日报社联合主办。

△茂名市第十二届人大常委会第二十九次会议召开，听取和审议市人大常委会执法检查组关于检查《茂名市露天矿生态公园保护管理条例》实施情况的报告。

△茂名市在电白区岭门镇举行茂名市、电白区粮食应急联合演练。

30日 广东粤海控股集团有限公司董事、总经理蔡勇一行到茂名市开展项目考察对接。茂名人民政府市长袁古洁主持召开座谈会，双方就深化合作、加快推动项目建设等事宜进行深入交流。

△万顺叫车茂名分公司获得茂名市首张网络预约出租汽车经营许可证。

△茂名市生产的一批共重1300.29千克，货值8481.2美元的海捕鱼罐头经茂名海关检验合格，首次出口澳大利亚。

△茂名市纪委监委制定《茂名市纪检监察机关查处诬告陷害行为实施办法（试行）》。

△佛山市顺德区茂名商会成立暨商会首届理监事就职庆典在佛山市顺德区举行。

是月 广东众和工程设计有限公司自主研发的树脂装置柔性化、有机硫综合利用等新材料项目建成投产，填补国内行业空白。

11月

2日 至3日，茂名市人民政府市长袁古洁率茂名市代表团出席西江经济带城市共同体及市长联席会议第四次会议。

7日 茂名市以“防范火灾风险，建设美好家园”为主题的2019年“119消防安全月”宣传活动在茂名东汇城南广场举行启动仪式。

△市委副书记、市长袁古洁主持召开市政府第十二届第八十八次常务会议，传达学习法治政府建设示范创建活动动员部署视频会议精神，听取茂名市法治政府建设和2019年人大代表建议和政协委员提案办理情况汇报，研究部署相关工作。

8日 茂名市首支水上搜救志愿服务队成立，20多名公益人员成为首批水上搜救志愿者。

13日 茂名东站至博贺港区铁路项目开工活动在广东茂名滨海新区博贺新港区举行。

16日 金源置业2019年茂名市“市长杯”足球赛在市体育中心足球场开幕。市委常委、常务副市长吴刚强出席活动并宣布比赛开幕。

17日 茂名市人民政府市长袁古洁主持召开市政府第十二届第八十九次常务会议，贯彻落实党的十九届四中全会精神，专题研究部署政府效能提升工作。

18日 至19日，广西壮族自治区来宾市委副书记、市长雷应敏率代表团到茂名考察交流，实地对接扶贫协作工作，召开来宾市（茂名）扶贫产业项目推介会。

20日 茂名市人民政府市长袁古洁主持召开市政府第十二届第九十次常务会议，审议并原则通过《茂名市水土保持规划（2018—2030年）》《茂名市城市公共交通发展规划（2018—2035年）》。

△“第31届粤西（茂名）订戏会暨粤剧艺术展演”市区南越1959文创街开幕。

23日 “走进森林·多彩南粤”首届广东省森林文化周茂名分会场森林徒步暨高州市“我为创森加油”主题宣传活动在笔架山森林公园启动。

△以“全民健身，精准扶贫，乡村振兴”为主题的2019年广东省全民健身志愿服务活动暨广东省乡风民俗趣味运动会（茂名化州站），在化州市杨梅镇低埇村委冲华村文体广场举行。

28日 茂名滨海新区电城镇被评为第三批全国“扫黄打非”进基层示范点，是广东省入选的4个示范点之一。

△茂名日报社记者余力的摄影作品《榕树下的述职会》获中国人大新闻奖一等奖。

12月

3日 茂名市“不忘初心、牢记使命”主题教育先进事迹报告会在市民中心召开。

△东华能源（茂名）有限公司挂牌成立。

4日 市委领导班子召开“不忘初心、牢记使命”暨巡视整改专题民主生活会，中共茂名市委书记许志晖主持会议，省委主题教育第七巡回指导组组长林琳、副组长李宜航到会指导。

△至6日，省政协副主席黄武率省政协调研组到茂名市就脱贫攻坚、农村人居环境整治工作进行民主监督。

6日 全市领导干部学习贯彻党的十九届四中全会精神专题研讨班开班式在市民中心举行。中共茂名市委书记许志晖主持开班式并做动员讲话。省委宣讲团成员、华南理工大学党委书记章熙春做专题宣讲报告。茂名市人民政府市长袁古洁出席开班式。

7日 至8日，中共茂名市委书记许志晖赴广西壮族自治区来宾对接扶贫协作工作，深入推动扶贫协作各项部署落实。来宾市委书记、市人大常委会主任农生文参加活动。

9日 中共茂名市委书记许志晖会见日本驻广州总领事石塚英树一行，就深化双方交流合作等议题交换意见。

△茂名市凭借由市人力资源和社会保障局创立的岭南“好心仲裁”文化品牌，被列为全省调解仲裁文化建设工作试点市，率先在全国仲裁文化建设中树立岭南品牌。

10日 全国农民合作社质量提升整县推进试点交流座谈会在高州市召开。

△广东省水文水资源监测中心茂名分中心通过国家计量认证水利评审组对其进行的国家资质认定扩项评审。

11日 至14日，茂名市召开县域发展暨三大平台建设现场交流会。

12日 在深圳举行中国胸痛中心认证工作委员会第二十三次执委会，会上宣布茂名市人民医院通过2019年度第四批次中国胸痛中心认证，成为国家级标准版胸痛中心。

15日 茂名市人民政府市长袁古洁接受茂名市政府门户网站专访，聚焦“不忘初心、牢记使命，奋力打造广东沿海经济带上的新增长极”主题，与网民进行在线互动交流。并就发展城市经济、垃圾分类、茂名站北站房拆建改建、广东滨海旅游公路茂名段建设等民生实事与网民互动。

17日 第二届“好心茂名”冼夫人文化周开幕。由中共茂名市委宣传部、茂名市文化广电旅游体育局主办。茂名市人民政府市长袁古洁出席启动仪式，与嘉宾代表共同触屏启动冼夫人文化周，为茂名市“好心书屋”揭牌。

18日 茂名市人民政府市长袁古洁主持召开市政府十二届第九十三次常务会议，研究部署茂名市创卫、结对南宁市和来宾市扶贫协作、城市黑臭水体整治等工作。

20日 中共茂名市委书记许志晖，茂名市人民政府市长袁古洁与丰益国际集团董事会主席、益海嘉里集团董事长郭孔丰一行座谈交流，共商加快推进粮油加工、旅游康养、蛋鸡养殖等项目建设事宜。

23日 国家制造强国建设战略咨询委员会主任、中国工程院主席团名誉主席、院士周济一行，到茂名市开展“广东省‘一核一带一区’的产业布局研究”项目调研，茂名市人民政府市长袁古洁陪同调研。

24日 茂名市人民政府市长袁古洁主持召开市政府十二届第九十四次常务会议，听取全市2020年春运道路交通安全管理、2019年政务公开等工作汇报。

26日 中共珠海市委书记郭永航率领珠海市党政代表团到茂名市考察精准扶贫和对口帮扶工作，中共茂名市委书记许志晖，茂名市人民政府市长袁古洁参加相关活动。

△茂名市在市民中心举办“好心茂名2020音乐会”

28日 “喜看城市发展见证西城崛起”茂名市第六届全民健身徒步节举行。中共茂名市委书记许志晖、茂名市人民政府市长袁古洁等市领导参加活动。

30日 中共茂名市委书记许志晖率市党政代表团赴珠海市对接脱贫攻坚工作，考察学习珠海城市新业态、临港产业发展等方面的经验做法。

31日 茂名市博贺湾大桥全线通车。

年度关注

党的建设全面加强

2019年，茂名市坚持以习近平新时代中国特色社会主义思想为指导，全面贯彻党的十九大和十九届二中、三中、四中全会精神，深入学习贯彻习近平总书记对广东重要讲话和重要指示批示精神，全面落实新时代党的建设总要求和新时代党的组织路线，全面加强党的领导和党的建设，为建设产业实力雄厚的现代化滨海城市，打造沿海经济带上的新增长极提供坚强政治保证。

一、深入开展“不忘初心、牢记使命”主题教育，持续深化学习习近平新时代中国特色社会主义思想。

茂名市坚定担负政治责任，全面推行“三个第一”制度，创建固定、板凳、在线、红色、思政、船上“六个课堂”，编印主题教育“口袋书”，组织全市26万余名党员投入主题教育。全市县处级以上领导班子及成员按照“四个对照”“四个找一找”的要求，检视问题4478个，解决2571个，有1371个长期推进并取得阶段性成效。坚持学做结合，推动党员干部在大抓产业、打赢“三大攻坚战”等工作中勇担使命。东华能源烷烃资源综合利用项目、市循环经济示范中心和4个绿能环保发电等一批重大项目全线突破。坚守人民立场，专门梳理10项群众和企业“急、难、愁、盼”的问题开展集中治理，广开言路倾听民意，跟踪落实信访积案600多宗、网络问政事项3000多件、热线工单20多万件，群众的获得感进一步增强。

二、深化落实三年行动计划，不断提升基层党组织组织力。

全面推行村级组织向党组织报告工作制度，做法被中组部《组工参阅》和广东省委《南方》杂志推介。推动农村党组织书记三个“一肩挑”比例提高至90.8%，城市社区党组织书记两个“一肩挑”比例达到92.7%。实施“头雁”工程，调整撤换村级党组织书记71人，储备村级党组织书记后备干部3827人，选拔3155名候任村（社区）干部，“推进候任村（社区）干部制度创新经验做法”被定为全省改革创新工作交流会6个地级市改革成功案例之一。开展村级党组织星级评定，量化评定五星级党组织100个，四星级党组织740个，三星级党组织896个。严格落实发展党员流程，共发展党员4126人。指导高州市准确把握试点工作要求，完成解决发展党员违规违纪问题试点工作。健全基础保障，2019年市财政投入基层党建经费3.2亿元，全面落实村级组织运转经费政策。建立候任村（社区）干部补贴待遇保障机制，逐步提高候任村（社区）干部补贴待遇。创新开展党员联系户活动，构建“村到组、组到户、户到人”三级党建网格引领乡村善治，经验做法被中组部《组工通讯》刊登、《中国组织人事报》报道。强化党建核心引领社区治理，推广“一核二化五创建”社区治理工作模式。深入推进抓党建、促脱贫攻坚、促乡村振兴精准扶贫“红色引擎”计划，柑村村党支部在全省抓党建促乡村振兴暨红色村党建示范工程现场会做交流发言。

三、坚持正确选人用人导向，锻造忠诚干净担当干部队伍。

坚持新时期好干部标准，选优配强各级各类领导干部，2019年提拔、调整市管副处以上干部474人次。实施一线干部锻造工程，在脱贫攻坚、扫黑除恶等重点工作、项目一线中考察干部185批次、2600多人次，选拔任用基层一线市管干部

38人，提拔驻村期满的第一书记35人，累计提拔（晋升）重用扶贫干部110人。探索完善干部非任用性考察办法，累计开展非任用性考察1316人次。从严监督管理干部，抓好选人用人“一报告两评议”工作，严格执行“凡提四必”。着力用好提醒、函询、诫勉方法，个人事项报告“提、函、诫”28人次。建立健全“容错纠错、能上能下、激励鼓励”三位一体保障机制，重新使用受处分科级干部2名，对3名处级领导干部实行组织“下”的调整。推进公务员职务与职级并行制度的落实，完成机构改革工作。组织干部教育培训，聚焦脱贫攻坚加强干部教育培训工作在中组部、国务院扶贫办联合召开的东部省份脱贫攻坚推进会上做经验介绍，茂名市是唯一做经验介绍的地级市。

四、围绕大抓产业，着力推动人才工作提质增效。

强化政治引领，认真落实领导联系专家制度。建立完善市、县、镇三级人才驿站服务体系，发挥人才驿站柔性引才的公共服务平台作用。加大力度培养本土人才，实施企业领军人才培养计划、“匠心茂名”人才培养计划、青年名师名医培养计划。着力打造一支强大的乡村振兴人才队伍，实施茂名市万名乡村技能人才培养计划，完成培养1000多人。举办首届“茂名市人才活动周”，组织市内66家大型企业参加对接，其中52位专家与茂名市41家企业合作，达成78个合作项目，31个项目成功签约。推动建立创新平台引进创新资源，新建立院士专家工作站9个、博士工作站6个，引进硕士研究生以上高层次人才400多人；茂名市获2019年度省科学技术奖8项，推荐项目获奖总数排全省第五位、粤东粤西粤北第一位。筹划参加全国创新创业大赛，茂名市获奖数量列粤东西北首位。以人才驿站服务体系对接粤港澳大湾区建设，推动人才工作高质量发展，经验做法被中组部《组工信息》大篇幅推介。依托市、县、镇三级人才驿站服务体系，着力打造乡村振兴人才服务平台，相关经验做法被《中国人才》刊发推广。

五、坚定不移惩贪治腐，打好正风肃纪持久战。

严肃追责问责，深入治理九个方面突出问题。查处违反中央八项规定精神问题52件，给予党纪政务处分99人，通报典型问题31件；严肃追究“四风”问题多发领导责任、查处“两个责任”落实不力问题15人，给予党纪政务处分11人。严格落实中央解决形式主义突出问题为基层减负的精神，全市发文比2018年压减30.3%、会议压减36%。保持反腐高压态势，全市纪检监察机关立案1737件，给予党纪政务处分1171人，移送司法机关处理65人。运用“四种形态”处理2294人。推进基层正风反腐三年行动，摸排线索2518条，立案1493件，给予党纪政务处分1048人。强化政治巡察，巡察单位党组织146个，村级党组织660个，发现问题5845个，立案查处240人。

六、全面加强党的建设和党的领导，提高制度治党、依规治党水平。

落实全面从严治党主体责任，召开县级党组织书记述职评议会议，对县级党（工）委书记和市直机关工委、市“两新”组织党工委、市委教育工委、市国资委党委抓基层党建工作责任进行评议，推动管党治党责任落到实处。完善党委工作部门抓落实机制，综合运用监督、考核、奖惩、问责等手段，推动党委决策部署落到实处。严格执行请示报告制度，推动各地各部门党委（党组）及时向市委请示报告重大问题。全面加强政协党的建设工作。支持国防和军队建设，推动军民融合深度发展。加强党内法规制度建设，把党内法规制度建设纳入党的建设总体安排。全年制定党内规范性文件69件。加大对党内规范性文件备案审查力度，将197个报备主体纳入备案范围。

茂名建市60周年成就

2019年，是茂名市建市60周年。1958年5月12日，茂名市政筹备处成立；5月23日，改为茂名工矿区城市筹备处；8月26日，成立茂名工矿区市。1959年3月22日，国务院批准设立茂名市（县级），为广东省省辖市；1975年，茂名市升格为地级市。1983年7月，茂名市直隶广东省，辖信宜县、高州县、电白县、化州县4个县。2019年，茂名市辖茂南、电白两区，代管信宜市、高州市、化州市3个县级市，设广东茂名滨海新区、茂名国家高新技术产业开发区、茂名水东湾新城，成为广东省域副中心城市、粤西组团式中心城市、南中国美丽滨海城市、中国北部湾城市群规划重要节点城市，实现茂名从工矿区市向现代化滨海城市的巨大飞跃。茂名市的经济建设、政治建设、文化建设、社会建设、生态文明建设和党的建设取得新突破。2019年，全市国内地区生产总值从1958年的2.78亿元增加到3252.34亿元，按可以比价计算（下同）是1958年的203.7倍；人均地区生产总值由1958年的106元增加至2019年的51119元，增长351.6倍；实现农林牧渔业增加值592.14亿元，比1958年增长27.8倍；实现工业增加值821.34亿元，比1958年增长2435.9倍；第三产业增加值1545.86亿元，比1958年0.65亿元增长449.2倍；社会消费品零售总额1667.36亿元，比1958年增长1473.8倍；三大产业比重从1958年的68.0∶8.6∶23.4调整为2019年的17.9∶34.6∶47.5，非农产业的比重提高50.1个百分点。特别是2001年后，茂名经济发展进入快车道，地区生产总值连续19年稳居粤东西北首位，2013—2019年，年均增速居第四位；人均地区生产总值居粤东西北首位，2013—2019年，年均增速居第八位；全市固定资产投资总额居第五位，地方一般公共预算收入居第一位；金融机构本外币存款余额居第三位，全体常住居民人均可支配收入居第六位，居民人均可支配收入2.32万元，其中城镇常住居民人均可支配收入2.94万元，农村常住居民人均可支配收入1.85万元，社会和谐稳定。

至2019年年底，全市公路通车总里程1.86万千米，农村公路里程1.63万千米，实现100%乡镇和100%的行政村通客运班车，形成城乡一体、干支相连的公路客运服务体系；全市港口码头泊位19个，其中生产性泊位19个，年吞吐能力4579万吨，基本建成粤西重要交通枢纽。高速公路建设：茂名市开始规划建设“四横三纵”（四横：沈海高速、汕湛高速及支线、中山至茂名高州高速、云茂高速；三纵：茂名港高速、包茂高速、汕湛高速化州至吴川段）高速公路网络。境内建成3条：沈海高速公路、包茂高速公路和汕湛高速公路（含支线茂名港高速），高速公路通车里程达到361.695千米；加快建设云茂高速公路，全长89.286千米。铁路建设：茂名市境内有6条铁路交会（河茂、广茂、茂湛、深茂、洛湛和筹建的博贺疏港铁路）。深茂铁路茂名段于2018年7月1日开通动车组列车，填补茂名市高快速铁路的空白，茂名融入珠三角2小时生活圈。市域快速路网建设：全市市域路网逐步完善，国道207、228以及省道280、370等15条国省道相继完成改造，干线公路路况显著提升，形成以茂名市区为中心，辐射电白城区、高州市区、化州市区的“半小时生活圈”，辐射信宜市区、广东茂名滨海新区的“1小时生活圈”。从茂名市中心城区到信宜市、高州市、化州市、广东茂名滨海新区都有一条高速公路、一条升级改造后的国（省）道2条快速通道。市区组团间快速干线网形成“六纵三横”（“六纵”：包茂大道、潘州大道、茂名大道、中德大道、省道291改造项目、西部快线；“三横”：沈海高速公路、国道228线、广东滨海旅游公路茂名段）的组团间快速路网格局，可实现北、中、南、东四大组团之间的互联互通。港口建设：茂名港是国家对外开放一类口岸，包括水东港区、博贺新港区、吉达港区3个港区。重点开发建设博贺新港区，茂名港博贺新港区是自然资源得天独厚的深水良港，拥有水深好、泥沙少等特点，是综合性运

▲ 茂名市露天矿生态公园改造前后对照图

输体系的重要枢纽、以工业港为主体的多功能与现代化综合港区，于2019年3月22日开港。该港区主要完成或在建的项目有：总投资24.8亿元的博贺新港区东、西防波堤主体工程完工；总投资21.7亿元的博贺新港区通用码头工程，2019年3月开港投入运营；总投资28.5亿元的粤电煤炭码头工程水工工程基本建成；博贺新港区30万吨级航道、30万吨级原油码头、东区油品码头、东区化工码头、利丰散货码头和港政码头等项，在加快推进前期工作。现代化通信网络和电网建设适度超前，可满足全市经济社会跨越式发展的需要。

2012年4月26日，广东茂名滨海新区挂牌成立。茂名滨海新区规划面积1688平方千米，跨电白区、茂南区，着眼于“港业城”一体化发展，以港口建设为突破口，以港兴业、以港促城，建设区域性航运、物流中心和综合交通枢纽，带动临港产业和城市发展；以全力打造世界级石化产业基地、信息产业基地和先进制造业基地，建设国家级滨海休闲度假胜地、滨海旅游产业试验区；围绕“一带一轴两城四港五区”（“一带”：滨海发展带，“一轴”：即南北发展轴，“两城”：环水东湾新城、博贺湾新城，“四港”：博贺新港区、吉达港区、水东港区、博贺渔港，“五区”：高新技术产业区、河西工业区、博贺临港工业区、信息产业经济区、滨海旅游区）展开战略布局，把茂名滨海新区建设成为国家重要的港口和美丽的滨海新城；构建广东面向东盟开放的重要门户。将按照“三步走”战略有序推进，实现“五年具规模、十年见新城、二十年创一流”的目标。全力打造高新区、博贺湾海洋经济综合试验区与水东湾新城三大发展平台，迅速拉开大发展架势。市民大道建成通车，市一中新校区、会展中心投入使用，新港大道南段10.8千米完成路面主体工程，新港大道尾段、北段及海洋大道正抓紧施工；水东港区功能进一步完善，茂名港博贺新港区物流通用码头、30万吨级原油码头、20万吨级矿石码头、10万吨级煤炭码头工程加快推进；中国港湾集团、中化集团、广州港集团、碧桂园集团等一批知名企业纷纷落户茂名滨海新区，一个崭新的美丽的现代化的海滨城市日见崛起。

2019年，茂名市加工1990.59亿吨原油，生产乙烯118.20万吨，连续8年成为广东省纳税冠军。全市全年规模以上工业完成总产值2025.86亿元，实现增加值611.25亿元，工业企业效益综合指数546.07%；全员劳动生产率61.19万元/人年，产品销售率99.45%。“三高”（高产量、高质量、高经济效益）农业基础厚实，享誉国内外，是著名的农业大市、中国水果生产基地和“中国罗非鱼之都”。建成粮、油、蔬菜、水果、水产、养殖、畜牧、南药等10余个农业商品生产基地。电白区是广东省渔业、盐业重点基地，海参、龙虾、鲜蚝等享誉省内外。茂名以荔枝、龙眼、香蕉为代表的热带、亚热带水果驰名国内外。2019年，全市完成农林牧渔业增加值592.14亿元，全年粮食产量150.16万吨，糖蔗产量47.61万吨，油料产量14.93万吨，蔬菜产量336.38万吨，水果产量395.77万吨，肉类总产量71.18万吨，出栏肉猪521.85万头，出栏家禽20941.31万只，水产品总产量92.21万吨（其中海产品产量60.16万吨，淡水产品产量32.05万吨）。县域经济较有特色，具有地方特色的支柱产业逐步形成规模。高州的劳保手套业出口数量和总额均占全国同类产品出口的50%；电白香精香料生产企业产值居全国各县市前列，海滨度假旅游、网箱养殖等健康发展；信宜的竹编、玉器加工、山地养鸡、林化工等产业成为该市经济增长和农民增收的可靠保障和稳固支撑；茂南成为全国最大的高岭土产品供应基地；化州的橘红药业、美术瓷颇具特色。（市委宣传部、市社科联、市统计局、市交通运输局）

全面深化改革取得新进展

2019年，茂名市坚持以习近平新时代中国特色社会主义思想为指导，全面贯彻党的十九大和十九届三中、四中全会精神，深入学习贯彻习近平总书记对广东重要讲话和重要指示批示精神，围绕市委“1+4+6”工作布局，扎实推进各项改革任务，全面深化改革取得新进展。

一、注重理论学习，改革认识不断深化。

始终把学习贯彻习近平新时代中国特色社会主义思想和习近平总书记重要讲话精神作为首要任务。市委常委会、市委深改委会议、市委理论学习中心组会议坚持把学习习近平总书记最新讲话、指示批示精神作为第一议题，深入学习习近平总书记在十九届三中、四中全会上讲话精神和对广东重要讲话、重要指示批示精神以及在中央深改委会议上的系列讲话精神，深刻把握习近平总书记关于全面深化改革的重要论述，学深悟透习近平新时代中国特色社会主义思想，进一步深化认识、统一思想、指导实践、推进改革。全年召开2次市委全会和一系列专题会议，对贯彻落实十九届四中全会、中央经济工作会议和省委全会精神做出部署。市委全面深化改革委员会组织召开2次会议，传达学习中央、省委全面深化改革委员会会议精神，审议通过改革工作安排，听取各区（县级市）和市各有关单位改革推进情况汇报，切实推动各项改革决策部署在茂名不折不扣得到贯彻落实。

二、注重谋划部署，各项改革协同推进。

始终遵循中央、省委改革顶层设计和总体部署，注重用改革的办法破解深层次问题，结合茂名实际，全面部署开展经济体制、行政管理体制、农业农村、民主与法治领域、文化体制、社会治理体制、重大民生领域、生态文明体制、党的建设制度、纪律检查体制10个领域的改革，推动实施50项198小项重大改革任务。突出重要领域和关键环节，贯彻落实省委深改委下发的《广东省推进实施创造型引领型改革行动方案（2019—2020年）》，坚持问题导向，投入更多精力抓根本性、全局性、制度性的重大改革举措，推动省委“18+13”重大改革任务安排在茂名市落地实施，推动各项改革协同配套、同向共进。“放管服”改革持续深化，“最多跑一次”能办成事项比例达6成以上，“1369”审批便民服务体系日趋完善；推进社会信用体系建设，茂名市综合信用指数进入全国百强；营商环境持续优化，全年减轻企业费用负担1.18亿元，全市新登记市场主体5.3万户，比2018年增长18%；深化“证照分离”改革，企业开办时间大幅压减。

三、注重完善机制，强化改革督察落实。

以机构改革为契机，进一步强化改革领导机构和工作机构统筹协调职能，加强党委对全面深化改革工作的统一领导。及时调整市委深改委成员，提高议事质量和决策效率。修订市委全面深化改革委员会、专项小组及办公室工作规则（细则），调整充实改革专项小组成员，树立“抓改革统筹、促改革落实”的鲜明导向。完善改革督查工作机制，强化改革督察落实工作，对推进全面创新改革试验、新型城镇化综合试点、碳排放权交易试点、环境污染第三方治理试点、推进扶持村级集体经济发展试点、开展农村土地承包经营权确权登记颁证整省推进试点、推进售电侧改革试点、创建现代职业教育综合改革试点工作等8项改革试点任务，督促职能部门细化责任分工，做到一事一策落实措施，按时间节点要求全部完成。

四、注重基层探索，改革创新亮点纷呈。

鼓励基层探索创新，推动顶层设计与基层改革有机结合，开展一批有特色的改革创新项目，进一步增强地方发展的动力和活力。深化“数字政府”改革建设，创新机制推动“数字政府”与政务服务改革深度融合，使茂名成为全省“粤省事”“企业开办”功能第二个上线的地级市，《广东改革工作简报》刊登相关经验做法。候任村（社区）干部制度持续深入推进获得上级肯定，在全省改革创新经验交流会上做《茂名市创新推行候任村（社区）干部制度，打造乡村振兴基层组织人才“蓄水池”》的交流发言，是全省做交流发言的6个地市、区之一。深化医疗改革成效明显。在第二届中国（广东）卫生与健康发展峰会暨广东医改十大创新典型发布会上，茂名市医改“大病不出县”获评“广东医改十大创新典型”；高州市公立医院综合改革获国务院督查奖励。教育领域综合改革深入推进，获“广东省首批现代职业教育综合改革示范市”称号，是粤东粤西粤北地区唯一获此称号的地级市。各区、县级市改革探索各具特色。高州市积极开展农村“三变”（资源变资产、资金变股金、农民变股东）改革试点，探索发展农村经济有效新途径。2019年12月，《中国改革报》就茂名市乡村振兴改革成果，先后刊发《高州：三种模式因地制宜激活乡村振兴要素》《村强民富产业兴，打造党建引领乡村振兴“林头样板”》的文章，产生良好的效应。化州市建设“一村（社区）一党建”工作指导站，解决农村基层党组织弱化、虚化、边缘化的问题。信宜市探索政协职能向基层延伸，着力打造镇（街道）政协联络组、村务协商议事会机制。茂南区紧抓全国改革试点单位契机，推进新时代文明实践中心建设。电白区推动产业园区党建与改善民生、企业发展、园区建设、中心工作等互促共融，构建“共驻共建、共享共融”党建新模式。

（市委改革办）

机构改革全面实施

2019年，茂名市全面推进地方机构改革，基本完成市直各涉改部门班子调配、职能划转、机构人员转隶、办公用房调整、新印章和新网站启用、挂牌，以新部门名义对外运作等工作，总体完成涉改部门“三定”（定主要职责、定内设机构、定人员编制）方案和机构编制调整文件的印发实施。印发《茂名市机构改革方案》，同步推进承担行政职能事业单位改革，整合调整相关事业单位。改革后，市级党政机构总数46个，其中党委机构15个，政府机构31个；事业单位264个（不含功能区所属事业单位）。党政机构总数减少6个，精简比例9%；减少事业单位46个，精简比例14.7%。

一、调整优化市级党政机构和职能

（一）建立健全优化领导体制机制

2019年，茂名市组建市监察委员会，组建或调整设置市委国家安全委员会、市委全面深化改革委员会、市委全面依法治市委员会、市委网络安全和信息化委员会、市委外事工作委员会、市委机构编制委员会、市委审计委员会等市委议事协调机构。

（二）统一归口协调管理职能

2019年，市委办公室归口管理市委机要和保密局。市委组织部归口管理市委机构编制委员会办公室、市委老干部局，统一管理公务员工作。市委宣传部归口管理市委网络安全和信息化委员会办公室，统一管理新闻出版和电影工作。市委统一战线工作部归口管理市委台港澳工作办公室，统一管理民族宗教、侨务工作，对外加挂市民族宗教事务局牌子。

（三）部分机构新组建或重新组建

2019年，茂名市组建市委台港澳工作办公室、市委机要和保密局、市自然资源局、市生态环境局、市农业农村局、市文化广电旅游体育局、市卫生健康局、市退役军人事务局、市应急管理局、市市场监督管理局、市医疗保障局、市政务服务数据管理局。重新组建市司法局；重新组建市林业局，由市自然资源局统一领导和管理；重新组建市住房和城乡建设局，加挂市人民防空办公室（市民防办公室）牌子。

（四）部分机构调整

2019年，茂名市经济和信息化局更名为市工业和信息化局。市城市综合管理局更名为市城市管理和综合执法局。市粮食局更名为市粮食和物资储备局（仍在市发展和改革局挂牌）。市委老干部局由在市委组织部挂牌调整为市委工作机关。市信访局由在市委办公室挂牌调整为市政府工作部门。市人民政府金融局更名为市金融局，由在市政府办公室挂牌调整为市政府工作部门。

（五）部分机构撤销

2019年，茂名市不再保留市监察局、市预防腐败局、市委台湾工作办公室（市人民政府台湾事务局）、市国土资源局、市城乡规划局、市海洋与渔业局、市环境保护局、市农业局、市海洋与渔业局、市文化广电新闻出版局、市旅游局、市卫生和计划生育局、市安全生产监督管理局、市法制局、市工商行政管理局、市质量技术监督局、市食品药品监督管理局、市外事侨务局、市政府综合政务服务管理办公室、市社会工作委员会、市社会治安综合治理委员会及其办公室、市委维护稳定工作领导小组及其办公室、市防范和处理邪教问题领导小组及其办公室。

二、市级人大、政协机构改革和群团组织改革

2019年，茂名市完善人大专门委员会设置，组建市人大社会建设委员会。将市人大常委会内务司法工作委员会更改为市人大常委会监察和司法工作委员会。优化政协专门委员会设置，组建市政协农业和农村委员会。优化调整市总工会、团市委、市妇联、市侨联、市文联等群团机关职责、机构设置，增强群团组织政治性、先进性、群众性，解决“机关化、行政性、贵族化、娱乐化”等问题。

三、事业单位改革

2019年，茂名市全面完成承担行政职能事业单位改革，除行政执法机构外，市直38个事业单位的行政职能全部回归机关。推进公立社会福利机构改革，组建市社会福利中心，优化机构职能和人员配备，推动打造成集“养、教、医、康、护”于一体的区域性综合社会福利中心。调整优化事业单位设置，整合职责相同或相近的事业单位，撤并规模小、人员少、工作任务弱化的事业单位，进一步强化事业单位公益属性。全年调整优化市直事业单位119个，撤销事业单位56个，整合公益职能弱小的事业单位41个。

四、综合行政执法改革

2019年，茂名市推进市场监管、生态环境保护、文化市场领域行政执法体制改革，继续完善交通运输、农业等领域行政执法体制改革，继续推进城市管理综合行政执法体制改革。市场监管、文化市场、农业、交通运输领域由县级执法，市级负责执法监督（茂南区区域内的交通运输综合执法由市交通运输综合执法机构负责）；生态环境保护领域由市级统一执法，实行市以下垂直管理。

（市委编办）

开展城市创建活动，提高市民幸福感

一、全国文明城市创建

2019年，茂名市继续推进全国文明城市创建工作，开展市民文明素质主题宣传教育活动。全年改造农贸市场28个，新建公厕8座，改造公厕92座，施划停车泊位8.4万个。中心城区新设环卫保洁箱6300个，落实“门前三包”（落实责任区内的市容秩序、环境卫生和绿化亮化的维护与管理）措施，各区的背街内巷、城中村、公共小区的环境卫生整体改观。取缔占道经营5200处，查处违停约13万起，清理僵尸车一批，拆除违规大型户外广告牌2686平方米，清除小广告、乱拉挂横幅等3532件。完成背街内巷升级改造工程79项，拆除社区违建138宗3万平方米。推动创建市级文明校园（中小学）68所，编印《茂名市中华优秀传统文化读本》103万册。发动公职人员注册成为志愿者，全市拥有注册志愿者45.6万人，人均志愿服务时长16小时。落实“民生微实事”1371件。

主题创建活动开展　2019年，茂名市开展“爱心助考红丝带”“百日无违章·创文好榜样”“小手拉大手 同上文明课”等活动，发放“社会主义核心价值观”等公益广告、台牌、宣传单3.8万份；开展群体性创建活动，常态化开展“我们的节日”主题活动，策划开展“文明进社区”等系列创文主题实践活动，每月到社区开展创文入户宣传、科普宣传等主题教育活动，送书法、送文艺进社区。在中小学校开展“我和我的祖国——我的祖国·我的梦”主题演讲比赛；利用第六届全民健身徒步节发起“文明在哪里，从我来做起”倡议，超25万人点击转发。设计制作“讲文明树新风”“文明礼仪”等11个类别106幅有特色、有亮点的公益广告作品，在重要点位设置公益广告宣传栏、宣传牌1万余块，布设景观小品1116处。

“四级创建”实施　构建市、县、镇、村“四级创建”格局，推进文明村镇创建，全市文明村镇覆盖率90.1%。开展新时代文明实践中心建设，首批省级试点县（区）——高州市通过省评估验收，茂南区成为全国第二批试点县（区），电白区、信宜市成为广东省第二批试点县（区），新时代文明实践中心建设工作全面铺开。

铁路沿线周边环境整治　建立巡查治理机制，开展公益广告整治、环境卫生整治、违规建筑整治、建筑立面整治、绿化美化整治、站场秩序整治行动。清理乱倾倒垃圾810.5吨；整治废品回收站6个，拆除违规建筑3022平方米，翻新、粉刷建筑立面1.5万平方米，做到全覆盖不留死角。

二、全国卫生城市创建

2019年，茂名市创建全国卫生城市（以下简称创卫）通过省级暗访和技术评估，以815.2分一次性通过国家级暗访。

创卫宣传活动　市委宣传部、市委网信办组织茂名日报社、市广播电视台和各新媒体开展创文宣传活动。按照“曝光—表态—整改—问责”四部曲进行舆论监督。在市区各主要出入路口、车站、建筑工地、商场等公共场所设立大型创卫主题宣传广告牌、电子屏和标语1800多个。印发《广东省爱国卫生工作条例》小册子2万本、海报1000张、折页2万套，发放“四害”防制宣传海报2.5万份、宣传折页5万份，登革热宣传折页2万份。市创卫办与市委老干部局、市总工会、市妇联、团市委、市教育局等联合开展创卫志愿活动，发动不同群体参与创卫工作。全市机关企事业单位每周到包联点开展“全民创卫，清洁家园”活动。

全民参与创卫　做好城区主要道路、背街小巷及两侧环境卫生整治，重点做城中村、老旧小区、城乡接合卫生保洁，市区垃圾无害化处理率100%。新增划定小车位约4000个、摩托车及共享单车车位约8万个。完成市场升级改造28座。“四小行业”经营单位均增设卫生信息公示栏、禁烟标识、卫生管理档案，做到持证亮证经营和规范卫生管理。病媒防控稳定在C级及以上水平。

机制完善落实　市创卫办建立督查督导机

制，专项督查市民反映强烈的热点难点问题，推动立行立改。建立工作台账，在整改期限结束后进行回头看，确保督查督导落实到位；建立考核问责制度，制定《茂名市创建国家卫生城市工作问责暂行办法》，对创卫工作不力、成效不好的单位和个人进行问责，约谈74人，问责4人；实施《茂名市城市市容和环境卫生管理条例》；市城管执法局与茂南区联合开展执法试点工作，建立有效的管理机制，做到责任到位、措施到位，工作到位，全市创卫各项工作取得阶段性成果。（市创卫办）

三、好心平安茂名创建

扫黑除恶专项斗争 2019年，茂名市开展扫黑除恶专项斗争，全年打掉涉黑犯罪组织8个、涉恶犯罪集团14个、涉恶犯罪团伙96个，查、冻、扣涉案资产总值超14亿元。公安机关扫黑除恶专项斗争成效受到省公安厅通报表扬。全市打掉涉黑组织数与深圳市、惠州市并列全省第二名。茂名市开展“飓风2019”、护航金融“利剑2019”专项行动，打击涉枪涉爆、“两抢一盗”（抢劫、抢夺、盗窃）、涉黄赌、涉食药环等各类违法犯罪，社会治安形势好转。全年全市破获刑事案件7537件，比上年增长6.2%；刑事治安警情比上年下降6.1%。其中，命案下降52.4%，涉枪案件下降47.2%，“两抢一盗”案件下降23.1%，涉赌案件下降23%。打击黄赌专项和打击食药环专项工作成果均列全省第一名。

社会风险防控 2019年6月，成立茂名市社会风险防控中心，下设综合协调、情报研判、现场处置3个功能组。综合协调组，负责协调统筹全市不稳定因素及可能引发社会风险苗头的防控工作；情报研判组，负责统一归口处理各类可能引发社会风险的线索核查以及情报预警；现场处置组，负责处置到省进京上访滋事、采取极端行为及其他可能引发社会风险的事件。至2019年年底，核查各类线索信息6.2万条，处置风险点5407个，采集录入风险点警情10万多条。在2019年全国“两会”特别防护期内，茂名市首次实现“零非访”，维稳安保工作被省委政法委评为“优秀”等次。

无邪教“三个一”创建 2019年全市有县级反邪教宣传主题公园6个、德育学校宣传阵地6个，村级“一墙一窗”宣传阵地1903个，实现无邪教“三个一”（每个地级市培育1个县、每个县培育1个镇、每个镇培育1个村）创建全覆盖。

社会治安防控体系建设 加强治安重点地区及突出治安问题整治，推进全民禁毒工程，全年全市侦破毒品刑事案件381件。6月，省委政法委解除对电白区毒品问题的挂牌整治。全年刑拘电信网络诈骗犯罪嫌疑人533人，比上年增长44.1%；从茂名市拨出的冒充熟人类电话诈骗案件下降99%。市委政法委完成对2018年挂牌的5个社会治安重点治理镇（街道）、4个涉黑恶突出问题挂牌整治重点镇（街道）和11个涉枪突出问题重点镇（街道）的验收并予以“摘牌”。2019年，茂名市持续推进“红袖章”志愿者工程，全市有“红袖章”平安志愿者12.86万人，参与巡逻180.4万人次，参与安全防控宣传167.8万人次，排查不稳定因素5293件。“雪亮工程”稳步推进，至2019年年底，“雪亮工程”完成投资5.2亿元，占总投资预算123%，全市四级一类公共安全视频监控联网应用体系建成。推进“中心+网格化+信息化”防控体系建设。茂名市升级改造完成的综治中心1988个，其中县级3个，镇级110个，村级1875个，县、镇、村三级上下对应、配套联动的综治工作体系形成。全市各区（县级市）、经济功能区划分网格9787个，配备网格员1.02万人，配备“综治e通”手机终端1.57万台，配备率100%。各区（县级市）、经济功能区纵向联通到镇（街道）、村（社区）覆盖率100%；全市网格员上报巡查事件1.4万件，结案1.34万件，结案率96.2%。加强严重精神障碍患者救治救助工作，推动“以奖代补”和监护责任保险制度。至2019年年底，全市登记在册严重精神障碍患者3.41万人，检出率5.5‰；管理率95.5%，规范管理率91.5%，服药率89.7%；危险性评估三级及以上患者355人。

基层社会治理 建设广东“枫桥经验”省示范点1个、各区（县级市）示范点13个。茂南区新坡镇车田村等被评为全国乡村治理示范村。建立检察机关联通群众的多元化多层次工作网络，设立乡间检察联络点39个，走访巡访200次，提供法律咨询服务285次，调处矛盾纠纷129次。司法行政部门建成“好心五老调解工作室”9个。全年全市人民调解组织调解各类案件2.62万件，调解成功2.59万件，调解成功率98.8%，其中疑难复杂案件2450件；排查纠纷3068件，预防纠纷2100件。全市“以案定补”审核通过2.38万件，发放490.64万元。

“两度一率”提升 市委政法委联合市委宣传部制订《茂名市全面提升“两度一率”宣传工

作方案（2019—2021年）》，加强“两度一率”宣传。全年全市悬挂“两度一率”宣传横幅3100多条，派发宣传资料100万份；电信、移动、联通三大运营商，发送“两度一率”公益短信580万条；市广播电视台刊播“两度一率”新闻17条，播出平安建设公益广告5040次；茂名日报社推送“两度一率”稿件129篇。全市县级以上政法机关组织开展“开放体验日”宣传活动35场次、“媒体开放日”活动20多场次，平安创建参与度排全省第二名，两项指标得分升幅均为全省最高。

法治茂名建设 开展市、县、镇、村法治创建“回头看”活动，组织达标的2个区、3个县级市、76个镇（街道）、2057个村（社区）开展“回头看”。全市1902个村（社区）的中有1894个民主法治村（社区）开展创建工作，创建率99.6%，其中被命名为省级民主法治村（社区）1701个，省级完成率89.4%，超额80%完成省定任务。开展“六进”（机关、进乡村、进社区、进学校、进企业、进单位）普法宣传活动，全市建成青少年法治教育基地6个，实现全市中小学宪法学习法德课程全覆盖。全市建成法治文化主题公园5个。联合茂名日报社、市新世纪学校举办“增强未成年人法律意识，提高未成年人法律素质”普法宣传活动，取得良好效果。推动“谁执法、谁普法”责任制落实，开展“3·8”国际妇女节、“3·15”消费者权益日、“4·15”国家安全日、“4·26”国际知识产权日、“6·26”国际禁毒日、“12·4”国家宪法日等主题法治宣传，营造全民尊法、学法、守法、用法的氛围。市普法办被全国普法办通报表扬。

司法惠民服务中心建设 2019年10月，高州市人民法院率先在茂名法院系统创新设立新垌镇长流村司法惠民服务中心，解决山区群众诉讼不便的问题。12月，高州市在镇（街道）司法惠民服务中心。建立健全“党委领导、政府负责、整合资源、法治保障、科技支撑”的诉源治理工作机制，构建“三员调解”（员额法官、人大代表调解员、专职调解员）模式，打造“1+1+6”（法院诉讼服务中心+司法惠民服务中心+镇综治中心、镇司法所、镇派出所、镇国土所、镇村建办、镇劳动所）调解网络，打造“立体对接”调解网络，通过“人民调解+线上司法确认”一站式多元解纷平台，实现跨域立案、网上缴费、庭审直播、远程接访、异地调解、在线确认等功能，为基层群众提供一站式多元解纠纷、一站式诉讼服务。高州市司法惠民服务中心成立后，办理诉求联调案件85件，调解成功率96%，解决诉讼标的90多万元。

破解执行难 茂名市基本解决执行难，及时兑现胜诉权益，2019年全年执结案件1.65万件，比上年增长55.3%；有财产案件法定期限内执结率96.9%。以党政机关为被执行人的案件全部清理完成，受到省委政法委通报表扬。开展“亮剑执行”“南粤执行风暴2019”专项活动，加大执行力度，严惩抗拒执行行为，移送追究刑事责任28件，罚款101万元，拘留291人，限制高消费1.28万人次，纳入失信被执行人名单8482人次，为履行义务的2833人解除失信名单。

政法宣传阵地建设 4月，市委政法委组织全市政法机关开展“我和政法70年”“我身边的平安英雄”短视频作品征集活动，收到县级以上政法单位短视频15部，向省委政法委推送“我和政法70年”短视频干警组和网友组作品及“我身边的平安英雄”短视频作品3部。组织开展“辉煌70载·政法新时代”老照片展播活动，展出政法系统老照片3期18张。开展“讲好茂名政法故事，唱响新时代英雄赞歌”主题宣传活动。市直政法单位通过提名、政审、推荐等程序，评选“茂名政法英模人物”50人，与茂名日报社合作制作相关事迹报道，在市、县两级政法媒体宣传。全年在“好心平安茂名”微信公众号编发稿件480多篇，其中被“学习强国”平台转载18篇。（市委政法委）

四、国家森林城市创建

2019年，茂名市创森办印发《关于下达2020年创建国家林城市建设任务的通知》《关于印发2020年茂名市创建国家森林城市宣传工作方案的通知》。要求各区（市）将年度国家森林城市创建工作任务落实到各镇（街道）及有关部门，层层推动责任落实。

城市增绿工程 2019年，茂名市以专类公园、街头游园、带状公园等为重点，见缝插绿、拆旧建绿，新建生态停车位878个、环城林带96.64千米、环城片林53.15公顷，乡村绿化美化面积222.66公顷；二号湖景公园、石达小区小公园、荔红小区体育小公园和高州气象科普公园等建成开放，公园绿地面积增加234.51公顷，城市增加绿化面积290公顷。城市建成区人均公园绿地面积16.26平方米，达到“300米见绿，500米见园”要求。

生态修复提质工程　茂名市结合“绿美南粤”行动计划、绿化大行动、中小河流治理、三清三拆三整治（三清：清理村巷道及生产工具、建筑材料乱堆乱放，清理房前屋后和村巷道杂草杂物、积存垃圾，清理沟渠池塘溪河淤泥、漂浮物和障碍物；三拆：拆除农村的危旧废弃房屋、露天厕所，拆除乱搭乱建房屋，拆除违规商业广告、招牌；三整治：整治垃圾、污水及水体污染）及乡村振兴、新农村建设等工作，全面实施生态修复提质工程。全市完成森林碳汇重点工程2467.3公顷，抚育中幼林2.48万公顷，改造低质低效林1536.67公顷，桉树纯林改造211.9公顷，生态修复红树林58公顷，采矿区复绿69.72公顷；完成乡村绿化美化示范点建设144个。

亮点工程打造　茂名市投资2.4亿元建设信宜“锦江画廊”碧道建设工程，全长43千米（含二级绿道），惠及沿线及附近村庄20多个、近10万人。“好心湖畔”田园综合体项目成为全省首个国家农业综合开发田园综合体项目。在广东茂名森林公园步道的基础上，引入现代化宣教设施，建设森林步道体验示范区，打造“广东省首个森林公园自然体验点”。

森林生态文化培育　茂名市开展“茂名市生态文化示范企业”“茂名市绿色示范社区”“茂名市生态文明教育基地”“茂名市绿化先进单位”“森林校园”等生态文化创建活动。多种形式开展义务植树，营造全民参与氛围，全市参加义务植树402.47万人次，义务植树1288.69万株，义务植树尽责率96.4%。组织开展创森主题宣传活动近40场，开展“我为创森加油”系列巡游、“我看茂名创建国家森林城市媒体采风”等宣传活动，强化全市上下联动，营造宣传氛围。举办茂名市首届森林文化活动日，近3万市民参与。

乡村振兴战略实施取得新成效

2019年9月30日，中共茂名市委办公室、茂名市人民政府办公室印发《关于对标三年硬任务和“千村示范、万村整治”工程扎实推动乡村振兴工作方案》。12月20日，茂名市委实施乡村振兴战略领导小组印发《茂名市实施乡村振兴战略规划（2018—2022年）》。市、县、镇三级分别成立实施乡村振兴战略领导小组和乡村振兴工作专班。市、县两级编制实施乡村振兴战略规划完成。全市1700个行政村100%完成村庄规划。全面落实“四个优先”（优先考虑“三农”干部配备、优先满足“三农”发展要素配置、优先保障“三农”资金投入、优先安排农村公共服务），全市选拔进入县级领导班子56人，其中涉农干部44人，占比78%；全市新提拔或重用进入县直涉农单位及镇班子的熟悉“三农”（农业、农村、农民）干部104人。全市供应18批次用地涉乡村振兴指标，使用市级指标（新增建设用地指标）58.9公顷，占比24.2%，比广东省要求高出10%。全年全市投入涉农财政资金36.98亿元，比上年增长4%。组织乡村振兴战略研讨班赴浙江省培训学习，对标学习浙江等地区先进经验做法，推动人居环境整治和乡村振兴工作开展。开展“强基础、补短板，服务基层”促乡村振兴行动，全面压紧压实乡村振兴责任。

一、脱贫攻坚

至2019年年末全市有劳动力贫困户人均可支配收入14814.1元，完成退出贫困户6.61万户15.29万人，人数占96.98%；完成退出贫困村175个，占比97.2%。产业扶贫成效显著。通过发展“一村一品，一镇一业”富民兴村产业，带动贫困户增收，建成特色产业扶贫基地575个，带动1.68万户贫困户参与经营。全市2.47万户有能力有意愿的贫困户实施各类产业项目4.2万个，平均每户增收4368.6元。就业帮扶有力。全市贫困户劳动力实际转移就业（含就近就业）4.09万人，就业率89.1%。开展实用技能培训或转移就业培训，全市参加培训4.53万人，培训率98.5%；建成扶贫车间71个，提供就业岗位5500个，吸纳贫困人员就业575人。保障政策全面落实。教育保障、最低生活保障养老保障、基本医疗保障、住房保障、饮水安全保障、残疾人生活保障等落实率均达100%。消费扶贫创出茂名经验。建设“万讯七子”致富超市近300个，带动农产品销售5000万元；平台利润75%返还扶贫村，帮助6500户贫困户增收，茂名扶贫的“万讯模式”引起社会关注。动员各级机关单位采购贫困地区产品，消费贫困村农产品1.8亿元。

二、组织振兴

全市111个镇（街道）有104个配备专职副书记，110个镇（街道）独立设置组织办；优化设置党总支617个、党委61个，增配村级党组织委员1916人；调整撤换村级党组织书记71人，选派第一书记1622人，全市农村党组织书记3个“一肩挑”比例达90.8%。

三、人才振兴

实施“粤菜师傅”工程和“南粤家政”工程，建设省级粤菜师傅培训基地和大师工作室各2个，建设茂名市“粤菜师傅”工程一条街，培训6757人次。全市培训新型职业农民6841人，培训家政服务人员9152人，全市从事家政服务企业238家，从业人员6万多人，占全省从事家政服务人员20%。建立全省首家“广东好心家政职教集团”。

四、产业振兴

2019年茂名市创建农业产业园区步伐加快，截至2019年年底，茂名市拥有国家级现代农业产业园1个（茂名市荔枝国家现代农业产业园），省级现代农业产业园6个（高州荔枝现代农业产业园、化州化橘红现代农业产业园、茂南区罗非鱼现代农业产业园、电白沉香现代农业产业园、信宜三华李现代农业产业园、高州龙眼现代农业产业园），国家级科技园区1个，田园综合体2个（茂南区“好心湖畔”田园综合体、高州市“大唐荔乡”田园综合体）。形成“1+1+2+6 ”现代农业产业园区格局。“一村一品，一镇一业”建设居全省前列。全年立项建设专业村103个，15个镇通过省级特色农产品专业镇认定，入围数量全省排第一名。市级以上重点农业龙头企业144家，农民专业合作社5018家，家庭农场4910家，数量居全省前列。建成农村淘宝服务站144家、天猫优品服务站47家，电商企业与农产品种植企业合作的生产基地40余个。高州市开展全国农民合作社质量提升整县推进试点工作成效显著，农业农村部12月10日在高州市召开相关工作交流座谈会。

五、生态振兴

2019年4月25日，茂名市在化州市召开全市农村人居环境整治现场会，现场观摩化州市石湾街道李山村委会博带村、新安镇新安村委会青塘村、丽岗镇镇安村委会石湾村、南盛街道蒲山村委会蒲山村4个农村人居环境整治示范点。看化州市农村人居环境整治纪实专题片。实施“千村示范、万村整治”工程。组织实施农村人居环境整治攻坚战行动，持续开展“三清三拆三整治”（三清：重点清理村巷道及生产工具、建筑材料乱堆乱放；清理房前屋后和村巷道杂草杂物、积存垃圾；清理沟渠池塘溪河淤泥、漂浮物和障碍物。三拆：拆除危旧房、废弃猪牛栏及露天厕所茅房；拆除乱搭乱建、违章建筑；拆除非法违规商业广告、招牌等。三整治：整治垃圾乱扔乱放；整治污水乱排乱倒；整治电力、电视、通信线乱搭乱接）。开展道路、垃圾、污水、厕所革命、集中供水“六大攻坚”行动，相关做法被“全国农村人居环境整治”公众号采用2期和省乡村振兴工作简报刊登4期。全市农村100%完成“三清三拆三整治”和村庄规划，98.5%自然村完成村道路面硬化，95.8%完成集中供水，行政村生活垃圾收运处置体系全覆盖，保洁覆盖率99.7%，农村无害化卫生户厕普及率99.7%，干净整洁村达标率80.3%。推进“小三园”（小菜园、小果园、小花园）建设，做好“三清三拆三整治”后半篇文章，将清拆出的闲置宅基地、荒地变废为宝，用于美化绿化村庄环境，建设“小三园”6万多个，相关做法获省委领导肯定。以示范县、示范镇、示范村为龙头，以点带面促进全域农村人居环境整治，创建示范县1个、示范镇4个、示范村103个，建设乡村绿化美化示范点142个，超额完成广东省下达任务。打造以茂南区牙象村、高州市丁堂村等为代表的61个人居环境整治示范亮点村。高州市根子镇被评为“广东省森林小镇”，根子镇柏桥村入选广东省首批文化和旅游特色村名录，高州“三色”乡村旅游入选全省20条广东美丽乡村精品线路。

六、文化振兴

2019年，茂名市各级纪检监察机关在开展基层正风反腐三年行动中给予党纪政务处分1048人，移送司法机关处理54人，打掉农村涉黑组织7个、农村涉恶犯罪集团18个。全市文明村镇覆盖率90.1%。“民主法治村（社区）”覆盖率99.6%，超过省和市的比例要求，村（社区）综合性文化服务中心覆盖率99.9%，居粤东西北首位。建成新时代文明实践中心（所、站）517个。

七、农村基础设施和公共服务

实施“四好农村路”“畅返不畅”整治工程，完成道路整治1584千米，完成率115%，超额完成广东省下达任务。全市95.8%的自然村实现集中供水。完成治理河长335.18千米，治理河长完成率85.1%，超额完成年度任务。实现县级物流服务中心、乡镇级物流站覆盖率100%，村级物流点覆盖率60%。全市1132所村卫生站完成主体框架设计，完工率100%，提前完成建设任务，工作进度位列全省第二名。 （市农业农村局）

粤东西北首个广东省现代职业教育综合改革示范市

2019年12月，经广东省教育厅评估，茂名市获“广东省首批现代职业教育综合改革示范市”称号，成为粤东西北首个省级现代职业教育综合改革示范市，标志着茂名市职业教育走在全省前列。

一、立足当下，着眼长远，走特色发展之路

茂名市以超常规的举措，举全市之力优化职业教育资源，拓展提升高等教育规模和质量，走茂名特色的职业教育发展之路。随着“两本四专”（2所本科院校、4所专科院校）高校建成，中等职业学校布局调整结束，实现国家级农村职业教育与成人教育示范县全覆盖，形成高等教育快速发展，中等职业教育整合提质，农村职业教育与成人教育紧贴“三农”（农村、农业、农民）的具有茂名特色现代职业教育体系，为把茂名市建设成为产业实力雄厚的现代化滨海城市，打造沿海经济带新增长极提供强有力的人才支撑和智力支持。

二、创新发展机制，优化整合资源，构建现代职业教育体系

茂名市凝心聚力，推进高等教育快速发展。在财力和土地等方面优先安排高等教育学校建设，扩建广东石油化工学院（本科），引进广州科技职业技术大学（本科），扩建茂名职业技术学院新校区，新建广东茂名健康职业学院、广东茂名幼儿师范专科学校、广东茂名农林科技职业学院等3所高校，形成“二本四专”高校新格局。通过统筹布局，推进中等职业教育整合提质。茂名市中等职业学校综合实力大大增强，实现职业教育资源的优化配置和效益最大化，做到每个县（市、区）集中力量办好一所中等职业学校。2019年，信宜市职业技术学校在校生达1.21万人，成为全省规模最大的中等职业学校之一。信宜市、高州市、化州市被认定为“国家级农村职业教育和成人教育示范县”，茂名市“国家级农村职业教育和成人教育示范县”实现县域全覆盖，成为全省“示范县”数量最多的地市之一。

三、加强基础建设，优化师资队伍，提升职业教育保障水平

抓好中等职业学校实训中心建设。至2019年年底，茂名市投资3000万元创建广东省现代职业教育综合改革试点的18个项目全部完工，并投入使用。全市建成省级职业教育实训中心5个，建成中等职业技术教育实训中心9个；建成省级重点建设专业点11个，市级重点建设专业15个。推进教育信息化建设。建成中等职业教育信息化资源开发中心（学习系统）3个、教学资源库2个，建成全市统一的区域教育资源公共服务平台和教育管理公共服务平台，实现市、县、镇、校四级独立流转，上下兼容，形成支撑“处处能学”的发展学习环境，成效明显。建设高素质的教师队伍。茂名市每年招聘硕士研究生和“211”（面向21世纪、重点建设100所左右的高等学校和一批重点学科的建设工程）工程、“985”（1998年5月国家提出，国内建设若干所国际知名的形容性大学）工程重点大学本科生到茂名市学校任教。中等职业学校专任教师研究生学历或硕士学位以上比例3.9%，中等职业学校“双师型”教师占专业课教师的比例62.4%。根据国家和广东省的要求，建立完善中等职业学校生均拨款制度。按照《茂名市本级中等职业学校生均拨款管理实施办法》，确定市级公办中等职业学校生均财政拨款基本标准3000元/生·年（包括人员经费和公用经费，不含免学费补助）。为落实中等职业学校生均拨款制度，2019年安排3633万元。

四、创新育人模式，促进内涵发展，提高职业教育育人质量

推进职业教育铸魂、厚德、精艺、严纪“四位一体”育人模式。开展党建引领职教工作，全面提升学生职业道德素质和综合素养，“四位一体”育人模式成为2019年茂名市教育系统三大亮丽的党建品牌之一。推进中职师生的技能水平提升。推进职业院校学生“多证书”“高技能”制度建设，鼓励学生在获得中等职业毕业证书同时，通过各种途径取得相应的“技能等级证书”。在2019年省总工会、省教育厅组织的广东省首届中小学校青年教师教学能力大赛中，茂名市派出10名选手参加，获一等奖4人，获二等奖1人，获三等奖5人，是粤东西北地区成绩最好的地级市。打造中高职业学校“立交桥”，组织中等职业学校申报“三二分段”中高职衔接试点工作。茂名市8所中等职业学校与省内5所高等职业院校开展自主招生“三二分段”对接，与市内茂名市职业技术学院对接的中等职业学校6所。大部分中等职业学校通过“3+证书”“中高职对口招生”等方式，进入高等职业院校深造。

五、深化校企合作，加强院校管理，发展高质量有特色高等职业、中等职业院校

2019年，茂名市的高等职业、中等职业院校推进校企合作。市各职业院校各专业与企业建立校企合作机制，引进和整合一部分高校、科研院所、企业，创新资源；推进工业互联网创新中心建设，构建协同研发、测试验证、数据利用、交流合作、咨询评估、创业孵化等公共创新服务载体。提升职业院校管理水平。坚持依法治校，更新管理理念，完善制度标准，实现一校一章程，完善学校管理制度体系，创新学校科学管理体制，建立社会参与机制，稳步提升办学效能。以教学工作诊改为抓手，推动职业教育高质量发展。建立职业院校教学诊改工作的机制，通过办学条件核查，建成职业院校管理状态“大数据”，扎实推进中职业学校教学诊改工作。紧贴产业结构，打造特色专业。全市职业院校紧贴地方产业和社会需求发展，开设特色专业。全市各中职学校重点开设机械模具、电子商务、学前教育、烹饪、汽车运用与维修等专业，助推茂名经济发展。（市教育局）

高州市创建广东省首个国家级“美丽乡村建设”标准化试点

2019年12月，广东省市场监督管理局组织广东省公共服务标准化技术委员会等单位的专家，考核评价茂名市高州市国家级美丽乡村标准化试点项目。高州市4个试点村的人均收入7178元，比上年增长32%。各试点村23项量化考核指标达标率100%，78项定性考核指标全部达标。结果以总分91分的成绩通过目标考核。2019年，高州市选定南塘镇的彭村、柳村，宝光街道下汉村，石仔岭街道镇大岭村作为创建标准化试点。南塘镇柳村自然风光优美，是茂名市首届十大美丽乡村；宝光街道下汉村是高州市基本农田保护示范区、国家级万亩粮食高产示范中心区；石仔岭街道镇大岭村建有茂名地区首个法治文化主题公园，被评为广东省民主法治示范村。高州市从美丽乡村的建设、管理、维护、服务及评价等环节入手，构建涵盖“基础通用、村庄建设、生态环境、产业发展、公共服务、基层组织、长效管理”等7个板块，同时涵盖国家标准、行业标准、地方标准、团体标准185项的高州市美丽乡村建设标准体系；制定《彭村红薯生产技术规范》《百香果生产技术规范》《土地经营权流转管理规范》《高州美丽乡村建设规范——乡风文明》等。联合广东省标准化研究院等机构，启动《乡村振兴示范村建设规范》《村级公共服务规范》省级地方标准的编修工作。南塘镇彭村投入6000多万元，全面建设道路、路灯等基础设施，铺设硬底化道路26千米，安装路灯336盏、治安监控67个，新建村委会办公楼1幢，修建单车绿道、文化楼、康园中心等设施一批，修建、完善彭村森林公园、清风园、十二生肖园等景点。柳村建设硬底化村道22.1千米，建成污水处理池10个、垃圾屋25个，新建篮球场13个；开展南塘河水利工程治理，美化南塘河柳村段两岸，建成从南塘彭村至柳村的步行绿道一条，打造“一河两岸”、七彩田园、百香果采摘园等旅游景观；开展“三清三拆三整治”（三清：清理村巷道及生产工具、建筑材料乱堆乱放，清理房前屋后和村巷道杂草杂物、积存垃圾，清理沟渠池塘溪河淤泥、漂浮物和障碍物；三拆：拆除农村的危旧废弃房屋、露天厕所，拆除乱搭乱建房屋，拆除违规商业广告、招牌；三整治：整治垃圾、污水及水体污染）工作，完成瓦房、闲置旧屋的清拆整治工作。推进“城乡清洁工程”。彭村实行“门前三包”（担负的市容环境责任三包：包卫生、包绿化、包秩序），执行清洁、保洁员岗位责任制、垃圾收集运转等制度；柳村成立环境卫生工作小组，制订环境卫生公约，聘请专人负责收集及清运垃圾，各试点村建设完善党群服务中心、村级卫生站、学校、综合性文化服务中心、篮球场、休闲健身场所、公厕等公共服务设施，实现通信、网络、电视全覆盖。学前教育入园率、九年义务教育覆盖率、城乡居民基本医疗和养老保险参保率等美丽乡村标准化量化考核指标均达标，五保老人的生活补贴、服务等保障均落实。（高州市史志办）

政　治

中国共产党茂名市委员会

综　述

【市委机构概况】 2019年1月，中共广东省委、省政府批准《茂名市机构改革方案》。改革后，茂名市委设置纪检监察机关1个，计入机构限额的工作机关14个（设在相关部门的市委议事协调机构的办事机构不计入机构限额）：办公室、组织部、宣传部、统一战线工作部、政法委员会、政策研究室、网络安全和信息化委员会办公室、外事工作委员会办公室、机构编制委员会办公室、台港澳工作办公室、直属机关工作委员会、巡察工作领导小组办公室、老干部局、机要和保密局。其中，纪律检查委员会与监察委员会合署办公，实行一套工作机构、两个机关名称；市委办公室挂市档案局牌子；组织部挂市公务员局牌子；宣传部挂市政府新闻办公室、市精神文明建设委员会办公室、市新闻出版局（市版权局）牌子；统一战线工作部挂市民族宗教事务局牌子；网络安全和信息化委员会办公室挂市互联网信息办公室牌子；台港澳工作办公室挂市台港澳事务局牌子；机要和保密局挂市国家保密局、市密码管理局牌子。设在相关部门的市委议事协调机构的办事机构不计入机构限额5个：全面深化改革委员会办公室，设在政策研究室；全面依法治市委员会办公室，设在市司法局；国家安全委员会办公室，设在办公室；审计委员会办公室，设在市审计局；农村工作办公室，设在市农业农村局。

【市委十一届八次全会】 2019年1月9日，中国共产党茂名市第十一届委员会第八次全体会议在市民中心召开。出席全会的市委委员应到67人，实到61人；出席全会的市委候补委员应到14人，实到14人。全会审议通过《中国共产党茂名市第十一届委员会第八次全体会议决议》。全面深入学习贯彻习近平新时代中国特色社会主义思想和党的十九大、十九届三中全会精神，认真贯彻落实中央经济工作会议和省委十二届五次、六次全会精神，总结2018年工作，研究部署2019年工作和茂名市机构改革工作，以改革开放新担当、新作为创造茂名发展新业绩。会议强调，要以建市60周年为新起点，站在更高起点谋划和推进改革，实行更积极主动的开放战略，奋力推进新时代茂名改革开放再出发。要树立大抓产业鲜明导向，大张旗鼓、旗帜鲜明、坚定不移地把产业作为茂名立市之基、兴市之本，增强产业发展责任感和紧迫感，明确产业发展原则和定位，切实加强招商引资工作，做强产业发展平台，支持民营经济发展壮大，奋力打造沿海经济带上的新增长极。要加快实施城市建设发展行动计划，提升城市功能，拓展城市空间，发展城市经济，努力建设现代化滨海城市。要坚持以创新驱动引领发展，发挥国家级高新区的引领带动作用，加快建设创新平台，培育引进创新人才，着力打造沿海经济带创新发展高地。要统筹推进城乡融合发展，全力做大做强县域经济，强力实施乡村振兴战略，坚决打好脱贫攻坚战，打造乡村振兴“茂名样板”。要以全国文明城市创建、国家卫生城市创建、国家森林城市创建、好心平安茂名创建为抓手，全力打造“滨海绿城好心茂名”。要坚决打好污染防治攻坚战，全力解决生态环境突出问题，以产业化方式推进污染防治，守护好茂名碧水蓝天。要全面从严管党治党，旗帜鲜明讲政治抓政治，守好意识形态安全，加强基层党组织建设，坚持正确选人用人导向，坚定不移推进正风反腐，努力造就一支忠诚干净担当的高素质干部队伍。支持人大依法行使立法、监督、决定、任免等职权，支持政协全面履行政治协商、民主监督、参政议政职能，巩固和发展最广泛的爱国统一战线，做好“双拥”（地方拥军优属，军队拥政爱民）工作。要认识深化党和国家机构改革的重大意义，深刻领会深化党和国家机构改革的重要要求，发挥机构改革的牵引作用。要着力于完善加强党的全面领导的体制机制，构建系统完备、科学规范、运行高效的机构职能体系，优化政府机构设置和职能配置，构建简约高效的基层管理体制，统筹推进各类改革，推进机构编制法定化。要迅速着手抓好组织实施，确保如期高质量完成改革任务。要以新担当、新作为开启茂名发展新征程。一要聚焦聚力，咬定青山不放松。坚决把思想和行动统一到市委决策部署上来，聚焦聚力于市委“1+4+6”的工作布局，即以加强党的领导和党的建设为根本保证，以改革开放、科技创新、乡村振兴、三大攻坚战为关键支撑，以六大行动计划为工作抓手，集中发力、持续用劲、久久为功，切实做到心思要放在工作上、精力要放在发展上、时间要放在落实上。二要善作善成，讲究方法求实效。注重统筹协调，发挥党委“总揽全局、协调各方”的领导核心作用，统筹完成重点工作与面上的工作，密切沟通协作。抓好改革创新，推进投融资体制改革，推进科技创新体制改革，紧紧扭住“放管服”改革不动摇。做到求实务实，做到调查研究要求实，部署工作要务实，解决难题推进工作要扎实。三要加强保障，营造担当作为的良好氛围。强化思想保障，提振精气神；强化组织保障，激发新干劲；强化作风保障，做到自身硬。会议还强调，要全力以赴做好岁末年初各项工作，统筹好机构改革与改革发展稳定各项任务。

▲ 2019年1月9日，中国共产党茂名市第十一届委员会第八次全体会议在市民中心召开 （甘杨松 闵灿 摄）

【市委十一届九次全会】

2019年8月12日，中国共产党茂名市第十一届委员会第九次全体会议在市民中心召开。出席全会的市委委员应到67人，实到62人；出席全会的市委候补委员应到14人，实到14人。全会审议通过《中国共产党茂名市第十一届委员会第九次全体会议决议》。以习近平新时代中国特色社会主义思想为指导，深入学习贯彻习近平总书记关于粤港澳大湾区建设重要论述和对广东重要讲话、重要指示批示精神，全面贯彻落实《粤港澳大湾区发展规划纲要》和省委十二届七次全会精神，认真谋划部署茂名市加快融入粤港澳大湾区建设工作。

会议强调，要明确发展路径和工作重点，加快融入粤港澳大湾区建设。一要加快交通基础设施建设，构建高效便捷立体交通网络，以港口建设撬动对外合作新格局，打造与大湾区核心城市1.5小时交通圈，推动茂名与大湾区互联互通。二要深度融入大湾区产业分工体系，全力做大做强绿色化工和氢能产业，着力打造中国南海旅游休闲度假康养目的地，大力发展城市经济，加快建设现代农业产业园和田园综合体，发挥县域优势，承接大湾区产业转移，建设实力雄厚产业强市。三要依托粤港澳大湾区“大平台”“大网络”“大市场”，引导企业积极参与、深度发掘、善于开拓，助推茂名大发展。四要对标最高最好最优，构建与大湾区开放互通的政策环境和相互衔接的公共服务体系，打造一流营商环境。五要加强人才资源共享，坚持产业引才，利用好人才驿站，抢抓政策机遇，借才借智推动创新驱动发展。六要以文化融入为纽带，深化城市品牌内涵，强化城市品牌支撑、文化创意产业培育、城市品牌宣传推广，深入开展全国文明城市创建、国家卫生城市创建、国家森林城市创建、好心平安茂名创建，打造“滨海绿城、好心茂名”城市品牌。七要强化区域合作，推动发展优势叠加共振，以更奋进的姿态融入区域发展大潮。八要坚持“山海联动”，做大做强县域经济，着力推动乡村振兴，推动形成全域协调发展新格局。要深入践行初心和使命，为融入粤港澳大湾区建设提供坚强有力保证。要落实各级责任，党政主要负责人要选准融入大湾区建设的切入口和着力点，各级职能部门要善于借力大湾区资源要素。要创新工作方法，加快对接大湾区的先进思想观念、先进管理模式、高效工作机制，不为困难找借口，要为成功找方向，创造性抓落实。要敢于担当作为，各级领导干部要把心思放在工作上，精力放在发展上，时间放在落实上，抓好省委巡视反馈问题整改。要大抓基层党建，大力推进“头雁”工程、党员先锋工程、达标创优工程、基层基础保障工程。要坚持目标导向和问题导向，全力以赴完成年度发展任务。聚焦工业增效，稳定茂名经济这个最大“基本盘”。聚焦农业提质，巩固和扩大农业发展新优势。聚焦投资引领，强化项目建设对稳增长的支撑作用。聚焦向海经济，做实沿海经济带建设这篇大文章。聚焦“放管服”改革，打造有竞争力的营商环境。聚焦招商引资，加快培育产业发展新动能。聚焦“三大攻坚战”，在打赢打好上取得新突破。聚焦“六大行动”计划，打造茂名高质量发展的引擎。要立足优势、精准“融湾”，抓紧绘制“融湾”路线图，画好“融湾”工笔画，汇聚“融湾”大合力，在高水平互动中发展壮大。要筑牢干事创业的作风保障，提升抓落实的能力水平。要认真贯彻落实好全会精神，做好当前改革发展稳定工作。一要抓发展，以“实”的举措稳住经济大局，以“进”的办法推动经济发展向上向好，以“好”的方法推进沿海经济带建设，确保经济平稳健康发展。二要惠民生，扎实做好创建全国文明城市、国家卫生城市、国家森林城市和“好心平安茂名”工作，推进“一镇一业、一村一品”“粤菜师傅”、南粤家政服务，“千村示范、万村整治”“厕所革命”等重大举措，聚焦大气、水、土壤环境突出问题，把产业扶贫放在突出位置，更好满足人民群众日益增长的美好生活需要。三要防风险，落实责任，明确任务，狠抓重点，扎实做好防风防汛各项工作，确保社会大局保持稳定。四要抓好主题教育，加强组织领导，准确把握目标要求，着力促进主题教育成果转化，把党的自我革命引向深入。五要敢于担当，善作善成，为干事者撑腰，给奋斗者平台，让负责者尽责。

【全市县域发展暨三大平台建设现场交流会】 2019年12月11日至14日，茂名市召开县域发展暨三大平台建设现场交流会，促进各区（市）和三大平（茂名水湾新城、茂名高新区、广东茂名滨海新区）台互比互学、共鉴共进，营造全市上下谋发展、抓发展的浓厚氛围。与会人员采取“走、看、听、学”的方式，实地察看各区（市）和三大平台产业发展、交通建设、生态环保、创新驱动、城镇和乡村建设等项目建设进展，现场点评有关项目情况，并进行投票测评。14日下午，在市民中心召开总结会，听取各区（市）、三大平台加快发展情况汇报，研究部署下一阶段县域发展和三大平台建设工作。

会议强调，全市各地、各部门和广大党员干部要深刻认识当前茂名市发展面临的时与势，增强发展信心，有责任担当、爱茂情怀，以奋斗者姿态践行初心使命，以发展带路人的担当打开工作新局面。要把大抓产业鲜明导向落到实处，在打造特色主导产业、做大做优产业平台、引进重大项目、提升营商环境质量上下功夫。要谋划新一轮交通大会战，继续抓好对外交通连接，打造东承、西接、北联交通要道，突出抓好市域和组团间快速路网建设，抓好“四好农村路”（建好、管好、护好、运营好）建设。要打造宜居宜业的特色精品城市，在宜居宜业上持续发力，突出城市品位和内涵，发展城市经济，扎实做好创建国家卫生城市，迎接国家检查工作。要打造乡村振兴“茂名样板”，发挥规划引领作用，强化党建引领，调动各方积极性，全力以赴抓好茂名市省定贫困村脱贫退出工作。要强化基层社会治理，增强基层党组织的组织力、凝聚力、战斗力，加快构建市、县、村三级儿童保障体系，做好风险防范化解，加强森林火灾等灾害防御和应急管理。要坚决打好污染防治攻坚战，强化水污染治理，加大力度管控大气污染，加强土壤污染治理和废物处置监管。要高站位、高质量推进垃圾分类工作，提高垃圾分类管理的科学化、精细化水平。要强化治理措施，加强组织保障，扎实做好高速铁路沿线环境安全综合整治工作。

会议要求，各地各部门要主动融入发展大局，做强产业园区，推进新型城镇化，依托优势抓发展，弘扬实干精神，全力推动县域和三大平台高质量发展。

【庆祝中华人民共和国成立70周年和茂名建市60周年系列活动】 2019年1月9日，中共茂名市委召开十一届八次全会，部署2019年工作，要求认真组织开展庆祝新中国成立70周年和建市60周年系列活动。3月22日，市委、市政府召开茂名市沿海经济带发展推进大会，现场签约16个项目。召开全市优化营商环境促进产业发展座谈会，在露天矿生态公园举行徒步活动和植树活动，在露天矿博物馆举办茂名建市60周年成就展。市委印发迎接国庆维稳安保总体工作方案，统筹推进各项维稳安保工作，把保安全、护稳定各项措施提升一级，确保以安全稳定的社会环境迎接中华人民共和国成立70周年。8月5日，市委举行升国旗仪式；10月1日，组织收看首都各界庆祝中华人民共和国成立70周年大会现场直播。在国庆期间举行向英雄烈士敬献花篮仪式、举办庆祝中华人民共和国成立70周年主题文艺晚会等系列活动，营造爱党爱国氛围。

【机构改革工作全面完成】 2019年1月9日，中共茂名市第十一届委员会第八次全体会议全面部署机构改革工作。1月10日，市委、市政府印发茂名市机构改革方案，扎实推进深化机构改革各项任务。1月18日，市委十一届第109次常委会会议审议通过各区（县级市）机构改革方案和茂名市市直事业单位改革方案，机构改革各项工作全面铺开。3月19日，市委十一届第114次常委会会议审议通过市委统战部等部门“三定”（定职能、定机构、定编制）规定，并加强对县区机构改革工作的指导协调。3月25日前，各区（县级市）“三定”规定全部印发实施，全市市、县两级机构改革工作全部如期完成。

【纪委监委派驻机构改革】 2019年2月3日，中共茂名市委印发茂名市纪委监委派驻机构改革方案，落实国家监察体制改革要求，加强市纪委监委派驻机构建设，实现派驻监督职能优化、协同、高效。6月11日，市委十一届第124次常委会会议传达学习全省推进深化纪检监察派驻机构动员部署会精神，研究部署茂名市深化纪检监察派驻机构改革工作，要求市纪委监委牵头制订全市派驻机构改革的实施方案，明确时间表、路线图，确保如期高质量完成茂名市纪检监察派驻机构改革任务。12月5日，市委十一届第143次常委会会议审议通过市纪委监委派驻机构改革实施方案，落实中央纪委国家监委关于派驻机构改革的任务要求，改革派驻机构领导体制，完善派驻监督工作机制，赋予派驻机构监察职能，深化转职能、转方式、转作风，提高派驻监督全覆盖质量，为推动全面从严治党和反腐败斗争向纵深发展提供有力保证。

【茂名高新区高质量发展】 2019年2月14日，中共茂名市委十一届第112次常委会会议审议通过《中共茂名市委、茂名市人民政府关于深化体制机制改革加快高新区高质量发展的意见》，以中共广东省委实施“一核一带一区”战略布局为契机，提高科技创新能力，发展战略新兴产业，加快产城融合，把茂名高新区打造成为引领茂名市高质量发展的标杆、辐射全市的科技创新中心，建设成为全国创新型特色园区、世界级石化科技新城，持续提升茂名高新区在全国高新区行列中的竞争力和影响力。

【融入粤港澳大湾区建设】 2019年3月1日，茂名市委十一届第113次常委会会议传达全省推进粤港澳大湾区建设工作会议精神，要求突出抢抓发展机遇这条主线，积极谋划、主动对接，找准突破口和发力点，全面融入粤港澳大湾区建设。8月12日，市委召开十一届九次全会，要求深刻认识融入大湾区建设的重大意义，深刻把握加快融入大湾区建设关键所在，以战略对接、交通对接、产业对接、市场对接为重点，做到“快速、特色、集聚、向海”发展，形成与大湾区优势互补、资源共享、互利共赢的发展局面。全会明确8大方面发展路径和工作重点，包括加快交通基础设施建设，推动茂名与大湾区互联互通；深度融入大湾区产业分工体系，建设实力雄厚产业强市；依托粤港澳大湾区“大平台”“大网络”“大市场”，助推茂名大发展；对标最高最好最优，打造一流营商环境；加强人才资源共享，借才借智推动创新驱动发展；以文化融入为纽带，打造“滨海绿城、好心茂名”城市品牌；强化区域合作，努力推动发展优势叠加共振；坚持山海联动，推动形成全域协调发展新格局。

【南海旅游岛土地盘整】 2019年4月26日，茂名市委十一届第118次常委会会议审议通过《茂名市南海旅游岛土地盘整收储方案》，动员全市干部统一思想，上下一心，坚决完成南海旅游岛土地盘整收储任务，坚定不移扎实推进南海旅游岛开发建设，做大做强茂名滨海旅游产业。5月9日，市委、市政府成立茂名市南海旅游岛土地盘整收储工作领导小组，下设办公室和土地回收工作组、财务清算工作组、地上附着物清拆工作组、监督审查工作组、信访维稳工作组、法律工作组6个专项工作组，统筹推进南海旅游岛土地盘整收储各项工作。5月13日，市委、市政府召开茂名市南海旅游岛土地盘整收储工作动员会，统一思想、提高认识，提振信心、形成合力，全面推进南海旅游岛土地盘整收储工作，加快南海旅游岛综合开发建设，标志南海旅游岛土地盘整收储工作进入全面实施阶段。

【共青河新城建设】 2019年6月14日，市委、市政府成立茂名市共青河新城建设领导小组，下设建设指挥部，指挥部办公室内设综合协调专班、征地拆迁专班、规划建设专班、维护稳定专班，统筹推进共青河新城规划建设各项工作。全年市委主要领导先后召开10次专题会议、深入一线调研，协调解决共青河新城征地及启动区规划建设等问题，要求各级有关部门要下功夫、加把劲，树牢“不为困难找借口，要为成功找方向”的工作理念，统一思想认识，主动担当作为，以时不我待、只争朝夕的精神，科学系统地高效解决关键性问题，全力加快共青河新城建设。12月19日，共青河新城启动区首期地块实现摘牌。

【污染防治工作】 2019年7月5日，茂名市召开全市污染防治攻坚战推进会，要求全市各级相关部门坚持以习近平生态文明思想为指导，提高政治站位，增强责任担当，直面突出问题，落实各项措施，高质量完成污染防治攻坚战和生态环境保护各项目标任务。7月5日，市委十一届第126次常委会会议审议通过茂名市打好污染防治攻坚战的实施方案，并于7月15日印发《关于坚决打好污染防治攻坚战的通知》，要求各地各部门围绕污染物总量减排、生态环境质量提高、生态环境风险管控三类目标，坚决打赢蓝天保卫战，打好水源地保护、劣V类水体消除、城市黑臭水体治理、农业农村污染治理等战役，集中力量解决突出生态环境问题。

【世界级绿色化工和氢能产业园】 2019年8月4日，市委、市政府成立丙烷脱氢及下游产品综合利用项目建设领导小组，统筹推进项目建设各项工作。8月17日，茂名市政府与项目建设投资方在南京签署战略合作协议。9月2日，广东省中共委副书记、省长马兴瑞在广州主持召开专题工作会议，听取茂名市委、市政府关于加快推进丙烷脱氢制丙烯项目落地、打造绿色化工和氢能产业园情况汇报，就茂名市提出需省政府支持的有关事项做出研究部署。9月16日，茂名市政府与东华能源股份有限公司、广东省金辉新材料股权投资中心在广州市签署烷烃资源综合利用项目投资协议。投资方决定在茂名滨海新区投资400亿元建设以丙烷脱氢为龙头的烷烃资源综合利用项目，规划用地253.33公顷，计划分4期建设，首期总投资约110亿元。9月24日，市委十一届第136次常委会会议听取市政府与投资方签订项目投资协议的情况，并研究部署相关工作。9月25日，市政府印发《烷烃资源综合利用项目建设分工表》，将项目前期工作细化为49项任务，明确各项任务责任单位和协办单位，推动项目征地拆迁、立项报批、配套工程、融资维稳等工作快速有序开展。全年市委主要负责人12次深入项目现场调研、召开专题会议，协调解决存在问题，要求各级各有关部门要深刻认识丙烷脱氢产业链项目落地对茂名市的重大意义，把该项目的落地工作放在首要位置，主动衔接，抓紧完善项目落地的必要条件，认真对待、积极解决项目落地遇到问题，把项目前期工作做实做细，高效率推进项目尽快落地。

【省委巡视茂名反馈意见整改落实】 2019年8月7日，省委第五巡视组向茂名市委反馈巡视茂名情况，指出茂名市存在5个方面主要问题，提出4方面整改意见建议。8月8日，市委先后召开书记专题会议及十一届第130次常委会会议，传达学习省委书记李希在听取十二届省委第四轮巡视综合情况汇报会上的讲话精神和省委第五巡视组巡视茂名市情况反馈会议精神，研究部署茂名市整改落实工作。8月10日，茂名市成立省委巡视反馈意见整改落实工作领导小组，统筹推进巡视整改落实工作。8月14日，市委十一届第132次常委会会议审议通过茂名市整改落实工作安排意见。8月23日，市委十一届第133次常委会会议审议通过茂名市整改落实方案，将省委巡视反馈5方面问题细化分解为49个分项问题进行整改，要求各级各部门党委（党组）切实扛起整改落实的政治责任，严格按照整改落实方案的要求，动真碰硬、深入细致、举一反三，以自我革命的精神把整改任务落到实处，严防官僚主义、形式主义。9月24日，市委十一届第136次常委会会议听取茂名市整改工作进展情况汇报，并对整改落实工作进行再部署、再强调。11月29日，市委十一届第142次常委会会议审议通过茂名市整改工作进展情况报告、党内通报稿和社会通报稿，并向省委巡视办做报告。12月4日、8日，茂名市委、市政府领导班子先后召开"不忘初心、牢记使命"暨巡视整改专题民主生活会，聚焦党的政治建设，紧扣"不忘初心、牢记使命"主题和省委第五巡视组指出的突出问题，全面检视剖析，举一反三、标本兼治，持续深化整改，推动党要管党、全面从严治党向纵深发展。12月24日，在南粤清风网、茂名市人民政府网、《茂名日报》等媒体和网站上同步公开《中共茂名市委关于巡视整改进展情况的通报》。

【乡村振兴工作】　2019年9月30日，茂名市委、市政府印发实施《关于对标三年硬任务和"千村示范、万村整治"工程扎实推动乡村振兴工作方案》，要求全市各级各部门对标全面建成小康社会"三农"（农业、农村、农民）工作必须完成的硬任务，从打好精准脱贫攻坚战、开展"千村示范、万村整治"工程、旗帜鲜明抓产业等8个方面集中攻坚，扎实推动茂名市实施乡村振兴战略取得重大进展。8月29日、11月3日，市委先后明确市委实施乡村振兴战略领导小组专项组设置方案、调整市委实施乡村振兴战略领导小组组成人员及成员单位，切实把乡村振兴工作做细做实。12月20日，市委印发《茂名市实施乡村振兴战略规划（2018—2022年）》，统筹推进农村经济建设、政治建设、文化建设、社会建设、生态文明建设和党的建设，加快推进农业农村现代化，让农业更强、农村更美、农民更富。（市委办公室）

组　织

【组织工作概况】　至2019年年底，茂名市有基层党组织1.15万个，其中党委448个、党总支986个、支部1.1万个。全市党员总数26.5万人，其中：农村党员11.22万人，占总量的42.3%；社区党员1.61万人，占6.1%；机关党员2.51人，占9.5%；事业单位党员3.54万人，占13.4%；国企党员1.84人，占6.95%；"两新"（新经济组织和新社会组织）组织党员8602人，占比3.3%。

【"不忘初心、牢记使命"主题教育】　2019年，茂名市各级组织部门切实扛起政治责任，精心组织、周密部署开展"不忘初心、牢记使命"主题教育，创新开设"六个课堂"（固定课堂、

▲ 2019年，化州市推进湖艳村现代化建设　（丘立贺　摄）

板凳课堂、在线课堂、思政课堂、红色课堂、船上课堂），编印主题教育“口袋书”，开展“七个一百”精品项目下基层、“专题读书班”等活动，推动全市800名县处级以上领导干部、1.1万个基层党组织的26.5万名党员学做结合、查改贯通，为群众办好事实事20万件。

【各级各类“大学习大培训”】 2019年，茂名市全面深化“三个第一”学习教育制度、领导干部领学带学督学制度，持续推动学习习近平新时代中国特色社会主义思想往深里走、往实里走、往心里走。先后在全市组织开展重大专题大学习、大轮训3轮，培训党员干部8000人次；举办市级培训班次50个，培训党员干部2万人次；依托镇（街道）党校开展“十万党员进党校、坚定信仰守初心”大培训2500场次，培训基层党员干部27万人次。教育引导党员干部始终在政治立场、政治方向、政治原则、政治道路上同党中央保持高度一致。茂名市聚焦脱贫攻坚，加强干部教育培训工作，在中央组织部、国务院扶贫办公室联合召开的东部省份脱贫攻坚推进会上做经验介绍，是唯一做经验介绍的地级市。

【基层党建】 2019年，茂名市抓基层党组织建设鲜明导向，推动基层党组织全面进步、全面过硬。全面推行村级组织向党组织报告工作制度，相关经验被中央组织部《组工参阅》和广东省委主办的《南方》推介。推动农村党组织书记三个“一肩挑”（党政同时一人担任）比例提高至90.8%，城市社区党组织书记两个“一肩挑”（党政同时一人担任）比例92.7%。实施“头雁”工程，调整撤换村级党组织书记71人，储备村级党组织书记后备干部3827人，分领域分层次轮训8000名基层党组织书记，选拔3155名候任村（社区）干部。“推进候任村（社区）干部制度创新经验做法”被中共广东省委组织部定为全省改革创新工作交流会6个地级市改革成功案例之一。开展村级党组织星级评定，量化评定五星级党组织100个，四星级党组织740个，三星级党组织896个。严格落实发展党员流程，每年发展党员4126人。指导高州市准确把握试点工作要求，高质量完成解决发展党员违规违纪问题试点工作。健全基础保障，全面落实村级组织运转经费政策。建立候任村（社区）干部补贴待遇保障机制，逐步提高候任村（社区）干部补贴待遇。市、县财政共投入1902万元，推进全市村（社区）党群服务中心规范化建设，达标率90%。收缴党费1100万元，确保全市乡镇（街道）党校有序运转。对“两新”党建工作加大投入力度，获省级经费1000万元，获得市、县两级配套资金120万元。创新开展党员联系户活动，构建“村到组、组到户、户到人”三级党建网格引领乡村善治，是年，经验做法被中组部《组工通讯》刊登、《中国组织人事报》报道。强化党建核心引领社区治理，推广“一核二化五创建”（街道）社区治理工作模式。推进抓党建、促脱贫攻坚、促乡村振兴精准扶贫“红色引擎”计划，柑村村党支部在全省抓党建促乡村振兴暨红色村党建示范工程现场会做交流发言。

（市委组织部）

宣 传

【宣传思想工作概况】 2019年，茂名市宣传思想文化战线以习近平新时代中国特色社会主义思想为指导，全面贯彻党的十九大和十九届二中、三中、四中全会精神，按照全国、全省宣传思想工作会议要求，推进理论武装、意识形态、舆论引导、文明创建、文化建设等各项工作，为全市经济社会发展提供强有力的思想保证、舆论支持和文化条件。

【理论学习宣传】 2019年，中共茂名市委宣传部丰富学习教育形式，学习贯彻习近平新时代中国特色社会主义思想。一是深入学习习近平新时代中国特色社会主义思想。落实“第一议题”学习制度，抓严抓实各级理论学习中心组学习，全年组织市委理论学习中心组学习会28次，全年全市县处级党委（党组）理论学习中心组合计开展理论学习1531次。征订发放《习近平新时代中国特色社会主义思想学习纲要》23万册（居广东省第一位），编发《“不忘初心、牢记使命”主题教育小读本》等，引导党员加强理论学习。做好党报党刊发行和学刊用刊工作，被中央宣传部办公厅评为“2019年度《党建》杂志学刊用刊工作先进集体”。开展基层宣讲活动，市委宣传部讲师团组织开展党的十九届四中全会精神、《习近平新时代中国特色社会主义思想学习纲要》等全市大型专题宣讲和“我和我的祖国”等百姓宣讲4200场次，推动党的创新理论进机关、进校园、进农村、进社区、进企业。高州市设立新时代红色文化讲堂，开展宣讲活动261场。推广使用“学习强国”学习平台，实现各级党组织全覆盖，全市下载注册“学习强国”平台学习学员25.9万人，位列全省第六名。茂名市被国家级、省级媒体采用稿件1200篇次，受到中共广东省委宣传部通报表扬。

▲2019年，中共茂名市委宣传部在森林公园举办歌唱《我和我的祖国》快闪活动（丘立贺 摄）

【正面宣传和舆论引导】 2019年，茂名市开展中华人民共和国成立70周年、茂名建市60周年专题宣传。围绕中华人民共和国成立70周年，推出“壮丽70年·奋斗新时代”等专栏报道；组织各地各单位开展“我和我的祖国”快闪等社会宣传活动，在国庆期间全市悬挂国旗5万面。市文明办组织市民参加“我和我的祖国”岭南童谣征集传唱活动，获奖数量居全省前列，获评优秀组织奖。围绕建市60周年，推出“辉煌60年”等专栏报道，举办“辉煌六十年——茂名建市60周年成就展”“喜迎茂名建市60周年图片展”等大型展览，宣传展示茂名城市发展成就。市社会科学界联合会编辑出版3卷本、400万字的《茂名辉煌六十年》大型丛书。中共茂名市委网络安全和信息化委员会办公室开展“茂名60周年·点滴印记”网络作品征集分享活动，是年，被中央网络安全和信息化委员会办公室评为“出彩活动”。茂名日报社、市广播电视台围绕党的十九届四中全会以及主题教育、产业发展、乡村振兴、扫黑除恶、“扶贫攻坚”等市委、市政府中心工作，精心策划主题宣传，推出“港口梦”“世纪梦”等专栏专题报道。加快推进市、县两级融媒体中心建设，加强主流舆论阵地。举办沙滩排球亚洲锦标赛、中央电视台《魅力中国城》第三季启动仪式、广东省龙舟赛、浪漫海岸国际诗歌周等大型活动，有效提升城市知名度、影响力。（精华版）大型人文纪录片《海丝·茂名》在央视综合频道《中华民族》栏目播出，茂名地方特色文化在央视《味道》《农广天地》《影像方志》《沿海行》等栏目专题播出。（市委宣传部）

统一战线

【统战工作调研】

各民主党派、工商联、无党派人士联合调研 2019年8月25—28日，市委常委、统战部部长黄玉华带领由市各民主党派、工商联负责人和无党派人士代表组成的“充分发挥魅力中国城影响力，加快茂名全域旅游高质量发展”联合调研组赴重庆南川、四川凉山开展暑期联合调研活动，与当地民主党派组织、中华全国工商业联合会、党外中青年知识分子联谊会等开展的学习交流活动。途经重庆、成都时，到重庆茂名商会、成都茂名商会调研。市人大常委会副主任陈凡晓、市政协副主席邵杭伟参加活动。联合调研组撰写《充分发挥魅力中国城影响力，加快茂名全域旅游高质量发展》的调研报告提交市委，获得市委主要领导的肯定。

【重要会议】

市委十一届八次全会情况通报会 2019年1月11日，中共茂名市委召开党外人士情况通报会。市委常委、统战部部长黄玉华向党外人士通报市委十一届八次全会精神。会议要求党外人士认真学习、深刻领会市委十一届八次全会精神，增进政治共识、凝聚智慧力量，为茂名加快振兴发展发挥更大作用、贡献智慧和力量。一要迅速兴起学习宣传热潮，凝聚共识。二要立足本职岗位，做好本职工作。把个人的理想追求同国家的前途、民族的命运紧密结合起来，在干事中弘扬冼夫人的“唯用一好心”精神。三要发挥独特优势，助力全市发展，积极贡献智慧和力量。市各民主党派、工商联负责人和无党派代表人士、市委统战部全体干部职工30多人参加通报会。与会党外人士一致表示，要迅速兴起学习宣传热潮，围绕市委、市政府中心工作，发挥民主党派智力优势，积极建言献策。

全市统战工作会议　2019年3月19日，市委统战部在市委7号楼10楼会议室召开市统战工作会议，学习贯彻习近平总书记关于加强和改进统一战线工作的重要思想及视察广东重要讲话精神，传达学习贯彻全国、全省统战部长会议精神，总结2018年工作，安排部署2019年工作。市委书记、市人大常委会主任许志晖出席会议并讲话。会议强调，要致力构建统战工作大格局，主动服务经济社会发展大局，在招商引资、服务民营经济、聚贤引智工作上有所作为，在引导民营经济发展方面做出新贡献。要坚持以文育人，发挥冼夫人精神在文化统战中的作用，弘扬好心文化，增强人民的向心力，切实加强统战工作力量。市委常委、统战部部长黄玉华对2019年统战工作部署。各区、县级市党委书记、统战部部长、广东茂名滨海新区、茂名高新区、茂名水东湾新城党工委书记、分管统战工作负责同志，市委各部委、市直属有关单位、市各人民团体，中央、省驻茂有关单位主要负责同志，广东石油化工学院党委统战部部长、茂名石化公司党委统战科负责人、有关高校党委主要负责人等参加会议。市委副书记、滨海新区党工委书记刘芳主持会议。

各民主党派、工商联负责人及无党派人士代表暑期座谈会　2019年10月25日，茂名市召开各民主党派、工商联负责人及无党派人士代表暑期座谈会。市委书记、市人大常委会主任许志晖出席并讲话。会议肯定市各民主党派、工商联、无党派人士为茂名经济社会发展做出的积极贡献。会议强调，市各民主党派、工商联和无党派人士要巩固好共同的思想政治基础，深入开展“不忘合作初心，继续携手前进”主题教育活动，学习习近平新时代中国特色社会主义思想和中共十九大精神，自觉接受中国共产党领导，坚定不移走中国特色社会主义道路，弘扬家国情怀，在实践中增进共识，加强协商议政，以大团结大联合画出最大同心圆。积极融入服务和保障发展大局，围绕中心大局参政履职，紧跟难点痛点开展参政议政，立足职能优势服务社会，当好市委的“好参谋、好帮手、好同事”，共同吹响向海而兴的号角。要围绕加强中国特色社会主义参政党建设的要求，持续加强领导班子建设，推进党外代表人士队伍建设，加强作风建设，提升履职能力和水平。要切实加强和改善中国共产党对统一战线工作的领导，各级党委要完善党委统一领导、统战部门牵头协调、有关方面各负其责的大统战格局。市委、市政府将一如既往支持各民主党派、工商联、无党派人士依照章程开展工作，不遗余力为大家开展参政议政和民主监督创造条件、提供保障。市委常委、统战部部长黄玉华主持会议。市各民主党派、工商联负责人及无党派人士代表围绕加强参政党建设、加快茂名全域旅游高质量发展、紧抓机遇加快融入粤港澳大湾区建设等方面分别发言。

第十次全国各地茂名商会会长联席会议　2019年10月12日，第十次全国各地茂名商会会长联席会议在美丽山城重庆举行。会议肯定近年来全国各地茂名商会发展取得的显著成绩。要求各地商会要初心不改，继续用心用情用力，把商会建设推上新台阶。要用奋斗精神做好商会工作，商会会长要带领班子成员坚定理想信念，着力引领商会沿正确方向发展，建设有中国特色的商会组织。要勇担责任，带领商会及会员，为国家、为社会多做贡献，要引导会员投身粤港澳大湾区建设，支持和参与乡村振兴、精准扶贫和发展实体经济，做讲好茂名故事的宣传员，搭建当地政府与茂名两地友谊桥梁。市委统战部、市工商联、市商务局（招商办）有关领导和来自全国各地茂名商会会长、秘书长共120人参加会议。市委常委、统战部部长黄玉华出席会议并讲话。

市委十一届九次全会情况通报会　2019年8月19日，茂名市委召开党外人士情况通报会。市委常委、统战部部长黄玉华主持会议并讲话，向市各民主党派、工商联负责人和无党派代表人士等通报市委十一届九次全会精神。会议指出，要提高政治站位，以高度的责任感、使命感抓好全会精神学习贯彻，自觉把思想和行动统一到省委、市委决策部署上来。把学习贯彻市委十一届九次全会精神当作当前一项重要政治任务，迅速掀起学习宣传贯彻热潮，准确领会全会的重大意义、丰富内涵和精神实质；深化对融入粤港澳大湾区建设的思想认识，凝聚政治共识，形成团结合力，切实把思想统一到市委的决策部署上来，坚决推动市委十一届九次全会的重大举措落实见效，责无旁贷抓好抓实。各民主党派、工商联负责人、无党派代表人士要准确把握市委关于当前茂名市发展目标和经济形势的分析判断，围绕市委、市政府中心工作，发挥智力密集、人才汇聚的优势，加强调查研究，掌握实情，了解民意，积极参政议政，建言献策，多建睿智之言，多献务实之策；履行好参政议政、民主监督职能，当好中国共产党的好参谋、好帮手、好同事，为实现茂名经济社会发展贡献智慧和力量。要以开展“不忘合作初心，继续携手前进”主题教育活动为契机，切实加强自身建设，以模范机关创建推动民主党派市委会机关建设、队伍建设再上新台阶，要树立品牌，着力推进民主党派、工商联工作品牌创建活动。

【统战工作业务培训】

茂名市统一战线学习讲堂 该讲堂开设于2017年，每年4～5期，一般每个季度1期，邀请相关专家学者和有关领导，重点就党的创新理论成果，中央和省委、市委的重大决策部署，统一战线面临的形势和任务进行讲解和辅导。2019年共举办4期，邀请中央社会主义学院、广东省委党校专家学者就“了解历史，学习习近平关于加强和改进统一战线工作的重要思想”“大国崛起中美贸易战的背景及其实质”讲解。市委统战部、市委台港澳办、市各民主党派、无党派人士、工商联、侨联、知联会干部及各区（市）统战部干部600人参加学习。

茂名市党外科级干部培训班 2019年6月17—21日，市委统战部在中山大学举办茂名市党外科级干部培训班。全市党外科级干部43人参加培训。中山大学、广东省社会主义学院和广东省委党校的专家学者，就“粤港澳大湾区建设构想：挑战、机遇与前瞻”“新时代中国民主政治与多党合作制度”“新时代干部队伍建设：创新学习 紧跟时代步伐”“习近平谈治国理政‘系列讲话’解读”专题讲解；学员参观永庆坊、荔枝湾、粤剧艺术博物馆和广东省反腐倡廉基地。

基层统战委员培训班 2019年9月2—6日，茂名市委统战部首次在省社会主义学院举办基层统战委员培训班，来自茂名市市、县两级统战部部分干部及全市111个镇（街道）全体统战委员126名学员参加培训。培训班开设《习近平总书记关于加强和改进统一战线工作重要思想，做好新时代统战工作》《中共党史、新中国史与多党合作制度》《习近平新时代中国特色社会主义思想学习纲要》等课程和《香港重点问题及统战工作形势分析》专题讲座，到中共三大会址和孙中山大元帅府进行现场教学，重温入党誓词。培训班使基层统战委员全方位、多角度了解统战工作，夯实理论基础。

茂名商会会长乡村振兴战略研修班 2019年7月2—9日，2019年茂名市商会会长高级研修班在厦门大学开班，来自全国各地80名茂名市商会会长参加培训，市委常委、统战部部长黄玉华出席并做讲话。由市委统战部、市工商联主办的商会会长高级研修班，是茂名市加强非公有制代表人士教育培训工作的重大举措，是提升工作水平和服务能力的重要手段，也是民营企业适应新形势、开拓新思路、探索新方法的迫切需要。

茂名市党外处级干部培训班 2019年9月19—24日，2019年茂名市党外处级干部培训班在浙江大学举办，由茂名市委统战部主办，市社会主义学院协办，浙江大学承办，全市党外处级干部、各民主党派市委会副主委38人参加培训。市委统战部、浙江大学对课程进行精心安排，课程内容包括习近平新时代中国特色社会主义思想、多党合作和政治协商制度、推动经济高质量发展、国家安全环境与国家安全战略、创新思维与领导艺术等方面。

【港澳茂名同乡总会活动】

市政协港澳委员座谈会召开 2019年1月22日，市政协九届三次会议港澳委员座谈会在市民中心召开。市委书记、市长许志晖出席座谈会，市政协主席黄心强主持座谈会。港澳委员代表在发言中表达对茂名的桑梓情怀，将继续关心、支持家乡各项事业发展，建言献策，为家乡发展做出港澳委员应有的一份贡献。会议指出，当前茂名发展态势不断向好，发展基础更加扎实，港澳委员、港澳同胞是茂名改革发展不

▲2019年7月15—17日，香港茂名同乡总会庆祝茂名建市60周年考察团一行回乡考察 （李厚辉 摄）

可或缺的重要力量。希望市政协港澳委员共同唱响“好心茂名”城市品牌，发挥联系广的优势，大力宣传推广“好心茂名”的城市形象。要引导和团结港澳地区民众坚定爱国爱港爱澳立场，为维护香港和澳门的繁荣稳定发挥积极的作用。要以高度的政治责任感和历史使命感，遵守会议纪律，履行委员职责，提交提案、反映社情民意。要一如既往关注家乡、支持家乡、投资家乡，为推动茂名融入粤港澳大湾区建设献计出力。

香港茂名同乡总会考察团回乡考察　2019年7月15—17日，为庆祝茂名建市60周年，由中央人民政府驻香港特别行政区联络办公室（简称中联办）新界工作部常务副部长叶虎、香港茂名同乡总会主席容冰率领的香港茂名同乡总会回乡考察团一行200人参观访问茂名。市委书记、市人大常委会主任许志晖，市委副书记、市长袁古洁，市委常委、统战部部长黄玉华，市政协副主席罗明出席欢迎会与香港茂名乡亲座谈交流。参访团实地参观滨海新区、高新区、广州科技职业技术大学滨海校区、南海旅游岛、高州市桑马生态农业发展有限公司、高州冼太夫人庙、露天矿生态公园、露天矿博物馆及茂名建市60周年成就展，实地了解茂名滨海新区、高新区、茂名“二本四专”（2所本科学校和4所专科学校）、滨海旅游、特色农业发展情况。市委常委、统战部部长黄玉华，各区（市）统战部部长陪同参观。

大湾区港澳青年领袖考察团到茂名考察　2019年6月4—6日，由中联办新界工作部、茂名市委统战部共同发起，香港元朗大会堂、香港青年商会、茂名市外商投资企业协会组织的首批“大湾区港澳青年领袖考察团”一行25人在茂名考察。市委常委、统战部部长黄玉华出席并讲话。参观考察茂名市城市规划展览馆、茂名露天矿生态公园、广东粤西创业创新孵化基地、高州200平方千米荔枝种植基地、高州鳄鱼养殖基地、化州橘红生产基地、茂名高新技术开发区和广东六韬珠宝产业园等，实地感受茂名日新月异的发展变化。

港澳社团首长及青年、妇女骨干国情培训　2019年5月25—29日，港澳茂名社团首长及青年、妇女骨干国情培训班在浙江大学举办，为期5天。本期国情培训班由茂名市委统战部主办，香港茂名同乡总会、澳门茂名同乡总会协办，浙江大学承办，来自港澳地区的茂名社团首长、青年、妇女骨干70多人参加培训。市委常委、统战部部长黄玉华参加并全程领班。培训以专题讲座、现场教学等形式进行，浙江大学、深圳市委党校、嘉兴学院的专家学者，就习近平总书记治国理政的新思想、新理念、新战略，“一带一路”框架下粤港澳合作的新动力、新领域、新机制，“新常态”下中国宏观经济形势分析与区域经济发展，中共创建与民族复兴等专题进行辅导。在现场教学中参观嘉兴南湖红色教育基地和安吉美丽乡村，重温建党历史，感悟红船精神，学习绿色发展及美丽乡村建设的安吉经验。期间，举办唱响《我和我的祖国》等课余活动。

（市委统战部）

机关党建

【机关党建工作概况】　至2019年年底，中共茂名市直属机关工作委员会（简称茂名市直属机关工委）管理各级基层党组织98个，含党委57个、党总支部15个、党支部26个，党员总数2.39万人。年新发展党员265人。市直属机关工委规范党费的收缴标准，加强对市直属机关单位党费收缴管理的指导和督促，全年收缴党费1180万元。

【市直机关党员系列活动】　2019年，茂名市直属机关工委联合茂名市城管执法局和茂名市广播电视台，组织市直属机关单位党员干部职工开展茂名市第三届小东江全民荧光夜跑活动；联合茂名市委教育工委等单位，组织市直机关单位党员干部职工开展全国文明城市创建、国家卫生城市创建、国家森林城市创建、好心平安茂名创建、好心湖健步行活动；组织市直机关单位和各区（县级市）机关工委18个单位参加广东省直机关工委开展的广东省市直机关第七届“先锋杯”工作技能大赛，获广东省直机关工委颁发的优秀组织奖；联合茂名市卫生健康局和茂名日报社，组织市直机关单位党员干部职工开展无偿献血志愿服务集中行动；协助中共茂名市委宣传部开展2019南国书香节茂名分会场暨茂名书展——“在党的旗帜下”红色经典诗文朗诵大赛；联合茂名市广播电视台，在市直机关党组织内开展“时代新人说——我和祖国共成长”演讲比赛，庆祝中国共产党成立98周年和中华人民共和国成立70周年；联合茂名市总工会等单位，组织市直机关单位党员干部职工参加“喜看城市发展 见证西城崛起”茂名市第六届全民健身徒步节。

【“民声热线”节目】　2019年，茂名市直属机关工委与茂名市广播电视台联合举办“民声热线”节目，全年播出节目22期，茂名市公安局、中国电信茂名分公司、市住房公积金中心、市人民医院、市交通运输局等22个单位主要负责人上线接受群众咨询，帮助群众解答问题102个，主要解答临时停车及查处、中医院收费价格及医保报销、房屋购置税、宽带网速不稳定及故障申报等问题，群众反映问题处理率达99%。

【模范机关创建】　2019年3月，茂名市直属机关工委对市直属机关单位开展模范机关创建活动进行再动员、再落实。印发《2019年市直机关模范机关创建活动实施方案》，编发模范机关创建活动简报22期，在《茂名日报》刊登模范机关创建活动专版2期。督促市直机关各级党组织围绕“五个模范”（学习模范、担当模范、党建模范、廉洁模范、实干模范）开展创建活动，确保创建活动与业务工作共荣共进、共同提高。

【党建考核】　2019年1月，茂名市直属机关工委协助市考核办做好市级机关2019年度绩效考核工作，承担对市直属机关党组织落实党建工作责任制情况的考核工作任务，考核检查市直属机关98个党组织落实党建工作责任制情况。2月26日，开展市直属机关党组织书记抓基层党建工作的述职评议考核，选取10个市直属机关单位的党组（党委）书记现场述职，述职评议考核结果全部为“优秀”等次。

【党组织规范管理】　2019年，茂名市直属机关工委推动开展机关党组织星级评价活动，通过实践创星、评级定星、晋位升星等方式，力促机关基层党组织晋位升级，推进市直机关基层党组织一年达标、二年提升、三年创优，扩大先进支部增量、提升中间支部水平、推动后进支部转化升级。全年优化党总支部成立党委2个，优化党支部设置为党总支部9个。规范党组织换届工作，全年批复市直机关党组织换届17个，批准成立机关党组织23个。

【党员教育】　2019年，茂名市直属机关工委指导市直机关党组织戴党徽、亮身份，设立党员示

▲ 2019年，茂名市在化州柑村南路革命纪念馆开展党员教育活动　（丘立贺　摄）

范岗、党员突击队、在职党员设岗定责等，搭建党员发挥先锋模范作用平台。举办两期市直机关党员发展对象培训班，培训党员发展对象362人，组织党员发展对象学习党史、党章的基本知识和党的十九大精神，加深对党的认识，明确党员标准、入党条件，掌握党员的义务和权利，有力提升发展对象思想政治水平。

政策研究与改革

【政策研究与改革概况】 2019年，中共茂名市委政策研究室（简称市委政研室）、中共茂名市委改革办公室（简称市委改革办）发挥以文辅政、决策参谋和改革协调作用。全年起草、核改、整理各类文稿360篇120万字，平均每天完成1份文稿；收集整理调研报告20篇，编印市委机关刊物《茂名通讯》12期。统筹推进十个领域50个大项目198小项目的改革任务，各领域改革亮点纷呈，一批改革经验做法推介。

【服务决策】

文稿服务 2019年，市委政策研究室文稿服务力求做到立意高、内容实、文风新。起草市委十一届八次、九次、十次全会报告以及《在茂名市沿海经济带发展推进大会上的讲话》等一批重要文稿。鼓励钻研业务，是年，制定《中共茂名市委政策研究室（市委改革办）业务技能竞赛实施方案》，鼓励干部职工在网络媒体、新闻媒体、学术期刊、报纸杂志等平台发表文章及参加各种征文比赛，有多篇文稿在媒体刊登或参加征文比赛获奖。其中，何伟撰写的《茂名改革开放的回顾和展望》参加“茂名市建市60周年专题研讨会”征文活动获一等奖。结合第一议题学习制度，加强研讨式学习，在起草重大文稿前，组织集中研讨，发挥共同智慧。鼓励利用微信、“钉钉”工作群进行不论时间、不定题目的自由式研讨，将日常工作、学习中积累的好文章、好经验分享到单位学习群，分享对写作、对政策、对发展的报道和思考，做到知识共享、精神共振，提升做研究、谋发展的水平。

调查研究 2019年，市委政研室把调查研究作为文稿起草和参谋辅政的重要基础，突出调研课题的针对性，树立鲜明的问题导向，聚焦全局性、关键性、要害性的问题，结合茂名市“1+4+6”（指以加强党的领导和党的建设为根本保证，推进改革开放、科技创新、乡村振兴、三大攻坚战四项重大工作，全力实施沿海经济带建设、现代产业、交通建设、城市发展、社会治理、民生与基本公共服务六大行动计划）工作布局，选定加快推动茂名融入粤港澳大湾区建设、推进改革全面深化、擦亮“滨海绿城、好心茂名”文化品牌等3个方面的课题进行调研。调研方式注重灵活性，巧用“外脑”提升调研成效，通过招标遴选程序委托市委党校开展《关于茂名推广好心文化的政策研究》课题调研，通过合作形式与市税务局联合开展《从财税角度如何做好招商引资工作课题研究》。配合做好中央党校《学习时报》编辑张丹丹到茂名市调研考察，向中央媒体深度推介宣传滨海绿城、好心茂名。调研成果转化体现实效性，各调研课题均形成有实际内容、有问题分析、有具体对策的调研报告，召开会议交流调研成果，分享好经验好做法，提高服务决策能力，促进科学决策。

【改革协调】

改革任务落实 2019年，市委改革办根据党中央、广东省委全面深化改革工作部署，梳理茂名市2019年重大改革任务50项，以台账形式细分小项改革任务198项，以市委全面深化改革委员会名义印发《市委全面深化改革委员会2019年改革工作安排》。组织召开市委深化改革委员会会议2次，提请在市委常委会议上汇报涉及改革的议题，听取各区（县级市）和市各有关单位改革推进情况汇报。加强对中央、省委和市委改革部署事项的督促检查，推动各项改革决策部署在茂名贯彻落实。按时完成改革领域巡视反馈问题的整改任务。修订市委全面深化改革委员会、专项小组、办公室工作规则（细则），调整充实改革专项小组成员，完善改革运转工作机制。

茂名改革亮点推介 2019年，市委改革办以《改革工作简报》为载体，宣传改革亮点和成效，编印《改革工作简报》5期。4月，向省委改革办报送的《茂名市创新机制推动“数字政府”与政务服务改革深度融合》刊登在《广东改革工作简报》。候任村（社区）干部制度持续深入推进获得省委、省政府肯定。在全省改革创新经验交流会上，茂名市在会上做《茂名市创新推行候任村（社区）干部制度，打造乡村振兴基层组织人才“蓄水池”》的发言。医疗改革持续深化，在第二届中国（广东）卫生与健康发展峰会暨广东医改十大创新典型发布会上，茂名市医改工作评为“广东医改十大创新典型”。12月，《中国改革报》广东记者站组员到茂名市调研乡村振兴改革成果，先后刊发《高州：三种模式因地制宜激活乡村振兴要素》《村强民富产业兴，打造党建引领乡村振兴“林头样板”》的文章。

【党刊编辑】 2019年，市委政研室发挥《茂名通讯》政策性、指导性强的优势，向市领导、各区（县级市）、经济功能区、市直属部门及社会各界约稿，促进《茂名通讯》的内容更充实、可读性更强。全年编辑出版《茂名通讯》12期共80万字。

（市委政研室、市委改革办）

机构编制

【机构编制概况】 2019年，茂名市委编办全面推进地方机构改革，基本完成市直各涉及改革部门班子调配、职能划转、机构人员转隶、办公用房调整、新印章和新网站启用以及挂牌以新部门名义对外运作等工作，完成涉及改革部门“三定”（定主要职责、定内设机构、定人员编制）方案和机构编制调整文件的印发实施。印发《茂名市机构改革方案》，同步推进承担行政职能事业单位改革，同步整合调整相关事业单位，改革后，市级党政机构总数46个，其中党委机构15个，政府机构31个；事业单位264个（不含功能区所属事业单位）。党政机构总数减少6个，精简比例9%；减少事业单位46个，精简比例14.7%。

【茂名市机构改革】 2019年，按照省委、省政府的要求，茂名市在3月25日前完成市、县两级机构改革。市级机构改革部门的完成“三定”（定主要职责、定内设机构、定人员编制）规定和机构编制调整文件印发实施，涉及改革机构全部挂牌，办公用房按要求调配，人员转隶按期完成。合理界定职责权限，划转职能119项。改革后，市级党政机构46个，减少6个，精简11.5%；部门内设机构减少23个，精简4.1%。推进事业单位改革。完成承担行政职能事业单位改革，除行政执法机构外，其余39个事业单位的行政职能全部回归机关。调整优化市直属事业单位119个。对从事生产经营活动的事业单位提出转企方向，推动条件成熟的事业单位加快改制转为企业。市级撤销事业单位71个，占原事业单位总量的22.7%。

【经济发达镇行政管理体制改革】 2019年，茂名市印发《茂名市关于支持经济发达镇行政管理体制改革试点的意见》，从经济社会管理权限、组织架构、审批服务、综合行政执法、基层服务管理方式及配套设施等方面做出具体部署，将各项改革任务落细落实。指导优化沙琅镇党委、镇政府组织架构，综合设置7个综合性办事机构和5个服务中心，组建综合行政执法队伍，理顺改革试点的行政管理体制。茂名市改革试点工作获广东省委编办肯定，相关经验做法在全省经济发达镇行政管理体制改革推进会上做典型介绍。

【综合行政执法体制改革】 2019年，茂名市印发《关于加快改革完善市场监管综合行政执法体制的通知》等文件，深入推进市场监管、生态环境保护、交通运输、农业、文化市场等领域行政执法体制改革，继续完善城市管理行政执法体制改革，有效整合执法职责和队伍，科学合规设置执法机构，减少执法种类和层级，解决多头多层重复执法问题，监管执法效能提高。

【经济功能区体制机制】 2019年，茂名市调整3个经济功能区管理委员会职能配置、内设机构设置。完善市直属部门派驻经济功能区机构的管理体制，加强功能区自然资源、生态环境、市场监管、城管执法等方面工作。在经济功能区管委会设立政务辅助中心和社会事务中心等事业单位，调剂事业编制88名加强管委会工作力量。下放事业编制管理权限，提高经济功能区编制管理自主权。结合机构改革，调整设置执法机构，完善执法主体，理顺经济功能区行政执法管理体制，相关经验做法得到中央编办和广东省委编办肯定，是年，被《中国机构改革与管理》杂志和《南方日报》特刊重点推介。

【党管机构编制】 2019年，中共茂名市委机构编制委员会办公室（简称市委编办）坚持党对机构编制工作的集中统一领导，调整完善市委编委领导体制，落实党委对机构编制管理的主体责任。执行归口管理有关规定，形成《市委编办需向市委组织部（主要负责人）请示汇报事项清单》，规范和细化归口管理程序和流程，把党管机构编制与党管干部有机统一，落到实处。

【机构编制工作程序化法定化】 2019年，市委编办通过推动全市各级党委（党组）传达学习、专题研讨和举办专题培训班等形式，学习宣传和贯彻落实《中国共产党机构编制工作条例》（简称《条例》）。落实《条例》精神，研究机构编制事项的动议、论证、审议决定、组织实施等环节，在全省率先制定《茂名市机构编制事项办理流程》，推动机构编制管理规范化。有关做法得到省委编办的支持和认可。

【机构编制资源优化配置】 2019年，市委编办结合机构改革，打破条块分割，统筹行政编制资源，调剂分配行政编制和行政执法专项编制215名，优化党政机构人员编制配备。盘活事业编制资源，重点向教育、卫生领域倾斜，通过改革收回731名事业编制投向教育、卫生系统，推动民生事业发展。用活用好周转编制，支持引进急需紧缺专业人才。在严守编制总量“红线”的前提下，提高编制的使用效益。

【机构编制问题整改】 2019年，市委编办将机构编制历史遗留问题纳入本轮机构改革通盘考虑并解决，清理违规设置处级机构12个、挂牌机构实体化运作6个、“事业局”15个、高配或不规范核定配备的部门领导职数7名。统筹编制资源，解决历史遗留问题，一次性统筹事业编制60个，解决13个市直属事业单位超编制的历史问题。通过系统抽查和实地督查，加强对各区（县级市）机构编制问题整改工作的指导和督促，全市机构编制问题存量减少78.4%。

【机构编制实名制管理】 2019年，市委编办发挥机构编制在管理全流程的基础性作用，推进机构编制实名制数据与组织、财政、审计、人社等部门相关数据比对和信息共享，为开展公务员职级并行、财政预算决算、政府绩效管理等工作提供有力数据支撑。优化简化机构编制实名制业务审批程序，提高管理精准化水平和办事便利度。通过实名制管理系统，加强对县级机构编制的实时监督，定期进行统计分析和数据比对，及时监测预警。

【编制登记管理】 2019年，市委编办按照“来件即办”的要求，及时办结设立登记13个、注销登记3个、变更登记66个。落实事业单位年度报告公示制度，全市292家事业单位全部按时完成公示。做好42个机关群团单位的赋码及变更工作。做好“信用信息双公示”工作，公示行政许可信息58条，助推信用茂名建设，做好中文域名工作。

（市委编办）

▲ 2019年9月3日，中共茂名市委党校举行2019年秋季学期开学典礼

党校教育

【党校教学科研概况】 2019年，中共茂名市委党校（简称市委党校）实行校务委员会领导体制，校长由茂名市委常委、组织部部长兼任，日常工作由常务副校长主持。学校设有办公室、教务一科、教务二科、干部教育科、行政科、政治教研室、经济教研室、行政学教研室、党建文史教研室、法学教研室、统战理论教研室、科研管理科和信息网络中心13个科级机构，1个下属公益一类事业单位——市情研究中心。

【干部教育培训】 2019年，市委党校举办培训班次53期次，学时494天，参训5799人次；邀请省级党校、高校师资44人次，邀请本市专家学者89人次。举办主体班次16期，培训1992人。举办各类干部培训班9期，培训589人。联合组织办学28期，组织到外地培训4期，培训3218人次。

【教学活动】 2019年，市委党校开展以“读原著、学原文、悟原理”为主题的课前半小时读书分享活动和以“有信仰就说出来，有本领就显出来，把党的旗帜亮出来”为主题的“十比”活动。举行学员论坛、辩论赛、演讲比赛等活动，撰写质量较高调研报告8篇。各主体班次在党校网站挂网通讯报道文章56篇。

【科研工作】 2019年，市委党校在由中共中央党校主办的《学习时报》等国家CN核心类刊物上发表学术论文10篇，其中《不断创新“入脑入心”的有效途径》《在历史的回顾中汲取精神力量》发表在《学习时报》；在《茂名日报》发表11个专版47篇理论宣传文章。7篇入选国家、省、市相关专题研讨会，其中《“四个自信”的历史和实践源泉》入选由中国社科院马克思主义理论学科建设与理论研究工程领导小组主办、中国社会科学院马克思主义研究院承办的“全国第六届中国特色社会主义发展论坛”和广东省党校（行政学院）系统“学习习近平总书记重要讲话精神暨庆祝新中国成立70周年理论研讨会”，均在大会上做交流发言；《关于唯物史观的革命意义的新思考》入选“中国历史唯物主义学会第八届会员代表大会暨2019年年会”。4个课题获广东省党校（行政学院）系统2019年度哲学社会科学规划项目立项，2个结项，1个被评为“优秀”等次；9个课题获广东省党建研究会立项，7个结项，6个被评为“良好”等次；1个课题获茂名市哲学社会科学规划项目立项。有3位教师参加市委宣讲团专题宣讲活动，宣讲“学习贯彻党的十九届四中全会精神”等4个专题，宣讲面覆盖市直单位和各区（县级市）。发表采访文章15篇，省、市电视台采访19人次。市委党校主办的《党政学刊》从2019年第一期开始改版，聚焦“不忘初心、牢记使命”，精选汇编最新研究成果；编印《市情研究简报》7期；是年，创办《茂名党建通讯》，10月21日、12月30日先后印发2期。（市委党校）

中共党史工作

【党史工作概况】 2019年，中共茂名市委党史研究室（简称茂名市委党史研究室）开展征集“茂名市建市60周年文献档案”“茂名市建市60周年重要历史图文资料”工作；做好《中国共产党广东省茂名市历史第二卷（1949—1978）》出版前的校对工作；在《茂名日报》开设茂名市红色村庄系列报道宣传专栏；举办“‘不忘初心、牢记使命’——主题教育图片展”；制作“不忘革命初心、牢记复兴使命”茂名党史教育宣传片；开展党史、新中国史“六进”（进机关、进学校、进企业、进农村、进部队、进社区）宣讲活动，发挥党史工作“存史、资政、育人”作用。

【建市60周年资料征集】 2019年，茂名市委党史研究室到市档案局征集建市60周年文献资料，查阅1959—2000年市委档案目录，征集文献资料118份；向市直属各单位征集建市60周年重要历史图文资料16份。

【《中国共产党广东省茂名市历史第二卷（1949—1978）》】 2019年，茂名市委党史研究室继续校对、修改、补充《中国共产党广东省茂名市历史第二卷（1949—1978）》，全书设5章23节236页约20万字。从547张图片中共选用17张。至2019年年底，完成《中国共产党广东省茂名市历史第二卷（1949—1978）》5校工作。

【红色村庄系列报道】 2019年，由中共茂名市委组织部主办，市委党史研究室承办，老区建设促进会、老战士联谊会、茂名日报社协办开展红色村庄系列报道，在《茂名日报》开设党史宣传专栏，系列报道茂名市的红色村庄的情况，刊载系列稿件5篇。

【党史与新中国史宣传】

媒介宣传 2019年，茂名市委党史研究室定期在微信公众号“茂名史志”推送《茂名话当年》栏目，重温茂名党史历年大事记，全年共推送24期；在《茂名日报》推出“追寻红色足迹、不忘初心使命”系列报道，让广大党员干部在重温茂名党史的过程中洗涤思想、锤炼党性、坚定信仰；向全市各机关单位及其党支部分发《茂名革命史话》系列丛书和《茂名市党史知识读本》。

宣讲团宣讲 2019年，茂名市委党史研究室在“不忘初心、

▲ 2019年10月10日，中共广东省委党史研究室主任杨建伟在化州市笪桥镇柑村广东南路革命化州纪念馆，为茂名市领导开展党史、新中国史专题学习授课

牢记使命”主题教育期间，统筹推进党史、新中国史宣讲工作。印发《关于做好党史、新中国史宣讲团成员推荐工作的函》，从市直属单位、高等学校选11位专家组成党史、新中国史宣讲团，在全市开展党史新中国史宣讲工作。全年开展党史新中国史宣讲活动涉及单位116个、宣讲107场次。

党史专题宣传片制作　2019年，茂名市委党史研究室打造“线上+线下”新旧媒体融合全覆盖宣传教育模式，摄制《不忘初心、牢记使命》茂名党史专题宣传片和《李卡烈士革命事迹》短片。党史专题宣传片讲述茂名革命故事，回忆茂名革命党支部成立历程、革命烈士的红色事迹。全市119个单位领取教育宣传片。

“不忘初心、牢记使命”主题教育图片展　2019年，茂名市委党史研究室在茂名市图书馆办举办“不忘初心、牢记使命”主题教育图片展。从各区（县级市）和茂名市档案馆征集图片1050张，筛选革命时期（新中国成立前）有关图片151张。图片展分“革命时期”“建设时期”“改革开放时期”“迈进新时代”等4个部分。全市有200个单位5064人参观主题图片展。

【革命遗址普查】　2019年，茂名市委党史研究室开展革命遗址普查工作，牵头成立专项工作组，召开普查工作动员部署会，编报普查工作动态，组成调研组到各地开展调研29次，指导各地开展革命遗址普查工作。至2019年年底，全市完成453处革命遗址田野调查工作，撰写普查文稿229篇，完成计划任务的80%。

（朱　明　刘夏菁）

老干部事务

【离退休干部政策待遇落实】　2019年，茂名市有离休干部410人，其中市直属单位离休干部135人。中共茂名市委老干部局（简称茂名市委老干部局）落实离退休干部政策待遇，完善离休干部离休费保障、医疗费保障、财政支持保障机制。转发和落实广东省《关于提高离休干部护理费标准的通知》，自2019年1月1日起，根据参加革命工作的时间，离休干部护理费每人每月按“4600元、3800元、3000元”3个档次标准执行。落实广东省关于对中华人民共和国初期参加革命工作退休干部的有关政策，对符合规定条件的500名退休干部，在生活上给予适当的照顾。加强信息化建设建立离退休干部信息库、老干部局门户网站、党员微讲习群和市直属单位离休、副处以上退休干部手机集群。健全和落实走访慰问制度，市领导带头走访慰问。关爱帮扶52名生活特别困难的离退休干部、党员，发放扶助资金36.2万元；帮扶14名市直属单位生活特别困难离休干部及离休干部遗孀，发放帮扶资金9.1万元。经常性走访看望老干部，选派医生上门巡诊服务长期卧床、行动不便的离休干部。

【老干部文化活动】　2019年，茂名市委老干部局组织开展“六个一”（一报告、一唱响、一参展、一助力、一选树、一撰写）系列活动，引导老同志为茂名改革发展增添正能量。5月14—15日，组织市直600名离休干部和副处级以上退休干部，开展以“感受滨海茂名新变化、助推粤港澳大湾区建设”为主题的就近就地参观活动。11月，市老干部艺术团赴北京参加由中国大众音乐协会主办的“感动中国”——2019群众文化艺术周暨“群文杯”第十一届舞蹈电视展演。舞蹈节目《古风神韵》获“银靴奖”和优秀组织奖。11月9—10日，茂名市现年90岁的离休干

▲ 2019年11月，茂名市老干部艺术团赴北京参加“感动中国”——2019群众文化艺术周暨“群文杯”第十一届舞蹈电视展演

部、市人大常委会原副主任、市老战士联谊会会长邓刚，应邀赴杭州参加红色基因传承者事迹宣讲暨交流座谈会，被中国文物保护基金会授予“红色基因传承者杰出个人”称号。12月12日，信宜市政协原主席张文蔚被评为“全国离退休干部先进个人”。

（市委老干局）

茂名市人民代表大会

【市人大机构概况】 2019年，茂名市有各级人大人机构92个，其中市人民代表大会1个，区（县级市）人民代表大会5个，乡镇人民代表大会86个。全市有各级人大代表8652人，其中全国人大代表7人，省人大代表45人，市级人大代表463人，县级人大代表1867人，乡镇人大代表6270人。茂名市人民代表大会设有法制委员会、社会建设委员会；茂名市人民代表大会常务委员会（简称茂名市人大常委会）下设办公室、研究室、选举联络人事任免工作委员会、监察和司法工作委员会（原内务司法工作委员会）、财政经济工作委员会、农村农业工作委员会、教科文卫侨外事工作委员会、城乡建设环境与资源保护工作委员会、法制工作委员会9个机构。全年组织召开市人民代表大会会议2次，召开市人大常委会会议10次，审议法规3个，完成监督议题31个，做出重大事项决议决定9件，任免本级国家机关工作人员82人次。

【茂名市第十二届人民代表大会会议】 第五次会议　于2019年1月22—24日在市民中心召开，应出席代表417人，实到代表394人。会议听取审议茂名市人民政府工作报告，审查茂名市2018年国民经济和社会发展计划执行情况与2019年计划草案的报告、茂名市2018年预算执行情况和2019年预算草案的报告，听取审议茂名市人大常委会工作报告、茂名市中级人民法院工作报告、茂名市人民检察院工作报告；做出关于茂名市人民政府工作报告的决议、关于茂名市2018年国民经济和社会发展计划执行情况与2019年计划的决议、关于茂名市2018年预算执行情况和2019年预算的决议、关于茂名市人大常委会工作报告的决议、关于茂名市中级人民法院工作报告的决议、关于茂名市人民检察院工作报告的决议。通过关于接受许志晖辞去茂名市人民政府市长职务请求的决定、关于设立茂名市人民代表大会社会建设委员会的决定。依法补选许志晖为茂名市人民代表大会常务委员会主任，李长林为茂名市监察委员会主任。

第六次会议　于2019年6月25—26日在市民中心召开，应出席代表463人，实到代表431人。会议依法补选袁古洁为茂名市人民政府市长，朱灼新、李K全、陆建明、赵炜龙为茂名市第十二届人民代表大会常务委员会委员。依法表决通过茂名市第十二届人民代表大会社会建设委员会组成人员名单，其中主任委员王景会，副主任委员陈有宽，委员吕华强、李拔飞、周瑞锋、柯长川、黄家进、曹华区、曹梅芳、詹向。

【茂名市第十二届人大常委会会议】 2019年，茂名市第十二届人大常委会在市人大会议室召开市人大常委会会议10次，即常委会第二十一次至第三十次会议。

第二十一次会议　于1月11日召开。审议通过茂名市人大常委会关于召开茂名市第十二届人民代表大会第五次会议的决定、茂名市人民代表大会常务委员会关于列席和邀请列席茂名市第十二届人民代表大会第五次会议人员的决定、茂名市第十二届人民代表大会第五次会议设置旁听席实施办法，名额不超20人。听取审议关于茂名市第十二届人民代表大会第五次会议筹备工作情况的报告、茂名市人大常委会工作报告（稿）。审议茂名市第十二届人民代表大会第五次会议主席团和秘书长名单（草案）、李红军辞去茂名市第十二届人大常委会主任职务的请求、市人大常委会主任会议关于提请审议推选梁罗跃代理茂名市人大常委会主任职务的议案。审议人事任免事项。

第二十二次会议　于1月20日在市人大会议室召开。听取审议关于茂名市第十二届人民代表大会代表变动和代表资格审查的报告。审议人事任免事项。

第二十三次会议　于3月13日在市人大办公室召开。审议通过茂名市人大常委会2019年工作要点。审查市政府关于提请审议《〈茂名市国民经济和社会发展第十三个五年规划纲要〉实施情况中期评估以及部分指标调整草案的报告》的议案。听取审议深圳湾海关缉私分局关于提请许可对邓某某取刑事强制措施的报告。审议人事任免事项。

第二十四次会议　于4月2日在市人大会议室召开。传达学习全国人大与政协“两会”精神及茂名市贯彻实施意见。听取审议市政府关于2018年环境状况和环境保护目标完成情况的报告、《关于市级2019年财政预算收支调整方案（第一批地方政府新增债券资金）》的报告。听取审议关于茂名市人大代表评议河长制工作情况的报告。听取市政府关于落实《茂名市人大常委会关于开展第七个五年法治宣传教育的决议》情况的报告、关于社会救济（扶弱济困）工作情况的报告、关于卫生防疫工作情况的报告，市法院关于决胜基本解决执行难工作情况的报告。审议人事任免事项。

第二十五次会议　于5月14日在市人大会议室召开。审议人事任免事项，审议关于提请审议决定袁古洁代理茂名市人民政府市长职务的议案。

第二十六次会议　于6月10日在市人大会议室召开。审议通过茂名市第十二届人民代表大会常务委员会关于召开茂名市第十二届人民代表大会第六次会议的决定、茂名市第十二届人民代表大会常务委员会关于列席和邀请列席茂名市第十二届人民代表大会第六次会议人员的决定。

第二十七次会议　于6月21日在市人大会议室召开。听取审议关于茂名市第十二届人民代表大会代表变动和代表资格审查的报告、茂名市第十二届人民代表大会第六次会议筹备工作情况的报告、茂名市第十二届人民代表大会第六次会议主席团和秘书长名单（草案），市人民政府、市中级人民法院、市人民检察院关于开展扫黑除恶专项斗争工作情况的报告，市政府关于学期教育工作情况的报告。听取市政府关于落实市人大常委会对公安派出所建设和工作审议意见情况的报告、关于农产品质量安全管理工作情况的报告、关于加快农业科技创新推动乡村振兴发展情况的

链接

茂名市第十二届人大常委会第二十一次会议人事任免决定

决定任命吴世文为茂名市人民政府副市长，决定免去孙波的茂名市人民政府副市长职务。决定任命梁田欢为茂名市工业和信息化局局长、曹万里为茂名市住房和城乡建设局局长、梁世廉为茂名市交通运输局局长、曾春为茂名市农业农村局局长、陈研为茂名市文化广电旅游体育局局长、黄立红为茂名市卫生健康局局长、麦俊苗为茂名市退役军人事务局局长、倪壁盛为茂名市应急管理局局长、黄权为茂名市市场监督管理局局长、吴卫华为茂名市医疗保障局局长、何江为茂名市金融局局长、吕国记为茂名市城市管理和综合执法局局长、周沛洲为茂名市信访局局长、陈祥为茂名市政务服务数据管理局局长、蔡剑锋为茂名市林业局局长、龚朝文为茂名市民族宗教事务局局长。决定免去吴斌的茂名市交通运输局局长职务。任命谢琼进为茂名市中级人民法院审判委员会委员、林景朴为茂名市中级人民法院审判委员会委员、赖慧嫦为茂名市中级人民法院审判员。免去徐少伟的茂名市中级人民法院行政审判庭副庭长、审判员职务。决定梁罗跃代理市人大常委会主任职务。

报告、关于水污染防治和实施三年行动计划进展情况的报告。审议人事任免事项。

第二十八次会议　于8月29日在市人大会议室召开。听取审议关于茂名市第十二届人民代表大会代表变动和代表资格审查报告、茂名市村庄规划建设管理条例（草案），市政府关于提请审议《茂名市人民代表大会常务委员会关于市人民政府机构改革涉及市的地方性法规规定的行政机关职责调整问题的决定（草案）》的议案、关于2018年市级财政决算草案报告、关于茂名市2018年度市级预算执行和其他财政收支的审计工作报告、《关于市级2019年第二次财政预算收支调整方案（第二批新增债券和职业年金）》的报告。听取市人大常委会视察组关于专题视察茂名市国考省考断面水质达标攻坚情况的报告，市人大常委会调研组关于开展环境公益诉讼专题调研的情况报告，市政府关于全市2019年上半年国民经济和社会发展计划执行情况的报告、关于茂名市市级2019年上半年财政预算执行情况的报告、关于落实市人大常委会对《中华人民共和国土地管理法》执法检查报告审议意见情况的报告、关于落实市人大常委会对《中华人民共和国禁毒法》执法检查报告审议意见情况的报告。审议人事任免事项。

第二十九次会议　于10月29日在市人大会议室召开。听取审议茂名市村庄规划建设管理条例（草案修改稿）、茂名市烟花爆竹燃放安全管理条例（草案），市人大常委会执法检查组关于检查《中华人民共和国道路交通安全法》实施情况的报告、关于检查《茂名市露天矿生态公园保护管理条例》实施情况的报告，市政府关于自然保护区保护工作情况的报告、关于调整市级垦造水田项目资金用途的报告。听取市政府关于市级2019年1—9月财政预算执行情况的报告。审议人事任免事项。

第三十次会议　于12月20日在市人大会议室召开。审议通过茂名市人大常委会关于召开茂名市第十二届人民代表大会第七次会议的决定、茂名市人大常委会关于列席和邀请列席茂名市第十二届人民代表大会第七次会议人员的决定、茂名市第十二届人民代表大会第七次会议设置旁听席实施办法。听取审议茂名市人大常委会工作报告（稿）、茂名市危险化学品道路运输管理条例（草案）。听取审议市政府关于办理人大代表建议、批评和意见情况的报告，关于就业促进工作情况的报告、关于2019年国有资产经营情况（重点自然资源、地方金融企业）的报告、《关于市级2019年第三次财政预算收支调整方案（一般公共预算收支）的报告》、关于提请审议《茂名市2019年地区生产总值等计划指标调整草案的报告》的议案，市人大常委会法制工作委员会关于规范性文件备案审查工作情况的报告。听取市人大常委会调研组关于监督推动茂名市村卫生站公建规范化建设工作情况的报告，市政府关于实施乡村振兴战略工作情况的报告、关于水污染防治和实施三年行动计划进展情况的报告。审议人事任免事项。传达贯彻第二十五次全国地方立法工作座谈会精神。

▲ 2019年1月22—24日，茂名市第十二届人大第五次会议在市民中心召开（吴京卫　摄）

【人大监督】 2019年，茂名市人大常委会审议专项报告8项，听取报告15项，开展工作评议1项、执法检查2项、视察调研3项、跟踪监督2项。

经济工作监督　市人大常委会开展“十三五”规划中期评估专项调研，提前介入预算草案编制监督，推动落实“农业产业园、工业园区、科技创新”3个专项资金安排。对营商环境整改情

链接

2019年茂名市人大常委会任免干部一览表

任免时间	任免会议名称	任免人员及职务
1月20日	市十二届人大常委会第二十二次会议	任命李日清为茂名市人大常委会监察和司法工作委员会主任，叶建鸿、莫丽娟为茂名市人大常委会监察和司法工作委员会副主任，梁晶晶为茂名市人大常委会财政经济工作委员会副主任；决定任命李康为茂名市生态环境局局长，任命黄湛民、钟珊为茂名市人民检察院检察员，免去张春锋、陈欣、黄侠、梁柱、林良芯的茂名市人民检察院检察员职务
3月13日	市十二届人大常委会第二十三次会议	免去吴再铭的茂名市人大常委会副秘书长职务，任命罗文为茂名市中级人民法院环境资源审判庭副庭长、莫少芬为茂名市中级人民法院刑事审判第一庭副庭长，邹辉球为茂名市中级人民法院执行实施庭副庭长；免去罗文的茂名市中级人民法院刑事审判第一庭副庭长职务，莫少芬的茂名市中级人民法院刑事审判第二庭副庭长职务，邹辉球的茂名市中级人民法院环境资源审判庭副庭长职务，黄晓颖的茂名市中级人民法院审判员职务；任命郭剑锋、麦海泓为茂名市人民检察院检察委员会委员，批准容慧辉任信宜市人民检察院检察长
4月2日	市十二届人大常委会第二十四次会议	任命赖慧嫦为茂名市中级人民法院民事审判第一庭副庭长
5月14日	市十二届人大常委会第二十五次会议	决定任命袁古洁为茂名市人民政府副市长
6月21日	市十二届人大常委会第二十七次会议	决定任命朱向贤为茂名市司法局局长，免去李惠滨的茂名市中级人民法院审判员职务，免去任子旭、林瑞松的茂名市人民检察院检察员职务
8月29日	市十二届人大常委会第二十八次会议	任命陈土显为茂名市人民代表大会社会建设委员会副主任委员；免去杨华海的茂名市中级人民法院副院长、审判委员会委员、审判员职务，曾维海的茂名市中级人民法院民事审判第二庭副庭长职务，王志华的茂名市中级人民法院执行实施庭副庭长职务，冯为波的茂名市中级人民法院刑事审判第一庭副庭长职务，李东的茂名市中级人民法院执行审查庭副庭长职务；任命沈学生为茂名市人民检察院副检察长、检察委员会委员、检察员，龚红光为茂名市人民检察院检察委员会委员
10月29日	市十二届人大常委会第二十九次会议	免去王淼的茂名市中级人民法院副院长、审判委员会委员、审判员职务，沈学生的茂名市中级人民法院审判员职务
12月20日	市十二届人大常委会第三十次会议	任命谭振邦为茂名市中级人民法院审判员；免去梁阳、陈少玲的茂名市中级人民法院审判员职务；免去曾惠玲、雷军、曾伊钒、李杰、练庆海、曹鸿群、杨营、钟国伟、刘晓春、罗冰、张云东、谭让、罗文剑、徐红、陈皮、朱华、许华锋、李竞的茂名市人民检察院检察员职务；批准王洪波任电白区人民检察院检察长

2019年茂名市人大常委会重点督办建议表

序号	重点督办建议	领衔代表
1	关于全面实施《茂名市高州水库水质保护条例》	梁罗跃
2	关于加大支持力度更好地保护高州水库水资源的建议	黄亚明
3	关于农村无出生证儿童申请补办户籍难问题的建议	郑永飞
4	关于加快增设公立幼儿园的建议	陈　华
5	关于推进茂名市生猪循环经济产业园区规划建设的建议	梁罗跃
6	关于推进茂名市各县区布局生猪循环经济产业园区规划建设的建议	朱健超
7	关于布局5G建设与茂名实体经济深度融合发展的建议	刘伊雯
8	关于夯实政务信息化基础，打造良好营商环境，提升民生服务水平的建议	杨　玲

况进行跟踪调研，促进营商环境整改优化。听取审议国有资产经营情况报告，推动建立政府向市人大常委会报告国有资产管理情况制度。与省人大对接，推进人大预算“一网监督”试点工作。

生态文明建设监督　市人大常委会组织市人大代表311人对鉴江、袂花江、小东江流域16个河段、水库的河长制（湖长制）落实情况进行评议，评议结果向社会公布，优秀河段从2017年的3个增加到11个。组织省市人大代表联组视察全市河湖国考省考断面水质达标攻坚工作情况，推动地表水7个考核断面达标，小东江石碧断面水质在全省9个攻坚劣Ⅴ类国考断面中排第一名。对河湖“清四乱”（乱占、乱采、乱堆、乱建）和“五清”（清污、清漂、清淤、清障、清违）工作进行专项调研，形成调研报告报市委，市委书记做出批示。听取审议2018年度环境状况和环境保护目标完成情况报告、自然保护区保护工作情况报告。对环境公益诉讼工作进行专题调研，促进检察机关拓展公益诉讼范围，加强行政执法和刑事司法衔接，形成打好污染防治攻坚战合力。

民生工作监督　市人大常委会对市政府落实村级卫生站建设工作情况开展“回头看”，推动全市1132所省补资金建设村卫生站建成，自筹资金建设村卫生站建成率91.3%。听取审议学前教育工作情况报告，推动破解学前教育发展瓶颈，扩大普惠性教育资源供给，改善幼儿园办园条件。听取审议“一府两院”扫黑除恶专项斗争工作情况报告，督促统筹推进专项斗争工作，确保扫黑除恶专项斗争取得实效。听取审议就业促进工作情况报告，推动各地、各部门贯彻落实省、市的就业促进政策。

法律法规实施监督　市人大常委会对《中华人民共和国道路交通安全法》实施情况进行执法检查，要求相关部门加强道路交通安全基础设施建设，健全道路交通安全工作协调机制，加强道路交通安全法制宣传教育，加强重点企业、重点车辆和交通执法队伍建设。检查《茂名市露天矿生态公园保护管理条例》实施情况，就法规实施中存在的管理机构及制度不健全、规划编制工作滞后、保护管理建设经费未完全落实、公园配套设施不完善、周边污水处理设施建设不完备、执法力度有待加强等问题提出审议意见。

【重大事项决定】 2019年，茂名市人大常委会依法行使重大事项决定权，做出决议、决定9件。3月13日，茂名市人大常委会第二十三次会议做出关于《茂名市国民经济和社会发展第十三个五年规划纲要》部分指标调整的决议。4月2日，市人大常委会第二十四次会议做出《关于大力推进环保基础设施建设的决定》、关于市人民政府《市级2019年财政预算收支调整方案（第一批地方政府新增债券资金）报告》的决议。8月29日，市人大常委会第二十八次会议做出《关于市人民政府机构改革涉及市的地方性法规规定的行政机关职责调整问题的决定》、《关于批准2018年市级财政决算的决议》、关于市人民政府《市级2019年第二次财政预算收支调整方案（第二批新增债券和职业年金）的报告》的决议。10月29日，市人大常委会第二十九次会议做出《关于批准调整市级垦造水田项目资金用途报告的决议》。12月20日，市人大常委会第三十次会议做出《关于批准市级2019年第三次财政预算收支调整方案（一般公共预算收支）的决议》《关于调整茂名市2019年地区生产总值等计划指标的决议》。

【人事任免】 2019年，茂名市人大常委会依法任免市级国家机关干部82人次。其中，市人大常委会机关6人次，市政府组成人员22人次、市法院23人次、市检察院31人次。批准任命2人次。

【代表履职工作】

“更好发挥人大代表作用”主题活动开展　2019年7月，茂名市组织五级人大代表集中履职，开展为期1个月的“更好发挥人大代表作用”主题活动。市委书记、市长及市人大常委会领导均以人大代表身份到原选举单位参加主题活动，全市五级人大代表累计参加8500多人次主题活动，收集意见建议1296条。

代表建议督办　2019年，收到市人大代表建议99件，从中确定“关于全面实施《茂名市高州水库水质保护条例》，巩固提升高州水库水质的建议”等8件建议由市人大常委会领导领衔督办。4月，召开代表建议交办会；7月和11月，召开代表建议办理联席会议2次；12月，听取审议办理人大代表建议情况的报告，推动有关部门认真办理代表建议。其中，解决和列入计划逐步解决93件，占建议总数的93.9%。

【纪念地方人大设立常委会40周年座谈会】 2019年9月3日，茂名市人大常委会会议室召开，市人大常委会副主任邓永明讲话。会议传达学习省人大常委会学习贯彻习近平总书记关于坚持和完善人民代表大会制度的重要思想交流会暨纪念地方人大设立常委会40周年座谈会精神，总结交流全市各级人大设立常委会的经验做法，对下一阶段工作做出部署。茂南区、高州市、化州市人大常委会负责人作交流发言。

【省人大预算法执法检查（西片）座谈会在茂名召开】 2019年4月23日，在茂名市召开省人大预算法执法检查（西片）座谈会。市人大常委会副主任陈凡晓、副市长李多民参加会议。会上，茂名市、韶关市、阳江市、湛江市、肇庆市、清远市、云浮市人大常委会汇报本市实施《预算法》的情况，交流研究《预算法》实施中存在的问题。会后，执法检查组一行先后赴高州市、阳春市等地进行实地检查。

（邓大龙　蒋诗华）

茂名市人民政府

综　述

【市政府机构概况】 2019年，根据《茂名市机构改革方案》要求，茂名市人民政府简称茂名市政府机构设置数量由32个调整为31个。新组建市自然资源局、市生态环境局、市农业农村局、市文化广电旅游体育局、市卫生健康局、市退役军人事务局、市应急管理局、市市场监督管理局、市医疗保障局、市政务服务数据管理局。重新组建市司法局、市林业局（由市自然资源局统一领导和管理）、市住房和城乡建设局。调整部分机构：市经济和信息化局更名为市工业和信息化局，市城市综合管理局更名为市城市管理和综合执法局，市粮食局更名为市粮食和物资储备局，市人民政府金融局更名为市金融局，由在市政府办公室挂牌调整为市政府工作部门，市信访局由在市委办公室挂牌调整为市政府工作部门；不再保留市国土资源局、市城乡规划局、市环境保护局、市农业局、市海洋与渔业局、市文化广电新闻出版局、市旅游局、市卫生和计划生育局、市安全生产监督管理局、市法制局、市工商行政管理局、市质量技术监督局、市食品药品监督管理局，市外事侨务局。市发展和改革局加挂市粮食和物资储备局牌子，市自然资源局加挂市海洋局牌子，市住房和城乡建设局加挂市人民防空办公室（民防办公室）牌子，市农业农村局加挂市扶贫开发办公室牌子，市商务局加挂市口岸局、市投资促进局牌子，市市场监督管理局加挂市知识产权局牌子。市外事局与市委外事工作委员会办公室合署办公，不计入机构限额；市民族宗教事务局列入政府工作部门序列，不计入机构限额。

【市政府常务会议】 2019年，茂名市人民政府共召开常务会议34次。会议主要传达学习党的十九届四中全会、全省"一核一带一区"区域发展格局建设推进会精神和《国务院办公厅关于对2018年落实有关重大政策措施真抓实干成效明显地方予以督查激励的通报》《地方党政领导干部食品安全责任制规定》等文件精神；研究2019年国民经济和社会发展计划主要目标安排、茂名市人民政府工作规则、茂名市出租汽车经营服务管理实施细则、茂名市市区闲置土地处置办法实施细则、茂名市水土保持规划（2018—2030年）、茂名市城市公共交通发展规划（2018—2035年）、茂名市村庄规划建设管理条例、茂名市烟花爆竹燃放安全管理条例、茂名市装配式建筑专项规划（2018—2025年）、茂名市城市道路管理规定、茂名市养殖水域滩涂规划（2018—2030年）、茂名市实施乡村振兴战略规划（2018—2020年）、茂名滨海新区绿色化工和氢能产业园总体发展规划（2019—2035年）、《茂名市中小微企业转贷基金组建方案》、《茂名市南海旅游岛土地盘整收储方案》、《茂名市引进体育人才工作方案》、《茂名市打好污染防治攻坚战实施方案（2019—2020年）》、《茂名市全面开展工程建设项目审批制度改革实施方案》、《广东省茂名市农业发展基金组建方案》、茂名市财政管理工作绩效评价激励办法、茂名市医疗废物管理办法、茂名市政务服务投诉处理暂行办法、茂名市危险化学品道路运输管理条例、茂名市城乡居民大病保险实施办法、茂名市优抚对象医疗保障办法、《茂名市贯彻落实〈广东省残疾儿童康复救助实施办法〉的实施意见》、茂名市医疗救助基金市级统筹实施办法，规划开通11条城际公交线路，茂名市人民政府2020年制订规章计划，《茂名市危险化学品禁止目录（第一批）》等事宜。

【市政府工作会议】　2019年，茂名市人民政府共召开工作会议287次。会议主要研究2020年重点项目储备、“三旧”（旧城镇、旧厂房、旧村庄）改造、茂名市城市公共交通发展规划（2018—2035年）、茂名市城市绿地系统规划（2011—2035）、茂名滨海新区产业调整优化发展规划（2018—2035年），荔枝国家现代农业产业园项目建设、茂名港吉达港区起步工程规划方案及防波堤（一期）工程建设、“四好”（建好、管好、护好、运营好）农村路建设、广东茂名健康职业学院二期建设项目，茂化快线东延线工程、茂南大道改扩建工作，《茂名市中心城区主干路网规划方案》、《茂名市农业发展基金组建方案》、《2020年茂名美食周活动总体方案》、茂名市中小微企业转贷基金管理办法，加快建设茂名市工程建设项目审批管理平台、茂名市城市展示中心升级改造设计工作、市区绿道建设，茂名市公办社会福利机构综合改革工作，茂名市道路危险货物运输车辆停车场选址建设工作、创文创卫工作推进情况、中心城区停车管理工作、南海旅游岛土地盘整收储、市道路交通安全整治工作、站南路大发塘段变压器迁移问题、小东江水污染防治攻坚、市中医医院新院区建设工作、茂名市油气管道项目选址、生活污水处理和黑臭水体整治工作、全市危险化学品安全生产工作，清理拖欠民营企业、中小企业账款工作、农村电商和消费扶贫工作、茂名石化炼油厂卫生防护距离搬迁安置工作、非洲猪瘟防控工作，招商引资工作、茂名市永诚生活垃圾焚烧发电厂升级改造工作等事宜。

【实体经济发展】　2019年，茂名市实现地区生产总值3252.34亿元，比上年增长4.3%，总量继续位居全省第七位。财政总收入587.15亿元，增长4.7%。地方一般公共预算收入139.88亿元，增长2.8%。社会消费品零售总额1667.36亿元，增长8.2%。外贸进出口总额196亿元，增长29%。连续5年上榜“中国百强城市”。

【三大产业发展】　2019年，茂名市农业产业化进程加快，依托现代农业重大平台和优势资源，构建“1+1+2+6”（1个荔枝国家现代农业产业园、1个国家农业科技园、2个国家田园综合体试点、6个省级现代农业产业园）和“一县一园、一镇一业、一村一品”现代农业新格局。荔枝国家现代农业产业园首期工程竣工验收。“好心湖畔”“大唐荔乡”国家田园综合体试点三大产业融合初显成效；6个省级现代农业园共建设项目122个，完成投资6.89亿元；农业品牌优势持续扩大，“茂名罗非鱼”“化州橘红”成为国家区域公用品牌；电白建成全市首家农产品“观光工厂”——意顺观光茂名物产馆。全市农产品网店超4000家，高州入选国家电子商务进农村综合示范县，化州跨境电商产业园开工建设；茂名获“中国月饼名城”称号。工业发展提质增效。全年有200家工业企业开展技术改造，新增“小升规”（规模以下小型微型企业升级为规模以上企业，规模以上企业指年主营业务收入2000万元及以上的工业企业）企业超40家，全市完成工业投资191.34亿元。电白建设集团入围“广东百强民营企业”，茂名石化实华股份有限公司、广东新华粤石化集团股份公司上榜“广东企业500强”。民营经济对经济增长的贡献率76.2%。全年6个省级产业园完成规模以上工业总产值490亿元，实现增加值125亿元，比上年增长11.3%；茂名石化投资33亿元的产品结构优化项目即将建成，10万吨/年高端碳材料项目动工建设，10万吨/年生物柴油项目建成投产；粤电博贺电厂调试点火。服务业发展加快，推动金融服务实体经济，至2019年年底，全市金融机构本外币存款余额3012.91亿元，首次突破3000亿元，增长10.6%；各项贷款余额1582.35亿元，创历史新高，增长19.3%；存贷比15年来首次突破50%，达到52.52%。农信社改制工作全面完成，茂名农商行挂牌开业；交通银行茂名分行开业运营；广东股权交易中心在茂名设立运营中心。电白上榜中国十大特色休闲县市，信宜八坊村成为首批全国乡村旅游重点村；六韬珠宝创意产业园获评“广东省省级文化产业示范园区”。全年全市旅游接待人数4545万人次，增长11.3%；收入476.1亿，增长11.8%。茂名成为全国家政服务业32个“领跑者”重点推进城市之一。

【创新驱动发展】　2019年，茂

名市获准立项省级以上科技项目128项，获省科技奖数量连续三年位居全省前六位。广东省批准建设岭南现代农业科学与技术广东实验室茂名分中心。支持区域创新体系建设，设立华南理工大学——广东石油化工学院（茂名）联合技术创新中心。茂名本正化橘红研究院获批为广东省新型研发机构。新增茂名高新区绿色化工和氢能产业园纳入高新区“一区多园”管理范围。深化产学研合作，新建院士工作站8家，新增高新技术产品94个。规模2亿元的广东粤科粤茂创新创业投资基金运作。举办首届“茂名人才活动周”。首次承办中国创新创业大赛地方赛，并取得突出成绩。

【交通基础设施建设】 2019年，茂名市完成交通建设投资81.8亿元，比上年增长14.3%。茂名火车站南站房建成投用，北站房改造同步启动。时速350千米的广湛高速铁路先行段、广东滨海旅游公路茂名先行段开工建设。博贺湾大桥通车。云茂高速铁路茂名段工程全力推进，沈海高速铁路改扩建工程全面动工。茂化快线东延线基本建成，大园桥及大园西路贯通，水东湾大桥、复兴大道、甲子大道等加快建设。完成“四好农村路”（建好、管好、护好、运营好农村公路）建设年度任务。新投放新能源公交车80辆，新开城际公交线11条。港口建设取得突破，博贺新港区开港运营，吉达港区开发建设启动。粤电煤炭码头建成投产。博贺疏港铁路、10万吨级成品油码头、粤西LNG天然气造陆工程等项目动工建设。

▲ 茂名大道俯视图 （丘立贺 摄）

【城市更新发展】 2019年，茂名市区生活垃圾无害化处理率达100%，完成农贸市场升级改造28个，新建改建城市公厕100座，新建和提质建设森林公园33个。城市更新提质加速，建成金城路、站南路、西粤北路等6条市政道路，完成79条、7万平方米内街道路硬底化及亮化工程。初步建成高品质城市社区生态休闲廊道“好心绿道”12千米。新湖公园升级改造基本完成。茂名影剧院拆除重建。电白万达广场建成开业，城光世纪城、爱琴海购物公园等城市综合体建设快速推进。奥体中心、奥体大道等项目加快前期工作。水东湾新城华侨城项目落地开工，高地片区在建项目投资超200亿元。

【重点领域改革发展】 2019年，茂名市持续深化改革开放，启动实施50大项、192小项改革。营商环境有效改善。“数字政府”（在现代计算机、网络通信等技术支撑下，政府机构日常办公、信息收集与发布、公共管理等事务在数字化、网络化的环境下进行的国家行政管理形式）建设取得突破，政务云平台茂名节点建成投用。“1369”（坚持1个服务理念，提升3大服务平台，创新6种服务形式，强化9项服务保障）审批便民服务体系日趋完善。“粤省事”（中国首个集成民生服务，也是广东省“数字政府”改革建设的重要成果，用户通过“实人+实名”身份认证核验，即可通办多项民生服务事项）茂名专版上线514项民生事项，441项实现“零跑动”。建成网上中介服务超市。制定《政务服务投诉处理暂行办法》。全面推进工程建设项目审批制度改革，建成项目审批管理系统。企业开办平均时间压减至1个工作日，市场活力有效激发。全市全年新登记市场主体5.3万户、实有各类市场主体28.5万户，分别比上年增长18%、13.2%。减税降费政策落实见效。实施小微企业普惠性税收减免政策，受惠企业7万户，乡镇小微企业和个体工商户基本实现零税负经营；落实下调社保费率等优惠政策，为企业减费5.6亿元，全市减税降费40.25亿元。建立中小微企业贷款风险补偿基金、转贷资金，鼓励引导金融机构向中小微企业发放贷款，缓解融资困难。

【绿色生态发展】 2019年，茂名市制定《打好污染防治攻坚战实施方案（2019—2020）》。推进蓝天保卫战，开展工业源、扬尘源、焚烧源治理，完成“散乱污”（“散”是指不符合城镇总体规划、土地利用规划、产业布局规划的工业企业；“乱”是指违法违规建设、违规生产经营，以及使用闲置设施或农业用房、教育、农房等非工业用房进行非法生产的工业企业；“污”是指违法违规排放、超标排放废水、废气、废渣的工业企业）企业整治527家。市区空气质量稳居全省前列，“茂名蓝”成为展现茂名魅力的新名片。推进碧水保卫战，加快城镇生活污水处理设施及管网建设，新开工项目60个，建成项目35个，完成管网铺设349千米。实施河长制、湖长制，完成河湖“四乱”（乱占、乱采、乱堆、乱建）整治388宗。全市地表水7个考核断面全部达标，小东江在全省9个攻坚劣V类国考断面中水质排名第一位。加快净土保卫战进展，土壤污染详查工作全面开展。整治完成纳入中央环保督察整改的镇级垃圾填埋场18个。市循环经济示范中心（一期）和4个绿色能源环保发电项目快速推进，化州绿色能源环保发电项目竣工投产。开展打击固体废物违法专项行动，立案查处225件。

【社会民生发展】 2019年，茂名市民生事项支出379.72亿元，比上年增长6.6%，占一般公共预算支出83%。全市14家创业孵化基地带动就业9695人，新增城镇就业6.01万人。开展“广东技工”（广东省依托技能人才培养优势、产业基础雄厚优势，全面推进实施技能人才培养系列工程，加快建设一支知识型、技能型、创新型广东技工大军，推动经济高质量发展）工程建设；开展“粤菜师傅”（为助力实施乡村振兴战略，采取职业培训与学制教育相结合模式，大规模开展粤菜师傅职业技能教育培训，提升粤菜烹饪技能人才培养能力和质量，打造“粤菜师傅”文化品牌，提升岭南饮食文化海内外影响力）工程建设；开展“南粤家政”（围绕“一老一小”对家政服务的迫切需求，以母婴服务、居家服务、养老服务、医疗护理服务等领域为重点，为推动广东省家政服务业提质扩容而提出的一项民生工程）工程建设。制定《茂名市城乡居民大病保险实施办法》，城乡居民大病保险年度最高支付限额提高到30万元。落实《茂名市医疗救助基金市级统筹实施办法》，全面实现异地就医医疗救助“一站式”结算服务。核定贫困人员100%享受医保待遇。制定残疾儿童康复救助实施意见，将全市0～6岁户籍残疾儿童纳入康复救助范围。公办福利机构综合改革全面启动。镇级敬老院升级改造基本完成，市颐年苑养老服务项目竣工验收。建立市、县、镇、村四级退役军人服务保障体系。新开工棚户区改造住房2715套。高州农村危房改造、公立医院综合改革工作获国务院督查激励。2019年，全市教育支出132.5亿元，占一般公共预算支出的29%。建成市崇文学堂、东湾学校、电白一小新校区，新增1万个优质学位。占地100公顷、投资18亿元的广东石油化工学院西城校区投入使用，全市高校在校生6.9万人。10月31日茂名市通过广东省推进教育现代化先进县（市、区）督导验收，1月22日茂名市建成粤东西北首个广东省现代职业教育综合改革示范市。落实4.9万名农村教师生活补助，人均每月1004。发放困难学生资助资金6.2亿元，21.6万人次学生受益。卫生强市创建扎实推进，广东省人民医院与茂名市人民医院签订合作共建协议。新增社会办医疗机构62家。完成县级公立医院升级项目年度建设任务，加快推进村级卫生站规范化建设1628家。11月12日，茂名市人民医院水东湾分院启用。11月25日茂名市以“坚持强基层补短板，实现大病不出县”成果，获评“广东医改十大创新典型”。（市政府办公室）

政务服务改革

【政务服务概况】 2019年，茂名市政务服务数据管理局强化“一体化”措施，构建“1369”（坚持1个服务理念，提升3大服务平台，创新6种服务形式，强化9项服务保障）审批便民服务体系，全面完成市、县两级政务服务数据管理局的组建，政务实体大厅全部实行直属管理。把握政府数字化转型和审批服务便民化的新趋势、新要求，以市政府办公室名义印发并落实实施方案，明确面向自然人的事项即办件比例、可在就近实体大厅申办事项、事项网上可办率、“最多跑一次”

事项率、“一窗”综合受理比例等工作均达到或超过广东省下达的目标要求。

【实体大厅“进一扇门”功能强化】 2019年，茂名市行政服务中心完成二期扩建工程，市本级申请办理政务服务事项的部门42个（含4个市政公用企业，市委机要保密局因事项涉密不计入），除市委编办因相关事项申请主体全部是机关事业单位，市公安局的车管业务因场地原因，市退役军人事务局、市统计局、市土地储备中心为机构改革新增依申请事项未进驻外，其他部门及事项全部进驻市行政服务中心，依申请办理政务服务事项进驻率近90%；供电、供水、供气、通信等市政公用事项进驻市行政服务中心。

【“一张网”服务能力全面提升】 2019年，茂名市政务云平台茂名节点建成交付使用，升级“市、县、镇、村”四级政务外网，全面改造政务数据中心，夯实“一张网”基础；拓展政务服务应用的广度和深度，完成事项标准化、规范化建设，推进身份认证、电子印章、电子证照的共享应用，对接“好差评”系统，统一物流、支付及咨询投诉服务，全面提升在线服务能力。道路运输、社保等10多项事项实现“全市通办”，市、县级政务服务事项网上可办率达90%，“最多跑一次”事项率达98%。

【“一件事”主题应用建设】 2019年，茂名市梳理“一件事”主题服务76项，制定“办事指南”并公布上线；实现企业开办“一表一窗”系统上线运行，并对接集成民生服务微信小程序“粤商通”“粤省事”，企业开办全流程时间压缩至3天；不动产登记实现只进一扇门，并建成“一窗受理、并行办理”审批系统，抵押登记2个工作日办结，一般登记4个工作日办结；工程建设项目审批管理系统实现与省级数据对接，建设联合审批专区，政府投资项目审批时间压减至90个工作日以内，一般社会投资项目审批时间压缩至60个工作日以内，带方案出让土地及小型项目审批时间压减至45个工作日以内。

【政务服务“总客服”】 2019年，茂名市全面升级“12345”政府服务热线平台，实现与政务服务网、“粤省事”、省政务服务投诉平台对接，拓展电话语音、App、微信、网站等接入渠道，与“数字城管”平台融合建设，与实体大厅“帮办事”工作站联动，畅通群众咨询投诉渠道。舆情热点咨询话题主要包括社保医保、就业、市场管理及户籍身份证办理等事项群众投诉事项主要集中在臭味噪声污染、违规建筑、三大运营商、房产开发商服务质量等问题。全年接收话务工单31.1万宗，其中咨询类26.88万宗、投诉类4.08万宗、举报类728宗、建议类479宗、求助类148宗、表扬类70宗。热线平台总呼入量41.49万次，日均量1137件，受理工单31.43万件，办结工单28.1万件，即时解答率99.6%，按时办结率98.4%，服务满意率99.6%。

【政务服务进入“指尖办”时代】 2019年，茂名市以公安、公积金、卫生健康等领域为重点，梳理高频便民服务事项，按统一规范接入“粤省事·好心茂名”平台，组织市、县、镇、村四级政务服务大厅统一开展线上、线下宣传推广应用工作。截至2019年年底，“粤省事”平台茂名地区实名注册用户量突破110万人，上线政务服务事项514项。上线事项中，涉及办理类305项、查询类209项，其中441个事项实现“零跑动”，占上线事项85%，群众可在手机上填写表格、提交材料，跑动次数下降50%以上。开通“粤商通”1个月下载次数5500次，充实“粤省事”“粤商通”事项接入，政务服务进入“指尖办”时代。

【全流程电子化交易】 2019年，茂名市加快推进公共资源全流程电子化交易建设，投入使用“土地使用权交易、矿业权交易、公共产权交易、耕地储备指标交易、政府采购公开招标类项目交易、保证金自动缴退、房建市政合理低价法电子化交易”等8个系统，茂名市的全流程电子化交易建设进度处于粤东、粤西、粤北地区前列。全年市、县两级公共资源交易中心完成各类交易478宗，交易金额132.38亿元，为财政增收节支24.60亿元。其中，市级公共资源交易中心完成交易208宗，交易金额78.07亿元，为财政增收节支13.74亿元。

【服务下沉“最后一公里”】 2019年，茂名市探索“基层党建+办事不出村”深度融合，以一体化政务服务网、党群服务中心为平台，通过数据上云、服务下沉，在高州市试点村实现村民日

▲ 2019年，高州市推广“粤省事”微信小程序，群众在“粤省事”政务服务平台办理业务（丘立贺 摄）

常办事不出村，实现村民申办事项“就近能办、少跑快办”。自2019年7月至12月31日，群众可在村级办理的高频事项13项、代办事项1项，占农村基层群众高频办理事项的82%，涉及民政、卫生健康、社保、自然资源、公安等6个部门；试点工作全覆盖高州市488个村，全年累计办件1.52万宗。与茂名建设银行、农业银行合作，在其营业网点布设“政务服务一体机”，建设微型政务服务中心，让企业、群众就近快办，实现政务服务24小时“不打烊”，增强基层党组织服务群众能力，打通服务群众“最后一公里”。（市政务服务数据管理局）

中国人民政治协商会议茂名市委员会

【市政协机构概况】 2019年，中国人民政治协商会议茂名市委员会（简称市政协）设组织机构6个，其中市政协1个，区（县级市）政协5个。全市有各级政协委员1967人，驻茂名广东省政协委员7人。市第九届政协委员会设主席1人、副主席9人、秘书长1人，常务委员89人；设有办公室、提案法制委员会、经济委员会、人口资源环境委员会、教科文卫体委员会、学习文史资料委员会、港澳台侨外事委员会、农业和农村委员会等专门委员会7个。

【市政协九届三次会议】 2019年1月21—23日，政协第九届茂名市委员会第三次会议在茂名市民中心召开。会议应出席委员395人，实到381人。市政协主席黄心强，副主席黄辉、崔锡明、梁育雄、罗明、黄宝强、邵杭伟、董晓璐、周天，副厅级干部章宁，秘书长杨培基出席会议。市委、市人大、市政府、市法院、市检察院、市各民主党派、工商联、人民团体的负责人出席开幕、闭幕大会，并分别参加大会发言、专题座谈会、分组讨论。黄心强代表政协第九届茂名市委员会常务委员会做常委会工作报告，黄宝强作提案工作情况报告。会议表彰“关于加大力度创建国家森林城市的建议”等30宗37件优秀提案。1月21日晚在茂名熹龙国际大酒店举行港澳委员座谈会，中共茂名市委书记许志晖与港澳委员座谈交流，听取港澳委员对茂名经济和社会发展的意见。1月22日上午，全体委员列席市十二届人大三次会议，听取和讨论市政府工作报告及有关报告。1月22日下午，在市民中心举行发言大会，市各民主党派、工商联和委员代表围绕打造智能型政府、推动茂名民营经济发展、助力乡村振兴等10个主题发言。1月23日上午，召开九届十一次常委会议，听取各组讨论意见，审议会议决议；1月23日下午，举行选举大会，增补刘家健、黄光华、萧奇标、卓国盛、高莉为政协第九届茂名市委员会常务委员。听取会议期间提案收集情况书面报告，通过《中国人民政治协商会议茂名市第九届委员会第三次会议决议》，许志晖到会并讲话。政协第九届茂名市委员会第三次会议完成各项议程闭幕。

【市政协常务委员会会议】 2019年，政协第九届茂名市委员会常务委员会共召开会议7次，即第九次会议至第十五次会议。

第九次会议 1月6日在茂名市迎宾馆新一号会议室召开。市委常委、常务副市长吴刚强代表市政府向会议通报2018年全市经济社会发展情况和2019年政府工作安排；中共茂名市纪律检查委员会（简称市纪委）、市中级人民法院、市人民检察院负责人分别通报2018年反腐倡廉、市中级人民法院、市人民检察院的工作情况。会议通过召开政协第九届茂名市委员会第三次会议的决定，审议政协第九届茂名市委员会第三次会议议程、日程、常务委员会工作报告、提案工作情况报告等文件。

第十次会议　1月20日在茂名市民中心会议室召开。会议审议市政协九届三次会议选举大会人事事项及会议文件，审议通过免去王世琴等27名委员资格；审议通过增补高莉为第九届茂名市政协委员；审议通过提交大会选举的补选常委名单（草案）；审议通过提交第九届三次市政协会议选举大会的《选举办法（草案）》，以及选举大会总监票人、副总监票人、监票人人选建议名单（草案）。

第十一次会议　1月23日在茂名市民中心召开。会议听取市政协九届三次会议各组讨论情况；审议通过第九届市政协常务委员会工作报告和提案工作报告。审议《会议决议（草案）》。决议指出，市政协围绕中心，突出团结和民主两大主题，履职成效显著，为茂名经济社会发展做出贡献。会议号召全市政协各级组织、各参加单位和全体政协委员，紧密团结在以习近平同志为核心的中共中央周围，以习近平新时代中国特色社会主义思想为指导，在中共茂名市委的坚强领导下齐心协力，锐意进取，扎实工作，为把茂名市建设成为现代化滨海城市，打造沿海经济带上的新增长极做贡献。

第十二次会议　3月29日在茂名熹龙酒店召开。传达学习习近平总书记重要讲话、全国人大和政协“两会”精神及市委部署要求、中共茂名市委书记许志晖在市政协第九届三次会议闭幕大会上的讲话精神；邀请中共茂名市委党校专家作《融入大湾区·谋求大发展——学习〈粤港澳大湾区发展规划纲要〉》辅导报告；审议通了市政协常委会2019年工作要点和增设市政协农业和农村委员会有关事项，部署2019年工作任务。

第十三次会议　6月23日在茂名市迎宾馆新一号会议室召开。市政协与市政府围绕“加快产业发展，努力打造沿海经济带上的新增长极”专题进行协商议政。茂名市副市长、茂名高新区党工委书记李多民通报茂名市加快产业发展情况；市政协就全面加快推进茂名市产业发展，提出“优化营商环境、科学谋划主导产业、差异化布局区域产业、做长石化产业链条、推进临港产业和康旅产业发展”等意见和建议，形成1份主报告和6份分报告报送市领导。

第十四次会议　9月20日在迎宾馆新一号会议室召开。市政协与政府围绕“加快产业发展，推动乡村振兴”为专题进行协商议政。市政府向会议通报茂名市乡村振兴工作情况，市政协专题议政组提出“加快产业发展推动乡村振兴、精心打造‘一村一品’、加强农产品流通平台建设、加强农村基层党组织建设、发展生态农业、乡村振兴”关键在人才振兴等6方面28条意见和建议。会议通过关于任命杨文霞为市政协提案法制委员会主任的决定。

第十五次会议　12月30日在茂名迎宾馆新一号会议室召开。市政府通报2019年全市经济社会发展情况和2020年市政府工作安排、市政府部门办理政协提案的情况；市纪委、市中级人民法院、市人民检察院负责人分别通报2019年反腐倡廉、市中级人民法院、市人民检察院的工作情况。会议通过召开政协第九届茂名市委员会第四次会议的决定，审议政协第九届茂名市委员会第四次会议议程、日程、常务委员会工作报告、提案工作情况报告等文件。

【市政协主席会议】　2019年，政协茂名市委员会共召开主席会议13次，即第二十四次会议至第三十六次会议。第二十四次主席会议于1月8日召开，听取市政协九届三次会议筹备工作汇报。第二十五次主席会议于1月18日召开，审议增补常委、任免委员、召开九届十次常委会议等事项。第二十六次主席会议于2月27日召开，部署《点赞茂名》精选集首发工作。第二十七次主席会议于3月12日召开，传达学习中共中央总书记习近平在中央政治局第十二次集体学习时的讲话精神，听取《点赞茂名》精选集首发式筹备工作情况汇报。第二十八次主席会议于3月21日召开，听取关于“加快产业发展，打造沿海经济带上的新增长极”专题协商议政工作推进情况汇报；听取第九届三次会议提案收集和交办工作情况汇报；审议《关于表扬2018年度政协茂名市委员会工作组先进集体和先进个人的通报》。第二十九次主席会议于4月25日召开，调整市政协法制工作组正副组长。第三十次主席会议于6月14日召开。听取市政协精准扶贫工作情况汇报；审议召开市政协九届十三次常委会会议事项。第三十一次主席会议于9月6日召开，听取筹备庆祝人民政协成立70周年报告会、茂商·市长面对面协商座谈会的情况。第三十二次主席会议于9月11日召开，审议加快产业发展推动乡村振兴专题议政发言内容。第三十三次主席会议于10月23日召开，征求和审议《中共广东省委关于新时代加强和改进人民政协工作的实施意见（代拟稿）》的修改意见。第三十四次主席会议于10月23日召开，传达学习总书记习近平重要讲话精神和广东省委政协工作会议精神。第三十五次主席会议于10月23日召开，筹备政协第九届茂名市委员会第四次会议。第三十六次主席会议于10月23日召开，审议召开市政协九届十五次常委会会议事项。

【政协其他会议】

信宜市政协在全国地方政协工作交流会上发言　2019年5月20—21日，全国地方政协工作交流会在北京京西宾馆召开，信宜市政协是广东省唯一基层政协代表，在大会上介绍村务协商议事会工作经验。信宜市自2016年开始成立村务协商议事会，稳步推进市、镇两级民主协商联动机制，政协协商职能向基层延伸。至2019年年底，信宜市400个村务协商议事会有成员8933名，协助解决各类问题1400多件，筹集资金9600万元，帮助建成和在建项目415个。

茂商·市长面对面协商座谈会　2019年12月6日在茂名市区召开。27名茂商代表围绕“打造一流营商环境，加快产业发展和‘融湾’步伐”主题，与市长袁古洁面对面座谈。市政协通报茂名市营商环境调研情况。茂商代表从提升政府服务水平、优化招商引资政策等方面建言献策，袁古洁现场逐项回应。12月17日，《人民政协报》以《营商环境只有更好，没有最好——茂商·市长面对面协商座谈会热议营商环境》为题报道会议。

港澳委员座谈会　2019年11月10日，茂名市政协分别在深圳市召开香港委员座谈会；11月11日在珠海市召开澳门委员座谈会。会议传达学习中共中央总书记习近平视察广东重要讲话精神；通报茂名市经济社会发展情况和政协工作情况；听取香港工作组、澳门工作组关于本组委员履职情况、香港茂名历（现）届各级政协委员联谊会工作情况汇报。

【政协专项民主监督】　2019年，市政协对全市180个省定贫困村的“三清三拆三整治”（三清：清理村巷道及生产工具、建筑材料乱堆乱放，清理房前屋后和村巷道杂草杂物、积存垃圾，清理沟渠池塘溪河淤泥、漂浮物和障碍物；三拆：拆除农村的危旧废弃房屋、露天厕所，拆除乱搭乱建房屋，拆除违规商业广告、招牌；三整治：整治垃圾、污水及水体污染）及新农村示范村创建工作进行专项民主监督。由市政协6个专门委员会组成6个专项民主监督组，由分管领导率领，每周一次对高州市、信宜市、化州市、茂南区和滨海新区定点社区进行督促指导，协调解决问题，助推工作开展。

【政协专题调研】　2019年，市政协组织委员开展专题调研6项，围绕打造沿海经济新增长极、推动乡村振兴、社区文化建设、精神卫生和心理健康服务能力建设、特色小镇建设等方面形成报告17份。其中《加快产业发展，努力打造沿海经济带上的新增长极》《推动乡村振兴发展》协商议政报告受到市委、市政府重视，批转市有关部门研究落实。

【政协全委视察】　2019年5月至11月，市政协组成17个视察团，深入全市各有关单位及各区（县级市）进行实地视察，履行政治协商、民主监督、参政议政职能。视察围绕农村妇女创业、推进基层社会治理工作、打造一流空港经济区、保险业发展、“四好”（建好、管好、护好、运营好）农村路建设、旅游业发展、实施乡村振兴战略、高岭土资源保护及整合、现代农业产业园建设、乡村旅游产业发展、农业科技创新平台建设、村卫生服务站公建规范化、文化旅游基础设施建设、新农村建设、村务协商议事会建设等方面形成报告17份，转市委、市政府领导和有关部门参考。

【政协提案】　2019年，市政协共收到提案稿327件、立案264件，交85个单位办理；未立案的63件提案稿以信函方式转有关单位处理。截至2019年年底，提案办复率100%。建议落实或采纳的（A类）105件，占提案总数的39.8%；列入计划落实的（B类）143件，占提案总数的54.1%；短期内不具备条件落实的（C类）16件，全部向提案人说明情况。经市政协九届三十次主席会议审议，确定“关于大力发展向海经济打造沿海经济带新增长极的建议”等21宗（26件）提案及跨年度重点提案为2019年度重点提案，由市委、市政府和市政协领导牵头督办。至2019年年底，重点提案全部办理答复，办复率100%，满意率100%。民生实事通过提案办理落实解决。5月，广东省政协召开提案工作经验交流座谈会，茂名市作为4个先进典型之一在会上做发言。

【政协文史工作】 2019年3月19日，市政协出版的《点赞茂名》精选集在温德姆酒店举行首发仪式。全书近30万字，遴选写茂名市名贤、名山、名水、名地、名村、名校相关文章69篇。年初，《羊城晚报》向全省各地级市政协征集人文历史稿件，茂名市政协组写《千年古港博贺》《茂名石化“石油化工博物馆”故事》《窦州古城遗址》等5篇文章。其中，《千年丝路远，古港写新篇》在《羊城晚报》岭南文史专版刊出。

【政协宣传工作】 2019年，市政协在《人民政协报》刊登《广东省茂名市政协视察职业教育发展情况——举各界之力塑造职业教育新形象》《广东省茂名市政协视察农村妇女创业情况——搭建农村妇女创业创新服务平台》《广东省茂名市政协建言“四好农村路”建设——高品质建设就是最好的养护》《广东省茂名市政协专题协商助推产业发展——茂名“山”“海”5经》《广东茂名市政协组织开展履职培训》《茂商·市长面对面协商座谈会热议营商环境》稿件7篇。被“学习强国”收录推送文稿13篇；在南方号刊登文稿460篇，“茂名政协”南方号总阅读数71万人次，比上年增长47.5%；在《茂名日报》刊登文稿250篇、《茂名晚报》刊登文稿62篇，在茂名电视台播出视频108条；在茂名政协网站、茂名政协公众号、茂名政协新浪微博更新发布文稿1028篇；编辑出版《茂名政协》会刊4期；向市委报送社情民意信息19件，被市委办采用11条。

（高　莉　劳华坤　李　迁）

纪检监察

【纪检监察机构概况】 2019年，中共茂名市纪律检查委员会、茂名市监察委员会（简称市纪委监委）合署办公，实行一套工作机构、两个机关名称，履行党的纪律检查和国家监察两项职责，对市委和省纪委监委负责。市监委对茂名市人民代表大会及其常务委员会负责，并接受其监督。市委巡察工作领导小组对全市巡察工作实施全面领导，对市委负责并报告工作；市委巡察办是市委巡察工作领导小组日常办事机构，设在市纪委；市委巡察组承担具体巡察工作任务，向巡察工作领导小组负责并报告工作，归口市纪委管理。10月，市纪委监委机关和市委巡察工作机构集中办公、统一管理。

【违纪查处】 2019年，市纪委监委协助市委深化全面从严治党，加强对政治纪律执行情况的监督检查。落实中央和省委扫黑除恶督导反馈意见整改，配合广东省纪委监委、省公安厅开展联合督导扫黑除恶工作，协调做好国家海洋督察问责、中央环保督察“回头看”后续处理工作以及省环保督察组移交茂名责任追究问题的核查工作，完成市纪委监委牵头负责的省委巡视反馈意见整改任务16项。回复党风廉政意见1302人次，追究落实党风廉政建设主体责任不力党组织1个、党员领导干部15人，其中给予党纪政务处分11人。

【监督执纪】 2019年，市纪委监委聚焦主责主业，推进日常监督常态化，把谈话提醒作为日常监督的重要手段，针对厅处级领导干部开展谈话提醒1845人次，谈话提醒8786人次，其中“咬耳扯袖”7553人次，“红脸出汗”1233人次。贯彻“三个区分开来”（把干部在推进改革中因缺乏经验、先行先试出现的失误和错误，同明知故犯的违纪违法行为区分开来；把上级尚无明确限制的探索性试验中的失误和错误，同上级明令禁止后依然我行我素的违纪违法行为区分开来；把为推动发展的无意过失，同为谋取私利的违纪违法行为区分开来）原则，综合运用监督执纪“四种形态”（经常开展批评和自我批评、约谈函询，让“红红脸、出出汗”成为常态；党纪轻处分、组织调整成为违纪处理的大多数；党纪重处分、重大职务调整的成为少数；严重违纪涉嫌违法立案审查的成为极少数）。市纪委监委学习“七个看”（看违纪情节、看危害程度、看时间节点、看动机原因、看认错态度、看一贯表现、看群众口碑，做到综合考量、精准处置）工作法和问责“六字诀”（严、准、适、通、扩、用）。运用“四种形态”处理2294人次，增长18.7%。其中第一种形态1081人次，占47.2%；第二种形态937人次，占40.8%；第三种形态141人次，占6.1%；第四种形态135人次，占5.9%。制定《茂名市纪检监察机关查处诬告陷害行为实施办法（试行）》，为担当者担当，采取不同方式为395名党员干部澄清正名。建立领导干部廉政档案，动态更新监督内容，建立党员领导干部廉政档案3688份，其中市管干部777份。擦亮派驻（出）机构监督“探头”，派驻（出）机构处置问题线索552件，立案336件。

【案件查办】 2019年，茂名市各级纪检监察机关共接受信访举报3868件，处置问题线索1991件。全市立案1737件，给予党纪政务处分1171人，移送检察机关65人。立案查处县处级干部21人、乡科级干部174人，审查调查市司法局党组原副书记、副局长李某，高州市委原副书记、政法委原书记张某，信宜市政府原党组成员、副市长谭某和信宜市政府原党组成员、副市长，公安局原党委书记、局长程某等违纪违法案件。坚持追逃追赃并重，加强与公安机关等成员单位协作，追回外逃人员12人，保持外逃人员零增长。

【基层治理】 2019年，市纪委监委推进基层正风反腐三年行动，全年摸排线索2518条，立案1493件，给予党纪政务处分1048人，移送检察机关54人。开展扶贫领域腐败和作风问题专项治理，全年排查扶贫领域违纪违法线索219条，立案173件，给予党纪政务处分120人，通报典型案例10起。严惩涉黑涉恶腐败和“保护伞”，全市纪检监察机关全年受理涉黑涉恶腐败和“保护伞”问题线索747件，立案176人；给予党纪政务处分79人，移送检察机关24人。落实中央八项规定，治理9个方面突出问题，查处违反中央八项规定问题52起，给予党纪政务处分99人，通报典型问题31起。向全市党员领导干部发送节日廉洁短信2.1万条次，开展专题暗访401次，拍摄暗访片11期，发现典型问题142起，追责207人，其中查处形式主义、官僚主义问题38起66人，给予党纪政务处分49人，通报典型问题15起。

【政治巡察】 2019年，茂名市委巡察机构聚焦巡察重点，把政治监督贯穿巡察全过程，着力发现重点领域存在的政治问题、腐败问题。专项检查被巡察单位落实选人用人和意识形态工作责任制情况，专项巡察政府性重点工程项目8个。组织实施村级党组织全覆盖巡察，完成180个省定贫困村巡察任务，巡察1026个村（居）党组织，发现问题4790个，移送立案查处435人。发挥“传帮带”作用，有效实现市、县巡察工作一体推进，市、县两级共巡察146个单位党组织，发现问题3518个、线索234条。

【体制改革】 2019年，市纪委监委一体推进党的纪律检查体制改革、国家监察体制改革和纪检监察机构改革。推动监察职能向基层延伸，支持指导电白区、化州市探索建立村级廉政监督工作站。建立完善纪法贯通、法法衔接机制，增强法治理念，一体推进监督执纪和监察执法，统筹运用好纪法“两把尺子”（纪律和法律），贯通运用“四种形态”。健全监督检查室与派驻（出）机构协调配合机制，加强外部沟通协调，实现纪法有效贯通、法法有序衔接。推动企业和

▲ 2019年2月1日，中国共产党茂名市第十一届纪律检查委员会第四次全体会议在市民中心召开

高校纪检监察体制改革，制定派驻（出）机构改革“1+2”实施方案，分类施策推进市管8家企业和党委书记、校长列入市委管理的4所高等教育院校纪检监察体制改革。

【中共茂名市委第十一届纪律检查委员会第四次全体会议】 2019年2月1日，中国共产党茂名市第十一届纪律检查委员会第四次全体会议在茂名市民中心召开。市委书记许志晖出席会议并讲话。会议学习贯彻习近平新时代中国特色社会主义思想，全面贯彻落实党的十九大和十九届二中、三中、四中全会和十九届中央纪委三次全会、十二届省纪委四次全会精神，回顾2018年纪检监察工作，部署2019年任务。会议审议通过《强化制度执行，主动担当作为，为茂名全面建成小康社会提供坚强保障》的全会报告。

（市纪委监委）

民主党派和工商联

民主党派

【民主党派概况】 至2019年年底，茂名市7个民主党派有7个市级地方组织、4个县级地方组织、117个基层组织，成员总数2381人。全年发展新成员77人。

【中国国民党革命委员会茂名市委员会】 1957年11月，中国国民党革命委员会茂名市小组成立，直属中国国民党革命委员会广东省委员会。1981年成立支部。1984年8月，成立中国国民党革命委员会（简称民革茂名市委员会），历任主要负责人有陆孟屏、陈成泽、章宁、周天。主要成员和所联系的群众是同原中国国民党有关系的人士，同民革有历史和社会联系的人士和其他中上层人士。至2019年年底，全市有民革成员286人，其中年内新发展成员9人。有副厅级干部2人、副处级干部4人，有高级职称的成员45人。下辖县级基层委员会1个（高州市委会），总支部1个（茂南区总支部），市直属支部8个。

参政议政 2019年，民革茂名市委会围绕市委、市政府中心工作，关注群众关心的热点难点问题组织调研，邀请专家对提案工作开展评审指导。市委会提交的17件集体提案全部获得立案，其中“关于加快发展茂名市康养产业的建议”“关于在茂名地区创建新时代文明实践中心的建议”2件提案被评为重点督办提案。由民革成员中政协委员提交的“关于优化教育人才政策，加强茂名市高素质教师队伍建设的建议”“关于加快完善基础设施建设 促进共清河新城发展的建议”2件提案，被评为重点督办提案。

民主监督 民革茂名市委会“特约五员”发挥民主监督作用，参与党风廉政建设监督、行风评议等活动，对政府部门、窗口单位考评，特别是在教育、食品安全、生产质量安全等方面及时发现问题、反映问题，并提出意见和建议，获得有关单位和社会好评。民革人大代表、政协委员多次参加法院公开庭审，零距离了解法院审判工作，加强对法院工作的了解和监督，并结合案件基本情况，对进一步做好庭审工作提出中肯建议。

主题教育活动 2019年，民革茂名市委会按照民革中央的部署，开展“不忘合作初心，继续携手前进”主题教育活动。成立以主委为组长的“不忘合作初心，继续携手前进”主题教育活动领导小组，制订市委会主题教育活动方案，组织和指导基层组织开展主题教育活动。民革茂名市委会建成民革党员之家2个，筹建民革党员之家1个。其中市委会机关的“茂名民革党员之家”被省委会评为全省“优秀民革党员之家”。市委会重视示范支部创建工作，指导基层支部创建全省、全国示范支部。民革广东石油化工学院支部被评为全省“示范支部”和“创建示范支部先进集体”。

社会服务 民革茂名市委会主要领导带领小组成员多次到高州市分界镇谢宵村与4位帮扶对象进行一对一的对接，详细了解他们的生产、生活情况，为他们的发展出谋划策，提供思路。民革茂名市委会作为包联牵头单位，组织“清洁家园”行动队，每周四下午到包联帮扶点电白区坡心镇排河村开展卫生清洁行动。在春节前夕送春联、送“福”活动走进电白区沙琅镇，为助力茂名市全国文明城市创建贡献力量。

【中国民主同盟茂名市委员会】 1950年5月1日，茂名县以“文新革委会”为基础成立民盟筹备小组；同年11月，中国民主同盟茂名县小组成立；1982年6月，中国民主同盟茂名市委员会（简称民盟茂名市委会）成立。历任主要负责人有揭培支、莫以鑫、张仁俊、徐本刚、李振明、潘华。主要成员和所联系的群众是文化教育界的中上层知识分子。至2019年年底，民盟茂名市委共有县（市、区）委员会3个、总支2个、支部57个（市直支部22个），盟员998人。

组织建设　2019年，民盟茂名市委会开展组织建设，发现和挖掘优秀人才，做好发展新盟员工作。全年发展新盟员27人；扩大委员规模，选举增补2名委员；在信宜市成立民盟茂名市委会直属第一支部。民盟茂名市委会带领各级盟组织学习贯彻习近平新时代中国特色社会主义思想和中共十九大精神，学习和领会习近平总书记关于粤港澳大湾区建设的重要论述和对广东工作的重要讲话、重要批示精神，学习中共广东省委和茂名市委会议精神。全年组织各级盟组织开展集中学习14次，参与人数320多人次，提高盟员的政治思想素质和参政议政能力，深化盟员对民盟作为参政党的性质地位、优良传统和责任使命的认识，进一步夯实多党合作的共同政治思想基础。开展“不忘合作初心，继续携手前进”主题教育活动，成立主题教育活动领导小组，制订主题教育活动的具体实施方案，推动主题教育活动开展。10月底，组织市直盟员160多人次观看“我和我的祖国”电影；11月2日，举办“不忘合作初心，继续携手前进”主题教育学习班，40多人参加学习；11月下旬，组织学习小组赴重庆市、遵义市等地开展“不忘合作初心，携手继续前进”主题教育活动。有5个支部获“民盟广东省委2018年度组织工作先进集体”称号；民盟茂名市委会获民盟中央“发行工作突出成绩奖”。

参政议政　2019年，民盟茂名市委会围绕广东省及茂名市经济发展中的重大问题开展调查研究，围绕全面深化改革和市政府中心工作献智出力。2019年茂名市“两会”期间，提交集体提案18份，其中“关于加强竞技体育后备人才培养工作的建议”被定为重点督办提案。针对申报民盟广东省委会的关于促进广东省落后地区融入粤港澳大湾区发展和学前教育纳入义务教育方面的调研课题成立课题组，深入基层开展调研。上交“促进粤东粤西粤北地区融入粤港澳大湾区发展的建议”和“将学前教育纳入义务教育”的调研成果。

社会服务　2019年，民盟茂名市委会领导带领机关专干到扶贫一线，开展入户帮扶、慰问等工作。出资为贫困户安装自来水，为在台风中房屋受损的贫困户修缮房屋，用于精准扶贫的款项约2万元。1月，民盟广东省委会、民盟中山大学北校区总支、民盟茂名市委会联合开展医疗能力提升工程活动和义诊活动，有30多位盟员专家到市人民医院、高州市分界镇谢宵村进行义诊，提供高水平的医疗服务，扩大民盟组织的影响力，树立民盟的品牌形象。为社区创建文明城市捐赠帮扶资金8000余元。

【中国民主建国会茂名市委员会】

1986年7月，成立中国民主建国会茂名市小组；1994年1月，成立中国民主建国会茂名市委员会简称“民建茂名市委会”。历届主要负责人有陈广礼、俞忠良、陈国隆、陈凡晓。至2019年年底，全市有会员142人，其中年内新发展会员8人。有基层支部7个（含年内成立的市直第七支部）。

组织建设　2019年，民建茂名市委会召开主委会议研究部署，成立“不忘合作初心，继续携手前进”主题教育活动领导小组，出台活动方案，对全体会员进行总动员，实现学习“全覆盖”。组织会员赴深圳市参观“大潮起珠江”广东改革开放40周年展览；组织召开新中国成立70周年座谈会，选送会员书画作品参加民建中央庆祝新中国成立70周年书画展。利用会员之家组织开展政治学习、文化沙龙、推广茂名沉香文化。鼓励以灵活多样形式开展各种纵向与横向联系，加强与外地民建组织的交流学习，民建广西壮族自治区钦州、云南省普洱市委会领导到茂名市交流学习。把会史革命教育与调研活动相结合，教育引导广大会员学习会章会史，传承优良传统，重温合作初心，继续携手前进。增强组织的凝聚力和会员的归属感。加快组织发展，加强代表人士队伍建设，成立民建茂名市委会第七支部，全年发展会员8人，把一些年富力强、综合素质好的会员充实到基层组织领导班子和专委会，加以锻炼和培养，增选3名支部委员、7名专委会成员。民建茂名市委会获省组织管理信息系统工作先进集体二等奖。

参政议政　2019年“两会”期间，民建茂名市委会组织报送集体提案19件、个人提案18件。

其中，“关于加快茂名特色街区建设的建议”“关于加强预防校园欺凌事件的建议”2件提案被列为市政协重点督办提案；5件提案获评为“茂名市政协优秀提案”。开展专题调研工作，拓展参政议政新领域，对一些全省、全国的共性问题进行分析归纳，上报民建省委会和民建中央委会。其中：“进一步加强自然保护区建设与管理的建议”等4份调研成果被民建中央委会采用，《加快山水林田湖生态保护修复，推进生态文明建设》等5份调研成果和社情民意被民建省委会采用。

理论宣传　民建茂名市委会对重要工作进行深入客观报道，在民建中央网、民建广东省委会网站、《茂名日报》《茂名政协》《茂名统战》发表30多篇报道，其中7篇报道被民建中央网站采用，并刊发第三期《茂名民建》。《统一战线与基层社会治理》被评为市统战理论研究成果优秀奖，《试论如何实现更高质量把加强思想政治引领、广泛凝聚共识作为政协履职工作的中心环节》被省委会选送全国政协论文评比。

社会服务　民建茂名市委会发挥会员特长，打造文化扶贫品牌，创办2个文化扶贫项目——“油甘窝小学美术公益课堂”和乐享“乐享公益课堂”美育素质训练班，每周一课，惠及留守儿童和贫困家庭孩子，主委陈凡晓带领会员企业家参加民建广东省委会调研组，赴河北省丰宁县开展精准扶贫调研，发动会员积极参与消费扶贫。市委会做好高州市分界镇谢宵村精准扶贫工作，全年出资1.5万元，用于新农村建设、节日慰问等。组织会员医生参加统一战线扶贫义诊活动。关爱会员企业，了解民营企业经营情况，积极向有关部门反映问题，帮助企业纾困，推动实体经济发展；组织企业家会员参加“中国非公有制经济发展论坛”“中国风险投资论坛”，以“同心”思想引领企业家会员富而思源，回报和服务社会。12名会员被民建广东省委会评为“社会服务工作优秀个人”。

【中国民主促进会茂名市委员会】

1982年2月22日，成立中国民主促进会茂名市支部；1983年7月10日，成立民进茂名市委员会简称民进茂名市委。历任主要负责人有张志鸿、梅国柱、邓元鑫、何祖干、钟俊霖、晨光。民进茂名市委员会下辖县级市委会1个（高州市委会），总支部3个（广东石油化工学院总支部、茂南区总支部、电白区总支部），市直属支部12个，截至2019年年底，有会员566人，

思想建设　2019年，民进茂名市委会开展“不忘合作初心，继续携手前进”主题教育活动，成立领导小组和办公室，制订工作方案，召开会议动员部署。学习贯彻习近平新时代中国特色社会主义思想，中共十九大和十九届二中、三中、四中全会精神等，先后举办主题教育活动座谈会，组织到广东南路革命化州纪念馆参观学习，举办“我和我的祖国”快闪暨书画艺术进校园活动等活动，引导会员坚定合作初心，增强责任担当。拓展宣传平台，入驻南方号，是茂名市第一个入驻南方号的民主党派单位。

组织建设　民进茂名市委会班子成员带领机关干部深入基层参与学习、活动，听取意见；带领会员为患病会员捐款2.7万元。发展一批新会员，成立电白区总支部，举办庆祝“三八”国际劳动妇女节活动，迎春茶话会、重阳节茶话会等，提升组织向心力。

履职建言　民进茂名市委会到市应急管理局、市人力资源和

▲2019年11月23日，民进茂名市委会在广东南路革命化州纪念馆开展“不忘合作初心，继续携手前进”主题教育活动（民进茂名市委会提供）

社会保障局、市家庭服务业协会等地调研。有1个大会书面发言和1个集体提案被民进省委会提交广东省政协大会，有1件课题调研报告提交民进广东省委会。向市“两会”提交政协大会书面发言1篇，集体提案22个；个人建议、提案21个。有2个集体提案被评为“优秀提案”。组织参与各类民主协商会、座谈会等会议以及视察、调研等活动，协商建言，履行民主监督、政治协商职能。

社会服务　茂名市开明画院开展送文化下基层、捐资助学、慰问敬老院老人等活动。抓好精准扶贫工作，参加市统战系统送医送药下乡义诊活动，走访慰问贫困户，积极落实措施，帮助解决困难，扶持发展生产，提高收入。做好创文、创卫包联工作，加大资金的扶持力度，持续开展清洁家园行动，加班加点做好迎接省检、国检各项工作，为全国文明城市创建工作尽心尽力尽责。

【中国农工民主党茂名市委员会】1987年11月，成立中国农工民主党茂名市小组；1993年11月，成立中国农工民主党茂名市支部委员会；2002年1月，成立中国农工民主党茂名市委员会（简称农工党茂名市委会）。历任主要负责人有李兴民、饶洁英、陈炳光、欧兰芳、黄卫清、赖强。主要成员以医药卫生、人口资源和生态环境领域中高级知识分子为主，以及部分文化教育等界别的中高级知识分子，都是属于社会主义劳动者、社会主义事业建设者和拥护社会主义的爱国者。至2019年年底，全市设8个支部，有党员149人，其中年内新发展党员4人。

思想政治和组织建设　2019年，农工党茂名市委会开展“不忘合作初心，继续携手前进”主题教育活动，结合新中国成立和新型政党制度确立70周年以及茂名建市60周年等重要时间节点，召开纪念座谈会和主题教育活动动员会。市委会领导骨干党员到茂名市露天矿博物馆、信宜怀乡起义纪念馆、高州市革命历史纪念馆开展活动。开展廉洁风险预警提示活动，召开专题民主生活会，抓好整改，加强领导班子建设，抓住关键少数，把主题教育活动推向高潮。

民主协商、参政议政　农工党茂名市委会开展参政议政工作，提交省人大建议2件，提交民工党广东省委会提案和社情民意2件，完成市政协大会发言材料1件，提交市县两级提案建议36件，其中集体提案“关于加强我市社会办学早教机构监管的建议”和个人提案“关于加大力度传承冼夫人文化的建议”被评为茂名市政协优秀提案。市委会领导班子成员参加茂名市2019年暑期座谈会，建议进一步巩固和放大创建全国文明城市工作的成果，把创建工作向基层、向农村延伸，与乡村振兴发展战略、精准扶贫工作有机结合，改善农村人居环境，打造卫生美丽宜居文明乡村。市委会领导参加茂名市的政治协商会、情况通报会、征求意见会14次，就政府工作、社会经济发展、重要人事安排等重大问题提出意见建议，发挥民主党派地方组织在地方民主政治生活和社会经济发展方面的积极作用。

民主监督　农工党茂名市委会主委赖强参加市政协开展的对全国文明城市创建工作的专项民主监督。担任各级人大代表的党员以多种形式对两院工作进行民主监督。多位党员担任市检察院的特邀监督员、市司法局的行风评议员和茂南区监察委的特约监察员，发挥民主监督作用。

社会服务　农工党茂名市委会响应农工党广东省委会的倡议，在“99公益日”发动茂名市农工党员为“同心圆工程”乡村医生培训项目捐款5779元。继续开展精准扶贫工作，全年出资1.3万元用于帮助独居贫困户改善居住条件、为贫困户安装自来水入户、新农村建设、节日慰问等项目，实现帮扶贫困户1户脱贫，做细做实精准扶贫工作。市委会参与茂名市创建全国文明城市和国家卫生城市的重点工作，履行包联单位责任，支持所包联的社区1.4万元。教育发动党员企业家致富不忘公益、不忘家乡，合计捐款30余万元用于助学、济困、敬老、新农村建设等公益用途，彰显主题教育活动实践成效。

【中国致公党茂名市委员会】1998年9月，成立中国致公党茂名市支部委员会；2001年9月，成立中国致公党茂名市委员会筹备委员会；2004年3月，成立中国致公党茂名市委员会（简称致公党茂名市委会）。历任主要负责人有潘教熙、邵杭伟。主要成员和所联系的群众是归侨、侨眷中的中上层人士、其他有海外关系的代表性人士和中高级知识分子。至2019年年底，全市有致会党员134人，设10个支部、8个专委会。

思想建设　2019年，致公

党茂名市委会专题传达学习贯彻中共十九届四中全会精神、《中共中央关于新时代加强和改进人民政协工作的意见》等文件精神，加强思想政治引领、凝聚共识、强化责任担当、提高履职能力。教育、引导党员坚定政治立场，遵守政治纪律，严守政治规矩。茂名市委会被致公党广东省委会评为“宣传思想工作优秀集体”。

组织建设　致公党茂名市委会加强领导班子建设，落实分工责任制。对个别市委会委员进行届中调整，按组织程序推进届中增补副主委工作。成立致公党电白区支部，进一步完善基层组织结构。

参政议政　致公党茂名市委会参与广东省委会参政议政课题工作，27个课题获省委会立项。提交茂名市政协大会发言1件，党派提案15件，个人建议、提案35件。“关于增加茂名市中心城区公办幼儿园的建议”作为跨年度重点提案，由市领导领衔督办。“关于打造文明城市窗口的建议”等5件被评为优秀提案，1件被评为市人大重点建议。牵头开展“充分发挥魅力中国城的影响力，加快茂名全域旅游高质量发展”的统战与党派联合课题调研。与广东省委会、广州市委会联合开展“沿海经济带与粤港澳大湾区互动发展”“积极对接和融入粤港澳大湾区发展”等课题调研活动。组织“乡村振兴发展”课题组赴南宁市开展调研。围绕水资源生态保护、新农村建设等课题，开展参政议政现场教学培训。

服务社会　自2002年以来，致公党茂名市委会连续18年开展“致公助学”活动，累计募集捐款50万余元，资助贫困学生500余人次，发放助学金30万余元。2019年全年资助贫困学生39人次，发放助学金3.06万元。帮扶高州市分界镇谢宵村4户贫困户，投入资金2万余元，帮助4户贫困户安装自来水。参与送医送药义诊活动。包联秀色社区创建全国文明城市工作，投入资金4万元。

【九三学社茂名市委员会】　九三学社茂名市委会于2009年4月19日成立，历任主要负责人有崔锡明（任第一、第二届主任委员）。市委会辖医卫支社、综合支社、广东石油化工学院支社、茂南区支社和茂名石化小组等5个基层组织以及参政议政、社会服务、宣教文体、青年工作4个专委会。至2019年年底，有社员110人。

思想建设　2019年，九三学社茂名市委会组织专题学习会13次，重点学习习近平新时代中国特色社会主义思想、习近平总书记关于加强和改进统一战线工作的重要思想等。组织参加烈士纪念日活动，开展“寻南路革命红色足迹·树理想信念”活动，组织社员到信宜怀乡起义纪念馆、湛江市博物馆、高州沙田起义博物馆进行学习。开展“寻茂名石油文化历史·聚前进力量”活动，到露天矿博物馆、茂名石化巴斯夫有限公司参观学习。全年组织或参加各类主题教育活动47次，参加活动280多人次。

组织建设　九三学社组织参加粤西三市新社员主讲的《社章与社史》专题讲座，组织收看5期“不忘合作初心，继续携手前进”主题教育活动宣传干部政治辅导专题片。委员沈学生被提拔为市人民检察院副检察长。

参政议政　2019年，九三学社茂名市委会坚持召开提案选题会、提案修改会，在市政协九届三次会议上做题为“发展政务大数据·打造智能型政府”的发言。开展促进科技型民营企业高质量发展专题调研，形成调研报告。赴黑龙江省伊春市调研学习林下经济先进经验。全年提交13篇市政协提案、2篇省政协提案；2篇2018年提案被评为优秀提案。其中，集体提案“关于大力发展向海经济打造沿海经济带新增长极的建议”，被列为市委主要领导重点督办提案，“关于加快现代农业产业园建设助推乡村振兴的建议”被列为市政府领导重点督办提案。

服务社会　九三学社茂名市委会坚持量力而行、营造特色、突出实效，发动社员参加公益活动，做好社会服务工作。到高新区七迳村开展送医送健康义诊活动，接诊40余人次，测量血压60多人次，接待群众咨询80多人次，发放健康宣传资料100多份。到高州市分界镇谢宵村参加市统一战线送医送药下乡义诊活动，为村民免费提供健康咨询，服务群众逾400人次。做好谢宵村4户贫困户的建档立卡工作，开展春节、扶贫济困日、中秋慰问活动。筹集4700元为4户贫困户安装自来水，筹集5000元资助谢宵村美化村容村貌。坚持依托社员，鼓励参加公益活动。社员白旭芳分别向电白区霞洞镇东风小学和观珠镇平标学校开展捐书助学活动，共捐赠2800多本图书和30多个书架，总金额约2万元。　　（市委统战部）

市工商业联合会

【市工商联机构概况】 茂名市工商业联合会（简称市工商联）于1985年6月成立，2012年加挂牌子茂名市总商会，是中国共产党领导的具有统战性、经济性、民间性的人民团体，是党和政府联系非公有制经济人士的桥梁和纽带，政府管理非公有制经济的助手。至2019年年底，茂名市工商联内设3办公室、会员联络部、经济与科技信息部，辖区（县级市）工商联5家，其他基层商（协）会组织33家，有会员1.3万人。会员中，有各级政协委员228人、人大代表63人。

【工商联组织建设】 2019年，茂名市工商联所属商会有33家，其中省外异地商会11家、省内异地商会10家、本地商会4家、本地异地商会8家。有16家商（协）会成立党支部、2家商会成立党委，余下的商会也在筹备成立党组织。2019年，深圳市茂名商会、信宜青年企业家商会和佛山市化州商会，被评为广东省工商联“四好”（自律规范好、服务发展好、团结教育好、班子建设好）商会。

【工商联服务会员】 2019年，茂名市工商联开展服务企业促发展系列调研，搭建政企沟通平台。

调研工作开展 2019年，市工商联开展大调研——“服务企业促发展”系列调研工作，加强与企业的沟通联系，深入了解企业的生产经营发展情况、人才需求情况、存在问题和困难、企业发展设想，征求企业家对优化茂名市营商环境和加快推动民营经济高质量发展的意见和建议。主题教育期间，针对非公经济人士关心的问题和工商联领域的薄弱环节，重点围绕非公企业党建、商会改革和发展、万企帮万村、非公经济人士理想信念教育等方向开展调查研究。领导班子深入商会、企业调研10多次，撰写调研报告4篇，发现问题10条，提出解决问题的措施建议11条。

搭建政企沟通平台 2019年6月26日，市工商联组织30名民营企业家参加调研座谈会，收集企业提出的45个问题和79条建议，整理成册报送给市政府落实责任单位，有针对性地协调帮助企业解决制约发展的突出问题。

经济服务 2019年，市工商联与市人社局、市财政局、市工信局、市国资委等相关部门进行对接，着力解决拖欠民营企业账款问题和拖欠农民工工资问题。

法律服务 2019年，市工商联通过与市司法局、市检察院联合开展“法治体检活动”“检察护航民企发展”检察开放日活动，与市政法委、市法学会联合举办“百名法学家百场报告会”工商联专场等法治宣讲，提升民营企业家的法治意识和法律素养。

【经济联络】 2019年，茂名市工商联围绕工作重点，协助市政府举办“茂名市沿海经济带发展推进大会” “2019北京世园会·茂名市投资推介会”等多场招商推介活动，发动异地商会“以商招商”，推动商会和企业成为招商引资的主力军；与市外商协会联合举办“借助香港金融平台共拓一带一路商机”交流活动，为茂名市企业走出去对接国际资源出谋划策；引导重庆市广东茂名商会会长谢龙彬一行回乡考察对接新能源物流车、旅居车、充电桩、新能源汽车重要零部件及装配式建筑产业化项目，加强政府企业之间的联系，凝心聚力，引导广大乡贤回乡投资，促进茂名市经济发展。

▲ 2019年10月12日，茂名市工商业联合会在重庆召开第十届全国茂名商会会长联席会议

【工商联系统扶贫协作】 2019年，茂名市工商联把“万企帮万村”工作作为“星级”商会、“四好”（建设好、团结好、教育好、服务发展好、自律规范好）商会建设考核的重要内容，引导推动异地商会、本地商（协）会和非公经济人士在做好自身工作、发展企业的同时，履行社会责任，参与各项社会公益活动。至2019年年底，全市工商联系统累计发动347家企业以各种方式帮扶474个乡村，帮扶资金2.5亿元，受帮扶人口4.7万人。开展东西部扶贫协作工作，进一步推动茂名市与南宁市、来宾市扶贫协作“携手奔小康”工作。全年全市工商联系统为广西壮族自治区5个县贫困村捐款捐物合计716万元；引导11家企业到扶贫协作地区实施8个扶贫项目，带动2150人脱贫，其中吸纳就业163人；组织20家企业为西部贫困村捐资捐物，引导企业到广西壮族自治区5个县投资，投资金额5516.85万元。

【茂名市商会会长高级研修班】 2019年7月2日至8日，由茂名市委统战部、市工商联主办的2019年茂名市商会会长高级研修班在厦门大学举办。来自全国的80多名茂名市商会会长及有关人员参加培训班。先后学习习近平治国理政新理念、新思想、新战略，国际大湾区发展历程与粤港澳大湾区建设，宏观经济形势和世界格局等有关课程。现场教学参观新农村示范点“中国最文艺渔村”——曾厝垵文创村和“闽台生态文化村”——海沧青礁院前社。

【第十届全国茂名商会会长联席会议】 2019年10月12日，由茂名市工商业联合会（总商会）主办，主题为“新时代、新茂商、新发展”的第十次全国茂名商会会长联席会议在重庆市召开。茂名市委统战部、市工商联及来自全国茂名商会的会长、秘书长120多人参加会议。会议传达学习中共中央、国务院《关于支持深圳建设中国特色社会主义先行示范区的意见》，通报茂名市2018—2019年度“星级”商会评选认定情况及颁发“五星级商会”牌匾，并进行第十一次会长联席会议会旗交接仪式。

【第四次全国各地茂名商会秘书长联席会议】 2019年12月14日，茂名市委统战部、市工商联在湛江市召开第四次全国各地茂名商会秘书长联席会议。市委统战部、市工商联领导干部以及全国各地茂名商会秘书长、办公室主任50多人参加会议。会议传达学习《中国共产党第十九届中央委员会第四次全体会议公报》、中共广东省办公厅和广东省人民政府办公厅印发《关于广东省促进工商联所属商会改革和发展实施方案》，研究讨论《茂名市工商业联合会所属商会管理指导办法》。全国各地茂名商会秘书长围绕办文办会、商会发展难点痛点进行交流学习，分享心得，为商会发展提出建议。 （市工商联）

人民团体

茂名市总工会

【市总工会机构概况】 茂名市总工会于1962年1月23日成立。历任主要负责人有张培雯、揭增华、郑桥、陈作谋、陈淑芬、卢方圆、梁昌灿、黄奕奕。至2019年年底，内设9个部室，下属1个正科级事业单位（茂名市工人文化宫）。茂名市有基层工会6914家，是年，增加68家。有工会会员78.03万人，年度任务1.5万人，实际增加1.56万人、农民工会员50.18万人，增加1.33万人。

【建功立业活动】 2019年，茂名市总工会召开劳模工匠代表传扬“好心茂名”暨迎春座谈会，组织召开全市庆“五一”暨劳动竞赛交流推进会，推荐评选全国、省“五一劳动奖章（奖状）”“全国工人先锋号”19个。全年投入100万元建设市级劳模和工匠人才创新工作室20家，累计投入335万元建成市级劳模和工匠人才创新工作室60家，其中验收市级劳模工作室56家、市级职工创新示范基地11家，2019年获评省级劳模和工匠人才创新工作室3家，累计获评省级劳模和工匠人才创新工作室10家、省级职工创新示范基地2家。推荐“好心茂名·最美工匠”吴思志（高州市木刻画省级非遗传承人）为2019年“南粤工匠”。在各区（县级市）、经济功能区的重点领域围绕“当好主人翁、建功新时代”主题开展“展示主力军风采、助推茂名高质量发展”劳动竞赛。在云茂、复兴大道等11个重点交通项目以及教育、税务、金融、电力、卫生健康、应急管理、生态环境监测等重点行业（系统）和茂名石化公司、热电厂、人民医院、妇幼保健院、明湖商场、交投集团、水投集团等重点企事业单位，开展形式多样的岗位练兵、技术比武等竞赛活动。会同市政务服务数据管理局围绕“优化营商环境，深化放管服改革”主题，在市、县、镇（街道）、村（社区）四级（公共）服务中心联合开展争当“好心茂名·最美政务服务标兵和集体”竞赛活动；与中铁七局集团西安铁路工程项目有限公司联合开展滨海新区自来水项目“大干60天、保目标、塑品牌”劳动竞赛启动仪式暨“送关爱增能量”慰问活动。结合“不忘初心、牢记使命”主题教育，组织慰问百名老劳模代表；组织劳模工匠代表参加建市60周年庆祝活动、茂名市集中升国旗仪式、观看庆祝中华人民共和国成立70周年大会、参加“9·30”烈士纪念日活动、第六届全民健身徒步节，参观潘茂名纪念公园、冼夫人故里，开展好心文化和廉政文化教育等活动。

【职工维权维稳】 2019年，茂名市总工会开展职工队伍稳定风险排查，建立隐患台账，配合政法部门开展政策宣传、法律援助、专项检查，压实各级工会职责。开展“每月一主题，普法惠职工”与“两度一率”（人民群众对社会治安满意度、对政法工作满意度，人民群众对平安建设工作的知晓率）宣传。深入茂名市五一学校、高州市南塘镇综治联系点、茂名市韵达快递公司等地，举办以“尊法守法·携手筑梦”为主题的公益法律服务、禁毒宣传教育、普法进企业进社区等活动。续聘38名律师担任300人以上的非公企业工会法律顾问。继续推动市、县两级工会与地方法院开展劳动争议诉调对接工作。继续健全市总工会领导带头、维权和服务部门工作人员、工会律师轮流接访制度，为企业职工排忧解困。处理农民工欠薪和工伤舆情事件等26件，承办“12351”职工热线平台工单38个并全部办结。结合“国家安全教育日”“国际禁毒日”“12·4”国家宪法宣传日、“12·5”国际志愿日等重要时间节点，开展法律法规及政策宣传，加强工会舆情信息报送，维护职工队伍统一与社会和谐稳定。

【工会组织建设】 2019年，茂名市总工会完成100人以上非公企业工会组建工作任务，组建“三新”（新业态、新模式、新领域企业）领域工会1家，重点项目工会2家，建设“货车司机之家”6家。承办全省工会组建工作会议暨“三个一批”建设现场经验交流会，推广茂名市等地“三个一批”（建设一批社区〔村〕、工业园区工会联合会，建设一批社会化工会工作者队伍，建设一批会、站、家一体化的职工服务中心）建设经验。联合市委组织部召开全市党建带工建工作现场经验交流会，印发《关于加强新时代“党建带工建、工建服务党建、党工共建”工作助推高质量发展的工作措施》，开展“五好”（领导班子好、干部队伍好、工作机制好、工作业绩好、职工群众反映好）、“六有”（有依法选举的工会主席、有独立健全的组织机构、有服务职工的活动载体、有健全完善的制度机制、有自主管理的工会经费、有会员满意的工作绩效）工会建设，加强“三个一批”建设示范点指导。广东省总工会编发“茂名市专刊”供全省各地工会借鉴、参考。加强企业民主管理工作，全市经营正常的国有、集体及其控股企业和事业单位厂务公开和职代会建制率100%。2个职工代表提案获评全省首批“聚合力·促发展”优秀职工代表提案，推荐获评省模范职工之家红旗单位1个、省模范职工之家13个、省模范职工小家4个。

【职工帮扶】 2019年春节期间，茂名市总工会协助市委、市政府做好省、市送温暖慰问困难企业、困难职工（包括困难劳模、困难农民工、困难党员）活动，发放慰问物资价值46万元。组织开展市总工会春节送温暖启动仪式（给环卫工人送米、送油、发放慰问金）、送温暖进企业、慰问困难劳模和春运一线职工等活动，为3275名职工送上慰问金528.1万元。深入新华粤公司、华达公司、重力石化公司、众和公司、交投集团等企业困难职工家中，开展主题教育调研和走访慰问工作，以实际行动践行“问计于民”，推进城市困难职工解困脱困工作。组织150名农民工代表参加茂名市庆祝2019年“中国农民丰收节”系列活动。开展大病救助、送温暖、工伤探视、“送清凉”、金秋助学等主题探访活动14次，推动全市各级工会走访慰问企业2517家，慰问一线职工2.84万人，发放慰问款物1864.28万元。开展工会就业创业服务月活动，全市工会系统累计服务职工群众9.79万人次，其中就业技能培训1.32万人次、职业介绍4954人次、创业扶持1327人次、其他服务7.84万人次。配合市人社部门开展“春风行动”“南粤春暖”专项招聘活动。建成25家工会户外劳动者爱心驿站，创建4家省职工服务中心示范点和9家基层一线职工服务站点，在20家非公企业工会中开展提升职工服务计划。依托建设银行46个“劳动者港湾”建立示范点，联合金融行业开放共享资源，携手关爱户外从业职工。组织工会亲情关爱夏令营活动，关爱农民工子弟。筹集资金270多万元为劳模申请“三金”（低收入生活困难补助金、特殊困难帮扶资金和春节慰问金），组织劳模体检、提供困难救助、劳模疗养、津贴发放，参加检察开放日等帮扶管理服务活动，惠及劳模1500多人次。全市参加职工互助保障计划10.05万人次，为患病职工3972人次赔付金额674.96万元。省总工会投入229万元、市总工会投入82万元，为4.13万名职工提供“住院二次医保”普惠优惠服务。

【职工文化建设】 2019年，茂名市总工会创编《工会情系你我他》《劳动畅想曲》等节目下基层演出。组织“建功立业新时代·改革创新再出发——茂名市庆祝‘五一’国际劳动节暨职工（产业工人）文化艺术节启动仪式”文艺晚会，以排舞展演助力茂名市成功申办省十七届运动会、为“好心茂名”广东龙舟锦标赛加油。深化“中国梦·劳动美——与共和国同成长、与新时代齐奋进”主题宣传，举办茂名市职工运动会、庆祝新中国成立70周年茂名市职工书画艺术比赛等系列活动，以先进职工文化感

▲ 2019年5月，茂名市总工会举办职工运动会

召职工跟党走。市总工会报送的《庆三八“巾帼创卫”》《我和我的祖国》等8个作品获省总工会举办的千场文艺演出作品评选三等奖和优秀奖，市总工会获优秀组织奖。 （市总工会）

共青团茂名市委员会

【团茂名市委机构概况】 共青团茂名市委员会（简称团茂名市委）成立于1959年11月，是全市共青团组织的领导机关。2019年，团茂名市委机关内设4个部（室），为办公室、组织部、青年发展部、学少部，下属有2个正科级事业单位及市青少年活动中心。全市青少年工作形成以共青团组织为核心，以青年联合会、学生联合会、少先队组织、青少年宫、青年志愿者协会、青年企业家协会、茂名市大学生成长促进会、茂名市青年创业联合会等各类青少年社团为载体的工作格局。至2019年年底，全市有各级团组织1.22万个，团支部1.15万个、有团干部2.21万人，团员28.82万人。

【青年思想引领】 2019年，团茂名市委开展习近平总书记“7·2”重要讲话精神和团十八大精神专题学习，组织引导青年研学习近平总书记系列重要讲话精神。开展“青春心向党、建功新时代”特别主题团日活动119场和“亮证行动”等一系列纪念“五四运动”100周年活动。举办“祝福祖国、放飞梦想”庆祝中华人民共和国成立70周年文艺晚会、庆祝建市60周年志愿服务活动等主题活动。开展“与信仰对话”“18岁成人仪式”等主题教育实践活动，吸引32万名团员、少先队员参加；开展“争当新时代好少年”主题队日等活动，影响覆盖青少年30万人次。全市18万名学生开展祭扫革命烈士墓活动。加强青少年先进典型选树和宣传工作，开展“五四”“六一”等评优评先活动，举办第三届寻找“好心茂名·最美少年”活动，吸引4.23万名“最美少年”报名，以榜样的力量带动全市青少年爱党、爱国。落实意识形态工作责任制，引导团员青年增强防范重大风

险意识，深化网上引领工作，合理使用新媒体发声，提升团属新媒体阵地的青年覆盖面和社会影响力。在巩固和发展“两微一端”（微信、微博和移动客户端）团属新媒体阵地的基础上，在微信、微博、茂名网等大型新媒体平台上推送正能量信息340条，各类新媒体平台综合阅读量130万次。“茂名共青团”官方微信多次进入全省团组织微信平台排行前五名。做实“青网计划”，深化“争做青年好网民”等主题活动和网络文明志愿行动。发动网络文明志愿者、团员青年参与主题网络宣传活动、思想引导活动。

【团组织多元化参与社会治理】 2019年，团茂名市委做好社区矫正青少年工作。为190名青少年社区服刑人员提供建档服务，为23名青少年社区服刑人员提供上门探访服务，一对一面谈331人次，电话探访222人次，开展学习教育活动7场。加强关爱未成年人工作，与市检察院签订关于构建茂名市未成年人检察工作社会支持体系合作框架协议；新建茂名市校外未成年人心理健康辅导站，定期开展主题公益辅导活动。促进志愿服务上台阶，擦亮“好心茂名”城市名片。全市中学生团员100%注册成为志愿者，学校100%建立校级志愿服务组织。引导青年投身志愿“好心茂名”建设，加强志愿力量助力全国文明城市创建、国家卫生城市创建、国家森林城市创建、好心平安茂名创建，助力茂名市大型赛事活动举行。办好“青春情暖”“暖冬行动”“油城会亲”“朝阳行动”等活动，开展“反毒大篷车”特色活动，引导青年参与基层社会治理。争取将茂名这座好心之城列入新一轮“志愿之城”名单，推动《茂名市建设“志愿之城”实施方案》的出台。

【青少年服务平台建设】 2019年，团茂名市委做好“12355”青少年综合服务平台宣传工作。开展宣传活动80场次，引导有烦恼、有法律咨询意愿等各类问题的青少年7000人次拨打“12355”热线。推进“灯塔工程”青年大学生思想引领行动，融入“大思政”体系；在7所广东省国家级示范性高中推广“青马工程”。全市各级团组织运用智慧团建系统、“青年之声”平台、“i志愿”和官方微信公众号等阵地，创新延伸服务工作手臂，扩大共青团服务覆盖面。

【共青团组织建设】 2019年，团茂名市委深化县级共青团机构改革，纵深推进青年联合会改革，加强青年联合会委员履职管理。推进学校系统团队改革，全市263所中学团校建立率100%，严把入团发展关，严格控制团青比例。加强“网上共青团”阵地建设，开展各类共青团试点工作。加强对团中央在电白区开展的共青团基层组织改革综合试点工作的指导工作。开展候任村干部担任村级团干部试点工作。推进“命脉工程”，全面规范基础团务。依托“智慧团建”系统，创新团务的管理运行长效机制，实现基础团务的互联网化管理；强化团员团籍档案管理，全面加强团费收缴、使用、管理；推进团干部培训工作。　（团市委）

茂名市妇女联合会

【市妇联机构概况】 茂名市妇女联合会（简称市妇联）创建于1958年10月。其基本职能是：代表和维护妇女权益、促进男女平等平等和妇女全面发展。历任主要负责人有：陈惠、孔繁甫、曾壮、黎维洁、李淑良、林日娣、黄玉萍、黄玉华、董晓璐、周玉东。2019年，市妇联落实妇联改革任务，整合优化市妇联机关部门职能，在儿少部基础上组建家庭和儿童工作部。内设部（室）为：办公室、宣传部、权益部、家庭和儿童工作部、茂名市妇女儿童工作委员会办公室。至2019年年底，区（县级市）妇联5个、经济功能区妇工委（妇委会）3个，镇（街道）妇联110个，村（社区）妇联1902个；有村（社区）“妇女之家”1902个，非传统领域妇女组织（含妇委会和“妇女之家”）420个。

【妇联基层组织建设】 2019年，茂名市妇联联合市委组织部印发《关于推动候任村（社区）女干部担任基层妇联执委的工作措施》，印发《关于做好村（社区）妇联向党组织报告工作的意见》。完成第三期省级“妇女之家”示范点建设项目结项工作，电白区沙琅镇“妇女之家”、茂南区河西街道油城社区“妇女之家”被省妇联评为广东省第三期优秀“妇女之家”示范点。横向扩大妇联组织覆盖面，推动在新领域、新业态、新阶层、新群体中建设妇联组织9个。

【妇女思想引领】 2019年，茂

名市妇联继续开展“巾帼大宣讲”活动。紧扣庆祝中华人民共和国成立70周年，开展“巾帼心向党·礼赞新中国”主题宣传教育活动1928场，参加妇女群众21万余人次；举办“我和祖国共成长”演讲比赛等。结合茂名建市60周年主题，通过网络直播举办女子书画优秀作品展、女性故事分享会，超过112万人次在线收看。多渠道宣传“全国三八红旗手”杜晓娟、李兰等优秀妇女典型，讲好新时代茂名妇女故事。

▲ 2019年3月20日，茂名市妇联在市文化影城举办“一起走过的60年——与茂名共成长·女性故事分享会” （市妇联提供）

【创业创新巾帼行动】 2019年，茂名市妇联完成广东省第三期妇女创业小额担保贷款贴息项目。获得各级财政贴息资金500万元，累计发放妇女小额担保贷款1.3亿元，直接扶持1768名妇女创业发展，间接带动2万余名妇女群众

链接

全国巾帼文明岗：
茂名市广播电视台《茂名新闻》栏目组
茂名市中医医院妇产科
茂名市茂南区公共服务中心
茂名市天山林牧发展有限公司
茂名高州市桑马生态农业发展有限公司
全国巾帼建功先进集体：
广东省茂名市电白县鑫兰水产科技养殖有限公司
全国巾帼建功标兵：
梁紫枫　国家税务总局茂名市税务局党委书记、局长
李　锋　茂名化州化橘红药材发展有限公司董事长
林水群　茂名市茂南区鳌头镇园子坡村致富带头人
全国三八红旗手：
李　兰　茂名市社会福利院院长
广东省三八红旗手：
何晓玲　茂名市公安局大数据情报中心主任
黎春菊　茂名市体育运动学校一级举重教练员
王伟娟　茂名市电白中学教师
姚照凤　高州市环境卫生管理处清洁工
吴华平　化州市人民医院妇科主任
李　锋　茂名化州化橘红药材发展有限公司董事长
谢静誉　茂名市人民医院护理部主任
广东省三八红旗集体：
茂名市妇幼保健院妇二科
茂南区河西街道油城社区居委会
信宜市公安局指挥中心一中队
广东省巾帼文明岗：
茂名市财政局国库支付中心
建设银行茂名亨利华府支行
茂名茂南移动沟通100+迎宾营业厅
国家税务总局茂名市电白区税务局第一税务分局办税服务厅
中国石化销售有限公司广东茂名信宜城南加油站
高州市农村信用合作联社小企业贷款中心
化州市公安局交警大队政秘股

就业增收。创建省、市巾帼创业示范基地13个。推荐化州化橘红药材发展有限公司参加第二届全国创业就业服务展示交流活动，挖掘推荐“榄核雕刻、瓦楞纸花灯、贝壳贴画、沉香随型摆件”项目，参加中国妇女手工创业创新大赛。鼓励岗位建功，表扬茂名市“三八红旗手”（集体）58个，命名巾帼文明岗32个；推荐27个先进个人（集体）获全国、省妇联表彰。

【巾帼精准脱贫行动】 2019年，茂名市妇联继续落实打赢脱贫攻坚战三年（2018—2020年）行动任务。获得深圳市中意集团有限公司捐赠，资助茂名市180个精准扶贫村4万名适龄妇女购买“两癌”（宫颈癌、乳腺癌）健康保险。推动精准扶贫挂点村44户贫困户的精准脱贫工作。动员有意从事家政服务的妇女，特别是组织建档立卡贫困户参加养老护理员、钟点工、育婴师、月嫂等家政培训，引导更多妇女在家政领域就业创业。联合市人社局、市总工会举办茂名市2019年“春风行动”（妇女专场）就业服务招聘会。

【乡村振兴巾帼行动】 2019年，茂名市妇联开展“十百万妇女大培训”，举办培训班204期，培训人员2万余名。开展寻找“茂名乡村振兴十大最美女能手”活动、茂名市“家越美·粤幸福”暨“美丽宜居乡村”“最美庭院”创建活动。在全省“乡村振兴巾帼行动”暨“家越美·粤幸福”工作推进会上做题为《打造妇女助力乡村产业振兴的“茂名样板”》的经验发言。

【妇女儿童权益维权】 2019年，茂名市妇联开展法治宣传教育、“两度一率”宣传320余场次，6.2万多人参与。举办婚姻家庭调解、基层妇女干部维权业务培训班65场次，培训1.25万人次。广东省妇女维权与信息服务站（茂名站）接受咨询360人次，开展个案服务30件。联合基层妇联，做好对信宜市被性侵怀孕智力残疾女童刘某某的关爱救助工作。联合相关部门开展特殊困境儿童专题调研，牵头完成《关于构建茂名市特殊困境儿童社会救助关爱体系的调研报告》。完善妇女儿童合法权益机制保障，制定《茂名市妇联保障妇女儿童权益六项工作机制》《茂名市妇联落实妇联执委普遍联系妇女群众制度实施方案》；协助制定茂名市《关于建立保障特殊弱势群体权益三项机制的工作方案》。

【中小学性别平等教育】 2019年，茂名市妇联推进性别平等教育工作“茂名模式”深入实施。成立茂名市性别平等教育工作领导小组及专家小组，联合市教育局举办茂名市性别平等教育教师骨干培训班，在全市推广由高州市妇儿工委、教育局、妇联和石鼓中心学校联合制作的《高州市性别平等教育课件》，利用网络资源教育平台进行全市教师共享，全年受教育学生7万余人次。

【家庭文明建设】 2019年，茂名市妇联推选5个社区（村）成功入选第五批广东省家庭文明建设示范点。开展寻找“最美家庭”活动，全市各级妇联推选“最美家庭”858户，有10万余人次参与。评选2019年市“十大优秀书香之家”“十大最美家庭”。启动茂名市“家家幸福安康工程”暨家风家教主题宣传，举办“传承好家风好家训”系列活动、“书香飘万家”家庭亲子阅读主题活动等相关活动1130场次，近21万人次参与。建立“好家庭”和先进妇女典型激励机制，联合中国建设银行茂名市分行开展“好家庭”信用贷服务项目，为妇联系统评选的各级各类先进家庭和先进妇女，提供最高30万元且利率优惠的贷款。

【茂名市巾帼家政服务联盟】 2019年，茂名市妇联作为省妇联巾帼家政健康发展先行点，贯彻落实习近平总书记对家政服务的重要指示以及“要把家政业做实做好，办成爱心工程”的最新要求，成立茂名市巾帼家政服务联盟，有38个成员单位共同组成，其中包括31家巾帼家政企业。联合市人社局、商务局等部门，指导茂名市诚信青年家政服务有限公司牵头成立广东省首家产教融合的职教集团——广东好心家政集团。

【妇联助力创建双拥模范城】 2019年，茂名市妇联开展双拥、军民共建活动。联合茂名市退役军人事务局、茂名军分区政治工作处、驻茂某部共同举办“不忘初心跟党走·牢记使命铸军魂”茂名市慰问海训部队文艺晚会。联合市双拥办、市委宣传部、市退役军人事务局、茂名军分区政治工作处，开展寻找2019茂名市“最美现役军人”“最美退役军人”“最美军嫂”活动，评选出8名“最美军嫂”。 （市妇联）

茂名市科学技术协会

【市科协机构概况】 1957年，茂名县科学技术普及协会成立。1960年4月，茂名市科协成立筹备委员会，与市科委合署办公。1965年3月，茂名市科学技术协会（简称市科协）召开第一次代表大会，选举简坚为兼职主席。“文化大革命”期间，市科协停止活动。1979年7月，市科协恢复活动，与市科委合署办公。1982年2月，市科协从市科委独立出来，隶属市委领导。1982年3月至2015年12月，茂名市科协先后召开代表大会7次。至2019年年底，历任主席有李克义、李建江、蔡宇、蔡映秋、朱建雄、黄少兰、余其同。

2019年，市科协机关事业编制16人，内设办公室、科普部、学会部3个部室。全市有区（县级市）科协5个、镇级科协50个、市直学会（协会、研究会）45个、企业科协9个、高等教育院校科协1个。全年开展科普活动45场次，举办科普展览10场次，技术培训班12场次，派发科普宣传资料 4.5万份，受众人数6.2万人次。茂名市组队参加第三十四届广东省青少年科技创新大赛、第六届广东青少年科技模型大赛——中航国际杯模拟飞行赛、第十九届广东省青少年机器人竞赛、第十六届广东省少年儿童发明奖评选活动、第六届全国青少年科普创新实验暨作品大赛、第十二届广东省科普作品创作大赛、第七届广东省青少年科技创新实践成果交流活动、第八届广东省创意机器人大赛等累计获国家、省级奖项200个。

【“全国科普日”系列活动】 2019年9月18日，茂名市开展以“礼赞共和国·智慧新生活”为主题的2019年茂名市“全国科普日”系列活动，全市30余个单位百余名科技工作者参加活动。分别组织开展大型科技咨询与科普宣传活动、科普进社区、科普进校园、科普一日游、科普知识竞赛和实用技术培训班等活动。向市民派发宣传资料，解答市民的咨询，向市民倡导良好健康的生活方式，提升市民群众科学素质水平。有近3000名市民参加现场体验活动。

【科协基层组织建设】 2019年，茂名市委组织部、市科协联合印发《茂名市整合镇（街道）科协和人才驿站构建基层党管人才机制的实施方案》，实施乡村振兴，并给予每个区（县级市）科协工作经费4万元加大对镇科协支持力度。全市有50个乡镇完成科协组建任务，实现科协阵地“五有”（有组织机构、有办公室、有牌子、有章程、有科普示范基地）目标。

【茂名市人才活动周暨广东青年科学家茂名行科技志愿服务行动】 2019年5月27—30日，茂名市科协与市委组织部联合举办2019年茂名市人才活动周暨广东青年科学家茂名行科技志愿服务行动，邀请200多位专家学者参与，与科技、产业的对接，组织66家企业参加座谈会，组织27家企业开展产业现场考察，促进人才技术与产业对接。有52位专家与市47家企业合作，达成78个合作项目，签约项目26个。

【院士工作站建设】 2019年，茂名市经广东省科协批准，新成立广东石油化工学院陈勇院士工作站、广东石油化工学院朱利中院士工作站等8家院士工作站。2018年6月后新建立的5家院士专家工作站获得市委、市政府一次性人才工作经费30万元。茂名市引进的科技人才、科技成果、科技项目得到资金保障，促进茂名市产业的发展。

▲2019年4月18日，茂名市科协到茂名市第十一中学开展文化科技卫生“三下乡”活动

【文化科技卫生“三下乡”活动】 2019年4月25日，茂名市文化科技卫生“三下乡”（有关文化、科技、卫生方面的内容知识在农村普及，促进农村文化、科技、卫生的发展）活动在茂南区鳌头镇文化革命史迹展览馆前文化广场举行。活动以“弘扬时代新风，助力乡村振兴”为主题，参加活动的有茂名市医学会、茂名市气象学会、茂名市水果学会等单位科技工作者50余人。向群众普及医疗保健、安全用药、卫生免疫、“爱眼护眼”健康、果树种植、水产养殖、气象防雷等方面的科普知识并开展咨询服务。邀请茂名市农作物技术推广站的专家举办蔬菜减肥减药增效培训班，传授科学种植技术，解决群众在生产种植中的技术难题。

【第四届茂名市青少年科技实践能力挑战赛】 2019年10月12—13日，以“挑战极限、纸轮英雄”为主题的第四届茂名市青少年科技实践能力挑战赛在信宜市职业技术学校举行，从70多所学校选拔出的103支队伍、206名学生，参与小学组“桥梁结构承重赛”、初中组“斜拉桥模型承重跨度赛”、高中组“悬索桥模型承重赛”等赛项角逐，参与活动师生近400人。比赛共评出一等奖15个、二等奖34个、三等奖51个。青少年动手实践能力和团队合作精神进一步提高。

（张 宇）

茂名市社会科学界联合会

【市社科联机构概况】 茂名市社会科学界联合会（简称市社科联）成立于1984年，是茂名市委领导下的人民学术团体，属正处级单位。历任主席有肖贤成、陈灼、宋寿金、黄建成、白雄奋、黄国琪和郭亿万。至2019年年底，有在编工作人员11名，下设办公室、学会学术科、参公直属事业单位“南方论刊”杂志社。办公室负责统筹市社科联的日常工作，包括组织工作会议、请示报告、公文审批等；学会学术科与高州市、化州市、电白区、信宜市等区（县级市）社科组织、各类学会联合组织开展学术活动、专题研讨会等。至2019年年底，市社科联所辖社科类社会组织26个，区（县级市）社科联5个，社科骨干近万人。获2019年度“全国优秀社科组织”称号。

【“国学经典”诵读大赛】 2019年8月17日，茂名市第三届“国学经典”诵读大赛总决赛在银座国际酒店18楼举行。此次活动由市社科联、广东石油化工学院文法学院、《南方论刊》杂志社主办，天下人购书中心、阅立方书城协办。该活动是“南国书香节”系列活动的重要组成部分。本次大赛有成年组、少年组、少儿组和集体组的数百名选手参加，参赛者通过阅读中华传统文化当中的经典文章、经典诗词，弘扬国粹。最终选出优秀选手52人。

【“好心文化”进校园宣讲演出活动】 2019年12月23日，“好心文化”进校园宣讲演出活动在茂南区露天矿小学举办。该活动是2019年市社科联科普周主要内容、茂名市第二届“好心茂名”冼夫人文化周系列活动的组成部分，茂名由市社科联、茂南区社科联、露天矿小学主办。赖晓妍名校长工作室的20多位领导到现场参观。活动通过“宣讲”与“演出”相结合，用粤剧《冼夫人》、木偶戏《冼夫人练兵》《好心三字经》等节目对“好心文化”的产生、发展做出梳理，讲好冼夫人故事、潘茂名故事、好心湖故事。

【“冼夫人文化研究网”上线运行】 2019年1月，由茂名市社科联和《南方论刊》杂志社联合主办的“冼夫人文化研究网”上线运行。网站是《茂名市冼夫人文化发展纲要》提出的市级“十个一”工程项目之一，成为海内外检索冼夫人文化资料、资讯的重要阵地。“冼夫人文化研究网”以“打造全球最权威的冼夫人文化研究政府网”和“建设全球最全面的冼夫人文化研究资料库”为目标，建立冼夫人历史事迹、庙宇遗迹、研究成果、文艺创作、全球活动资讯等版块，录入资料超过1500万字、图片超过3000张，并逐步完善专家库等内容，成为海内外资料最全、权威性较强的冼夫人文化研究综合性网站之一。专家组搜集相关理论著作近60本，每本著作整书扫描，以电子书的形式在网站上展示。收到大量全国各地发表的冼夫人文化研究理论文章，持续更新，逐步建成冼夫人文化研究的成果库。

【《南方论刊》出版】 2019年，《南方论刊》印发12期（总第339期），每期都有北京大学、清华大学、人民大学等高等教育院校和中纪委、中宣部、中央党校、社科院等机构的专家学者发表学术论文，办刊质量提高，影响力增大，成为全国专家的重要学术成果集散载体、广东省的著名文化品牌、广东茂名的独特城市名片。（市社科联）

茂名市文学艺术界联合会

【市文联机构概况】 茂名市文学艺术界联合会（简称市文联）成立于1970年。20世纪70年代中期，市文联曾一度中断。1979年，茂名市和四县文学艺术界的群众组织逐渐恢复。1979—1981年，茂名市先后成立文学（作协）、戏剧（剧协）、美术（美协）、音乐（音协）、民间文艺（民协）、摄影（摄协）、书法（书协）等文艺家协会。1985年，成立市曲协。1996年后，陆续成立钢琴、写作、散文诗、教育作协、文艺评论家协会、键盘协会、青年书协、诗词楹联等文艺家协会（学会）。2012年，成立茂名市舞蹈家协会（舞协）。2014年4月，成立茂名市金融文联。之后相继成立茂名市硬笔书法家协会、市青年诗歌协会、市朗诵协会、市影视协会、市女书法家协会等文艺家协会（学会）。至2019年，市文联下属的文艺家协会（学会）有茂名市金融文联、市作协、美协、音协、书协、曲协、民协、影协、剧协、舞协和文艺评论家协会等28个会员协会（学会）。2019年有在编人员11人，设办公室和文艺创作部（含《茂名文苑》编辑部）两个科室。

1970年，市文联、市文化馆创办文艺杂志《茂名文艺》。1981年，《茂名文艺》复刊，并于1984年改名为《南天竹》，后停刊。1992年，市文联创办文学双月刊《茂名文学》，后改名为《南方文艺》《茂名文苑》。

【“好心茂名”系列展览活动】 2019年7月18—21日，茂名市文联举办“好心茂名”系列展览活动——“根深叶茂”著名画家美术作品茂名展系列活动，邀请陈金章、杜滋龄、陈永锵、赖平、曾嵘、朱永成、方楚乔、朱荣华、黄德有、朱积、赖为朝等画家创作作品展，展出作品131幅，其中茂名市画家创作的作品19幅。开幕式当天，吸引1200余人参观美术展。编辑出版《根生叶茂·著名画家美术作品茂名展作品集》在现场派发。陈金章、朱永成、方楚乔、郑文森等画家在画展期间与茂名市百余名美术工作者交流互动。

【“唱响好心茂名”2019 茂名原创歌曲征集活动专家评点会】 2019年6月4日，茂名市在茂名市迎宾馆开展“唱响‘好心茂名’2019茂名原创歌曲征集活动”作品评点会，由市委宣传部指导，市文联、市音乐家协会主办，社会各界音乐爱好者约100人参加会议。广东省音乐协会专职副主席、秘书长金旭庚和中国音乐家协会流行音乐学会副主席陈洁明出席会议并对征集评选出的45首优秀作品进行审阅和点评。甄选出10首歌曲作为获奖作品。

【“我和我的祖国”快闪活动】 2019年9月14日晚，茂名市文联在市人民广场举行“我和我的祖国”快闪活动，为迎接新中国成立70周年打造快闪作品。茂名市区300多名文艺工作者，3000多名市民群众参加，60多名歌手演唱《我和我的祖国》，130多名舞蹈演员现场表演。茂名市第一中学组织8000多名师生举行升国旗仪式，并朗诵梁启超的《少年中国说》。邀请茂名的“中国好人”“广东好人”获得者吴振贵、张恒珍、黎富炎、江杰、刘录、陈智聪及在茂名市投资兴业的海南爱心大使刘小林等参加快闪活动。组织摄影家到茂名市露天矿贡园、茂名第一滩、小东江景区拍摄景观作为快闪视频的内容。

【纪念《习近平总书记在文艺工作座谈会上的讲话》五周年文艺晚会】 2019年8月19日，茂名市文联主办的纪念《习近平总书记在文艺工作座谈会上的讲话》五周年文艺晚会在茂名市文化广场举行，有18个节目，近300名演员参加表演，晚会吸引2600余名观众观看。文艺晚会演出舞蹈《花儿朵朵向太阳》《再来一次吧》《一起跳舞吧》《蟹仔勇向前》，男女声对唱《和祖国在一起》，高州市木偶粤剧表演《梦会太湖》，舞蹈折子戏《冼夫人》等。茂名石化公司诗朗诵《在新时代灿烂阳光下》展现茂名石化人60年来为祖国献石油、打造中国石化系统最佳效益企业的精神风貌。晚会在女声小合唱《和谐圆舞曲》声中降下帷幕。

【文艺惠民活动】 2019年1月11日，由广东省戏剧家协会、茂名市文联主办，茂名市戏剧家协会、市文艺志愿者协会承办的学习宣传贯彻习近平总书记视察广东重要讲话精神文艺惠民演出在电白区沙琅镇人民文化楼举行。演出吸引1300余名群众观看，演出折子戏《红丝错》之“夜访”、《南粤大地春潮涌》10余个节目，参与演出的演员人数超过50人，广东省戏剧家协会主席丁凡现场指导演出。10月26日，茂名市文联组织市政法委、市妇联、团市委、市青年志愿者行动指导中心、广东石油化工学院、茂名日报社、市广播电视台7个单位在茂南区官渡街道祥和小区举行“文明进社区”宣传活动。活动展出创建全国文明城市宣传图片——茂名市民俗风情以及茂名新貌摄影作品展，组织书画家现场挥毫创作，将作品送给现场观众。12月10日晚，广东省戏剧家协会联合茂名市文联、市戏剧家协会、市文艺志愿者协会在电白区汉山学校举行庆祝中华人民共和国成立70周年戏剧惠民演出茂名首场文艺晚会，吸引3000多名师生观看演出，演出的内容有粤剧折子戏、粤剧对唱、京剧表演、现代歌等。12月28日，“我们的中国梦，文化进万家”——广东红色轻骑兵在高州市大井镇六祥村举行惠民演出文艺晚会，用人民群众喜闻乐见的文艺表演形式宣传贯彻《习近平总书记在文艺工作座谈会上的讲话》精神和党的十九大精神，吸引2000人观看演出。

【文艺人才培养】 2019年，茂名市文联、市文艺家协会组织优秀文艺家到外地学习，培养文艺人才。音乐创作骨干薛永嘉、王强进参加中国音协组织的音乐创作培训班；市美协副主席黎文超到中国美术学院成人教育学院进修一年；女画家戴雪丽到北京中国国家画院学习美术创作两年；杜焱到苏州市参加美术创作培训班。“中国茂名·浪漫海岸诗歌周”举办期间，市文联组织诗歌作者参与活动，聆听诗人诗歌讲座并交流。市文联、市美协邀请广州美术学院中国画系原主任陈金章，广州美术学院副教授、广州国画协会会长朱永成，暨南大学美术系教授、广东美术创作院画家方楚乔等艺术家在茂名市图书馆举办美术创作讲座。市文联邀请画家陈金章、曾嵘、朱永成等到茂名市大雾岭、博贺渔港、高州市根子荔枝贡园、茂南羊角镇禄段荔枝贡园写生，并组织茂名市美术家参与写生、接受名家指导。市文联、市美协、市油画协会邀请广东工业大学美术系主任张洪亮、广州第二师范学院国画系主任陈中科、青年画家许丙屯等到茂名市举办写生培训活动，并与茂名市美术工作者艺术交流。市书协邀请中国书法家协会副主席包俊宜到书法艺术中心举行书法艺术讲座，点评茂名市本地作者书法作品。市剧协邀请广东省戏剧家协会主席、广东粤剧院长丁凡，国家一级演员郭建华等到茂名市指导本土题材的戏剧创作。市音协邀请广东省音乐家协会常务副主席兼秘书长金旭庚到茂名市进行音乐讲座并点评音乐作品。市音协邀请星海音乐学院教授谢及到茂名市进行音乐培训与展示。 （市文联）

茂名市残疾人联合会

【市残联机构概况】 茂名市残疾人联合会（简称市残联）成立于1989年5月，是茂名市政府直管的正处级事业单位其主要职责是履行“代表、服务、管理”职能，教育、引导残疾人群体听党的话、跟党走，为残疾人提供康复、就业、教育、扶贫、培训等各项服务，反映残疾人心声，维护残疾人合法权益。至2019年年底，历任主要负责人有梁华君、朱建雄、蔡映秋、陈有宽。市残联内设办公室、康复部、教育就

▲ 湛江市、茂名市聋人协会联合举办“宣传手语，聋健同步”活动

业部、宣传文体部4个部（室）。直属事业单位有：市残疾人劳动就业服务中心、市残疾人康复中心、市残疾人辅助器具服务中心。至2019年年底，茂名市有残疾人35.26万，占全市总人口4.4%。

【残疾人生活保障】 2019年，茂名市市残联投入资金79.8万元，在保障原有的63所康园中心正常运作的前提下，新建中心23所，累计为1.26万名残疾人提供各项服务。协助做好政府资助残疾人贫困人口购买医保和社保工作，全市资助残疾人购买医保6万余人、社保4.72万人（含五保、特困供养人），购买率100%。进一步规范审批各项资金补助，确保在执行层面应保尽保、应助尽助、应补尽补，全年发放残疾人“两项补贴”（困难残疾人生活补贴、重要残疾人护理补贴）10.45万人、资金2.43亿元。补贴标准是：残疾人生活补贴每人每月165元，残疾人护理补贴每人每月220元。

【残疾人信息数据采集】 2019年，茂名市各级残联投入经费120余万元，参与工作人员4000余人，完成茂名市残疾人基本服务状况和需求信息数据采集工作，完成采集人数13.36万人，入户调查率99.2%、电话调查率0.8%，未填表3743人，各项指标均在指标控制范围内，完成率100%。11月8日，市残联按要求提前将全市动态更新工作相关数据通过系统完成上报。

【残疾人证核发】 2019年，茂名市实际登记办证的残疾人13万余人，持证残疾人数居全省第二位。市残联开展全市残疾评定医生培训工作，新增评定机构，评定医生也相应增加。全市有17家医疗评定机构，拥有视力、听力、言语、智力、肢体、精神6类评残医生140余名。全面加强残疾人证核发的管理监督工作，要求区（县级市）严格按照新实施的《〈中华人民共和国残疾人证管理办法〉广东省实施细则》规定核发第二代残疾人证，杜绝假证、人情证、关系证的出现。

（市残联）

茂名市归国华侨联合会

【市侨联机构概况】 茂名市归国华侨联合会（简称市侨联）成立于1979年5月。历任侨联主席有黄文龙、符气清、吴兆奇、梁成华、邓崇可、肖军。至2019年年底，茂名市侨联属下有县级侨联5个、镇级侨联28个、村级（社区）侨联23个、高校侨联1个、中学侨联1个、农场侨联1个。市侨联直属团体3个、县级侨联直属团体1个；侨联小组2个。2019年3月，原市外事侨务局海外华人华侨社团联谊等职责划归市侨联；原经济联络部更名为经济文化和联络部，增加海外华人华侨社团联谊等职责。

【侨界招商引资】 2019年，茂名市侨联组织引导侨商投资家乡，指导高州侨商会30余名侨商参与茂名市（主要在高州市）投资，侨商投资茂名市累计超100亿元。年内，先后有马来西亚霹雳广东会馆会长赖冠福、马来西亚劳勿高州会馆会长黄国樑等65名侨商到茂名市考察。

【“中国寻根之旅·风韵南粤”冬令营举办】 2019年11月27—12月6日，茂名市侨联举办的2019年“中国寻根之旅·风韵南粤”冬令营——广东茂名营活动，组织来自马来西亚的44名华裔青少年参加，学习中国武术、书法，包饺子，制作六双花灯，参观市规划馆、孔庙、冼太故里等，学习中华文化，体验中国民俗风情，了解茂名市经济社会发展情况。

【侨界公益活动】 2019年，茂名市侨联引导茂名市侨青会副会长梁兆明捐资800万元支持高州市基础设施建设，引导侨青会长陈俊霖捐资50万元奖教助学。全年各地侨联直接或参与引导侨界人士捐赠超过1500万元。

【为侨服务】 2019年，茂名市28户列入低保的归侨每户领到3000元救助金，223户贫困归侨侨眷领到数额不等的救助金。市侨联重视涉侨维权工作，维护侨益，处理马来西亚胡某某来函件和信宜市侨界群众韦某某信访件。全市各级侨联先后为马来西亚侨胞关福生、李柏霖、成雪飞、杨驷妹、韦钿祥，澳大利亚侨胞陈云颂等10多个家庭找到在茂名市的亲人或在海外的亲人。

【中华文化传播】 2019年，茂名市发挥《茂名侨报》作为海外乡亲“集体家书”的作用，丰富“侨”的内容，开设“建市60周年”和“侨联八代会”专版，扩大发行范围。通过“茂名侨报”微信公众号推送信息40余条。联合市委宣传部、南方日报社组团赴马来西亚、新加坡、印度尼西亚开展“冼夫人文化海外行”活动，寻访冼夫人文化在海外的传承与发展，与当地华人华侨会面，传递冼夫人文化、“茂名好心”精神内涵，共聚乡情，促进冼夫人文化的传播交流。

【基层侨联组织建设】 2019年，市侨联通过“党建带侨建”推动基层侨联组织建设，实现区、县级市侨联全覆盖。成立镇级侨联28个、村级侨联23个，信宜市实现镇级侨联组织全覆盖。创新成立信宜中兴门业有限公司侨联工作小组、信宜正东律师事务所侨联工作小组2个非公经济组织侨联小组，全市五级侨联组织网络初步形成。 （市侨联）

外事·侨务·台港澳事务

外 事

【茂日交流合作】 2019年12月9日，中共茂名市委书记许志晖会见日本驻广州总领事石塚英树一行。石塚英树感谢茂名市委、市政府对在茂名的日资企业的关心、支持、帮助，表示将与茂名加强沟通，探讨交流方案，做好对接工作，帮助日资企业认识茂名、了解茂名，推动与茂名在各方面的交流合作。

【茂德交流合作】 2019年，茂名市人民政府市长袁古洁与应邀到茂名进行工作访问的德国驻广州总领事馆总领事冯马丁进行亲切会谈，增进双方的了解和友好情谊，强化合作氛围。德国企业巴斯夫在茂名的新增投资项目顺利推进。茂名市政协主席刘芳率团参加中德工业城市联盟在汉诺威展区的启动仪式和第七次全体会议，与德国路德维希港市进行友好交流。

【友好城市缔结】 2019年9月，茂名市人民政府市长袁古洁与荷兰斯塔德-赫伦市市长考克斯通过邮寄互签的方式签署建立友好城市关系协议书，缔结友好城市关系，推动落实贸易投资、科技、教育、医疗、旅游等领域的交流合作。 （市委外办）

侨 务

【侨务概况】 2019年，茂名市有海外侨胞60万余人，归侨侨眷55万人，其中回国定居的华侨1227人。茂名籍的海外侨胞主要分布在东南亚、澳大利亚、美国、加拿大等地。成立马来西亚高州总会、加拿大茂名同乡会等46个海外同乡会。加强归侨侨眷及海外侨胞联络联谊，引导归侨侨眷和海外侨胞共同致力于中华民族伟大复兴，在海外侨界政治引领、侨务法治建设与依法护侨、弘扬中华文化与侨务宣传、侨界慈善公益事业、侨务理论研究等方面取得一定成效。

【侨务政策宣传】 2019年，茂名市侨务系统在市委统战部网站、海外侨胞微信群、侨法宣传角和归侨侨眷较集中的地区，通过宣讲、短讯、宣传画报、墙报、发放宣传手册等多种方式，开展中国特色社会主义、中国梦宣传教育，宣传党的十九大精神和党的侨务政策。据不完全统计，有50名海外侨胞通过各种方式在庆祝中华人民共和国成立70年活动之际表达对祖国、对家乡的热爱之情。全市建立7个侨法宣传角，利用侨法宣传角、法律为侨服务工作站、侨之家、“全国宪法日”等平台，向各区、县级统战部门发放《涉侨法规政策选编》20册；做好侨界维权工作，全市受理来信来访来电36件，通过法律为侨服务，为侨界解惑释疑，维护侨界合法权益。

【中华文化弘扬与宣传】 2019年，茂名市委统战部与市教育局联合新选派1名优秀教师到印度尼西亚孔子学院任教。1人因工作出色获所任教学校续聘1年，受到“南方+”宣传报道。为2名高考生办理“三侨生”证明，使其获高考加分资格。

【侨界慈善公益】 2019年，茂名市发挥资源优势，引导海外乡亲共计捐资捐赠8394.75万元，在资助贫困学生就读、捐建道路、桥梁、支援社区建设、敬老慰问救济等方面做出贡献。

【侨务经济与科技】 2019年，茂名市引导侨胞参与“一带一路”发展战略和粤港澳大湾区建设，推荐3名海外侨领参加省政府举办的首届华侨华人粤港澳大湾区大会。

【侨务理论发展研究】 2019年，茂名市践行和研究侨务理论发展趋势，为推动侨务工作发展提供理论支撑，市委统战部撰写的《大统战格局下开展海外侨务工作的思考》调研文章获省委统战部理论创新研究成果三等奖。

（市委统战部）

台港澳事务

【台港澳事务概况】 2019年，茂名市委台港澳办贯彻执行党中央对台港澳工作方针政策，宣传落实习近平在《告台湾同胞书》发表40周年纪念大会的讲话精神和“惠台26条措施”，推进茂名市与台港澳地区的交流交往和经贸合作。全年接待来访台港澳同胞1263人次，组织人员赴台港澳地区开展交流交往活动469人次（其中赴台58人次、赴港澳411人次）。为台港澳同胞解决各类投诉、纠纷36件。协助台商筹建高州谭头甲壳热带水果观光果园等项目。

【茂台师生交流】 2019年，广东石油化工学院有台湾籍老师31人，其中教授4人、副教授5人、讲师22人、都具有博士学位。广东茂名幼儿专科学院有台湾籍讲师1人。全市有14名大陆学生赴台学习，攻读语言、艺术、海洋、食品、企业管理等学科的学位，其中硕士生1人、博士生5人。10月12日，广东省第六届台湾青年岭南行及台湾嘉义农业考察团100余人到茂名开展文化交流。

【台商投资项目】 2019年，茂名市委台港澳办开展对台招商引资活动，引导鼓励台资企业参与茂名文创产业建设。台商引进台湾最好的咖啡、点心制作技术，投资350万元在茂名市“1959南越”文创街开办“咖瓦”烘焙店。该店铺面积800平方米，经营手冲咖啡、特制点心等。台商投资3000万美元，建成电白意顺食品有限公司。按照“工业+旅游”的发展思路，建成茂名首家集农副产品生产加工、特色观光、文化科普、休闲于一体的“观光工厂”——意顺观光茂名物产馆。该厂占地面积2万平方米、建筑面积1.96万平方米，建有1.6万吨现代化农副产品加工储藏冷库。

【茂台交往交流】 2019年，茂名市委台港澳办组织教育、海洋渔业、城乡清洁、文旅观光、高速公路服务区、文旅生态等方面相关人员4批58人次赴台考察交流，推进茂台各领域交流合作。全市台务系统全年接待台湾社团成员80多人次。6月18—21日，台湾海峡两岸台粤交流协会会长林国清率参访团一行8人到茂名市参访；7月4—10日，台湾中华国际文化艺术交流协会组织台湾书画界23人，组成“两岸文化艺术交流参访团”到茂名市考察交流；10月29日，由台湾台南市报社、亚洲经济通讯社等13家媒体16名记者组成的台湾中南部媒体广东参访团，到茂名开展“海洋文化探寻”参访。

【茂港澳社团交流】 2019年，茂名市委台港澳办接待港澳社团、同乡会回茂名参观交流考察10批，1000余人次。加强与茂名市港澳同乡社团的联系，促进茂名市与港澳地区交流合作。9月28日，中共茂名市委书记许志晖率团赴港，参加香港茂名同乡总会举办的“庆祝中华人民共和国成立70周年联欢晚会”并拜访在港的知名乡贤，开展联谊工作。10月16日，澳门茂名同乡总会举行“庆祝中华人民共和国成立70周年、澳门回归祖国20周年、茂名建市60周年暨澳门茂名青年委员会成立第一届理监事就职典礼庆典”活动，进一步加强与澳门乡亲们的交流互动。

【茂港澳青少年交流】 2019年，茂名市委台港澳办为开展港澳青少年工作搭建平台，协同市委统战部、团市委与香港茂名同乡总会、澳门茂名同乡总会、香港电白旅港同乡会等同乡社团联系，推动茂港澳青年在经济、科技、教育、文化等领域的互相学习交流。4月，香港电白旅港同乡会组织香港青年50人回乡，开展寻根之旅活动。6月，香港茂名同乡总会组织60名青年义工团，回

链接

参加茂名参议团的台湾地区中南部媒体有：《台湾中华日报》、《中国时报》、《经济日报》、古都广播电台、台南知音广播电台、东森电视台、高雄新闻网、《民生电子报》、悠游台湾新闻网、《工商时报》、《大成报》、《台湾真晨报》、亚洲经济通讯社。

茂名考察学习；大湾区港澳青年领袖考察团26人，到茂名了解城市发展、产业特色、创业环境、配套及资源等情况；澳门化州同乡会组织30多名青少年返乡进行交流学习。8月，澳门茂名同乡总会青年骨干返乡参观交流团50人，到茂名市参观考察。

【因公赴港澳审批】 2019年，茂名市委台港澳办按照因公赴港澳审批办证管理的有关规定，坚持从健全制度、规范管理、改进服务入手，完善审批办证管理与服务的制度化、规范化、信息化建设，为服务对象提供方便、快捷的优质服务，保证办证人能够按时赴港澳。全年办理因公赴港澳地区签注411人次，其中社团联谊赴港澳签注223人次，商贸交流赴港澳签注188人次。

（市委台港澳办）

法 治

人大立法

【人大立法概况】 2019年，茂名市人大常委会会议审议《茂名市村庄规划建设管理条例》《茂名市烟花爆竹燃放安全管理条例》《茂名市危险化学品道路运输管理条例》等3部地方性法规。修改《茂名市高州水库水质保护条例》。是年，市人大常委会颁布实施《茂名市畜禽养殖污染防治条例》，完成2019年立法工作计划编制。

【立法工作计划编制】 2019年2月，茂名市人大常委会2019年立法工作计划经中共茂名市委批准实施。将《茂名市村庄规划建设管理条例》《茂名市烟花爆竹燃放安全管理条例》《茂名市危险化学品道路运输管理条例》列为初次审议项目，将《茂名市水东湾保护条例》《茂名市城市供水条例》《茂名市野外用火管理条例》列为预备项目，对起草单位、完成起草时间和提交法规草案时间等提出明确要求。

【全市立法工作会议】 2019年5月24日，茂名市人大常委会召开茂名市2019年立法工作会议暨备案审查工作培训班。会议传达学习广东省2019年立法工作会议精神，通报全市2018年立法工作情况，解读《广东省各级人民代表大会常务委员会规范性文件备案审查条例》，部署安排2019年立法工作。

【《茂名市畜禽养殖污染防治条例》实施】 2019年1月16日，《茂名市畜禽养殖污染防治条例》获省人大常委会批准自2019年5月1日起施行。条例围绕规划、预防、利用、治理、法律责任等方面，对全市畜禽养殖污染防治工作做出明确规定，用法治手段解决养殖污染问题，推动茂名畜禽养殖业转型升级和持续健康发展。《茂名市畜禽养殖污染防治条例》于2018年6月提请审议，2018年10月30日，市人大常委会会议三审并表决通过。

【《茂名市村庄规划建设管理条例》审议】 2019年8月，茂名市第十二届人大常委会第二十八次会议对《茂名市村庄规划建设管理条例（草案）》进行第一次审议，10月，第二十九次会议对其进行第二次审议。结转到下年市人大常委会会议三审通过后报广东省人大常委会批准施行。

【《茂名市烟花爆竹燃放安全管理条例》审议】 2019年10月，茂名市第十二届人大常委会第二十九次会议对《茂名市烟花爆竹燃放安全管理条例（草案）》进行第一次审议，结转到2020年市人大常委会会议二审通过后报省人大常委会批准施行。

【《茂名市危险化学品道路运输管理条例》审议】 2019年12月，茂名市十二届人大常委会第三十次会议对《茂名市危险化学品道路运输管理条例（草案）》进行第一次审议，结转到2020年市人大常委会会议三审通过后报省人大常委会批准施行。

【《茂名市高州水库水质保护条例》修改】 2019年3月28日，广东省第十三届人大常委会第十一次会议批准《茂名市人民代表大会常务委员会关于修改〈茂名市高州水库水质保护条例〉的决定》。原《茂名市高州水库水质保护条例》，于2016年12月16日颁布，自2017年3月1日起施行。此次修改主要是鉴于条例依据的上位法《中华人民共和国水污染防治法》在2017年6月有重大修改。

政法委与综治

【政法委与综治概况】 2019年，中共茂名市委政法委政法工作制订《茂名市关于政法领域全面深化改革实施方案》，落实党委、政法委机构改革，各级检察院和各基层法院内设机构改革基本完成，司法行政、行业公安管理体制实现变革。司法办案各项指标持续向好，全市法院结案数、人均结案数比上年分别增长29.8%和33.6%；全市检察机关批捕案件数和提起公诉案件数，分别比上年增长2.9%和19.3%。

【法治建设"回头看"活动】 2019年，茂名市开展法治建设"四级同创""回头看"活动。对达标的2个区、3个县级市、76个镇（街道）、2057个村（社区）进行"回头看"，巩固法治建设成效。全市"民主法治村（社区）"创建工作的有1894个，创建率99.6%，其中，被命名为省级"民主法治村（社区）"的有1701个，完成率89.4%，超额80%完成省定任务。

【高州市司法惠民服务中心建设】 2019年10月，茂名市高州法院率先在茂名市法院系统创新设立新垌镇长流村司法惠民服务中心。12月，高州市在全市28个乡镇全面铺开镇（街道）司法惠民服务中心建设，建立健全"党委领导、政府负责、整合资源、法治保障、科技支撑"的诉源治理工作机制。构建"三员调解"（员额法官、人大代表调解员、专职调解员）模式，打造"1+1+6"（法院诉讼服务中心+司法惠民服务中心+镇综治中心、镇司法所、镇派出所、镇国土所、镇村建办、镇劳动所）调解网络，与"立体对接"调解网络，通过"人民调解+线上司法确认"一站式多元解纷平台，实现跨域立案、网上缴费、庭审直播、远程接访、异地调解、在线确认等功能，为基层群众提供一站式多元解纷、一站式诉讼服务。至2019年年底，高州市司法惠民服务中心累计办理诉求联调案件85件，调解成功率96%，解决诉讼标的90余万元。

【破解"执行难"】 2019年，茂名市持续巩固"基本解决执行难"成果，兑现胜诉权益，执结案件1.65万件，比上年增长55.3%；有财产案件法定期限内执结率96.9%。依靠党委政法委统筹，以党政机关为被执行人的案件全部清理完成，受到省委政法委通报表扬。开展"亮剑执行""南粤执行风暴2019"专项活动，加大执行力度，严惩抗拒执行行为，全年移送追究刑事责任28件，罚款101万元，拘留291人，限制高消费1.28万人次，纳入失信被执行人名单8482人次，为履行义务的2833人解除失信名单。

【政法公共服务体系建设】 2019年，茂名市强化"一站式"诉讼服务中心建设，配置"24小时自助诉讼服务、便民智能云柜、一键诉状生成"等设备；应用"粤公正"和"广东移动微法院"微信小程序，实现跨域立案和网上立案、缴费、阅卷、材料提交等功能，全年跨域和网上立案1.57万件。健全"一站式"多元调解纠纷机制。高州市法院在乡镇设立司法惠民服务中心；信宜市法院设立人大代表调解工作室，通过以案说法化解基层纠纷。建设高效便捷规范的"12309"检察服务中心，落实群众信访"7日内程序回复、3个月内办理过程或结果答复"要求。全年处理群众来访2435人次、来信302件，邀请律师共同接访群众192人次。深化公安"放管服"改革，落实出入境证件"全国通办"政策，全年审批签发各类出入境证件83.01万人次。延伸车管服务网点，设立机动车登记服务站20家，新增车管分所6家、便民服务站2个，办理各类车管业务141.85万件。强化公共法律服务平台建设。全市组织93名执业律师、3名法援律师、3名公证员和7名司法鉴定人员进驻广东法律服务网工作。推进示范性公共法律服务工作站和工作室建设。全市39个示范性镇（街道）公共法律服务工作站和258个示范性村（社区）公共法律服务工作室均开展工作。全市各级公共服务法律中心日均咨询量800人次、业务受理量450多项、到岗服务人员数2300多人。

【法治宣传教育】 2019年，茂名市开展"六进"普法宣传活动，全市建成青少年法治教育基地6个，实现中小学宪法学习法德课程100%全覆盖。建成法治文化主题公园5个。市法学会组织召开"双百"（100位为新中国成立作为突出贡献的英雄模范人物和100位为新中国成立以来感动中国人物）报告会7场，中共茂名市政法委联合市环境资源法学研究会召开"茂名市地方立法与生态环境法治保障"主题学术年会，联合茂名日报社、市新世纪学校举办"增强未成年人法律意识，提高未成年人法律素质"普法宣传活动。落实"谁执法谁普法”责任制，开展“3·8”国际妇女节、“3·15”消费者权益日、“4·15”国家安全日、“4·26”国际知识产权日、“6·26”国际禁毒日、“12·4”国家宪法日等主题法治宣传，营造全民尊法、学法、守法、用法氛围。市普法办作为全国“七五”普法中期先进集体，被全国普法办通报表扬。

【政法主题宣传】 2019年，中共茂名市委政法委设立“好心平安茂名”微信公众号，拓宽政法宣传阵地。组织开展“我和政法70年”“我身边的平安英雄”短视频作品征集活动，收到县级以上政法单位短视频15部。向省委政法委推送“我和政法70年”短视频干警组和网友组作品及“我身边的平安英雄”短视频作品3部。组织开展“辉煌70载·政法新时代”老照片展示活动，展出政法系统老照片3期18幅。开展“讲好茂名政法故事，唱响新时代英雄赞歌”主题宣传活动，市直政法单位通过提名、政审、推荐等程序评选出“茂名政法英模人物”50人，由市委政法委与茂名日报社合作编发相关事迹报道，在市、县两级政法新媒体宣传矩阵推送。至2019年年底，“好心平安茂名”微信公众号编发稿件480余篇，其中被“学习强国”平台转载18篇。

（市委政法委）

公 安

【公安概况】 2019年，茂名市设市级公安局1个，县级公安局3个，区公安分局2个，另设非县级行政区域的公安分局2个，派出所158个。全市刑事立案数比上年下降1.4%，刑拘数增长6.2%，逮捕数增长2%，刑事治安警情连续多年呈下降趋势，社会治安持续好转。3月21日，市海防打私办打击走私工作职责划入市公安局，市公安局成立打击走私支队。3月21日，市公安局不再保留内设的纪检监察机构，并相应核减相关领导职数。

【智慧新警务建设】 2019年，茂名市公安机关以大数据智能化建设为抓手，推进全市四大智慧赋能工程和“8+N”创新警务应用建设。组织参与第二届广东省公安智慧新警务大数据建模大赛，开展茂名市公安机关第一届大数据建模大赛，涌现一批惠及基层数据需求、创新警务模式的数据模型，获全国公安基层技术革新优秀奖。

【“110”接处警工作】 2019年，茂名市“110”接处警系统升级改造完成，上线使用，全市“110”报警服务台接到报警电话91.9万个。其中：刑事警情4892起，治安警情1.3万起，交通警情7万起，救助咨询12万起，举报1.2万起，投诉489起，纠纷类警情4.8万起，灾害事故警情2806起。举办“警民牵手‘110’共创平安迎大庆”主题宣传活动，现场解答群众关心的公安热点问题，向市民群众推广“广东110”互联网智能报警平台，宣传“12345”热线平台功能，为提升全市“两度一率”（人民群众对社会治安满意度、对政法工作满意度、对平安建设工作的知晓率）做贡献。

【公安派出所建设】 2019年，茂名市公安机关加强派出所建设。茂南区新坡派出所、信宜市城南派出所被省公安厅命名为首批“枫桥式公安派出所”。强化派出所“四六双十”（城区派出所“四个一”：每日一设卡、每周一研判、每周一访问、每周一训练；农村派出所“六个一”：每日一设卡、每周一研判、每周

▲2019年1月10日，茂名市公安局举办“警民牵手110 共创平安迎大庆”主题宣传活动

一访问、每周一训练、每周一组织、每周一清查，城区及农村派出所十项任务，一是治安警情，二是联动机制，三是行业场所安全隐患排查，四是警务作风，五是值班备勤，六是窗口服务，七是“一标三实”，八是涉稳苗头，九是监管措施，十是战果统计）机制，开展“每日一设卡”4.8万次，“每周一清查”1万多次，盘查人员84万人次、车辆72万次，抓获各类违法犯罪嫌疑人5616人，查处违法车辆333辆。在全市村（居）委开展综合警务室建设，践行新时代“枫桥经验”，全年全市建设综合警务室1532个。推进派出所等级评定，年内申报一级派出所2个、二级派出所23个。经审批，全市有一级派出所12个，二级派出所56个。是年，广东省公安厅帮扶全市“精准脱困”的派出所19个，其中重建新建类4个，修缮改造类15个。重建新建类派出所加快工程建设，修缮改造类派出所完成建设。

【“飓风2019”专项打击行动】 2019年，茂名市公安机关开展“飓风2019”专项行动，重点打击整治涉枪爆、涉电信诈骗、涉盗抢骗、涉黄赌毒、涉“食药环”（食品、药品、环境卫生），涉金融领域、涉走私、涉网、涉妨害国（边）境管理等违法犯罪。推进刑事技术基础、追逃、命案侦办及监管部门“第二战场”等成效显著。全市刑事治安警情比上年下降6%，连续多年下降，打击处理效能不断提升。“飓风2019”专项考核排全省第十名，市公安局被公安部评为“全国十大净网集群战役先进集体”。

打击涉枪爆违法行为 2019年，茂名市公安局会同市中级人民法院、市检察院联合发布通告并张贴、发放5万份，开展集中清查收缴非法枪爆物品“百日行动”。对“五区”（猎区、牧区、林区、湖区、矿区）、“五场”（化工建材市场、五金加工市场、小商品批发市场、大型集贸市场、物流配货市场）及可能私制私藏枪爆危险物品的重点部位进行清查，压降社会存量。全市涉枪案件发案回落，稳定可控，立涉枪案件比上年下降47.2%。重点对准网络制贩枪弹案件，严查枪支子弹来源、流向，追查非法制造窝点和贩卖网络，全年侦办网络贩卖枪支弹药案件3件，刑拘21人，缴获枪支7支、零配件和工具一批。

打击电信诈骗犯罪 2019年，茂名市公安机关实现打击新型电信网络诈骗从“面上摘帽”向“深入整治”转变。全年破获电信网络诈骗案件334件。刑拘581人，比上年增长46.7%；逮捕423人，比上年增长52.7%。抓获电信诈骗逃犯297人，协助外地公安机关210批次，协外抓获犯罪嫌疑人122人，专项考核排名并列全省第一名。

打击涉毒违法犯罪 2019年，茂名市公安机关开展“禁毒201两打两控”专项行动，侦破毒品刑事案件381件，查处吸毒人员3322人，强戒吸毒人员1829人，刑拘486人、逮捕468人，专项行动考评排全省第一名。开启“音乐+书法”戒毒新模式，举办活动60场次，参加活动1600多人次。探索将污水检测、毛发检测技术应用于毒品滥用监测、毒品形势评估等实战领域，开展毛发检测5000多例、安装污水检测仪18个点，采集污水样品126例。研发推“禁毒工作综合平台”，其中“阳光家园App系统”将2万余名吸毒人员纳入管控，全市吸毒人员安装率100%。参与策划制作全国首部青少年禁毒电影《我想有个幸福的家》。

打击涉黄赌违法犯罪 2019年，茂名市公安机关开展扫黄打非专项行动，对涉黄涉赌线索加大核查和打击力度。全年受理涉黄有效警情370件，办理涉黄案件174件。其中：行政案件93件，刑事案件81件，抓获嫌疑人720人，行政处罚156人，行政拘留381人，刑事拘留194人，逮捕185人。受理涉赌有效警情3753件，办理涉赌案件681件，其中行政案件533件，刑事案件148件。抓获嫌疑人3941人，行政处罚2319人，行政拘留1088人，刑事拘留412人，逮捕357人。

打击涉“食药环”犯罪 2019年，茂名市公安机关开展打击涉“食药环”（食品、药品、环境卫生）犯罪专项行动，开展“春季行动”“夏季行动”“飓风2019”“昆仑行动”等专项行动。立案侦办“食药环”案件118件，比上年增长59.5%；破案101件，增长8.3%；刑拘259人，增长42.3%；逮捕187人，增长87%。

打击金融领域犯罪 2019年，茂名市公安机关打击各类经济犯罪。立涉金融领域突出犯罪刑事案件449件，比上年增长8.7%，破案302件，增长23.3%，抓获犯罪嫌疑人469人；刑拘410人，增长31.4%；逮捕252人，增长21.7%。抓获境外追逃“猎狐”对象2人，向公安部提醒发起全国集群战役“云端行动”10次，参加省公安厅组织的9个“利剑号”专项行动收网工作。市公安局获公安部、省公安厅经侦局贺电表扬各2次，侦办各类案件被中央、省、市主流媒体报道100多次，在全省开展护航金融“利剑行动”专项行动考核中，并列全省第一名。

打击走私违法犯罪　2019年，茂名市公安机关开展打击走私联合专项行动和反走私综合治理。全年查获涉嫌走私案件96件，刑拘105人，逮捕49人，判刑3人；查证查扣涉嫌走私卷烟8.49亿支、成品油7.71万吨、冻品573吨，濒危物种及其制品、牛皮等涉嫌走私物品一批，总案值11.39亿元。

【扫黑除恶专项行动】　2019年，茂名市公安机关打击涉黑涉恶违法犯罪，打掉涉黑犯罪组织8个，恶势力犯罪集团14个，扣押查封冻结总资产14亿元。查处公职人员和村干部60人，促使投案自首250人，扫黑除恶工作取得阶段性成效。

【打击涉林违法犯罪】　2019年，茂名市各级森林公安机关开展打击涉野生动物及其制品违法犯罪专项行动。在“2019红线行动”“2019护飞行动”等专项打击涉林违法犯罪行动中，查办各类案件152件，其中刑事案件40件，林业行政案件112件。处理各类违法人员181人次，收缴野生动物1044只头，清除捕鸟网1.83万平方米，发现违法违规使用林地5.77公顷，执行林业行政罚款79.4万元。

【社会治安防控】　2019年，茂名市公安机关推进社会治安防控体系建设，强化“1、3、5分钟防控圈”，构建网格化巡逻防控体系，全年街面巡逻防控出动警力17.6万人次，现场处理案件75件，救助群众413人次，接110出处警1.04万次，抓获并处理违法犯罪嫌疑人4245人，抢险救灾17次，查获收缴毒品2302.02克，查获被盗抢车辆97辆。3个省际公安检查站出动警力2.2万人次，检查车辆85万辆次、人员98万人次，查获违法犯罪人员558人；配合畜牧、交通等部门检查过往运输生猪及生猪产品车辆1147辆次、生猪6.7万头、生猪产品288吨，未发现患有非洲猪瘟疫情的生猪和生猪产品。

【道路交通管理】　2019年，茂名市公安交警部门开展“百日安全行动”、摩托车电动自行车专项行动、多警种联合打击酒驾等活动，整治道路交通违法行为。全年出动警力18.3万人次，查处交通违法37.7万次，扣留机动车4.9万辆，拘留432人。应用智能技术，查处假（套）牌汽车47辆、套牌摩托车92辆，侦破亡人逃逸案件7件。全市发生道路交通事故641件，死亡218人，受伤480人，比上年分别下降1.2%、5.2%、25.9%。全市建设机动车登记服务站20个、车管分所6个、便民服务站3个，与邮政、保险、银行等部门合作开设业务窗口13个，办理各类车辆驾驶管理业务141.9万件，注册登记业务19.2万件。增建县级小型汽车驾驶人全科目考场2个、摩托车考场8个，扩充考试路线3条。推行“交管12123”平台机动车预选号牌、预约考试业务，网上注册用户56.8万人，手机App注册用户21.4万人；完成互联网预选号码3.6万件，将全部科目考试名额实行互联网预约，互联考试预约17.6万人次。9月，完成交警部门“一号窗口”服务建设，集中受理、调查、处理群众办理交管业务中的疑难事项，受理业务350件。

【公安监管】　2019年，茂名市公安监管部门推进“铁桶工程”建设，开展“夯实三阵地构建一体系”（政治阵地、文明阵地、法治阵地，智慧新监管体系）专项活动，提高公安监管水平。信宜市新建看守所、茂名市戒毒所、茂南区拘留所等建成并投入使用。普及推广监所网上预约会见及钱款网上顾送服务，办理网上顾送钱款3.8万人次，办理预约会见5537人次。全市公安强制隔离戒毒所与市融生社会工作服务中心、星晖社会工作服务中心及展翼社会工作服务中心等社工机构签订服务协议，引入社工驻所工作，改善戒毒所警力不足、重管轻教和角色冲突问题，拓宽社会帮教渠道，提高戒毒工作效果。

【出入境管理】　2019年，茂名市公安出入境管理部门做好国庆70周年、第七届世界军人运动会、第二届中国国际进口博览会、澳门回归20周年庆典等重大活动的出入境安保工作。深化出入境“放管服”改革，实行出入境证件“全国通办”政策、往来港澳商务签注“即备即办”便利措施，在广东省行政区内实施外国人144小时过境免签等政策。建设出入境智慧大厅，进驻茂名

▲ 2019年5月4日，茂名市公安局举办“五四”青年节活动

市政务服务数据管理局开设出入境窗口受理出入境业务。全年审批签发各类出入境证件及签注95.4万人次。

【公安法制】 2019年，茂名市公安局开展“法治公安行动计划”专项行动，通过直接参与案件办理、建立服务队等多项举措，为“扫黑除恶”“国庆安保”等工作提供法律服务和保障。推进智慧新法制工作，启动全市15个智能执法办案场所示范点建设，加强警综平台执法办案移动等应用的使用。全年受理行政复议案件21件，办结20件，办理行政诉讼案件9件，其中胜诉7件，未开庭1件，撤销1件。

【公安宣传】 2019年，茂名市公安宣传部门优化公安互联政务网站与警务微信微博运维工作，加强微信微博、广东政务服务网、网络问政平台的建设。全年在中央、省、市主流新闻媒体刊发稿件5000篇次，被中央媒体采纳稿件900篇次，制作公安视频86部，拍摄照片4.6万张。新媒体平台“平安茂名”“茂名公安”发布信息2000条。抖音号“平安茂名”总播放量20亿次，单个视频播放量2.3亿次。网络问政平台受理、答复群众业务咨询和意见建议122条，办结群众投诉53条；梳理广东政务服务网茂名市公安局公安行政服务事项业务194项。是年，官方抖音号“平安茂名”获评全省公安机关2019年度最具影响力短视频抖音号。

【户政管理】 2019年，茂名市户籍人口817.7万人，其中户籍城镇人口389.7万人，城镇化率47.7%，提前完成“到2020年，全市户籍人口城镇化率提高到45%以上，户籍人口城镇化率与常住人口城镇化率差距较2013年缩小2个百分点以上”的指标任务。全年审核审批户口材料3083份，办理居民身份证约53万张，其中异地办理3.6万张，办结率100%。办理发放居住证4396张，超额完成发放居住证2000张的目标任务。茂名市公安机关登记采集房屋信息地址数据126.2万条，完成率105.1%；采集更新流动人口数据11万条，完成率100%；完成门禁视频系统8573套，完成率107.2%；流动人口登记倒查率80%。

【公安信访】 2019年，茂名市公安信访部门收到群众来信来访1162件，其中，来信534件、来访603批976人次、网络信访25件。直接受理37件，不予受理15件，复查6件。开展信访积案攻坚化解活动3次，化解积案47件，抓获12名犯罪嫌疑人刑事拘留，行政处罚2人，解决问题5件，司法救助1件1人次，困难救助金额77.8万元。开展市公安局领导接访和带案下访工作，全年市公安局领导接待群众来访33批42人次。 （市公安局）

检　察

【检察概况】 2019年，茂名市人民检察院下辖信宜市人民检察院、高州市人民检察院、化州市人民检察院、茂南区人民检察院、电白区人民检察院。

【侦查活动监督】 2019年，茂名市检察院落实侦查活动监督，批捕各类刑事犯罪5079人，不批捕1568人，纠正漏捕228人。监督行政机关移送公安机关立案12件，向公安机关发出说明不立案理由通知书13份，监督公安机关立案13件、撤案5件。提前介入侦查活动56次，利用侦查活动监督平台发现问题案件100件，发出书面纠正违法通知书74份、检察建议书66份。

【刑事诉讼活动监督】 2019年，

茂名市检察院指控刑事犯罪5864人，不起诉1143人。其中，起诉未成年人涉嫌犯罪349人、侵害未成年人犯罪412人、监察委移送职务犯罪62人。追诉漏犯368人、漏罪91项。依法追诉李某松、蔡某志等人故意伤害案，为被错误认定为“负案在逃”的杨某志摘掉背了23年的“黑锅”。加强对定罪不当、量刑失衡、法律适用不准确判决的监督，对认为确有错误的刑事裁判提出抗诉36件115人，法院改判16件21人，发回重审2件3人。

【民事行政诉讼监督】 2019年，茂名市检察院加强民事行政生效裁判监督、民事行政审判监督、民事行政执行监督。

民事行政生效裁判监督 2019年，茂名市检察院依法审查当事人不服人民法院生效民事裁判提出的申诉，对认为确有错误的民事行政生效判决、裁定、调解书依法提请抗诉23件，提出抗诉3件，法院审结采纳抗诉意见改判2件。对法院生效裁判正确的，做出不支持监督申请决定46件。

民事行政审判活动监督 全年办理涉虚假诉讼案件3件。办理民事行政审判程序违法案件4件，监督纠正3件。

民事行政执行监督 开展消极执行、超标的执行、选择性执行监督，全年受理执行监督案件21件，向法院提出检察建议16件，采纳并回复12件。

【刑事执行监督】 2019年，茂名市检察院纠正侵害在押人员合法权益情形4件次。纠正判处实刑罪犯未执行刑罚79人，监督公安机关网上追逃15人。摸查财产刑被执行人2468人，督促法院立案执行1164件，执行到位金额742.5万元。办理减刑假释案件734件，纠正监狱提请减刑假释不当案件11件。建议对不需要继续羁押的犯罪嫌疑人、被告人变更强制措施168件，办案机关采纳168件。核查社区矫正人员1529人，监督纠正脱管漏管8人。

【公益诉讼】 2019年，茂名市检察院开展“守护海洋”“保障千家万户舌尖上的安全”“净化茂名生态环境”检察公益诉讼专项监督。受理公益诉讼案件线索207件，立案121件。对王某明生产、销售假药案，刘某、张某荣等人污染环境案，周某清、王某珍等人涉嫌非法捕捞水产品案等15件案件依法提起刑事附带民事公益诉讼，一审法院审结11件，均支持检察机关诉讼请求。探索“司法办案+生态修复”办案模式，追偿治理修复生态环境费用1189万元。创新监督平台，与市中级人民法院、市环保局、市市场监管局建立信息共享、线索移送、联合调查、专业咨询协作机制。联合市市场监管局、市教育局开展专项检查16次。

督促行政机关依法履职 茂名市检察院办理行政公益诉讼诉前程序案件101件，发出诉前检察建议91件，行政机关履职或纠正违法86件。开展检察公益诉讼“回头看”专项活动，督促处置固体废物垃圾12万吨，复绿造林22公顷，追收国有财产3.6亿元，整治、关停污染环境企业20家，查处涉案金额1000万元的不合格食品药品72吨。办理信宜市怀乡镇垃圾场破坏生态环境和水资源案，督促垃圾场搬迁并清除垃圾1.3万吨。

【职务犯罪查办】 2019年，茂名市检察院对司法工作人员利用职权侵犯公民权利、损害司法公正的犯罪依法侦查，受理案件线索27条，初查3件，立案侦查1件1人。

【控告申诉检察】 2019年，茂名市检察院开展巡回检察活动。

▲ 2019年7月1日，茂名市检察院联合市教育局在新世纪学校落实最高人民检察院“一号检察建议”专项工作

组建巡回检察工作队，在化州市、茂南区、电白区、高州市乡间巡回检察活动4次，接访、受理举报控告申诉、普法宣传，接待法律咨询110人，接受控告、申诉和举报8件，发放宣传手册2万份。

国家赔偿　全年办理国家赔偿案件20件，给予赔偿17件，终止办理2件，赔偿金额103万元。

信访处理　建立“12309”检察服务中心，落实群众来信“7日内程序回复、3个月内办理过程或结果答复”制度。全年控告申诉部门处理来访2435人、来信302件，邀请律师接访群众192人，7日内程序性回复率100%。

【未成年人检察】　2019年，茂名市检察院推进“法治进校园”巡讲活动，通过“请进来”“走出去”相结合，增强学生普法体验，拓宽犯罪预防工作的深度。茂名市两级检察机关在“六一”前夕举办以“携手关爱，共护明天”为主题的检察开放日活动，向社会展示“未检”（未成年人检查）工作成果。共青团茂名市委联合茂名市检察院举办“法治育苗·守护成长”之看守所警示教育活动，组织20名青少年参观茂名市第一看守所，为未成年人上法治教育课。通过“法治进校园”巡讲，为学生送去法治教育课。开展“法治进校园”巡讲87场，涵盖高中、初中、小学共83所，覆盖人数8万人，派发法治宣传手册1.8万本，担任法治副校长130人，建立法治教育基地2个。

【检务公开】　2019年，茂名市检察院自觉接受人大、政协和社会各界监督。走访或邀请代表委员参与检察活动1549人，办理反馈代表委员意见建议66件、议案提案9件。发布案件程序性信息、法律文书、重要案件信息13442条，办结辩护与代理网上预约849件，接待律师查询3826次。举办“检察开放日”24次，召开新闻发布会3次，通过“两微一端”（微博、微信、新闻客户端）新媒体平台发布检察信息8761条。　（市检察院）

法　院

【审判概况】　2019年，茂名市设有中级人民法院1个，基层人民法院5个，设有中心法庭27个。全市法院在编干警974人，其中员额法官241人。全市法院办结各类案件5.1万件，比上年增长29.8%，结案数首破5万件，创历史新高；结案率89.4%，比上年增长2.4个百分点；法官人均结案214.4件，增长33.6%。民事一审服判息诉率增长1.5个百分点；长期未结案件下降35.7%。其中，茂名市中级人民法院办结各类案件6545件，比上年增长14.9%。一批重大案件审判效果良好，诉前诉中矛盾化解工作持续向好。

是年，市中级人民法院自觉接受人大法律监督，向市人大常委会报告党建、智慧法院等工作，办结人大代表关注案件2件。邀请人大代表旁听庭审、见证执行、参与调解和判后释法，为人大代表依法履职提供便利。通过邀请政协委员视察、走访、座谈等方式，接受政协民主监督。接受纪委监察监督，强化党内廉政与司法作风建设。聘请13名各行业代表担任特邀廉政监督员，向当事人发放监督卡10万多份。全年全市法院开展人大代表、政协委员联络座谈会50场次，邀请283人次旁听庭审107场，走访人大代表、政协委员29次236人，邀请978人次视察法院46次，接待来访12次21人，见证执行1次6人。

【刑事审判】　2019年，茂名市中级人民法院审结刑事案件5976件，比上年增长14.7%。依法审理蔡某献运输毒品案、杨某等27人虚开增值税专用发票案等大要案。宣告无罪案件6件9人。

【民商事审判】　2019年，茂名市中级人民法院审结民商事纠纷案件2.59万件，比上年增长19.8%，解决诉讼标的金额92.6亿元。审理茂名市祥源船舶运输有限公司破产重整案，职工债权和税收债权得到100%清偿。

【行政审判】　2019年，茂名市中级人民法院审结行政案件1978件，比上年增长54.2%。定期通报行政机关负责人出庭应诉情况，全市有75名行政机关负责人出庭应诉。市中级人民法院被市委组织部和市委党校确立为茂名市干部教育现场教学基地。

【案件执行】　2019年，茂名市中级人民法院执结案件1.65万件，比上年增长55.3%。开展“亮剑执行”“南粤执行风暴2019”专项活动，移送追究刑事责任28件，罚款101万元，拘留291人，限制高消费1.28万人次，纳入失信被执行人名单8482人次，为履行义务的2833人解除失信名单。

▲ 2019年11月，茂名市中级人民法院举行“茂名智慧法院”成果展

【司法为民】 2019年，茂名市中级人民法院推进两个“一站式”建设，配置24小时自助诉讼服务、便民智能云柜、一键诉状生成等设备，应用“粤公正”和“广东移动微法院”微信小程序，实现跨域立案和网上立案、缴费、阅卷、材料提交等功能，全年跨域和网上立案1.57万件。加强司法关怀，依法为生活困难当事人减、缓、免诉讼费585.5万元；妥善审理劳动争议、交通事故、环境污染、产品质量等民生热点案件2413件；为133名困难当事人发放救助金208.5万元。欧某、吴某国家司法救助案被最高人民法院评为第一届人民法院国家司法救助典型案例。推进多元化阳光司法，依托“两微一网”（微信公众号、微博、官网）、司法公开四大平台和《法庭内外》电视专栏、《法槌》报纸专版公开诉讼信息，开展普法宣传。四大平台发布案件信息4.8万条、网上公开裁判文书1.5万份、直播案件9158件。

【扫黑除恶专项斗争】 2019年，茂名市中级人民法院攻坚扫黑除恶专项斗争，全年审结涉黑案件16件80人、涉恶案件61件187人。加强办案攻坚，坚持宽严相济刑事政策，依法突出打击黑恶势力首犯、主犯、骨干分子，对主动认罪、危害较小的犯罪分子实行认罪认罚从宽。坚持同步推进“打伞破网”“打财断血”，判处没收财产和罚金649.9万元。联合市司法局建立扫黑除恶行政执法互联互动机制，构建“沟通联络、信息共享、督促落实”三大制度。加强与检察、公安机关沟通协调，定期分析研讨黑恶势力犯罪实务问题，联合印发《关于认定恶势力犯罪案件的指引》，统一执法办案尺度。建立全省首个“扫黑除恶实务问题研究中心”，定期研讨新型黑恶犯罪问题，为办案提供智囊支持。编印《审理黑恶势力犯罪案件办案手册》《恶势力犯罪裁判文书选编》，为办案提供操作指引。制定《扫黑除恶专项斗争工作指引》等制度8项，为办案提供制度保障。

【智慧法院建设】 2019年，茂名市中级人民法院推进现代科技与法院工作融合运用，促进审判体系、审判能力现代化。推进智慧审理，建设智能庭审管理平台，提高庭审效率，市中级人民法院法官案均审理天数比上年减少23天。全面应用电子卷宗随案生成系统，实现线上送卷收卷、类案推送、文书自动生成和自动纠错等功能，文字录入工作量减少30%。推进智慧执行，统筹运用智慧执行指挥车、单兵作战系统、无人机，远程实时指挥调度案件执行。“点对点”查控实现茂名不动产管理局、工商局、车管所查控全覆盖，“总对总”查控基本实现存款、车辆、房产、证券、网络资金查封冻结。全市法院网络查控财产1.28万件，执结案件到位标的额5.7亿元。推进智慧管理，建设移动办公平台，通过移动办公终端可随时随地获知审判和办公信息。市中级人民法院在全国和全省法院信息化工作会议作智慧法院建设经验介绍。

（市中级人民法院）

司法行政

【政府法律顾问】 2019年，茂名市司法局履行合法性审查职责，把控市政府重大行政决策、重要行政措施、重大合同、重要协议法律关，办理上述法律事务416件。其中，市委、市政府及其部门合同60件，涉及金额1121.65亿元；为市政府、有关单位出具416份1020条法律意见。处理市政府领导交办的重大疑难复杂法律事务6大项。直接参与政府重要法律事务86件。参与南海旅游岛土地盘整收储工作。完成盘整收储相关法律服务合同、收储方案、国有土地有偿回收协议等一系列文件的法律把关工作，现场调查60多次、提供法律建议80多项。

推动市政府和31市直部门健全内部法律顾问机构，市政府外聘常驻法律顾问和兼职政府法律顾问，21个市直部门外聘兼职政府法律顾问；5个区（县级市）和3个经济功能区、86个县级市直属部门和109个镇（街道）健全内部法律顾问机构；4个县级市政府和3个经济功能区、50个县级市直属部门和38个镇（街道）外聘兼职政府法律顾问。

落实13项工作措施，推进33件茂名市行政机关和市属国有企业民商事积案和大额行政赔偿案的化解。印发《关于加强茂名市行政机关和国有企业法律风险防范机制建设的指导意见》等文件，强化茂名市行政机关和市属国有企业法律风险防范机制建设。全年化解积案5件，涉案金额3875万元，推动3件涉案金额4.1亿元的积案形成初步化解方案或达成初步化解意向。印发《关于推进茂名市政府机构失信案件化解工作方案》，组织化解茂名市农业农村局等6个单位因不执行生效判决，被列为失信政府机构的问题。化解全市现存的6件失信案件中的4件，涉案金额1217万元。

公职律师为各级党委、政府重大行政决策、重要行政措施、重大合同、重要协议提供法律意见62份；安排律师参与市信访接待262次，接待涉法涉诉信访群众280多人次，化解涉法涉诉案件236件；派出律师陪同市领导接访100批290人次；参与处理化解4宗积案、疑难案件4件。

【社区矫正和安置帮教】 2019年，茂名市社区矫正对象监管人数2781人，接收社区矫正对象1406人，解除矫正1360人，开展远程会见2442件，在册监管社区矫正对象1513人。衔接刑释人员4636人，没有因不履行职责，导致在本地区发生刑满释放人员群体性事件、故意犯罪致人死亡、故意犯罪造成严重后果且造成恶劣社会影响的情况。完成1229名社区矫正对象不批准出境备案工作，防止社区矫正对象出境脱离监管、逃避刑责。继续利用监狱抽调延伸管教警察，开展“五个一”教育矫治工作。5名延伸管教警察参与开展适用社区矫正调查评估582次；参与组织社区矫正对象的接收、宣告、报到、走访和解除等2610次，协助开展远程会见便民服务2442次。组织来自全市各县区的97名重点社区矫正对象到茂名监狱开展“震撼教育”活动。开展“伙伴同行”活动，建立“青少年社区矫正社工服务站”，跟进服务的青少年社区矫正对象125人。开展技能培训，茂南区、高州市和化州市均建立社区矫正对象阳光教育培训基地。组织开展服刑人员未成年子女排查帮扶活动，对生活比较困难的88人落实帮扶措施。全市依托当地企业建立社区矫正和刑满释放人员阳光就业基地19家，全年安置社区矫正和刑满释放人员就业35人。抓好服刑人员信息核查工作，服刑人员信息动态核查率保持在99%以上。做好中华人民共和国成立70周年特赦工作，是全省第三个完成特赦任务的地级以上市。

【人民调解】 2019年，茂名市有人民调解委员会2140个、人民调解员1.31万人，其中村居人民调解委员会1902个。全市有行业性专业性人民调解委员会93个，新增11个、涉及门类20多个；5个区（县级市）落实每个镇（街道）调委会配备2名以上专职人民调解员。全市人民调解组织调解各类案件2.87万件，调解成功2.84万件，调解成功率98.7%，其中疑难复杂案件2770件；排查纠纷3194件，预防纠纷2373件。全市未出现影响社会稳定的矛盾纠纷，未出现涉千人以上的重大矛盾纠纷，未出现规模性、群体性事件。全市各地规范使用省、市专项经费，“以案定补”审核通过2.38万件，发放490.64万元。将“好心文化”纳入《茂名市司法局坚持发展“枫桥经验”实现矛盾不上交三年行动实施方案》，抓好1个省“枫桥经验”示范点和13个区、县级市示范点，以镇（街道）带村（居委会）、以点带面推动乡村人民调解工作规范化。建设“好心五老调解工作室”10个，其中镇级6个、村级4个。全年办理人民调解案件380件。开展“两度一率”宣传活动，悬挂横幅标语1300条，派发小册子75万份、宣传海报10万份，开展车队巡游宣传800多辆次、开展有声广播宣传4365次，宣传“两度一率”受众320多万人。在上半年广东省“两度一率”测评中，全市司法所满意度比上年有所提升。

【公共法律服务】 2019年，茂名市司法局每日安排人员在茂名市公共法律服务中心值班，为群众提供法律服务、综合服务和公证服务。指导各级实体平台值班人员运用广东法律服务网实体平台综合管理系统做好服务。全市各级实体平台日均咨询量800余次、业务受理量450余项、到岗服务人员数2300人。组织93名执业律师、3名法援律师、3名公证员和7名司法鉴定人员进驻网络平台。至2019年年底，全市有39个示范性镇（街道）公共法律服务工作站和258个示范性村（社区）公共法律服务工作室。

▲ 2019年11月15日，茂名市政法系统在茂南区检察院分会场举办媒体开放日活动

【普法宣传】 2019年，茂名市主办以“宪法”为中心的法治宣传活动3场。开展“宪法在我心中——宪法教育大课堂”法治宣传进校园活动，组织1193所中小学开展宪法大课堂活动，参加总人数约39万人次。举办全市中小学生“诵读宪法·好心平安”电视展演活动。通过茂名电视台综合频道每周播出宪法宣传片4期。围绕国庆等重要节点，联合相关职能部门组织开展主题法治宣传活动。组织及参与专题普法活动6场，牵头开展专题普法22场，组织或参与专题普法近1000场。以“好心平安茂名”为主题，融合“好心”“法治”元素，全年举办“民生与法治”普法专场6期，全市1899个村（社区）有1892个村（社区）创建“民主法治村（社区）”，其中被命名为省级“民主法治村（社区）”的有1701个。联合广播电台举办《与法同行》广播节目，在报纸开辟《普法之窗》栏目，至11月中旬，组织44个单位上线《与法同行》节目。推广关注“广东普法”“茂名普法”微信工作，关注数量6000多人。推动国家机关工作人员学法考法2场，全市国家机关12.8万名工作人员参加学法考法，参考率97.1%。茂名市普法办公室被评为全国“七五”普法中期先进集体，是全省唯一一个连续3次被评为全国普法工作先进集体的单位；全市有2人被评为全国“七五”普法中期先进个人。

【律师管理】 2019年，茂名市有律师执业机构53家，律师474人，其中专职律师352人、兼职律师7人、公职律师96人（岗位公职律师65人，法律援助律师19人）。举办“全市律师行业政治建设暨业务培训班”等各类律师职业道德、执业纪律和业务培训班7期。查处律师类违法违规案件3件。组建“茂名市中小微企业律师服务团”“茂名市服务民营企业律师团”等律师服务团，帮助企业完善法律风险防范机制。在市中级人民法院、市检察院、市信访局、市总工会等单位设立律师调解工作室，有律师调解员130人，参与化解社会矛盾纠纷。组织律师参与化解7件疑难信访案件。加强与省内律师事务所的交流与合作，广州市、深圳市有3家律师所在茂名市设立分所，茂名市3家较大型的律师所分别在广州市、东莞市建立分所，推动茂名市法律服务主动融入粤港澳大湾区建设。全市村（居）法律顾问为基层提供法律服务3.2万件次，派发法律法规宣传单张、小册子等40万份，提供法律咨询1.8万人次，出具法律意见160件，调解纠纷165件，参与法律援助和代理诉讼48件，上法制课、法律培训9912场次，其他法律服务3987件。全市村（社区）法律顾问与村（居）签订《法律顾问合同》，完成村（社区）法律顾问工作管理系统数据更新，做到人员到位、数据到位、衔接到位。村（社区）法律顾问律师依托“法德讲堂”或摆摊设点方式，并结合当地实际和“每月一主题”普法宣传重点，有针对性开展普法活动。建立茂名市村（社区）法律顾问到镇街公共法律服务工作站值班制度。组建县、镇两级法律顾问团，建立县级法律顾问团5个、镇（街道）级法律顾问团110个，288名村（社区）法律顾问律师加入法律顾问团。

【法律援助】 2019年，茂名市受理法律援助案件4292件，接受来访来电群众法律咨询9600人次。承办涉农民工案件46件，受援助的农民工72人次，提供义务法律咨询6586人次。做好法律援助证明事项告知承诺制试点工作，受理适用告知承诺制的法律援助申请52件。开展法律援助值班律师工作，全市6家法院、5家看守所设立法律援助工作站。值班律师为犯罪嫌疑人、被告人及其家属提供法律咨询1542人次、转交法律援助申请21件。完成省十件民生实事——刑事案件律师辩护全覆盖工作任务。全市两级法律援助机构共办理刑事案件律师辩护全覆盖案件3105件。

【司法鉴定】 2019年，茂名市有司法鉴定机构9家，司法鉴定人员59人，全市各司法鉴定机构办理案件5054件。茂名市9家司法鉴定所与全市9个镇（街道）司法所完成“所所挂钩”对接，司法鉴定所进驻挂钩司法所定期值班，开展司法鉴定业务咨询、指引和业务受理，确保农村群众在家门口获司法鉴定服务。

【公证服务】 2019年，茂名市司法局推进合作制公证机构试点工作，成立粤西第一家合作制公证处——广东省茂名市正大公证处。全市有公证机构7家，其中1家为合作制公证机构，公证员17人，全年办理公证案件1.45万件。

（市司法局）

仲　裁

【案件仲裁概况】 2019年，茂名市受理劳动人事争议案件1007件，其中不予受理案件108件，立案受理案件462件，案外调解437件；立案受理及案外调解涉及劳动者人数985人，涉案金额2569.95万元。审理结案，案件整理归档率100%。茂名市以“@调解仲裁”（互联网+调解仲裁）提升行风建设，运用“粤省事”微信小程序优化仲裁办案流程，实现全流程在线调解。

【岭南“好心仲裁”主题文化建设】 2019年，茂名市在全省率先推进岭南“好心仲裁”主题文化建设。确立“惟公敬法、明理温暖、好心高效”的劳动人事争议调解仲裁院院训，落实岭南“好心仲裁”文化建设8项（一面文化墙报，一间“好心屋”调解室，三种“好心调解法”〔冷处理法、晓理法、换位法〕，一条“好心通道”，一种快速仲裁制度，一种“好心监管”方式，一系列便民措施，一个试点单位）要求。

【调解工作网络建设】 2019年，茂名市成立企业调解委员会33个，镇（街道）劳动争议调解组织110个，初步建立多层次、多渠道的劳动人事争议调解网络，推行劳动人事争议“基层预防、一线调解”工作法。

（市人力资源社会和保障局）

军　事

中国人民解放军广东省茂名军分区

【思想政治建设】 2019年，茂名军分区深入学习习近平新时代中国特色社会主义思想和习近平强军思想，开展“传承红色基因、担当强军重任”“不忘初心、牢记使命”主题教育活动，落实党日党课制度，广泛开展“三原三有”活动。贯彻军委党的建设会议精神，抓党委班子建设，全年开展组织生活13次，新班子凝聚力持续增强。结合庆祝中华人民共和国成立70周年、建党98周年、茂名建市60周年，开展“不忘初心、铭记党恩，我为祖国献青春”征兵系列宣传和

链接

“惟公敬法、明理温暖、好心高效”院训。“惟公”，公平正义作为调解仲裁唯一追求；“敬法”，对法律法规的敬畏，必须恪守法规；“明理”，调解仲裁明辨证据事理；“温暖”，源于茂名人社局“温暖人社”服务宗旨；“好心”，源于“好心茂名”精神，在遵守法理前提下提供便民服务；“高效”，合法合理地压缩时限。

"八一"走访慰问辖区驻训部队等活动。联合市退役军人事务局等5个部门，开展2019年茂名市"最美现役军人""最美退役军人""最美军嫂"学习宣传活动。结合茂名市申报全国和广东省"双拥模范城"（拥政爱民，拥军优属工作成绩突出的模范城市）时机，协调市双拥办推进随军家属就业安置。

【战备训练工作】 2019年，茂名军分区集中精力抓好练兵备战，重点做到"五个突出"（突出战备拉动、突出战场建设、突出力量建设、突出作战问题研究、突出实战化训练）。年初开训，组织各人武部带民兵应急排进行战备拉动演练。组织辖区国防坑道普查整治。完成全区基干民兵整组，重点抓好民兵应急分队调整组建。组织部分民兵分队力量参加战区演习任务，组织防汛抗洪营骨干综合演练和抗台风集中备勤，初步形成实战能力。组织各人武部和军分区机关围绕支援保障作战使命课题展开研究，形成系列成果，为应战提供理论支撑。每季度组织两级机关集中训练考核1周，全面推开民兵应急分队基地化轮训；引入地方船务培训公司优质教学资源开展民兵专业训练，组织民兵无人机分队参加全省比武竞赛。

【国防动员工作】 2019年，茂名军分区抓好动员潜力数据核查、国防动员专业队伍整组、兵役征集等工作，全市国防动员工作取得新成效、新突破。组织军事日活动，密切军地关系，强化地方党委、政府关心国防、支持国防的责任意识。开展国防动员潜力数据调查，18类2000余条重点潜力数据的完整度、准确度好于往年。完成全市5所高等教育院校2万余名大学新生军训工作。按照"一季征兵、全年准备"要求，抓好兵役登记、大学毕业生专项预征、征兵宣传进校园、征兵体检政考、役前训练和摇号定兵等工作；协调地方政府制定征兵激励政策，对基层专职人民武装干部实施奖励，适龄青年应征报名、上站体检和双合格人数同比增加。18周岁男青年兵役登记率99%，高中以上学校征兵宣传覆盖率100%。征集新兵中，大学生占56%，其中大学毕业生占10%，兵员质量有新提升。在中秋节开展"万家团圆时、千里赴军营"欢送新兵入伍活动，社会反响强烈。组织全市专职人民武装干部进行资格认证考核，给考核合格者颁发《资格证书》，有效推动基层专武干部队伍建设。

【综合保障工作】 2019年，茂名军分区推进基础设施建设，各人武部单位营院建设成效明显。改进民兵武器装备管理，严密组织全区民兵武器装备仓库报废弹药运输。严格财务、军需油料、公寓住房清查整治。先后投入50余万元，改善办公和公寓楼居住条件，新建体能心理训练室。协调市政府完成营院自来水管道、天然气管道和停偿商铺整治利用等项目建设。

【部队安全管理】 2019年，茂名军分区学习贯彻军委国防动员部6个规范性文件，抓好省军区"两个规范性文件"的贯彻落实，在高州市人武部组织人武部正规化建设试点。对照军委国防动员部提出的17个重点要素，整治茂名市民兵武器装备仓库和营区安全隐患。 （茂名军分区）

退役军人事务

【退役军人事务概况】 2019年，茂名市开展"最美现役军人""最美退役军人""最美军嫂"学习宣传活动，评出"最美现役军人"10人、"最美退役军人"30人、"最美军嫂"8人。加大政策宣传和解读力度，印发各类优抚政策及解读本10余万份。全市各级退役军人服务中心（站）走访退役军人4.86万人，收集办理服务需求1237项。发挥服务保障体系作用，抓好退役军人应急救助，全市办理应急救助27件，落实救助资金57.39万元。

【市退役军人移交安置】 2019年，茂名市接收自主就业退役士兵1449人，接收符合政府安排工作条件退役士兵63人，接收军转干部19人，施行"阳光安置"政策，做到军队、地方和退役军人"三满意"。组建社保接续工作专班，建立"一门受理、协同办理"经办机制，推进部分退役士兵社保接续工作。

【就业创业工作】 2019年，市退役军人事务局联合举办4场退役士兵就业招聘会，推荐优秀退役军人到珠三角地区合资企业和私营企业就业，组织50名退役士兵赴湛江参加粤西片区退役军人就业创业洽谈招聘会。其中，联合市人力资源社会保障局、茂化建公司举办的"定向招聘，精准就业”专场招聘会，提供岗位280个，全市430多名退役军人参加招聘，被《中国报道》等媒体报道。开展退役士兵全员适应性培训和“粤菜师傅”“中西面点制作”等短期技能培训工作。全年全市有1841名退役军人参加各类学习培训，其中参加短期培训255人，参加两年中等职业技术教育学习1544人，参加报读三年高等职业技术院校学习42人。

【优抚保障】 2019年，茂名市对享受定期抚恤补助的优抚对象按规定足额发放抚恤补助资金，按规定及时调整提高抚恤补助标准。对领取定期抚恤补助金的困难人员发放临时补贴资金。完成全市符合条件退役军人和其他优抚对象的光荣牌悬挂任务。开展重点优抚对象短期疗养活动、“关爱功臣·送医送药”活动，为1400多名退役军人和烈属免费看病送医送药。春节、“八一”期间，市委、市政府组织走访慰问重点优抚对象和退役军人1.4万人，发放慰问金及慰问品1000余万元。

【双拥工作】 2019年，茂名市全面加强双拥工作宣传，在城乡的主要交通要道、公交站台、公园、标志性建筑物上设置550块固定双拥宣传牌，在市双拥成员单位、银行保险系统的LED宣传屏和主要媒体网站开展双拥宣传报道。与中国农业银行茂名分行等7家银行签订拥军优抚合作协议，为优抚对象提供“一专一先四免”金融服务。建设军民共建示范点11个。组织开展春节、“八一”慰问部队活动、慰问茂名市消防救援支队先进代表活动、新中国成立70周年慰问活动、向退役士兵赠送纪念手表活动、退役士兵回乡“六个一”活动等慰问送温暖活动，协调解决6名驻茂部队随军家属工作调动问题。12月，省双拥办检查组对茂名市创建双拥模范城（县）工作进行实地考评，茂名市“以创促建、以评促改”的做法得到省双拥办和省退役军人事务厅肯定。

【军休服务管理】 2019年，茂名市有军休所5个、军休服务对象66个。完成军休干部接收安置任务，落实军休干部政治待遇和生活待遇，落实军休干部医疗待遇保障。组织军休干部开展“送给光荣的您”“爱我茂名，砥砺前行”“不忘初心跟党走，牢记使命担使命”“庆祝中华人民共和国成立70周年暨重阳敬老”等多项文体活动，军休干部对茂名市军休服务评价满意。

【烈士纪念】 2019年，茂名市有县级以上的烈士纪念设施27个，其中省级1个、市级1个、县级25个。清明节期间，茂名市退役军人事务局联合10个部门组织开展“传承·2019清明祭英烈”活动，组成祭扫团赴广西壮族自治区祭扫中越边境冲突中牺牲的茂名籍烈士。举办国家烈士公祭日纪念活动，全市各地到烈士陵园、烈士纪念碑祭奠革命先烈的市民有1.5万人。全年开展祭奠烈士活动532批次、3万人次，比上年增加近2倍。

（市退役军人事务局）

▲ 2019年9月30日，茂名市举行国家烈士公祭日纪念活动

经 济

经济监督管理

经济体制改革

【“放管服”改革】 2019年，茂名市推进工程建设项目审批制度改革，印发《茂名市人民政府关于印发茂名市全面开展工程建设项目审批制度改革实施方案的通知》，全市政府投资项目审批时间压缩至90个工作日以内，社会投资项目中不带方案出让土地项目审批时间控制在60个工作日以内，带方案出让土地及小型项目审批时间控制在45个工作日内。茂名市投资项目在线审批监管平台上线运行，全流程电子化交易进度处于粤东西北地区前列。“数字政府”建设取得突破，政务云平台茂名节点建成启用。“粤省事”微信小程序茂名专版上线514个民生事项，441项实现“零跑动”。全面实施市场准入负面清单（2019年版），放宽市场准入条件。推行全程电子化商事登记，所有业务承诺3个工作日内办结。企业开办申请平均办理时间压缩至1个工作日。全市新登记市场主体5.3万户、实有市场主体28.5万户，分别比上年增长18%、13.2%。推行企业简易注销，对符合条件的纳税人采取“承诺制”容缺办理，开设“注销专窗”“企业注销网上服务专区”，通过“一门受理、信息共享、并行办理、全程监督”，实现企业注销“一门通办”。推进国有“僵尸企业”出清重组、有序退出。落实外资企业国民待遇，外资企业准入负面清单由63项压减到48项。

【民营经济发展】 2019年，茂名市贯彻落实中央扶持民营企业“28条”政策和国务院《优化营商环境条例》，营造市场化、法治化营商环境。建立规范化机制，优化政企沟通渠道，畅通企业家、行业商会协会提出意见诉求通道，有针对性地解决好影响民营经济发展的用工、用地、用电、审批等问题。多措并举做大政策性融资担保规模，设立“政银保”合作信用贷款促进资金，管好用好中小微企业转贷资金、贷款风险补偿基金；支持广东股权交易中心茂名运营中心发展，鼓励中小企业在区域性股权市场融资，缓解企业融资难。全面落实减税降费政策，降低企业营商成本。

【社会信用体系建设】 2019年，

▲ 2019年，茂名市群众在茂名森林公园游玩 （丘立贺 摄）

茂名市启动市公共信用信息平台建设。做好“双公示”“信易+”、信用修复和重点领域失信问题专项治理工作。将政务诚信建设纳入市直机关绩效考核。加快推进信用联合奖惩工作。至2019年年底，信用茂名网累计归集公示行政许可和行政处罚信息12.2万条。推进构建以信用为基础的新型监管机制。举办“诚信兴商”宣传活动。

发展规划管理

【国民经济社会发展年度计划编制】 2019年，茂名市发展和改革局编写完成《2018年国民经济和社会发展计划执行情况与2019年计划草案报告》，1月22日由市第十二届人大第五次会议审议通过。

【“十四五”规划前期研究工作】 2019年，茂名市发展改革局向各单位收集“十四五”规划前期课题建议，向30个市直单位发出通知，收到6个单位报送7个课题建议，其中有5个课题纳入市前期研究专项课题并以代拟稿形式向市政府提交。组织开展前期研究综合课题服务公开采购，并完成起草《茂名市“十四五”规划编制工作方案》提交市政府。

【重大规划和行动方案编制】 2019年，茂名市发展和改革局组织开展编制《茂名市2019—2035年人口发展规划》，完成编制《茂名市实施乡村振兴战略规划（2018—2022年）》，12月20日由市委实施乡村振兴战略领导小组印发实施。完成起草《茂名市落实构建“一核一带一区”区域发展新格局的实施方案》《茂名市关于落实进一步推动广东省革命老区和原中央苏区振兴发展的意见的实施方案》《茂名市特色小镇创建导则》。（市发展改革局）

国有资产监督管理

【国有资产概况】 2019年，茂名市人民政府国有资产监督管理委员会（简称茂名市国资委）直接监管的国有企业、事业单位7个，委托监管国有企业5个。至2019年年底，企业资产总额408.05亿元，比上年增长15.11%；负债总额193.36亿元，增长16.6%；所有者权益214.68亿元，增长13.8%；营业收入108.64亿元，增长15.2%；净利润14218.26万元，增加13375.80万元。全年在港口、码头、公路、铁路、桥梁等基础设施建设融资到账32.03亿元，累计融资余额117.94亿元。

【国有企业改革】 2019年，茂名市国资委组建市国联惠民食品有限公司；推动高岭土开发平台公司做好复采及配合做好产业园建设工作；推动市建筑集团有限公司国有资本有序退出工作，实现由企业全员持股；完成市食品企业集团公司改制工作，改制为市食品有限公司；将市食品有限公司、市粮食收储有限公司、市电力开发有限公司、市金凤山陵园有限公司、市金叶发展公司、湛江市茂湛大厦及下属企业的国有产权无偿划转给市城市建设投资集团有限公司。

【民生及重点项目建设】 2019年，茂名市国资委做好民生工程建设，加快推进交通重点项目建设。

民生工程 2019年，由市金叶公司、市食品企业集团公司、市粮食收储公司出资组建的市国联惠民食品有限公司，建成龙湖、方兴门店并投入运营，开展集团食品配送业务。市属9个农贸市场达标升级改造工程全面完成并投入使用，改造面积2.46万平方米。施划道路临时停车泊位4921个，设置公共停车场6个、停车位1136个；推进共享停车，开展中心客运站共享停车试点。

基础设施建设 市交通建设投资集团有限公司承建茂名综合客运枢纽、茂化快线东延线、茂名博贺疏港铁路、茂名港大道、中德大道；市城市建设投资集团有限公司承建市政园林项目、“迎接建市60周年城建行动计划”相关项目；市水务投资集团有限公司承建第一污水处理厂提标改造及扩容、河西污水处理厂提标改造、河东水厂扩容及应急管网建设；茂名港集团承建粤西LNG项目造陆工程、10万吨级成品油码头及配套设施工程；茂名市水东湾新城控股集团有限公司承建南海旅游岛、水东湾大桥、歌美海二期、城区道路工程项目。上述项目建设加快推进，博贺湾大道、东西防波堤项目建设完成，博贺新港区3月22日开港。

【国有企业供给侧结构性改革】 2019年，茂名市国资委开展国有企业供给侧结构性改革，出清重组“僵尸企业”维修改造“三供一业”。

“僵尸企业”出清重组 2019年，茂名市国资委做好省标105

家国有“僵尸企业”出清工作。100家关停类企业中，49家第一批企业的破产申请，由市中级人民法院裁定受理，结案注销企业47家、审理中企业2家，46家第二批企业破产申请已被市中级人民法院受理。其余5家由市食品有限公司通过兼并重组的方式处置，有1家企业恢复生产。5家电白区属特困企业中，完成电白木片厂职工安置工作，电白区政府同意采取破产清算方式出清企业2家，暂未明确出清方式企业2家。开展“僵尸企业”摸底调查工作，按国家标准摸底后，新增“僵尸企业”17家。

“三供一业”维修改造　国有企业职工家属区“三供一业”（供水、供电、供气、物业）维修改造工作总任务10.8万户（其中驻茂央企9.87万户，省属企业4271户，市属企业5032户），完成维修改造10.62万户。1764户（其中央企1539户，市属企业225户）还在维修改造。

【国资监管体制健全】　2019年，茂名市国资委健全国资监管体制，开展国有企业资产与财务监督管理，建立法律风险防范机制。

国有企业资产与财务监督管理　2019年，茂名市国资委完善全市企业国有资产统计及财务快报；配合做好公共审计监督工作及指导企业做好内部审计工作；落实国有资本经营预算。2019年度国有资本经营预算编制收入2100万元，比上年增长3.19%。

国资规章制度完善　2019年，茂名市国资委出台《茂名市国资委监管企业加强风险管理工作实施办法》，草拟《茂名市国有资产监督管理机构派出监事管理实施意见（草稿）》，修订《茂名市国资委机关财务管理暂行办法》，落实《茂名市市属企业工资总额预算管理暂行办法》《茂名市市属企业薪酬管理暂行办法》。根据《茂名市国资委监管企业负责人经营业绩考评及薪酬管理办法（试行）》，与各监管企业签订年度和任期经营目标考评责任书，推进企业负责人薪酬制度改革工作。

法律风险防范机制建立　2019年，茂名市国资委监管单位涉诉案件（限当事人为被告）23件，涉案金额4.1亿元。举办“市属国有企业防范和化解法律风险”专题培训班，与市司法局联合制定《茂名市国资委关于加强市属国有企业法律风险防范管理工作方案》，建立法律风险防范机制。（市国资委）

统　计

【统计工作概况】　2019年，茂名市统计局开展第四次全国经济普查，完成各项统计调查工作任务，及时加工整理统计数据资料，主动发布年度、季度、月度经济社会发展统计数据与统计分析。全年编印完成《茂名统计年鉴·2019》《茂名市第三次全国农业普查数据资料汇编》《茂名统计月报》。

【统计改革】　2019年，茂名市成立茂名市地区生产总值统一核算领导小组，明确各区（县级市）统计机构“一把手”主管国民经济核算工作；制定印发《茂名市全面深入推进“两防”工作方案》，防范和惩治弄虚作假、少报漏报；细化加强统计法治宣传教育，严格统计数据审核和监控，强化统计执法检查监督、持续推进统计基层基础建设四个方面的工作任务。制定印发《茂名市统计数据质量审核评估管理办法》，规范各统计专业月报、季度、年报统计数据审核、评估、上报、反馈等工作流程，强化联网直报平台数据监控和数据核查，提高基础统计数据质量。制定印发茂名市统计局新闻发布有关工作制度，完善规范新闻采访接待、新闻发布、网站数据发布、舆情应对处置等工作制度。印发《关于进一步明确茂名滨海新区、高新区统计专业数据报送办法的通知》，理顺电白区与三大经济功能区的统计上报关系和工作职责。

【统计法制建设】　2019年，茂名市统计局联合市司法局、市普法办在广播电视台《与法同行》节目上，举办“加强信用管理，打造诚信统计”专题直播1期，解读国家统计局颁发的《企业统计信用管理办法》《统计从业人员统计信用档案管理办法》，解答严重失信的企业及统计人员会受到在股票发行、科技审批、人才引进、政府采购、采矿权、特许经营、财政补贴、住房保障、企业上市、评先评优、表彰奖励、招考公务员等40多项联合惩戒的问题，提高公众对诚信统计的认识和关注度。为市委党校第三十期中青一班干部进修班、党校中青二班和优秀女干部班做专题讲座，解读《关于深化统计管理体制改革提高统计数据真实性的意见》《统计违纪违法责任人处分处理建议办法》《统计违法违纪行为处分规定》等有关规定。编印《统计法规手册》6000册，免费发放到各级党政机关、基层统计机构及企业；组织开展统计“两防”（防弄虚作假、防少报漏报）检查和“双随机”（随机抽取检查对象，随机选派执法检查人员）统计执法检查，全市检查单位648个。

【统计调查监测】 2019年，茂名市统计局开展国民经济核算、基本单位、农林牧渔业、规模以上工业、建筑业、批发和零售业、住宿和餐饮业、固定资产投资、房地产开发经营、规模以上服务业、能源、能源、劳动工资、科技、人口、民营经济、现代产业、文化产业、“四下”（规模以上工业、资质等级建筑业、限额以上批零住餐业、限额以上服务业等“四上”以外的范围）抽样调查等多项常规统计调查业务。组织开展第四次全国经济普查、妇女儿童发展规划监测调查、人口变动抽样调查、企业景气调查等统计调查和监测工作，收集大量的经济、社会、人口、科技等月度、季度、年度统计数据。

【统计信息服务】 2019年，茂名市统计局践行“为数据需求者服务”理念，提供统计服务。全面加强对经济运行情况的分析研判，采取“列表算数”分析方法，用数据说事。全年编印发布《茂名统计月报》11期、统计分析47篇、情况报告7篇，编印完成《茂名统计年鉴·2019》《茂名市第三次全国农业普查数据资料汇编》；在《茂名日报》专版发布《2018年茂名市国民经济和社会发展统计公报》《市统计局就去年地区生产总值增速等问题答本报记者问——我市经济运行平稳增长支撑有力》及各个季度全市经济运行情况分析，分三期发布《壮丽七十载春华秋实·奋斗新时代滨海绿城——新中国成立70周年茂名经济社会发展成就》；整理完善建市60周年数据分析资料，《数说建市60周年茂名经济社会发展成就》在茂名市建市60周年专题研讨会征文中获得一等奖；向企业印发《茂名市统计局服务企业小册子》1万本。统计数据等服务资料及时发布在茂名市统计局信息公开目录系统。

【第四次全国经济普查】 2019年，茂名市第四次全国经济普查工作全面转入现场入户登记、数据审核、数据上报、质量抽查、普查核算等实施环节。1月2日，全市第四次全国经济普查登记启动仪式举行，中共茂名市委书记许志晖等市领导出席启动仪式并到登记现场观摩指导普查登记工作。4000多名普查人员参加普查工作，全市经济普查工作完成，全面摸清全市第二产业、第三产业经济情况。普查结果显示，至2018年年末，全市有从事第二产业、第三产业活动的法人单位7.71万个、产业活动单位8.58万个、个体经营户32.27万个，分别比2013年年末（第三次全国经济普查）增长165.0%、157.5%、61.6%。广东省统计局依据普查结果，统一核算修订茂名市2018年地区生产总值总量为3095亿元，比2018年快报数增加3亿元，总量继续位居全省第七位。

（市统计局）

审　计

【年度审计概况】 2019年，茂名市完成审计和审计调查项目118个，审计查处问题金额120.02亿元，其中违规金额11.64亿元、管理不规范金额108.38亿元。处理应上缴财政资金11.31亿元，核减工程造价7656万元。移送司法、纪检监察机关和有关部门处理事项36项，提出审计建议403条，被采纳396条；向各级党委、政府提交综合性审计报告56篇，市、县两级主要领导批示53篇。

【政策跟踪审计】 2019年，茂名市审计局开展支持实体经济发展、降费减负、清理拖欠民营企业中小企业账款、东西部扶贫协作等重大政策推进落实情况跟踪审计项目21个，审计查处问题金额4102万元，向纪市监委和有关部门移送案件线索6项。

【公共财政资金审计】 2019年，茂名市审计局开展财政预算执行和其他财政收支审计等财政审计项目29个，审计查处问题金额109.67亿元，处理应上缴财政金额11.04亿元。提出优化财政支出结构等审计建议126条，向纪监委和有关部门移送案件线索1项，得到主要领导批示的审计报告20份。

【民生专项目资金审计】 2019年，茂名市审计局对云浮市精准扶贫、精准脱贫和乡村振兴专项资金进行异地审计。开展对电白区岭门镇党委、政府主要领导人离任审计，2018年度困难群众基本生活保障政策落实情况审计，茂名市羊角至水东一级公路新建工程竣工决算审计等12项重点民生项目审计。审计查处问题金额2.24亿元，处理上缴财政20.72万元，全市审计核减工程造价7656万元，向纪监委和有关部门移送案件线索4项，得到主要领导批示的审计报告8份。

【经济责任审计】 2019年，茂名市审计局对遂溪县委书记、县长任期经济责任异地同步审计。开展经济责任审计项目51个，对茂名市6名党政部门和国有企业领导人员、67名乡镇党政主要领导人进行任期经济责任审计，审计查处问题金额7.35亿元，处理上缴财政2308.99万元，向纪监委和有关部门移送案件线索25项，被组织部门和纪委监委使用的审计报告成果11份。

【国有企业审计与绩效审计】 2019年，茂名市审计局对高新发展集团有限公司等5个国有企业财务收支审计和绩效审计，审计查处问题金额3460.76万元，处理上缴财政447.99万元，得到主要领导批示的审计报告2份。

【审计整改监督工作】 2019年，茂名市审计局对596个审计查出问题单位开展整改监督，整改问题金额103.69亿元，问题整改率95.2%。 （市审计局）

物价管理

【价格调整】 2019年，茂名市推进建立非居民用水超定额、超计划累进加价制度以及推进农业水价综合改革。调整市区管道天然气居民生活用户阶梯价格，从2月1日起，第一、二、三档价格由原每立方米4.50元、4.95元、5.85元，分别调整为每立方米3.98元、4.38元、5.17元。调整茂名森林公园“趣园”门票价格，从2月15日起，门票价格从原每人每次20元调整为每人每次27元。调整茂名火车站公共停车场机动车停放设施服务收费标准，从7月1日起，车辆停放服务收费从以12小时为一计费周期调整为以24小时为一计费周期。调整茂名市生猪定点屠宰加工服务收费标准（本次调整收费标准由基础价格和后续价格两部分组成），分两步实施。

【实施价格调控】 2019年春节期间，茂名市组织开展平价蔬菜惠民调控活动，向市民供应蔬菜11.85千克，让利25.7万元。茂名市平价商店相关管理经验，被广东省报送国家发展改革委。应对生猪疫情对市场影响，制定出台《茂名市缓解生猪市场价格周期性波动调控实施预案（草案）》《茂名市2019年冻猪肉储备实施方案》《恢复生猪生产保障市场供应工作措施方案》。

【价格监测和成本监审】 2019年，茂名市加强价格监测预警，健全覆盖重要商品和服务价格信息采集网络体系，探索“互联网+价格监测分析”新模式，构建开放式全民采价平台。茂名市价格监测中心获评2018—2019年度全国价格监测工作先进单位。茂名市发展和改革局在广东省价格成本工作考核中，成绩位居全省第二。 （市发展改革局）

【医药价格管理】 2019年1月1日起，茂名市公立医疗机构全部取消耗材加成，并执行新调整的医疗服务价格政策。全年受理市公立医疗机构新增（修订）医疗服务价格项目申请271项。推行药品跨区域联合集中采购，落实国家药品集中采购和使用试点扩围工作，第一批国家集中采购药品价格降幅59%，减轻人民群众看病就医用药负担。

（市医疗保障局）

自然资源管理

【自然资源开发利用】 2019年，茂名市提前并超额完成“批而未供”和闲置土地处置任务，其中“增存挂钩”闲置土地处置率62.4%，排全省第一名。完成广东省下达的新增实施改造指标面积及完成计划指标面积任务目标；至2019年年底，完成新增实施改造面积141.71公顷，占下达任务的125%；完成改造面积91.81公顷，占下达任务的125.2%。

【国土空间用途管制】 2019年，茂名市自然资源局开展国土空间用途管制，做好土地利用和土地市场供应工作。

土地利用 2019年，茂名市自然资源局审查上报建设用地63宗，使用省、市建设用地指标452.53公顷；获国家、省、市批准用地报件82宗，面积1409.53公顷。办理“三旧”（旧城镇、旧厂房、旧村庄）改造建设用地报批7宗，面积1.76公顷；办理建设项目用地预审9宗，面积17.71公顷。发出征地通知、征收土地方案公告、征收土地补偿安置方案公告108份。完成制定《茂名市土地资源和技术控制指标清单制实施细则》的工作任务。

土地市场　2019年，茂名市供应用地745宗，面积909.9公顷。从供应方式看，划拨用地133宗、面积405.38公顷，占44.55%；协议出让500宗、面积43.80公顷，占4.81%；公开出让112宗（全部为挂牌）面积460.72公顷，占50.6%。从供应结构看，城镇住宅用地516宗、面积327.38公顷、占35.98%；商服用地23宗、面积19.09公顷，占2.10%；工矿仓储用地115宗、面积147.61公顷，占16.22%；其他公共建筑、公用设施、交通运输、特殊用地等91宗、面积415.82公顷，占45.7%。

【国土空间生态修复】　2019年，茂名市自然资源局开展拆旧复垦工作，修复海洋生态、海域海岸带、海岛，治理复绿矿山石场，保障国土空间生态的修复。

拆旧复垦　2019年，茂名市拆旧复垦工作立项764.53公顷，验收349.87公顷，交易面积92.43公顷，交易金额8.31亿元。自茂名市开展拆旧复垦工作以来，全市累计立项面积809.93公顷，验收面积422公顷，交易面积132.73公顷，交易金额11.56亿元。

海洋生态、海域海岸带、海岛修复　2019年，茂名市露天矿生态公园获得广东省首届国土空间生态修复十大范例提名奖，水东湾海洋公园入选候选名单（全省前30名）。投入海岸线生态修复资金1000万元，用于“第一滩”海岸线整治，承担单位为水东湾新城管委会，重点修复牛母石至晏镜岭11千米岸段。投入重点海湾整治资金2000万元，用于博贺湾整治工程。其中1500万元用于博贺湾大桥连接线岸段的整治修复，500万元用于放鸡岛生态岛礁建设。

矿山石场治理复绿　2019年，茂名市筹集矿山地质环境恢复治理资金278万元，支出127.72万元。其中：市本级48万元，用于市矿山地质环境详细调查和矿山地质环境恢复和综合治理规划；茂南区200万元，用于金塘镇矿山生态修复；高新区30万元，用于露天矿环湖绿道环境治理。至2019年年底，全市累计投入矿山地质环境恢复资金1422.7万元，完成矿山石场治理复绿面积113.52公顷。

【耕地保护监督】　2019年，茂名市完成耕地保护项目41个，建设规模1066.67公顷，改善耕作面积、耕作条件1000公顷，形成水田指标930公顷。2019年12月23日全省垦造水田通报，茂名市兑现垦造水田承诺，将耕地储备指标库中剩余水田指标用于建设项目占水田补水田，保障省、市重点项目及时落地。全省仅广州市、深圳市、韶关市、东莞市、中山市、茂名市6个地级以上市完成兑现水田指标承诺。

【地质灾害防治】　2019年，茂名市遭受“韦伯”“利奇马”“白鹿”“剑鱼”台风及强降雨袭击，发生地质灾害2起，无人员伤亡，属地质灾害灾情较轻年份。全年检查督导防灾工作16次，检查地质灾害隐患点25个。出动地质灾害巡查人员4020人次，巡查地质灾害隐患点1194处，组织转移人数1613人、削坡建房点6处，未发生灾情。发出地质灾害气象风险预警88次，发送地质灾害气象预警短信8580条。为应对突发性事件，新购置卫星通信电话15台，分发到防灾重点乡镇；配合市气象局在偏远山区雨窝镇建立长波通讯预警预报系统测试点2处。与广东省有色地质环境中心、广东省地质局第四地质大队签订茂名市地质灾害防治技术支撑体系合作框架协议，构建茂名市地质灾害防治技术支撑体系。全年核减地质灾害隐患点38处，其中核减消除威胁100人以上地质灾害隐患点2处。

【海洋灾害防治】　2019年，茂名市自然资源局与自然资源部南海局南海预报中心协商，建立茂名市海洋灾害预警预报系统；茂名市海域海洋灾害预警预报信息在市自然资源局网站进行发布。

【矿产资源管理】　2019年，茂名市完成上年度采矿权人开采信息公示工作。应填报及公示矿山数79个（其中市级发证60个），实际填报79个，填报率100%；实际公示矿山数79个，公示率100%；专项抽查、实地核查矿山9个，抽查率14.8%。采矿权挂牌出让1宗；办理采矿权新立登记6宗，收取采矿权出让收益（价款）10122.96万元、采矿权使用费2.05万元。办理建设项目用地压矿查询9宗。新增绿色矿山21家；累计建成绿色矿山28家。完成探矿权延续登记1宗。

【海洋经济】　2019年，茂名市海洋生产总值454.7亿元，比上年增长8.3%，成为茂名市经济发展新亮点和新增长点。海洋经济继续保持良好发展势头，临港工业、滨海旅游、港口物流、海洋渔业为茂名海洋经济的主导产业。

【海域海岛管理】　2019年，茂名市用海项目获得批复5宗，批复总面积91.5409公顷；填海项目完成竣工验收1宗。在茂名市围填海历史遗留问题处理工作中，52个图斑被纳入围填海历史遗留问题清单，图斑总面积222.87公顷。其中：已填已用区域图斑24个，图斑总面积34.18公顷；填而未用区域图斑13个，图斑总面积17.41公顷；围而未填区域图斑8个，图斑总面积68.88公顷；批而未填区域图斑7个，图斑总面积102.39公顷。

【地理信息管理】　2019年，茂名市核准6家单位的测绘资质申请，其中丙级1家、丁级5家，核准注销1家丁级资质单位。具备测绘资质的单位44家。向市住建局、环保局、海洋缉私分局、水投集团等单位提供地理信息和高清影像等基础测绘技术支持。组织完成2019年度丙丁级以下测绘资质单位的测绘产品质量监督检查工作。完成地图审图3宗，核发3个审图号。联合市住建局制定、印发《茂名市工程建设项目联合测绘实施方案（试行）》。

【自然资源执法监督】　2019年，自然资源部下发茂名市土地卫片遥感监测图斑2648宗，涉及面积1944.07公顷，占用耕地324.51公顷。其中，违法图斑1061宗，涉及面积493.55公顷，占用耕地116.79公顷，分别较上年度下降76.2%（3406宗）、46.7%（432.69公顷）、62.2%（191.83公顷）。卫片执法检查立案查处土地违法案件1911件，发出行政处罚决定书1824份，收缴罚款884.04万元，申请法院强制执行案件211件。通过动态巡查发现违法用地988宗，涉及面积174.45公顷，挽回经济损失1880.18万元。　　（市自然资源局）

市场监督管理

【市场监督管理概况】　茂名市市场监督管理局（简称市市场监管局）于2019年1月23日挂牌成立。3月，各区、县级市场监管局全部完成挂牌成立。市局滨海新区、高新区分局加快筹建，完成分局局长工作交接。加强与市委组织部、人社局、财政局等部门沟通协调，完成174名机关人员及15名事业单位人员的人事关系、工资关系、社保关系、出入编等手续转隶工作，机构改革各项工作实现无缝对接。做好市质量和标准化指导中心的组建工作和市消费者权益保护委员会的人员管理。推进公务员职务与职级并行工作。

【营商环境优化】　2019年，茂名市放宽市场准入条件，健全完善“证照分离”“多证合一”等制度，创新企业开办注册服务手段，推动茂名企业开办进入“指尖办”的新时代。增强制度支撑，促进许可登记业务规范化，完成“十统一”行政许可事项标准化梳理迁移工作，梳理对接政务服务事项实施清单1484项。推进“最多跑一次”政务服务改革，转变工业产品审批模式，推进堵点痛点疏解工作，规范“四品一械”行政许可现场核查工作。全市实有各类市场主体28.44万户，创历史新高。企业开办时间压缩到1.06天，进入全省第一序列，提前半年实现广东省下达的“3个工作日内办结”的目标。

【安全底线防守】　2019年，茂名市通过“源头严防、过程严管、风险严控”等措施，开展整

▲ 2019年12月13日，高州市国家级“美丽乡村建设”标准化试点项目，通过国家标准化委员会考核评价

治食品安全问题联合行动等十大整治行动。打造“互联网+明厨亮灶”放心餐饮工程，推进食品安全监管方式智能化、可视化，有742家食品经营单位接入监管平台，压实食品安全首要责任。抓住堵源头、抓重点、补弱项、促诚信、破难题“五大环节”，构筑生产经营和使用“网格化、全覆盖”的日常监管链条。开展疫苗安全等八大专项整治，强化药品、化妆品、医疗器械安全监管，规范日常现场监督检查，倒逼企业落实主体责任。推动气瓶监管改革，实现遏制特种设备重特大事故，夯实特种设备安全基础。加强产品质量监督抽查，强化获证企业日常监管。在国家级、省级监督抽查茂名工业产品生产企业中，均未发现不合格情况。全年开展食品、药品、特种设备、工业产品各领域28个专项整治行动，检查企业7万多家次，消除风险隐患3000多处，提升产品质量安全监管水平。茂名市黄曲霉毒素B1不合格发现率，由2014年的33.7%下降到2019年的4.8%，创下历史新低，远低于全省平均水平，治理经验先后被“学习强国”、省委办公厅《每日汇报》采纳刊登。9月，全省重点品种食品专项整治工作会议在茂名市召开，推广学习茂名土榨花生油治理经验。市市场监管局被授予“茂名市2018年度安全生产责任制考核优秀单位”。

【质量强市建设】 2019年，茂名市开展质量提升行动，指导广东永盛建筑工程有限公司参加2019年省政府质量奖评选，推动名牌战略工作，协调发放奖励资金630万。推进创建全国文明城市和创建国家卫生城市工作，发扬“5加2”和“白加黑”连续作战精神，打赢食品“二小”企业整改、民营农贸市场升级改造、包联社区攻坚战。整改“二小”企业4431家，执法取缔287家，升级改造民营农贸市场19个。推进标准化工作，推动茂名放鸡岛旅游公司、茂名众和公司2个国家级服务业标准化试点项目获批，发动9家企业申报2019年省农业标准化示范区。高州市创建国家级“美丽乡村建设”标准化试点项目。推进知识产权强市建设。市政府与省知识产权局合作共建石化产业知识产权强市工作。促进专利申请数量提高、质量提升，推动茂名国家高新区40多家企业组建知识产权服务联盟。全年全市专利申请2879件，专利授权1747件，有效注册商标3万件，比上年增长32%。加强招商引资工作，推动中国中药集团、广药集团、香雪集团、大参林集团等医药与健康产业项目落地。

【市场秩序规范】 2019年，茂名市市场监管局加强市场管理，规范市场经营秩序。

完善市场监管机制 2019年，茂名市推动公平竞争审查工作，加强制度机制建设落实。完善茂名市公平竞争审查联席会议制度，全面推进“双随机一公开”监管，牵头在茂名市召开“三省（区）五市”打传规直联席会议。坚持“全局工作法治化，法治工作全局化”工作导向，制定出台《茂名市市场监督管理局2019年度法治建设实施计划》，梳理7大类25项创建任务；落实法律顾问制度，加强对重大行政决策的合法性审查，推动法治政府建设。市市场监管局全年未发生行政诉讼案件，收到行政复议申请处理34件，复议决定直接纠错率43.7%，比上年下降9.1个百分点。

强化市场主体信用监管 2019年，茂名市推行信用监管，加强对“守重”企业的公示和失信企业的约束管理，公示“守合同重信用企业”912家。超额完成省局和市政府下达的市场主体年报任务，企业年报率94%。落实经营异常名录管理和严重违法失信企业名单管理制度，列入经营异常名录或被标为经营异常状态1.6万户。

夯实计量基础 2019年，茂名市加强民生计量监督，全年免收检定费用约139万元。推动市质计所申请建立新计量标准，完成氧分析仪和氧气检测报警器检定装置等28个新建标申报工作。

优化市场消费环境 2019年，茂名市围绕“信用让消费更放心”主题，强化日常监管和专项整治相结合，妥善处理消费者投诉2686件，挽回经济损失382.51万元。

【违法乱象整治】 2019年，茂名市开展涉企收费、生猪屠宰收费等重点领域的价格和收费专项检查。重拳整治市场领域违法乱象，立案查处违法案件1112件，案值325.41万元，罚款金额980.27万元。其中，茂名市电白区查处李法鹏等人无证经营、假冒血液制品系列案获省药监局认可。加大对网络交易违法行为查处力度，立案查处各类网络交易违法案件38件，罚没款120.85万元。制定广告监测计划，全年查处虚假违法广告案件194件，

入选广东省违法广告典型案例7件。围绕欺行霸市、强买强卖等重点问题，摸排涉黑涉恶线索139条。（市市场监管局）

市场物业监督管理

【市场物业监督管理概况】 2019年，茂名市市场物业管理处联合广东菜丁网络科技有限公司按照“全国文明城市”“国家卫生城市”标准，同步推进河西市场、红旗市场等8个市场升级改造工程。工程改造结合各市场实际，根据行段功能划分若干区域单体，采取场内与场外交叉作业、单体与单体交叉作业、土建与布线交叉作业、地面与墙体交叉作业、土建与装饰交叉作业相结合的办法，加快施工进度。5月5日，8个市场升级改造工程全部完成，先后投入使用。改造工程历时7个月，投资估算总额3252万元，改造面积1.38万平方米，设置商铺、摊档809个。完成市市场物业管理处所属9个农贸市场升级改造工程，工程投资估算总额4526万元，改造面积2.08万平方米。

【河西市场升级改造工程】 2018年10月13日，茂名市市场物业管理处联合广东菜丁网络科技有限公司启动河西市场升级改造工程，于2019年1月11日竣工投入使用，工程历时91天。工程投资估算总额1098万元，改造面积5000平方米，设置商铺80个、摊档110个，是市区河西片区较大规模的集批发零售为一体的农贸市场。市场划设鲜肉、水产、蔬菜、杂货、三鸟行5个区域；三鸟行独立设置，活禽存放、屠宰、销售三分离。配置新风系统、消防系统、食品检测室、视频监控、广播系统等。市场挂牌“菜丁·河西市场”。

▲ 2019年5月5日，茂名市福华市场全面升级改造新貌 （黄宇 摄）

【红旗市场升级改造工程】 2018年11月10日，茂名市市场物业管理处联合广东菜丁网络科技有限公司启动红旗市场升级改造工程，于2019年1月11日竣工投入使用，工程历时63天。工程投资估算总额287.9万元，改造面积800平方米，设置商铺27个、摊档43个，是位于市区红旗南路的小型农贸市场。划设鲜肉、水产、冰鲜、蔬菜、豆制品、熟食6个行段。配置消防系统、食品检测室、视频监控、广播系统等。市场挂牌“菜丁·红旗市场”。

【方兴市场升级改造工程】 2019年2月15日，茂名市市场物业管理处联合广东菜丁网络科技有限公司启动方兴市场升级改造工程，于3月31日竣工投入使用，工程历时45天。工程投资估算总额297.5万元，改造面积900平方米，设置商铺2个、摊档127个，是位于市区方兴一街的小型农贸市场。划设鲜肉、水产、冰鲜、蔬菜、杂货、光鸡、豆制品、粉类8个行段。配置消防系统、食品检测室、视频监控、广播系统等。市场挂牌“菜丁·方兴市场”。

【露天矿市场升级改造工程】 2019年2月15日，茂名市市场物业管理处联合广东菜丁网络科技有限公司启动露天矿市场升级改造工程；4月27日竣工投入使用，工程历时72天。工程投资估算总额352万元，改造面积1400平方米，设置商铺38个、摊档44个，是位于市区红旗北路的中小型农贸市场。划设鲜肉、水产、蔬菜、杂货、豆制品等5个行段；活禽经营区域独立设置，活禽存放、屠宰、销售三分离。配置消防系统、食品检测室、视频监控、广播系统等。市场挂牌“菜丁·露天矿市场”。

【三万七市场升级改造工程】 2019年2月15日，茂名市市场物业管理处联合广东菜丁网络科技有限公司启动三万七市场升级改造工程，于4月27日竣工投入使用，工程历时72天。工程投资估算总额135.5万元，改造面积400平方米，设摊档36个，是位于市区幸福路西侧的小型农贸市场。划设鲜肉、水产、蔬菜、光鸡、豆制品5个行段。配置消防系统、食品检测室、视频监控、广播系统等。市场挂牌“菜丁·三万七市场”。

【新华市场升级改造工程】 2019年2月15日，茂名市市场物业管理处联合广东菜丁网络科技有限公司启动新华市场升级改造工程，于4月27日竣工投入使用，工程历时72天。工程投资估算总额221.9万元，改造面积1000平方米，设置商铺22个、摊档44个，是位于市区油城一路的中小型农贸市场。划设鲜肉、水产、蔬菜、杂货、豆制品5个行段；活禽经营区域独立设置，活禽存放、屠宰、销售三分离。配置消防系统、食品检测室、视频监控、广播系统等。市场挂牌“菜丁·新华市场”。

【福华市场升级改造工程】 2019年3月1日，茂名市市场物业管理处联合广东菜丁网络科技有限公司启动福华市场升级改造工程，于5月5日竣工投入使用，工程历时66天。工程投资估算总额586.1万元，改造面积2500平方米，设置商铺63个、摊档92个，是位于市区福华路的中小型农贸市场。划设鲜肉、水产、冰鲜、蔬菜、光鸡、豆制品等6个行段。配置新风系统、消防系统、食品检测室、视频监控、广播系统等。市场挂牌“菜丁·福华市场”。

【龙湖市场升级改造工程】 2019年4月5日，茂名市市场物业管理处联合广东菜丁网络科技有限公司启动龙湖市场升级改造工程。于5月5日竣工投入使用，工程历时30天。工程投资估算总额147.9万元，改造面积1800平方米，设置商铺33个、摊档48个，是位于市区龙湖一街的中小型农贸市场。划设鲜肉、水产、冰鲜、蔬菜、咸杂、豆制品6个行段。配置消防系统、食品检测室、视频监控、广播系统等。市场挂牌“菜丁·龙湖市场”。

【市场安全卫生秩序管理】 2019年，茂名市市场物业管理处联合广东菜丁网络科技有限公司，完善基层市场物业站领导班子及班子成员考评办法，把市场安全、卫生、秩序管理等工作落实到岗、到人。

安全管理　2019年，茂名市市场物业管理处联合广东菜丁网络科技有限公司，落实食品溯源和准入、农产品快速检测制度，食用农产品快速抽检覆盖率100%，全年食品安全事故为零。活禽经营区严格实行“1110”（一日一清洗、一周一扫除、一月一休市、活禽零存栏）管理，有效防治禽流感；增加保安人员12名，成立市场包联小组，加强市场消防安全隐患排查和整改，每周排查2场次以上，整改率100%，全年消防安全事故为零。

卫生管理　2019年，茂名市市场物业管理处联合广东菜丁网络科技有限公司，通过购买社会服务的形式，投入190余万元，聘请专业环卫服务公司进行市场日常清洁保洁，清运处理垃圾1400多吨。投入18万元，聘请康洁有害生物防治有限公司对市场定期消杀“四害”（成蚊、蟑螂、苍蝇、老鼠），全年消杀80场次。使用“高效、低毒、低污染”的安全药物，降低各类害虫对药物的抗性，大幅度降低害虫密度，确保害虫密度控制在除“四害”标准范围内。

秩序管理　2019年，茂名市市场物业管理处联合广东菜丁网络科技有限公司，在各市场出入口设置控车闸，配置装卸货手推车，严禁车辆进入市场。在市场门前及周边规划设置车辆停放点，划小汽车、摩托车停车位1100个且指引标识清晰，落实专人值守，引导车辆有序停放。配合网格化管理，加强市场周边整治，劝导乱摆卖、占道经营的小摊贩进入市场规范经营。

【线上购物服务开通】 2019年，茂名市市场物业管理处联合广东菜丁网络科技有限公司，开通线上购物服务。5月1日，菜丁网进驻茂名，在河东、福华市场试点实行线上购物，在手机安装菜丁网App，通过App下单，即可买到市场的生鲜食材。市场附近5千米范围内还可享受免费送货上门，1小时内送达。至6月底，所属9个市场全面开通线上购物服务。

【“文明诚信商户”评比活动】 2019年，茂名市市场物业管理处联合广东菜丁网络科技有限公司，在9个市场开展“文明诚信商户”评比活动，从“遵纪守法、诚信经营、文明服务、安全生产、秩序卫生”等5方面综合评

定“文明诚信商户”。全年评定“文明诚信商户”30名，每户颁发“文明诚信商户”牌匾和奖金300元。（市市场物业管理处）

海 关

【茂名海关概况】 中华人民共和国茂名海关（简称茂名海关）于1991年12月28日成立，是国家设在茂名口岸、隶属于湛江海关的正处级进出关境监督管理机关。2019年，茂名海关全面推进“五关”（政治建关、改革强关、依法把关、科技兴关、从严治关）建设。办理进出口报关单5400份；监管货运量1504.6万吨，监管进出口货值75.5亿美元，监管进出境船舶1254艘次，监管集装箱1.63万标箱；税收入库63.1亿元；缉私立案47件，案值11.17亿元。

【海关通关一体化改革】

单证简化推进　2019年，茂名海关对需要海关验核的各类监管证件全面摸底，涉及19个部门86种，按照“能取消的取消，能合并的合并，能退出口岸验核的退”原则，精简为46种。推广原产地证件自助打印措施，首批15种原产地证件可自助打印。实施“两证合一”（对外贸易经营者备案和原产地企业备案），部门间系统互联互通，数据交换和信息共享，实现“一口受理、一次审核、一次备案”；全面推广减免税无纸化、监管证件联网核查，减少企业合规成本，改善跨境贸易环境。

“两步申报”改革　2019年11月1日，茂名海关进一步简化申报流程，提高通关效率，启动“两步申报”（申报时企业不需要提货前完成全部105个报关单项目，先概要申报提离货物，后续再完整申报、办理缴纳税款等通关手续）改革试点工作，减少货物在码头的滞留时间，提高企业提货速度，有效降低企业的成本。

▲ 2019年，茂名海关关员对危险化学品进行重量计量

【海关货运监管效能提升】 2019年，茂名海关加强监管作业场所管理和物流监控，提高H986大型集装箱检查设备使用效率，针对重点敏感商品加大实际查验和现场验估力度，严防走私风险。全力防范化解危险化学品监管风险，全年监管进出口危险化学品1985批次，发现不合格产品66批次，查处瞒报漏报危险化学品1批次。打击“洋垃圾”（以走私、夹带等方式进口国家禁止进口的固体废物，或未经许可擅自进口属于限制进口的固体废物）进口，查获从马来西亚进口的再生橡胶板2批96.3吨。开展茂名口岸核心能力建设，协调地方政府建立健全口岸公共卫生联防联控体系，组织开展2019年茂名口岸突发公共卫生事件应急处置演练，提升口岸应急处置能力。做好非洲猪瘟全链条防控工作，全年检疫监装茂名供应香港活猪228批次8803头，均未出现质量安全问题。加强茂名口岸检疫管理，全年截获病媒生物175批次，截获有害生物71批次，其中检疫性有害生物14批次。排查、初筛头痛和发热船员4人次。加强进出口食品安全监管，全年检验监管出口食品6962批，退运处理不合格进口腰果1批，除害处理不合格对虾2批，检出不符合要求的出口水产品2批。

【打击走私】 2019年，茂名海关缉私分局立案47件，其中刑事案件12件，行政案件立案35件案值11.17亿元，比上年增长11.1倍，涉税3.9亿元，增长15.9倍。重点查发“YX1902”“YX1906”专案等，其中海关总署和最高检联合挂牌督办案件1件，总署一级挂牌督办案件3件、二级挂牌督办案件1件。监管业务现场与缉私分局共同加强风险研判、布控查验和执法联动，现场移交线索立案10件，增长42.8%，其中刑事立案1件，行政立案9件。

【海关服务对外贸易】 2019年，茂名市对外贸易进出口总值196.4亿元，比上年增长29.4%，进出口总值排全省第十六名，比上年上升2位，在东西两翼沿海经济带7市排第五名。其中：出口170.6亿元，增长34%；进口25.8亿元，增长5.7%；实现外贸顺差144.8亿元。

2019年，茂名海关成立支持服务地方项目工作小组，具体对接指导博贺新港区、益海嘉里（茂名）粮油食品项目、世界级绿色化工和氢能产业园等重大项目建设。茂名海关压缩整体通关时间。12月，茂名口岸进口、出口整体通关时间分别为20.93小时和1.14小时，比上年分别压缩84.3%和90.1%。按国务院减税降费决策部署。茂名市落实增值税降税政策，全年辖区内124家进出口企业按政策降税10亿元；持续落实免除查验没有问题的对外贸易企业相关费用的政策，全年免除186家（次）企业相关费用40.02万元；创新税收担保模式，开展茂名石化公司参与企业集团财务公司担保试点工作，开立关税保函为企业降低资金占用成本5.91亿元。助力茂名特色产业发展，全年出口海产品6456批、13.07万吨，比上年分别增长4.8%和2.4%；助力冻煮蝗虫、橄榄酒、冻叉尾鱼皮、滑皮金橘等产品实现首次出口，豆豉鲮鱼罐头首次出口日本。跨境电子商务进口28.4万票，货值1.85亿元；快件进境44.1万票，货值1.08亿元。开展茂名特色产业在中国与美国经济贸易摩擦中受影响的情况进行监测预警和统计分析。（茂名海关）

财政·税务

财 政

【财政收支概况】 2019年，茂名市一般公共预算收入139.88亿元，完成调整预算的101.1%，比上年增加收入3.75亿元，增长2.8%。其中税收收入73.75亿元，非税收入66.13亿元。全市一般公共预算支出457.63亿元，增加支出34.15亿元，增长8.1%。市级一般公共预算收入66.78亿元，增收0.68亿元，增长1%；市级一般公共预算支出82.44亿元，减少支出16.06亿元，下降16.3%。

【财政支持重点项目建设】 2019年，茂名市财政部门以重大产业和重点项目建设为抓手，支持产业、科技、交通、城建等重点项目建设，主动融入粤港澳大湾区和深圳先行示范区建设，打造沿海经济带上新的增长极。做好茂名市经济产业发展方向的氢能产业项目资金筹措工作，获得广东省财政补助资金10亿元，半年合计筹集资金41.15亿元，支持加快推进以丙烷脱氢项目为龙头的绿色化工和氢能产业园基础设施建设；支持打造千亿产业集群，投入科技和产业资金5.25亿元；出资1亿元设立创新创业基金、撬动社会资金1亿元，支持“六大主导产业”（石油化工、农副产品加工、矿产资源加工、特色轻工纺织、医药与健康、金属加工及先进装备制造业）发展，完善产业园区基础设施，支持优势产业项目发展。交通运输支出13.63亿元，茂名火车站南站房、广湛高铁、博贺湾大桥、云茂高速、广东滨海旅游公路茂名段、茂化快线东沿线等重大交通路网和交通节点项目开工建设或建成。城乡社区支出29.57亿元，全国文明城市创建、国家卫生城市创建、国家森林城市创建、好心平安茂名创建扎实推进，集中力量支持创建全国文明城市和国家卫生城市。落实资金19.75亿元，推进共青河新城规划建设和征地工作。推进南海旅游岛综合开发，落实资金6.6亿元支持土地盘整工作。

【民生资金落实】 2019年，茂名市民生支出379.72亿元，比上年增长6.6%，占一般公共预算支出的83%。拨付省十件民生实事市、区（县级市）配套资金18.33亿元，完成年度预算的251.9%，拨付进度居广东省前列。全市社会保障和就业支出73.83亿元，完成年度预算的119.9%；医疗卫生与计划生育支出58.02亿元，完成年度预算的110.8%；全市农林水支出36.98亿元，完成年度预算的111%。支持做好市公办社会福利机构综合改革试点、军转干部和退役士兵安置、高水平医院建设各项工作。全市教育支出132.53亿元，占全市一般公共预算支出的29%，是市政府财政投入最大的民生事业，保障全市3254所各类学校办学教研正常开展和发展，建成粤东西北首个广东省现代职业教育综合改革示范市。

【财政保障社会事业发展】 2019年，茂名市落实重点项目建设经费，保障各项目的开展。

减税降费　2019年，茂名市按国务院、广东省有关减税降费政策，落实小微企业普惠性减税政策、深化增值税改革、个人所得税专项附加扣除、社保费政策调整等重点工作，各项工作成效显著，落实减税降费40.95亿元。

降低债务风险　2019年，茂名市财政局加大政府财力资源统筹力度，降低债务风险。全市政府债务余额279.66亿元，控制在广东省批准的债务限额以内。全市各级各项政府债务风险指标均控制在预警线以下，处于较低水平，债务风险总体可防可控。

污染防治　2019年，茂名市完成节能环保支出17.35亿元，比上年增长62.8%，是支出增幅最大的行业。推进碧水保卫战，加快城镇生活污水处理设施及管网建设。实施彭村湖清淤工程，开展小东江综合整治，小东江在全省9个劣V类国考断面中水质排名第一。实施蓝天保卫战。财政累计筹集资金25.89亿元，其中2019年5.46亿元，推进茂名石化炼油厂卫生安全防护距离搬迁安置工作，市区空气质量稳居全省前列。推进净土保卫战。落实环保专项督查和广东省固体废物专项审计反馈问题整改，加快推进粤西循环经济示范中心、化州绿能环保发电、电白绿能环保发电等项目建设。

精准脱贫　2016—2019年，茂名市累计筹集到位精准扶贫专项资金17.07亿元，其中2019年筹集328万元，全部拨付到各区、县级市，资金拨付率100%，推进教育医疗、危房改造、社会救助扶贫，实现应保尽保、应扶尽扶。

文化传媒　2019年，茂名市投入文化旅游体育与传媒资金11.79亿元，支持群众文化活动，补助图书馆、博物馆、文化馆免费开放。

公共安全　2019年，茂名市投入公共安全资金18.8亿元，保障公安经费需求，推进扫黑除恶专项斗争，推进全民禁毒工程，支持村（居）委会法律顾问、法律援助等工作。

乡村建设　2019年，茂名市建立多元投入机制，投入资金5.05亿元，全域铺开农村人居环境综合整治，推进“三清三拆三整治”（三清：清理村巷道及生产工具、建筑材料乱堆乱放，清理房前屋后和村巷道杂草杂物、积存垃圾，清理沟渠池塘溪河淤泥、漂浮物和障碍物；三拆：拆除农村的危旧废弃房屋、露天厕所，拆除乱搭乱建房屋，拆除违规商业广告、招牌；三整治：整治垃圾、污水及水体污染）工作，建设生态宜居美丽乡村，建设社会主义新农村。推进涉农资金统筹整合改革工作，整合涉农资金24.89亿元，统筹资金支持农业农村发展，提升资金使用效益。加快现代农业产业园建设，获得国家和省级财政资金4亿元，荔枝国家农业产业园全部开工建设，创建国家级现代农业产业园1个、省级现代农业产业园6个，涵盖荔枝、龙眼、化橘红、罗非鱼、沉香、三华李等特色农业产业。加快推进国家田园综合体试点建设，获得国家和省财政资金2.5亿元，“好心湖畔”“大唐荔乡”2个国家田园综合体试点完成首期建设，着力打造“三产融合”（农业生产、农产品加工业、农产品市场服务业深度融合）发展的典范。财政拨付政策性农业保险保费补贴资金6485万元，增强农业抵御灾害能力。投入水利项目建设资金5.66亿元，实施中小河流治理、高州水库灌区续建配套改造、千里海堤加固达标、水利基础设施建设工程。

【财政管理】　2019年，茂名市明确预算编制权责，加强预算绩效管理，库款管理，政府采购监管，完善投资审核制度。

预算编制权责明确　2019年，茂名市推进财政管理“两转变、两精简、两提高、两统筹”（转变财政部门管理重心，从全流程预算管控转为聚焦预算编制，放开预算执行，强化绩效监管；转变部门权责配置，从预算管理权责交叉转变为权责明晰、各负其责。精简财政资金和项目审批事项；精简预算执行流程，加快预算执行进度。提高各地各部门的积极性，充分发挥主观能动性；提高财政资源分配效率和资金使用效益。统筹整合同类项资金，集中财力办大事；统筹盘活存量资金，对效益不好的资金回收调整用于其他项目）。明晰财政部门与业务部门法定权责，财政部门主抓预算编制和绩效监督，业务部门负责预算执行。修订专项资金管理办法，推进项目库系统建设。

预算绩效管理　2019年，茂名市构建全方位、全过程、全覆盖的预算绩效管理体系。落实绩效评价结果与资金安排挂钩激励约束机制，做到“花钱必问效、无效必问责”。

库款管理　2019年，茂名市财政局把降低库款规模，盘活库款存量作为实施积极财政政策的重要措施来抓，建立库款监测机制和通报约谈机制，按季度制定分月库款管理目标，维持合理库款规模。

政府采购监管　2019年，茂名市细化政府集中采购目录，推行电子化采购，加强网上中介超市财政管理。按照上级统一部署，做好预算单位网上竞价、电商直购、定点采购等工作，明确采购范围、采购程序和采购标准，提高政府采购效率。

投资审核　2019年，茂名市投资审核中心完善财政投资评审各项内部控制制度建设，实行政府投资项目送审资料清单管理，提高评审效率和质量。完成项目审核3824个，送审总造价287.98亿元，核减总金额21.86亿元，核减率7.6%。　（市财政局）

税　务

【茂名税务概况】　2019年，国家税务总局茂名市税务局（简称市税务局）实现税费总收入首次突破550亿元大关，达551.97亿元，比上年增长6%，获“广东省五一劳动奖状”等称号。全市税收收入总额418.10亿元，减收17.51亿元，下降4%。其中：税务部门组织国内税收收入（剔除海关代征税收）355.23亿元，下降2.8%；海关代征进口税收62.87亿元，下降10.6%。税务部门组织费金收入133.87亿元，增长54.9%。税务部门办理出口产品退（免）税18.77亿元，增长1.5%。其中：办理免抵调库13.57亿元，增长3.6%；办理出口退税5.20亿元，下降3.4%。全市7个县级征收单位中有6个税费收入实现增长。其中：滨海新区税务局、信宜市税务局、高州市税务局、化州市税务局增长较快，增幅分别为15.2%、38.4%、25.2%、24%；茂名市税务局第一税务分局和电白区税务局分别增长5.9%、8.5%；茂南区税务局下降19.4%。

【税种收入】　2019年，茂名市主要税种除消费税和契税保持较快增长外，增值税、企业所得税等税种收入均出现不同程度下降。国内消费税收入143.24亿元，比上年增长21.6%；契税收入8.74亿元，增长15%。国内增值税收入101.16亿元，下降19.3%；企业所得税收入39.01亿元，下降5.7%；个人所得税收入7.76亿元，下降26.8%；城市维护建设税收入17.37亿元，下降3.6%；土地增值税收入17.68亿元，下降26%。

【行业税收】　2019年，茂名市第二产业实现税收收入（含海关）314.69亿元，比上年下降2.2%；第三产业实现税收收入（含海关）103.11亿元，下降9.1%。从税收占比看，第二产业占全市税收收入（含海关）比重75.3%，其中制造业（含石化行业）268.74亿元，占比64.3%；建筑业41.71亿元，占比10%。第三产业占全市税收收入（含海关）比重比24.7%，其中：房地产业41.74亿元，占比10%；批发和零售业21.08亿元，占比5%；金融业12.36亿元，占比3%。茂名市产业结构仍以第二产业为主，石油化工、房地产、建筑、批发零售、金融业5大支柱行业实现税收收入312.27亿元，占全市税收收入（含海关）比重74.7%，继续稳定发挥支柱作用。建筑业和金融业税收收入保持增长，石油化工业、房地产业、批发零售业税收收入均出现不同程度的下滑，带来全市税收整体下行压力。

【依法治税】　2019年，茂名市落实各项税费优惠政策，做好优惠政策宣传和服务。强化税收风险评估，以房地产业为评估重点，通过获取住建部门监管账户数据及其他第三方数据开展

▲ 2019年1月1日，茂名市税务部门向纳税人宣传个人所得税政策和个人所得税手机App使用方法　（刘涓涓　摄）

▲ 2019年3月22日，茂名市税务部门组建“税务护航队”，打造“减税降费指南站”，向港口企业工作人员宣传个人所得税改革等热点减税降费政策

分析对比，找出企业纳税申报风险及疑点问题，督促企业自查自纠，推送任务50批次，涉及风险纳税人5586户次，查补税款4.88亿元。落实附征税费管理，全面筛查企业近年增值税、消费税等税种缴交数据，做好增值税、消费税与城建税、教育费附加收入、地方教育附加等附征税费的钩稽关系分析，严防税费款流失。强化定期定额税收管理，集中梳理住宿业、餐饮业、批发零售业等行业中月营业额、纳税人申报额或纳税人发票开具金额在10万元临界点左右的定期定额户名单，全面排查纳税人恶意拆分登记、虚享税收优惠政策等风险。

【纳税服务】 2019年，茂名市持续推进“放管服”改革，压缩新办企业领购发票时间，纳税人最快20分钟内领到发票。精简税费业务事项909项，减少表证单书408份，简化跨区域迁移流程，迁移时间压缩95%。深化企业简易注销登记改革，启用“承诺制”容缺办理，平均办理时间压缩75%。推行出口退（免）税无纸化管理，办理无疑点退税的时间缩短至平均5个工作日。推进智能办税大厅建设，477项涉税事项实现“全程网上办”，并打造“移动支付+实时入库”缴税（费）新模式。拓展“银税互动”，全年发放信用贷款超10亿元，惠及诚信纳税中小企业820户次。在2019年度全省纳税人满意度调查工作中，茂名市税务局在全省税务系统排名第一；在2019年度全国纳税人满意度调查工作中，高州市税务局作为广东省税务系统参评代表取得县区全国第三名、地市广东省第一名的优异成绩。

【税务征收管理】 2019年，茂名市对接协调城乡两险划转，组织城乡两险社保费收入13.72亿元，城乡居民基本养老保险缴费人数111万人，城乡居民基本医疗保险缴费人数479万人。推进土地增值税清算，配足专项小组人员，重点攻坚茂南、滨海新区等有市级收入地区，入库土地增值税清算收入2.05亿元。抓好房产交易契税管理，提请市政府召开部门联席会议，协调解决办证审批环节多、房屋测绘时间长等问题，试行不动产交易、税收征缴、登记“一窗受理”，全年组织契税收入8.74亿元，比上年增长15.0%。紧抓重点建设项目管理，建立项目税收管理台账，指导做好重点建设项目税收征管，加强项目施工企业税费入库情况核查，确保依法依规缴交税费。 （市税务局）

金 融

综 述

【金融概况】 至2019年年底，茂名市银行业有金融机构16家，其中，法人银行机构6家，政策性银行分支机构1家，国有大型商业银行分支机构6家，股份制商业银行分支机构2家，外资银行分支机构1家。年内茂名市引进的交通银行茂名分行挂牌开业，农合机构改制工作顺利完成。全市有证券经营机构10家，其中，证券公司分公司1家，证券公司营业部9家。全市有保险公司42家，其中，财产保险公司22家，人身保险公司20家。

【金融改革】 2019年，地方金融改革与机构引进取得成效。高州农商行、化州农商行、茂名农商行挂牌开业后，全市农合机构完成全部改制。通过改制，提高农合机构在公司治理、经营及防范风险方面的能力。年末，全市农合机构平均资本充足率18.8%，比监管标准值高出8.3个百分点；平均不良贷款率1.7%，比监管标准值低出3.3个百分点；平均拨备覆盖率227.1%，比监管标准值高出77.1个百分点。引进股份制商业银行取得突破。6月12日，交通银行茂名分行挂牌。

【货币信贷运行】 2019年，茂名金融系统贯彻落实稳健货币政策和宏观审慎管理政策，科学运用各种货币政策工具及其组合，支持地方实体经济发展。

各项存款增长较快 2019年年底，茂名市金融机构本外币各项存款余额3012.91亿元，比年初增加286.22亿元，增长10.5%，增速全省排名第五。从存款结构看，住户、非金融企业存款稳步增长，政府部门存款增长较快。全市住户存款余额1996.80亿元，增长10.01%；非金融企业存款余额314.54亿元，增长10.1%；机关团体存款余额595.34亿元，增长7.7%，财政性存款余额102.45亿元，增长46.2%。

各项贷款增量创新高 2019年年底，茂名市金融机构本外币各项贷款余额1582.35亿元，比年初增加241.76亿元，增量为历年最高。全市金融机构存贷比52.5%，比上年末提高3.85个百分点。从信贷结构看，全市金融机构住户贷款余额988.38亿元，增长22.1%；非金融企业及机关团体贷款余额593.09亿元，增长11.8%。

【金融市场运行】

保险市场稳健发展 2019年，茂名市保险业保费收入93.27亿元，比上年增长18.9%。其中，财产险业务保费收入32.13亿元，增长23.7%；人身险业务保费收入61.14亿元，增长16.6%。全年各项赔（给）付支出26.51亿元，增长1.5%。其中：产险赔款支出18.19亿元，增长27.51%；寿险赔（给）付支出8.33亿元，下降29.8%。全年保险业缴纳各项税款3.49亿元，其中，保险公司自缴税1.21亿元，代收代缴车船税1.92亿元，其他税款（含代理人个人营业税）0.36亿元。

证券业交易恢复性增长 2019年，全市证券市场（含股票、基金、债券等）交易额3813.37亿元，比上年增长29.2%。其中股票及基金增长34.3%，债券增长17.9%。证券行业总体经营效益随之回升，全年营业收入1.31亿元，增长35.97%；利润总额5411万元，增长128.9%。

外汇市场交易规模下滑 2019年，受中美贸易争端升级、人民币汇率大幅波动等影响，茂名市跨境收支规模同比下滑，结售汇仍保持顺差。全年茂名市跨境资金总规模11.76亿美元，比上年下降9.5%。其中：跨境收入7.36亿美元，下降17.8%；跨境支出4.4亿美元，增长8.8%；资金净流入2.96亿美元，下降39.7%。从项目看，经常项目顺差3.51亿美元，下降23.8%，资本项目逆差0.54亿美元。全年茂名市银行代客结售汇11.26亿美元，下降12.4%，其中，结汇8.01亿美元，下降9.8%；售汇3.25亿美元，下降18.1%；结售汇顺差4.7亿美元，下降3.1%。

金融监督管理

【货币信贷管理】 2019年，人民银行茂名市中心支行继续贯彻落实稳健货币政策，优化信贷结构，增强金融服务实体经济发展能力，支持茂名经济社会高质量发展。贯彻落实地方法人金融机构定向降准政策，分别对高州农信社转制高州农商行给予三个月存款准备金率调整延缓期；对符合条件的信宜农商行实施3档降准，执行法定存款准备金率8%。恢复开办再贴现业务，全年办理再贴现业务10875万元，发放支小再贷款2亿元，发放支农再贷款2.5亿元，缓解“三农”（农村、农业、农民）和小微企业的融资难问题。大力推广运用贷款基础利率（LPR），引导金融机构降低实体经济，（尤其是小微企业）融资成本。全市全年新增的小微企业贷款加权平均利率5.73%，比上年下降0.3个百分点。

【金融稳定】 2019年，人民银行茂名市中心支行推进区域金融稳定机制建设，预防区域性、系统性金融风险。率先在全省地级市范围建立地方政府层面金融稳定协调机制。全市金融稳定联席会议以常务副市长为召集人，成员涵盖全市经济金融政法等14个部门，定期分析研判地方金融风险状况，推进金融风险信息交流与会商，协调解决防范化解金融风险的重大问题，并完善相关信息共享机制、工作简报机制、管理协调机制、风险监测预警机制、风险应急处理机制、督办机制等。推进金融机构评级和存款保险工作。加强金融风险监测，提升金融履职效能。人民银行茂名市中心支行开展评估评价工作的金融机构61家， 开展稳健性现场评估工作的金融机构3家，加强排查辖区金融风险。开展打击非法集资、涉众领域不稳定专项行动，配合做好互联网金融整治及风险化解，指导辖区农合机构妥善处理与包商银行同业业务。

【金融服务管理】 2019年，人民银行茂名市中心支行推动区域金融基础设施建设，加强对金融机构业务指导和监督管理，引导提升金融服务水平。

“访百万企业·助实体经济”专项行动 人民银行茂名市中心支行推进“访万户企业·助实体经济”专项行动，走访企业和银行机构，了解企业信贷需求和融资难题，督促银行机构加大对符合信贷政策且有信贷需求的民营、小微企业的信贷投放。全市银行机构走访企业4.56万家，挖掘有融资需求企业3357家，放款企业645家，金额12.36亿元，贷款落地率32%。

政银企合作 2019年，举办政银企融资对接会，搭建政银企沟通桥梁。人民银行茂名市中心支行牵头举办大型政银企融资对接会2场次，现场签约授信企业25家，金额56.28亿元，意向融资企业135家，金额95亿元。开展“新春走访银企行”“融助实体”等走访调研活动，走访银行、企业，传达政策意图，了解金融服务状况，提振企业发展信心。全年走访企业32家，现场协调解决融资2.07亿元。加强与市有关部门联动，促进金融、财政政策形成合力。发挥风险补偿基金、担保基金撬动作用，广东股权交易中心茂名运营中心挂牌开业，投资规模2亿元的粤科粤茂投资基金投入运作，投资规模1.5亿元的小微企业转贷基金即将落地，投资规模5亿元的农业发展基金加快筹建。

“融资难”纾困 加强政府、担保公司、保险公司等多方合作，充分发挥财政、金融资金对当地特色产业发展的带动作用。探索“财政专项基金+银行+保险担保”的贷款风险分担模式，持续推动险资直投信贷模式。鼓励金融机构推广专业大户、家庭农场贷款，订单农业贷款，妇女创业贷款，渔船抵押贷款，“卡贷宝”贷款等创新金融产品。推广“企业+农民合作社+农户”“企业+专业大户”“企业+家庭农场”等农业产业链金融服务模式，提高农业集约化经营水平。运用大数据、互联网等技术手段创新信用类信贷产品，如“银税通”“小微快贷”“科技通宝”等，改变以往融资手段过于依赖抵押担保的局面。

社会信用体系建设多层次推进 推进征信服务基础设施建设，增加征信服务供给。全市新设立征信自助查询设备12台，征信查询网点延伸到乡镇。推广征信查询微信预约小程序，提升征信查询便利性。推广“粤信融”和中征应收账款融资平台，全年平台注册企业508户，融资1222笔，融资金额142.05亿元。全年辖区在中征应收账款融资平台新增用户113户，成功融资112笔，金额14.51亿元。加强部门间协作，宣传社会信用体系建设工作要点，推动辖区社会信用体系建设取得成效。

支付结算服务优化 稳步推进移动支付便民工程建设。建成支付便民示范点40个、示范商圈1个、示范街1个；建成茂名市人民医院、森林公园、放鸡岛等8个智慧停车场项目及一批智慧自助终端，助力茂名智慧城市建设。优化企业开户服务，开通小微企业开户绿色通道，设立“小微企业服务专窗”，全部银行均设立专人专柜负责企业开户辅导及账户业务咨询电话，实现小微企业无须排队等候临柜办理。上线茂名市国库集中支付电子化系统，提高财政支出效率。预算单位和代理银行足不出户即可完成资金支付和清算，预算单位资金到账速度从原来的3～5天缩短至实时到账，惠及代理银行4家、预算单位及政府采购服务供应商266个。

打击电信诈骗和反洗钱行动 2019年，人民银行茂名市中心支行组织辖区金融机构协助公安部门查询涉电诈账户4.45万个；冻结账户1833个，冻结资金11351.85万元；强制扣划款项31笔，涉及金额107.62万元。全辖区银行网点堵截冒名开户9起、异常开户58起，识破并阻止电信诈骗汇款98起283.63万元；协助公安部门返还受害人资金324.43万元，向公安机关移交案件线索8条，协助公安机关抓获犯罪嫌疑人8人。强化反洗钱监管，打击和预防洗钱犯罪。全年向有权部门移交涉嫌虚开骗税、网络赌博、非法经营等可疑交易线索9条，立案并侦破案件1件，涉及金额3.6亿元；协助有关部门破获涉税、走私、制售假币、网络诈骗、套路贷、黑恶势力犯罪等各类案件10件，涉案金额逾30亿元。发挥市扫黑除恶专项斗争领导小组成员单位职责，配合开展“打财”“打伞”（切断黑恶势力的财路，打掉黑恶势力的保护伞和摧毁关系网）工作，协助冻结金额7000余万元。

【银行、保险业监管】 2019年，中国银行保险监督管理委员会茂名监管分局开展重点领域风险排查、“巩固治乱象成果·促进合规建设”监管检查等专项工作。对辖区14家银行保险机构进行现场检查，发现问题110个，涉及金额10.1亿元，发出监管意见书20份，提出监管意见67条。强化监测，严防重点领域信用风险。建立房地产贷款数据监测机制，建立法人机构重点信贷风险处置台账、不良贷款处置台账，确保风险及时掌控并处置到位。加大车险市场整治力度。建立车险“三率”（综合成本率、综合费用率、综合赔付率）动态监测机制，以规范市场行为为抓手，召开专题工作会议11次，走访调查11次，监管约谈10次，加强对车险市场整治力度。加强内外联动，严防社会金融风险。督导辖区银行机构在35个高频取现网点安装“人脸识别+人证合一”采集系统，与公安部门实时连接，打击电信诈骗行为。牵头辖区银行保险业机构配合做好扫黑除恶、网贷机构清查，持续推进校园网贷、“现金贷”整治，严防社会领域金融风险。

推动辖区银行业、保险业金融机构加大对地方经济的金融支持力度，支持地方重点项目获得有效金融支持。指导银行保险机构全面对接地方经济建设需求。银行机构通过地方“三大平台”投放信贷资金支持地方重点项目，保险机构承保中石化、茂石化、巴斯夫等重点项目。地方乡村振兴战略得到金融支持。引领辖区银行业保险业主动对接战略和农村经济发展需求，创新推出“粤菜师傅贷”“易蔗贷”“荔枝种植险”等特色金融产品。发放涉农贷款、扶贫小额信贷支持乡村发展，持续打造“妇女创业贷”品牌。保险服务实体经济能力持续提升。截至2019年年底，辖区内“政银保”保证保险业务惠及民营企业968家，出口信用保险覆盖率持续提高，建设工程履约保证保险得到推广。金融服务社会民生领域成效进一步显现。组织辖内法人银行机构推广和保障生猪养殖贷款；主动与地方相关部门加强协商，共同制定生猪险情处置、定损、赔付方案，为生猪养殖和再生产提供有力保障和支撑。

【外汇管理】 2019年，国家外汇管理局茂名市中心支局推动各项外汇管理改革，贯彻落实各项“放管服”措施，服务辖区实体经济发展。贯彻落实国家外汇管理局12项跨境贸易投资便利化措施及跨国公司跨境资金集中运营、保险公司资本金结汇便利化等新政策，通过高效外汇服务为实体经济发展提供便利，让企业少跑腿，降低企业运营成本。到辖区内企业开展“送政策、聊业务、听诉求、出主意、解难题”等系列活动，在优化外汇服务、解决融资问题、降低融资成本、规避汇率风险等方面，为企业提供政策指导和专业服务。

（人民银行茂名市中心支行）

金融风险处理

【非法集资风险整治制度】 2019年，茂名市金融局印发《2019年茂名市非法集资风险整治活动工作方案》《2019年茂名市防范非法集资宣传月活动方案》《2019年度茂名市涉众金融领域不稳定问题专项治理工作方案》《2019年度防范和处置非法集资平安建设考核评价工作方案》，明确成员单位职责、工作目标、工作任务、工作要点，理顺防范和处置非法集资工作机制，调动各成员单位的工作积极性，形成全体参与、上下齐心、部门联动、明确责任打非工作的局面。

【非法集资风险专项排查清理】 2019年，茂名市金融局结合扫黑除恶专项斗争，和茂名市教育、民政、农业、市场监管等各职能部门配合，将民间借贷活动、投资理财部门、互联网资管及跨界从事金融业务、互联网保险、股权众筹平台、非融资性担保公司、典当行、农民专业合作社、养老机构、养老投资、民办学校、房地产等作为重点整治行业和领域，以报纸杂志、广播电视、网络媒体、户外广告、传单、手机短信息广告为重点排查对象，以投资咨询、贷款中介、资金周转、信用担保、投资营销、保本理财、反本销售、售后包租的房地产等企业作为重点排查范围，组织人员进行排查清理。至10月31日，茂名市排查各类机构（企业）310家，对无证经营、借贷跨区界经营的企业实施停业整顿和退出市场举措5家，规范投资咨询类公司的日常经营行为。

【非法集资专项整治】 2019年，茂名市金融局开展“互联网金融

▲ 2019年，茂名市金融工作局开展金融风险处理专题宣传教育活动

风险专项整治”行动、“非法借贷公司排查”行动、“涉嫌非法集资风险专项排查”行动、“校园贷专项排查”行动，暂未发现茂名市辖区疑似风险投资企业吸收或变相吸收公众存款、组织或参与任何形式集资活动，将非法集资隐患消灭在萌芽状态，净化营商环境。

【防范非法集资宣传教育】 2019年，茂名市金融局开展各种专题宣传教育活动。利用“元旦、春节、中秋、国庆”等重要时间节点，在办公大楼门前、各农贸市场、大型超市以及城市主干道等人员密集区域，通过悬挂横幅、张贴宣传画、设立宣传台等方式，全面做好宣传教育工作。申请市财政安排处非专项经费20万元，在茂名市各区（县级市）电视台全年滚动播放处非宣传片，在道路的主要广告牌设置处非宣传口号，协调移动、电信、联通等运营商免费发送处非公益信息数100万条。在宣传月期间，全市各区（县级市）处非办发放动漫宣传片光盘1000多张，派发宣传手册6万份。出动执法人员200人次，执法车辆60车次，检查企业300家，悬挂宣传横幅20条，派发宣传资料500多份。市公安局、市金融局、人民银行茂名中支、茂名银保监分局在广东石化学院联合举办“防范校园贷”活动，在开学典礼上播放防范非法集资宣传片。利用茂名市“民生与法治”活动，通过访谈、知识问答、现场咨询等方式，向群众讲授防范非法集资知识。

【信息核实登记】 2019年，茂名市金融局在茂名市范围内设置“E租宝”集资参与人员信息核实登记点，开展人员培训、发布信息等。7—8月，核实登记“E租宝”集资参与人员信息105户，金额2448万元。

【互联网金融涉非法集资风险清理整顿】 2019年，茂名市开展辖属范围内“P2P”网络借贷、股权众筹、通过互联网开展资产管理和跨界从事金融业务、第三方支付、互联网广告和互联网保险等互联网金融风险清理整治工作。至2019年年底，暂未发现辖内有“P2P”网络借贷机构；全年监测茂名市传统媒体发布金融服务类广告405条次、房地产类广告5100条次，三类广告5200条次，暂未发现发布互联网金融广告及以投资理财名义从事金融活动的违法经营行为。

【融资性担保公司监管】 2019年，茂名市金融局完成辖区范围内融资担保公司的监督管理工作。每月按时通过非现场监管系统报送各类经营报表，市级监管部门落实专人负责做好各项数据的复核和报送工作，及时发现存在问题并通知各融资性担保公司及时更正，提高辖区内融资担保公司的管理水平。至2019年年底，茂名市辖区范围内成立融资性担保公司1家，从业人员13人，注册资本金8000万元，计提两项准备金498.89万元。2019年融资担保放大倍数1.89倍，开展担保业务48笔，担保额1.5659亿元；年末在保余额1.58亿元，比上年增长29.7%；实现营业收入650.12万元，增长23.6%；实现税利271.10万元，增长86%，累计担保中小微企业贷款56户（2019年37户），资产负债率6.7%，所有者权益8185.08万元。

【农信社转制改革】 2019年，茂名市金融局发挥统筹协调作用，进一步整合改制农合机构资源，协调推进未完成挂牌开业农信社的相关工作。根据每家机构具体情况，制定实施改制或化解风险方案，协调通过收储土地等方式完成政府捐赠资产变现工作，向省地方金融监管局、省银保监局请示汇报，获得省级政策支持。高州农商行、化州农商行分别于5月22日、11月19日挂牌开业，电白、茂名城区2家联社合并组建。农商行于12月31日完成新设合并登记，2020年1月6日挂牌开业。（市金融局）

银行业

【银行业概况】 至2019年年底，茂名市银行业金融机构总资产3227.63亿元，比上年年末增长9.4%。营业收入84.76亿元，增长4.6%。其中，利息净收入79.38亿元，增长5.6%；中间业务收入10.26亿元，增长4.8%；实现净利润37.79亿元，增长5.3%。全市银行业资产质量总体保持在健康区间，受经济下行影响，不良贷款率小幅上升。全市银行业不良贷款余额14.86亿元，增长21.7%；不良贷款率0.9%，上升0.02个百分点。

【中国工商银行股份有限公司茂名分行】 至2019年年底，中国工商银行茂名分行各项存款余额268.36亿元，比上年末增加28.87亿元；各项贷款余额144.47亿元，比上年末增加17.59亿元；不良贷款率1.03%，比年初下降0.1个百分点。向茂湛高速、云茂高速、广港码头、中燃等铁路、高速、港口、燃气等8个重点项目投放7.54亿元贷款，支持一批地方重点项目建设；发放医院、石油化工、港口、高速公路、旅游、环保等行业项目贷款15.52亿元。支持新兴能源行业、道路交通、物流运输、石油化工等辖区重要产业的发展。全年发放小微企业贷款超过16亿元，满足280多家小微企业的融资需求；发放个人住房贷款18.86亿元，占个人贷款投放的72.93%，支持居民合理住房需求。（工商银行茂名分行）

【中国农业银行股份有限公司茂名分行】 至2019年年底，中国农业银行茂名分行各项存款余额503.8亿元，比上年末增长15.8%；各项贷款余额262.1亿元，增长26.96%；不良贷款率0.3%。全年"三农"（农村、农民、农业）新增贷款37.4亿元，比上年增加13.2亿元，其中涉农贷款增加28.7亿元，惠农e贷多增10.4亿元，成为系统内全省"三农"产品创新基地的4家分行中的一家。发放扶贫小额贷款1510户、金额5757万元，金融扶贫工作走在同业前列。全年投放项目贷款7.7亿元，支持县域旅游、棚改、污水处理等项目13个，授信56.8亿元；小微企业贷款余额34.9亿元，比年初增加7.1亿元；投放"网捷贷""微捷贷"等线上贷款7.5亿元，支持实体经济发展。年内，获评为茂名银行业"不忘初心、牢记使命、砥砺前行——治乱象，防风险，强服务"工作展示活动最佳展示效果"三等奖"、新中国70年企业文化建设优秀单位。（农业银行茂名分行）

【中国银行股份有限公司茂名分行】 至2019年年底，中国银行茂名分行各项存款余额127.13亿元，比上年末增长0.9%；各项贷款余额133.85亿元，增长22.3%；不良贷款率0.5%。发展饲料、科技、医疗行业和"专精特新"（具有专业化、精细化、特色化、新颖化特征的工业中小企业）企业客户，坚持源头营销，批量拓客。与茂名市工业和信息化局举办中银中小企业融资融智南粤行——"专精特新"专场活动，全年为130多家中小微企业投放贷款超过7亿元。支持"博贺煤电、广港码头、臻能热电"等重大项目建设，全年投放项目贷款9.1亿元。发展多元金融服务，推行银行票据、保函等产品，为企业办理贸易融资，举办交易银行金融服务宣传推广会，为各类企业提供多元化的金融服务，开展茂名地区首笔区块链融资业务。年内，获评为茂名金融业支持民营、小微企业发展十佳方案奖。（中国银行茂名分行）

【中国建设银行股份有限公司茂名市分行】 至2019年年底，中国建设银行茂名市分行各项贷款余额317.71亿元，比上年末增加32.5亿元，存贷比74%。支持重点项目及基础设施建设，聚焦创新驱动，助推高新产业园及科技创新企业发展；发展普惠金融，出台支持中小民营企业服务措施30项，明确减费让利、优化服务等普惠政策12项，服务小微企业及个体工商户；支持乡村道路改造、生活垃圾污水处理和新农村建设；投放个人贷款助力百姓安居。成为全市首家接入政府"开办企业一窗通"系统的银行，推出多个惠民生系统。在建行广东省分行2019年业绩经营考核中，中国建设银行茂名市分行各季度及年度KPI考核、全年综合考核均排名粤东粤西两翼区域前列。

（建设银行茂名分行）

【中国农业发展银行茂名市分行】 至2019年年底，中国农业发展银行茂名市分行各项贷款余额86.4

亿元，规模列全省系统21个地级市的第六位，对公中长期贷款在全市金融同业排名第一，年末存贷比122.7%，发挥政策性金融支持地方经济的战略支撑和补短板作用。服务交通基础设施，为化州市城东新区市政道路等农村路网建设提供1亿元信贷资金支持。服务海洋经济发展，对茂名港博贺新港区东、西防波堤工程项目提供2.76亿元信贷资金支持。服务生态旅游建设，为电白区水东湾水环境综合整治红树林科普教育栈道等项目提供0.3亿元信贷资金支持，助力打好污染防治攻坚战。服务医疗教育体系建设，为信宜市妇幼保健院、信宜市人民医院等项目提供1.8亿元信贷资金支持，改善民生办实事。服务民营、小微企业实体经济，发放产业化龙头企业贷款1.71亿元，获得“茂名金融业支持民营小微企业十佳方案”奖项。年内信贷保持不良贷款为零，连续23年实现“四无”（无经济案件、无刑事案件及重大责任事故、无违规违纪案件、无信访举报）创建，与安全稳健运营。

（农业发展银行茂名分行）

【茂名市农村合作金融机构】 至2019年年底，茂名辖区农村信用社全面完成组建农商银行工作，各项存款余额835.56亿元，比上年末增加67.67亿元；各项贷款余额382.02亿元，比上年末增加35.4亿元；存贷款市场占比分别为28.8%、24.3%，存贷款规模位居全市金融机构首位。资本充足率18.8%，不良贷款率1.7%，贷款拨备覆盖率227.1%，监管指标保持稳定。全年投放涉农贷款238.54亿元，小微企业贷款180.82亿元，支持“三农”和小微企业的发展，成为支持地方经济建设的主力军。年内，辖区4家农商银行包揽茂名市妇女创业小额担保贷款贴息项目（2017—2019年）一、二、三等奖，其中化州农商银行获一等奖；信宜农商银行思贺支行、化州农商银行化州镇支行分别获中国银行业协会最佳社会责任特殊贡献网点奖、银行业文明规范服务三星级营业网点；茂名农商银行获省联社“农商王者”大零售业务“王者之师奖”。（农合系统）

【中国邮政储蓄银行股份有限公司茂名市分行】 至2019年年底，中国邮政储蓄银行茂名市分行各项存款余额449.76亿元，比上年末增加25.45亿元；各项实体贷款（不含福费延）余额98.84亿元，比上年末增加20.39亿元，同比增加3.61亿元；不良贷款率0.5%，优于全市同业平均水平。项目贷款全年授信33亿元，投放1.4亿元信贷资金支持茂湛高速（沈海扩建项目）等重点项目建设；加大民营企业和小微企业融资服务力度，全年投放小微企业贷款23.54亿元，比上年增加7.49亿元。坚持服务乡村振兴战略，全年涉农贷款净增9.93亿元，增速40%；设置“助农取款服务点”740个，占全市全行业的38%，打通惠农、助农的“最后一千米”。年内，获茂名市金融服务实体经济系列竞赛综合奖一等奖、“访百万企业 助实体经济”专项行动竞赛第一名及优秀组织奖、茂名市2018—2019年度金融消费权益保护工作先进单位一等奖。

（邮政储蓄银行茂名分行）

证券业

【证券业概况】 至2019年年底，全市10家证券公司资产总额20.65亿元，比上年增长46.3%，增速同比加快62.83个百分点；负债总额19.88亿元，增长47.5%，增速同比加快64.08个百分点。茂名市证券市场（含股票、基金、债券等）全年交易额3813.87亿元，比

▲2019年，人民银行茂名市中心支行开展“访百万企业 助实体经济”专项行动（中国人民银行茂名市中心支行提供）

上年增长29.2%，其中，股票及基金增长34.3%，债券增长17.9%。

【安信证券股份有限公司茂名分公司】 2019年，安信证券股份有限公司茂名分公司辖下有营业部7个，员工137人，客户超过30万人，客户总资产超125亿元。全年股票基金成交额1600亿元。开展反洗钱工作，做好各项应急演练，持续推动平安金融的综合治理。（安信证券茂名分公司）

【广发证券股份有限公司茂名高凉中路营业部】 2019年，广发证券茂名地区辖下有营业部2个、员工35人，客户超过6万人，客户总资产超29亿元。全年新增开户数9932户，新增资产10752万元；手续费收入2206万元，代销金融产品总额312936万元。8月24日，广发证券茂名营业部在威利酒店举办“期权大讲堂”专题活动，邀请近百名客户开展期权知识普及学习。年内，获广发证券系统“2019年度卓越经营奖一等奖”。

（广发证券高凉中路营业部）

【粤开证券股份有限公司茂名油城八路证券营业部】 2019年12月，联讯证券公司更名为粤开证券公司，辖下有营业部1个、员工24人，客户超过2万人，客户总资产超0.4亿元。全年新增开户数4426户，新增客户资产1000万元；手续费收入323万元，代销金融产品总额5260万元。

（粤开证券油城八路营业部）

保险业

【保险业概况】 2019年，茂名市实现保费收入93.27亿元，比上年增长18.9%。茂名保险业为农户提供84亿元风险保障，增长61.9%；赔款支出2.42亿元，增长41.7%。农房保险覆盖133.81万农户提供1070.51亿元的风险保障。支持生猪复产，全年茂名保险业承保生猪356.9万头，保费收入0.54亿元，赔款支出1.29亿元，赔款金额超过保费收入0.75亿元，简单赔付率236.8%。

【中国人民财产保险股份有限公司茂名市分公司】 2019年，中国人民财产保险股份有限公司茂名市分公司保费突破15亿元，比上年增长34%，占茂名财险市场份额的49.04%。承担风险责任金额3.03万亿元，处理各类赔案40.13万件，支付赔款超8.25亿元，缴纳各类税费6951万元。继续承办城乡居民大病保险。茂名市医疗救助“一站式”结算服务启动，为困难群体提供保障；支持实体经济，开办工程类保函业务，为28家企业用保证金替代企业释放将近18625万元，提高资金使用效率，减轻资金沉淀压力；连续多年承办政策性业务，全市有“三农”（农村、农业、农民）营销服务部11个、“三农”保险服务站101个，提供风险保障1100亿元。年内，获评纳税信用A级纳税人，市工会工作优秀单位，荣获支持民营、小微企业发展“十佳方案”奖。（中国人民财产保险茂名市分公司）

【中国人寿保险股份有限公司茂名分公司】 2019年，中国人寿茂名分公司实现自营保费10.92亿元，占茂名寿险市场份额的17.76%。全年理赔业务2.72万件，总赔付金额7617万元，向地方政府缴纳税费1024.83万元。下辖6个营业单位，88个营销网点，服务机构网络覆盖茂名全辖区，其中大型的农村服务部30多个，在职员工200余人，专业化保险代理人超过6600人。年内，获人民银行茂名市中心支行授予的“反洗钱调研信息先进单位”“反洗钱宣传先进单位”称号。中国人寿茂名分公司落实市委、市政府精准扶贫各项工作要求，与茂名市人民政府签订战略合作协议，主动谋划合作项目，助推供给侧结构性改革，加快经济发展。与市卫生健康局签订茂名市老年人意外伤害综合保险战略合作协议，持续推进茂名“巾帼安康行动”，与市住房城乡建设局开展村居自建房保险项目，助推茂名市民生事业发展。

（中国人寿保险茂名分公司）

【中国太平洋财产保险股份有限公司茂名中心支公司】 2019年，中国太平洋财产保险股份有限公司茂名中心支公司保费突破3亿元，比上年增长23.1%；承担风险责任金额0.24万亿元；支付赔款超1.27亿元，向地方政府缴纳各类税费971.72万元。连续多年承办政策性农险业务，全市辖内建设“三农”（农村、农业、农民）保险服务站90个，“三农”保险服务点135个，提供风险保障资金12.47亿元；促成省级公司“民生综合保险”公益保险扶贫项目落地，为全市1.42万名贫困户提供超7亿元的风险保障；在全市辖区内建设农村交通安全劝导站8个，配合交警加快完善车驾管服务网络体系建设，实现

"一站式"服务。（中国太平洋财产保险茂名中心支公司）

【中国太平洋人寿保险股份有限公司茂名中心支公司】 2019年，中国太平洋寿险茂名中支保费突破2.94亿元，比上年增长3.73%，市场份额4.8%；赔付支出2821.21万元，向地方政府缴纳各类税费194.88万元；拓宽个人融资渠道，开展保单质押贷款服务，质押贷款资金2736万元；继续承办燃气综合保险，为全市约1.1万户管道燃气居民提供意外风险保障。（中国太平洋人寿保险茂名中心支公司）

【中国平安人寿保险股份有限公司茂名中心支公司】 2019年，中国平安人寿保险股份有限公司茂名中心支公司全年实现总保费收入（含个险、银保系列）14.3亿元，比上年增长15%。其中个险营销渠道保费收入13.6亿元，银行渠道保费收入1022.72万元。全年公司缴纳各种税金1467.41万元，赔付总金额9840.42万元。至2019年年底，有网点13家，保险营销员人数6365人。（中国平安人寿保险茂名中心支公司）

城乡建设

国土空间规划

【国土空间规划编制】 2019年11月27日，茂名市召开市国土空间规划编制联盟成员工作第一次会议，明确市国土空间规划编制工作方案。12月18日，召开市国土空间规划编制联盟成员工作第二次会议，讨论国土空间规划编制工作日程安排、编制组技术人员名单，国土空间规划专题分工及其他具体分工事项。

▲ 2019年10月17日，茂名市自然资源局举办国土空间规划学习培训班

【土地规划】 2019年，茂名市自然资源局为全市各区、县级市开展的47个省、市重点项目办理规划修改，涉及面积475.21公顷。其中：办理土地利用总体规划修改12个项目，面积191.32公顷；办理有条件建设区使用方案13个项目，面积90.38公顷；办理城乡建设用地规模置换6个项目，面积97.38公顷；办理城乡建设用地预留规模落实16个项目，面积96.14公顷。为市奥体中心、丙烷脱氢、彭村湖二期人工湿地、南海旅游岛等各类产业项目、民生项目和市储备开发项目提供较好的土地规划保障。

（市自然资源局）

市政建设

【市政建设概况】 2019年，茂名市城市管理和综合执法局抓好城市优化、绿化、净化、序化、美化，完善城市功能。茂名市建成区绿地率40.9%，绿化覆盖率42.8%，城市公园绿地面积1527.96公顷，人均公园绿地面积17.65平方米/人。建成区道路长度918.4千米，城市道路密度率6.64千米/平方千米。（市城管执法局）

【审批制度改革】 2019年，茂名市住房和城乡建设局全面推进工程建设项目审批制度改革工作，成立工程审批改革领导小组，设立审批改革领导小组办公室，建立"周汇报、月简报"制度，解决审批改革推进过程中的难点、热点问题。完成事项任务15项，出台印发审批制度改革文件33份，全市工程审批管理系统实现与省系统互联互通，并于12月31日上线运行。窗口受理、办理行政审批事项627件，公共服务事项及其他行政权力6.08万件，按时办结率100%，提前办结率100%。

【城镇生活污水治理】 2019年，

茂名市住房和城乡建设局起草并提请市政府发文成立茂名市城镇污水处理设施及配套管网建设推进领导小组，制定印发《茂名市城镇生活污水垃圾处理设施建设“两年攻坚”行动方案（2019—2020年）》等多份文件，组织召开全市水污染防治攻坚（城镇生活污水专题）现场推进会。全市有35个城镇生活污水处理设施项目，其中提标改造5个、县级新建项目5个、镇级新建项目23个、镇级重（迁）建项目2个。已建成并进入通水调试（试运行）阶段的有37个项目，其中提标改造1个、县级新建项目2个、镇级新建项目34个；新开工的项目有63个。敷设完成城镇污水管网349千米（含县级新建项目、镇级新建项目和老旧管网改造），较上年敷设完成量增加184%。10月12日，茂名市召开水污染防治攻坚（城镇生活污水专题）现场推进会，专题研究全市城镇生活污水处理设施建设工作。

【城乡生活垃圾处理】 2019年，茂名市4个绿能环保发电新建项目平稳推进。化州市项目建成投产；信宜市项目主体工程基本建成，一期工程完成98%，二期工程完成85%，完成占总投资85%；电白区项目完成占投资80.4%；高州市项目完成占投资66%。中央环保督察整改任务的18个镇级垃圾填埋场和纳入省级系统的10个非正规垃圾堆放点全部完成整改并销号。茂名市先后印发《茂名市城镇生活污水垃圾处理设施建设两年攻坚行动方案（2019—2020年）》《茂名市农村生活垃圾治理省级复验反馈意见整改工作方案》等11份文件，召开全市迎接农村生活垃圾治理国家验收暨农村生活垃圾分类处理推进会。信宜市、电白区填埋场扩容项目完成并投入使用，高州市、化州市填埋场扩容项目加快推进。全市建成村级垃圾收集设施2.3万个，大部分镇（街道）开展垃圾保洁清运收费，农村生活垃圾治理体系进一步健全完善。印发《茂名市城市建筑垃圾管理办法》，建筑垃圾处置行政许可办理公布。茂南区羊角镇、山阁镇、金塘镇和高州市宝光街道、荷花镇等地，完成建筑垃圾消纳处置或资源化利用项目的选址工作，加快办理前期手续。电白区、信宜市、化州市初步确定项目选址，加快组织论证工作。（罗　栋）

【市政道路建设改造】 2019年，市城管执法局建成金城路、站南路、站前大道余段、西粤北路（官渡路至大园路段）和高凉北路（官渡路至大园路段）5条城市道路，基本建成大园一、二路，开通大园桥及大园西路。完成红旗北路、红旗中路、建设路、计星中路、龙山路、天桥路6条人行道和石达、石禾、宾西、宾中、康乐、站东6个小区内街背巷升级改造工程，推进石鳌塘、黎岭、荔红、竹园、龙岭、新福、文光、愉园、南华9个小区道路升级改造。基本完成茂苍路、计星南路的改造工程和茂南开发区、官渡街道、站前街道、河东街道、河西街道及5个街道辖区79条街坊路硬底化及亮化工程。新开工建设甲子大道、站前大道南段、天桥路南段。加快东粤路、官山七路、双山八路、金城东路4条新建市政道路建设前期工作。

【大园桥及大园西路贯通】 2019年，市城管执法局推动大园桥及大园西路工程各项工作落实落地，于年底建成并通车。大园西路长542米。大园桥长391米，是茂名市第五座横跨小东江连接河东河西的重要桥梁。大园桥及大园西路的开通，能缓解官渡路、厂前路的交通压力，激活官渡以北片区，为市民到露天矿公园游玩开辟新路径。

【黑臭水体治理】 2019年，市城管执法局完成站北七路小河整治任务、西粤南路雨污分流改造工程、新湖公园污水主管改造工程、新湖公园箱涵清淤及入湖排污口截污工程、新湖公园南侧国贸门前污水管应急改造工程、河东污水引入河东污水管网工程等多项工程。推进茂南大道、站北六七路、西粤南路北段污水管道的建设工作，完成污水管网建设6.2千米。督促电白区加快水东河、寨头河水体整治。茂名市区12条黑臭水体完成整治11条，完成率91%，达到国家和广东省下达的完成90%的任务要求。

【城市灯饰亮化】 2019年，市城管执法局继续深化城市灯饰亮化建设，推动灯会花灯、景观亮化灯饰、路灯杆亮化、春节应节临时灯饰设计和建设。优化小东江两岸灯饰，建设永久桥、官渡桥特色灯饰，完善官渡公园、南香公园、人民广场等公园广场灯饰，升级油城路、茂名大道等城市道路、节点灯饰以及城市出入口“第一印象”灯饰；以“滨海绿城，好心茂名”为主题，在小东江举办迎春花灯会。组织开展灯饰评比活动，通报表扬亮化优秀单位。

【市政设施维护管理】 2019年，市城管执法局对茂名大道、茂南大道、油城路、官渡路等15条道路进行局部维修，维修人行道1.1万平方米、沥青路面1.4万平方米、护栏3千米，施划停车泊位（小车、摩托车及共享单车）8.4万个，安装禁停牌374套，完成城市主次干道“礼让行人”通道施划工作。清疏城区市政排水管道30万米，清疏进水井、检查井1.6万座次。推进路灯智能监控系统建设，完成辖区内近330千米路灯输电线路、1.78万余盏路灯管护任务，亮灯率保持在98%以上。改造防洪排涝设施，完成25个水浸黑点改造，新建及改造排水口近1200个。

【城市园林绿化】 2019年，茂名市加强绿化建设管理，升级改造新湖公园，举办园林艺术花会，建设“好心绿道”（示范段），做好城市园林绿化工作。

绿化建设管理 2019年，市城管执法局建成红旗湖公园及荔红小区的口袋公园，完成小东江（官渡桥至大园桥段东侧）生态步道建设，升级改造雅园小公园，基本完成好心绿道1、2号线建设和新湖公园升级改造，开工建设石达小区口袋公园，推进站南公园建设，完成市区14条道路及4个公园（广场）绿化景观提升。推动中心城区绿化管养工作，在城市重要节点种植莳花约50.2万盆，补植乔、灌木约36万棵。

新湖公园升级改造 2019年，市城管执法局启动新湖公园景观提升工程，完善新湖公园基础设施，建设环湖绿道，新建跨湖桥2座、亲水平台2个、绿道沿线的休息廊架7个、主题小广场多个和戏台1个，增建卫生间，增加老人健身场所、儿童乐园等。改造园区路16条，增设80多个园区标识牌形成导览系统。种植一批多开花的树木，治理污水，改造园内照明设施，翻新假山等园内建筑物，改造东南西北4个门，在南门增加“好心”主题雕塑等。

园林艺术花会 2019年，茂名市迎春园林艺术花会在新湖公园举办，花会主旨为“以花为媒，全民参与”，设置“好心花开、滨海茂名、金猪迎春”等18组主题展区。摆设多种花卉3.5万盆，悬挂各式灯笼2300个，通过花卉、绿植、灯光等，打造艺术花会场景。

“好心绿道”（示范段）建设 2019年，市城管执法局推进河东片区好心绿道（示范段）建设。好心绿道（示范段）全长约12千米，其中主线长度6.4千米、支线长度5.7千米，包括骑行绿道、绿道标识系统、路灯照明及景观照明工程、雨污排水管线新建或改造工程、景观绿化工程、景观栈道工程，以及配套绿道驿站、小游园、城市家具等建设内容。两条线路分主、次线两级形成多个环状结构，将茂名生态景观、人文景致、特色街区有机串联，突出环境品质，构建茂名特色文化的休闲线路。

【城市环境卫生】 2019年，茂名市做好环境卫生设施建设、市容保洁、垃圾分类、厕所革命工作，确保城市环境卫生质量。

环境卫生设施建设 2019年，市城管执法局组织编制《茂名市中心城区环卫设施专项规划（2018—2035）》，督促环境卫生部门更新、改造垃圾收集车650余辆，实现垃圾运输密闭化。在小区摆放4000个环保垃圾桶，设置110个分类垃圾收集房，在道路设置2300个垃圾废物箱。推进官渡公园、新华街道2座压缩站建设，改造投运乙烯市

▲茂名市文化广场一角 （丘立贺 摄）

场压缩站，对市区现有18座压缩站进行修缮。

市容保洁　2019年4月，茂名市城中村保洁纳入市场化范围，城区河东、河西片区全面实现环卫服务市场化，保洁面积860万余平方米。道路保洁时间从早上5点至晚上11点，实行16小时保洁，个别重点路段实行18小时保洁。购置雾炮车2辆，洒水车8辆，对道路从凌晨3点至晚上22点进行洒水降尘。继续提升城市道路机械化清扫水平，实行人机一体化作业，道路机械化清扫率89%。组织开展小区市容环境卫生综合大整治，清理小区和城中村的积存垃圾2000余吨。将环卫作业检查纳入城管市容执法，实施全天监管。清运垃圾到高州市、化州市填埋场进行无害化处理，清运垃圾25万多吨，保障城区清运率、无害化处理率100%。10月23日，举行"茂名市2019十大优秀环卫工人"表彰暨环卫工作经验交流会，在各区（县级市）评选10名优秀环卫工人进行表彰。拍摄的环卫工人专题微电影《坚守》，受到省总工会和省级媒体的关注。

垃圾分类　2019年，市城管执法局开展垃圾分类和宣传工作。组织人员到深圳、海口等城市学习垃圾分类处理先进经验，开展深调研，制订城市生活垃圾分类处理三年行动计划，修订《茂名市垃圾分类工作方案》。引进社会资金，推进餐厨垃圾处理特许经营，建成厨余垃圾处理示范点。开展食堂、酒店厨余垃圾处理，茂南区、电白区城管执法局与322家餐饮企业签订餐厨垃圾清运协议，规范厨余垃圾与泔水分类收集、分类运输、分类处理。设置龙岭大件垃圾分类转运场，建成金塘大件垃圾破拆中心和公馆废旧电器拆解中心，进一步完善垃圾分类收集处理体系。创建小区垃圾分类示范点，在小区垃圾桶张贴垃圾分类标识，设置垃圾分类房，拍摄宣传视频在市区LED屏播放，加强宣传引领。

厕所革命　2019年，市城管执法局按照《茂名市市区厕所革命新三年行动计划实施方案（2018—2020）》，采取改造一批、新建一批、开放一批的方式，按二类以上公厕标准，增加公厕数量，提升服务水平。在2018年对公园、广场厕所进行全面升级改造的基础上，茂名市新建公厕8座，改造公厕92座，市区老旧公厕全部完成改造。2018—2019年合计完成改造、新建公厕125座，超额完成三年行动计划改造、新建公厕120座的工作任务，在广东省住房和城乡建设厅《关于2019年城市公厕建设管理情况的通报》中被表扬。动员临街机关企事业单位对外开放厕所，市区公厕数量428座，达到国家卫生城市标准要求的"3～5座/平方千米"的标准。完成每座公厕经纬度测定工作，配合建立公厕云平台，提升公厕服务水平。

（市城管执法局）

城市供水及水质净化

【城市供水管理概况】　茂名市水务投资集团有限公司（简称市水投集团公司）成立于2014年5月，是市国资委属下监管的一级国有企业，前身是茂名市自来水公司。集团成员单位包括1个母公司、5个子公司及3个监管单位。集团公司实行集中决策、分层管理、分散经营的管理模式，主营业务包括"自来水生产与输配、水务资源投资开发与运营、水务设施规划设计与建设、污水收集处理与排放、市本级基础设施建设项目的融资工作"5大项业务。截至2019年年底，集团总资产81.6亿元，净资产73.2亿元，总负债8.4亿元。

2019年，市水投集团公司统筹推进各项重点工作，实现营业收入5.99亿元，实现利润1866万元，上缴税收2965万元，持续实现集团国有资产保值增值。

【城市供水】　2019年，茂名市做好城市供水水质检测、管网升级改造工作，确保供水安全。

供水总体规模　2019年，市水投集团公司属下有河东和河西2个水厂，为市中心城区和原茂港区提供生产和生活用水，供水

链接

茂名市2019年度十大优秀环卫工人：

刘葵娣　吴春红　朱以保　江雪华　王国玲　张　娥　戴什强　唐彩明　杨水群　叶世平

服务面积879平方千米，服务人口80余万。集团供水规模量38万立方米/天，其中河东水厂30万立方米/天，河西水厂8万立方米/天。全年完成供水量8399.18万立方米，比上年增长1%；售水量7305万立方米，增长3.7%；产值1.48亿元，增长3.6%；供水产销差平均值13%，下降2.3%。产品单位电耗199.9千瓦时/小时，上升0.3个百分点；矾耗1.38千克/立方千米，下降0.7%；氯耗1.01千克/立方千米，上升9.8%；水费回收率98.5%，下降0.4个百分点。

水质检测 2019年，市水投集团公司有经广东省质量技术监督局认证的广东省城市供水水质监测网茂名监测站（水质检测分公司）。全年出厂水合格率100%，满足《城市供水水质标准》（≥95%）要求；全年管网水合格率99.99%，满足《城市供水水质标准》（≥95%）要求，全年采集管网水样1414次。5月7日，在高新区七迳镇米粮居委会发生1次管网水臭和气味不符合《生活饮用水卫生标准》要求的情况。经过排空管道水后，水质符合国家标准。

供水安全 2019年，市水投集团公司开展安全生产检查232次，应急演练9次（水质事件应急演练2次、停电停水应急演练3次、氯气泄漏应急演练2次、消防应急演练2次），确保供水安全。加大爆管抢修工作力度，全年管网抢修及时率100%，管网压力合格率100%。

管网升级改造 2019年，市水投集团公司新建DN65口径以上供水管道29.4千米。至2019年年底，全市有DN65口径以上供水管道800.81千米。年内新增水

▲ 2019年3月28日，茂名市水务投资集团有限公司在河东水厂举行扩容工程并网供水仪式

表4690个，累计在册水表14.28万个。其中，民用水12.49万户，占87.5%；工业、商业、行政、消防、特种用水等非居民用水1.8万户，占12.5%。

【水质净化】 2019年，市水投集团公司处理生活污水4695.3万立方米，日均处理水量13.51万立方米，出水指标均达到国家《城镇污水处理厂污染物排放标准》（GB18918-2002）一级B排放标准。市第一水质净化厂累计处理生活污水3212万立方米，日均处理水量为9.45万立方米，污水处理负荷率99.5%。厂区污泥产量1.09万吨（含水率约60%～80%），污泥无害化处置率100%。用电单耗0.29千瓦时/立方米，单位电费成本0.16元/立方米。COD进水平均值204毫克/升，出水平均值18.1毫克/升，去除量5971.6吨，平均去除率91%；氨氮进水平均值21.1毫克/升，出水平均值1.77毫克/升，去除量620.9吨，平均去除率91.6%。茂名市河西城区生活污水处理厂处理生活污水1483.3万立方米，日均处理水量4.06万立方米，污水处理负荷率81.3%。污泥产生量5133.26吨，污泥无害化处置率100%。用电单耗0.19千瓦时/立方米，单位电费成本0.1元/立方米。COD进水平均值134毫克/升，出水平均值17毫克/升，去除量1735.45吨，平均去除率87.3%；氨氮进水平均值23.54毫克/升，出水平均值1.97毫克/升，去除量319.95吨，平均去除率91.6%。

【河东水厂三期扩容工程竣工】 2019年3月28日，市水投集团公司河东水厂三期扩容建设项目并网供水。项目总投资1.36亿元，包括净水处理系统和废水处理系统。净水处理系统规模每日10万立方米，出厂水水质符合国家《生活饮用水卫生标准》（GB5749-2006）要求；废水处理系统的建设规模每日40万立方米，设备安装规模每日30万立方米，把生产过程中的废水统一收集，采用先进的处理工艺，对污

泥作环保处理。

【茂名市河西城区生活污水处理厂提标改造】 2019年8月15日，茂名市河西城区生活污水处理厂提标改造工程开工。工程是对厂内排放的尾水进行再处理，使出厂水质达到《城镇污水处理厂污染物排放标准》（GB18918-2002）一级A标准及广东省地方标准《水污染物排放限值》（DB44/26-2001）的较严值，出水水质的氨氮、总磷等2项指标达到地表水V类标准，设计污水处理量5万立方米/天。项目由市财政直接投资，采取EPC总承包的招标方式，工程总投资4167.96万元，新建5座单体。至2019年年底，土建工程完成工程总量的60%，设备部分确定供应商并签订供货合同。累计完成投资1210万元，占总投资额4167.96万元的29%。 （市水投集团公司）

公共交通

【公共交通概况】 2019年，茂名市公共交通总公司拥有公交车319辆，公交线路38条，线路长度762.1千米；完成客运量1645万人次，比上年下降14.5%；实现营运收入3134万元，下降4.5%。

【纯电动公交车投放营运】 2019年8月，茂名市中心城区首批80辆纯电动公交车投放营运，纯电动公交车具有环保节能，静音舒适的特点，受到市民好评。11月，为完成广东省下达的茂名市区公交电动化任务，满足社会公众多元化出行需求，市政府召开常务会议，决定继续购置81辆纯电动公交车投放营运。

【公交线路开通及优化调整】 2019年，茂名市公共交通总公司根据市政府的工作安排，优化线路、科学调配运力，提高公共交通的经济效益和社会效益。根据线路站点客流情况、商圈景区发展情况，向市交通运输局申请新开17路、305B路公交线路2条。优化调整1路、5路、7路、10路等公交线路20条。

17路公交线路走向 起点在茂名市区小东江喷泉，终点在茂南区山阁镇烧酒村，全程13.9千米，全程票价2元。17路公交线路的开通，解决山阁镇烧酒村未通公交车、村民出行难的问题。

305B路公交线路走向 起点在电白区米粮村，途经657县道，终点在茂南区鳌头镇飞马小学南新校区，全程6.1千米，全程票价2元。305B路的开通，解决鳌头镇飞马村、林道村、塘札村、潮利村、文庆村等村委未通公交、村民出行难的问题。

公交线路优化调整 完成优化调整1、2、5、7、10、11、12、16、18、201、206、207、210、301、303、305、306、306B、311、315路20条公交线路工作，覆盖茂名火车站、露天矿生态公园、东汇城、西城片区大学城等区域，满足市民出行需求，市民乘坐公交出行更方便快捷。

【公交站场建设】 2019年，茂名市人民政府为解决公交车新车停车难问题，根据《市长专题会议纪要》有关工作要求，将河西建设路“六百户”居民小区搬迁地块（面积为6060平方米）划给茂名市公共交通总公司建设公交停车场。通过招投标对公交停车场进行围蔽、土地平整、硬底化等工作，建设充电桩、洗车场、首发站，逐步完善公交停车场的基本功能，并按照水东湾新城区的总体规划，在茂名职业技术学院东南面预留4000平方的地块建设水东湾新城智城大道公交首末站。茂名市公共交通总公司与茂名职业技术学院签订土地借用协议，取得土地使用权10年，通过招投标进行硬底化、司机休息室、卫生间、围墙

▲ 2019年8月，茂名市中心城区首批80辆纯电动公交车投放营运

施工建设。（市国资委）

建筑业管理

【建筑业概况】 2019年，茂名市有建筑施工企业502家，比上年增加107家，增长27.1%。其中，特级施工企业2家、一级施工企业22家、二级施工企业71家。全年全市实现建筑业总产值938.44亿元，增长12.8%，呈现出稳定增长态势。

【建筑市场管理】 2019年，茂名市住房和城乡建设局办理建筑企业资质审批及变更事项360件，建筑企业诚信信息档案录入124件，核发市本级建筑工程施工许可证35件（建筑面积205.4万平方米，投资额36.01亿元）。开展工程建设领域"挂证"专项整治行动，全市收到省住建厅的挂证存疑名单5084条，提交整改材料5079条，未提交整改材料5条，整改率99.9%；通过整改5078人，未通过整改1人，通过率99.98%，"挂证"整改率位于全省前列，受到省通报表扬。3月1日起，在茂名市行政区域内申请建筑业企业资质全面实施电子化申报和审批，企业无须提交纸质申请材料。12月13日，茂名市签发第一张建筑业企业资质电子证书，实现办理建筑业企业资质全程"零跑腿"。

【建筑工地扬尘治理】 2019年，茂名市加强建筑工地扬尘治理工作，印发《关于修订〈茂名市房屋建筑和市政基础设施工程文明施工精细化管理标准〉和进一步强化文明施工扬尘污染防治监督管理的通知》，进一步实行精细化治理。对各建筑工地扬尘治理状况建立台账，通过开工条件核查、日常监督巡查、专项检查等方式，督促建筑工地安装喷淋系统，开启雾炮机并配合人工洒水降尘，落实建筑工地扬尘治理"六个百分百"。全年检查工地（项目）2734次，建立台账642个，检查工程914个，责令整改483起。

【建筑质量安全管理】 2019年，茂名市建立完善建筑工地视频监控管理、质量检测数据监控、起重机械管理平台，细化管理标准，加强实名制管理，提升建筑工程质量安全精细化管理水平。通过召开现场观摩交流宣贯会和组织"安全生产月""质量月"活动等多种形式，贯彻有关质量安全管理要求，压实各方主体责任，提升全市工程质量安全监管管理水平。开展质量安全大检查和专项治理行动，全年出动监督检查人员5154人次，检查工程2462项次，发现隐患问题2441项，完成整改2433项，下达执法文书1113份。全市在建项目846项，房屋建筑工程总面积2698万平方米，监督率100%。全市建筑施工质量安全生产形势保持总体稳定。

【建设工程招投标管理】 2019年，茂名市完成建设工程招标文件备案57件，完成招标工作53件。其中：勘察设计10宗，招标控制价5285万元，中标价4325万元，中标下浮率18.2%；施工（含工程总承包）35宗，招标控制价28.06亿元，中标价26.6亿元，中标下浮率5.2%；监理8宗，招标控制价3657万元，中标价2793万元，中标下浮率23.6%。

【工程建设造价管理】 2019年，茂名市造价部门与咨询企业联系沟通，逐项核实甄别收集到的数据。更正明显错误的数据，对包含内容与要求差异较大的工程项目，排除出统计范围，对格式和单位不同的数据进行折算调整。整理分析符合统计要求62项，测算得出初步数据模型，比按旧版计算同期的指标平均增加约5%，比江门市、肇庆市指标略低，总体符合客观经济情况。组织专家对工程项目的招标控制价进行审核，按规定程序进行备案，并做好资料整理归档的工作。至12月底，办理工程招标控制价备案32件，总造价21.24亿元。

【勘察设计管理】 2019年，茂名市进一步开放建设工程施工图审查市场，促进市场竞争，提升施工图审查效率。全市有施工图审查机构18家。对全市工程勘察设计活动进行诚信管理，审核外来工程勘察设计企业进入茂名市的诚信登记工作，对企业不良行为进行扣分，对良好行为进行加分，对严重违反诚信管理的进行处理，维护全市工程勘察设计市场秩序。全年完成建设工程大中型项目初步设计审查9件，对初步设计方案不合理、违反工程强制性规范条文、工程概算错项、漏项等问题进行纠正，提升项目设计质量，保证项目政府投资效益。督促开展工程勘察设计领域挂证自查工作。

【绿色建筑】 2019年，茂名市加强对工程项目实施建筑节能的事中、事后监管。对新型墙体材料、保温砂浆、屋面保温隔热、窗、照明灯具等进行监督，确保建筑节能分项工程严格按图施工，确保建筑节能强制性标准得到严格执行。全市城镇新增节能建筑面积751万平方米，新建建筑设计阶段、竣工验收阶段执行建筑节能标准比例100%。全市城镇新增绿色建筑面积320万平方米，超额完成广东省下达的50万平方米目标任务；城镇绿色建筑占新建建筑比例42.7%，完成广东省下达的20%目标；1个项目取得运行标识，完成广东省下达的目标任务。完成对全市79栋民用建筑169万平方米的建筑能耗数据进行采集、统计、公示和报送工作，比上年统计面积增加72万平方米，增加74.2%。

【装配式建筑发展】 2019年，茂名市印发《茂名市装配式建筑专项规划（2018—2025）》；建立茂名市发展装配式建筑联席会议制度，形成各部门协调推动装配式建筑发展的机制；与各有意投资建设装配式建筑构件配件生产基地的企业洽谈，为企业投资提供服务。

【建筑材料推广】 2019年，茂名市城镇新型墙体材料应用总量为3.8亿块标准砖，城镇新型墙体材料应用总量占墙体材料应用总量的比例100%。全市有10家预拌砂浆搅拌站建成投产、登记备案，合计生产能力为300万吨预拌砂浆，基本可以满足市区、县级市城区的预拌砂浆需求。绝大多数搅拌站按要求完成场地硬底化、场地喷淋、物料传送装置封闭，污水回收循环使用、车辆进出场清洗等设施设备的改造。个别新建搅拌站按绿色生产及管理要求建设完成，对搅拌楼及堆料场进行全封闭处理，噪音、粉尘的排放得到有效控制。

【建设事业信息化】 2019年，茂名市住建局根据市政府关于开展政府网站集约化工作的相关文件精神和要求，完成局政务网站ICP备案变更、新合并单位原政务网站的信息迁移及撤销停办等工作。完成整站信息数据移交工作，网站集约化上线。局政务网站全年刊登信息约500条，其中同步刊登到市政府信息公开专栏的各类信息约200条，同步刊登到“信用茂名”网站的双公示信息约180条（含行政处罚1条）。收到约300条线上咨询并回复。

房地产业

【房地产开发】 2019年，茂名市加强房地产企业的资质和项目预售许可监督和管理，继续推进房地产市场调控相关工作，进一步规范整顿房地产市场。全市房地产投资保持增长，商品房建设、销售价格保持平稳，销售面积与上年基本持平，市场总体健康平稳。在国家宏观政策调控下，茂名市房地产销售有所降温，但房地产投资仍保持增长态势，市场总体平稳。全年全市完成房地产开发投资306.67亿元，比上年下降1%；全市商品房施工报建面积812.92万平方米，下降7.5%。

【房地产市场】 2019年，茂名市商品房销售面积434.25万平方米，比上年增长0.3%；商品房销售额305.48亿元，增长0.4%。茂名市区（含各经济功能区）完成存量房网签合同5036件，面积56.87万平方米，金额26.82亿元；完成存量房交易鉴证5124件，面积61.64万平方米，金额27.83亿元。年内，受理商品房预售项目备案121件；完成预售合同备案1.33万件；预售资金拨付509件（次），金额66.24亿元。全市二手房交易1.33万套，交易面积192.33万平方米，分别增长30.2%和26.6%。广东省下达茂名

▲ 茂名市油城十路建筑群 （丘立贺 摄）

市棚户区住房改造开工目标任务2713套，全市棚户区住房改造新开工2715套，完成率100.1%；广东省下达茂名市棚户区住房改造基本建成任务288套，基本建成288套，完成率100%；广东省下达茂名市租赁补贴发放任务1133户，全市发放1153户，完成率101.8%。茂名市区清退不符合入住保障性住房资格住户78户，安置保障性住户3户、直管公房住户6户。

【房屋租赁管理】 2019年，茂名市推进住房租赁管理服务信息平台线上业务办理备案工作和行政服务事项“一站式”“最多跑一次”服务改革。全年办理房屋租赁登记备案业务1896件，办理新增归集业务物业小区81个，办理维修资金变更登记业务1668户，接受申请维修资金使用备案36件，核准维修资金申请使用支付36件。全年完成代征房屋租赁税934.6万元。实现白蚁防治费税后收入744.8万元。

【物业服务管理】 2019年，茂名市规范物业服务市场健康运营，在7次修改后形成《茂名市物业管理办法（送审稿）》。持续开展专项检查行动，对市中心城区46家物业服务企业、77个物业小区开展物业专项检查，处理各类纠纷投诉970件。开展住宅专项维修资金归集和申请使用的监管工作，受理商品房维修资金开户业务59件，办结55件，归集8774万元。受理商品房维修资金使用项目23件，业务办结18件，共列支37.52万元。市直代管维修资金的住宅小区271个，17.2万户业主，账户余额7.94亿元。协助推进“三供一业”（供水、供电、供气、物业）相关工作，移交物业管理区域57个，移交住宅专项维修资金1.88亿元。

【农村危房改造】 2019年，茂名市组织各地完成农村危房改造1195户，完成广东省下达任务的358.9%，超额完成省下达任务，在2019年年初省扶贫考核中得到“较好”评价。高州市农村危房改造工作作为全省唯一一个县级市获得国务院的奖励激励，获得专项奖励资金500万元。

【城市供气】 2019年，茂名市有燃气企业52家，其中瓶装液化石油气企业47家，管道天然气企业5家，天然气（L/CNG）汽车加气站1座。全市天然气用户数量15.48万户，商业用户6690户，年供气量4458.71万立方米，新建天然气管网107.71千米。全市城镇燃气普及率100%，其中管道燃气普及率13.7%，瓶装燃气普及率86.3%。全市液化石油气供应量8.867万吨，城市天然气供应量4458.71万立方米。 （罗 栋）

【不动产登记】 2019年，茂名市发放不动产权证书12.8万本、不动产权证明1.2万本。其中，市本级发放不动产权证书6.5万本，不动产权证明3.2万本。

【不动产登记便民服务】 2019年，茂名市全面提升不动产登记服务水平。27类登记业务精简材料116项，不动产登记实现抵押登记3个工作日办结、一般登记5个工作日办结；推进不动产登记信息管理基础平台建设、“一窗受理”系统，确保群众“只跑一次”；推行“不动产登记+”服务，将登记窗口延伸至银行网点、企业，创新便民利民服务模式。

（市自然资源局）

城市管理

【城管执法】 2019年，茂名市城管执法局持续推进马路市场、农贸市场、学校周边等市容“黑点”专项治理，规范商铺入室经营；专项整治市容“十乱”问题，拆除违规大型户外广告牌约2700平方米，清除小广告、乱拉挂横幅等3500件。开展高铁沿线环境综合整治，提前完成272项高铁沿线治理工作任务。全年取缔占道经营5200余处，联合交警部门成立执法小组，教育劝离违停车辆15万起，依法查处违停13万起，清理僵尸车一批。

【违法建设治理】 2019年，茂名市城管执法局推进违法建设治理工作，把城区、道路两侧及规划控制区周边作为重点区域，坚持拆旧控新，加强巡查控管。全年印发各类通知255份，各类处理投诉案件340件，治理违法建设115.4万平方米，完成年度治理任务129.4%，治理总量在全省排前十名。加强住建领域违法违规案件办理，全年立案查处建设违法案件13件，处罚金额约58万元。

【数字城管平台运行】 2019年，茂名市城管执法局采用共享（租赁）广东省数字城管通用型平台系统模式，建成茂名市数字化城市管理平台。5月9日，首批35名信息采集人员经过业务培训后上岗。采集员每天在指定网格区域内巡查，采集城市管理方面的各类问题上报数字城管指挥中心，由指挥中心按各部门的职能派遣处理。全年采集各类城市管理问题3.78万件，立案3.17万件，结案2.58万件。

（市城管执法局）

社会主义新农村建设

【社会主义新农村建设概况】 2019年，茂名市继续全域推进农村人居环境整治，创建示范县、示范镇、示范村，持续深入推进省级新农村示范片建设、贫困村创建新农村示范村、生态村镇和文明村居、美丽乡村创建，社会主义新农村建设，合计投入财政资金29.62亿元。出台《中共茂名市委办公室、茂名市人民政府办公室印发〈关于对标三年硬任务和“千村示范、万村整治”工程扎实推动乡村振兴工作方案〉的通知》实施“千万工程”，推进乡村振兴。4月25日，茂名市在化州召开全市农村人居环境整治现场会。市委农办组织全市农村人居环境整治评价验收工作，评出示范亮点行政村19个、完成阶段任务成绩突出自然村42个。

【村容村貌改善】 2019年，茂名市农村100%完成“三清三拆三整治”和村庄规划，98.5%自然村完成村道路面硬化，95.8%完成集中供水，生活垃圾收运处置体系覆盖100%行政村，保洁覆盖率99.7%，农村无害化卫生户厕普及率99.7%，干净整洁村达标率80.31%。以示范县、示范镇、示范村为龙头，以点带面促进全域农村人居环境整治，创建示范县1个、示范镇4个、示范村103个，建设乡村绿化美化示范点142个，超额完成广东省下达任务。打造以茂南区牙象村、高州市丁堂村等为代表的61个人居环境整治示范亮点村。高州市根子镇被评为“广东省森林小镇”，根子镇柏桥村入选广东省首批文化和旅游特色村名录，高州“三色”乡村旅游入选全省20条广东美丽乡村精品线路。

【农村基础设施建设】 2019年，茂名市实施“四好农村路”“畅返不畅”整治工程，工程量完成1584千米，完成率115%。完成“村村通”自来水工程建设任务，95.8%的自然村实现集中供水。全市治理中小河流治理（二期）335.18千米，治理河长完成率85.1%（广东省要求80%）。实现县级物流服务中心、乡镇级物流站覆盖率100%，村级物流点覆盖率60%。完成274个中心村、180个省定贫困村、58个小水电自供区等农村地区的电网升级改造，基本解决茂名农村地区低电压问题。茂名辖区内实现全部行政村4G网络全覆盖及光纤网络全覆盖。全市1132间村卫生站全部完成主体框架设计，完工率100%，工作进度位列全省第二名。

【乡村振兴工作】 2019年6月15日，茂名市组织乡村振兴战略研讨班赴浙江培训学习，对标学习浙江等地区先进经验做法，推动人居环境整治和乡村振兴工作开展。10月起，茂名市开展“强基础、补短板，服务基层”促乡村振兴行动，相关做法被“全国农村人居环境整治”公众号和省乡村振兴工作简报刊登。12月20日，茂名出台《茂名市实施乡村振兴战略规划（2018—2022年）》。

（市农业农村局）

▲ 绿化美化示范村——化州市石湾街道博带村 （丘立贺 摄）

生态环境

综 述

【生态环境概况】 2019年，茂名市区空气质量达标率92.6%，其中，2、3、4、5、7、8、12月达标率100%，全年排全省第四名，1—7月排全省第一名；大气主要污染物浓度SO_2和$PM_{2.5}$比上年分别下降16.7%、3.8%，PM_{10}上升2.3%。茂名市地表水7个考核断面全部达标，有6个达到优良，1个（小东江石碧断面）达到Ⅳ类，水质优良比例85.7%；小东江石碧断面从上年的劣Ⅴ类改善达到Ⅳ类（达标），在全省9个Ⅴ类国考断面中综合指数排第一名；鉴江江口门断面、袂花江塘口断面均达到Ⅲ类（达标）；长期处于劣Ⅴ类的3条入海河流水质均明显好转，其中关屋河达到地表水Ⅴ类，提前消除劣Ⅴ类；城市集中式饮用水水源水质达标率保持100%；近岸海域水质总体良好，一、二类海水质比例为76.5%。

【水环境质量】 2019年，茂名市加强饮用水水源地水质、湖库水质、河流水质、入海河流水质、近岸海域水质管理，保障全市的水环境质量。

饮用水水源地水质 2019年，茂名市区饮用水水源地水质年均值和单次监测值全部达到Ⅲ类标准，同时达Ⅱ类标准，水质状况为优。取水总量8749.4万吨，达标率100%。河西水厂的综合污染指数均值为0.17，名湖水库的综合污染指数均值是0.11。茂名市下辖各县（市、区）饮用水源地是鉴江的信宜水厂、高州水厂、石骨水库、塘岗岭水厂、罗江桥、三角圩水厂、那楼水库7个断面水质均达到Ⅲ类标准，水质良好。

湖库水质 2019年，高州水库石骨库区和良德库区水质、罗坑水库水质均达到Ⅱ类标准，水质属优。石骨库区营养指数为39.1，比上年上升4.7；良德库区营养指数34.8，比上年下降0.7；罗坑水库营养指数36.7，比上年上升2.3。3个库区水质均为中营养，营养状况与上年相比变化不大。

河流水质 茂名市主要河流有鉴江、袂花江和小东江，均属鉴江水系。2019年，鉴江（茂名段）水质类别是Ⅲ类，达到《地表水环境质量标准》（GB3838-2002）Ⅲ类水质类别目标；11个监测断面中，除罗江桥外，其他断面均达到相应水质目标类别，水质状况总体良好。与上年相比，水质无明显变化。袂花江（茂名段）水质达到Ⅲ类水质类别目标，水质状况良好；全部断面属Ⅱ类或Ⅲ类水质，水质状况良好。与上年相比，除亭梓坝水质由Ⅲ类改善为Ⅱ类外，其他断面水质无明显变化。小东江（茂名段）水质，山阁断面属Ⅲ类水质，水质良好；镇盛、石碧断面均为Ⅳ类水质。与上年相比，镇盛断面水质有所好转，石碧断面水质明显好转，山阁断面水质无明显变化。鉴江水系主要污染物指标是氨氮、总磷和化学需氧量等。

入海河流水质 茂名市入海河流水质监测点包括寨头河出海口、森高河森高排污口、关屋河电力局排海口。2019年，电力局排海口水质为Ⅴ类，寨头河出海口和森高排污口为劣Ⅴ类。与上年相比，电力局排海口水质有所好转，寨头河出海口和森高排污口水质无明显变化，主要污染物指标为总磷、氨氮、生化需氧量、化学需氧量等。

近岸海域水质 2019年，茂名市近岸海域布设各类监测站位17个，其中国控水质监测点位11个（包含2个考核点位），省控水质监测点位6个。茂名近岸海域海水质量总体状况良好，以一、二类优良水质为主，春季、夏季、秋季和全年的水质点位优良率分别70.5%、82.4%、82.3%和76.5%。国控点位春季、夏季、秋季和全年的水质点位优良率分别72.8%、81.8%、100%、90.9%；省控点位春季、夏季、秋季和全年的水质点位优良率分别为66.7%、83.3%、50%、50%；国控点位的水质状况总体优于省控点位；考核点位优良率50%，低于全省81.9%的考核目标。近岸海域海水主要污染物为无机氮、活性磷酸盐、石油类。

【大气环境质量】 2019年，茂名市区的空气质量总体良好，空气质量指数（AQI）的范围16~146，空气质量全省排第四名，比上年下降1位，处于较好水平。在365天的有效监测天数中，环境空气质量级别为"优"（AQI为1～50）的天数211天；"良"（AQI为51～100）的天数为127天；"轻度污染"（AQI为101～150）的天数27天；没有出现"中度污染"以上（AQI为151以上）的状况。达到国家二级标准的天数338天，达标率92.6%；超标天数27天，超标率7.4%，超标的项目主要为$PM_{2.5}$和臭氧。与上年相比，茂名市区环境空气质量有所下降，全年达标率下降4.1个百分点。通过对污染物的评价浓度进行同比分析，二氧化氮、PM_{10}、一氧化碳、臭氧比上年分别上升7.7%、2.3%、10.0%、20.0%；二氧化硫、$PM_{2.5}$分别下降16.7%、3.8%。2019年达标天数比上年减少15天，“轻度污染”天数增加15天，没有出现中度污染以上天气。

【声环境质量】 2019年，茂名市加强区域环境噪声、道路交通噪声、功能区噪声管理，保障全市的声环境质量。

区域环境噪声 2019年，茂南区（市区）环境噪声（昼间）等效声级范围47.2～54.5分贝，等效声级平均值52.5分贝，比上年下降1.0分贝；达标率95.9%，与上年相比下降4.1个百分点。茂南区（市区）、高州市区、化州市区、信宜市区的区域环境噪声总体水平评价等级均“较好”，电白区（市区）区域环境噪声总体水平评价等级为“轻度污染”。

道路交通噪声 2019年，茂南区（市区）城市道路交通噪声昼间监测的等效声级范围62.7～69.8分贝，平均值67.5分贝，比上年下降1.6分贝，比标准值低2.5分贝，达标率100%，达标率与上年持平。高州市区、茂南城区（市区）、信宜市区和电白区（市区）的道路交通噪声总体水平评价等级为“好”，化州市区为道路交通噪声总体水平评价等级为“较好”。

功能区噪声 2019年，茂名市区功能区噪声等效声级1类区平均值53.6分贝，2类区平均值55.0分贝，3类区平均值57.3分贝，4类区平均值66.2分贝，市区功能区噪声超标率平均13.9%，比上年下降5.9个百分点。

【中央和广东省环保督察整改】 2019年，茂名市及时推进中央和省环保督察整改，交办案件全部办结，并开展“回头看”，确保办理到位。及时制定上报中央环保督察“回头看”和省环保督察反馈问题整改方案。第一轮中央环保督察反馈12大项问题，完成5项（禁养区畜禽养殖清理、自然保护区管理、饮用水源违法项目清理、镇级垃圾填埋场整改、“十二五”规划污水管网建设），按计划推进7项（水环境质量、黑臭水体整治、海洋环境保护、农村生活垃圾整治、茂石化卫生防护距离搬迁、循环经济示范中心建设、PPP模式整县推进村镇污水处理设施建设）。中央环保督察“回头看”13项整改任务37个具体整改措施，完成8个，按计划推进28个；固体废物专项督察整改任务9项，具体整改措施25项，其中完成5项，按计划推进20项。有序加快推进省环保督察反馈问题的整改工作。

【全国第二次污染源普查】 2019年，茂名市继续开展第二次全国污染源普查工作，完成7106个污染源的调查、录入、核查工作，其中工业源4686个、农业源1771个、集中式污染治理设施33个、生活源锅炉17个、储油库11个、加油站283个、油品运输企业61个、入河（海）排污口244个。至2019年年底，普查工作基本完成，进入档案整理和成果应用阶段。

【环境安全】 2019年，茂名市做好环境安全隐患排查及整改，化解涉及环境领域社会矛盾，化解涉及环境保障项目“邻避”问题。

安全隐患排查及整改 2019年，茂名市对全市重点行业、重点区域组织开展汛期环境安全检查，重点检查化工园区、危险化学品、化学品仓储、尾矿库、涉危企业、饮用水水源地及其周边环境风险点，严防环境污染事故的发生。全市出动人员8334人次开展专项检查，检查企业2600家次，责令整改131家，立案查处106宗，罚款565.27万元，发现环境安全隐患企业32家，落实整改企业32家。

涉环境领域社会矛盾化解 2019年，市生态环境局印发《2019年信访矛盾化解攻坚专项行动工作方案》，落实重点案件领导包案制度，规范信访办理工作流程，畅通信访举报渠道。全

▲茂名市市民公园风景图 （丘立贺 摄）

市受理环境信访投诉2880件，其中，“12369”热线1760件、来信494件、电子邮件528件、来访98件225人次。办结2715件，办结率94%，比上年减少1369件。全年全市有36件案件列入重点领域攻坚化解专项行动，列入省重点领域攻坚化解32件，列入市重点领域攻坚化解4件，全部化解，化解率100%。

涉环保项目“邻避”问题化解 2019年，市生态环境局组织相关部门研究涉环保项目“邻避”问题防范与化解工作，在“邻避”项目的规划选址、社会稳定风险评估和环境影响评估、公众参与等前期工作上抓早抓实抓细，提前分析研判各种可能风险，使全市4个绿能环保发电项目平稳推进。

【环境保护宣传】 2019年6月3日，市生态环境局参加茂名电视台《与法同行》节目，就《茂名市畜禽养殖污染防治条例》和修正后的《茂名市高州水库水质保护条例》进行解读。6月16日，茂名市开展“安全生产宣传咨询日”暨“民生与法治”普法宣传活动，开展环境应急宣传，现场派发环保法律宣传资料，接受市民群众环境业务咨询，解答市民群众疑难，并提供相关法律服务和法律指引。茂名市在《茂名日报》、门户网站、微博、微信发布资讯，宣传习近平生态文明思想和市环保工作动态。茂名市生态环境局联合市环保志愿者协会、市环境保护产业协会开展环保知识进社区、进农村宣传，开展小东江环保志愿者巡查、环保课堂等多项环境宣教活动。6月2日，市生态环境局举办以“美丽茂名，我是行动者——水美油城，聚力攻坚”为主题的“6·5”世界环境日宣传活动暨茂名市青少年儿童环保公益交换会。

环境污染防治

【污染防治攻坚战】 2019年，茂名市出台污染防治攻坚战总体方案和“一图一表”，实行挂图作战。市委、市政府主要领导签发《关于开展全面攻坚劣V类国考断面行动的命令》。市委、市政府组织召开打好污染防治攻坚战推进会，对污染防治攻坚战工作做出部署，明确由市领导挂钩各地污染防治攻坚战工作。市生态环境局发挥市污染防治攻坚战指挥部办公室和市环委会办公室的作用，及时通报问题，研究措施对策，落实工作责任。市生态环境局领导班子成员挂钩各地污染防治攻坚战工作，加强工作协调，督促各地细化措施，加快落实资金，推进污水处理设施建设、饮用水源地问题整治、彭村湖修复项目建设，落实创建全国文明城市、创建国家卫生城市环保指标，并联合督查部门明察暗访。市污染防治攻坚战指挥部办公室、市环委会办公室召开工作会议25次，全市开展各类督办、检查约270次，发出通报22份、预警函6份、提醒函2份，组织约谈1次，约谈相关责任人11人次，交办攻坚战问题清单8件。

【污水处理设施建设】 2019年，茂名市加快推进城镇污水处理设施建设及配套污水管网建设，全市建成县级以上污水处理设施5座（总处理规模13.75万吨/日）、镇级污水处理设施25座（总处理规模4.04万吨/日）；完成5座城市（县城）污水处理厂提高标准改造建设。

【饮用水水源整治】 2019年，茂名市按照中央环保督查整改要求落实饮用水水源一级保护区内违法建筑及建设项目清理整治，整治完成中央环保督察交办的158个饮用水水源地清理整治问题。加大饮用水水源地违法违规项目排查和清理整治力度，排查发现县级及以上饮用水水源地环境问题95个，包括25个地级饮用水水源地问题、70个县级饮用水水源地问题，95个饮用水水源地环境问题整治全部完成。生态环境部专项督查交办13个问题，全部完成整治，保障饮水安全。同步推进划定水源地保护区的范围、在水源地边界立标和立牌、对水源地保护区范围内的违法、违规问题进行治理三项重点工作，水源地调整（划分）方案和技术报告获得省政府批复。

【城市黑臭水体整治】 2019年，茂名市推进12个城市黑臭水体整治，全年完成整治项目11个，占全市黑臭水体的91.7%，分别是春苑公园、龙湖公园、新湖公园、茂南第一中学附近鱼塘、一号湖、四号湖、二号湖、隔坑河、站北七路小河、低埒河、关屋河；基本完成的整治项目有1个（寨头河）。

【畜禽养殖污染治理】 2019年，茂名市继续推动畜禽养殖污染防治立法，《茂名市畜禽养殖污染防治条例》经省人大常委会审议通过并公布，5月1日起施行。推动各地加强畜禽养殖污染防控，加强对江口门、石碧断面上游畜禽养殖污染源排查和禁养区养殖场清理，严禁养殖场外排废水，畜禽养殖废弃物资源化利用率和规模养殖场粪污处理设施装备配套率分别达68.4%和74.7%。组织开展《茂名市畜禽养殖产业发展与污染防治技术政策研究项目》研究，从源头科学控制养殖污染。推动调整畜禽养殖分区，茂南区完成调整分区并关闭禁养区养殖场1100家。

【流域生态修复】 2019年，茂名市在原有方案的基础上，加快推进彭村湖黄竹河综合治理与生态修复项目及周边农村污水处理设施建设，建成运行日处理1万吨的首期人工湿地主体工程。按照“截污、清淤、修路、造景”的思路，推动建设彭村湖周边建设农村污水处理集中展示基地，推进黄竹河生态修复和彭村湖人工湿地项目，彭村湖二期人工湿地4万吨/日项目开工建设。

【“散乱污”工业企业整治】 2019年，茂名市组织各相关单位，开展拉网式排查，全面排查摸清“散乱污”（不符合产业政策，不符合当地产业布局规划，未办理工信、发改、土地、规划、环保、工商、质监、安监、电力等相关审批手续，不能稳定达标排放）工业企业（场所）底数。至2019年年底，全市摸底排查“散乱污”工业企业场所527家，全部按照分类施策原则进行整治，完成广东省下达的年度治理任务。

【挥发性有机物治理】 2019年，茂名市生态环境局继续对全市中小企业开展挥发性有机物治理工作。重点围绕炼油石化、化工、工业涂装、印刷、汽修等重点行业开展治理，完成90多家涉挥发性有机物综合治理工作，其他企业也在稳步推进。

【工业锅炉治理】 2019年，茂名市加强对各地生物质成型燃料锅炉日常使用的监管。通过监督性监测、企业自行监测等措施，对辖区内生物质锅炉尾气排放合规情况进行排查，对尾气超标排放的锅炉责令整改。全市继续推进全市生物质成型燃料锅炉整治，发现需整治203台，整治完成203台，完成率100%。

【机动车排放检验机构监督】 2019年，茂名市加强机动车排放检验机构的监督管理，按照“双随机”（随机抽取检查对象，随机选派执法检查人员）模式开展监督检查并落实整改。加强柴油货车尾气污染防治，机动车尾气遥感监测系统建成并投入使用。开展非道路移动机械治理工作，在全市范围内进行非道路移动机械摸底调查和编码登记工作。

【扬尘治理】 2019年，茂名市强化建设工程扬尘治理，做好建筑施工扬尘的防控，所有在建工地严格落实“六个百分百”（施工工地周边100%围挡、物料堆放100%覆盖、出入车辆100%冲洗、施工现场地面100%硬化、拆迁工地100%湿法作业、渣土车辆100%密闭运输）要求；做好道路扬尘的防控，按要求开展道路清扫和洒水作业；做好道路施工及道路养护扬尘防控；严查渣土车违规上路行驶行为，加强运输扬尘源的防控，全力保证全市环境空气质量；每天安排洒水车对城区及城郊主要道路至少开展4轮洒水降尘，重点时间段每两小时洒水一次，全面推行道路机械化清扫作业。

【露天焚烧管控】 2019年，茂名市推进秸秆还田、秸秆多元化利用，对禁止露天焚烧垃圾和农作物秸秆等提出明确要求，组织相关部门做好城区范围内、外各类露天焚烧管控，落实属地责任，建立县、镇两级政府以及村（居）委会自治组织的三级目标管理责任制，并加强巡查执法，强化对群众的禁烧宣传教育。

【土壤污染状况调查】 2019年，茂名市印发《茂名市2019年土壤污染防治工作方案》等，开展重点行业企业用地土壤环境质量调查工作，完成重点行业企业用地清单的核查落实工作。全市有高度关注地块24宗、中度关注地块180宗，其中含6个填埋场和1宗尾矿库地块，低度关注地块2宗，确定初步采样名单，完成省下达的第一阶段任务目标。

【固体废物处置基础设施建设】 至2019年年底，茂名市循环经济示范中心一期项目建设完成57.8%；各地绿能环保（垃圾）发电项目建设和垃圾填埋场整治快速推进，化州市项目将投产，信宜市、电白区、高州市项目分别完成73%、66%、32%；永诚生活垃圾焚烧发电厂升级改造启动；纳入中央环保督察整改的18个镇级垃圾填埋场全部完成现场整治。

【危险废物处理处置设施建设】

2019年，茂名市全力推进一批危险废物处理处置项目建设，茂名市华凯石化有限公司完成企业搬迁和设施升级，并领取危险废物经营许可证，处理能力由原来的5000吨/年增加到3万吨/年。茂名石化公司利用延迟焦化等装置处置危险废物2.8万吨通过环境影响评估审批，茂名汉荣环保公司处置废矿物油6万吨项目、广东恒孚环保科技有限公司3.5万吨/年废催化剂综合回收再利用项目、茂名恒生源公司5万吨/年废碱液综合利用项目环境影响评估报告通过省生态环境厅的审核。

【污泥无害化处理处置设施建设】2019年，茂名市贯彻落实《茂名市城镇生活污水垃圾处理设施建设两年攻坚行动方案（2019—2020年）》，推进水泥同窑协调处置生活污泥。全市在运营的6座县级以上城市污水处理厂产生污泥，全部运往茂名石化胜利水泥厂进行无害化处置，污泥无害化处理率100%。督促推进高新区污泥处置厂建设。

【电子废物拆解处理处置设施建设】 2019年，茂名市基本建成综合性电子废物回收拆解体系。茂名天保再生资源发展有限公司投产，年拆解废弃电器电子产品30万台，有效解决全市废弃电器电子产品难处理的问题。

【医疗废物处置设施建设】 2019年，茂名市推进茂名粤西危险废物处理中心新型医疗废物焚烧炉建设。建成第一套新型焚烧炉并通过竣工验收，第二套新型焚烧炉加快建设。2套新型焚烧炉全面投入使用后，该中心医疗废物处置能力将达1.32万吨/年，能满足全市医疗废物安全处置需求。

环境执法

【环境执法练兵】 2019年，茂名市生态环境局在全市组织开展环境执法大练兵活动，提高各级环境监察队伍的业务素质，增强依法行政意识，提高执法人员发现问题、提取证据、制作文书的能力和现场执法水平。全市选派30名执法人员参加生态环境部“蓝天保卫战”，强化监督、环渤海入海排污口现场排查、长江入河排污口现场排查，选派6名执法人员参加省生态环境厅组织的重点流域交叉执法检查，达到实战练兵的效果。

【环境执法行动】 2019年，茂名市开展小东江流域与电白入海河流集雨区污染源联合交叉执法行动、进口废物加工利用行业专项执法检查、打击固体废物环境违法行为专项行动、打击“洋垃圾”违法行为专项行动、黏土砖厂排查整治“回头看”。联合市公安局对主要库区和河流垃圾堆积情况进行航拍并督促各地清理，查处中央环保督察组反馈的茂名万华农业生物科技有限公司非法转移倾倒污泥案件和8家废机油加工企业问题，按生态环境部要求督促茂名永诚环保资源开发有限公司进行整改。加大4个配套办法实施力度，强化公安、检察、审判机关的衔接配合，合力打击环境违法犯罪行为。全年全市出动执法人员1.6万人次，检查企业4988家次，立案241件，处罚225件，罚款4907.69万元，责令改正296家，适用新环保法4个配套办法案件28件。

【环境信用评价】 2019年，茂名市15家企业参加省级2018年度环境信用评价，完成初评。对113家企业2018年环境行为进行信用评价，其中“环保诚信企业”（绿牌企业）2家、“环保良好企业”（蓝牌企业）70家、“环保警示企业”（黄牌企业）2家、“环保不良企业”（红牌企业）34家，不参评企业5家。通过广东省企业信用信息管理平台的“黑名单”管理系统上报拟选“黑名单”企业。加强与发改、市场监管、人民银行、安监等部门衔接和信息共享，落实环境信用联合惩戒制度。

节能减排

【减排任务落实】 2019年，茂名市在原有《茂名市上年节能减排工作推进方案》的基础上，推进节能减排工作，压实节能减排责任，完成化学需氧量、氨氮、二氧化硫、氮氧化物四项主要污染物排放量分别比2015年减排7.0%、7.8%、-0.7%和2.5%的污染物减排目标任务。全市重金属减排任务达标，“十三五”规划期间削减铬排放量1050.325千克，完成广东省下达的主要重金属排放量2019年比“十二五”规划末减排10%的任务。获得广东省生态环境厅等部门支持调增茂名市主要污染物总量控制目标，粤电博贺电厂等重大项目落地获得主要污染物排放指标。

【节能宣传活动】 2019年6月19—23日，茂名市生态环境局按照国家、省发改委和市“有关节能宣传周和低碳日活动方案”的要求，开展一系列低碳节能宣传活动，在一楼大厅LED大屏播放了两条低碳宣传短语，分别是“推动节约能源，落实优质环境”与“低碳环保天天做，节能减排日日行”。在微信工作大群提倡践行全国低碳日活动，并按要求做好关闭公共区域照明和绿色低碳出行的工作。在微信公众号宣传“低碳行动，保卫蓝天”活动。通过宣传使广大民众了解、认识、接受节能环保观念，自觉参与到节能环保行列中来。

▲ 2019年5月31日，茂名市环保志愿者在海滨公园开展沙滩清洁

海洋环境保护

【用海项目海洋环评核准】 2019年，茂名市生态环境局组织开展包括湛江航标处茂名航标保养基地工程在内9个用海项目环评。其中，茂名水东湾海洋公园（一期）工程等4个项目核准，协助省生态环境厅环评滨海新区化工码头、油品码头等项目，30万吨级单点系泊输油终端海底管线安全隐患治理项目竣工验收。

【入海排污口管理】 2019年，茂名市成立入海排污口核查工作督导小组，负责统一指挥、督导和指导全市入海排污口的核查工作。制定《茂名市入海排污口核查工作方案》，对沿岸入海排污口进行核实和调查。全市有入海排污口74个，其中工业及城镇污水处理厂入海排污口8个、未经处理的城镇村生活污水入海排污口22个、农业（水产养殖业）及其他生产型污水入海排污口22个、排污沟及有纳污的排涝泄洪渠入海排污口22个。

【入海污染源综合整治】 2019年，茂名市生态环境局制定《茂名市入海排污口核查工作方案》，对沿岸入海排污口进行核实和调查，推进清理整治非法和设置不合理入海排污口工作，全市6个非法和设置不合理入海排污口有5个完成阶段性整改。大海入海排污口配套建设的一体化水质处理设施建成投入使用，坡仔村入海排污口完成整治方案制定，按计划加快推进。有效开展超标入海排污口整改工作，电城镇污水管网接入该镇建成投产的水质净化厂，超标排放的入海排污口完成整治。博贺镇和水东镇的污水管网及水质净化厂抓紧建设。开展入海排污口备案管理工作，按照新修订的《中华人民共和国海洋环境保护法》要求，指导和督促滨海新区南部污水处理厂首期工程（电城镇水质净化设施）、电白广业环保有限公司开展直排入海排污口的备案工作。组织专人对入海排污口进行定期监测，印发《关于对茂名市入海排污口加强定期监测的通知》，组织市、区监测站每月或每季度分别对超标和其他入海排污口进行监测，全面把握入海排污口水质状况。

【海洋督察整改】 2019年，茂名市重视海洋督察整改工作，坚持以问题为导向，制定整改方案，细化任务分工，压实责任，以督察整改为契机，全面提升海洋综合管理能力水平。市生态环境局起草《茂名市生态环境局贯彻落实国家海洋督察反馈意见整改工作方案》，要求每月15、30日向市自然资源局报送整改进展情况。至2019年年底，涉及生态环境部门的有24项整改措施，完成6项，其余18项按时有序推进。

【海漂垃圾清理及沙滩清洁活动】 2019年5月31日，茂名市生态环境局在中国第一滩开展“关爱海洋，还海滩一片洁净”为主题的沙滩清洁活动。有70人次参与，发放《海洋环境保护法》《海洋宣传单张》《生态环境保护科普知识》等宣传资料100多份、悬挂横幅3条、展板2块。并定期组织电白区、茂名滨海新区

以及水东湾新城开展海滩清洁宣传活动，建立完善海滩垃圾治理长效机制。 （市生态环境局）

经济贸易

开放型经济

【进出口贸易概况】 2019年，茂名市进出口总值196.4亿元，比上年增长29.4%，进出口总额排全省第十六名，增幅排全省首位。其中：出口170.6亿元，增长34%，增幅排全省首位；进口25.8亿元，增长5.7%。

【进出口贸易方式】 2019年，茂名市一般贸易出口163.8亿元，占出口总额96%；一般贸易进口20.8亿元，占进口总额的80.4%；加工贸易出口5.5亿元，占出口总额3.2%，比上年增长7.3%；加工贸易进口4.2亿元，占进口总额16.5%，增长3.4%。

【进出口主体结构】 2019年，茂名市私营企业出口159.6亿元，占全市出口93.5%，比上年增长37.7%；外资企业出口10.5亿元，下降5.7%；国有企业出口340万元，下降58%；集体企业出口5200万元，增长89%。私营企业进口18.6亿元，占全市进口71.9%，增长0.4%；外资企业进口4.6亿元，增长1.7%；国有企业进口250万元，下降78.4%；集体企业进口730万元，增长1.8%；其他企业进口2.53亿元，增长111.1%。

【出口市场结构】 2019年，茂名市对亚洲出口77.7亿元，增长36.5%；对北美洲出口30.6亿元，增长4.7%；对欧洲出口21.9亿元，增长49.1%；对非洲出口18.2亿元，增长71.4%；对拉丁美洲出口17.6亿元，增长34.5%；对大洋洲出口4.4亿元，增长66.5%。对主要出口国出口情况为：对美国出口26.8亿元，增长1.1%；对新加坡出口11.9亿元，下降16.4%；对墨西哥出口10.3亿元，增长26.9%；对马来西亚出口10.2亿元，增长60.7%；对泰国出口6.7亿元，增长1.4倍；对越南出口6.7亿元，增长近1.2倍；对印度出口4.3亿元，增长57.8%；对尼日利亚出口4.1亿元，增长2.7倍。

【对外展销】 2019年，茂名市协助企业开拓国际市场，提高茂名市出口产品在国际市场的占有率。指导企业积极用好网上平台对外宣传和推介产品。利用展会平台帮助企业拓宽出口渠道，组织企业参加广交会、2019粤澳名优商品展、世园会、中俄博览会、东盟博览会、广州博览会、海丝博览会等展会。组织企业到国外参加广东商品太平洋岛国巡回展、2019广东（越南）出口商品交易会等展会，参加广东省贸促会赴加拿大、墨西哥经贸团组，寻求国际合作机会，巩固和拓展国际多元化市场。

利用外资

【利用外资概况】 2019年，茂名市新设外资项目37项，比上年下降91.4%；新增合同利用外资6997万美元，下降80.5%；实际吸收外资2546万美元，增长5.3%。合同外资向实际外资转化率为36.4%。

【外资产业分布】 2019年，茂名市外资产业分布情况为：第一产业新设项目1项，占2.7%；第二产业新设项目18项，占48.7%；第三产业新设项目18项，占48.7%。第一产业新增合同外资558万美元，占8%；第二产业新增合同外资3800万美元，占54.3%；第三产业新增合同外资2639万美元，占37.7%。第一产业实际吸收外资17万美元，占0.7%；第二产业实际吸收外资934万美元，占36.7%，集中在制造业，电力、热力、燃气及水生产和供应业；第三产业实际吸收外资1595万美元，占62.6%，集中在科学研究和技术服务业及交通运输、仓储和邮政业。

【外资来源地】 2019年，茂名市吸收亚洲和英属维尔京群岛合同外资6997万美元。其中，亚洲地区6784万美元，占97%；英属维尔京群岛213万美元，占3%。实际吸收外资2546万美元，其中亚洲2397万美元，占94.2%；英属维尔京群岛149万美元，占5.9%。

招商引资

【招商引资概况】 2019年，茂名市引进超千万元项目282个，协议投资总额超2000亿元，其中，引进协议投资额超过10亿元的项目33个。

【招商环境优化】 2019年，茂名市制订《茂名市招商引资重点项目建设评估协调工作试行办法》《关于进一步加强招商引资工作督查考评实施意见》等政策文件，进一步优化营商环境，推行“服务官”制度、招商引资重点项目建设评估协调办法，有效提升项目审批、建设效率。不定期召开招商项目推进会、现场办公会，促进项目招商和项目落地“两手抓”，推动茂名市招商营商环境建设。用40天时间完成新加坡丰益国际旗下益海嘉里粮油、食品加工基地项目投资协议签署、开工建设等事项，再次刷新招商引资项目建设的速度。

【重大招商活动】 2019年，茂名市引进超千万元级项目282个，协议投资总额超2000亿元，其中引进协议投资额超过10亿元的项目33个。东华能源股份有限公司和广东省金辉新材料股权投资中心投资400亿元，在茂名滨海新区建设茂名烷烃资源综合利用项目；恒大健康产业集团投资170亿元，打造全方位、全龄化、全周期的集健康医疗康养、旅居、度假为一体的茂南养生谷项目；保利集团拟投资100亿元，打造茂名共青河新城首期启动区、茂名影剧院升级改造、红旗北特色美食街等项目；道道全粮油股份有限公司预计投资6亿元，在滨海新区建设年产100万吨的食用油综合加工项目等。

口岸管理

【口岸管理概况】 2019年，茂名市口岸进出口货运总量1504.6万吨，比上年增长4.3%，其中：进口1271.1万吨，增加3.2%，出口233.5万吨，增加10.5%。进出口集装箱1.63万标箱，减少20.7%；进出境船舶1254艘次，增加0.6%。

【口岸建设与开放】 2019年4月27日，国务院批复同意水东港口岸更名为茂名港口岸，并扩大开放水东港区和博贺新港区。制订《茂名港博贺新港区口岸对外开放验收工作方案》，明确各相关部门具体任务。成立由政府有关部门、口岸、海关等组成的茂名港博贺新港区对外开放专责工作领导小组，解决口岸对外开放验收工作推进中遇到的问题。组织茂名广港码头、博贺煤电公司与湛江海关对接，请湛江海关对博贺新港区查验基础设施建设和信息化建设遇到的问题，提出指导意见和建议。

【口岸“单一窗口”改革】 2019年，茂名市印发《茂名市优化口岸营商环境促进跨境贸易便利化措施》，明确各部门的职责，完成“单一窗口”国家标准版推广任务。全年举办培训宣讲会5场，参训人员500余人，推动出口退税、快件申报、舱单申报等16项新上线应用，实现“两步申报”改革试点在茂名市落地推广，“单一窗口”逐渐覆盖国际贸易主要链条。

【口岸通关提速】 2019年12月，茂名市进口整体通关时间20.93小时，比2018年压缩63.73%；出口整体通关时间1.14小时，比2018年压缩76.49%。继续实施国际航行船舶和来往港澳地区小型船舶联合登临检查。国际航行船舶办理口岸相关检查手续由原来的3小时降低到45分钟左右，提升船舶通关效率，达到航行更安全、口岸更畅通的目标。（市商务局）

农业农村·水利

综　述

【农业农村工作概况】 2019年，茂名市农林牧渔业总产值914亿元，实现增加值592.14亿元，比上年增长3.7%。主要农作物播种面积43.92万公顷，增长1.6%，其中粮食面积24.7万公顷，与上年持平；总产150.16万吨，增长4.2%。水果产量395.8万吨，增长6.1%。受非洲猪瘟疫情影响，全年生猪出栏521万头，保持全省第一名，下降25.5%；猪肉产量39.24万吨，下降26.4%；家禽出栏2.09亿只，增长22.7%；禽肉产量26.96万吨，增长23.6%。渔业生产平稳发展，全年水产品产量92.21万吨，增长2.4%。其中海水产品60.16万吨，增长1.1%；淡水产品32.05万吨，增长5.1%。15个镇被认定为省级特色农产品专业镇，入围全省第一名；市级以上重点农业龙头企业发展到144家（年内增加18家），其中省级以上85家，居全省第二名。有效期内广东省名牌产品（农业类）112个，居全省前列。年内新增省级现代农业产业园2个，形成“1+1+2+6”现代农业格局。至2019年年底，全市农村100%完成“三清三拆三整治”（三清：清理村巷道及生产工具、建筑材料乱堆乱放，清理房前屋后和村巷道杂草杂物、积存垃圾，清理沟渠池塘溪河淤泥、漂浮物和障碍物；三拆：拆除农村的危旧废弃房屋、露天厕所，拆除乱搭乱建房屋，拆除违规商业广告、招牌；三整治：整治垃圾、污水及水体污染）和村庄规划，98.5%自然村完成村道路面硬化，95.9%完成集中供水，农村无害化卫生户厕普及率99.7%，干净整洁村达标率78.2%。全市退出贫困户6.6万户15.3万人，占97%；退出贫困村175个，占97.2%。

【农业综合生产能力建设】　2019年，茂名市高标准农田建设项目23个、面积7580公顷年度任务全面开工，总体进度位居全省前列。实施渔船减船转产和渔船更新改造项目，减船转产功率1.88万千瓦，完成183艘渔船更新改造。全市农业机械总动力208.25万千瓦，比上年增长2%；农作物耕种收综合机械化水平53.23%，提高1.21个百分点。划定粮食生产功能区面积8.77万公顷、天然橡胶保护区2.42万公顷，完成“两区”（粮食生产功能区、重要农产品生产保护区）划定工作任务。

【农业产业化发展】　2019年，茂名市有各类农业产业化新经营主体总数1.96万个。市级以上农业龙头企业144家，比上年增加18家，其中省级以上85家，居全省第二名；农民专业合作社到5108家，增加376家，居全省前3名；纳入农业农村部门家庭农场名录系统管理4356家。

【农业科技】　2019年，茂名市遴选39名农技推广骨干和563名项目农技员，作为基层农技推广主力；遴选2339个示范带动能力强的新型农业经营主体作为农业科技示范主体，辐射带动农户3.04万户。建设农业科技示范基地22个，完成1841名新型职业农民的培训任务。全市引进农业新品种265个、新技术36项；推广农业新品种45个，面积10.53万公顷；推广农业新技术39项，面积11.73万公顷。省农业科学院和华南农业大学专家教授到茂名开展农业技术指导178人次；省农业科学院与茂名市14家农业企业签订合作协议14项，建立技术成果或产学研示范基地6个。获批建设岭南现代农业科学与技术广东实验室茂名分中心。

▲ 信宜市引进㴔仔鱼养殖技术

【农产品质量安全监管】　2019年，茂名市完成“每年每千人5批次”食用农产品抽检任务，全市农产品定量抽检3863批次。其中：种植业产品抽检1970批次，合格率98.5%；畜禽产品抽检971批次，合格率99.2%；水产品抽检922批次，合格率99.1%。汇总种植业、畜禽和水产品的总体合格率为98.8%。

【休闲农业与乡村旅游业发展】　2019年，茂名市有沙琅镇（祥寿龟鳖）等国家级“一村一品”示范镇7个，有信宜市钱排镇等省级休闲农业与乡村旅游示范镇6个，有广东绿洲生态休闲农庄等省级示范点20个。拥有中国美丽休闲乡村（信宜市镇隆镇八坊村）1个，AAAA级广垦国家热带农业公园、AAA级高州荔枝主题公园、AAA级高州市“南果花乡”农业公园、AAA级茂名市高州市建国生态农业公园等农业公园4个。

【农业产业园区建设】　2019年，茂名市申报高州龙眼现代农业产业园和信宜现代农业三华李产业园2个省级现代农业产业园。至2019年年底，茂名市拥有国家级现代农业产业园1个（茂名市荔枝国家现代农业产业园），省级现代农业产业园6个（高州荔枝现代农业产业园、化州化橘红现代农业产业园、茂南区罗非鱼现代农业产业园、电白沉香现代农业产业园、信宜三华李现代农业产业园、高州龙眼现代农业产业园），国家级科技园区1个，田园综合体2个（茂南区“好心湖畔”田园综合体、高州市“大唐荔乡”田园综合体）。

【荔枝产业项目建设】 2019年，国家荔枝种质资源圃、中国荔枝博览馆和世界荔枝交易集散中心项目在茂名市开工建设。国家荔枝种质资源圃建设规模35.72公顷，有中国荔枝博览馆、科研中心、实验室、孵化中心、廊道、观景亭、管理中心、种质资源保存圃、鉴定圃、展示圃、隔离圃等重点工程；中国荔枝博览馆建设用地2.2公顷，建筑面积4127.72平方米，以荔枝为主题，集历史、文化、技术、艺术、教育、旅游于一体的荔枝博览馆；世界荔枝交易集散中心建设规模66.67公顷，建设集交易平台、市场、物流、仓储、电商等一体化服务的荔枝交易集散中心。

【生态农业建设】 2019年，茂名市有10个养殖企业的12个养猪场申报世界银行贷款牲畜废弃物治理项目，有9个猪场项目通过省验收。以水稻为作物，实施农业面源污染治理项目生态友好型种植业子项目，面积6600公顷，项目区农药包装废弃物回收率90%以上。化州、高州市申报整县推进畜禽养殖废弃物资源利用工作项目。全市畜禽粪污综合利用率77.4%，高于广东省下达任务指标；783家养殖场完成配套验收，规模养殖场粪污处理设施装备配套率81.6%，高于广东省下达任务指标。开展增殖放流活动9次，放流海水鱼苗122.81万尾、淡水鱼苗413.4万尾、斑节对虾2699.26万尾。加强水生生物资源养护，提高水生生物多样性。实施栽培马尾藻修复海洋生态环境项目，改善水质，修复海洋生态环境。加强水生野生动物保护管理，开展水生野生动物保护科普宣传系列活动9次。

【农业综合行政执法】 2019年，茂名市农业农村部门加大农资打假力度，全年出动执法人员420人次，检查门店、生产企业250个次，整顿农资市场15个，保障农业生产顺利开展。常态化开展农业安全生产大检查，累计出动检查人员2750人次，检查农资门店3879个次，抽查兽药产品20批次，农药产品50批次；开展渔船安全生产检查32次，检查渔船2405艘次，发现一般隐患210处并全部落实整改。

【农业品牌建设】 2019年，茂名市有效期内的广东省名牌产品（农业类）112个。获广东省第三届“十大名牌”系列农产品21个，广东省第二届名特优新农产品区域公用品牌42个、企业专用品牌85个、区域公用品牌核心企业15个，均居全省前列。

【农业合作交流】 2019年，茂名市农业农村部门组织农业企业参加2019广东·东盟农产品交易博览会，广东“一村一品”“一镇一业”农产品精品夏季采购会，北京世园会茂名投资推介会等，宣传推介茂名特色农业，合计签约23.5亿元。

【农村改革】 2019年，茂名市推进农村改革。全市农村土地流转总面积1.87万公顷，比上年增加3086.67公顷。在5个区、县级市各选定1个镇开展农村承包地经营权流转奖补试点。推进农村集体产权制度改革和农村综合改革试点示范，完成上年农村集体产权制度改革试点县信宜市试点工作；试点县高州市和茂南区改革工作全面铺开。健全农村产权流转管理服务平台，完成“三资”（资金、资产、资源）管理交易平台系统建设，各县大部分镇均可以进行平台交易。推进农村“三变”（资源变资产、资金变股金、农民变股民）改革，高州市建设示范点近40个。继续开展政策性农业保险。全年全市开展农业政策性保险有能繁母猪等16个险种。其中：水果类种植面积23.67万公顷，承保覆盖率28%；牲畜类养殖537.81万头，承保覆盖率62%；水稻种植面积20.65万公顷，承保覆盖率94%。

种植业

【种植业概况】 2019年，茂名市粮食播种面积24.7万公顷，与上年持平；总产量150.16万吨，比上年增长4.2%。其中：稻谷播种面积20.65万公顷，增长0.8%，产量132.09万吨，增长5.4%；玉米播种面积1.37万公顷，下降4.5%，产量6.92万吨，比上年下降3.6%；豆类播种面积3364.07公顷，下降2.8%，产量9553吨，与上年持平；薯类种植面积2.32万公顷，下降3.8%，产量50.62万吨，下降4.8%。茂名市水果总面积23.95万公顷，总产量395.8万吨，增长6.1%。其中，荔枝面积9.03万公顷，下降0.2%；产量43.8万吨，下降25.1%。龙眼面积5.22万公顷，下降0.2%；产量45.5万吨，下降2.4%。香蕉面积2.96万公顷，比上年增长0.9%；

产量174.3万吨，增长11.6%。三华李面积2.03万公顷，增长7.9%；产量27.4万吨，增长3%。茂名市争取上级扶持资金8900万元，立项建设专业村发展农业特色产业103个，镇被认定为省级特色农产品专业镇15个，入围数量排全省第一名。

【经济作物】 2019年，茂名市经济作物总播种面积7.08万公顷，比上年增长3.2%。其中：甘蔗种植面积7056.53公顷，增长2.4%，产量52.10万吨，增长2.7%。花生种植面积4.48万公顷，增长2.5%，产量14.85万吨，增长4.3%。木薯种植面积4872.07公顷，增长5.0%，产量9.99万吨，增长6.3%。中草药材播种面积1.15万公顷，增长6.3%。

【蔬菜生产】 2019年，茂名市蔬菜种植面积11.72万公顷，比上年增长4.2%，总产量336.38万吨，增长7%。其中：叶菜类种植面积3.32万公顷，增长6.2%，产量101.84万吨，增长8.3%；白菜类种植面积1.36万公顷，增长3.3%，产量36.8万吨，增长6.1%；根茎类种植面积1.14万公顷，增长4.2%，产量28.54万吨，增长6.3%；瓜菜类种植面积1.1万公顷，增长4.3%，产量33.25万吨，增长7.3%；豆类种植面积2.6万公顷，增长2.9%，产量76.55万吨，增长6.3%；茄果类种植面积1.37万公顷，增长2.6%，产量37.54万吨，增长6.9%。全市下拨耕地地力保护补贴资金1.84亿元。

【农作物高产示范点创建】 2019年，茂名市建立水稻绿色高产高效示范点10个，其中早稻、晚稻各5个。省农业农村厅组织专家对信宜市水稻绿色高产高效示范点进行现场验收，示范点水稻单产较非示范点增产5%，增产效果明显。在电白区、信宜市、高州市、化州市等地实施水稻适度规模经营项目建设，扶持建设粮食专业镇19个、粮食专业村85个、种粮大户100户。

▲ 茂名市荔枝生产基地

【良种良法推广】 2019年，茂名市引进新技术36项，推广农业新技术39项，推广面积11.73万公顷；引进新品种265个，推广新品种45个，推广面积10.53万公顷。全市对农技人员开展专门培训410人；全市农技人员使用农技推广App人数1007人，占农技人员总数99.1%。举办农业科技培训741场次，培训农业从业人员4.92万人次，发放培训资料6.27万份。建立农业科技试验示范基地22个，培育示范主体2339个，示范带动农户3.04万户。

【农业防灾减灾】 2019年，茂名市主要遭受强降雨、台风“韦帕”、冬季干旱的影响，全市农作物（含水果、蚕桑）受灾面积1.08万公顷，种植业直接经济损失1114万元。全市各级做好应急值守，制定救灾措施，统计上报灾情，申请救灾资金，降低灾害损失。5月，茂名市发现重大害虫——草地贪夜蛾入侵为害玉米，全市发生面积2640公顷，没有造成大的损失。

【水果基地建设】 2019年，茂名市开展荔枝高接换种技术推广面积1000多公顷。推广沃柑、三红蜜柚、富有甜柿、黄金百香果等水果种植面积1000公顷，引种新品种12个，在高州市、电白区、茂南区建立荔枝、龙眼标准化栽培示范点。全市建立各类示范基地面积800公顷，完成安装机械化灌溉设施333.33公顷。依托国家荔枝龙眼产业技术体系、岭南水果产业技术体系、优稀水果产业技术体系建立金秋砂糖橘、砂糖橘、脆皮金橘、早熟柚、晚熟柚标准化种植示范基地3个。建立番石榴、番荔枝、早脆梨标准化种植示范基地3个。建设荔枝种植生产智慧果园2

个，荔枝龙眼新品种展示区4个，热作病虫监测站1个和荔枝生物病虫害防控示范区1个。全市实施科技兴果点17个。

【水果信息及管理平台建设】 2019年1月，茂名市水果局主持开发建设的“茂名水果大数据系统平台”“茂名水果质量安全溯源系统平台”通过茂名市经济与信息化局专家组评审。

【水果电商】 2019年4月，高州市分别在荔枝主产区根子镇和分界镇，新建顺丰速运粤西预处理中心2个，全年发货量26万件。全市水果电商2850家，微商1.3万家。因荔枝减产，果价高，全市全年电商销售荔枝8000吨，比上年下降82%；销售三华李3000吨，下降75%。其中，快递企业运送荔枝快件为63.1万件3700吨（未包含落地配部分），顺丰快递运送荔枝50.2万件310吨，运送三华李11.8万件117吨；电商企业高州市丰盛食品有限公司发送电商快件荔枝10.2万件25.5万千克；高州市弘昊农业科技有限公司（包含粤西预处理中心和分界预处理中心）发送电商快件荔枝12.3万件50万千克，其中落地配占6.2万件31万千克；茂名市易时代信息网络技术有限公司（易时代根子预处理中心）发送电商快件荔枝6万件15.1万千克；主荔供应链——广东探客农业有限公司发送电商快件荔枝7.1万件17.6万千克；高州市林氏食品有限公司（林氏桂圆肉）发送电商快件荔枝4.5万件13.5万千克、运送三华李快件79万件2900吨（未包含落地配部分）。钱排镇从事三华李网络销售人员5000人，三华李批量上市后，全镇每日快递外运三华李200吨。

【水果推介与展销活动】 2019年4月，茂名市组织“一村一品、一镇一业”优势特色农产品及16家水果龙头企业、专业合作社、电商企业，参加第六届北京国际优质农产品展示交易会，在北京新发地水果批发市场举办“茂名荔枝专场推介会”。茂名市政府副市长崔剑在推介会上为“茂名荔枝”代言。5月，茂名市水果局联合广东荔枝产业联盟、跨越速运集团公司、茂名市水果电子商务协会参加在上海举办的“2019第二十届中国国际食品和饮料展览会（中食展）”，宣传推介茂名荔枝。联合广东荔枝产业联盟、顺丰速运公司、茂名市水果电子商务协会在浙江省嘉兴市举办“魅荔前行，广东茂名荔枝资源对接推介活动”。在高州市根子镇举办“2019广东荔枝采购节”活动，活动由广东省农业农村厅主办，茂名市人民政府承办。

【水果标准制订】 2019年4月，茂名市水果局牵头编制的《茂名市荔枝标准果园生产管理规范》农业地方标准经茂名市质量技术监督局批准发布。茂名市水果科学研究所主持完成广东省地方标准《绿色农产品（A级）化橘红种植技术规程》的制定。申报百香果栽培、保鲜技术领域的广东省地方标准2项。开展“茂名荔枝”（鲜、干果）地理标志产品证明商标申报注册工作。

【水果科技成果】 2019年，茂名市水果科学研究所完成省农业农村厅“荔枝高接换种示范基地”、省科技计划“化橘红安全丰产实用栽培技术研究与推广应用”、市科技计划“百香果引种及优质高产栽培技术研究与示范推广”“三华李优质丰产标准化栽培关键技术研究与推广应用”4个项目的验收。申请“一种红桂木果配制酒的制备方法”“一种胭脂子果粉喷雾的制备方法”发明专利。完成建设“红肉火龙果标准化栽培技术应用与推广”、中央引导地方科技发展专项“广东省茂名地区果树产业应用型试验与技术研发中心建设项目”实验室。申报“茂名市荔枝龙眼轻简绿色栽培工程技术研究中心”、荔枝龙眼良种良法配套技术研究与应用示范、香蕉菠萝产业技术体系茂名示范基地、高位嫁接采穗圃建设项目、技术推广示范及品牌宣传推广项目等5个项目，均获批准立项。是年，茂名市选送荔枝样品参加全国荔枝擂台大赛，获得金奖1枚、银奖2枚、铜奖2枚；茂名市水果试验场获“2019年广东省十佳最美荔园”称号。“荔枝省力化栽培技术集成与推广应用”获广东省农业技术推广奖二等奖，“荔枝特异性分子标记辅助育种技术创新和新品种选育及示范推广”获广东省农业科学院科技成果一等奖。2019年，茂名市水果科学研究所选育的龙眼新品种“凤大晚香”获广东省农作物品种审定（粤审果20190004）。

（市农业农村局）

林　业

【林业概况】 2019年，茂名市

创建国家森林城市，强化森林资源保护管理，发展壮大绿色惠民产业，林业各项工作取得实效。全年全市林地面积58.61万公顷，森林总面积63.77万公顷（含非林地森林），森林总蓄积3057.7万立方米，森林覆盖率55.8%。全市全年林业总产值213.54亿元，落实生态公益林效益补偿资金1.16亿元。

【植树造林】 2019年，茂名市完成造林与生态修复作业面积1.14万公顷，占总任务100%，其中广东省下达茂名市森林碳汇工程约束性造林任务1447公顷，完成率100%。完成森林抚育面积2.11万公顷，占总任务100%。完成沿海防护林体系工程约束性任务基干林带33公顷，占总任务100%。完成乡村绿化美化示范点建设144个，其中省定贫困村示范点85个，占任务109%。全市参加义务植树人数402.47万人次，义务植树1288.69万株，义务植树尽责率96.4%。

【林政管理】 2019年，茂名市执行采伐限额制度，控制林木蓄积总消耗。全年林木蓄积总消耗量48.37万立方米。加强征占用林地管理，执行征占用林地定额指标制度和审核制度，全市审核上报建设项目使用林地154宗，通过审批134宗，面积892.13公顷。在广东省下达林地定额指标基础上，追加林地定额指标479.13公顷。

【林业执法】 2019年，茂名市组织开展打击涉野生动物及其制品违法犯罪、缉枪治爆专项行动、“2019红线行动”“2019护飞行动”等专项行动，查处各类案件152件。其中：刑事案件40件（失火案14件，滥伐林木案13件，非法运输、出售等珍贵、濒危野生动物案8件，非法占用农用地案2件，其他案件3件），林业行政案件112件（擅自改变林地用途案55件，滥伐林木案41件，非法经营、运输非国家保护野生动物案8件，野外违规用火案3件，其他案件5件）；处理各类违法人员181人次，其中刑拘37人次，逮捕17人次，起诉14人次，林业行政处罚113人次。

【森林火灾防控】 2019年，茂名市贯彻落实《茂名市野外火源管理办法》，加强森林防火网格化管理，强化野外火源管控。全年发生森林火灾5宗，没有发生重大以上森林火灾，未出现因森林火灾引起人员伤亡事故。发布《倡导文明祭祀·严防森林火灾——致全市人民的倡议书》，并通过茂名新闻网等多种渠道宣传倡导。市人大、市政协及市妇联等群团组织，在各自系统内倡导文明祭祀、严防森林火灾。在茂名日报社、茂名电视台等新闻媒体进行森林防火公益宣传。各区、县级市组织党员干部发动宣传，市青年志愿者到高速路出入口、车站、圩镇等人流较集中地方派发宣传单张。开展“五个一”（上一堂森林防火知识课、出一期森林防火墙报、写一封森林防火宣传信、写一条森林防火标语、写一篇森林防火作文）“小手拉大手”森林防火宣传教育活动，推动森林防火知识进校园。全市设立宣传专栏3368块，出动巡游宣传车1506辆次，制作宣传牌1369块，发放防火宣传资料523万份，利用气象、移动平台发送手机短信447万条。强化应急值守，在清明节、重阳节等重要时段，各级严格执行24小时值班和领导带班制度，森林火灾情况实行每日一报制度；各地专业森林消防队伍按照一级戒备状态，全部驻扎营地，镇级准专业森林消防队伍随时待命，第一时间处置火情信息，确保实现“打早、打小、打了”的扑救目标。加强森林防火应急演练。6月28日，茂名市在广东云开山国家级自然

▲ 茂名市林业部门加强信宜大雾岭林木管理 （丘立贺 摄）

保护区举办安全生产培训班和“安全生产月”应急演练活动。9月19日，在高州市仙人洞举办“茂名市2019年森林防灭火综合应急演练”，参演人数345人。

【林业有害生物防治】 2019年，茂名市政府印发《茂名市重大林业有害生物防治工作方案》，对全市各防控部门进行分工，制定工作原则、保障措施、防治技术措施，并与市城管执法局等联席会议成员单位、茂名农垦局及各高速路公司签订《2018—2020年重大林业有害生物薇甘菊防治目标责任书》，推动部门联防联治。各级林业主管部门获中央、省级财政、地方财政资金、森林植被恢复费（市县返拨）等资金投入，全市投入有害生物防治经费451万元，完成《“十三五”期间森林资源保护与发展目标责任书》规定的目标任务，实现有虫不成灾目标。

【林业产业】 2019年，茂名市举办广东省湿加松标准化栽培技术、益智栽培种植技术等主题专业技术培训班，为24个村委会的群众代表300多人传授专业技术，提高农民林业产品质量和市场竞争力。完成金花茶引种、嫁接工作，摸索出一套完整的金花茶组培技术，发表论文《金花茶的引种及栽培技术要点》《愈合液对金花茶嫁接影响的研究》《茂名地区金花茶引种试验初报》，撰写《金花茶组培技术研究》，申请发明专利1项。在隔坑苗圃建立金花茶种苗快繁基地0.67公顷，在信宜市平塘镇建设5.47公顷金花茶示范基地。金花茶良种引进及快繁育苗技术研究项目通过省级验收。高州市被认定为广东省林下经济示范县。化州化橘红药材发展有限公司被认定为国家林业重点龙头企业。（市林业局）

畜牧业

【畜牧业概况】 2019年，茂名市受非洲猪瘟疫情冲击、禁养限养等因素影响，全市生猪产能遭遇近30年最大降幅。全市生猪出栏521万头，比上年下降25.5%；猪肉39.24万吨，下降26.4%。受猪肉消费转移效应影响，家禽、羊肉等需求增加，部分生猪养殖专业户转型升级，转向饲养家禽和牛羊，增幅为近年新高。全市全年家禽出栏2.09亿羽，增长22.7%；禽肉产量26.96万吨，增长23.6%；禽蛋产量6.46万吨，增长8%；羊肉产量2100吨，增长23.5%；牛肉2900吨，增长16%。至2019年年底，全市生猪存栏193.69万头，其中能繁母猪20.81万头；牛存栏16.81万头，其中肉牛12.13万头、奶牛576头；羊存栏7.72万头；家禽存栏7029.05万羽，其中鸡5335.41万羽、蛋鸡942.44万羽。全市有饲料和饲料添加剂企业65家，其中持有生产许可证70个。饲料总产量224.55万吨，产量下降26.6%。在饲料总产量中，配合饲料219.44万吨、下降28%，浓缩饲料2700吨、下降3.9%，添加剂预混合饲料3900吨、下降54.7%。在配合饲料产量中，猪料135.2万吨、蛋禽料6.21万吨、肉禽料46.75万吨、水产料31.94万吨，分别下降47%、增长178%、增长103.%、增长29.7%。饲料添加剂（含混合型）产量900吨、产量比上年增长5.8%。

【生猪稳产保供】 2019年，茂名市将生猪出栏量纳入对各地“菜篮子”考核内容，将广东省下达茂名市的生猪出栏量不少于513万头的目标任务，分解到各区、县级市和经济功能区。通过加快能繁母猪培育和种苗调进，加大帮扶和招商引资力度等举措，加快生猪恢复生产。茂名市政府与温氏集团签订生猪全产业链意向书，在电白区、信宜市、高州市、化州市各建立年出栏60

▲ 广东盈富农业有限公司标准化养殖场

万头的生猪养殖场。高州市政府引进深圳康达尔集团，在高州建设年出栏100万头的养殖企业。

【畜禽养殖业标准化建设】 2019年，茂名市运用财政资金的杠杆作用，推动畜禽养殖规模化标准化发展，提高畜禽养殖规模化标准化水平。全市有47家养猪场被评为省重点生猪养殖场，20家养禽场被评为省级重点养禽场。

【畜禽养殖废弃物资源化利用】 2019年，茂名市的电白区、信宜市化州市、高州市4个生猪养殖区（市）成功申报整县推进畜禽养殖废弃物资源利用工作项目。茂名市召开畜禽养殖废弃物资源化利用培训会8期，培训人员677人次，现场派发宣传资料8000多份。是年，茂名市养殖场畜禽粪污综合利用率77.5%，超额完成广东省任务要求。规模养殖场粪污处理设施装备配套率95.1%，超额完成广东省任务要求。

【重大动物疫病防控】 2019年，茂名市落实春秋季重大动物疫病集中免疫和非洲猪瘟防控各项措施。全年发放国家强制免疫猪口蹄疫苗683万毫升，牛羊口蹄疫苗（双价）63万毫升，高致病性禽流感疫苗8422万毫升，群体免疫密度均达90%以上。全市动物免疫抗体合格率70%以上。发放免费兽用狂犬病灭活疫苗20万头份，高致病性猪蓝耳病疫苗13.9万头份。出动疫病防控人员8.85万人次，对养殖场、屠宰场、交易市场、无害化处理场所及省际边界区域开展拉网式监测排查，防控非洲猪瘟，排查场点10.65万个次、生猪1601.75万头次。加大对外地进入茂名市生猪及易感动物和产品检查力度，3个公路公安检查站检查生猪（含猪肉产品）1785车，检查生猪10.94万头、猪肉产品19.38万千克，立案查处违规调运生猪案件67件，罚款41.83万元，补检生猪2294头，无害化处理生猪1669头、猪肉产品695.5千克。完成生猪运输车辆备案工作980辆，建立生猪运输车辆集中清洗消毒站28个。

【病死畜禽无害化处理】 2019年，茂名市产地检疫和屠宰检疫数量分别为生猪587.44万头、211.49万头，家禽1417.88万羽、359.93万羽，牛羊2.96万头、3.15万头。检出并无害化处理病害猪266头、病害家禽939羽，检出病害畜禽全部作无害化处理。推行产地检疫“现场检疫—报检点出证”模式，动物及动物产品的检疫证明实行电子出证，实现检疫信息实时传送和检疫出证追溯管理。产地检疫电子出证21.65万份，屠宰检疫电子出证150.97万份。全市有6个重点屠宰场实现视频溯源监控。在《茂名日报》发布《严厉打击乱丢弃病死猪行为通告》（以下简称《通告》），在村委会、垃圾收集点、河流路段等易发生病死猪乱丢弃行为的场所张贴《通告》，全市印发《通告》2650份、警示告知牌50份，派发告知书1.54万份，签订承诺书1.47万份。全市立案查处乱丢弃死猪等案件34件，无害化处理涉案死猪530头、猪肉产品12.79吨，罚款4.33万元。全市养殖环节病死猪无害化处理申报数8.11万头。

【畜产品质量安全监管】 2019年，茂名市农业农村局巡查屠宰企业300多家次，出动人员2000余人次。全市89家屠宰企业全部开展非洲猪瘟PCR检测。派驻屠宰场检疫人员423人，全部达到配备标准。有5家生猪屠宰企业申请创建省级标准化屠宰企业，其中2家通过省标准化现场验收。在全市范围内抽取生产、经营和使用环节兽药样品57份，合格率100%。向15家兽用生物制品经营店发放兽用生物制品经营许可证。全市64家兽用生物制品店和428家普通兽药店入网，兽药经营企业二维码追溯平台兽药管理入网率100%。2家养殖企业参与兽用抗菌药使用减量化试点工作。完成5名新增官方兽医资格申请及33名官方兽医资格取消等工作，实现兽医队伍和机构信息化管理。 （市农业农村局）

海洋产业

【海洋化工】 2019年，茂名市形成炼油能力2500万吨/年、综合配套能力2000万吨/年的石油炼油基地，年生产110万吨乙烯的化塑原料生产基地，拥有石油产品后续加工和乙烯产品后加工企业700家，规模以上企业311家。全年完成工业投资191.34亿元，新增“小升规”企业40家。茂名石化加快“化工型”转型，总投资67亿元的高端碳材料三大项目顺利推进。全市原油加工量1990.59万吨，比上年增长4.4%；乙烯产量118.2万吨，比上年下降0.7%。9月16日，茂名市人民政府、东华能源股份有限公司、广东省金辉新材料股权投资中心签署烷烃资源综合利用项目投资协议，投资400亿元建设绿色化工和氢能产业园。

【滨海旅游业】 2019年，茂名市有AAAA级滨海旅游景区5个，涉海旅游单位739家。2019年全年旅游接待人数4545万人次，比上年增长11.3%；旅游总收入476.1亿元，增长11.8%。

【港口物流业】 2019年，茂名港建成生产性泊位19个，其中原油泊位1个，多用途码头泊位1个，煤炭码头泊位2个，成品油码头泊位3个，液体化工码头泊位3个，通用件杂货码头泊位3个，通用散货码头泊位6个。全港泊位年设计通过能力4579万吨，其中集装箱年通过能力10万TEU（集中箱国际计量单位），港口企业26家。水东港区泊位14个，其中万吨级以上泊位8个，年通过能力1117万吨。博贺新港区建成30万吨级单点系泊原油码头、广港通用码头、粤电博贺煤电码头，年通过能力3462万吨。博贺新港区规划建设泊位40个，预计年通过能力1.5亿吨。2019年，年完成货物吞吐量2521万吨，比上年下降0.8%，其中，外贸货物吞吐量1533万吨，增长2%，完成集装箱吞吐量8.9万个，主要作业货种是原油、液体化工、粮食、煤炭等。全年水运总周转量增速保持平稳，全市水路运输总周转量77.53亿吨千米，与上年基本持平。

【海洋渔业】 2019年，茂名市有水海产品加工企业209家，水海产品加工量21.44万吨。对虾养殖总面积3020公顷，养殖年产量5.7万吨。开拓外海捕捞产业，拥有南沙生产作业渔船27艘。水产品总产量92.21万吨，总产值85.59亿元；海水水产品产量60.16万吨、产值74.55亿元；淡水水产品产量32.05万吨、产值28.60亿元。海洋捕捞渔船数量2823艘，其中钢质渔船390艘。

【海洋新能源】 2019年，茂名市沿海建成大唐电白岭门风电场、粤电电白热水风电场、粤电电白白马风电场，总投资14.24亿元，总装机容量148.5万千瓦。茂名国家级高新区与中国能源工程集团、航天动力研究院、清华大学核能与新能源研究院挂牌成立氢能源高新技术研发中心。依托奥克化学、佳化化学等环氧乙烷龙头企业，成为全国第二大环氧乙烷深加工基地。

【临海装备制造业】 2019年，茂名市博贺5000吨级船坞项目工程建成投产，中小型船舶修造能力提升。茂名重力石化装备股份公司是国家级高新技术企业、中国非标压力容器制造企业20强、华南地区最大的石化装备制造中心、广东省装备制造业100重点培育企业、广东省现代产业500强（装备制造业项目）建设企业，有专利123项。其主要产品包括工业炉、急冷废锅、聚烯烃反应器、气化炉、加氢反应器。

【海洋医药健康产业】 2019年，茂名市将医药与健康产业确定为六大工业主导产业之一进行培育，推动海洋医药健康产业发展。茂名国家级高新区与国药集团、广药集团、香雪集团签约医药健康产业项目，其中广药集团王老吉粤西基地项目落户高州；香雪集团项目落户水东湾。加快推进九州通医药、华润药业等项目，华大基因、北科细胞公共技术服务平台等粤西生命健康产业园项目开工建设，大健康产业逐步形成。

【港口公共设施建设】 2019年3月22日，广港通用码头建成运营。粤电集团2万×100万千瓦"上大压小"燃煤电厂、粤西LNG造陆工程等项目加快推进。推进吉达港区防波堤（一期）工程及5万吨级进港航道立项工作；优化发展水东港区，完善集装箱、杂货、油品、化学品装卸功能，建设海岛旅游客运中心、游艇基地和油轮挂靠港。

【临港项目建设】 2019年，茂名市推进临港项目建设。天津物产集团有限公司到博贺新港区设立南方总部和南方结算中心。丰益国际集团到博贺新港区投资建设粮油加工和食品加工项目。博贺新港区利丰散货码头、30万吨级原油码头、东区化工码头、东区油品码头、昌利石化码头及国家成品油储备库、30万吨级航道等重点项目建成并投入使用。加快推进广东滨海旅游公路茂名段项目；11月，博贺疏港铁路开工建设，博贺国家级中心渔港、博贺渔港3000吨级船坞工程加快建设。（市自然资源局）

【渔业发展】 2019年，茂名市渔业经济总产值155亿元、水产品总产量92.21万吨、总产值84亿元，比上年分别增长3.3%、2.5%、3.7%。

【水产养殖业】 2019年，茂名市水产养殖面积3.75万公顷，产量75.8万吨，产值59.66亿元。其中：海水养殖面积1.46万公顷，产量

▲ 茂南区袂花江网箱养殖场

47.55万吨，产值33.42亿元；淡水养殖面积2.29万公顷，产量31.78万吨、产值29.56亿元。养殖淡水鱼苗280亿尾、海水鱼苗247万尾、虾苗231亿尾、贝苗891万粒，种苗满足本地养殖需求。罗非鱼为茂名市淡水养殖主导品种，养殖面积1.73公顷，全年产量22.45万吨，比上年增长4.3%。

【海洋捕捞业】 2019年，茂名市有海洋捕捞渔船2783艘、17.89万千瓦，比上年减少40艘、5800千瓦。海洋捕捞产量12.6万吨、产值19亿元。全市申请赴南沙海域生产作业渔船25艘，保障捕捞水产品供给。

【养殖水域滩涂规划印发实施】 2019年6月28日，《茂名市养殖水域滩涂规划（2018—2030年）》经市政府批准并印发实施，8月，各区、县级市的养殖水域滩涂规划印发实施。养殖水域滩涂规划明确划定茂名市水产养殖区、限制养殖区和禁止养殖区范围。沿海区制定方案，逐步对禁养区的养殖设施进行清理，要求限养区水产养殖尾水达标排放，规范水产养殖。

【罗非鱼品牌建设】 2019年9月23日，茂名市罗非鱼产业联盟成立。联盟以拓展罗非鱼内销市场为导向，强化政府、行业组织、联盟成员之间的交流，通过品牌再造、产销对接、文化赋能等举措，提升罗非鱼产业竞争力，做大做强茂名市罗非鱼产业。11月28日，茂名市农业农村局、茂名罗非鱼协会、茂名市罗非鱼产业联盟组织相关企业参展“重庆国际渔博会”，并在“渔博会”期间举办“2019年茂名罗非鱼品牌（重庆）推介会”，结合当地饮食特色，开展罗非鱼产品试食活动。与重庆特色餐饮店洽谈合作推广，让当地了解茂名罗非鱼，擦亮“茂名罗非鱼”牌子，开拓国内市场。

【水产健康养殖示范场创建】 至2019年年底，茂名市累计创建“国家级水产健康养殖示范场”33家；32家企业申报创建“省级水产健康养殖示范场”并获批准，水产健康养殖面积约2000公顷。

【水生生态保护】 2019年，茂名市落实珠江流域禁渔和南海伏季休渔制度，加强渔场管理。在产卵场开展限制性捕捞措施或禁捕，限制对这些水域影响较大的网具使用，保护渔业资源。实施栽培马尾藻修复海洋生态环境项目。在茂名小放鸡岛海区栽培平均长41.7厘米的人工马尾藻苗种10万株，制作并投放符合规格要求的人工混凝土藻礁2223个，底播种植马尾藻面积1.6公顷，平均每个藻礁绑苗45株，成活半叶马尾藻29.5株。放流斑节对虾2699.26万尾、放流海水鱼苗122.81万尾、其中黑鲷76.03万尾、黄鳍鲷11.18万尾、红笛鲷17.4万尾、花鲈18.2万尾。放流淡水鱼苗413.4万尾，其中鲮鱼114.5万尾、草鱼61.1万尾、鳙60.6万尾、鲢57万尾、广东鲂29.2万尾、青鱼苗10万尾、鲤鱼苗21万尾、鲫鱼苗60万尾。

【水生野生动物监管】 2019年，茂名市农业农村局做好水生野生动物行政审批工作，修改关于水生野生动物经营利用许可证、人工驯养繁殖证的办事指南和业务手册。全年年审并更换水生野生动物经营许可证222本、人工繁育许可证374本。

【海洋综合执法】 2019年，茂名市海洋监察执法队伍组织开展海洋监察执法、渔场执法、水产品质量安全执法、水生野生动物执法行动，推进海洋综合执法。

海洋监察执法 2019年，茂名市海监执法队伍组织开展“靖海2019”“无居民海岛2019”“清

违”三大专项执法行动，全年出动执法船艇90艘次，执法车辆188辆次，执法人员720人次，拆除构筑物恢复海域原状2处，发出《依法用海告知书》18份，填写海洋工程建设项目监督检查情况记录表13份；办结案件7件，罚款9203万元。

渔场执法　2019年，茂名市渔政执法队伍开展“亮剑2019”系列专项行动，打击电炸毒鱼作业、非法捕捞专项行动，违规渔具清理整治专项执法行动，清理取缔涉渔“三无”（无船名船员、无船舶证书、无船籍落）船舶执法行动，伏季休渔及禁渔专项执法等行动。出动执法船艇515艘次，出动执法人员3152人次；检查渔船5366艘次，办结案件240件，罚款198.02万元。

水产品质量安全执法　2019年，茂名市出动执法人员122人次，出动车辆34辆次，检查场所110家。

水生野生动物执法　2019年，茂名市出动执法车18辆次，执法人员79人次，检查场所56个。

（市农业农村局）

农垦业

【农垦业概况】　2019年，茂名农垦局实现社会总产值52.58亿元，比上年增长5.31%；完成生产总值30.12亿元，增长6%；实现营业收入9.49亿元，利润总额3894万元。干胶总产量1.17万吨，油茶鲜果产量2042.8吨，水果产量4.5万吨，肉类产量2.8万吨，食用油产量2713吨，茶叶产量210吨。

【橡胶产业】　2019年，茂名市农垦局推进科技创新，“六天、七天一刀新割制”推广率52%，实施杯胶作业26万株，完成2.43万公顷天然橡胶生产保护区划定。全垦区人均产胶6.2吨，其中曙光农场人均产胶7.65吨，胜利农场第二作业区人均产胶8.08吨。

【油茶产业】　2019年，茂名市农垦局油茶种植面积8000万公顷，在和平农场、红阳农场、新华农场、红旗农场、水丰农场建设油茶生产基地，油茶农场均建立2～3个标准化栽培技术示范点，加强油茶标准化栽培技术示范推广。

【农垦特色产业】　2019年，茂名市农垦局新种植化橘红、沃柑、番石榴、沉香等经济作物140多公顷。推进红峰农场特色农业园区建设，申报与创建“红峰橘宝”品牌。发展林下经济，新种益智、香砂仁等林下经济作物130余公顷。

【垦区国土管理】　2019年，茂名市农垦局落实土地管理巡查监察制度，建立三级联动管理机制，全年全垦区无新增违法侵占土地现象。结合扫黑除恶专项行动，清理回收被占土地260余公顷。

（茂名农垦局）

农业机械化

【农机装备概况】　2019年，茂名市农业机械总动力208.25万千瓦，比上年增长1.98%；拖拉机2.63万台，增长0.6%；收割机1196台，增长2.6%；插秧机545台，增长1.9%。

【农业机械作业水平】　2019年，茂名市农作物耕种收综合机械化率为53.2%，比上年增长1.21%；水稻耕种收综合机械化率为71.3%，增长1.01个%。

【农机购置补贴】　2019年，广东省下达茂名市中央财政农机购置补贴资金2060万元，其中高州市800万元、化州市400万元、茂南区和电白区各300万元、信宜市210万元、广东茂名滨海新区50万元，加上往年结余资金396.96万元，其中化州市177.59万元、茂名高新区138.31万元、电白区65.37万元、信宜市15.69万元，合计2456.96万元。至2019年年底，全市使用资金999.4万元、其中高州市390.09万元、茂南区269.13万元、化州市169.72万元、电白区86.3万元、广东茂名滨海新区48.24万元、信宜市34.98万元、茂名高新区1.52万元，完成任务40.7%。全市没有发生相关违法违纪案件，农机购置补贴政策得到规范实施。

【农机社会化服务】　2019年，茂名市农机合作社新增3个，累计发展35个，其中，国家级示范社2个、省级和市级示范社各3个；入社成员1122人，比上年增长3%；拥有农机具1915台，比上年增长9%；资产总额7166万元，比上年增长12%；作业服务面积1.76万公顷，比上年增长30.2%。

【农机安全生产】　2019年，茂名市培训拖拉机驾驶员1471人，出动农机监理人员5758人次，发放农机安全生产宣传资料2.76万份，悬挂农机安全生产宣传横幅886条，检查拖拉机和联合收割机4820台次，发现安全隐患310件，发出隐患通知书293份，整改隐患293件。全市农机事故零报告，农机安全生产形势保持平稳态势。

【农机技术推广】 2019年，茂名市举办水稻育插秧机械化现场演示会12场，水稻机械化直播现场演示会2场，丘陵山区果园生产机械化现场演示会5场。全年完成水稻机插秧面积2.91万公顷，比上年增长7.8%。全市在用稻谷烘干机36台，主要品牌有“金明、金子、新生力、三喜、明阳、广联”等。烘干稻谷1.25万吨，增长12.6%。单轨运输机、除草机、树枝粉碎机、风送喷雾机、高架作业机、植保无人飞机等新型机械在全市逐步推广。

扶贫开发

【扶贫工作概况】 2019年，茂名市建档立卡贫困户6.8万户15.77万人，其中有劳动力户2.7万户10.06万人，无劳动力户4.1万户5.71万人。全市有劳动力贫困户人均可支配收入1.48万元，180个省定贫困村居民人均可支配收入1.72万元，分别超过全省农村居民人均可支配收入的45%和60%。全市完成退出贫困户6.6万户15.29万人，完成率97%；完成退出贫困村175个，完成率97.2%。

【扶贫干部】 2019年，茂名市有扶贫任务1674个行政村，有驻村扶贫干部3115人。省、市、县和珠海市选派干部1674人担任扶贫驻村干部或第一书记，其中向180个贫困村和90个软弱涣散村派出脱产驻村第一书记（处级干部31名）。从市、县两级选派76名优秀干部到脱贫攻坚任务重的35个镇挂职，从事扶贫工作。

【扶贫资金筹集】 2019年，茂名市认捐扶贫资金1.04亿元，比上年增长97%，到位资金6019.8万元。全市落实担保金2968万元，累计发放贷款4202笔1.47亿元。其中，2019年新增小额贷款2137笔8085.43万元。

【扶贫保障政策落实】 2019年，茂名市做好贫困户子女教育资助建档立卡、贫困户危房改造、贫困人口健康扶贫、贫困户饮水安全、残疾人生活保障工作，落实扶贫保障政策。

建档立卡贫困户子女教育资助 2019年，茂名市建档立卡贫困家庭义务教育入学率98.5%。2018—2019学年，贫困户子女就读小学、初中、高中、中职（含技校）大专的总人数为3.42万人，均全额领取补贴，落实率100%。

危房改造 2019年，广东省下达茂名市2018年度第二批贫困户危房改造任务333户，完成率100%。茂名市自查确定危房改造任务862户竣工及验收，发放补助资金2800余万元。

健康扶贫 2019年，茂名市为建档立卡贫困人口15.77万人全额购买2020年度城乡居民医疗保险和大病保险，落实率100%。实现市域内、省内和跨省异地就医医疗救助与基本医疗保险、大病保险“一站式”直接结算服务，完成市、县、镇三级全覆盖。全市全年对建档立卡贫困人员实施医疗救助5.53万人次，救助金额2384.09万元。

饮水安全保障 2019年，茂名市180个省定相对贫困村和全市6.8万户建档立卡贫困户安全饮水落实率100%。

残疾人生活保障 2019年，茂名市低保贫困户中一至四级残疾人1.61万人生活补贴落实。贫困户一至二级重度残疾人1.29万人和三至四级精神智力残疾人2039人护理补贴落实。

【扶贫项目建设】 2019年，茂名市有2.46万户贫困户实施各类产业项目4.2万个，其中种植业1.98万个、养殖业1.99万个、服务业874个、加工业636个、乡村旅游36个、其他707个，平均每户增收4368.6元。有劳动力贫困户参与资产性收益项目户数1.98万户，占73.5%，户均增收1806.75元。全市建成专业镇15个、专业村103个，在每个有脱贫攻坚任务的镇和省定贫困村建立至少1个产业基地，合计投入各类资金4.74亿元，建成有一定规模的特色产业扶贫基地575个，带动1.68万户贫困户参与经营。

【就业扶贫】 2019年，茂名市建成扶贫车间71个，提供就业岗位5500个，吸纳贫困人员就业575人。全市建设省级“粤菜师傅”培训基地和大师工作室各2个，培训3630人次。信宜市开展“粤菜师傅”培训班33期，培训学员1836人，其中建档立卡贫困户326人。实现创业1100多人，其中开办“粤菜师傅创业店”42人；打造多条“粤菜师傅”乡村美食线路，直接或间接带动包括农村贫困人口在内的5000多人就业。珠海市帮助茂名贫困户劳动力1.21万人实现转移就业，其中就地就业4342人。

【消费扶贫】 2019年，茂名市建成“邮乐购”电商服务站点1700余个，农村淘宝服务站144个，惠及省定贫困村180个。“明湖文鳐”电商超市在茂名各地设立扶贫农产品销售专区26个，年销售扶贫产品2649万元。创出茂名扶贫的“万讯模式”，建设“万讯七子”致富超市近300个，带动农产品销售5000万余元，将平台利润75%返还扶贫村，帮助6500户贫困户增收。引入珠海市186家企业参与扶贫产品运营，在珠海举办特色农产品展销会13场次；18个扶贫产业基地签约成为珠海市“菜篮子基地”，年销售农产品超8000吨。全年全市消费扶贫农产品约1.8亿元。

【粤桂结对扶贫】 2019年，茂名市分别与南宁市、来宾市政府签署粤桂扶贫协作框架协议（2018—2020年）。茂名市向帮扶的5个结对县共投入自筹财政资金1556万元（县均311.2万元），投入社会帮扶资金1152.53万元（县均230.51万元），带动贫困人口脱贫10.98万人，其中南宁市9.07万人、来宾市1.91万人。茂名市各区、县级市分别结对帮扶南宁市马山县、上林县、隆安县与来宾市金秀县、忻城县。全市安排9个经济实力强的镇与帮扶县9个贫困乡镇结对，并签订结对帮扶协议。安排10个经济强村与10个贫困村结对开展“携手奔小康”行动，并签订结对帮扶协议。引导大参林医药集团公司等33家企业与被帮扶县贫困村结对，开展帮扶工作。安排8家社会组织与贫困村结对并签订帮扶协议，有针对性地进行帮扶。

人才扶贫　2019年，茂名市派到结对贫困县挂职干部15人，其中处级干部5人，科级以下10人。被帮扶县到茂名市区（县级市）挂职交流21人，其中南宁市9人、来宾市12人。派出专业技术人员279人次，其中到南宁市192人次、到来宾市87人次。结对贫困县派出专业技术人员336人次到茂名市跟岗学习。组织贫困地区专业技术人员培训50期2185人次，其中南宁市164人次，来宾市2021人次。

▲2019年，茂名市订购对口帮扶广西壮族自治区来宾市金秀县的砂糖橘和沃柑，首批总量10万千克，价值70万元（市农业农村局提供）

资金扶贫　2019年，茂名市向帮扶的5个县投入援助资金2.05亿元，其中省财政资金1.9亿元、各县财政资金1556万元。被帮扶县县均获得茂名市财政援助资金4104.4万元。茂名市帮扶5个贫困县实施扶贫项目59个，其中南宁市30个、来宾市29个。项目带动脱贫10.18万人，其中南宁市8.27万人、来宾市1.91万人。茂名全市向结对贫困县捐款941.33万元，比上年增长33%；捐物折款216.99万元，增长49.7%。

产业扶贫　2019年，茂名市引导22家企业到南宁市、来宾市投资兴业，其中南宁市12家、来宾市10家。企业到帮扶县实际投资2.36亿元，县均4726万元。吸纳贫困人口就业673人，其中南宁市337人、来宾市336人。引导到深度贫困地区开展扶贫企业11个，占引导到结对县开展扶贫企业总数50%。

就业扶贫　2019年，茂名市采取“送教上门”“来粤培训”等方式，开展“粤菜师傅”“南粤家政”培训班103期，培训贫困人员3239人，其中南宁94期2812人，来宾9期、427人，帮助贫困人口实现就业5327人。举办各类专场招聘会29场，参加企业561家，提供就业岗位1.8万个，到场咨询1.7万人次，达成就业意向2713人。开展就业创业政策咨询服务活动29场。转移贫困县建档立卡贫困劳动力到广东就业1147人，其中到茂名就业10人，完成计划任务的148.4%。

【荔枝国家现代农业产业园首期工程初步验收】 12月1日，农业农村部、财政部联合考察专家组对茂名市荔枝国家现代农业产业园建设进行绩效评价现场考察，产业园首期工程完成预验收。茂名市荔枝国家现代农业产业园于2018年7月13日获批创建，规划总面积9.56万公顷，其中荔枝种植面积2.64万公顷，涉及高州市、茂南区和电白区3个区（县级市）11个乡镇206个行政村。产业园总投资6亿元，围绕主导产业特色鲜明等“六大工程”，实施国家荔枝种质资源圃等“九大重点项目”，形成“生产+加工+科技+品牌+营销”五位一体的荔枝全产业链发展格局。

【信宜八坊村成为首批全国乡村旅游重点村】 2019年7月28日，八坊村列入全国首批乡村旅游重点村名单；9月，八坊村被省委农办、南方报业集团授予“广东美丽乡村特色村”称号。八坊村位于镇隆镇中心区旁，总面积500公顷。镇隆古城坐落该村，建于唐武德四年（621），是历代州县并治之地，古称“窦州”。村内文物古迹林立，是粤西地区保存较为完整的古城、古村落之一。镇隆镇以八坊省级新农村示范片建设为抓手，以点带面、以片带面示范带动全镇稳步推进社会主义新农村建设。2014—2019年，八坊省级新农村示范片累计投入建设资金1.1亿元，竣工项目83个，在建项目6个。八坊村获“全国传统村落”、国家AAA旅游景区、首批广东美丽乡村特色村、“广东省古村落”、茂名市“十大美丽旅游乡村”等称号。八坊村通过举办传统文化节、灯光节、南粤古驿道定向大赛（茂名·信宜站）、万人徒步大赛等活动，促进八坊村历史文化内涵的挖掘、保护和利用，推动体育文化与休闲旅游的融合发展，打响“书香八坊”的文化品牌。按照市委“全域旅游”的部署，八坊村将“万里碧道”建设与新农村建设相结合，沿东江河建设长约6千米的碧道，打造“锦江画廊”，做活乡村旅游文章、激发乡村振兴新动力。

【“好心湖畔”“大唐荔乡”国家田园综合体试点三产融合初显成效】 2019年，广东省第一个以农民合作社为主要载体，让农民充分参与和受益，集循环农业、创意农业、农事体验于一体的田园综合体——茂名市“好心湖畔”国家田园综合体项目首期示范区（牙象大地艺术公园）初步建成。牙象大地艺术公园位于茂南区金塘镇牙象村，首期流转土地66.67公顷，利用乡村特有的景观，扩展观光旅游，打造成一种新型的旅游综合体，把园区建设成“村庄美、产业兴、农民富、环境优”的新时期社会主义新农村，推动农村一、二、三产业融合发展。

2018年，“大唐荔乡”国家田园综合体建设试点项目获批。该项目投入1.93亿元，其中2018年中央财政2800万元，省级财政5500万元，市、县级财政补助资金1.1亿元。2019年，再获中央财政资金2500万元用于第二期项目建设。项目规划把根子镇建设成为“三位一体”（农业、文化、旅游一体化发展），“三生同步”（生产、生活、生态同步改善），“三产融合”（一、二、三产业深度融合）的特色荔乡，把根子镇建设为世界荔乡和大唐荔乡。主要项目是建设一条展现荔乡风貌的景观大道，打造一批各具特色的荔枝园林。园区建设实施“1+5+10”方案，即1个贡园（打造成全省十大古树名木公园之一），5个不同主题的古荔园（分别打造荔枝古诗主题园、状元道、四方园、荔枝文化休闲园、塘壁园），建设一个既有仓储、物流、配送功能，又有文旅、购物、康养、特色餐饮等功能于一体的荔枝物流文旅主题园，打造一条“三生同步”的荔风村落带。项目投资560万元，群众自筹1300万元、献地10公顷，首期打造8个荔枝文化村庄，达到生产、生活、生态同步；发展一群荔枝加工作坊和深加工企业；建设一个宜业、宜游、宜购的微商电商小镇；发展一系列“三位一体”的荔枝产业新业态；树立一些带农联农“三变”（资源变资产、资金变股金、农民变股民）的典型。根子镇“三变”改革成功的个案10个。

【“茂名罗非鱼”“化州橘红”成为国家区域公用品牌】 2019年11月15日，第十七届中国国际农产品交易会发布中国农业品牌目录300个具有代表性的特色农产品区域公用品牌、100个农产品区域公用品牌价值评估榜单和影响力指数评价榜单，茂名罗非鱼和化州橘红上榜。2019年，茂名罗非鱼养殖面积1.73万公顷，年产量超21万吨，约占广东的1/3、全国的1/8，是中国乃至全世界罗非鱼养殖的优势区域，2010年被授予“中国罗非鱼之都”称号。全市有国家级良种场1个，省级良种场4个，上规模的种苗场28家；全市罗非鱼养殖户

1.6万户，其中出口水产品备案养殖场125家，有罗非鱼加工出口企业16家，年加工出口能力近40万吨。茂名罗非鱼产业形成饲料生产、种苗选育、养殖、加工出口、副产物加工、方便休闲食品研发生产等完整的产业链，年产值超30亿元，罗非鱼及关联产业创造逾就业岗位10万个。“茂名罗非鱼”先后被评为“2016最具影响力水产品区域公用品牌”、“2018年广东省最具影响力渔业区域性公用品牌”、2019年中国（广州）国际渔业博览会“最具影响力品牌奖”、第十七届中国国际农产品交易会中国农业品牌目录2019农产品区域公用品牌。

化州橘红唯化州所独有。化州种植橘红并作为中药应用已有1000多年的历史，素有“南方人参”之称和“一片值一金”的说法。

【茂南车田村、电白槟榔村、化州大埇村入选全国乡村治理示范村】 2019年，茂名市按照乡村治理示范村镇创建标准，组织开展乡村治理示范村镇创建工作。在各地开展乡村治理示范村镇创建并推荐上报基础上，市农业农村局（市委农办）在会同市委宣传部、民政局和司法局等部门联合审定后，向省委农办（省农业农村厅）推荐茂南区新坡镇车田村等4个村为全国乡村治理示范村，茂南区新坡镇为全国乡村治理示范镇。2019年12月24日，中央农村工作领导小组办公室农业农村部、中央宣传部、民政部、司法部联合印发《关于公布乡村治理示范村镇名单的通知》，茂名市的茂南区新坡镇车田村、电白区林头镇槟榔村、化州合江镇大埇村入选全国乡村治理示范村。

【岭南现代农业科学与技术广东实验室茂名分中心建设获批】 2019年，岭南现代农业科学与技术广东省实验室由华南农业大学统筹编写“主体+分中心”总组建方案和承担总部建设。实验室总部建在广州市天河区，在茂名市、云浮市、肇庆市、深圳市建设分中心。岭南现代农业科学与技术广东省实验室茂名分中心是省政府统筹规划，由茂名市人民政府承办。8月29日，中共广东省委、省政府在广州举行广东省实验室（第三批）建设启动会，对广东省实验室茂名分中心进行授牌。茂名市委托华南农业大学专家编写实验室组建方案，召集茂名农业专家、华南农业大学专家到相关企业调研和召开研讨会，完成实验室组建方案初稿。12月22日，在茂名熹龙国际大酒店召开岭南现代农业科学与技术广东省实验室茂名分中心组建方案论证会议，邀请福建省农业科学院院士谢华安、广东省农业科学研究院教授廖明、广东海洋大学教授叶春海等专家组成专家组听取组建方案汇报，审阅相关材料，考察分中心建设场地，会议同意“岭南现代农业科学与技术广东省实验室茂名分中心”组建方案。（市农业农村局）

水　利

【水利工作概况】 2019年，茂名市水利项目下达省级以上投资计划7.63亿元，完成省级以上水利投资7.51亿元，中央和省级投资计划执行情况综合排名全省前列。高州水库、鉴江高岭拦河闸重建工程2宗水利项目，入选“广东十大最美水利工程”；完成广东省中小河流治理（二期）2019年治理项目37个共394千米的河道治理任务；开展“万里碧道”省级试点工作，新建碧道43千米，打造乡村振兴茂名样板；推进大中型水库除险加固、中小型水闸、拦河闸、海堤达标加固等水利项目建设；完成水旱灾害防御、农村饮水安全、水库移民等工作。

【水旱灾害防御】 2019年，茂名市水务局开展水旱灾害防御工作。4月起，启动水利汛期24小时应急值班带班；5月起，实行每周一组织水利水情视频会商。针对冬天出现的旱情，加大预测预报和监测力度，落实抗旱物资应急储备，加强蓄水保水指导，做好用水科学调度，为抗旱提供水源保障。全年发布洪涝灾害预警信息1301次，发送责任人信息13.67万条。其中，山洪灾害预警1235次、预警短信9.88万条。全年组织水利水文水情视频会商26次，印发《茂名市水务局简报（水旱灾害防御专报）》29期。全年全市启动水利防汛应急响应三级9次、四级30次，其中市级启动水利防汛应急响应四级1次；开展汛前检查，派出工作组50个459人次；汛中派出隐患排查工作组79个620人次；派出险情处置工作组23个101人次；防汛督导组79个620人次。

重点抓好山洪灾害隐患点、水库、山塘、小水电站、堤防、闸坝、在建水利工程等防御工作。落实水库（电站）“三个责任人”（行政责任人、技术责任人和巡查责任人）和水库（电站）“三个重点环节”（落实水库预测预报预警通信、调度运用方案、防汛应急预案），开展“三个责任人”履职和防汛应急演练126次，完善重点水利工程实时防控措施。强化山洪灾害监测预警平台管理，全市建设县级山洪灾害预警平台4套，乡镇预警平台12套，建设无线预警广播52处；建立简易雨量站868处，简易水位站5个；发放手摇预警报器2266台，铜锣号哨1.82万个。全市通过山洪灾害监测预警平台发送预警1209次，发送短信9.7万条。建立山洪灾害防御责任体系，健全各级行政首长负责制，形成县、镇、村、组、户五级山洪灾害防御责任制体系，落实相关责任人和联系方式。建立群测群防体系。编制完成县、镇、村三级山洪灾害防御预案；设立警示牌870个，宣传栏579个，发放明白卡13.18万张，宣传手册13.18万册，光盘3342个，设立转移指示牌1148个，挂图1711张。加强培训和演练。全年培训15场次，培训人员1072人次；演练47场次，演练人数5300人。

【河长制工作】 2019年，茂名市持续推进河长制工作，重新调整市实施河长制工作领导小组组成人员。4月19日，中共茂名市委书记、市第一总河长签发2019年第1号茂名市总河长令，要求各级河长、各有关单位严厉打击向河流、水库丢弃畜禽尸体等违法犯罪行为，维护公共卫生和生态环境安全。市级河长带头巡河，市、县、镇三级河长全年累计巡河3.28万次，发现（指出）问题1479个，发出河长令或督办令126次，落实整改问题1433个。全市排查河湖“四乱”（乱占、乱采、乱堆、乱建）问题388个，全部完成整治，销号率100%。组织开展集中清漂专项行动2次，清理河道1822千米，清理水浮莲及水面垃圾12.95万吨。开展专项督查，制作暗访片2期在现场会播放，发现涉河湖问题20多个，下发督办通知书要求整改。出台《茂名市河长制湖长制群众监督举报奖励办法（试行）》，拓宽社会监督渠道。在茂名电视台播出河长制专题宣传节目3期；参加茂名电视台《与法同行》栏目，对开展河湖管理问题、河湖“清四乱”与听众交流；制作《我和我的祖国》快闪河长制宣传片，展示茂名市河湖整治取得的成效；联合团市委开展“河小青”志愿服务活动。全民关注河湖、保护河湖的良好氛围逐步形成。

【碧道建设】 2019年，茂名市政府将“万里碧道”建设纳入2019年茂名市《政府工作报告》，市委、市政府督查室将试点建设情况作为重点督办内容。全市碧道总体规划编制工作启动，5个市级试点碧道铺开。信宜“锦江画廊”碧道全长35千米，其中6千米核心碧道为省级试点。建设完成镇隆八坊至东镇高城水库段“锦江画廊”碧道，全长35千米。继续打造镇隆八坊至天马山“碧道”，推进镇隆八坊到北界天马山46千米碧道建设。注重地域特色营造，深挖当地自然资源和人文资源，结合名人名事、历史典故精心打造，碧道沿线串连八坊、十里、山背、旺同、高城10个“美丽乡村”，融入“古城遗韵、锦江田园、竹沙水岸、陶艺竹编、十里竹道、山水高城”等人文生态景观，提供“活化古驿道”的样板。“锦

▲ 2019年，信宜市完成镇隆镇八坊村至东镇镇高城水库段“锦江画廊”碧道建设

江画廊”碧道的建成，惠及20多个村庄近10万人。

【广东茂名滨海新区供水工程建设】 广东茂名滨海新区供水工程是保障茂名滨海新区沿海工业和生活用水的重要水利设施。2019年9月28日完成输水管道主体工程，具备通水条件；10月8日顺利供水至粤电厂。累计完成儒洞河取水泵站及取水泵站至广州港输水主干管道和北山水库支线41.1千米（单程26.9千米），累计完成投资4.63亿元，其中2019年度完成投资1.05亿元。

【茂名市水东湾城区引罗供水工程建设】 2019年9月26日，茂名市水东湾城区引罗供水工程完成二级泵站工程。10月15日，完成河湾泵站工程。10月25日，安装完成PCCP直径1.4米配水管道工程16千米、铺设和拆除施工便道工程10.8千米、拆除民房4座，完成项目设备联动调试。该项目按照图纸要求建设完成，配水管网、城区管网全部贯通，引罗工程生产的自来水通过市、区有关部门检测，接入城区管网。该工程是支撑“三大平台”（广东茂名滨海新区、茂名高新区、茂名水东湾新城）水资源和优化配置的重要民生基础设施项目，是解决茂名市向南向海发展战略中水资源短缺瓶颈的关键性工程。

【中小河流治理】 2019年，茂名市在化州市和电白区召开全市治理工作现场会，督促县区推进中小河流治理。全市列入中小河流治理（二期）2019年治理项目37个394千米，规划投资8.4亿元。施工展开工作面102个，机械投入182台，施工人员投入629人。全年完成治理河长335.18千米，治理河长完成率85.1%，投资完成率31.3%，资金支付率15.3%。12月5日，在全省农村供水与水费收缴暨中小河流治理工作视频会议上，茂名市副市长崔剑代表茂名市作中小河流治理的经验介绍，被省委常委叶贞琴点评为创造中小河流治理的“茂名经验”。

【农田水利工程建设】 2019年，茂名市高州水库灌区续建配套与节水改造首期工程。该工程计划总投资11.16亿元，改造渠道153.31千米，恢复和改善灌区原灌溉面积4.22万公顷，建成后可实现年节水1.65亿立方米。至2019年年底，验收单位工程1个分部工程52个；累计完成投资10.36亿元，占总投资92%。信宜市尚文水库灌区完成渠道建设7.15千米，完成投资1810万元、工程形象进度达95.7%。

【水库、水闸除险加固】 茂名市高城水库、青年湖水库、长湾河水库列入全省大中型病险水库除险加固项目，批复总投资8615万元，累计完成投资4789万元。其中，青年湖水库于2018年9月完成下闸蓄水验收；高城水库于2019年8月完成下闸蓄水验收；长湾河水库完成项目施工图设计，进入施工招标阶段。高州市三岔水库、红石陂水库列入省小型病险水库除险加固项目建设清单2项，完成主体工程建设任务。

【海堤加固达标工程建设】 茂名市列入省千里海堤加固达标规划项目12个，规划加固海堤总长度170.43千米，计划总投资10.5亿元。项目到位资金1.83亿元，其中中央补助资金447万元，省级补助资金1.33亿元，市级配套资金800万元，县级配套资金3751万元。白蕉海堤、旦场海堤、南海海堤、北山岭海堤4个在建项目完成投资1.62亿元。8个海堤项目进行前期工作。

【农村饮水安全】 2019年，茂名市推进省定贫困村集中供水工作。全市180个省定贫困村，2171个自然村，集中供水全覆盖全部纳入当地创建社会主义新农村示范村建设规划。1932个自然村实现集中供水，占总任务89%。完成全域自然村摸底调查，饮水型氟超标改水工作进展顺利。茂名市饮水型氟超标涉及电白区、高州市、化州市的11个自然村1110户，完成改水工作。完成农村饮水安全工程整改工作11项，实现供水，建立健全农村饮水安全管理责任体系。

【农村水电建设】 2019年，茂名市累计建成发电的水电站563个，总装机容量43.54万千瓦。抓好小水电安全生产工作，汛期检查水电站538个，发现一般隐患9个，全部完成整改。全市列入“十三五”规划农村水电增效扩容改造项目5个，全部完工验收。完成保护区内水电站调查核实，督促水电站业主逐站制定整改方案。

【水库移民后期扶持】 2019年，茂名市完成水库移民后期扶持投资5.76亿元，比上年增长230%；发放大中型水库移民直补资金8600万元，受益人口13.5万人；完成移民项目投资4.95亿元。实施市六大行动计划，完成移民村“三清三拆三整治”（三清：清理村巷道及生产工具、建筑材料乱堆乱放，清理房前屋后和村巷道杂草杂物、积存垃圾，清理沟渠池塘溪河淤泥、漂浮物和障碍物；三拆：拆除农村的危旧废弃房屋、露天厕所，拆除乱搭乱建房屋，拆除违规商业广告、招牌；三整治：整治垃圾、污水及水体污染）109个，完成计划任务109%；建设移民精品村3个。加快推进高州市大中型水库移民避险解困试点村建设，解决移民51户249人避险解困问题。加大贫困移民村公共基础设施建设建设扶持力度，对全市27个贫困村移民基础设施建设投入2052万元，建设项目40个，其中交通项目27个、农田水利项目4个。加快水库移民项目实施和结存移民资金消化进度，全年消化结存移民资金3.86亿元。

【水利行业管理】 2019年，茂名市举办全市水资源管理工作座谈会及业务培训班。组织召开全市实行最严格水资源管理制度考核工作会议，完成2019年度全国重要饮用水水源地安全保障达标建设现场抽查工作。起草《茂名市城市供水条例》（征求意见稿），并公开征求意见。开展城市供水专项规划工作，全年全市城镇供水规范化管理和二次供水专项考核工作取得新进展，市本级2019年城镇供水规范化管理考核91分。全年向市自来水公司供应原水8841万立方米。其中：供给河东厂水量6887万立方米，占供水总量77.9%；供给河西水厂水量1953万立方米，占供水总量22.1%。组织开展全市小（1）型水库3个责任人培训班，200人参加培训。对4宗建设工程进行不定期质量监督抽查。制订《茂名市贯彻河湖执法工作方案（2018—2020年）》《茂名市水务局打击非法采砂专项执法行动方案》《2019年茂名市水务系统扫黑除恶专项斗争行业治乱工作方案》《关于开展茂名市水务系统跨行政区域联合执法行动的通知》，以河道采砂管理为重点，加大执法监督力度，打击非法采砂专项执法行动。全市各级水务行政主管部门巡查河道长度13.4万千米，巡查水域面积9.3万平方千米；出动巡查车辆1596辆次，执法人员下乡巡查7162人次，现场制止违法行为336次；累计查处水事违法案件102件，取缔非法采砂点269个，清理抽砂泵船123台套，扣押违法作业钩机59辆、非法采砂现场装载河砂运输车128辆、铲车7辆，行政罚款530.51万元，没收违法所得49.95万元。遏制水务行业涉黑涉恶突出问题和非法采砂等乱象，全市水务系统线索摸排总数181条。其中，市水务局上报涉黑涉恶线索3条，县级水行政主管部门摸排60条。遏制行业内非法侵占河湖、非法采砂、涉河违法建设等现象。组织开展“世界水日”“中国水周”法制宣传活动。做好信访投诉件办理，做好窗口服务。全年行政许可审批事项申请量30件、受理30件，办结30件。（市水务局）

水文管理

【水文工作概况】 2019年，广东省水文局茂名水文分局启动水文测报应急响应4次，发出水雨情预警短信685次7.65万条，水情预警预报18站次，发布洪水蓝色预警信号2次，编写水情简报230份、水情预报6期。

【水情雨情】 2019年，茂名地区平均降雨量1780毫米，比常年偏少0.6%，比上年偏少4.4%，属于平水年份。水雨情的特点是入汛时间早、降雨主要集中在前汛期，龙舟水偏强，局部地区出现强降水和发生洪涝灾害，汛后降雨偏少，导致局地出现旱情。

2019年3月8日进入汛期，3—8月降雨量1560毫米，占全年降雨量87.6%；5月21日至6月20日，龙舟水雨量409毫米，较常年偏多近4成；9月下旬，各地降雨量明显偏少；10—12月，降雨量38.5毫米，比常年同期减少76%。

受是年第7号台风“韦帕”、第11号台风“白鹿”以及冷空气、西南季风、强对流云系等影响，茂名市出现较大降雨12次。茂名市主城区出现“3·23”“4·13”短时强降水，造成严重内涝，部分路段最大水深1.5米。茂名站“3·23”最大30分钟降雨73毫米，重现期20年一遇。站北路“4·13”最大60分钟降雨171.5毫米，重现期超100年一遇。受台风“白鹿”影响，信宜金垌镇木威站“8·26”最大1小时、3小时、6小时雨量分别为93毫米、208.5毫米、243毫米，均超历史实测最大值。

4月13日，小东江、白沙河出现略超警戒水位的洪水；5月25日，官桥河、沙田河出现超警戒0.5米左右的洪水；扶曹、高城、龙湾等水库水位多次超汛限，受台风“韦帕”影响，8月2日，扶曹水库水位超汛限6.63米；8月26日，小流域木威河出现局地洪涝灾害。

【水生态监测】 2019年，茂名水文分局负责监测茂名市辖区内主要饮用水源地和重要河流及水库45个监测断面，涵盖国家考核的24个水功能区和5个国家重要饮用水源地；39个省级水功能区监测覆盖率100%；在7座大、中型水库开展生态监测工作。

【高州水库水资源保护监测】 2019年，茂名市加大高州水库水资源保护力度。茂名水文分局对高州水库及主要入出库河流开展水质监测，作为高州水库水资源保护和污染源治理的重要依据。2019年，高州水库水质类别为Ⅲ类，监测项目中总氮为Ⅲ类，其他项目均为Ⅰ类。

【水文站网建设】 2019年，茂名市有雨量站111个，水位站43个，其中水库水位站14个，河道水位站20个，渠道水位站6个，潮水位站3个；水文站24个，分布在茂名市主要河流、水库。

（茂名水文分局）

鉴江流域水利工程管理

▲鉴江流域高州城区段风景 （李日宇 摄）

【水利工程管理概况】 2019年，茂名市鉴江流域水利工程管理局加强高州水库库区工程和灌区工程202千米骨干渠道管理。实行“三定”（定岗位、定责任人、定职责）、“四公示”（公示岗位、责任人、联系电话、责任要求）、“五检查”（岗位责任人日检、中心站旬检、所月检、局季检与年终总评、特殊情况加密检），管理效果与奖励性绩效工资挂钩等制度，落实岗位责任，激发职工积极性，提高工程管养水平。

【高州水库防汛工作】 2019年，茂名市鉴江流域水利工程管理局开展汛前检查，处理险工隐患，召开防汛工作会议，健全防汛机构，调整防汛指挥部成员和抢险队伍。以签订责任书的形式层层落实防汛责任，修订完善各类工程度汛预案，组织开展防汛抢险知识培训、演练。汛期加强巡查与值班值守，做好“龙舟水”“韦帕”台风水的强降雨防御工作，对毁损工程及时组织抢险修复，确保年度工程安全度汛。

【高州水库供水管理】 2019年，茂名市鉴江流域水利工程管理局制订水库年度调度运用计划，实行用水总量控制。采取“集中申请，先急后缓安排，协调上下游用水户，局部服从整体”等办法，提高水资源利用率，解决灌区春耕和秋旱期间尾水田、高坡田缺水现象。针对年度雨水偏少、秋冬干旱的特点，执行“电调”服从“水调”原则，从用水最需要的角度执行发电放水，为确保冬春鉴江下游受益区工农业生产、生活、生态用水预留足够的水资源。协助西江流域管理局落实广东省《鉴江流域水资源调度分配方案》。

【高州水库除险加固工程项目建设】 2019年，茂名市实施高州水库恢复89米库容淹没处理项目。通过加快淹没土地和青苗的补偿支付进度，加大土地纠纷调解、移民动迁力度，推进淹没道路复建实施进程。完成第一期淹没道路复建设计、预算编制、投资审核及施工招投标工作，拟于2020年年初动工建设。继续做好建安工程项目配套工程的扫尾及竣工验收准备工作。至年末，完成项目投资3.59亿元，完成淹没土地和青苗补偿支付3.17亿元（年内新增支付2661万元）。

【高州水库湖泊治理项目建设】 2019年，茂名市鉴江流域水利工程管理局完成高州水库湖泊治理项目投资2300万元。其中：蓝藻应急处理工程、水土流失严重的生态破坏区域生态恢复工程完成并进行验收结算；库区水域生态控藻工程项目（首期）人工湿地及（二期）鱼苗投放项目完成投资250万元。

【高州水库棚户区改造项目建设】2019年，茂名市完成高州秧地坡小区、化州市东山小区项目主体及配套工程建设，进入验收结算阶段；高州长坡小区1号楼完成封项，其他需易地建设的5栋楼取得不动产权证书，行政部门加快审理新规划初步设计方案。

【高州水库水资源保护】 2019年，茂名市鉴江流域水利工程管理局与市相关部门做好生态保护项目实施计划，协助地方政府和部门落实责任，在集雨区内采取抓林改、清垃圾、治污水、关猪场等治理措施，从入库源头抓好水质保护。

河（湖）长制工作　结合水污染防治攻坚战，完善各项管理制度，压实局、所、站三级河长责任，加强库区、灌区巡查，确保污染水源的行为得到及时发现、及时处理。全年发现污染水源行为36件，发函地方政府河长办请求处理36件，完成处理35件。

人大代表建议办理　2019年，市鉴江流域水利工程管理局牵头会办单位办理市人大代表提出的关于全面实施《茂名市高州水库水质保护条例》，巩固提升高州水库水质的建议，以共同办理代表建议为契机，共同推进高州水库水质保护工作。

中央环保督查问题办理　落实中央环保督查交办问题的整改。9月25日，完成县道633穿越石骨库区一级饮用水源保护区的问题整改；制订方案，加强宣传，落实责任，对东干渠垃圾、淤积问题进行常态化巡查与持续整改。

水质保护　应对石骨断面pH酸碱度超标预警，邀请省蓝藻水华防治专家到水库现场分析研判该断面pH酸碱度超标的影响并指导治理工作。做好蓝藻治理应急处置。加强与高校、水文、环保部门沟通，开展相关防治与应急演练，修改完善《茂名市应对高州水库蓝藻水华应急预案》。坚持常态化打捞库面（渠面）漂浮物和打击偷捕鱼行为。全年清理库面漂浮物5300立方米、渠道垃圾1200立方米，抓获偷捕鱼行为人5人，其中执行刑拘1人、行政拘留1人、警告教育3人、缴获大小网具182张，机排4张。对高州水库供水渠道进行水生态环境修复，清除输水过程的污染。

【高州水库综合经营】 2019年，茂名市鉴江流域水利工程管理局对2座坝后电站实施科学调水，提高发电效益，全年实现发电6730万千瓦时。加快玉湖风景区建设和管理，年内完成核心景区A、B公园建设；结合机关生活区环境整治，继续扩改、美化、花化核心景区公园。做好生态轮捕水库鱼工作，增加经济收入。加强建筑业管理，保持属下建安公司良性发展。

（市鉴江流域水利工程管理局）

工 业

综 述

【工业经济】 2019年，茂名市工业生产高开低走，随后企稳并保持低速增长。第一季度比上年同期增长2.8%，上半年增长0.1%，第三季度增长1.7%，全年增长0.5%。全市规模以上工业全年完成产值2025.86亿元，实现工业增加值611.25亿元。从隶属看，中央省属工业比上年增长2.9%，地方工业下降2.8%；从企业类型看，大型企业增长1.7%，中型企业增长30.4%，小微型企业下降9.6%。

【工业产业】 2019年，茂名市先进制造业增加值比上年增长3.6%，比规模以上工业快3.1个百分点，总量占规模以上工业比重的74.6%，比上年提高0.6个百分点。高科技产业增加值增长9.8%，装备制造业增加值增长14.8%，优势传统产业增加值下降9.9%，工作母机制造业增加值增长30.4%。

【工业行业】 2019年，茂名市六大主导行业实现增加值571.41亿元，比上年增长0.8%，总量占全市规模以上工业增加值93.5%。其中，石油化工业增长4.8%，医药制造业增长7.6%，金属制品及先进装备制造业增长1.61%，三大行业对规模以上工业增长的贡献率达65.3%，拉动增长0.3个百分点。从企业看，重点监测的55家工业企业实现增加值460.1亿元，增长3.6%，产值两位数增长的企业有9家。其中，天源石化、翔天电子科技、立威化工、新富民农牧等重点企业产值增长较快，对全市工业增长的贡献较大。从产品看，重点监测的89种产品中50种产品产量实现增长，产品增长面为56.2%。其中，化学农药、铝材、炼油、化工生产专用设备、燃料油等11种产品产量增速超过50%。先进制造业引领能力进一步加强。

【工业投资】 2019年，茂名市工业投资完成191.34亿元，比上年下降5.6%。其中，工业技改投资完成55亿元，占全市工业投资比重的28.7%，下降2%。全市有163家工业企业开展技术改造，有在建工业项目820个，数量比上年下降15.3%。

【工业产能】 茂名市2019年第四季度工业产能利用率为65%，与上半年持平，分别比第一季度、第三季度上升3%、1%，比2018年工业产能利用率提高5个百分点，全市产能利用率逐步提高。

【工业用电】 2019年，茂名市工业经济增长平稳，工业用电增长也比较平稳。全年全社会用电量123.61亿千瓦时，比上年增长7.3%，增速比上年回落0.39个百分点。其中，工业用电量64.76亿千瓦时，增长2.5%，增速比上年回落2.7个百分点。

工业园区建设

【工业园区建设概况】 2019年，茂名市6个省级产业转移工业园（茂名园、茂南园、电白园、信宜园、高州园、化州园）合计完成固定资产投资78.65亿元，实现规模以上工业增加值102.58亿元，比上年增长9.8%；全口径税收17.26亿元，比上年增长11.28%。园区累计入园项目561个，投资总额666亿元。其中，建成项目433个，投资总额380亿元；年度新增项目62个，总投资117亿元。

园区扩容提质 随着化州、信宜、高州产业集聚区先后获省工业和信息化厅批复，全市享受省级产业转移园优惠政策面积68.5平方千米。推进滨海新区吉达港临港产业集聚区建设，申报纳入茂名园集聚区。茂名园投资3.3亿元，建设总长8.89千米的原料及公用工程管廊项目建成投入使用；总投资6.66亿元的园区水质净化厂加快建设；污水管网基本建成。完成电白园污水处理厂一期改造扩容工程。信宜园水口和池洞产业集聚区完成通水、通电、通路、平整土地等建设，日处理5000吨污水处理厂建成运行。化州园杨梅产业集聚区水质净化厂完成在线监测设备安装并通水试运行；建筑面积7000多平方米的园区创业孵化服务中心大楼建设完成投入使用。

重点项目建设 全年全市园区新增项目62个，总投资117亿元，其中新落地项目32个，新投产项目30个。茂名园华粤碳九、众和对位酯、坂田油墨、汉荣、联合宝莹、米奇等18个项目加快推进，投资25亿元的40万吨苯乙烯项目获省发改委的能源技术评价批复。茂南园巨鑫塑料年产5000吨塑料粒料、广东鲜源水产有限公司罗非鱼切片2个重点项目投产，投资33亿元的茂石化润滑油基础油调整改造项目、投资1.36亿元的茂化实华粗苯加氢项目、投资15亿元的众和化塑巯基乙醇项目、投资2.5亿元新华粤集团氢化石油树脂项目加快推进。信宜园投资近10亿元的循环经济示范中心项目、投资4.52亿元的绿能环保发电项目开工建设。高州园投资6.97亿元的协鑫燃气分布式能源项目、投资8.68亿元的朗坤环保项目推进顺利，响亮饲料、福中福生物项目即将建成。

园区招商引资 是年，全市园区新增工业项目32个，总投资36.4亿元。投资400亿元的烷烃资源综合利用项目签约落户滨海新区产业园，带动茂名市临港千亿石化产业集群发展。投资约12亿元的德安德芳纶项目、投资13.81亿元的江苏德纳醇醚项目、投资3.9亿元的海南瑞丰锆新材料项目签约进驻茂名园。投资3亿元的茂名市蓉电实业有限公司项目、投资1.5亿元的茂名市恒源投资发展有限公司项目、投资1.5亿元的茂名市耀辉科技有限公司项目签约茂南园。信宜园新增入园企业9家，有信宜市光谷五金有限公司、茂名市瑞仕光通讯科技有限公司等规模以上的工业项目。高州园签约投资项目12个，签约投资总额56亿元，其中朗坤环保能源（茂名）有限公司总投资8.68亿元。化州园与顺丰集团对接，签订框架合作协议。

【茂名产业转移工业园】 2019年，茂名园完成固定资产投资37.93亿元，实现规模以上工业增加值37.56亿元，比上年增长0.4%；实现全口径税收11.99亿元，增长21.9%。园区累计落地项目149个，总投资245.5亿元，其中建成项目97个，年度新增项目29个。茂名园“五纵两横”（五纵：西部快线、工业大道、茂名大道、潘州大道、包茂大道；两横：市民大道、高新大道）基本建成，实现主干路网、公交线路全覆盖。水质净化厂、长青热电联产等重大项目建成投入使用。“圆梦园”公共租赁住房小区可提供1203套公租房给筹建期和建设期的企业周转使用，海景明珠、石化苑、茂名大宅、崇文学堂等城市建设项目加快推进。江苏德纳醇醚及醇醚酯应用项目、香港中金芳纶全产业链项目、瑞丰20万吨/年锆英新材料项目等6个项目签约进驻园区，投资总额44.3亿元。香港红福、龙汇化工、先知新材料、新华粤树脂、众和对位酯、广东联合宝莹、米奇工业与日化新材料等项目建成投产。由中国能源、北京航天动力研究所、清华大学核能与新能源研究院共同发起的中氢动力项目开工建设。云兴科技绿色智慧大数据中心一期建成投用，投资10亿元的易华录粤西/北部湾数据湖产业园开工建设。茂名园与市财政局、广东粤科金融母基金公司设立规模为2亿元的广东粤科茂名创新创业投资基金。

【茂南产业转移工业园】 2019年，茂南园包含“公馆产业转移园、中科云粤西产业园、石化工业园”3个片区，园区全年完成工业固定资产投资12.29亿元，实现规模以上工业增加值36.12亿元，比上年增长48%；全口径税收2.01亿元。园区累计落地项目46个，总投资55.51亿元，其中建成项目42个，年度新增项目6个。公馆产业转移工业园的中德大道、金城东路等道路建成通车。石化工业园首期基础设施原料及公用工程管廊项目将建成投入使用。园内4条道路、污水处理厂、变电站项目建成投入使用。创新园区开发建设模式，为企业发展量身打造“专业园、园中园”的新模式。其中石化工业园打造“天源石化园、新华粤精细化工创新园、茂化实华化工园、众和化塑化工园、茂石化百万吨润滑油基地”5个园中园；公馆产业转移工业园专门安排33.33公顷土地为深圳（茂南）商会打造珠三角产业转移的“小园区”。石化工业园的“园中园”建成8万吨/年MTBE装置、5000吨/年抗氧剂、10万吨/年丙烯等4个项目，10万吨/年生物柴油、20万吨/年异丁烷脱氢、巯基乙醇深加工3个项目将建成投产。公馆产业转移园的“园中园”引进恒源、蓉电、耀辉3个深圳（茂南）商会的成员企业落户，动工建设电力设备设施产业。巨鑫塑料5000吨塑料粒料、鲜源水产制作罗非鱼及罗非鱼片、华凯石化3万吨废矿物油与含矿物油废物综合利用3个重点项目投产，蓉电智能高低压配电设备、耀辉新能源配电设备制造及高端智能化电器设备制造、恒源智能站用交流电源3个重点项目动工建设。中科云粤西产业园的中科云大道、科教路、周坑大道等道路建成通车，科教路南段、科创路、教育路、污水处理等项目加快推进。

【广州白云江高（电白）产业转移工业园】 2019年，电白园完成工业固定资产投资3.11亿元，实现规模以上工业增加值4.83亿元，全口径税收1.5亿元，比上年增长2.5%。园区累计落地项目122个，总投资164亿元，其中建成项目87个，年度新增项目8个。园区投入2亿元建设包茂大道南，投入1.7亿元建设迎宾大道北园区段扩建，投入4900万元建设环市路东段，投入1亿元建设绿城大道，投资近2亿元建设安乐东路和配套的绿化、供水、综合管线、安乐排洪河等项目全部竣工。完善电白产业园服务中心配套设施建设，一楼1200平方米大型五维立体式招商展示大厅投入使用。重点推进（沙院）绿色建筑产业园建设，首期6公顷项目用地摘牌动工建设。与中国香料香精行业首家上市公司深圳波顿集团合作建设波顿（电白）香精香料产业园，首期9.73公顷项目用地批复动工建设。以电白意顺食品有限公司农副产品加工项目为载体，打造茂名首家“观光工厂”，培育工业观光旅游产业。年度对接洽谈项目50个，其中上市公司和央企占投资项目的60%。

【信宜产业转移工业园】 2019年，信宜产业转移工业园完成工业固定资产投资9.43亿元，实现规模以上工业增加值4.54亿元，比上年增长1.3%。全口径税收0.41亿元，增长14.6%。园区累计落地项目59个，总投资73.34亿元，其中建成项目51个，年度新增项目7个。广东翔天汽车智能化有限公司总投资4亿元、占地10公顷的新能源汽车项目投产，中国能源工程集团有限公司旗下中机科技发展（茂名）有限公司总投资10亿元、占地40公顷的循环经济示范中心项目（首期）动工建设，金圆环保股份有限公司投资15亿元、占地33.33公顷的环保项目开展前期工作，珠海市斗门区信峰环保科技有限公司计划投资2亿元建设资源综合利用项目；池洞产业集聚发展区引入信宜粤丰环保电力有限公司总投资4.52亿元、占地8.66公顷的绿能环保发电项目动工建设。10月15日，广东翔天汽车智能化有限公司被国家工业和信息化部批准为“新设立专用车生产企业”，标志着信宜市拥有生产专用车辆的企业。

▲ 2019年，高州产业转移园道路改造工程及集污管网工程（一期）全面竣工

【高州产业转移工业园】 2019年，高州产业转移工业园完成工业固定资产投资13.1亿元，实现规模以上工业增加值14.79亿元，全口径税收0.95亿元。园区累计入园项目125个，项目总投资95.93亿元，其中建成项目119个，年度新增项目8个。园内建有自来水厂、污水处理厂、六回路电网供电，“三纵三横”6条主干道全部实现硬底化，移动、联通、电信三大运营商4G信号覆盖产业园。投资8000多万元的高州产业转移园道路改造工程及集污管网工程（一期）全面竣工。先后10次到北京、广州、深圳、东莞等地招商引资，召开异地高州商会工作座谈会，签约招商引资项目18个，其中产业园签约项目8个。冠美铝型材、深德物流园、希普生物、鼎壹饲料、兴陶建材5个新立项项目投资总额9.3亿元。

【化州产业转移工业园】 2019年，化州产业转移工业园完成工业固定资产投资2.8亿元，实现规模以上工业增加值4.74亿元，全口径税收0.4亿元。园区累计入园项目60个，项目总投资32.66亿元，其中建成项目37个，年度新增项目4个。1月，官桥集聚区获省工信厅批复，全年征地47.33公顷，预征用地60公顷，完成控制性详细规划。杨梅产业集聚区首期市政工程全面完成；二期完成土地平整；完成20米路消力池，36米路雨水管道铺设、路面平整、排污管、给水管建设；园区创业孵化服务中心大楼建成投入使用。杨梅产业集聚区二期的恒兴水产等10个项目通过摘牌取得项目用地面积40公顷，其中福的、康达尔、跨境电商、新供销、东绿环保等企业用地交付企业使用，跨境电商项目动工建设；市政府与顺丰集团、上海普洛斯签订框架合作协议。

石油化工业

【石油化工业概况】 2019年，茂名市石油加工炼焦及核燃料加工业完成总产值956亿元，实现增加值345.6亿元，比上年增长6.7%。化学原料及化学制品制造业完成总产值367.8亿元，实现增加值69.73亿元，比上年下降3.6%。原油加工量1990.59万吨，增长4.4%。乙烯产量118.2万吨，比上年下降0.7%。

【石化产业项目】 2019年，茂名石化20万吨环氧乙烷项目投产后，高新区环氧乙烷深加工企业受益明显，产业规模得以迅速扩大，成为全国第二大、华南第一大环氧乙烷生产和深加工基地。高新区围绕现有产业链强链、补链、拓链，坚持产业链招商，集聚发展精细化工，拉伸延长石化产业链条。推动茂名石化40万吨/年苯乙烯、30万吨/年环氧丙烷、众和碳四烯烃综合利用、实华烯烃综合利用13万吨/年丙烯腈等项目尽快落地；推动钛深加工龙头企业湖北中星、锆业加工龙头企业福建远光等项目尽快落地，逐步形成钛锆产业的集聚。茂南石化园区集聚天源石化、实华东油、华粤华信等一批大型化工企业，其中8万吨/年MTBE装置、5000吨/年抗氧剂、10万吨/年丙烯等项目建成，10万吨/年生物柴油、20万吨/年异丁烷脱氢、巯基乙醇深加工等项目将建成投产，石化后加工产业链不断延伸。

【丙烷脱氢及氢能产业】 2019年，东华能源公司与茂名市政府、广东省金辉新材料股权投资中心签署投资协议。东华能源与广东金辉投资建设烷烃资源综合利用项目，撬动新能源及新材料下游产业链，打造千亿级产业集群；按照国际领先的世界级绿色化工和氢能产业园区目标制定产业发展规划，项目投资总额约400亿元。

电力工业

【电力工业概况】 2019年，茂名市全社会用电量123.63亿千瓦时，比上年增长7.2%，增速位列全省第九位。工业用电量64.71亿千瓦时，增长2.4%；第一产业用电量3.48亿千瓦时，增长6.81%；第二产业用电量66.92亿千瓦时，增长2.9%；第三产业用电量22.03亿千瓦时，增长13.7%；城乡居民生活用电量31.21亿千瓦时，增长12.9%。茂名地区客户年平均停电时间7.39小时/户，减少1.31小时/户，下降15.1%，全省排第十名。

【电力扶贫】 2019年，广东电网有限责任公司茂名供电局（简称茂名供电局）"党建+扶贫"品牌入选茂名市"党建+"品牌项目，完成扶贫帮扶重点项目145个，脱贫率100%。减免电量698万千瓦时。支持光伏扶贫，完成镇盛农光互补项目110千伏送出线路回购准备工作。

【电网建设】 2019年，茂名供电局投入资金22亿元用于电网建设。组建临时党支部攻坚克难，完成500千伏博贺电厂接入工程，创下广东省同类项目前期、建设最快完成双纪录。建成投产500千伏博贺电厂送出工程、220千伏茂南、110化州绿能系统接入等10项输变电工程，为热点发展区域、重点园区提供强劲电力支持。投资4000万元，对信宜东部5镇电网全面升级改造，提高偏远地区电网防灾抗灾能力。全地区完成中低压配网项目3812个，新增（改造）中压线路1105.34千米、低压线路2.24万千米，新增（更换）配变容量68.33万千伏安。配合茂名站南站房、云茂高速、中德大道、茂化快线等市政重点工程项目开展电力迁改，助力打造"安全畅通、有序文明"的出行环境，落实市政迁改任务7项，新建铁塔87基，新建电杆51条，迁改新建87基塔，新建51条杆，迁改线路长度62.3千米。

【供电系统改革】 2019年，茂名供电局简化办电流程及办电资料。中压用电报装环节由5个减至3个，办电资料由40项减至2项；低压用电报装环节由5个减至2个，办电资料由28项减少至2项，实现报装环节"零审批"。推行"一证受理"，实施"容缺后补"，群众用电更加方便。推广互联网业务办理，让客户办电"一次都不跑"，实现更名过户等一般业务远程自助办理，互联网业务办理比例99%，比上年上升20个百分点。试点推行用电履约协议，签订广东省首宗履约协议，协议签订率83%，位居全省试点单位第二名。报装接电时间持续缩短，低压非居民（小微企业）用电报装平均用时2.05个工作日（不含外线工程施工时长），高压用户电力线路接入时间30.98个工作日（含外线工程施工时长）。降低一般工商业电价7.31分/每千瓦时，合计降低客户用电成本1.04亿元；全市电力用户市场化交易电量31.1亿千瓦时，交易退费1.21亿元；推进业扩投资界面延伸，为客户节省投资8200.3万元，降低客户用电成本3.07亿元。解决小水电自供区域内优惠电价、资产纠纷和补偿诉求等历史遗留问题58个，如期完成全部接收。完成接收自供区电网改造，惠及用户1.42万户，用电人口6.21万人，兑现服务承诺，实

▲ 2019年，茂名供电局施工人员加快10千伏五连线工程施工 （叶泽 摄）

现城乡供电服务均等化。

【新能源建设】 2019年，茂名供电局贯彻绿色发展理念，建设100%消纳风、光等清洁能源项目。新建集加油、充电一体的综合供能服务站2座；新增电能替代项目99个，替代电量4.03亿千瓦时；新建电动汽车充电桩124支、充电站27座。

【低电压整治】 2019年，茂名供电局通过常规改造及应用“光伏发电系统、风力发电系统、储能系统”一体化的智能微电网等新技术，投入资金1.18亿元整治低电压台区970个，改造及新增配变683台，改造低压线路长度超过204.06千米，全地区综合电压合格率提升至99.996%。在化州新安镇及信宜白石镇投产智能微电网项目2个，解决偏远山区低电压问题。

【涉电安全隐患整治】 2019年，茂名供电局开展涉电安全隐患专项整治排查，全地区整改高危带钢芯通信线“三线搭挂”（指电力线、通信线、广播电视线相互搭接、交叉、跨越的现象）隐患7.48万处。探索“四网融合”（即广播电视网、互联网、电信网、智能电网四网融合）技术，与电信、广电运营商深度合作，在高州托盘岭村、化州虾塘边村、电白坝头南村等4个低压台区进行试点，通过将自有四位街码改造为六位街码，实现强弱电同杆、同街码架设，解决低压配网三线搭挂问题。开展汛前隐患排查和安全检查，整改问题403项。

【“两清”工作】 2019年，茂名供电局推进“两清”（借贷或买卖双方款物结清）工作，完成到期质保金9451.72万元及逾期民营企业账款支付18.11万元。开展清理农民工工资专项工作，确保工资“零拖欠”，维护农民工合法权益。（茂名供电局）

先进制造业

【先进制造业概况】 2019年，茂名市先进制造业增加值比上年增长3.6%，增速比规模以上工业增加值增速高3.1个百分点，总量占规模以上工业增加值比重的74.6%，比上年提高0.6个百分点。其中，先进装备制造业增加值增长28%。

【化工新材料】 2019年，茂名高新区的香港红福、龙汇化工、先知新材料、新华粤树脂、众和对位酯、广东联合宝莹、米奇工业与日化新材料等项目建成投产；阪田油墨、华粤金刚烷、绿星新材料、德纳醇醚、瑞丰锆钛新材料等项目顺利推进。6月19日，海南万宁瑞丰矿业有限公司成立茂名瑞海新材料科技有限公司，年产20万吨锆钛新材料项目签约落户茂名高新区。项目用地3.53公顷，总投资3.9亿元，首期锆英砂分离项目投资约2亿元，二期电镕锆项目投资1.9亿元，投产后上缴税收1亿元，提供100多个就业岗位。茂名高新区与广东省科学院产业技术育成中心签署《茂名国家高新区钛锆新材料产业规划》，编制咨询服务协议。

【装备制造】 2019年，茂名市在石化装备制造方面取得成绩。茂名重力石化装备股份公司反应油气急冷换热器，为国内首套采用美国KBR公司和韩国SK公司合作开发的先进催化制烯烃技术的煤油气资源综合利用装置，产品在国内市场占有率100%。在生铁制造和不锈钢加工方面，化州市以广东昌华海利科技有限公司为龙头的9家金属加工企业，实现总产值14.86亿元，合力打造粤西主要金属制造产品加工基地；高州市以创建铸造、广东兴盈不锈钢、茂名长信不锈钢等产值超亿元企业为龙头，引进冠美铝型材、兴陶建材等企业落户，茂名市不锈钢加工产业规模不断壮大。

电子产品制造业

【电子产品制造业概况】 2019年，茂名市有规模以上计算机、通信和其他设备制造业制造企业29家，主要分布在信宜市和高州市。该行业规模以上企业全年实现工业总产值14.61亿元，比上年增长20.9%，工业增加值4.19亿元，增长18.9%。茂名市相关龙头企业有高州市鼎隆盛电子有限公司、信宜市福尔电子有限公司、高州高雅线圈制品有限公司、高州市谢鸡镇清伟电子加工厂等。

【电子电器产业园】 2019年，茂名市水东新城电子电器产业园通过广东省投资平台审核，总投资4.9亿元，占地面积15.93万平方米。茂名市水东新城电子电器产业园加大招商引资力度，强化产业培育力度，打造新城支柱产业。

食品工业

【食品工业概况】 2019年，茂名市农副食品加工业实现总产值145.1亿元，食品制造业总产值22.9亿元。

【水产品加工】 茂名市博贺、水东及东山港是广东省著名渔港，每年渔获量10万～15万吨；电白区的渔业和水产养殖业占茂名市水产类的比重较大，200多千米的南部海岸线大多是溺谷港湾海岸，鱼、盐等海产资源丰富，海鱼品种众多，有鲜货100多种，深海类冰鲜鱼30多种；加工后种类齐全，有咸、熟类鱼货和海珍干制品；化州、茂南形成以罗非鱼为原料的深加工产业体系。

【月饼加工】 2019年，茂名市有省级月饼名牌产品60个，月饼生产企业200家，数量居全国地级市首位，年产月饼400万吨，月饼款式100多种，形成月饼“四大金刚”（豆沙、莲蓉、拖罗、五仁），其中五仁类月饼产量约占80%，“金腿五仁月饼”和“拖罗饼”是地方品牌产品。茂名市开展创建“中国月饼名城”系列工作，获得由中国轻工业联合会、中国糖制品焙烤食品工业协会联合认定的“中国月饼名城”称号，茂名市成为全国首个“中国月饼名城”。6月3日，茂名市被授予“中国月饼名城”牌匾。9月，茂名市举办首届“中国月饼名城·茂名”中秋文化节，吸引品牌月饼厂家进驻，打造月饼品牌，促进食品加工业迈向中高端。

循环经济和资源综合利用

【能源消耗概况】 2019年，茂名市规模以上工业综合能源消费量1071.54万吨标准煤，比上年下降1.7%。工业增加值能耗1.36吨标准煤/万元，下降2.2%。

【清洁生产审核】 2019年，茂名市各区、县级市和经济功能区工信部门发动企业开展清洁生产审核，推动经济高质量发展。分期分批在电白、高州、化州举办工业节能（清洁生产）培训班，邀请当地100多家工业企业人员参加培训，收到良好的效果。经组织专家现场审核，全市开展清洁生产审核并通过验收的企业17家，加快进行清洁生产审核工作的企业20多家，待完成后再组织专家验收。

【园区循环化改造】 2019年，茂南工业园根据《园区循环化改造实施方案编制指南（2019年度）》相关要求，争取纳入省园区循环化改造试点。各园区认真对比循环化改造实施方案中提出的主要目标、主要任务、重点工作、重点项目等内容，以及省级节能降耗专项资金使用进度情况，全面总结工作进展和成效。市工业和信息化局分别对广州白云江高（电白）产业转移工业园和高州产业转移工业园循环化改造试点园区，进行验收初审，在出具意见后报送省工信厅。根据《广东省工业和信息化厅关于组织2019年度打好污染防治攻坚战专项资金（绿色发展用途）项目入选项目库的通知》的要求，开展打好污染防治攻坚战专项资金（绿色发展用途）园区循环化改造项目入选项目库申报工作。信宜市的“茂名市循环经济示范中心”通过评审，获奖补资金500万元；高州协鑫燃气分布式能源有限公司“天然气冷热电三联供分布式能源站技术改造项目”作为2020年度打好污染防治攻坚战专项资金（绿色发展用途）项目入库储备，获奖补资金500万元。根据《省工信厅关于开展工业节能与绿色发展信贷项目推荐工作的通知》，市工业和信息化局发动各地各园区做好工业节能与绿色发展信贷项目推荐工作。

【资源综合利用】 2019年，茂名市工业和信息化局根据《广东省工业和信息化厅关于组织2019年度打好污染防治攻坚战专项资金（绿色发展用途）项目入选项目库的通知》的要求，组织开展一般工业固废资源化利用示范项目入选项目库申报工作。茂名工业园的广东恒生石化实业有限公司4万吨/年岩棉制品生产装置通过评审，获奖补资金500万元。该项目每年约可综合利用矿渣8000吨，减少资源浪费。组织开展第一批省工业固体废物资源综合利用评价机构推荐工作。根据《广东省工业和信息化厅关于组织开展废钢铁加工等资源综合利用行业准入条件公告企业申报工作的通知》，推荐化州市宏丰再生资源实业有限公司申报废钢铁加工行业准入条件公告企业。全市资源综合利用项目初具规模，如茂名石化胜利水泥有限公司水泥窑协同处置生活污泥、茂名市京宇环保资源开发有限公司生活污水处理厂污泥处理及餐厨垃圾处理等；茂名天保再生资源发展有限公司拆解回收废旧电子设备和报废机动车、高州市金墩纸业有限公司回收废纸生产再生纸等；茂名大地水泥有限公司利用粉煤灰、脱硫石膏等工业废渣生产水泥，化州昌茂木业有限公司利用枝丫材生产纤维板等；另有茂名环星炭黑有限公司和茂名市大地丰有限公司利用余热发电。广东恒孚环保科技有限公司3.5万吨/年废催化剂综合回收再利用项目、茂名市泓宇能源科技有限公司10万吨/年生物柴油项目落户茂南园。

【重点行业企业清洁化改造】 2019年，茂名市工业和信息化局配合环保部门，对国家生态环境部通报的《关于通报〈水污染防治行动计划〉重点行业清洁化改造应报未报情况及完善并报送工作台账的函》通报的高州市彩虹橡根织造有限公司（印染行业）、高州市高盛实业有限公司（制革行业）和《广东省水污染防治攻坚战2018年工作方案》文件中规定的水污染防治企业清洁生产改造任务的广东欧帝玛生物工程有限公司、化州市纯渔食品有限公司、广东百维生物科技有限责任公司、广东雨嘉水产食品有限公司4家企业开展督导相关工作，要求企业按照国家和广东省规定的改造内容和时间实施改造。年内，4家企业按要求完成改造。

【低碳环保产业】 2019年，茂名市发展节能环保领域服务业。清洁生产第三方服务企业发展壮大，主要有广东甲鼎技术服务有限公司、茂名乔林环保工程有限公司、茂名市龙飞节能技术有限公司、广东长正环能科技有限公司、茂名旭日环保科技有限公司、茂名市盈辉环境科技有限公司等一批企业。大力发展节能环保装备产业，涌现一批具有竞争力的节能环保品牌和龙头企业，主要有茂名重力石化机械制造有限公司生产的新型石化工业炉，茂港电力设备厂有限公司生产的新型反应器、加热器、冷凝器，茂名市凯利环保热能设备有限公司生产的燃煤锅炉除尘器等。发展新能源项目，有信宜中坳风电场等风电项目、茂名露天矿林光互补光伏发电项目、广东粤电茂名镇盛农光互补项目等。

（市工业和信息化局）

交通运输业·邮政业

综　述

【交通运输业概况】 2019年，茂名市完成公路运输总周转量212.78亿吨千米，比上年增长10.3%，完成水路运输总周转量77.35亿吨千米，下降4%。完成港口吞吐量2507.74万吨，下降1.3%；集装箱8.79万标准箱，下降2.7%。

【公共交通发展】 2019年，茂名火车站南站房投入使用。全市有公交企业8家，线路103条，公交车1004辆，初步形成“城区公交+城际公交+城乡公交”一体化的服务体系，万人公交拥有量、新能源公交车占比等考核指数跃居全省中等水平。新开城际公交线路12条、市区公交线路2条；完成市区80辆新能源公交车购置投放工作；实现茂南、电白两区村村通公交。加快推进出租汽车行业的融合健康发展，做好市区400辆巡游出租车经营权到期重新投放工作，加快推动网约车的合规化，开展出租汽车行业文明服务提升行动。

【交通综合行政执法】 2019年，茂名市查处交通运输违法案件9658件（含联合治超案件526件），案件数位居全省第五名。加大力度规范道路运输秩序，组织开展“春运”“国庆”等重大节假日执勤执法以及整治非法营运、货车非法改装及扬撒等专项行动。提前完成高速公路违法广告牌整治任务，开展路域环境整治，持续推进超限超载治理，有序开展水路交通执法。抓好科技执法，建设完成山阁路段（茂名—高州方向）非现场执法监测系统。

【交通运输安全生产】 2019年，茂名市履行地方党政领导干部安全生产责任制，加强交通行业安全监管职责，抓好行业安全生产和消防安全工作，强化道路运输、交通工程建设、水路运输、港口码头等重点领域的安全监管，督促企业落实安全生产主体责任。开展安全生产专项整治活动，抓好安全教育培训、隐患排查整治、应急管理、防灾减灾等各项工作的落实。全年全市交通运输行业没有发生重特大生产安全事故，安全生产形势稳定。

（市交通运输局）

公路运输

【公路运输概况】 2019年，茂名市立足城市向东向南靠海发展，加快融入“两区”（粤港澳大湾区、海南自贸区）建设，持续开展交通大会战，全年完成交通基础设施建设投资76.2亿元。建设成效凸显，云茂高速公路建设加快，沈海高速公路茂名段改扩建工程全线动工建设，博贺湾大桥全线贯通，广东滨海旅游公路茂名先行段动工建设，茂化快线东延线、复兴大道、甲子大道等公路建设加快。全市国省道、县乡道、村道公路通车总里程18658.72千米，其中国道公路504.21千米、省道公路1494.47千米、高速公路361.7千米、县道公路489.27千米、乡道公路8081.38千米、村道公路7727.7千米；一级公路382.73千米；二级公路1192.21千米；公路桥梁4178座/169301.67延米；农村公路16298.35千米。

【道路运输行业形势】　2019年，茂名市因广州南至湛江西动车开通的影响，客运班车和客源减少，部分线路无法正常开行，离茂名市区越近，减少情况越严重，全年没有新增客车。货运量呈现增长态势，危险品运输的车辆和货运量均有增加。茂名市区至各区（县级市）的客运线路逐步改成开通公交线路。

【道路运输行业管理】　2019年，茂名市完成春运、国庆等节假日交通运输保障工作，没有出现旅客滞留情况。危运车辆安装4G视频音频监控设备推广工作基本完成。全面推进茂名市道路货运车辆检验检测改革，实现道路货运车辆的安全技术检验、综合性能检测和环保定期检验依法合并。推进驾培监管平台与公安考试系统联网对接改革工作。完成2019年全市建制村通客车目标任务，实现全市建制村100%通客运班车。推进“厕所革命”，全市完成交通行业厕所改造57处。

【公路制度改革】　2019年，茂名市完成ETC门架系统设备安装使用102套，新建ETC车道102条，改造ETC混合车道131条，改造入口车道治超称重检测设备47处，大货车全面实施入口治超称重检测。全年新增发行ETC卡33.19万套，累计发行ETC卡55.17万套。　　（市交通运输局）

铁路运输

【铁路运输概况】　2019年，在茂名境内经过的铁路线有洛湛铁路、深茂铁路、茂湛铁路、广茂铁路（原三茂铁路）、河茂铁路和茂名石化公司铁路专线，铁路总里程396千米。全年全市铁路运输完成旅客发送量821万人次，比上年增长5.6%；旅客周转量36462万人千米，比上年增长1.1%；完成货物运输859万吨，比上年增长7.9%；货物周转量133487万吨千米，增长3.9%。　　（市统计局）

【铁路建设】　2019年9月30日，广州至湛江客运专线（广州至湛江高速铁路）先期开工段在茂名开工建设。5月，茂名东站至博贺港区铁路（茂名博贺疏港铁路）获核准，11月13日动工建设。茂名综合客运枢纽一期工程建设完成，茂名站南站房于10月21日建成投用。　　（市发展改革局）

水路运输

【水路运输概况】　2019年，茂名市航运企业有10家（客运2家、普货4家、危货4家），船货代理企业38家。船舶总数60艘，客位733个，水路运力35.7万吨。形成以危化品运输为特色，以普货运输能力逐步增强和水路客运安全运行为主的发展格局。2019年，茂名市水运总周转量增速保持平稳，全市水路运输总周转量77.53亿吨千米，与上年基本持平。客运量33.2万人次，旅客周转量583万人千米，增长35%。货运量765万吨，货物周转量77.53亿吨千米，基本持平。

【水路运力结构调整】　2019年，茂名市加快水路运力结构调整，降低运营成本，应对航运市场长时间低迷的严峻形势。全市水路运力逆势增长，呈现普通货物运输向集装运输和国内船舶海上运输向大型化、集约化运输调整的良好态势。全年全市新增运力3.5万载重吨，新增运输船舶8艘。

（市交通运输局）

港　口

【港口生产概况】　2019年，茂名市港口管理部门采取有效措施，应对国内外港口贸易市场低迷的形势，港口生产逐步回暖，港口货物吞吐量降幅总体呈现逐年收窄趋势。是年，茂名港完成货物吞吐量2507.74万吨，比上年下降1.3%。其中：外贸货物吞吐量1541.86万吨，增长2.6%；内贸货物吞吐量965.88万吨，下降6.9%；集装箱吞吐量完成8.79万标准箱，下降2.7%。主要货源和货种结构保持稳定。从主要吞吐货物种类来看：石油、天然气及制品完成1916.46万吨，占各货类76.4%，其中：原油完成1192.45万吨，成品油完成676.89万吨；煤炭完成188.2万吨，占各货类7.5%；集装箱重量完成157.31万吨，占各货类6.3%；粮食完成162.41万吨，占各货类6.5%；钢铁完成19.86万吨，占各货类0.8%；化工原料及制品完成47.12万吨，占各货类1.9%；其他完成54.25万吨，占各货类2.2%。

【港口企业经营效益整体向好】2019年，茂名港港口经营企业经营效益整体趋于稳中向好，其中，8家港口货运码头企业全部盈利，利润合计1.06亿元，比上年下降1.9%。3家港口仓储企业和6家港口服务企业大部分实现盈利。（市交通运输局）

海事管理

【海事管理概况】 2019年，中华人民共和国茂名海事局（简称茂名海事局）辖区港口吞吐量3084.83万吨，其中危险货物吞吐量2381.7万吨；船舶进出港11.69万艘次，其中海船1.18万艘次、内河船舶10.51万艘次；单点接卸超级油轮76艘，接卸原油1228.8万吨；港建费征收9613万元，比上年增长3.8%；油污基金收入400万元，增长5.1%。开展巡航445航次，巡航时间778小时，巡航里程1.05万千米，其中夜间巡航43航次；内河陆上巡航259车次，巡航里程19765千米；实施电子巡航1283次。实施PSC（港口国监控）检查30艘次，FSC（船旗国检查）检查500艘次，滞留船舶4艘次。完成船舶检验质量监督检查55艘次，发现缺陷21项。查处船舶不按规定进出港报告48份、内河船跨航区航行7次、船用燃油硫含量超标18起；行政处罚155宗，处罚船舶137艘次、船员27人次，罚款116万元，增长169%。列入重点跟踪名单船舶8艘，安全约谈航运企业10次。办理行政审批931宗，其中当场许可609宗、一般行政许可322宗。辖区内无发生一般等级以上事故。

【船舶监管】 2019年，茂名海事局加强公司审核，完成航运公司体系审核5次，船舶审核13艘次，安排审核员参加公司审核工作57人次。落实定点联系人制度、安全约谈制度，实现公司督查全覆盖。推进第四批船舶实施NSM规则相关工作。加强客船、危险品船、砂石船、易流态化固体散装货物运输船、施工船等重点船舶监管。组织开展安全生产月、安全生产万里行、安全生产风险防控和隐患排查治理百日行动活动，开展船舶载运危险货物安全综合治理“回头看”、内河船舶涉海运输、防范船碰桥、防治船舶水污染、长期脱管船舶、防商渔碰撞、“奋战50天 全面保平安”水上交通安全监管重点攻坚行动等专项整治工作。查出风险隐患31处，采取安全防控和隐患治理措施161项，销号安全生产风险隐患4处，查处参与沿海运输作业的内河船舶7艘次。

【海事安全监管】 2019年，茂名海事局制定《茂名市2019年水上交通安全专项整治工作方案》，与阳江海事局开展联合执法行动，共同打击交界水域内河船只参与沿海运输行为。联合茂名市交通运输局制定《防范船碰桥专项治理工作方案（2019—2020）》，开展防范船碰桥专项治理。建立“一桥一档”管理机制，全面摸查辖区涉水桥梁情况，开展防范船碰桥调研39次和长期脱管船舶调研11次，清查内河船舶318艘，推动完善内河岸上系泊设施，对内河营运船舶22艘和长期靠岸的闲置船舶156艘采取系固措施，书面报告地方政

▲ 2019年，茂名市海关关员现场检查鲮鱼罐头标签包装情况

府无主或存在较大安全隐患的船舶15艘。

【海事执法检查】 2019年，茂名海事局组织参与《广东海事局辖区船舶安全航行规定》修订工作并做好宣传贯彻落实。报送《茂名海事局辖区内河通航水域认定方案》《茂名海事局内河通航水域认定结果》。完善服务质量体系3.0，提升须知文件覆盖性和可操作性。完成《茂名海事局服务质量手册》《茂名海事局服务质量体系职位说明书》等文件的修订和有效文件清单更新。组织对行政处罚和各类业务工作开展督查3次，出动督查人员31人次，发现执法工作缺陷42项，未发现重大不合格项，跟踪整改42项。

【海上救助】 2019年，茂名海事局走访渔政、海警等单位，深化搜救协作制度，提升水上救助能力水平。牵头实施《茂名市防治船舶及其作业污染海洋环境应急能力建设规划》2019年度资金和项目计划。推进茂名港防台锚地建设，举办海上溢油综合应急演练和放鸡岛客船人员撤离应急演练。成立茂名市“12395”水上搜救志愿服务队。全年“12395”接报险情4宗、遇险船舶4艘次、遇险人员56人次；协调组织搜救行动4次，成功救助遇险船舶3艘次、遇险人员56人次，救助成功率100%。播发水上交通安全预警预报信息45万多条次。

【海上防污染监管】 2019年，茂名海事局培养危险物品防污染监管人才，成立危防工作小组，开展“危防半月谈”工作。推动《茂名市防治船舶及其有关作业活动污染海洋环境应急能力建设规划》实施。《茂名市溢油应急预案》进入方案编写阶段，推进防污染应急系统建设6个。严格危险货物审批程序，强化申报员管理。加大危险品抽检力度，打击谎报瞒报行为，规范“两员”（培训合格证明的船舶载运危险货物申报人员和船舶载运危险货物集装箱装箱现场检查人员）监督管理。加大对船舶燃油和水上加油站抽样检查。

【防台风防汛工作】 2019年，茂名海事局召开茂名市“两防一救”（防台风、防污染、生命救助）工作会议。按照茂名市机构改革的职能划定，重新调整成员单位和职责。召开辖区防台风工作会议，修改完善《茂名海事局防台工作指南》。加强与湛江海事局、阳江海事局的防台风区域协作，形成“粤西海域区域防台应急联动机制”，共享防台风水域资源，整体提升粤西海域防热带气旋水平。开展船员防雷雨大风安全知识培训，培训船员及工作人员80人次。联合市教育局、市气象局开展水上安全知识进学校活动，有3000多名师生参加。

【海事服务】 2019年，茂名海事局牵头实施联合登临检查176次，缩减通关时间。组织实施《专用航标行政许可实施指南》。落实《广东局海事政务服务检查考核方案》，建立海事政务服务检查考核机制。推进“单一窗口”建设，落实“减时间、减材料、减层级”的要求。落实“一站式办理”，实施“预约服务”“绿色通道”“并联办理”“马上办、就近办、一次办”清单。利用“互联网+”优势，通过海事综合管理平台、单一窗口、“幸福船员”微信公众号等，实现部分服务事项“不见面”“网上办”。开启政务办理“预约+延时”服务，确保群众办事“不断档”，政务服务“不打烊”，实现服务“全天候”。推出上门服务，对偏远地区的渡口渡工主动上门服务，上门解决化州南安渡口渡船国籍证书补发问题。推出邮寄服务，在大厅设立邮寄窗口，直接将证书文书邮寄上门，进一步方便相对人。

【智慧海事管理】 2019年，茂名海事局抓好VTS系统试运行工作，优化内部管理制度，健全工作台账。制定的《VTS服务指南》《船舶交通管理系统细则》通过广东海事局审定发布。初步制定《VTS工作指引》《搜救中心工作手册》。与第三方签订VTS维护保养协议，保障设备运行。加强人员管理和技术培训，培养VTS管理、值班人才。完善“VTS+现场”的联动执法模式。推进“VTS、AIS、CCTV、VHF”等信息系统与智慧海事平台、统一通信平台的深度融合。

（茂名海事局）

邮政业

【邮政业概况】 2019年，茂名市邮政行业业务收入13.28亿元，比上年增长12.99%；业务总量完成15.99亿元，比上年增长23.8%；全市快递服务企业业务量完成3820.53万件，增长13.4%；快递业务收入完成5.81

▲2019年，茂名市邮政管理局加强农产品速递 （杨开妍 摄）

亿元，比上年增长12.9%。全市邮政普遍服务营业场所125个，平均服务5.57万人，邮路总长度4188千米，邮政投递路线总长度1.7万千米，1902个建制村直接通邮率100%，邮政普遍服务得到社会群众的认可。全市有34个独立许可企业，119个分支机构和519个乡镇末端网点，全市88个乡镇均有2个以上的寄递服务网点，乡镇网点覆盖率100%，较好解决镇村级寄递配送“最后一千米”问题。

【快递行业环境优化】 2019年，茂名市邮政管理局（简称市邮政管理局）支持寄递服务企业主体多元化，鼓励加快创新跨境寄递服务模式，推进“快递+跨境电商”工作，全市有2家企业获得快递业务经营许可从事跨境寄递服务。推动邮政、快递企业在包装、基础设施、作业流程、运输以及管理等环节实现绿色化，加大对行业生态环保工作的宣传力度，摸查了解快递领域包装情况，督促各企业加快推动快件包装废弃物融入社会资源分类和回收体系，打好邮政行业污染防治攻坚战。市快递行业协会与中国电信股份有限公司茂名分公司签订“快电”合作战略协议，在提高自身的效益和服务水平基础上，利用各自的行业特点和品牌优势，增强“最后一千米”快递覆盖，为茂名市快递业带来新的发展机遇。

【邮政市场监管】 2019年，茂名市邮政管理局联合多部门严格执法，全年检查企业204家，出动执法人员691人次，立案处罚9家。先后在春节、“两会”“一带一路”国际合作高峰论坛、国庆70周年庆祝活动、快递业务旺季等期间开展系列寄递渠道安全服务和保障工作。成立专项工作小组，制定工作方案，开展专项执法检查，督促辖区企业严格执行三项制度，对重点地区的邮件、快件进行认真排查、记录，切实落实自身责任。

【农产品速递】 2019年，茂名市邮政管理局鼓励乡镇网点加强合作，整合资源，克服困难，建立长效机制。信宜市百世汇通、申通、中通等品牌企业采用“一平台多品牌”的“抱团取暖”模式，在业务量较少的乡镇合作，统一开展快件揽收、分拣、运输、投递业务。推动末端服务设施建设，督促邮政公司做好智能信包箱建设工作，全市建设智能信包箱36组，投递包裹邮件78.9万件，日使用率超过75%。推进“快递+现代农业”项目升级发展，实现荔枝、三华李寄递“硬件+软件”双升级。全年全市荔枝寄递业务量68.99万件，收寄重量4022.17吨，其中电商业务量29.80万件，收寄重量1057.64吨；三华李寄递业务量73.37万件，收寄重量2580.90吨，其中电商业务量28.13万件，收寄重量840.94吨。提升邮政服务农村电商能力，全市建成邮乐购站点1956个，全市农特产品进城配送量1614吨，农特产品交易额3471.8万元，带动邮政包裹业务量55万件，农产品带动邮政包裹快递业务收入960.3万元，促进农民对接市场、创业致富。

（市邮政管理局）

信息业

信息化建设

【信息化建设概况】 2019年，茂名市加快信息基础设施建设，拓展城乡光纤覆盖，逐步提高光纤入户率；完善城乡4G网络覆盖，提高无线宽带覆盖率；响应国家5G网络发展建设战略，推进茂名5G新型信息基础设施建设进度。推动资源共享开放，全市信息化发展水平提升。加快“两化”（信息化、工业化）深度融合，通过引入互联网等新技术、新管理、新模式，实体经济加速向网络化方向延伸拓展，推动互联网与实体经济融合发展，促进茂名市产业结构明显优化。

【信息化技术应用于生产性服务业】 2019年，茂名市加快整合生产性服务业资源，因势利导，推进供应链服务、工业电商、工业设计等生产性服务业，推动信息技术应用于生产性服务业，促进数字经济和实体经济融合发展，全市软件信息、供应链管理、工业电商等生产性服务业对产业转型升级逐步起到支撑作用。市工业和信息化局做好环宇实业石化物流中心物流配送服务升级改造项目、广东信澳化肥供应链管理建设项目省级供应链管理试点项目的验收工作。开展茂名市露天矿生态公园国家工业遗产申报工作。举办绿色石化产业工业电商大讲堂暨资源对接会，组织近50家相关企业及协会商会近100人参加会议，收到良好的效果，受到省的好评，全方位推进生产性服务业加快提升发展。

【信息基础设施建设】 2019年，茂名市信息化建设加快推进。根据《茂名市贯彻落实广东省信息基础设施三年（2018—2020）行动计划的实施方案》，作为市政府重点督办事项，各区、县级市政府和各大通信运营商确定在各地的建设任务，将信息基础设施建设任务层层分解，将任务传导到镇、村委会。

光纤接入用户 全年全市新增光纤接入用户12.7万户，完成广东省下达全年任务9.7万户的131%；至2019年年底，全市光纤接入用户累计136.1万户，光纤入户率提升至88.2%。全年全市新增百兆光纤用户39.2万户，完成广东省下达全年任务18.7万户的209.2%，累计127.2万户，百兆光纤占比提升至93.4%。

基站建设 全市建成4G基站累计14593万座，2019年新建4G基站4012座，完成全年计划任务的25.6倍。乡村信息基础设施建设加快，年度新增农村光纤接入用户6.37万户，农村光纤接入用户累计44.29万户，农村百兆光纤用户年度新增14.44万户；全市1962个行政村全部实现光纤、4G网络全覆盖；至2019年年底，全市1.97万个20户以上自然村，实现光网覆盖1.95万个，光网覆盖率98.8%，年度新增879个，超额完成广东省下达的787个20户以上自然村光网覆盖的任务；完成180个省定贫困村光纤网络、4G网络全覆盖的任务。加快5G/4K建设，全年全市建成5G基站152座，其中110座投入使用。根据5G基站“低、密”的特点，推进智慧杆建设，全年完成智慧杆建设7根，转供电改直供电基站47座。至2019年年底，全市4K电视用户数突破60万户。

【互联网+先进制造业】 2019年，茂名市加快发展工业互联网，促进制造业进一步降本提质增效，形成实体经济与互联网相互促进、同步提升的良好格局。根据《茂名市深化“互联网+先进制造业”发展工业互联网实施方案》《茂名市贯彻落实〈广东省支持企业“上云上平台”加快发展工业互联网的若干扶持政策（2018—2020年）〉工作分工安排》，加快培育工业互联网平台和工业互联网服务商，大力支持企业“上云上平台”，推动工业企业运用工业互联网新技术、新模式实施数字化、网络化、智能化升级，实现实体经济和互联网深度融合。在工业互联网平台通过企业认证的企业53家，完成“上云上平台”服务类项目建设的企业13家。

数字政府建设

【数字政府建设概况】 2019年，茂名市政务服务数据管理局加快“数字政府”建设和政务服务改革，提高办事便利度。成立茂名市“数字政府”改革建设工作领导小组及专家组，由市长挂帅、市政府办公室统筹协调。在全省第二个成立数字广东公司茂名分公司，健全政务信息系统项目立项审核机制，实行统一规划、统一标准、统一实施、统一运维、统一监管、统一评价，“管运分离”的体制机制率先确立。

【体制机制基本形成】 2019年，茂名市、县两级均成立由政府主要领导担任组长的“数字政府”改革建设领导小组；全面完成市、县两级政务服务数据管理局的组建，政务实体大厅和公共资源交易中心全部实行直属管理；全省第二个成立数字广东公司茂名市分公司，初步建立政务信息系统项目立项审核制度，“管运分离”的体制机制基本建立，推动茂名市政务信息化项目由条线化管理向整体化管理转变。

【基础设施和支撑平台集约化】 2019年，茂名市政务外网承载服务能力提升，统一的电子政务外网实现市、区（市）、镇（街道）全覆盖，部分地区延伸至村（社区），网络承载能力基本满足应用需求。至2019年年底，电子政务网络承载市、县两级信息系统190个，部署各类服务器500余台，接入各类终端2万余个，为政务信息化项目的建设应用提供坚实的网络基础环境。茂名市直各部门部署有上级部门统一建设的业务专网17张，用于部署行业管理的信息系统；系统上云集约化部署工作有序推进，广东“数字政府”政务云平台茂名节点首期可提供集约化IaaS、PaaS及安全服务。至2019年年底，茂名市直部门在政务云上部署应用系统23个，基础设施集约化有序推进。

【应用系统和数据资源整合共享】 2019年，茂名市应用系统整合有茂名市直部门自建政务信息系统91个，涉及部门24个。茂名市直部门使用国家和广东省垂直部署信息系统98个，涉及20个部门，其中系统数量较多的是市税务局36个、市住建局19个。政务数据共享方面，茂名市根据广东省统一部署建成数据共享平台并与省共享平台对接，成为全省政务数据共享交换体系的一部分。所有市直部门均接入共享交换平台，省、市两级跨层数据共享有序实施，茂名市直部门间跨部门数据共享初步开展。至2019年年底，接收省级共享平台统一下发的数据五类（网上办事过程数据、双公示数据、商事主体登记多证合一数据、国家信用信息红黑名单数据、医疗救助数据），数据表73张，含数据39012.15万条；申请省级部门数据表162张，数据26830.18万条。向省级共享平台上报数据四类，数据表49张，含数据707.89万条。茂名市直部门有各类数据存量250TB，超过380亿条。茂名市直部门在共享平台发布数据目录223项，其中132项目录挂接数据资源，含数据915.96万条，涉及部门18个。

（市政务服务数据管理局）

无线电管理

【无线电管理概况】 2019年，茂名市无线电管理机构加强无线电频谱资源和无线电台站管理，完成广东省工业和信息化厅委托的行政职权事项16个。加强监测保障，落实信息动员工作任务，协调指导茂名市通信行业生产安全工作，做好“三防”（防汛、防旱、防风）应急工作，推进预备役电磁频谱管理。全年核发无线电台执照71个，参与考试无线电安全保障28场次。

【无线电行政职权】 2019年，茂名市工业和信息化局承接广东省工业和信息化厅委托的无线电管理行政职权16项，全年接收行政许可事项119项（受理64件，不受理55件），核发执照71个。通过国家无线电发射设备销售备案信息平台，审批无线电发射设备销售经营主体备案463件、设备备案695批。完成5G干扰协调保护台站清单清理核查工作，将最新的清单发至各运营商。

【无线电监测保障】 2019年，茂名市无线电管理机构开展无线电监测业务，做好考试期间无线电安全保障，加强重要无线电设台单位通信保障，开展电信诈骗、“黑广播”“伪基站”打击行动，确保全市无线电安全。

无线电监测业务 每月报送月度监测报告，9月和10月，重点开展频率评估监测任务。做好“两会”期间、“一带一路”峰会期间、5G保护专项监测、卫星台站保护清理等上级下达的各项专项监测任务。做好日常监测，及时分析排查无线电台站使用情况，为干扰排查积累数据。

考试无线电保障 对茂名市的公务员考试、市直事业单位招考、司法考试、注册会计师、建筑师考试、计算机软考、全国自学、初级会计、人社社工资格考试等进行无线电安全保障，参与保障28场次，出动人员160人次、56辆次，动用便携及移动设备84辆次，圆满完成各个考试保障任务，保证考试的公平、公正。其中高考保障任务中，市工业和信息化局及各区、县级市无线电管理工作部门组成11个工作保障小组，出动监测人员33人，出动车辆12台（含2台无线电监测车），启用固定监测站7个，监听、监测设备8套，干扰设备2套。

重要无线电设台单位通信保障 做好广播、民航、铁路、森林防火、石化等重要行业及企业的无线电安全保障。根据省、市相关文件精神，做好春运、“两会”期间等重要节假日、中秋国庆期间、汛期无线电安全保障值班工作。做好无线电干扰排查工作，5月，处理茂名石化公司厂区设备干扰问题，确保企业安全生产。

电信诈骗、“黑广播”“伪基站”打击行动　加强对“伪基站”“黑广播”的监测，每月向省有关部门报送“伪基站”“黑广播”治理情况汇报。配合市公安局、三大营运商开展打击“伪基站”“黑广播”行动，查获和鉴定伪基站设备1套，未查获黑广播设备。

短波、超短波监测　利用全市2个中心站、5个小型站，配合2台移动监测车及其他便携监测设备开展无线电监测，监测时间5200多小时，主要覆盖频段有广播、电视、公众通信、民航、数字集群等，按时保质完成监测任务和报告。

台站监管　以广播电视、油厂、港口、公众网运营商等行业为重点，完成9家设台单位的监管工作。

无线电设施维护　完成5个小型站的老旧设施更新工作，接入广东省无线电监测站网，解决经常出现设备停机或者无法联网的问题。做好各固定监测站、移动监测车及便携设备的巡查、维护工作，配合广东省有关部门维保人员开展下乡维护工作，确保监测设施正常运行。

【无线电宣传】　2019年，茂名市工业和信息化局继续宣传无线电管理法律法规和无线电科普知识。9月，利用无线电管理宣传月组织开展一系列宣传活动。中国电信茂名分公司、中国移动茂名分公司、中国联通茂名市分公司、中国铁塔茂名市分公司、广东广电茂名分公司等公司参与活动。活动宣传《广东省无线电管理条例》《广东省通信设施建设与保护规定》等法律法规，普及无线电频谱资源、5G应用、无线电辐射等知识，介绍“黑广播”“伪基站”和重大活动期间无线电安全保障等情况。利用宣传横幅、运营商营业大厅展板及LED屏、网站专栏、撰写专题稿件、抖音创意短视频、手机短信宣传、进大中学校园专题宣传、生活社区宣传等形式，向广大民众普及无线电管理的相关法律法规知识，提高广大民众对无线电管理工作的了解，增强民众的科学意识，促进无线电事业持续健康发展。

【“三线”整治】　2019年，茂名市工业和信息化局联合市城管执法局制定《茂名市创卫“三线”整治全面铺开工作方案》，全面铺开“三线”（电线、通信线、有线电视线）整治工作。召开城区“三线”整治第二阶段工作部署会，为迎接省级第二次暗访暨技术评估工作对各单位提出具体要求。联合市创卫办、市城管执法局、茂南区科工商务局、电白区科工商务局等部门，开展20余次现场督查工作；创建“三线”整治工作微信群，各单位在微信群上指出各点位具体存在的问题，由相应整治单位进行整治处理，确保按要求完成“三线”整治工作任务。

（市工业和信息化局）

通信业

【中国电信茂名分公司】　截至2019年年底，中国电信茂名分公司完成茂名市平安乡村视频监控平台镇级覆盖49个，签约行政村365个，平安乡村监控平台加载摄像头数量超过1800台。中国电信茂名分公司为陈大岭村筹措帮扶资金3.52万元、筹措党建阵地建设及智慧党建系统建设专项资金5万元，组织干部员工捐款4.26万元。11月，陈大岭村现有建档立卡扶贫户45户87人全部达到“八有”指标，实现脱贫退出。

通信建设　投入资金2.8亿元完成全光网城市建设目标，通信网络能力大幅跃升。全市FTTH端口能力达到129万个，互联网出口带宽达到1560G。移动基站总数突破3500个，首批5G基站建成开通；保持城市100%光网覆盖，行政村光网覆盖率100%。

“智慧宽带”建设　通过推出“智能宽带”品牌，为市民提供智能连接、智能电视、智能组网（全屋Wi-Fi）、智能应用和智能服务于一体的智慧家庭融合通信方案，对有需要的客户提供上门检测家庭网络服务，解决卡顿、掉线等问题。至2019年年底，智慧家庭服务覆盖全市近66万个家庭，打造千兆小区200个，优先升级实现10GPON网络接入。

智慧茂名建设　依托电信宽带、云专线等网络优势，聚焦工业制造、医疗、科技、教育、新兴等重点行业，营造“云”合作生态，助力企业上云。实现天翼云商用3120核，客户遍布全市政府单位、工业商业等各大行业，其中建成茂名市教育云课堂平台、茂名“12345”云呼叫平台

▲ 2019年5月16日，茂名电信首批5G基站建成开通 （杨熙 摄）

等项目；配合市供电局安装智慧抄表1.76万户，在道路停车、智慧零售、智慧广告、智能POS机等物用领域实现应用。通过天翼对讲、移动办公、全球眼、免费无线网络AWIFI等“互联网+产品”，推动传统行业智慧化。建成茂名市人民政府“12345”热线电话平台及购买服务项目、化州市社会治安视频监控（一期）升级改造及租赁服务项目、茂石化消防应急指挥系统项目、茂名市粮食收储有限公司“粮安工程”粮库智能化升级改造项目、电白国税Wi-Fi项目、茂名“智慧党建”项目、高州市公安局的高州市金山工业园（三期）周边视频监控项目、广东省茂名市中级人民法院电路和设备项目等。

振兴乡村建设　下达“2019年乡村信息基础设施建设项目”，进一步加大信息化基础设施建设和网络优化整治工作力度，通过实行宽带无条件受理，倒逼后端提升网络提供能力。在农村区域新建光宽接入端口5万个，总投资4500万元，自然村实现光网络覆盖率87%。开展精准补点、基站扩容、邻区优化、天线调整及高掉话小区处理等信号优化工作，利用新技术手段对不同场景开展快速补点及优化，完成8项农村应急支撑，处理农村基站故障投诉488单，修复率100%。完成省政府指定自然村的乡村信息基础设施建设349个村，完成全部行政村网络建设任务。

提速降费　至2019年年底，茂名市宽带用户平均接入速率120M，比2014年年底提升13.3倍，每兆单价下降95%。全市100M+宽带用户占比由2019年年初的63%提升至超过83%，惠及用户超13万户。1000M宽带资费从999元降至339元，全面取消移动国内长途和漫游费，实行畅享流量的营销套餐，进一步降低电信产品资费。

重大通信保障　出动人员783人次、车辆208辆次，完成建市60周年庆祝活动、2019亚洲沙滩排球锦标赛（中国·茂名）、国庆70周年庆祝活动、“好心茂名”2019广东省龙舟锦标赛、茂名市第六届全民健身徒步节活动等重大活动的通信保障任务，确保网络安全稳定运行。

（刘　华）

【中国移动茂名分公司】　2019年，中国移动茂名分公司完成通信服务收入24.1亿元，比上年增长5.3%；移动客户超390万户，4G客户数超320万，家庭宽带客户超65万户；4G新建站点4352个，增幅29%；全投产管道180千米、光缆4242千米。茂名移动生产调度中心完成主体装修，项目总投资4970万元，总建筑面积9865平方米，主体楼地下1层、地上6层。

市场运营　实施“全融合工程”，在个人用户市场稳中有进，4G客户渗透率提升10.8个百分点；通过实施“十万攻坚工程”，家宽客户新增份额64.9%，市场份额由46.4%提升至54.7%；通过实施“尖刀行动2.0”，集客通服增量收入增幅121%，ICT累计签约金额翻番，达1.74亿元，其中千万级项目3个、百万级21个；获5G应用国家级奖项2个、省级奖项2个，3个项目入选广东省首批5G融合应用示范项目。

网络建设　全面升级改造4G网络，全年建设无线站点4352个；加快推进5G网络建设，新建5G站点近200个。解决164个工程黑点，提升60%；解决城区黑点盲点超5万户，家宽新增覆盖超15万户，比上年增长9.6%。企宽新增覆盖超3.5万户，增长58.1%，开通智慧安全城市建设站点1200多个，完成对56个热门政府网站的CDN引入。

综合管理　开展全员降本增效专项活动，推动技术革新业务11项，流程模式优化15项；推行嵌入式风险防控机制，封堵风险点16个；“法治移动”建设成效显著，争创广东省“法治文化建设示范企业”及“依法治省”先进单位；建立“横向到边、纵向到底”的安全工作责任体系，实现全年安全生产“零”事故，重大信息安全事件“零”发生；启动5次汛期保障响应，投入农村应急保障专项资金超500万元。开展“一镇四站”专项改造，建成371个增强型基站，助力本地诈骗案发数量比上年下降99%，挽回财产损失超过5000万元；协助公安破案360件，抓获犯罪分子540人。推进信息扶贫，帮扶贫困户100%脱贫。

反电信诈骗技术　以“快准狠”为目标，依靠基于网络能力创新研发“自动化踢网”技术、基于网络能力创新应用EIR黑终端鉴权功能、创新研发基于位置的闪信提醒和号段拦截技术、基于5G网络能力的智慧反诈警务应用4大技术创新，踢网超4万个，准确率95%以上，限制5万多黑终端，闪信提醒超7万条，发送提醒短信13.8万条。联合市公安局开展“5G+流动监控杆”“5G+天地一体高清监控”两大探索试点应用，在麻岗镇、树仔镇重点村落开展5G流动摄像头精准识别犯罪嫌疑人试验，全年电信诈骗案件比上年下降94%，挽回人民群众财产损失的社会效益超过2亿元，经验及成果汇报得到公安部赞扬。

AI+5G协同远程心脏手术　4月3日，在茂名移动公司助力下，借助5G网络、AR增强现实技术和AI辅助技术，广东省人民医院和高州市人民医院共同完成全国首例AI+5G应用于术前彩超联合会诊和心脏手术，通过4路高清4K视频实时直播手术情况，是中国首场5G远程心脏腔镜手术直播。通过5G技术使先心病重症患者不用远上省城，在邻近的高州医院即享受到省县两地心脏外科“大咖”联合提供的医疗服务。

中国移动5G+旅游应用　5月19日，中央广播电视总台大型城市文化旅游节目《魅力中国城》第三季启动仪式在茂名浪漫海岸举行。中国移动现场搭建5G+文旅大型展区，携5G+VR超高清美景直播、全域旅游大数据平台、“一机游”文旅互动平台、5G手机终端等体验项亮相启动仪式。其中移动5G+VR美景直播是茂名首个旅游行业的5G应用，为茂名文旅行业开启5G智慧旅游新时期。

5G战略合作协议　8月30日，广东移动公司与茂名石化在茂名签署5G战略合作协议。茂名石化总经理尹兆林、副总经理韩建宇，广东移动公司总经理魏明、副总经理禄杰出席签约仪式。协议双方将共同开展基于5G网络建设、5G在工业领域的创新应用场景方案的研究及相关标准、课题的申报，打造5G业务示范样板。以茂名石化为试点，进行5G网络和5G工业应用示范建设，在技术培训、实时工业控制、无人值守与仓储物流应用、安防等方面，加快实现工业5G样板落地，逐步推动相关研发和商业化进程。

广东“数字政府”政务云平台茂名节点　10月30日，广东“数字政府”政务云平台茂名节点在茂名移动公司综合楼交付启用，茂名市委、市政府有关领导等出席仪式。在项目建设过程中，中国移动茂名市分公司坚持“借鉴经验、小步快跑、弯道超车”的工作思路，采取“白+黑”“5+2”机制全力施工，于9月30日亮灯，成为粤西地区首个政务云平台亮灯的地市。

（中国移动茂名市分公司）

【中国联通茂名分公司】　2019年，中国联合网络通信有限公司茂名市分公司（简称中国联通茂名市分公司）深化落实聚焦合作创新战略，纵深推进混改、推进5G建设发展，践行“三个一切”（一切为了客户、一切为了一线、一切为了市场）经营理念，助力茂名信息化建设。公司资产规模比上年增长1.8%，移网用户数45.2万，比上年增长0.2%。

茂名智慧社区建设　9月6日，茂名首个5G智慧社区示范中心揭牌仪式在茂名绿地四季印象营销中心举行。社区由茂名联通公司、绿地控股集团广东事业部、中兴通讯股份有限公司3大国企携手打造。三方代表签署5G战略合作框架协议，发挥各自资源优势，在5G+智慧城市方面全力合作，依托5G网络和平台的能力，共同推动应用的具体产品测试以及落地，服务民生，提升茂名市5G+智慧城市应用水平。

通信基础设施建设　开展5G网络建设，新建5G基站15个，实现市区核心区域、高新区重点区域以及5G行业应用示范场所覆盖。完善4G网络覆盖，新增4G站点250个，4G基站总量1921个，网络承载能力比上年增长15%，全市4G面积覆盖率95%，人口覆盖率96%，价值区域MR良好覆盖率95.3%。扩大宽带光网覆盖，新增新国标楼盘接入218栋，新增宽带端口1.93万个，光端口总量17.17万个。打造领先政企专网，完成政企专网100G OTN设备的开通部署，具备2M-100GE多业务任意速率接入能力，为客户提供低时延、高可靠性和高安全性等专网服务。

客户服务　贯彻“三个一切”经营理念，以客户满意为标准，推动产品优化、网络优化、技术优化、服务优化，务求不断提升客户感知。通过组织茂名地区“乒乓球挑战赛”“百城观影盛夏观影节”搭建公司与客户间，客户与客户间交流互动的平台，提升客户感知，树立企业形象。在公司内部，执行问题督办机制、责任部门联动诊治机制，针对客户关注的热点问题、高风险申投诉问题，从根源上寻求解决办法，消除隐患。

智慧城市建设　承建茂名市人民医院高水平医院信息化建设项目。围绕医院信息化系统、移动护理和远程医疗等方面，结合5G网络开展创新应用，协助医院提高医疗服务能力，合作打造粤西医疗中心、智慧研究型的广东省高水平医院，用实际行动响应政府“深化医改，改善民生”工作要求。承建信宜公安Wi-Fi监测项目和茂南公安智慧新管控等项目，集成“云+网+终端+应用”，让执法更加方便、快捷。承建茂名市2个智慧果园项目信息化建设，率先运用大数据、物联网和AI人工智能等技术，提升茂名市荔枝果园生产水平。协助政府组织开展多场“5G+工业互联网”推介会，全面提升工业互联网化应用，促进互联网与经济社会各领域深度融合。

重要活动保障　与茂名日报社联合举办“好心茂名，温暖回家”茂名在外务工人员关爱主题活动，为在外务工人员赠送“好心券”及通信卡。开展骚扰电话和垃圾短信治理，配合市政府打击通信信息诈骗。加强网络安全，实现全年网络安全负面事件零发生、数据安全及用户信息无泄露。完成“茂名港博贺新港区开港”仪式5G网络直播、亚洲沙滩排球锦标赛、茂名建市60周年活动、茂名市庆祝中华人民共和国成立70周年等重大活动网络保障业务。

（中国联通茂名市分公司）

商贸流通业

消费市场

【消费市场概况】　2019年，茂名市实现社会消费品零售总额1667.36亿元，比上年增长8.2%；城镇消费品零售额1184.33亿元，增长8%；乡村消费品零售额483.03亿元，增长8.7%。

【消费促进活动】　2019年，茂名市印发《茂名市进一步繁荣城区夜间经济促进消费增长的方案》，推动内贸流通促消费工作。茂名市在明湖商场总店举办主题为“培育消费新增长点，推动消费升级，促进形成强大国内市场”的2019茂名市促消费（夏季）暨“家520”购物节活动启动仪式；由茂名市商务局、茂名日报社共同主办2019茂名金秋车展。过百辆新车在体育中心展示，吸引众多市民观展购车。

【拍卖业】　2019年，茂名市有14家拍卖企业，其中市区11家、化州市1家、信宜市1家、电白区2家，有从业人员96人，注册拍卖师35人。全年全市完成拍卖成交额2.91亿元，业务范围涉及公物、罚没物资、司法委托拍卖并扩展到房地产、机动车、农副产品、股权、债权、产权、文化艺术品、国有土地使用权转让、无形资产等拍卖。全年召开拍卖会37场次，有效拍卖会37场次，房地产拍卖业务量增幅明显。

（市商务局）

【典当业】　2019年，茂名市有典当行9家，其中市区4家、电白区3家、信宜市1家、化州市1家。全年全市发生典当业务1809笔，典当总金额1.67亿元。其中动产5812万元、房地产9999万元、其他866万元。全市典当企业未出现非法集资风险和互联网金融风险。　（市金融局）

市场体系建设

【冷链物流建设】　2019年，茂名市商务局组织专家，落实对2家获批2017年度中央财政冷链物流建设项目奖补资金支持企业的项目完工验收工作，支持农商对接企业申报中央财政农商对接项目资金扶持，有3家企业入选并获批500万元奖补资金，提高茂名市冷链物流企业建设水平。继续推进肉类蔬菜追溯体系建设。

【诚信建设】　2019年，茂名市

商务局建设和完善省、市两级商务诚信平台，推进茂名市商务行政管理理信息和公共服务信息整合共享，加强商务领域信用治理，推广商务领域诚信文化宣传工作，推动商务诚信建设。由市商务局、市委宣传部、市发改局等16个单位联合主办，茂名明湖百货有限公司承办，主题为“弘扬诚信理念，促进高质量发展”活动，向企业代表发出《诚信兴商倡议书》。宣传贯彻党中央、国务院、省委、省政府关于社会信用体系建设的决策部署，加强诚信宣传教育，提升全社会诚实守信意识，优化消费和营商环境，促进高质量发展。

电子商务发展

【农村电商发展】 2019年3月，茂名市与阿里巴巴集团签署农村电商战略合作协议，推动农村淘宝在各区（县级市）全覆盖。各区（县级市）电商企业与种植、养殖大户建立农产品电商合作基地40多个，涉及百香果、三华李等近10种农产品。高州市入选国家级电子商务进农村综合示范县，信宜市、化州市入选2019年省级电子商务进农村综合示范县。高州市石鼓镇入选2019年“阿里淘宝镇”名单，茂名市“淘宝镇”实现零突破。

建成信宜钱排电商物流园、信宜电商街、高州根子镇柏桥电商街以及高州东岸方垌村电商中心等。全市建成“邮乐购”电商服务站点1956个，农村淘宝（天猫优品）服务站115个，快递末端公共服务站18个，城市自营标准化网点169个，辖区智能快件箱249组，4所高校实现快递规范收投服务全覆盖。全市有日处理量3000件（电商件）以上的荔枝鲜果分拣处理场12个，日处理荔枝鲜果电商件4万件以上。

【跨境电商发展】 2019年，茂名市有2家企业获得跨境寄递服务经营许可，全年跨境电商跨境进口货物量72.5万票，货值2.93亿元，跨境电商进口货值总额比上年增长100%。

【电商扶贫】 2019年，茂名市成立茂名市农村电商精准扶贫工作领导小组，建立贫困地区产品信息库，举办农村电商政务培训班，引导企业参与精准扶贫。加大对电商人才的培训力度，收集贫困地区产品信息2300条，包括荔枝、龙眼、百香果、三华李、蔬菜、家禽等种植、养殖类40多个品种的相关信息。金陶电子商务有限公司搭建“万讯七子”电商平台，把贫困村的小卖部、超市与该电商挂钩，建成“万讯七子致富超市”，与各村进行产业合作，建立种植、养殖基地。该平台通过联动当地政府、学校、企业、村集体等，推行消费扶贫，构建社会各界共同参与的扶贫格局。该电商平台交易所产生利润的75%纳入当地扶贫基金，助力精准扶贫。化州市实施“企村结对帮扶”行动，推动电商企业与贫困村建立长期稳定的产销关系，拓宽扶贫产品销售渠道。化州市柒零叁电子商务公司与贫困村订立保底收购协议，并承诺同等价格内优先收购贫困村种植户所产的百香果，优先解决贫困村产品滞销问题；化州海儒茶业有限公司通过京东化橘普茶众筹项目，直接带动50多户有劳动力贫困户实现就业。信宜市一村一品农业发展有限公司与贫困村订立保底收购协议，帮助解决贫困村产品销售。电白区电子商务协会在省定贫困村旦场镇楼阁堂村建成农副产品电商仓储配送点，助力当地农副产品上行和农民增收。 （市商务局）

粮油储备·粮油流通

【粮油储备概况】 2019年，茂名市粮食购销形势总体偏弱，但粮食市场供应充足。全年全市粮食购进321.68万吨（折合原粮，下同）、销售325.51万吨、库存31.07万吨，分别比上年下降17.96%、17.8%、10.95%，其中玉米及豆类购、销、存数量降幅较大。玉米购、销、存数量分别下降31%、31.7%、31%；豆类购、销、存数量同比分别下降22.9%、22.1%、38.5%。主要是受非洲猪瘟影响，茂名市饲料生产企业产量大幅下降（纳入国家粮油统计信息系统统计范围的饲料企业饲料产量186.38万吨，减少100.04万吨，降幅34.9%）导致饲料生产原材料（玉米、豆类等）需求数量大幅下降。

【粮食产业发展】 2019年，茂名市推进粮食产业高质量发展，培育壮大粮油龙头企业。丰益国际在茂名滨海新区投资的益海嘉里粮油及食品加工项目加快推进。推进粮食物流体系建设，协同推进粮食仓储设施建设和智能化粮库建设，全市粮食仓储设施整体功能显著提升。实施“中国好粮油”行动。支持优质粮油产品的经营企业拓宽销售渠道，在大型超市、便利店设立“好粮油”专柜。推动与黑龙江省粮食部门对口合作，促进黑龙江优质“好粮油”走进茂名。

【政策性粮食库存大清查】 2019年，茂名市建立由市政府领导挂帅的茂名市政策性粮食库存数量和质量大清查工作部门联席会议制度，印发《茂名市政策性粮食库存数量和质量大清查实施方案》及配套工作方案，先后组织开展大清查质量培训和普查培训，参训人员共计150人次。4月10—30日，组织全市储粮企业开展大清查自查工作。5月6日，普查工作全面开展，至5月23日，普查各项工作任务完成。

【粮油保供稳价】 2019年，茂名市抓好粮食购销工作，指导各级粮食主管部门加强与市财政、市农业发展银行及市属国有粮食收储企业等单位协调，帮助粮食企业腾并仓容，落实收购资金。10月，茂名市2019年夏粮收购工作结束，全市收购稻谷25330.79吨，价格在2.46～2.8元/千克，比上年略低，但均高于当年收购最低保护价。加强市场监测工作，茂名市建立6个价格监测点，其中国家及省级监测点各3个，初步形成粮油价格监测网络。加强粮食应急供应工作，10月29日，茂名市粮食和物资储备局在电白区粮食收储有限公司岭门粮库举行茂名市·电白区粮食应急保障联合演练。市发展改革局与茂名市粮食收储有限公司、茂名市金信米业有限公司2家省级粮食应急保障重点联系企业重新签订广东省省级粮食应急保障协议书，并协助省粮食和物资储备局开展相关工作。　（市发展改革局）

供销合作社

【商品供销概况】 2019年，茂名市供销社系统同口径比较实现销售总额45.24亿元，比上年增长5.96%。其中：日用消费品零售额23.52亿元，增长3.5%；农业生产资料销售额7.94亿元，增长6.2%。农副产品收购额5.42亿元，增长12.3%；再生资源回收额1.11亿元，增长51%；市直系统销售总额17.31亿元，增长5.3%。中华全国供销合作总社于10月10日，授予市供销社“供销合作社综合改革专项试点工作先进单位”称号。

【供销社系统发展】 2019年，茂名市供销社加快转型升级和创新发展，带动骨干龙头企业发展壮大。围绕电子商务、科技提升、要素优化等方面，推进企业经营方式和盈利模式转型升级。茂名市明湖百货有限公司拓展明湖快消品供应链B2B平台，引入茂名市信惠商贸等3家供应商旗下的340多家小店入驻平台，开展线上业务交易；拓展网上社区团购拼团业务，拓宽电商渠道，实现上、中、下游实时互联互通、资源共享。制定《茂名市供销社直属企业全面建立现代企业制度工作实施方案》，强化企业战略管理、经营管理、人力资源管理、创新管理和风控管理理念，塑造现代化企业经营制度体系。

完善社有资产管理体制，成立社有资产管理委员会，逐步从“以管资产为主”向“以管资本为主”转变。结合实际制定2019年直属企业绩效考核与薪酬管理办法，将企业职工收入与企业发展规模、自主经营业绩相挂钩，激发企业发展内生动力。制定内控内审管理办法，强化对直属企业的监管，定期对直属企业开展审计，规范企业的管理行为。发挥供销合作社在流通领域的优势，结合国家产业政策和茂名市经济社会发展规划，培育和储备市、县两级项目库，增强供销社系统发展后劲。

【供销社助力乡村振兴建设】 2019年，茂名市供销社找准参与乡村振兴工作的着力点，把供销社综合改革融入乡村振兴工作大局中，密切与农民利益联结。

助农服务示范体系建设 2019年，市供销社领导挂钩联系助农服务示范体系建设工作制度，配合市政府办公室制定《关于印发茂名市供销合作社新型乡村助农服务示范体系建设实施方案的通知》，明确助农服务示范体系建设的目标任务和工作要求；按照“三个一批”（立足现有基础建设一批、盘活用好存量资源建设一批、加强增量投入建设一批）的发展思路，整合系统内外资源，合力打造一大批集生产、供销、信用合作于一体的县镇村三级助农服务平台（中心）。至2019年年底，建成县域助农服务综合平台3个（信宜、高州、化州市各1个），在建2个（茂南区、电白区）；建成镇村助农服务中心57个（信宜市13个、高州市18个、化州市12个、茂南区6个、电白区8个），在建30个（化州市8个、高州市8个、信宜市7个、茂

南区3个、电白区4个）。

基层社分类改造 有效提升基层社发展质量，基本实现“一镇三社”和经营服务网点在镇村的全覆盖。全市供销社系统年内分类改造基层社10个，累计改造基层社85个。

农民专业合作社规范管理 开展专业合作社“空壳社”专项清理排查，有148个农民专业合作社被清理或列为“空壳社”清理对象，提升整体发展质量；扶持经济能人、返乡创业青年等参与领办创办农民专业合作社，使之成为供销社系统服务“三农”工作的重要力量。

农资经营服务形式创新 全年统筹新建或改造提升55个新型“庄稼医院”，通过抓服务、抓质量，发挥其在农资、农事、农技等服务领域作用，推动传统农资销售商向新型农资综合服务商转型升级。 （市供销社）

▲ 2019年6月21日，广东省局（公司）局长、总经理刘依平（中间）到茂名市20支直营店调研

烟草专卖

【烟草专卖概况】 2019年，茂名市烟草专卖局（公司）完成卷烟销售13.23万箱；实现销售收入42.77亿元，比上年增长13%，增幅全省排第一名；平均单箱销售收入3.23万元，增长12.2%；税利总额突破10亿元大关，达10.06亿元，增长17%。单箱销售收入、税利增幅连续3年排全省第一名。

【卷烟营销】 2019年，茂名市烟草公司系统围绕夯实卷烟市场基础，强化营销工作督导，调动基层营销工作的积极性、主动性，加强与工业企业的协同，共同培育适销品牌。推进自律互助小组建设，全市建成自律互助小组835个，覆盖客户1.16万户，城镇客户覆盖率100%，占总客户量的77.4%。通过搭建微信群，成立小组之家，发挥市场监管、服务客户、培育品牌、交流学习的功能。以提升客户盈利为中心，选取914户零售客户开展盈利指导，打造一批盈利示范店，客户盈利水平由7%提升到13%。加快企业转型升级，推进“20支”全零售网络建设，全年建设成7家自有品牌直营店。

【专卖管理】 2019年，茂名市烟草专卖系统深化打假打私机制，联合全市各级公安部门成立打击涉烟违法犯罪领导小组，组织开展“百日行动”“粤鹰”等专项行动，全年查处涉烟案件1056件，其中5万元以上大案、要案128起，比上年增长18.52%。查获涉案卷烟6000.37万支，增长2.2%。其中，假烟1765.94万支，增长24.1%；走私烟1932.65万支、非烟2301.78万支，增长8.7%；烟叶烟丝72.55吨，查获制假烟机2台及原辅材料一批。协助司法机关拘留22人、逮捕14人、判刑12人，破获国际网络案件3件、省标网络案件2件，卷烟市场守法经营率位居全省前列。落实“放管服”改革，推进“互联网+政务服务”建设，实现卷烟零售许可证8个工作日内办结，零售许可证网上办结率75%。

【控烟履约责任落实】 2019年，茂名市烟草专卖局落实控烟履约责任，联合市卫生健康局制作《拒绝水烟，健康你我》公益宣传片，派发《破除水烟陋习、建设美丽茂名》宣传海报；出资在公共场所建设吸烟室（吸烟亭）12所。 （市烟草专卖局）

食盐专卖

【食盐专卖概况】 2019年，广东省盐业集团茂名有限公司（简称茂名盐业公司）响应国家盐业体制改革政策，推进食盐经营的各项业务，确保合格碘盐供应，保障茂名市食盐市场的安全稳定。全年各类盐产品总购2.03万吨，总销1.92万吨，其中食用盐销售量1.9万吨（小包装食用盐销售量1.06万吨）。茂名盐业公司转变观念，从产品和品牌宣传引导入手，多方面、多渠道加强食盐经营力度，扩大食盐知识普及，加大品牌宣传、货架管理、招牌进店的工作力度。全年招牌上门商户有219家，形成一定的品牌效应，增强群众对食盐安全的重视。

【食盐安全】 2019年，茂名盐业公司开展以提高食盐质量意识，增强食盐安全社会责任使命感为中心的质量提升年工作。组织员工学习《食品安全法》《食盐专营办法》《食盐加碘消除碘缺乏危害管理条例》等法规，增强员工质量意识，逐步建立和形成企业的质量文化。加强质检人员建设，安排预入化验员岗位人员参加“实验室安全规范管理及食盐质量管控实操培训”的学习及盐业质检人员取证培训班。加强质量检验队伍建设，提高质量检验人员专业技术能力和水平。执行盐产品采购、仓库存储、销售订单、物流配送、销售等环节作业标准和岗位操作规程，产品出库检验合格率100%。

【食盐辅助执法】 2019年，茂名盐业公司协助市场监督管理部门做好食盐辅助执法工作，打击区域内的涉盐违法违规行为。茂名地区全年出动辅助执法巡查人员3574人次，检查餐饮1148家、商超622家、农副产品副食店1417家。协助职能部门查处违法违规案件5件，协助查封扣押违法违规盐产品14.45吨。11月初，配合茂名市市场监督管理局在各县区开展为期一个星期的市场流通环节食盐专项飞行检查行动。行动中，对部分无证批发食盐、生产销售或购进记录不全、违法违规经营、违法购进食盐等方面进行重点检查及限期整顿。

【碘缺乏病防治日宣传活动】
2019年5月15日，茂名盐业公司在茂名市各县区联合当地的卫健、经信、市场监管等部门，开展以“科学补碘益智，健康扶贫利民”为主题的“5·15”碘缺乏病防治日宣传活动。现场通过发放碘缺乏病宣传单张、利用碘盐试剂对“粤盐”加碘食盐进行快速检测等方式，向群众普及碘缺乏病防治知识，强调不同地区的食盐碘含量的差异性及缺碘对孕妇、儿童等特殊人群的必要性和科学补碘方法，进一步加强群众对加碘盐的重视。

【食盐储备】 2019年，茂名盐业公司执行食盐政府储备要求，根据实际继续健全食盐储备制度和食盐供应应急预案。完成2400吨市级食盐储备任务。茂名盐业公司利用高州分公司自有土地修建食盐配送中心，建成后可储存产品盐3500吨，改善仓储环境及仓储能力，有效确保全市食盐供应的及时、有效，提高食盐流通效率。

【“粤盐公益行·粤盐粤安全”活动】 2019年3月，茂名盐业公司利用“3·15” 国际消费者权益日的契机，分别在茂名地区各县（市）区举行为期一个月的以“粤盐公益行·粤盐粤安全”为主题的宣传活动。活动通过发放宣传资料和市场调查问卷、为群众讲解盐产品知识，演示如何鉴别真假食用盐、加碘盐等方式，向市民传达“粤盐粤安全”的理念，引导消费者选择更安全、更放心、更高质的食盐。（茂名盐业公司）

旅游业

综　述

【旅游业概况】 2019年，茂名市旅游业以项目为切入点，推进“中国南部滨海旅游目的地”建设，加快项目建设与宣传推介，规范市场秩序，提升服务质量，旅游业实现平稳较快发展。全年全市总接待游客4545万人次，比上年增长11.2%；旅游总收入476.1亿元，比上年增长11.8%。

【旅游行业规模】 2019年，茂名市有星级饭店6家，分别是茂名国际大酒店、茂名华海大酒店、信宜新城国际大酒店、信宜西江温泉度假村、高州玉湖宾馆、化州飞龙宾馆。有旅行社25家，其中有出境资质的旅行社2家，在茂名注册导游人员1100人。有大型旅游景区（点）20个，其中国家AAAA级旅游景区7个、国家AAA级旅游景区7个、国家水利风景区2个、国家级自然保护区1个、全国农业旅游示范区1个、省级滨海旅游产业园区1个、省级旅游度假区1个、省级森林公园1个。有乡村旅游景区（点）30个，全国农业旅游示范点1个、中国乡村旅游模范村2个、中国乡村旅游模范户2个、中国乡村旅游金牌农家乐13家，广东省休闲农业与乡村旅游示范镇7个，广东省休闲农业与乡村旅游示范点22个，广东省美丽乡村1个，茂名市美丽乡村10个。

【旅游景点厕所建设】 2019年，茂名市旅游景点厕所建设任务39座，其中新建24座、改建15座，在第三季度完成全年建设任务。至10月8日，茂名市在全国旅游景点厕所管理系统登记完工的厕所43座，完成率110%，在全省排第一名。完成百度地图标注43座，标注率100%，同级别地区排第一名。

文化旅游资源开发

【景区项目开发建设】 2019年，茂名市开发旅游景区。浪漫海岸二期浪漫小镇和海昌海洋公园动工建设；御水古温泉二期建设工程如期推进，新建酒店加快装修，与万豪国际集团合作打造“茂名喜来登温泉度假酒店”；信宜市重点项目莲花湖庄园，总投资5亿元、占地40公顷，于12月31日建成开园；南海旅游岛第一滩项目建设有序推进。9月5日，在水东湾新城召开茂名南海旅游岛概念规划研讨会，邀请国内外专家学者和相关人员共商南海旅游岛旅游规划发展计划，为推动茂名市滨海旅游产业发展出谋划策。是年，“南越1959”文创街被茂名市旅游景区质量等级评定委员会评为国家AAA级旅游景区。

【乡村旅游点开发建设】 2019年，茂名市好心湖畔田园综合体创新性将文旅、乡村振兴、康养主题内容相结合，首期展示区重点打造占地66.67公顷的“牙象大地艺术公园”，在国庆节期间日均接待游客近3万人次；信宜市镇隆八坊村通过国家文化旅游部和国家发展和改革委员会认定，入选全国首批乡村旅游重点村。“西江温泉天马山观光一日游、高州大唐荔乡游、化州橘红之乡康养度假之旅、南海环岛渔村观光一日游”4条线路，入选广东省乡村旅游精品线路；信宜市镇隆镇八坊村、高州市根子镇柏桥村、茂南区金塘镇牙象村、化州市笪桥镇柑村、滨海新区电城镇山兜村、电白区罗坑镇里平村，入选广东省首批文化和旅游特色村名录；信宜市钱排镇，入选首批“广东省旅游风情小镇”。

【信宜锦江画廊碧道乡村旅游带】 2019年，茂名市初步建成信宜锦江画廊碧道，起点为全国乡村旅游重点村镇隆镇八坊村，终点为省级旅游扶贫重点村东镇街道高城村，全长43千米，沿东江碧道18.1千米，沿线串联10大美丽乡村和20多个自然村。该碧道作为南粤古驿道“肇雷古驿道”文化线路上的重要节点，提供活化古驿道的样板，打造成为“碧道、观光绿道、古驿道和马拉松赛道”四合一的锦江画廊碧道。

文化旅游产业发展

【旅游项目建设】 2019年，茂名市坚持“大力引进一批有理念、有经验、有实力的龙头企业，把一流的旅游资源打造成一流的旅游产品”的理念，与首旅集团、盈科旅游、实地集团等大型文旅企业接洽。其中，南海旅游岛开发形成初步的概念策划方案以及概念规划方案，召开茂名南海旅游岛概念规划研讨会；茂名浪漫海岸打造国家级旅游度假区二期工程暨海昌海洋公园项目动工建设；加快推进今典集团在茂名市落户建设“红树林”系列高端酒店群项目可行性论证及选址；推进大唐荔乡田园综合体项目群项目；魅力城（深圳）投资有限公司与广东大合生物科技股份有限公司达成合作开发化橘红的初步协议，计划在化州市新安镇、平定镇大面积种植、加工化橘红及开发相关产品；永新华控股集团分别与电白城市交通建设投资集团有限公司与茂名南越文创街就电白沉香街提升项目、非常派美学集合馆项目达成合作协议；亿航集团拟在南海旅游岛建设无人机试验基地；“融创中国”准备在茂名市落户，邀请茂名市领导前往公司考察项目的建设运营情况。

【《魅力中国城》第三季启动】 2019年5月19日，由中央广播电视总台央视财经频道、中共茂名市委、茂名市人民政府联合主办，中共茂名市委宣传部、广东茂名滨海新区管理委员会、茂名市文化广电旅游体育局、茂名市广播电视台、盈科旅游承办的中央广播电视总台央视财经频道《魅力中国城》第三季启动仪式在茂名市浪漫海岸举行。中央广播电视总台央视财经频道节目部主任哈学胜等一同开启《魅力中国城》第三季。来自全国56座城市的城市代表，专家评委，旅游界、投资界的知名投资企业代表、媒体代表等第一次齐聚茂名，是《魅力中国城》开播以来参与城市最多的一次盛会，成为茂名市历史上规格高、反映好、影响深的首次城市宣传和推介活动。

【六韬珠宝创意产业园通过验收】 2019年11月30日，茂名电白六韬创意产业园在2019年全省文化和旅游产业工作会议上，被认定为省级文化产业示范园区。这是粤西地区唯一创建成功的广东省文化产业示范园区。

【文化创意设计】 2019年，广东（茂名）首届文化创意设计大赛由茂名市文化广电旅游体育局主办，广东南越文化旅游发展有限公司、“1959文创街”及茂名市文创协会联合承办，各区、县级市文化广电旅游体育局、茂名市博物馆、茂名市非物质文化遗产保护中心、茂名市文化馆等共同协办，包括“文化茂名”文化创意设计大赛、“美丽家乡·滨海绿城”好心茂名公益传播短视频大赛2项比赛内容，设实物类、平面设计、创意短视频3大类作品24个奖项。比赛共收到全国各地投送参赛作品224件，其中平面实物类作品211件、视频类13件。大赛组委会邀请省、市专家5人组成专家评审团，采用无记名投票的形式，从平面实物类作品中评选出最佳作品奖2件、最佳创意奖4件、优秀入围奖10件，从视频作品中评选出优秀入围奖2件。

文化旅游交流与推介

【旅游大型活动】 2019年1月11日，由茂名市总工会、市文化广电旅游体育局主办，茂名市旅游服务中心承办的首届寻找“好心茂名·最美导游”和茂名市文明导游使者评选活动在茂名市总工会开幕。历经初赛、网络投票、决赛，评选出3名最美导游、10名市文明导游使者、10名优秀导游。借此提升茂名市导游队伍的整体素质，传扬“好心茂名”文化，以良好的形象迎接中华人民共和国成立70周年和茂名建市60周年的到来。

【旅游调研推介活动】 2019年2月28日至3月1日，由海口市旅游发展委员会副主任王樱茹带队的海口调研团一行到茂名市开展调研交流活动。调研团先后考察调研高州冼太庙、贡园、红荔阁、鳄人谷生态旅游区、露天矿生态公园、御水古温泉度假区、冼太故里文化景区、浪漫海岸景区等，通过面对面交流，调研茂名市在乡村旅游、观光农业、文化景点方面的先进经验与做法。同时召开茂名、海口旅游文化交流座谈会，就旅游业发展、冼夫人文化、夜市建设等方面进行探讨交流，签署两地旅游合作框架协议。3月1日，茂名市举办“牵手北部湾，惊叹新海口”2019海口（茂名）城市旅游推介会，来自海口、茂名两地的旅游业界人士、摄影爱好者、自驾达人、网红主播以及市民旅客上千人欢聚一堂，共同翻开“多彩椰城”的醉人篇章。

【组团参加第十五届深圳文博会】 2019年5月16—20日，茂名市以“滨海绿城，好心茂名”为主题，在第十五届中国（深圳）国际文化产业博览交易会亮相。此次参展深挖茂名市历史底蕴，挑选10个文化产业（产品）项目参加，全方面、多角度展现茂名独特的非物质文化遗产和文化创意产业，吸引众多中外客商关注的目光，达成成交意向金额逾4630万，获“优秀组织奖”“优秀展示奖”。

【组团参加第二届“魅力中国城”文化旅游西昌博览会】 2019年7月26日，茂名市作为2019凉山彝族传统火把节暨第二届“魅力中国城”文化旅游西昌博览会·天府旅游名县联盟活动中21个“魅力中国城”参展城市之一，向嘉宾和游客展示“滨海绿城·好心茂名”的独特魅力。展馆特别设置“茂名·中国水果第一市、中国沉香之乡、中国化橘红之乡、中国罗非鱼之都”等展区，吸引嘉宾群众驻足观摩，现场品尝各种优质农产品。

【组团参加2019广东国际旅游产业博览会】 2019年8月30日，茂名市在2019广东国际旅游产业博览会（广东旅博会）上以“山海联动·大唐荔乡”为主题设立展馆。用“一骑红尘妃子笑，原是茂名荔枝来”为设计背景，集中向嘉宾和游客宣传展示茂名特色旅游景点，及“滨海绿城·好心茂名”的独特魅力与活力，特别设置“山海联动”、非遗展演等主题展区，展示茂名的好心文化、南药文化、非遗文化，同时将茂名本土歌舞节目搬到现场舞台，展示茂名的文化旅游形象以及特色。组织20余家茂名企业的数十种旅游产品参加展销，促进“旅游+产业”对外交流合作。

（市文化广电旅游体育局）

文 化

教 育

综 述

【教育事业概况】 2019年，茂名市有各级各类学校3134所（不含教学点），在校学生151万人。其中：幼儿园1464所，在园幼儿33.4万人；义务教育阶段学校1575所，在校学生96万人（小学1377所、在校学生67.9万人，初中198所、在校学生28.1万人）；普通高中学校65所，在校学生15.6万人；中等职业学校17所，在校学生6.1万人；特殊教育学校7所，在校学生1700人；全日制高等院校6所，在校学生5.9万人。全市有专任教师9.2万人，其中幼儿园教师1.9万人，小学教师3.7万人，初中教师2万人，普通高中教师1.2万人，中等职业专任教师3000人，特殊教育教师320人，高等院校教师3499人（不含开放大学）。茂名市教育局宏观管理全市学校，直接管理市城区38所直属公办学校，在校学生9.7万人（不包括高职学生人数），全市在职公办教职人员6000人。

【各区、县级市通过省级"推现"验收】 2019年，茂名市推进教育理念现代化、教育技术现代化、师资队伍优质化、教育体系现代化、教育内涵现代化、教育治理现代化，推进教育内涵发展和质量提升，推进教育现代化。至8月，高州市、信宜市、化州市、电白区、茂南区先后通过广东省推进教育现代化先进县（市、区）督导验收。

【"二本四专"高等教育格局初步建成】 2019年，茂名市通过扩建、新建、引进等办法发展高等教育。扩建广东石油化工学院西城校区和茂名职业技术学院滨海校区，新建广东茂名健康职业学院、广东茂名幼儿师范专科学校、广东茂名农林科技职业学院，引进广州科技职业技术大学，2所本科学校和4所专科学校共6所高等教育院校全部实现招生开学，全市高等教育院校全日制在校生5.9万人。广东茂名幼儿师范专科学校二期工程动工建设。

【师资队伍建设】 2019年7月，茂名市在全省率先成立市教师发展中心。先后组织参加省培、国培993人次；开展培训项目217个（场次），参与教师人数1.65万人次；组织近5万教师参加各级各类培训。9月，全省教师发展中心建设现场会在茂名市召开，推广茂名市经验。建立校长后备人才库，完善考核评价机制。加

▲ 2019年9月14日，广东石油化工学院西城校区新生报到入学 （丘立贺 摄）

大教师招聘力度，新招聘中小学教师1845人、高等职业院校教师59人，购买服务人员630人。继续实行新教师抽签定校制度，建立校长、教师交流机制。评选表彰第六批“名校长、名教师、名班主任”50人，全市“三名”教师205人；建立省、市级名师工作室73个，促进师徒结对共成长。推进教师“县管校聘”改革。至10月底，全市中小学教师“县管校聘”改革工作基本完成。全市直聘教师1.93万人，参加竞聘上岗教师6.67万人，通过选调考试、组织调剂中小学教师5027人。落实中小学教师工资福利待遇“两相当”（县域内教师平均工资水平与当地公务员平均工资水平大体相当，县域内农村教师平均工资水平与城镇教师平均工资水平大体相当）政策，全市落实农村教师生活补助4.9万人（人均1004元/月）；落实高校毕业生在农村学校从教上岗退费政策，发放补助金额858人758.8万元。

【教育援助】 2019年，茂名市选派25名教师支援西藏、新疆教育工作；选派16名教师赴韶关市新丰县支援教育工作；选派第四批105名教师支援南宁市、来宾市教育工作；与来宾市、梧州市、玉林市开展教科研机构的协作交流；茂名市19所学校与南宁市、来宾市22所学校结对帮扶，南宁市、来宾市700名师生到茂名学校学习，茂名中等职业学校向两市捐赠教学设备资金53.5万元。全市发放建档立卡学生生活费补助10420.93万，受助学生3.26万人；减免学费1246.38万元，受助学生5006人；资助全市学前教育困难家庭幼儿资金5238.5万元；发放全市2019年义务教育阶段困难家庭学生生活费补助资金4419.08万元。免除普通高中残疾人困难家庭学生152人学杂费58.52万元。发放普通高中国家助学金5348.4万元，受惠学生2.67万人。减免中等职业学校学费19098万元，受惠学生5.46万人；发放中职助学金1700.6万元，受惠学生8503人。为1.77万名大学生办理生源地信用助学贷款14081万元。多渠道帮扶对口挂钩的信宜市钱排镇教育工作。

【信息化应用】 2019年，茂名市建成广东省地级市功能强大、教育资源丰富的教育平台。加强教师的信息化应用能力培训，开展名师课堂、同步课堂、专递课堂等网络直播，各学科网络教研、优质数字教育资源共享应用全面开展。全市开展优质网络直播课堂36节，听课学生160万人次；举办网络教研活动96场，参与教师32万多人次。在“一师一优课、一课一名师”活动中，全市教师晒课3.03万节，位居广东省前列。茂名市召开市级信息化应用工作现场会2次，并在省教育厅有关会议上做教育信息化应用和教育装备管理工作经验介绍。

【教育教学质量】 2019年，茂名市坚持立德树人，全面实施素质教育，强化学生养成六大核心素养。开展“阅读博览节”“科技创新节”“艺术节”“体育节”等活动，实施体育、艺术“2+1”（通过学校组织的课内外体育教育和艺术教育活动，让每个学生在九年义务教育阶段，能够掌握2项体育运动技能和1项艺术特长）和青少年校园足球项目素质教育。以孵育兴趣社团为抓手，促进学生全面发展“德智体美劳”。深化课程改革及课堂教学改革，提高教育教学质量。2019年高考，2人成绩排名在全省前50名，4人被清华大学录取，2人被北京大学录取，1人被中国科技大学少年班录取，6人被空军航空大学录取。上高分优先投档线人数和本科人数大幅增加：上高分优先投档线人数6374人，比上年增加982人，增加18.2%；上本科线人数2.97万人，比上年增加3.46个百分点，创历史新高。

【教育治理现代化】 2019年，茂名市实施教育“管、办、评”分离治理，形成“政府依法行政、学校依法办学、社会依法参与、学生依法受教”的教育现代治理格局。强化中小学精细化管理。举办茂名市“十佳校徽”“十佳校歌”“十佳校训”“十佳校园文化景观”系列评选活动。全面推进校园文化和净化、美化、绿化工作。开展校外无证办学机构治理工作。

2019年茂名市“最具创意”十佳校徽名录

信宜市教育城初级中学	茂名市博雅中学
茂名市第十七中学	电白区第四中学

续表

信宜市教育城初级中学	茂名市博雅中学
茂名市行知中学	茂名市特殊教育学校
茂名市方兴小学	茂名市祥和中学
茂名市第二幼儿园	茂南区新坡镇中心小学

2019年茂名市“最受欢迎”十佳校歌名单表

学校名称	校歌
茂名市愉园小学	《成长的乐园》
茂名市第一中学	《我们是南方油城儿女》
茂名市祥和中学	《圆梦祥和》
高州市中小学德育培训学校	《青春飞扬》
茂名市特殊教育学校	《特殊的你和我》
茂名市新世纪学校	《新世纪之歌》
茂名市江滨小学	《美丽的江滨小学像花园一样》
茂名市第一幼儿园	《幸福像一首歌》
茂名市第十七中学	《梦想启航》
信宜市教育城小学	《扬帆起航》

2019年茂名市“最富内涵”十佳校训名录

学校名称	校训
茂名市第一中学	博文约礼　弘毅致远
茂名市第十六中学	明德　博学　求实　创新
电白区水东中学	厚德　自强　创新　超越
信宜市教育城小学	知书识礼　求真向善
茂名市博雅中学	博学儒雅　弘毅致远
茂名市特殊教育学校	平等　博爱　包容
广东高州中学	爱国　团结　勤奋　进取
信宜市砺儒中学	诚　勤　博　达
信宜市合水中学	自强不息　德才兼备
高新区米粮小学	尚德修身　志存高远

2019年茂名市“最具教育意义”十佳校园文化景观名单表

学校名称	景观
高州市第一中学校园文化	“孔子文化广场”

续表

学校名称	景观
茂名市第一中学校园文化	“学海书山”
广东高州中学校园文化	“英才文化广场”
信宜市大成中学校园文化	“校志铭”
广东高州中学初中校区校园文化	“学砚塘”
高州市第二中学校园文化	“常青孔子文化广场”
茂名市祥和中学校园文化	“深耕细作”
化州市第一小学校园文化	“中华魂，书香韵”
滨海新区电城镇中心小学校园文化	“舞台”
化州市第九中学校园文化	“阅读主题园林”

【依法治教】 2019年，茂名市加强学法用法工作，将法律考查和测试结果作为领导干部任职的重要参考。完善普法责任机制。明确普法内容和普法领导责任。开展社会普法宣传，定期组织开展“教育与法制”等普法宣传活动，全面提高师生的法律素质。依法对校外培训机构进行专项治理，整改完成率居全省第二名。全市中小学校基本实现“一校一法律顾问”“一校一法制副校长”“一校一章程”，创建广东省依法治校示范校57所、达标学校1272所。完善学校责任督学挂牌督导片区办公室设置和工作制度，开展督学督政工作。

【中小学思政课建设】 2019年，茂名市加强中小学思政课建设，开展践行社会主义核心价值观、法制安全教育、毒品预防教育。茂名市教育局在全市“全民禁毒工程”推进会暨全市禁毒工作会议上做经验介绍。加强学校团队改革创新和德育骨干队伍建设，茂名市学校团队工作在广东省中学共青团工作会议暨省少工委六届八次全会上做经验介绍，是全省唯一在会上做经验介绍的地级市。组织中小学生参加广东省第四届学生“学宪法，讲宪法”演讲比赛，获得初中组第一名，并代表广东省参加全国决赛，获二等奖。推进规范化家长学校实验区建设。市直属学校、化州市同庆镇和茂南区、电白区先后被教育部中国下一代教育基金会、中国关心下一代工作委员会事业发展中心确定为“全国规范化家长学校实验区”创建单位。

【教学科研】 2019年，茂名市强化高考备考研究。发挥五校（茂名市第一中学、广东高州中学、广东信宜中学、化州市第一中学、电白区第一中学）高考备考联盟作用，重视模拟测试数据分析，发挥评价机制激励作用。深化教育教学改革，实施蹲点指导，打造智慧课堂。全市课堂教学实录获省级优秀课件22节。创新教研模式，开展中小学区域教研联动和新课程新教材培训。组织51名青年教师参加广东省第二届青年教师教学能力大赛，获得一等奖8人、二等奖16人、三等奖27人。组织申报广东省教育科学“十三五”规划2019年度课题，获得省级“强师工程”科研经费88万元，其中5项省级重点课题，每项科研经费4.7万元；43项省级一般课题，每项科研经费1.5万元。5项教育教学成果获2019年省教育教学成果奖（基础教育类），其中一等奖2项，二等奖3项。茂名市教育局教研室孙琳老师主持的广东省教育科学“十二五”规划课题《广东民俗舞蹈文化在欠发达地区传承发展的研究》，是广东省首例基础教育系统以“免于鉴定”方式结题的优秀教研成果。

【阳光体育运动开展】 2019年，茂名市加强学校体育教育，强化体育课教学和课外锻炼，保证中小学学生每天参加1小时的校园体育活动时间。加强体育课开设督查，确保各学校体育课课时达标，增强学生体质，学生体质健康合格率93%。实施体育、艺术“2+1”和青少年校园足球项目，茂南区、高州市被评为广东省校园足球试点县区。至2019年年底，全市累计建成全国青少年校园足球特色学校56所、广东省校园足球推广学校157所。2019年，有7名学生入选2019年广东省青少年校园足球夏令营最佳阵容，其中1名学生入选2019年全国青少年校园足球夏令营总营最佳阵容。承办广东省中小学校园足球教学研讨活动。茂名市在广东省青少年校园足球总结会上介绍经验。

【教育经费使用规范管理】 2019年，茂名市全面落实教育经费管理责任，建立健全“谁使用、谁负责”的教育经费使用管理体系。下达2019年免费义务教育公用经费12.85亿元、寄宿制学校公用经费提标资金9922.5万元、特殊教育学校义务教育阶段学生课本费省级补助资金25.61万元、义务教育阶段残疾学生公用经费3146.81万元。制定学前教育、公办普通高中、中等职业教育生均拨款制度。全市落实学前教育生均拨款资金7507.84万元，落实普通高中生均拨款资金7028.08万元，落实中等职业教育生均拨款资金15931.54万元。加强教育专项资金管理，确保城市教育费附加和地方教育附加费专项全额用于教育事业，提高两个教育附加的使用效益。做好市教育局机关日常财务、决算和预算编制、市直属学校资产管理等工作。

【市直属学校建设】 2019年，茂名市在市区建成东湾学校、在市民大道建成崇文学校，新增学位7000个。推进茂名市第二职业技术学校学生宿舍楼等11个在建及新建项目建设。筹建茂南第一实验学校、市福地小学、市第三幼儿园。加快推进广东茂名健康职业学院和广东茂名幼儿师范专科学校开展二期工程规划设计及施工招标等前期工作。广东茂名农林科技职业学院二期工程项目主体工程基本完成。

【校园安全综合防控体系建立】 2019年，茂名市教育局注重安全教育宣传工作，加强国家安全防范意识，全力防范化解校园安全稳定风险。继续开展扫黑除恶工作。建立健全“校园贷”台账，加强整治。建立全市学生欺凌防治工作机构，联合有关部门开展摩托车、电动车、自行车道路交通安全整治大行动，开展校车安全管理整治行动2次。开展平安建设工作，全市29所学校被评为“广东省安全文明校园”。开展消防安全教育，排查整改消防隐患，茂名市教育局被广东省消防安全委员会评为“热心消防公益事业”先进集体。学生预防溺水工作取得新成效，全年学生溺水死亡人数比2018年下降33%。加强校园及周边食品安全监管工作，茂名市教育局食品安全管理工作在2019年全省秋季开学学校食品安全工作视频会议上做经验介绍。

【考试招生制度改革】 2019年，茂名市有序推进中考改革，全面推进中学教育教学改革，研究新高考、新中考制度，探索实施中考改革实施办法和初中学生综合素质评价，做好应对高等院校自主招生工作。各地各高中学校利用各种形式做好高考改革的政策解读，为考生报名、志愿填报、参加考试等提供培训和指导。

【“四落实”政策实施】 2019年，茂名市教育局做好民办学校标准化建设工作、落实民办教育扶持专项补助资金、规范管理民办教育，保障民办教育的发展。

标准化建设落实　茂名市印发《关于促进民办教育规范特色发展的实施意见》《关于报送民办义务教育标准化学校创建规划的通知》，要求各区、县级市规划民办义务教育标准化建设学校数达到60%以上，市直辖义务教育民办学校100%达到标准化。至2019年年底，全市标准化建设民办小学学校19所，覆盖率100%；标准化建设民办初中学校21所，覆盖率91.3%。

扶持专项补助资金落实　茂名市将各级民办教育发展专项资金纳入财政年度预算，2019年在市级教育费附加中安排150万元专项资金扶持民办学校发展。

规范管理落实　茂名市印发《关于进一步加强民办教育规范管理的意见》《茂名市民办幼儿园基本设置标准》，要求执行民办学校准入标准，对申办者资格、资金来源、办学条件等严格把关，按程序审批。每年通过对民办学校的年检和日常督导，加强民办学校的日常监管。坚持把安全摆在管理工作首位，坚持每学年定期检查，限期整改工作制度，不定期对民办学校的校舍、消防、卫生等办学条件进行检查。建立长效机制整顿非法办学（办园）行为。做好省级、市级民办教育专项资金分配工作，把普惠性民办幼儿园作为申报必备条件；将民办学校招生计划向社会公布，实行阳光招生。落实国家、广东省有关文件精神，在全市开展大规模的校外培训机构、幼儿园专项整治行动，杜绝无证办学（园），规范办学秩序，净化办学环境，维护受教育者的合法权益。

特色发展落实　落实《民办教育事业发展“十三五”规划》，通过资金奖补、师资扶持等方式激励民办学校走特色办学之路。宣传民办学校的办学理念，以形成“一校一品”“一地一特色”的民办教育区域特色，以榜样带动整个民办教育的发展壮大。高州师范学院附属金阳学校、电白区春华学校、电白区汉山学校、茂名市朝阳学校、茂名石化幼儿教育管理中心属下11所幼儿园、茂名市蓓蕾实验幼儿园等，在全省或全市起示范作用。电白区汉山学校是茂名市唯一一所12年一贯制民办学校，是广东省一级学校，有1000多个高中优质学位。2019年3月29日，华南师范大学附属电白学校开工奠基活动在华南师范大学附属电白学校项目现场举行。项目总投资7亿元，总用地面积25.87公顷，总建筑面积约40万平方米，规划建设从幼儿园至高中“15年一贯制”及国际部的学校。

【“强师工程”实施】　2019年，茂名市依法保障民办学校教师在培训、职务聘任、教龄、工龄计算、科学研究、教育教学改革项目申报及立项、社会活动等方面与公办学校教师享有同等权利，切实维护民办学校教师合法权益。建立完善民办学校教师人事管理制度，推进公办教师与民办学校教师支教交流，每年选派中小学教师支教；加强民办学校教师培训，将民办学校校（园）长和教师全面纳入教师培训体系；将民办学校教师统筹纳入教师职称制度改革范围等。把幼儿园教师持证上岗率列为幼儿园年检和督导检查的重要内容，开展幼儿园园长、教师全员培训，推进民办幼儿园参照公办园标准配置教师，督促指导民办学校依法依规落实教师工资待遇等，保障民办学校教师合法权益。

基础教育

【学前教育】　2019年，茂名市有幼儿园1464所，在园幼儿33.48万人。其中：公办幼儿园476所，在园幼儿15.47万人；民办幼儿园988所，在园幼儿17.93万人。全市有幼儿园教师1.9万人。全年增加学位1.3万个。全市每个教育功能镇均建成1所以上规范化乡镇中心幼儿园，常住人口4000人以上的行政村均建有村级幼儿园，4000人以下的行政村小学附设幼儿班，学前教育三年毛入园率97.5%。普惠性幼儿园在园幼儿比例91.1%，居全省第一位；公办幼儿园在园幼儿比例44.7%，居全省第三位。

【义务教育】　2019年，茂名市义务教育阶段学校有1575所，在校学生96万人。其中：小学1377所，在校学生67.94万人；初中198所，在校学生28.1万人。茂名市大力推进义务教育学校标准化建设，义务教育标准化学校覆盖率100%。实施扩容提质工程和农村义务教育学校“改薄”（国家为了教育均衡发展，合理配置公共教育资源，改变薄弱地区的学校的教学设施的一项惠民工程）工程，化解城区大班额1338个。合理资源配置，全面推进教育信息化应用，实现教育资源城乡共享。扶持薄弱学校发展，促进区域学校均衡和城乡学校均衡发展。通过集团化办学、千校扶千校、中心城区学校与农村学校结对帮扶、构建联合办学共同体等举措，促进校际均衡发展。义务教育发展均衡县（市、区）覆盖率100%。做好控辍保学工作，2019年，初中辍学率0.2%、小学辍学率为零，低于省定控制线。2019年3月评选茂名市第三批义务教育阶段特色教育学校11所。落实2019年农村义务教育寄宿制学校建设专项资金3.51亿元。

【普通高中教育】　2019年，茂名市有普通高中学校65所，在校学生15.67万人；中等职业学校17所，在校学生6.1万人。茂名市落实优质高中招生指标分配到初中学校制度，规范和完善自主招生，全年全市普通高中招生5.37万人。全市43所普通高中特色教育创建工作全面开展，有2批34所学校通过评估验收，占普通高中学校的56.6%。至2019年年底，累计建成国家级示范性普通高中8所、省一级学校22所、省普通高中教学水平评估优秀学校15所，公办普通高中学校全部为市一级以上学校，优质学校比例100%。普通高中优质学位率95%以上。

【特殊教育】　2019年，茂名市有特殊学校7所，在校学生1698人，专任教师320人。根据30万人以上的区、县级市均建设1所公办特殊教育学校的要求，市直属、茂南区、高州市、电白区均完成标准化特殊教育学校建设任务，建设完成特殊教育资源教室113间，全市适龄残疾儿童少年入学率98.2%，提前达到省定95%的目标。

民办教育

【民办教育概况】 2019年，茂名市有民办中小学校（含民办中职）、幼儿园1045所，在校学生27.8万人。其中：民办幼儿园988所，在园幼儿17.9万人；民办小学19所，在校学生3.3万人；民办中学（含初级中学、一贯制学校、高级中学、完全中学）34所，在校学生5.5万人；民办特殊学校1所，在校学生205人；民办中职学校5所，在校学生1.1万人。全市有民办中小学校（含民办中职）、幼儿园专任教师1.9万人。其中：民办幼儿园专任教师1.3万人，民办小学专任教师1586人，民办初中专任教师2221人，民办高中专任教师1373人，民办特殊教育专任教师40人，民办中等职业专任教师530人。

【民办教育同步发展】 2019年，茂名市和各区、县级市将民办教育发展专项资金纳入财政年度预算，在教育费附加中安排民办教育专项资金，扶持民办义务教育学校标准化建设。各区、县级市在市级创强资金奖补中，按比例奖补投入建设民办义务教育学校。年内，完成广东省下达1000万元、市财政150万元民办教育发展专项资金的竞争性分配和督查工作。落实“放管服”（简政放权、放管结合、优化服务）改革，民办教育走上良性发展轨道。茂名市制定相关决定和实施方案，将民办教育发展纳入教育创强和教育推现工作，同步规划、同步推进，在教育创强和教育推现过程中，对民办学校同步考核、同步奖励。对提前通过标准化建设的民办义务教育阶段学校，优先安排专项奖补资金，其中朝阳学校、东风实验学校各20万元。各区、县级市在市级教育强市奖补资金中，按比例安排资金支持民办学校标准化建设。在每年的先进教育工作者评选中，茂名市各级均按比例给民办校分配教师评选名额。

（市教育局）

职业教育

【职业教育概况】 2019年，茂名市有中等职业学校17所，在校学生6.13万人，专任教师3000人；有高等职业院校3所，在校学生2.03万人，专任教师907人。其中国家级中等职业示范学校1所，省级中等职业示范学校2所，国家级重点中等职业学校4所，省级重点中等职业学校3所。信宜市职业技术学校2019年度在校生1.21万人，为广东省规模最大的中等职业学校之一。年内，信宜市、高州市、化州市3个县级市先后被评为国家级农村职业教育和成人教育示范县，茂名市实现此项教育示范县县域全覆盖，为全省创建此项教育示范县总量最多的地级市。12月，茂名市被省教育厅评为“广东省现代职业教育综合改革示范市”，是粤东西北区域唯一获此称号的地级市。茂名市形成“高等教育快速发展，中职教育整合提质，农村职成教育紧贴三农”的具有茂名特色现代职业教育体系。在2018—2019年度全省职业院校学生专业技能大赛中，茂名市代表队获一等奖4项，二等奖17项，三等奖59项，获奖152人次，获奖成绩再次刷新历史纪录。茂名市连续多年获“广东省中等职业学校技能大赛优秀组织奖”。在2019年广东省总工会、广东省教育厅组织的广东省首届中小学校青年教师教学能力大赛中，茂名市派出10名选手参加中等职业类比赛，获一等奖4人，获二等奖1人，获三等奖5人，是粤东西北地区成绩最好的地级市。

【广州科技职业技术大学滨海校区】 （详见第221页《广州科技职业技术大学滨海校区》）

【茂名职业技术学院】 （详见第221页《茂名职业技术学院》）

【广东茂名健康职业学院】 （详见第224页《广东茂名健康职业学院》）

【广东茂名农林科技职业学院】 （详见第225页《广东茂名农林科技职业学院》）

（市教育局）

【技工教育】 2019年，茂名市有市直属的茂名市高级技工学校、茂名技师学院、茂名市交通高级技工学校，县属的高州市第一技工学校，行业办的广东农垦茂名技工学校和民办的茂名市东南高级技工学校6所技工学校。全市技工院校毕业生1.15万人，就业率98%；招生数1.32万人，完成招生任务的110%。

▲2019年6月17日，茂名信宜市“粤菜师傅”工程第六期培训班学员合影留念

【“粤菜师傅”工程实施】 2019年，茂名市制定《茂名市实施“粤菜师傅”工程联席会议工作规则》《茂名市实施“粤菜师傅”工程重点工作任务及分工方案（2019—2022年）》，全市开展“粤菜师傅”培训3804人，建成茂名技师学院和信宜市人力资源培训中心省级“粤菜师傅”培训基地2个，建成茂名高品位大酒店和茂名市东南高级技工学校“粤菜师傅”大师工作室2个。将“粤菜师傅”工程纳入粤桂省际扶贫协作，举办精准扶贫对象“粤菜师傅”培训班，培训精准扶贫对象503人。

（市人力资源社会保障局）

普通高等教育

【普通高等教育概况】 2019年，茂名市通过扩建、新建、引进等办法发展高等教育。推进“二本四专”（2所本科院校，4所大专院校）高等院校（简称高校）建设。扩建广东石油化工学院西城校区（大学本科），引进广州科技职业技术大学（大学本科），扩建茂名职业技术学院滨海新校区（大学专科），新建广东茂名健康职业学院、广东茂名幼儿师范专科学校、广东茂名农林科技职业学院等3所大学专科高校。“二本四专”高校新格局形成。是年，6所高校全部招生开学；茂名市高等院校在校学生5.9万人，全市高校校园面积408.73公顷，专任教师3499人。“二本四专”高校的建设，使茂名市高等教育实现跨越式发展。

【广东石油化工学院】 广东石油化工学院创办于1954年，是广东省人民政府与中国石油化工集团公司、中国石油天然气集团公司、中国海洋石油集团有限公司共建的公办普通本科高等教育院校，是华南地区唯一一所石油化工特色高校，教育部“卓越工程师教育培养计划”试点高校，广东省高水平理工科大学建设高校，广东省硕士学位授予立项建设单位，广东省首批普通本科转型试点高校。2019年，学院占地面积135.96万平方米，分设官渡、西城、光华3个校区，有教职工1555人，其中专任教师1117人，具正高职称者176人、副高职称者364人，博士439人、硕士540人，兼职博士生导师、硕士生导师118人。开办工学、理学、管理学、经济学、教育学、文学、法学、历史学、艺术学九大学科门类，学校有21个教学单位，开设52个本科专业，其中理工科专业38个，占比73.1%。有全日制在校生2.05万人，毕业生5724人。

本科教学工作审核评估 2019年11月18—21日，广东石油化工学院接受教育部本科教学工作审核评估。以中山大学原校长黄达人为组长的专家组一行，听取和审阅广东石油化工学院自评报告和基本状态数据分析报告，采用访谈、听课看课、实地走访、资料查证等多种形式，对广东石油化工学院本科教学的定位与目标、师资队伍、教学资源、培养过程、学生发展、质量保障等各方面全面考察。11月21日下午，举行广东石油化工学院本科教学工作审核评估专家组意见反馈会，校长黄达人代表专家组宣读对广东石油化工学院本科教学工作的总体评价。专家组认为，广东石油化工学院的办学定位和人才培养目标适应国家和区域经济社会发展的需求；教师队伍和教学资源能够保障人才培养需要；建有较为健全的教学质量保障体系，能较好运行；学校的培养过程可支撑培养目标的达成；学生对学校教育教学的满意度较高，社会用人单位对毕业生的评价较好。

申硕工作 2019年11月18—21日，广东石油化工学院接受省教育厅“冲补强”（冲一流、补短板、强特色）提升计划专项指导，向兴华代表专家组宣读广东石油化工学院“冲补强”建设中期检查反馈意见，认为广东石油化工学院学科建设取得很好的成效，学校完全具备硕士授权单位的所有条件；学校组织实施“冲补强”建设，围绕控制科学与工程、化学工程与技术、环境科学与工程学科进行重点建设，强化学科在劣质油加工、石化装备安全、石化污染控制领域的研究竞争力，学科方向的优势比较突出、特色较鲜明；3个重点建设学科在师资队伍建设、科学研究、人才培养、社会服务等方面都取得进步。

西城校区搬迁 2019年9月6日，广东石油化工学院石油工程学院、化学工程学院、化学学院、材料科学与工程学院、环境科学与工程学院、生物与食品工程学院、经济管理学院、外国语学院8个学院8000名师生搬迁入驻西城校区。

教育教学 2019年，广东石油化工学院深化“双体系”（产教融合的课程教育体系，多维渗透的素描教育体系）人才培养模式改革，获批省级质量工程项目7项、省级教育教学改革研究项目20项、省级在线开放课程3门，组建教学团队31个。获省级教学成果奖5项，其中一等奖3项、二等奖2项。加强专业内涵建设，推进“新工科”“新师范”建设方面开展本科专业对标国标自评工作。化学工程与工艺（第二轮）、环境工程专业通过中国工程教育认证，有效期6年；能源与动力工程、电子信息工程2个专业通过IEET专业认证。11个专业获国家级一流专业建设点申报资格，6个专业入选首批省一级本科专业建设点。学校首次成为省本科高校教学指导委员会主任委员单位、1人当选主任委员，33人次入选省相关教学指导委员会，1人成为省高校设置评议委员会委员。是年，学院《2017—2018学年本科教学质量报告》被省教育厅评为“十佳本科教学质量报告”。

人才培养 2019年，广东石油化工学院创新落实立德树人根本任务，建立校领导联系班级制度，开展“铁人精神”“广油西迁精神”主题班会活动，万名师生参加“我为祖国升国旗”活动，邀请11名劳动模范校友参加“2019广油之星”颁奖礼。加大素质拓展项目建设力度，完善素质拓展教育体系，继续深化总结提升“双体系”人才培养模式改革实践。修订2019级人才培养方案，抓好本科高职联培“4+0”（学生全部四年均在对应高职院校培养，办学地点在高职院校）“3+2”（学生完成三年高职学段学习，各项考核合格并获高职院校普通高职（专科）毕业证书，通过转段选拔考核合格的实验班学生进入对口本科高校试点专业学习两年）等项目实施。推进产业学院建设，深化创新创业教育改革，持续提升“挑战杯”“互联网+”大学生创新创业大赛等各类比赛竞技水平。首获“挑战杯”大学生课外学术科技作品竞赛国赛三等奖1项、省赛特等奖1项。实现“大挑”省赛特等奖、国赛奖“零”突破；获第五届中国“互联网+”大学生创新创业大赛全国总决赛铜奖1项；推进毕业生高质量和充分就业，2019届毕业生总体就业率99.1%，高于全省平均水平。

学科建设 2019年，广东石油化工学院构建“学科—团队—学院”三位一体的管理模式，以一级重点建设学科为中心，组建创新团队31个。工业催化、检测技术与自动化装置2个学科获广东省教育厅批准设立“珠江学者”学科，2018年获批1个，现有“珠江学者”设岗学科3个，数量居省内同类高校前列。继续

▲ 2019年9月6日，广东石油化工学院8个学院8000多名师生搬迁入驻西城校区

做好研究生培养工作，夯实申报硕士学位授予权单位基础。新增华南理工大学等6个研究生联合培养单位，2019年有在校研究生30人，其中博士生8人。

科技工作 2019年，广东石油化工学院首次获批国家自然科学基金重点项目2项，首次获批国家自然科学基金国际（地区）合作与交流项目1项，是2019年全国唯一一个以学院命名、且没有硕士点获批重点项目的高校，综合排全国第三十名、省内第七名。获批国家自然科学基金面上项目、青年项目、省自然科学基金项目、省哲学社会科学规划项目等纵向项目116项。拓宽项目成果申报评审渠道，首获1项由中国人工智能学会颁发的被誉为“中国智能科学技术最高奖”的吴文俊人工智能科技奖，获1项中国石油和化工自动化行业协会科技进步奖；获得外源科研经费1.3亿元。加强高水平创新平台建设，参与共建省实验室4个，“广东石油化工学院粤港澳大湾区绿色石化产业技术研究院”筹建工作继续开展，大学科技园建设稳步推进。学院主办的《广东石油化工学院学报》复合影响因子学科排序上升至186位，创历史新高。

2019年广东石油化工学院新增国家自然科学基金项目表

序号	负责人	项目名称	项目类别	直接经费（万元）
1	张清华	大型石化装置异常工况智能诊断、预测与维护	重点项目	301
2	纪红兵	仿生催化轻烃选择性氧化的自由基调控基础与工业过程强化	重点项目	300
3	纪红兵	乙烯行业废油资源化综合利用若干科学问题	国际（地区）合作与交流项目	170
3	杨春平	高盐胁迫下光催化剂的界面与活性调控及其对高盐有机废水的强化处理机制	面上项目	60
4	胡绍林	数据驱动的石化过程故障安全关键技术研究	面上项目	63
5	张　磊	专家知识与深度分析融合的石化工业视频异常行为感知研究	面上项目	61
6	邓曙艳	微管道中牛顿——非牛顿双层流体界面不稳定性研究	青年科学基金项目	18
7	萧允艺	含“EDLL”激活域的转录因子ERFs调控采后香蕉果实蔗糖合成机理解析	青年科学基金项目	25
8	郭　棉	绿色边缘计算网络资源优化配置方法研究	青年科学基金项目	21
合计				1019

师资队伍 2019年，广东石油化工学院引进博士191人，累计拥有博士师资439人；资助58名教师到国（境）内高校攻读博士，选派12人到国（境）内高校访学。完善高层次人才激励机制，开展首届学者计划评选工作，3人获聘领军学者B岗，3人获聘杰出学者A岗，2人获聘青年学者A岗。自主培养3名“珠江学者”，其中2名为特聘教授、1名青年学者。过程装备与控制工程专业教学团队，获全国石油和化工教育优秀教学团队；教师黎海燕获省“三八红旗手”称号。持续推进师德建设，选树先进典型，评选谢颖、黄敏、吴肖林3名校级师德标兵。

国际合作交流 2019年，广东石油化工学院组织23人团组，赴加拿大约克大学参加智能制造工程创新能力培训。引进1个乌克兰自然哲学团队，31名台湾籍教师和11名外籍教师。拓展与“一带一路”沿线国家交流合作，派出团组11批20人次；接访来自菲律宾、澳大利亚、马来西亚等国家高校代表团10批26人次。组织启动与美国、英国高水平大学开办本科层次学分互认国际班项目，继续推进与斯洛文尼亚卢布尔雅那大学共建新材料联合研究院。

校园建设 2019年，广东石油化工学院深化大学生思想政治教育内涵建设，校领导联系班级开展“铁人精神”“广油西迁精神”主题班会活动，开展“我为祖国升国旗”万名师生升国旗活动，创新爱国主题教育形式。发挥典型示范作用，邀请11名劳模校友为“2019广油之星”颁奖，传承“广油精神”。持续推进奋斗主题文化建设，制作《为祖国加油》宣传片；完成西城校区校园道路及楼宇标识系统设置、校史馆改造、校史雕塑园美化等工作；宣传原广东石油学校党委书记张健的先进事迹，选树西城校区搬迁中涌现的先进典型；举办读书节、第十五届大学生科技文体艺术节，大学生社团联合会获评全国学生优秀社团联合会，机械科技协会获评“全国最具影响力科技创造社团”，篮球协会获评“全国高校百强社团”。是年，学校首个学生事务一站式服务大厅投入使用，加快服务型学生工作转变。

（广东石油化工学院）

【广州科技职业技术大学滨海校区】 广州科技职业技术大学前身是1999年创办的广东南大专修学院。2002年，该学院与广州医学院合作创立广州医学院南大学院。2004年，经广东省人民政府批准成立广州科技职业技术学院；2018年，升格为本科职业学校；2019年，经教育部批准，更名为“广州科技职业技术大学”。

广州科技职业技术大学实行一校两区管理，分别设广州和滨海校区，合计占地面积107公顷。广州校区位于白云区钟落潭高校园区内，滨海校区位于茂名市教育基地“智慧城”高地片区。2019年，学校有全日制在校学生1.8万人，有专任教师1035人；副高级以上专业技术职称教师376人，其中正高级91人，硕士学位以上教师603人，“双师型”（教师在获得教师系列职称外还需要取得另一职称）专任教师414人，兼职教师259人。教学科研仪器设备总值1.17亿元。图书馆馆藏纸质图书145万册。其中滨海校区占地面积34公顷，总投资12亿元，于2014年开始筹建，2018年8月一期工程竣工，当年9月投入使用，首批招生1300人。2019年招生2300人。二期工程建设加快筹备。

职业本科教育试点开展 推进产业教育融合、学校企业合作，拓展国际教育，形成多层次、多形式的人才培养体系。设二级学院8个，建立以工科为主，经济学、管理学、文学类、艺术类多学科协调发展的专业体系；开设本科专业10个，专科专业44个；有广东省品牌专业1个，省级重点专业2个，省级教学团队2个，优秀教学团队1个，省级精品资源共享课1门，广东省高技能人才培训基地1个，广东省博士后创新实践基地1个。实施“1+X”（1是1个学历证书，X是若干执业技能等级证书）职业技能等级证书制度，课程设置面向高端制造业、高端服务业。与海尔集团、美的集团、碧桂园集团签订合作协议，共建校外实训基地416个，校内实训室162间，印刷技术省级实训基地4家，香江酒店省级校外实践教育基地4家。

以“快乐体育、时尚体育、交际体育、终身体育”的理念改革体育教学，以俱乐部教学模式代替传统教学模式，设体育俱乐部15个，开展体育教学。坚持“人才、专业、科研、创新”四位一体协同创新思路，成立新能源新材料研究所、机器人应用技术研究所、机电工程研究所、新能源汽车研究所、数码印刷研究所和院士工作站等科研机构。形成“产学研用融合、教学做一体化、以研究促创新、以创新带动创业”的办学特色。依托印刷技术专业创办经济实体4家。按照“开一个专业，办一个实体，搭一个平台，孵化一批公司”的思路，2006—2019年累计孵化出公司79个，覆盖全部专业。（广州科技职业技术大学滨海校区）

【茂名职业技术学院】 茂名职业技术学院是广东省住房和城乡建设厅、茂名市人民政府共建高校，2004年经广东省人民政府批准成立，是隶属茂名市人民政府管理的地方公办高等职业院校。学校前身是创建于1986年的国家重点中专学校——茂名市建设中等专业学校。

2019年，设有北校区、南校区2个办学校区，校园总面积69.92万平方米，总建筑面积23.09万平方米，其中教学行政用房面积11.25万平方米，学生宿舍面积10.84万平方米，体育场（馆）面积6.2万平方米；教学科研仪器设备值6000万元，图书馆馆藏纸质图书近70万册。有省级公共实训中心1所，广东省工程技术研究中心2个，茂名市工程技术研究中心9个，省级实训基地5个，校内实训室127个，与企业合作共建的校外实训基地156个，建有工程测量、化学检验、数控车床、电工、电气设备安装等13个工种的国家职业资格鉴定考点，茂名职业技术学院是粤西地区唯一的全国BIM（建筑信息模型）应用技能考点。学院设有土木工程系、化学工程系、机电信息系、经济管理系、计算机工程系、人文与传媒系、社科基础部、思想政治理论课教学部、中专部（中专学校）、成人教育部等教学系（部），设置创新创业学院、校企共建二级学院（永和建设学院、仁源学院、星艺学院、茂名旅游学院、龙健音乐文化学院、社区学院），设有建筑工程技术、建筑工程管理、道路桥梁工程技术、供热通风与空调工程技术、石油化工技术、应用化工技术、机械制造与自动化、电气自动化技术、会计电算化、电子商务、旅游管理、计算机应用技术、计算机通讯、社会工作等41个专业（含51个专业方向）。专业设置与增设紧密结合区域地方经济社会及支柱产业的需求与发展。以区域产业发展为依托，学校围绕区域经济增长点及产业发展的需求开展专业建设和人才培养，主动服务区域产业转型升级并提供人才支撑。2019年，茂名职业技术学院有全日制普通高职在校学生1.5万人，教职工600人，教授、副教授及其他高级职称教师130人，具有博士、硕士学位教师340人，“双师”型（双职称型、双素质型）教师320人，聘请国内外高等院校、科研院所及知名企业等专家学者担任客座教授78人，外聘兼职教师300余人。

招生就业 2019年，茂名职业技术学院40个专业计划招生6000人，实际录取5798人。其中，依据普通高中学业水平考试学生2791人、普通高考考生1099人、“3+证书”（高等院校高职班招收中等职业学校毕业生）考生1353人、自主招生349人、中高职三二分段考生（中职学校和高职院校选取对应专业，制定中职学段〔三年〕和高职学段〔二年〕）206人。春季四大类招生和夏季广东省普通高考招生第一志愿投档全部满档，理科最低投档分300分，超过省专科录取最低控制分数线140分；文科最低投档分404分，超过省专科录取最低控制分数线234分。未完成招生计划202人，主要是外省及西部专项计划。2019级新生报到人数5007人，报到率86.4%，比2017年、2018年分别高出4%、1.2%，为学校历年最高，超出省高等职业学院和高等专科学校平均报到率4.16个百分点。开展专业分类招生试点改革项目，新增现代学徒制自主招生专业2个、高职专业学院自主招生专业3个。推进高等职业扩招工作，高职专业学院、第二批现代学徒制试点、高技能人才学历提升计划、退役军人学历提升计划等录取考生998人。全年举办各类企业宣讲会和校园招聘会239场，为3990名毕业生提供岗位8000多个，2019届毕业生初次就业率98.2%，其中在校企合作企业就业比例48.2%，超出省专科平均水平2.08个百分点，全省90所高职院校中排第二十五名、粤东西北高职院校排第一名。

专业内涵建设 2019年，茂名职业技术学院建有网络课程136门，其中开展有效教学运用63门。依托课程中心平台，立项建设省级精品在线开放课程1门，校级精品在线开放课程38门，课程中心平台在建网络课程158门。获省级质量工程项目立项19个，分别是应用协同创新中心1个，教育教学改革研究与实践项目3项，品牌专业2个，校内实践教学基地1个，大学生校外实践教学基地2个，大学生创新创业训练计划项目10项。化工技术类公共实训中心、食品营养与检测专业群“双师型”教师培养培训基地2个项目，获得教育部高等职业教育创新发展行动计划项目认定，分别获省级教学成果奖二等奖、三等奖，实现国家级项目“零的突破”。

学生竞赛 2019年，学院有136名学生在全国大学生技能大赛获一等奖1项、二等奖15项、三等奖21项；23名学生参加广东省第十届大学生运动会获金牌4枚、银牌1枚、铜牌2枚，在69所参赛的高等职业学院和高等专科学校中列奖牌榜第十六名，综合成绩排在粤东、粤西、粤北地区参赛高等职业学院和高等专科学校第一名；23名学生参加广东省龙狮锦标赛获得传统南狮一等奖4项、二等奖1项；10名学生参加第十届广东省大中小规范汉字书写大赛获特等奖1项，三等奖7项。

创新创业教育 2019年，茂名职业技术学院率先在创新创业教育上推行“三教”（教师、教材、教法）改革。学校教师和企业导师组成的创业教学团队，建立由17门创新创业课程组成的教学资源库，由企业提供创新创业实践课程2门。全年有8579人次参加创新创业课程学习。

建成约600平方米的大学生创新创业教育实践（实训）基地，遴选24个创新创业团队入驻。广州市茂名商会、广东万讯网农业股份有限公司主办，学校承办“政校行企·万讯创新创业学院高校联盟”第六届峰会，省教育厅代表及36所高校及企业会员出席会议。学生参加省教育厅主办的第九届广东省大学生职业规划大赛，报名参赛人数1.1万人，提交完整作品9450份，参赛人数及作品提交数均居全省前列。2名学生晋级决赛，1名学生获得二等奖，学校获高等职业组“优秀组织高校”称号。学生参加第五届中国“互联网+”大学生创新创业大赛，申报项目820项，直接参赛学生3681人，参赛项目数和参赛学生数均创历史新高。

师资建设　2019年，茂名职业技术学院投入师资培养经费80余万元。全年派出160人次外出培训、访学及学历提升；邀请校外专家到校开展培训8场次，培训243人次；100名教师到企业一线挂职锻炼。14名教师通过高校教师资格认定，8名教师通过AVEO师资培训，19人获得职称晋升。引进硕士研究生学历学位教师15人。“双师型”教师达111人，新增企业兼职教师207人。

校企合作　2019年，茂名职业技术学院举办2019年校企合作年会，新增校企合作委员会委员52名，新增校外实习实践基地10个，总数156个，新增合作企业14家，总数234家。新增校企共建龙健音乐文化学院、社区学院二级学院2个，总数6个；新增订单班8个，总数90个；获企业捐赠总值200万元。先后与德国巴斯夫（中国）有限公司、香港螺丝协会签署战略合作框架协议，成立巴斯夫订单班。学校成为AHK（德国工商总会海外商会）化工类专业建设指导委员会委员单位，签约成为AHK联盟成员，成为华南地区唯一一家化工类专业加盟AHK的职业院校，组建AHK国际班。与工商银行茂名市分行开展银校合作，引进资金430万元用于智慧校园建设。

科研工作　2019年，茂名职业技术学院立项省、市级纵向课题36项，校级课题24项，横向课题1项，经费37.4万元。其中：省科技创新战略专项资金（纵向协同管理方向）2项，省教育厅科研平台和项目1项，应用技术协同创新中心1项，省学校德育科研课题1项，省青少年研究共建课题1项；市科技局科技专项资金计划项目1项，市科技计划项目16项，市级工程技术研究中心1个，市社科基金项目7项。全校教师在各类学术性期刊上发表论文93篇，其中核心期刊论文7篇，占论文总数的7.5%，SCI（科学引文索引）收录1篇。获授权使用新型专利1项，登记软件著作权3项，公开参与出版教材约9部。

社会服务与培训　2019年，茂名职业技术学院为茂名市党组织“头雁工程”进行学历培训，招生录取320人，“头雁工程”学历班规模1000人。制作“不忘初心、牢记使命”党史教育片，供全市市直单位开展“不忘初心、牢记使命”第二轮主题教育作为学习资料。为信宜市400名基层干部开办社会工作者和社会工作师考证辅导培训，为化州市120名禁毒志愿者开展社会工作者考证辅导培训；在夏季休渔期，培训渔业从业人员1100余人，其中，一级船长轮机长49人、二级船长轮机长90人、渔业船员安全生产培训1000人；培训乡镇农药经营者从业人员65人；为旅游管理、会计等行业开展专业技术培训3000人次。与蒂森克虏伯（电梯）中山公司、广东杰泰电梯公司共建电梯技术培训考证中心，全年培训电梯技术培训200人次；与信宜市等政府部门开展校地结对合作，免费为信宜市开展为期3个月的电梯技术扶贫专项培训，培训学员20名；为茂名地区省定贫困村（创建社会主义新农村示范村）化州市那务镇田心村编制规划；为茂名地区建筑企业（施工单位、监理单位、工程咨询公司），开展“BIM建模”培训及考证660人次。学校师生志愿者参加《魅力中国城》第三季启动仪式暨成果转化分享会、“好心茂名”2019广东省龙舟锦标赛、茂名市创建全国文明城市、创建国家卫生城市、茂名市建市60周年系列活动等大型活动1万人次。组建4支“三下乡”（文化、科技、卫生）社会实践服务队到乡镇进行支教和调研。利用横纵向项目和政校企合作，为政府部门和企业提供智力支持、科研服务和技术服务等10项；为满足区域发展所需要的技术性、专业性人才提供教育培训服务22项，培训5547人。

内部管理　2019年，茂名职业技术学院制（修）订涉及校园安全、人事管理、教学科研等方面管理制度19项。完成北校区地下供水管网改造，对南北校区的公共厕所进行节水冲厕阀改造和声控开关改造。全年学校人均用电量346千瓦时，比上年减少12.3%；人均用水量27.75立方米/人，减少3.9%。车辆维修保养费下降65%，车辆油耗减少20%。一般事业经费收入完成预算收入100.8%，统管经费支出完成预算支出80%，部门包干经费支出完成预算支出约70%。合理安排化债预算资金，偿还本金及付息约2800万元。全年完成2个校区公共场所的维修任务5475件次。进行行政办公设备维修维护95项，支出2.75万元。开展心理健康主题讲座6场次，受益学生1100人次。通过绿色通道和助学贷款入学学生1448人；以各类奖助学金资助人数4322人，金额759.54万元；设立勤工助学岗位212个，资助1885人次；完成128名服兵役学生资助信息上报，发放资助金176.71万元；完成建档立卡学生退免学费379人，退免学费225.19万元。

校园安全　2019年，茂名职业技术学院制定《茂名职业技术学院2019年平安校园建设工程实施方案》，配套制订《茂名职业技术学院安全管理工作考核办法》，与二级单位（部门）签订安全工作责任书。开展全校校园安全大检查6次、消防演练2次，更换灭火器500个，学生宿舍门禁系统投入使用；每月开展一次学生宿舍违规使用高功率电器检查；定期开展防灾减灾、安全生产、消防安全、交通安全、防诈骗等演练及宣传讲座，提高师生的安全意识。建立危险化学品台账，专人负责出入库管理，在重点部位设置监控。连续3个月开展校园食品安全风险防控、校园食品安全全面自查、学校食堂转（分）包和风味档口经营风险排查等专项检查工作，落实食品安全工作责任；投入17.5万元进行防台风加固工程，做好防台风物资储备。投入142万元实施校园网络等级保护，校园网教务处管理系统、财务管理系统达到安全等级三级，其他管理系统达到安全等级二级。加强用工管理，依法用工，全年没有发生劳务纠纷事件。

民生实事　2019年，茂名职业技术学院实施北校区7号宿舍维修改造、厕所改造、篮球场改造3项民生实事，投入330万元。高层次人才过渡房建设项目开始施工。校园监控全覆盖项目加快推进，投入24.5万元完成第三批监控项目，最后一批可在2020年上半年完成。

后勤服务管理　2019年，茂名职业技术学院开展基建维修工程25项，投入资金约5878万元。新增采购配电增容设备、学生宿舍床柜、空调设备、教学楼音响设备、桌椅家具等设备费用347万元，其他零星维修、设备采购项目约144万元。获得中央、广东省教育专项资金1036万元，建设实训室11个，新增固定资产2685.12万元，图书馆新增纸质图书3.17万册。学生教学仪器设备值4058万元，达到合格办学标准。　　（茂名职业技术学院）

【广东茂名健康职业学院】　该校创办于2015年3月，是经广东省人民政府批准、教育部备案的公办全日制普通高等职业学校。学校位于茂名市电白区电海街道安乐东路，北靠沈海高速公路，南濒水东湾，西邻包茂高速公路，东接325国道。2013年7月，中共茂名市委、市政府以茂名卫生学校为基础，启动广东茂名健康职业学院创建工作。2015年9月，广东茂名健康职业学院首届新生开学，开启茂名卫生职业高等教育新纪元。学校占地面积34.4公顷，建筑总面积30万平方米，总投资约12亿元。一期建设工程占地23.73公顷，建筑面积12万平方米，建设完成投入使用。实验实训设备总值3000万元，图书馆藏书25万册。开设临床医学、健康管理与促进、护理、药学、医技5个系，开设临床医学、针灸推拿、护理、药学、助产、中药学、医学营养、健康管理、医学检验技术、康复治疗技术、中医康复保健、医学美容技术、老年服务与管理、家政服务与管理、眼视光技术、卫生信息管理、市场营销17个专业。2019年，在校高等职业学生4700人、中等职业学生1766人，总人数6466人。2019届毕业生总就业率99.1%。

对外交流与合作　广东茂名健康职业学院成为“广东现代养老产业与教育联盟”“广东医学高职教育联盟”成员和发起单位。与广东大参林集团开展校企深度合作，共建大参林药学院，大参林集团向学院捐款100万元设立“大参林奖教奖学金”，捐建“大参林模拟药房”。与广东好心家政职业教育集团开展战略合作，围绕广东省“南粤家政”工程建设，合力开发以养老照料、病患护理、康复护理、安宁疗护等以“陪护”为重点的养老服务培训项目，培养家政服务专业人才，打造特色专业品牌。

【广东茂名农林科技职业学院】

该学院是2018年4月8日经广东省人民政府批复同意设立，由茂名市人民政府主办，依托高州农校创办的公办高等职业院校，位于茂名市西城西路，毗邻国家AAAA风景区茂名市森林公园。该校于2015年12月启动筹建，于2017年8月10日开工建设，占地面积29.13公顷，总建筑面积17.5万平方米，总投资8.5亿元。2019年主建筑全部建成并投入使用，辅助设施加快建设。开设有园艺技术、现代农业技术、风景园林设计、园林工程技术、畜牧兽医、水产养殖技术、食品加工技术、烹调工艺与营养、电子商务、会计、广告策划与营销、计算机网络技术、动漫制作技术、工业机器人技术、汽车检测与维修技术等15个专业。有教学仪器设备总值4400万元，建成园艺技术实训中心、风景园林设计实训中心、畜牧兽医实训中心、水产养殖实训中心、食品加工技术实训中心、电子商务实训中心、计算机应用实训中心、机器人实训中心等8个实训中心。加快建设农村电子商务创新创业人才培养实践基地。有专任教师158人，有40名硕士研究生以上学历的专业教师，其中属农林学院编制39人，其余属高州农校编制。2018年9月首届新生开学。2019年，有全日制在校学生4099人。

对外交流合作　与广州市茂名商会、广东万讯网农业股份有限公司携手共建“广东茂名农林科技职业学院·万讯创新创业学院”，助力大学生创新创业；水产养殖等专业分别与茂名茂南三高渔业发展有限公司等企业签订合作办学协议，为企业提供人才，为毕业生提供实习基地。校内校外实训基地数量增加到127个。2019年7月，学院组队参加在茂名滨海新区举办的第二届“万讯杯”大学生创新创业大赛——青年红色筑梦之旅实践赛，获得好成绩。该院组建茂名市食品工程技术研究中心，获得茂名市科技局认定。与茂名农产品检测中心等单位共同组建“食品（农产品）检测应用技术协同创新中心”，在社会服务、应用技术研究、教育教学、人员培训等方面开展全面合作，为开展产、学、研合作提供优秀平台，将创新中心建设成为大众创业、万众创新人才培养的特色教学场所，为学生参加省市级和国家级技能竞赛提供培训条件和资源。

科研合作　学院海水稻种植及高值化加工团队与“海水稻发现者”陈日胜专家达成合作意向，开展科研合作，培育更高产、更耐盐碱、更抗病虫害的海水稻种；利用海水稻米含有普通水稻所没有的多种生物活性物质物性，开发保健食品。

教育培训工作　承担退役士兵培训、村干部教育培训、新型职业农民培养和基层干部培训工作；完成茂名市村（社区）党组织书记“头雁”工程素质提升、化州市中层干部提升等专题培训，培训5000人；搭建多样化学习平台，主动为相关行政部门干部职工、行业企业员工开展非学历教育培训，为地方经济发展提供人才服务。

【广东茂名幼儿师范专科学校】

广东茂名幼儿师范专科学校是经广东省人民教育批准、教育部备案的全省第一所全日制公办幼儿师范高等专科院校。其前身是始建于1930年的高州师范学院。学校有茂名和高州2个校区，校园占地面积80公顷，建筑面积40万平方米；教学科研仪器设备总值5000万元；有纸质图书30万册。设置教育科学学院、文学院、理学院、外国语学院、音乐学院、美术学院、体育学院、旅游学院、计算机学院、财经学院、马克思主义学院、继续教育学院12个教学单位。开设五年制（初中起点）音乐教育、学前教育、美术教育，三年制（高中起点）语文教育、数学教育、英语教育、音乐教育、美术教育、学前教育、早期教育、体育教育，非师范类的计算机应用技术、计算机网络技术、艺术设计、文秘、商务英语、应用英语、旅游管理、汉语言文学、导游、社会体育、移动应用开发、播音与主持、会计24个专业。形成以学前教育专业为龙头、艺术教育专业（含音乐教育、美术教育）为特色、其他专业为支撑的专业教育格局。2019年，学校有专任教师400余人，其中教授、副教授80人；硕士、博士学位教师150人；有全日制在校学生1.2万人。

学工建设　制订实施“三五质量保障工程”之学生管理子工程实施方案，继续完善“专职辅导员+班主任导师+班级助理”学生工作模式，加强专职辅导员队伍建设，提高学生工作队伍的管理和服务水平。全年开展中华优秀传统文化教育活动89场次；开展“五育”（理想教育、责任教育、认同教育、养成教育、生命教育）实践周活动，培养学生劳动精神，全校学生全年

▲ 2019年4月，广东茂名幼儿师范专科学校师生参加茂名市创建森林城市活动

劳动时间13.43万小时，人均劳动30小时；学生制作分享劳动成果“美篇”（一款图文创作分享应用App）172章，制作PPT劳动总结5166份。

“创新强校”工程　2019年，学校制定《课堂教学礼规》《教师课堂教学质量评价方案》等制度；全学校课题研究立项48项，发表论文183篇。推进“人才引进三年行动计划”，引进博士3人，教授（副教授）5人；自主培养、教授（副教授）13人；学校选派13名优秀教师到“一带一路”沿线国家攻读硕士、博士学位。11月，派出4名专任教师赴加拿大国温哥华市参加国际“蒙台梭利教学法”师资培训；组织全体教师赴湖南师范大学开展全员培训研修活动；投入450万元购买图书一批，丰富学校图书馆藏书；全面推进OA办公系统，“智慧校园”基本建成，师生信息服务能力得到提升。

招生就业　继续拓展学前教育专业学院自主招生，实施五年一贯制公费定向、指标到市、三二分段等4个招生类型，2019年新增高职专业学院计算机应用技术专业、幼儿园教师学历提升、高技能人才学历提升3个招生类型，覆盖三年制与五年制、中等职业与高等职业、普通高考（含体育、艺术类）与学历考试，全年招生录取7297人，全日制高等职业新生报到率85.3%。第二期高等职业扩招录取2497人。开设“金秀班”（该校与茂南区人民政府共同出资开展的教育扶贫项目，为广西壮族自治区金秀县定向培养教师人才，从源头上解决金秀县师资不足的问题），录取并同意签约金秀班学生28人。提升粤桂教育协作，在教育扶贫领域形成影响力。制定《成人高等教育学籍管理制度》《成人高等教育合作教学点管理制度》等制度。首次招收成人高等教育学生，新建成人高等教育教学点20个。招收自考沟通班学生1200人。2019届毕业生初次就业率93.3%，总体就业率99.6%。“专插本”（指大专生在结束专科阶段的课程学习后，通过参加全省统考的本科院校招生考试，继续进行全日制本科教育）上线人数248人。

对外合作交流　加强与加拿大国际文化教育协会、菲律宾圣保罗大学、马来西亚城市大学、北京航空航天大学通用航空产业技术研发中心、广州国为信息科技有限公司、佛山宾馆有限公司、茂名国际旅行社、珠海建科教育集团、和乐明德教育咨询发展（广州）有限公司、东莞南园教育集团等高校和企业开展合作。成立国际蒙台梭利学院、国际蒙台梭利研究中心、国际蒙台梭利认证培训中心。在人才培养、实践教学、毕业生就业、办学渠道等方面对外开展拓展合作，提升学校师生的教学、就业质量。

学校二期建设　广东茂名幼儿师范专科学校二期建设项目是2019年省、市重点建设项目，于2019年11月2日举行奠基仪式，工程建设加快推进。

（市教育局）

成人继续教育

【茂名开放大学】　茂名开放大学（简称茂名开大）原茂名广播电视大学，成立于1980年，隶属于茂名市人民政府。坐落于茂名市茂南区新湖路320号大院，办学类型包括开放教育、成人高等教育、网络教育、中等职业技术教育和研究生教育。2019年，茂名开放大学提升治校强校能力和办学水平，完成立德树人根本任务。

办学层次全面拓展　2019年，茂名开放大学专科和本科教育涵盖10大学科门类，与南昌大学联合培养研究生，形成以专科、本科教育为主的多元化、多层次的综合性大学办学格局。采用“面授+网络教育”教学模式，推进教学质量提升。增强资源建设和学习支持服务能力，现代远程开放教育特色基本形成。年内招生7571人，开设专业课程635门，参加笔试考试2.37万人次，参加网络考试8251人次，培养优秀毕业生2961人。

教学科研融合 2019年，茂名开放大学承办广东开放大学附属职业技术学校中等职业学生技能竞赛并囊括6个项目冠军。承办广东开放大学附属职业技术学校年会。全年申报并获得各级政府、学会批准立项研究课题9项，结题6项；研究立项课题6项，结题4项。教职工在期刊发表论文12篇，参与编写教材1部，在《广东开大简讯》《国家开大时讯》等物刊发表通讯文章53篇。

数字校园全面建成 2019年，茂名开放大学建成覆盖全校的无线校园网络，开通互联网、科教网和政府网，安装电大在线教学平台、教务管理系统平台和开放教育电子公务系统平台，建起跨境电子商务平台、微课录播系统、数字图书库和数字视频点播系统。实现41.88万册数字图书资源共享。

终身教育有序推进 2019年，茂名开放大学开设社区教育、干部在线培训、职工技能培训和毕业生就业技能培训等非学历教育项目，初步搭建为终身教育体系服务的远程支持服务体系。11月4日，茂名开放大学承办茂名市“全民终身学习活动周”启动仪式。11月4日，“茂名老年大学”在茂名开放大学揭牌。

（茂名开放大学）

科学技术·知识产权

科学技术

【科学技术工作概况】 2019年，茂名市有6个项目获得2019年度广东省科学技术奖，其中一等奖1项，二等奖2项。市级科技计划全年立项475项，全市高新技术企业146家，省级以上创新平台84家，孵化器12家。组织申报省级新型研发机构3家、省重点实验室4家、省级工程中心29家，组织认定市级工程中心45家。

【科技合作与交流】 2019年，茂名市加强与高校、科研院所的对接交流。广东石油化工学院申报“广东省石油化工污染过程与控制重点实验室”获批建设，是茂名市第二个获批建设的省重点实验室。委托南京大学昆山研究院编制的《茂名市氢能源技术产业发展规划》发布，为茂名氢能产业的发展提供系统规划，拟规划建设茂名新能源汽车产业园，打造集氢能、燃料电池、燃料电池汽车和汽车配件“四位一体”综合性产业基地。高新区与华南理工大学、广东石油化工学院三方签订共建联合技术创新中心的合作协议。广东冠利达海洋生物有限责任公司举行“广东省院士专家企业工作站”揭牌仪式；茂名高新技术产业开发区管理委员会组建4家院士专家企业工作站，并获广东省立项批准。企事业单位与华南理工大学等28所高校研究所签订合作协议，共同开展协同创新、技术攻关、产品开发和人才培训。

【科技成果与奖励】 2019年，茂名市有6个项目获得广东省科技奖。其中，作为第一完成单位的获奖项目3个，均为二等奖；作为参与单位的项目获一等奖1项，获二等奖2项，获奖项目数量居粤东西北地市第一，与中山市并列全省第六。茂名市获省科技奖数量连续4年排粤东西北第

▲ 2019年9月，茂名宜和化工科技有限公司获“中国创新创业大赛优秀企业”荣誉称号

一，连续3年排全省前六位。获中央引导地方科技发展专项资金项目立项9项，获得1000万元资金支持。评出省战略专项资金计划项目61个，下达资金2500万元。组织实施2018年市科技专项资金项目30项，下达资金220万元。组织申报市级科技计划项目立项430项。通过组织实施重点科技项目，有效突破一批产业关键核心技术，加快推动科技成果产出和转化。首次承办第八届中国创新创业大赛地方赛，发动茂名53家企业参加，决出茂名赛区成长组和初创组一等奖2名、二等奖6名、三等奖5名、优胜奖6名，并择优推荐17家企业参加省赛。在省赛中，茂名市企业获得二等奖2项、优胜奖14项，其中二等奖数量与中山市并列全省第三名，一、二、三等奖获奖数量排名全省第五名；有5家企业入围国家级行业赛，入围国赛企业数量排名全省第五名。在国赛中，茂名宜和化工科技有限公司闯进全国前十名，获"中国创新创业大赛优秀企业"称号，成为广东省唯一一家进入全国总决赛的企业。

【高新技术及产业发展】 2019年，茂名市分3批组织74家企业开展国家高新技术企业认定申报；组织42家科技型企业申报广东省高新技术产品101个，拟认定94个。开展2019年广东省创新型企业、广东省创新型试点企业申报工作，其中申报广东省创新型企业2家，申报广东省创新型试点企业4家。开展科技型中小企业评价工作，获入库科技型中小企业84家。全年组织4家科技企业孵化器和4家众创空间参加广东省科技企业孵化器和众创空间运营评价，获省财政20万元奖补资金。其中，高新区科技企业孵化器被评定为"B级"孵化器，信宜市青年电子商务创业中心被评定为"B级"众创空间。

【农业科技发展】 2019年，茂名市新获得广东省认定农业现代产业园2家。国家农业科技园区项目获省级支持资金260万元。省委、省政府批准茂名市建设岭南现代农业科学与技术广东省实验室茂名分中心。广东冠利达海洋生物责任有限公司牵头的"工厂化水产健康养殖精准调控关键技术研究与示范"重点领域研发项目，获省立项支持550万元。

农业科技 2019年，省农科院茂名分院、华农大茂名现代农业研究院，以集中启动、分别对接的形式组织专家到基层开展培训和成果转化，促进乡村振兴和扶贫产业发展。茂名市获得中央引导地方科技发展专项农村科技特派员对接项目资金250万元，获得广东省科技厅农村科技特派员专项资金60万元。扩充农村科技特派员队伍，全面对接服务省定贫困村。

【科学技术普及工作】 2019年，茂名市建立3家科技特派员工作站，800多名农村科技特派员到企业和农村调研，组织乡镇科技集市活动和科技培训活动。7月，启动农村科技特派员"暑期大下乡"活动，茂名市在广东石油化工学院设立分会场，为广大农村科技特派员深入基层举办动员出征仪式。 （市科技局）

知识产权工作

【知识产权工作概况】 2019年，茂名市全年专利申请4911件，其中发明专利申请851件，比上年增长8.13%；专利授权2506件，发明专利授权量94件，全市PCT国际专利申请17件，增长41.67%。全市商标申请9800件，注册商标7829件，累计有效注册商标3.12万件。全市通过《企业知识产权管理规范》国家标准认证的企业有8家。

【知识产权执法】 2019年，市市场监督管理局（知识产权局）按统一部署开展"蓝天"专项整治行动，整治专利代理机构代理非正常专利申请、"挂证"、以不正当手段招揽业务等违法行为。采取专利代理机构自查与管理部门现场核查相结合的形式，对辖区内的代理机构、专利代理人进行专项整治，未发现违法行为。选派行政执法人员参加第125届广交会知识产权保护工作，处理专利侵权纠纷22件，全部结案。全市市场监管系统全年共查处商标侵权假冒案件47件，案值36.44万元，罚没金额62.2万元。

【知识产权宣传周】 2019年4月25日，市市场监督管理局（知识产权局）联合市新闻出版局（市版权局）、广东石油化工学院、知识产权服务机构等有关单位举办"4·26"知识产权宣传周宣传咨询活动。市人民政府副秘书长何志强、市市场监督管理局领导等出席活动。现场通过发放宣传资料、剖析典型案例等方式，向企业、市民普及知识产权政策法规和相关知识，并就专利、商标、地理标志产品、版权等热点问题接受群众的咨询和建议。活动邀请多家企业参与，在现场设置摊位，向广大市民展示化州橘红、电白水东芥菜、信宜怀乡鸡和高州新洞茶等地理标志产品，吸引大批市民群众参观体验。茂名电台、电视台等媒体记者进行现场采访报道，市市场监督管理局（知识产权局）局长黄权在活动现场接受茂名电视台专访，介绍茂名市知识产权工作取得的成效和下一阶段全市知识产权重点工作。

【茂名国家高新区知识产权服务联盟成立】 2019年4月28日，茂名高新区科技创新局（知识产权局）、高新技术创业服务中心联合举行茂名国家高新区知识产权服务联盟成立大会暨科技金融宣讲会，近40家高新区企业参加会议。宣讲会重点讲解专利导航产业发展、专利质押融资、企业贯标、高质量专利培育等专题内容。茂名国家高新区知识产权服务联盟的组建，标志着茂名国家高新区知识产权创新工作迈上新台阶。

（市市场监督管理局）

气 象

【气候特征】 2019年，茂名市主要气候特点为：开汛早，年降水偏少，降水时空分布不均，气温高，日照略偏少。年平均气温24.3℃，较常年偏高1.2℃，为1954年以来最高值。年内最高气温36.8℃（化州），出现在8月9日；年内最低气温4.9℃（茂名），出现在12月8日。平均雨量1633.9毫米，比常年平均略偏少，时间分布不均，4—5月偏多明显，其中4月偏多超过8成，6—7月偏少3到5成。平均日照时数1813.2小时，较常年略偏少。

2019年，茂名市出现13次大范围的强降水过程，局地洪涝灾害严重。前汛期雷雨大风、短时强降水等强对流天气频繁发生；后汛期有“木恩”“韦帕”“白鹿”“剑鱼”4个台风影响茂名市，较常年平均偏多1个，其中“韦帕”“白鹿”影响较为严重。全年出现13次大范围的强降水过程，局地洪涝灾害严重。其中5月下旬进入“龙舟水”降水集中期，强降水和强对流天气频繁，“龙舟水”偏重。受热带风暴级台风“韦帕”影响，茂名市东北部地区出现暴雨到大暴雨局部特大暴雨，过程最大降水出现在信宜钱排达垌（426.7毫米）。受台风“白鹿”外围环流影响，茂名市中北部和东部局地出现大到暴雨、局部大暴雨，其中25日20时到26日08时，信宜市金垌镇木威村（水文站）录得246毫米降水，小时雨量93毫米。9—12月，茂名市降雨连续偏少，晴朗干燥天气居多，雨量98毫米，较常年同期偏少近7成，气象干旱严重。由于长期干燥少雨，森林火险等级维持较高，森林火险红色预警信号生效54天。

【气象服务】 2019年，茂名市气象局加强部门联动，做好重大活动气象保障和农业气象服务。

重大活动保障 完成亚洲沙排赛、《魅力中国城》第三季启动仪式、省龙舟锦标赛、建市60周年系列活动等15次重大活动气象服务保障。“魅力中国城”服务获市委办通报表扬，为打响“滨海绿城·好心茂名”城市品牌提供气象服务保障。信宜气象局获评“全国气象工作先进单位”。

部门联动 是年，市气象局气候可行性、雷电灾害等区域评估写入《茂名市工程建设项目

▲ 2019年5月19日，茂名市气象局技术人员在浪漫海岸为《魅力中国城》第三季启动仪式提供现场气象服务

（市气象局袁广明 摄）

区域评估管理办法》。牵头组建有市领导和16个相关单位加入的防涝会商工作群，发布预报和实况，为市领导、市府总值班室在群里部署有关工作提供决策依据，实现部门高效联动。加强与自然资源、应急、城管等部门沟通合作，服务品质城市建设。

农业气象服务 加强农村气象“大喇叭”巡检工作，建设2个农田小气候自动站。开展中小河流洪水、山洪和地质灾害气象风险预警标准化建设。围绕生态文明建设，建成现代化人影业务体系，全年开展人工影响天气作业2次。

【气象现代化建设】 2019年，茂名市气象局大竹洲岛项目纳入茂名市重点工作，完成大竹洲岛海岛调查工作、《工程可行性报告》初稿，签订谅解备忘录，解决私人承包大竹洲岛历史问题；雷达项目纳入广东省自然灾害防治9项重点工程，省委、省政府明确在茂名建设新一代双偏振雷达及其配套保障设备、建设天气雷达标校观测系统和新一代天气雷达数据处理中心，完成雷达站14个拟选址的初步勘察；电白观象台纳入首批24个国家气候观象台，获中国气象局专项支持。博贺站作为五大综合观测试验基地之一，是国内唯一的综合海洋气象基地。海洋电台通过数字化升级改造，进一步提升海洋气象信息服务能力，成为全国海洋气象广播电台升级改造的模板。升级的影视制作系统以高清内核为基础，兼容高标清节目制作，高清节目效果好。

【气象科普宣传】 2019年，茂名市气象局加强新媒体合作，拓展微信、微博宣传工作，茂名天气微博粉丝超过39万，推送信息近5000条。海洋气象广播电台播发报文4110多份。开展科普进乡村、进企事业、进学校等活动。在《茂名日报》等媒体发稿100多篇，在“南方+”、《中国气象报》等媒体发稿23篇。

【气象安全改革】 2019年，茂名市气象局深化“放管服”（简政放权、放管结合、优化服务）改革，贯彻落实《广东省气象灾害防御重点单位管理办法》。开展气象安全风险点排查管控工作，排查蓝色风险点117个；开展多部门联合执法监察行动，开展气象安全专项检查146次，排查安全隐患106处；开展施放气球活动执法检查8次。做好行政审批工作，办结率、满意率均达100%。 （市气象局）

社会科学

社会科学研究与成果

【哲学社会科学规划课题立项及评审】 2019年，茂名市社会科学界联合会（简称市社科联）组织开展规划课题申报立项和结题评审，实行“严进严出”模式，课题方向更加注重应用研究。全市哲学社会科学规划资助项目立项课题22项，全市哲学社会科学规划共建项目立项15项。

课题结题评审 2019年，市社科联除资格审查和政治方向把关外，坚持“不插手、不表态、不评判”原则，确保专家评委的独立性，完全按照专家评委的意见确定评审结果。严格课题评审标准，对部分调研不深入、缺乏数据支撑或者主题偏离课题的著作，坚决不予通过。

2019年度茂名市哲学社会科学规划资助立项项目表

序号	项目名称	项目类别	项目编号	负责人	所在部门
1	用大数据分析粤港澳大湾区发展机遇下茂名的发展对策研究	重大决策项目	2019ZD01	吴　江	广东茂名幼儿师范专科学校
2	茂名市民间投资下滑的问题分析及对策研究	一般项目	2019YB01	刘用凯	茂名市发展和改革局
3	特色文化与乡村文化振兴——茂名基层文化建设实践思考	一般项目	2019YB02	陈童敏	中共茂名市委党校

续表

序号	项目名称	项目类别	项目编号	负责人	所在部门
4	《聊斋志异》教育思想与文化传承研究	一般项目	2019YB03	彭海燕	广东茂名幼儿师范专科学校
5	粤港澳大湾区背景下地方民俗文化价值传承与发扬的策略研究——以茂名市为例	一般项目	2019YB04	莫怡丹	茂名市图书馆
6	从思政课程，到课程思政——高校德育课程建设研究	一般项目	2019YB05	伍世亮	广东茂名幼儿师范专科学校
7	乡村振兴战略视域下茂名农村社区教育学习需求与学习服务设计研究	一般项目	2019YB06	李小凤	茂名开放大学
8	建设高水平理工科大学背景下智慧图书馆的构建与应用研究	一般项目	2019YB07	王洪华	广东石油化工学院
9	加强农村文化建设，关爱留守儿童的问题研究	一般项目	2019YB08	江　华	高州市石鼓第一中学
10	茂名市非物质文化遗产的语用翻译研究——以高州木偶戏为例	一般项目	2019YB09	郑少惠	广东石油化工学院
11	高职院校劳动教育实践探索与研究	一般项目	2019YB10	陈伟霞	茂名职业技术学院
12	“互联网+”时代下大学生课堂教育新模式的构建——以《计算机应用基础》为例	一般项目	2019YB11	江　燕	广东茂名健康职业学院
13	“新师范”背景下师范生技能提升与信息技术融合问题研究	一般项目	2019YB12	龙瑞兰	广东茂名幼儿师范专科学校
14	茂名市网络社会治理防范化解重大风险对策研究	一般项目	2019YB13	李开元	中共茂名市委网信办
15	健康中国视域下茂名市青少年公共体育服务供给研究	一般项目	2019YB14	梁　涛	广东石油化工学院
16	茂名加强与粤港澳大湾区的装配式建筑产业对接问题研究项目	一般项目	2019YB15	古栋列	茂名职业技术学院
17	智慧新零售助力茂名农村电商精准扶贫路径研究	青年项目	2019QN01	卓良琪	茂名职业技术学院
18	“一核一带一区”新格局背景下茂名石化产业新旧动能转换动力与路径研究	青年项目	2019QN02	张大为	广东石油化工学院
19	茂名城市文化品质评价体系及提升路径研究	青年项目	2019QN03	饶苗苗	广东石油化工学院
20	“一带一路”视角下茂名冼夫人文化外宣英译路径研究	青年项目	2019QN04	邓美容	广东石油化工学院
21	科技应用助推茂名“内生式”乡村振兴研究——以无人机应用为例	青年项目	2019QN05	吴家豪	茂名职业技术学院
22	茂名市高层次人才引进问题研究	青年项目	2019QN06	杨　梁	广东石油化工学院

茂名市2019年度哲学社会科学规划共建项目立项表

序号	项目名称	项目类别	项目编号	负责人	所在部门
1	打造茂名“品质”城市多元化公共设施的研究	青年项目	2019GJ01	赉　雯	茂名职业技术学院
2	乡村振兴战略视域下茂名农村职业教育目标定位与功能定向研究	青年项目	2019GJ07	胡　华	茂名职业技术学院
3	高职院校数字阅读推广实证研究——以茂名地区高职院校为例	一般项目	2019GJ14	林珍梅	茂名职业技术学院
4	一带一路视角下，茂名传统文化国际化步伐研究——以中国化州跳花棚与韩国凤山假面舞中傩文化的对比研究为契机	一般项目	2019GJ02	赵　婷	广东石油化工学院
5	粤港澳大湾区对茂名市旅游产业辐射的作用机理研究——基于价值观认同的视角	一般项目	2019GJ03	夏　丹	广东石油化工学院
6	茂名乡村露营地助力乡村振兴战略的发展模式及路径	一般项目	2019GJ04	张　海	广东石油化工学院
7	文化传承视域下国学阅读推广策略研究——以茂名地区为例	一般项目	2019GJ06	江筱慧	广东石油化工学院
8	茂名市社区户外健身设施规划及配置研究	一般项目	2019GJ08	何　妍	广东石油化工学院
9	茂名强化领导干部任期生态文明建设责任制问题研究——基于《领导干部自然资源资产离任审计规定（试行）》视角	青年项目	2019GJ11	谭婧钰	广东石油化工学院
10	优秀传统文化与当代家风建设研究	一般项目	2019GJ12	邓春玲	广东石油化工学院
11	推普背景下茂名地区方言文化研究	地方历史文化特色项目	2019GJ05	王定康	广东茂名幼儿师范专科学校
12	汉唐时期的高凉地区与海上丝绸之路研究	一般项目	2019GJ09	骆春榕	广东茂名幼儿师范专科学校
13	幼儿美育中简笔画教学观念转变分析	青年项目	2019GJ10	刘　憨	广东茂名幼儿师范专科学校
14	师专中国古代文学传承优秀传统文化教学策略研究	一般项目	2019GJ13	蓝　嫦	广东茂名幼儿师范专科学校
15	“中国梦”视野下大学生理想信念教育对策研究	一般项目	2019GJ15	邱清芸	广东茂名幼儿师范专科学校

茂名市2018年度哲学社会科学规划共建项目结题总表

序号	项目编号	项目名称	项目类别	负责人	项目组成员	所在部门
1	2018GJ01	普惠背景下学前教育资源失衡研究——基于茂名地区学前教育资源调查	共建项目	丁红平	左素萍、张法清、梁雪珍 杨东华、宋艳萍、吴杏思 李志华	石化学院电讯学院
2	2018GJ02	以微课与翻转课堂推进茂名教育改革研究	共建项目	朱越来	叶　芸、刘成有、胡生泳	石化学院继续教育学院
3	2018GJ03	高校“三个维度”教学目标视域下公共体育德育渗透研究——以粤西高校为例	共建项目	李　群	梁　峰、侯典云、朱伟禅 唐颖婷	石化学院体育学系
4	2018GJ04	粤西地区岭南传统文化元素在当代音乐艺术中的创新应用研究	共建项目	黎明辉	陈伟坚、赵丽娜、胡　洋 余　飞	石化学院艺术系
5	2018GJ05	简朝亮儒家经典研究	共建项目	张纹华	赖　敏、车丽珍、梁雯婷	石化学院文法学院
6	2018GJ06	习近平新时代中国特色社会主义思想大众化传播研究	共建项目	邹承璋	何小春、唐少莲、周汉杰 陈清彪	石化学院马克思主义学院
7	2018GJ07	茂名市新型城镇化与新农村建设的协调机制研究	共建项目	李海健	谭夏茹、柯文颖、周虹豆 刘成有、胡生泳、许占权 徐　洁	石化学院继续教育学院
8	2018GJ08	茂名“好心文化”建设的价值维度与实现机制研究——茂名市公共文化审美服务体系建设研究	共建项目	陈　肯	杨晓霞、庄伟涛、车丽珍	石化学院艺术系
9	2018GJ09	基于组织力提升的地方高校学生党建工作标准及测评体系研究	共建项目	张海明	凌靖波、王恒胤、陈龙彪 黄　碧、冯　晓、李志娟 李艳明	石化学院学生处
10	2018GJ10	茂名市中老年人身体锻炼方式调查及力量锻炼方法研究	共建项目	何　妍	陈瑞玉、胡孝安、侯典云	石化学院体育学系
11	2018GJ11	推进全民阅读公共图书馆服务拓展模式研究	共建项目	李晓瑜	周华君、王智华、黄建华 张　燕、周振锋、黄聪玲 李　丹、黎建朋	茂名市图书馆
12	2018GJ12	传播学视域下茂名民俗文化外宣翻译研究	共建项目	徐　雪	谭俊梅、钟诗微、张晓玲 张　琳、梁　燕、王松波	茂名职业技术学院
13	2018GJ13	新形势下茂名优秀文化融入大学生思想政治教育研究	共建项目	崔玉莹	宋　舒、冯　萍、潘坤才 刘明波、周虾娇、江桂杏	茂名职业技术学院
14	2018GJ14	区域合作视角下提升茂名水果经济质量研究	共建项目	江　静	刘峻兵、曾　浩、吴肖林	茂名职业技术学院
15	2018GJ15	茂名地区高职院校图书馆参与社区文化建设研究	共建项目	李梅玲	陈　颖、刘付霞、梁　燕	茂名职业技术学院

续表

序号	项目编号	项目名称	项目类别	负责人	项目组成员	所在部门
16	2018GJ16	茂名碑刻文化研究	共建项目	罗朋非	谭余娟、陈小丽、林雯霞 冯 柳	茂名职业技术学院
17	2018GJ17	冼夫人文学形象的现代抒写研究	共建项目	古超强	杨泽松、刘小桃、卢惠平	广东茂名幼儿师范专科学校
18	2018GJ18	中职学前教育学生职业能力培养改革与创新	共建项目	罗 偲	李坤凤、李妙兰、袁文萍 王 磊、周 俏、李欢欢	广东茂名幼儿师范专科学校
19	2018GJ19	茂名“好心文化”进中职校园的实践研究	共建项目	黄海明	杨菲菲、陈 颖、陈莲君 蔡铭烨、谭绮凌、敖肆兵 黄益章	茂名市第二职业技术学校

【《茂名辉煌六十年》丛书出版】 2019年，茂名市委宣传部、市社科联为宣传贯彻党的十九大精神，迎接茂名建市60周年，根据中共茂名市委办公室《关于印发〈迎接建市60周年“辉煌六十年·巨变看茂名”主题宣传文化行动计划〉的通知》要求，组织编辑出版400多万字的《茂名辉煌六十年》丛书（三卷），分七篇全面宣传展示茂名市建市60年来的发展成就。

重大学术活动

【“茂名新观察”智库专家调研活动】 2019年，市社科联继续组织开展“茂名新观察”智库专家调研活动。该活动是围绕全市热点、难点问题，组织专家学者开展调查研究，为茂名经济社会发展出谋划策，发挥“思想库”和“智囊团”作用的专家调研活动。市社科联组织专家对全市地名命名工作进行调研，形成初步调研成果。中国人民银行茂名市中心支行的专家组在调研活动中发表《茂名融入粤港澳大湾区发展现代金融业研究》的调研报告，被市委办收集报送市领导批示。

【茂名建市60周年专题研讨会】 2019年6月10日，由茂名市委宣传部、市社科联联合组织的纪念建市60周年专题征文研讨会在茂南区金塘镇牙象村茂名市社科智库专家活动基地举行。该活动是茂名市迎接建市60周年“辉煌六十年·巨变看茂名”主题宣传文化行动之一，收到来自各高校、市直各单位、各区（县级市）和经济功能区以及中央和广东省驻茂名市各单位的理论文章102篇，内容涉及茂名市经济建设、政治建设、文化建设、社会建设、生态文明建设和党的建设多个方面。经由社科联专家组评审，评选出一等奖5篇、二等奖15篇、三等奖15篇和若干优秀文章，所有文章均收录于《砥砺前行——纪念茂名建市60周年专题征文成果集》。

“砥砺前行——纪念茂名建市60周年专题征文”成果集获奖作品

论文题目	作者
一等奖	
茂名建市60周年石油文化的前世今生	姚国军
茂名露天矿石油工业遗址保护与开发研究	袁骅笙、袁富善
数说建市60周年茂名市经济社会发展成就	王 强
茂名改革开放的回顾和展望	何 伟

续表

论文题目	作者
茂名特色文化发展历程的回顾及思考	陈童敏
二等奖	
论茂名工业精神的传承与发展	陈　雪
对茂名建设“好心文化”的思考：优势、成就与经验	张　玲、周嘉铭
传承地域经典文化是文化创新的原动力——以茂名市近60年来保护特色文化的实践为例	王洪华
优化政务服务环境问题研究——以茂南区为例	吴冬梅、张华琪、周汉杰
浅谈茂名市发展海洋经济的实践与思考	赖　恒
浅析海洋经济在茂名发展中的地位和作用	陈阳娃
建市60周年茂名经济发展的回顾、分析与展望	刘　畅
提高“践行善的能力”是弘扬“好心精神”的有效途径	许惜荣
量度・梯度・效度——谈茂名市高校教师人才建设	彭海燕
茂名全面从严治党在思想建设方面的具体要求和突破性措施研究	刘　燕
三等奖	
茂名市人才建设问题研究——浅谈高素质专业化干部队伍建设	宋秀波
习近平生态文明思想在茂名的生动实践	麦飞燕
茂名市人才建设研究	李玉娟
关于开发茂名冼夫人文化遗产旅游的思考	钟　炜
茂名城市文化建设与开发刍议	杨　槟
学习贯彻习近平新时代中国特色社会主义思想的茂名路径	胡　华、饶苗苗
发展特色文化小镇对茂名文化旅游的启示	罗朋非
关于茂名人才队伍建设的思考	何晔娜
把“以人民为中心”的理念贯穿人大工作始终的思考	葛兴军
发展特色文化小镇对茂名文化旅游的启示	谭余娟
“西迁精神”的伟大丰碑——探索“广油”西迁茂名的石油情缘	袁富善
浓浓文化味，满满橘州情——对化州特色文化的继承和发展的思考	蔡国慧
茂名经济增长实证分析	张晓森
BIM技术嵌融智慧交通建设探索	邵洪清
根深・叶茂・花香・果硕——化橘红文化的社会调查	全　新
优秀奖	
粤西茂名楹联文化地方特色	邓春玲

续表

论文题目	作者
做好当前茂名市人才工作的若干思考	彭冬艳
茂名重点产业人才建设问题研究	麦文强
砥砺奋进谱新章·解放思想要先行	梁　理
以生态优先推进茂名城市建设	梁　燕
SWTO模型下海外茂籍人才引智路径探析	谭宇生
发展特色文化小镇，打造“茂名样板”	韦思萍
建设特色文化小镇，助力茂名文化旅游业	陈影清
论海洋经济对茂名未来经济发展的重要性	邬广钦
深化改革开放，推动茂名经济高质量发展	崔玉莹
茂名建市以来的成就、经验与意义——记教育事业的发展变化	古　今
发展特色文化小镇对茂名文化旅游的启示	梁振娣
喜迎茂名建市60周年，大力实施乡村振兴战略	周海丽
辉煌六十年 巨变看茂名——腾飞的化州市	欧利汉
特邀论文	
校企共建茂名石油文化的思考	张忠江
冼夫人文化中蕴含的和谐思想	陈小霞
茂名“好心文化”建设的历史溯源与路径优化	何小春、唐少莲
广东茂名滨海新区文化建设探索	李坤凤

（市社科联）

文化事业

综　述

【文化事业概况】 2019年，茂名市弘扬“好心文化”，构建更趋完善的现代公共文体服务体系：精品文艺创作成绩显著，在2019广东省群众艺术花会（少儿艺术）总决赛中，茂名市参赛节目数量与广州市并列全省第一位，名列全省第二；公共文体服务再上台阶，大型群众文化活动影响力进一步扩大，全力打造以冼夫人文化周、“红荔飘香”精品文艺活动、“唱响茂名”百姓大舞台、文化志愿者服务、“好心茂名”系列文化活动五大品牌为主的特色文化活动品牌；完成茂名建市60周年成就展陈列布展、开展公共文化服务“三百工程”下基层活动；推进24小时智慧书屋（好心书屋）示范点建设，首家“好心书屋”在“1959南越”文创街揭牌，为市民提供全天24小时免费自助借阅服务；加大传统文化保护力度，高州市宝光塔入选全国第八批重点文物保护单位；开展“高凉曲韵”戏曲进校园活动及戏曲进农村全覆盖工作，露天矿博物馆完成布展。市文化广电旅游体育局组织市文化馆参加申报的“省群众文艺作品创排基地”通过验收。全年有13个作品入围2019广东省群众艺术花会（少儿艺术）总决赛，在舞蹈、戏剧曲艺、音乐3个类别的决赛获得3枚金牌6枚银牌4枚铜牌，总成绩全省排第二名，市文化广电旅游体育局获得优秀组织奖。其中音乐《打地堂》，舞蹈《蟹仔勇向前》、戏剧《慢悠悠小镇》获金奖。

【文化站升级】 2019年，茂名市有109个乡镇（街道）综合文化站。其中，特级文化站2个，分别是高州市大井镇、滨海新区电城镇；一级文化站6个，分别是茂南区公馆镇、电白区水东镇、沙琅镇，高州市荷塘镇、沙田镇、荷花镇；二级文化站23个分别是茂南区新坡镇、金塘镇、河西街道、露天矿街道，电白区林头镇、那霍镇、望夫镇、黄岭镇、观珠镇，信宜市水口镇、大成镇、东镇镇，高州市云潭镇、潭头镇、东岸镇、宝光街道，化州市合江镇、宝圩镇、杨梅镇、良光镇、播扬镇、下郭街道；石湾街道，其余78个镇（街道）综合文化站为三级文化站。市文化广电旅游体育局从6月开始对全市乡镇综合文化站的评估定级工作进行抽查，抽查文化站36个（茂南区6个、电白区6个、高州市7个、化州市8个、信宜市6个、滨海新区2个、高新区1个），分门别类列出各文化站的存在的问题，提出相应的整改措施，督促各区、市抓好落实，每月报进度，确保完成升级任务。

【“好心书屋”揭牌】 2019年12月17日，茂名市首家“好心书屋”在“1959南越”文创街揭牌，为市民提供全天24小时免费自助借阅服务。“好心书屋”是茂名市委、市政府传承践行冼夫人“唯用一好心”精神，打造“好心文化”品牌的城市名片，是文化传播、倡导全民阅读、提升城市文化底蕴的惠民工程。首家好心书屋面积约180平方米，分两层，首层设置自助借阅系统、智能大数据系统、电子借阅系统，展示地方典籍文献等丰富优秀书籍；第二层分幼儿阅览区与成人阅览区，环境宽敞优雅舒适，拥有1.8万种电子及纸质书资源，其中包括1万多册电子图书期刊和5000册纸质书（绘本类、儿童文学类少儿纸质图书1000余册）。

（市文化广电旅游体育局）

【公共文化基础设施建设】 2019年，茂名市加快推进茂名影剧院等大型文化场馆项目建设。推进“好心书屋”建设，推进农家书屋优化和出版物轮换，提升公共文化设施建设水平。至2019年年底，县级图书馆、文化馆、博物馆，镇级文化站，村级综合文化服务中心等公共文化设施建设100%全覆盖。电白区德育学校获批“广东省首批人文社会科学普及示范基地”。

【文化惠民活动】 2019年，茂名市举办庆祝中华人民共和国成立70周年文艺晚会、新年音乐会等晚会，以及南国书香节茂名分会场暨茂名书展、第二届冼夫人文化周等系列活动，举办“根深叶茂”著名国画家美术作品茂名展等展览，擦亮“唱响茂名”“好心茂名”等文化品牌。市文化传媒集团举办第31届茂名（粤西）“订戏会”；市文化广电旅游体育局实施公共文化服务“三百工程”，做好“高凉曲韵”百场戏曲进校园、“戏曲进农村”全覆盖试点工作；各区、县级市举办各种各样的文艺活动，文化惠民深入基层。

【冼夫人文化宣传】 2019年，茂名市实施《茂名市冼夫人文化发展纲要》，启动冼夫人题材电视连续剧《巾帼传奇》、动漫连续剧《好心宝宝之冼夫人》及动漫图书的拍摄创作，加快《茂名历史文化发展丛书》的编写，上线冼夫人文化研究网。推动茂名文化“走出去”，组团参加省文博会等；开展“冼夫人文化海外行”活动。 （市委宣传部）

文 学

【文学交流活动】 2019年，茂名市作家协会（简称茂名市作协）组织开展“请进来、走出去”文学交流活动。2月2日，市作协与北师大新诗研究中心联合主办“诗与远方”——第四届华语诗歌春晚茂名分会场大型诗歌朗诵会。7月，市作协邀请作家黄金明在茂名市南粤文创街读书屋与茂名小说作者面对面分享交流小说创作技巧和经验。12月，市作协组织部分骨干诗人到玉林市参加粤桂边地文学座谈并交流。

【文学作品编辑出版】 2019年，茂名市作协继续与本市主流媒体合作。4—8月，与《茂名晚报》联合推出“茂名建市60周年诗选”专栏，每周刊出两期茂名市诗人的诗作。11月，为会员出版第四套丛书（5本一套）。经由市作协主席团组成评委团通过无记名网络投票的形式，选出梁建、郭逸竹、汪丽燕、陈兴、赖松万等5位作者的书稿，由团结出版社出版。12月，为弘扬茂名市“好心精神”，推动“好心平安茂名”建设，讲好茂名政法故事，唱响新时代英雄赞歌，由市委政法委主办、市法学会协办、市作家协会承办“好心平安茂名”征文活动，收到小说、诗歌、散文一批，通过评委评出优秀作品结集出版。

【文学创作】 2019年，茂名市作家创作的诗歌作品在全国、省、市级报刊发表，有14首诗歌入选全国年度诗歌选本，为历年之最，其中朱积有3篇诗歌作品入选全国年度诗歌选本。张慧谋、赖廷阶、官演武、庄家银等10多名作家的作品在中国作家网、诗歌网、国家级报刊刊登。黎衍俊创作的散文《木瓜的主人（遇见）》《六爹的百药园》在《人民日报》副刊《大地》发表，《思念田沟鱼》在《南方日报》发表；龙泰良（老弦）的报告文学《匠心》，获得由工信部与中国作家协会联合举办的第二届中国工业文学大赛三等奖、网络人气奖；老弦讲述茂名故事的组诗《我用半生时光爱上一座城》，在中国石化作家协会第四届诗歌创作大赛中获三等奖。廖君撰写的专题片《相遇好心城》在凤凰网播出，人文纪录片《年例》预告片上线腾讯网，在《中国作家》杂志发表《粤西三题》；其创作的散文《红荔飘香时，穿越大唐贡园》《年年有例》在《南方日报》发表，《故园青荔》在《羊城晚报》发表。郑金师创作的短篇小说《沉醉亦知归路》，在《安徽文学》杂志发表；李虹桦创作的散文诗《归去》，在《星星·诗歌原创》发表。（市文联）

▲2019年，茂名市举办“红荔飘香”第十届茂名市少儿艺术花会节目

艺　术

【群众文艺作品评选活动】 2019年，茂名市开展“红荔飘香”2018年度群众文艺作品评选活动。收到全市各地群众业余作者参评文艺作品109件，其中戏剧39件、舞蹈19件、音乐32件、曲艺19件。茂名市直文化馆选送16件、茂南区选送10件、电白区选送18件、信宜市选送28件、高州市选送5件、化州市选送24件。经过省、市有关专家组成的评委组评定，评出获奖作品107件，其中，一等奖32件、二等奖33件、三等奖42件。推荐舞蹈作品《红摇篮》《不一样的焰火》参加广东省评选活动并进入全省复赛。

【“红荔飘香”茂名市第十届少儿艺术花会】 2019年5月24—25日，由茂名市文化广电旅游体育局主办的“红荔飘香”第十届茂名市少儿艺术花会，在茂石化职工文化中心举行。比赛分幼儿舞蹈、少儿舞蹈、少儿音乐、少儿戏剧曲艺4个专场，共有61个节目；参赛单位有50个，参加演出人员920人。经广东省专家评

链接

茂名市第十届少儿艺术花会获金奖作品

少儿舞蹈《英雄王二小》《赶海的细妹子》《狮兄狮弟》《山花花》；

戏剧曲艺《慢悠悠小镇》《稻草人的故事》；

幼儿舞蹈《蟹仔走天涯》《冲呀》《与杯子共舞》；

音　　乐《莫惊》《打地堂》《夏天的海》。

委的评选，最终评出演出金奖12个、银奖19个、铜奖30个。茂南区、电白区、信宜市、化州市文化广电旅游体育局、茂名市文化馆获得“优秀组织奖”。

【“高凉曲韵”百场戏曲进校园活动】 2019年，茂名市文化广电旅游体育局在全市大中小学校开展“高凉曲韵”百场戏曲进校园活动，旨在培养学生对优秀传统文化的兴趣，增强学生戏曲艺术素养和审美素养，弘扬社会主义核心价值观。全年开展52场折子戏专场和24场戏曲通识知识讲座、辅导专场，完成戏曲进校园活动105场，覆盖学校数量70所，受益学生6.5万人次。

【“庆祝中华人民共和国成立70周年”文艺晚会】 2019年9月27日，由中共茂名市委宣传部、市文化广电旅游体育局主办的“唱响茂名”百姓大舞台国庆专场活动，在市体育馆举行茂名市庆祝中华人民共和国成立70周年——“我和我的祖国”主题文艺晚会。晚会分为《普天同庆，劲吹胜利号角》《改革潮涌，勇当弄潮先锋》《新的征程，再谱壮丽新篇》3个篇章。凝聚全市人民同心筑梦，激发大家奋斗新时代、改革再出发的豪情和信心。

【舞蹈《在希望的田野上》获奖】 2019年，茂名市文化馆甘毅明编导的老干部歌舞团舞蹈《在希望的田野上》应中泰建交44周年文化艺术交流周组委会的邀请，参加“歌舞飞扬——2019中泰文化艺术交流周”比赛。在24支队伍中，该作品主题紧贴泰国是水稻大国的国情，以98.5分夺得艺术交流周金奖节目中的第一名。

【“百歌颂中华”歌咏比赛】 2019年7月25日，“我和我的祖国——广东省第十三届‘百歌颂中华’歌咏活动”茂名市选拔赛在茂名市体育中心体育馆举行。全市21支队伍（15组个人/组合选手和6组合唱团）参赛，其中张莉霞、林晓梨、苏日梅获个人/组合类金奖，茂南区委宣传部合唱团、茂名市群声合唱团获合唱组金奖，代表茂名市参加省赛。9月16—17日，茂名市群声合唱团在大型群众文化活动“我和我的祖国——广东省第十三届‘百歌颂中华’歌咏活动”总决赛及精品展演中，获合唱类铜奖，歌手苏日梅、林晓梨获歌手（组合）类铜奖。

（市文化广电旅游体育局）

【文艺活动】 2019年3月21—4月23日，市文联组织的庆祝茂名建市六十芳华美术书法作品展，在茂名市图书馆举行，通过书画艺术展示茂名建市60周年的社会发展历程和成就。中共茂名市委常委、宣传部部长倪谦以及茂名市书画艺术家、爱好者500多人参加开幕式并参观画展。12月17—23日，第二届“好心茂名”冼夫人文化周活动现场展出，吸引6800多人参观。联合市摄协组织弘扬冼夫人文化摄影大赛，收到参赛作品1136幅，评出《冼夫人诞辰节》、《茂名冼太庙》（组照）、《偶像冼夫人》等50幅优秀作品。9月29日至10月29日，茂南区新坡镇合水村举办茂南合水庆祝新中国成立70周年暨茂南区首届乡村振兴书画展，展出彭永强、冯洋、刘晓光、梁明、戴雪丽等50多位美术（书法）家的作品100余幅。开幕式现场举行合水书画创作基地、绿韵少儿书画培训基地揭碑仪式，展览结束当天举行优秀作品颁奖仪式和书画艺术公益讲座交流活动。

【文艺作品获奖】 2019年，茂名市有5件美术作品入选中国美术家协会主办的各项展览，有6

▲2019年7月25日，“我和我的祖国——广东省第十三届‘百歌颂中华’歌咏活动”在茂名市体育馆举行

件作品入选庆祝中华人民共和国成立70周年——广东省美术作品展，成为粤西地区入展作品最多的地级市。梁事明、易成风等5人的书法作品入展第十二届全国书法展，刘乃明的书法作品入展中国书协举办的“中国精神中国梦核心价值观”书法展。薛永嘉创作的《归来仍是少年》入选广东省十一届精神文明建设“五个一工程”优秀作品，作曲的歌曲《天鹅之城》《莫惊》分别获得“唱响三门峡”全国歌曲征集一等奖、第二届“海洋风”主题曲创作全国征集一等奖；王强进、张建文联合创作的音乐作品《新时代轻骑兵》入选中央宣传部2019年主题出版重点出版物，并于5月19日由中央广播电视总台《新闻联播》栏目展示歌曲演唱的画面；王强进作词的歌曲《高山之巅》在2019年“中国城市春晚”演唱，作词的《打地堂》获广东省群众艺术花会（少儿艺术）音乐类金奖，作词的《又是山花烂漫的时候》入选山东省文艺精品工程作品；吴群莲编导的少儿舞蹈《把爱寄回家》《坚持不“蟹”》，参加第十届“小荷风采”全国少儿舞蹈展演获“小荷之星”称号；李梅编导的《慢悠悠小镇》获少儿艺术花会戏剧类金奖，编导的《再来一次吧》获“小荷风采”全国少儿舞蹈展演“小荷之星”金奖，编导的《再来一次吧》《小小木偶之奇幻夜》，受邀参加CCTV舞蹈世界栏目录制，编导的《金鼠迎春》受邀参加广东电视台春节联欢晚会；由李梅编导、薛永嘉作曲的少儿舞蹈《小小木偶之奇幻夜》在庆祝中华人民共和国成立70周年·澳门回归祖国20周年全国青少年美育成果精品展演中，获表演金奖。市摄协的李好获广东省摄影家协会60周年贡献奖和首届华光摄影双年展“致敬摄影术诞生180周年·当代摄影优秀摄影家”称号，柯裕清获广东省摄影家协会60周年贡献奖，黄信涛的摄影作品《好家婆》、曹德摄影作品《夜捞蟹苗》分别获广东省摄影家协会第27届展览金奖、银奖。吴树龙的水彩作品《海丝风情·港湾》在中国美协和湖南省文联主办的庆祝新中国成立70周年“祖国的笑容这样美——首届中国水彩风景画展”展出；梁明的油画作品《十字街头》入选第八届全国（大芬）中青年油画作品展，版画作品《喜悦》入选第二十三届全国版画展；赖贤友的油画作品《运动梦之射击》入选第七届世界军人运动会全国美术作品展。

（市文联）

公共文化

【文化服务】 2019年，茂名市图书馆接待读者超过120万人次，上架新书1.22万种3.26万册，为读者新办理借阅证2732个，举办公益读者活动141场次，官方网站累计访问量20.81万人次，官方微信公众号累计推送文章的阅读人数超过250万人次；市文化馆相继完成春季、暑期、秋季3个季度免费开放培训班，开设文化艺术培训班45个，每期培训学员7000多人次，3期2万多人次，受到市民好评；市博物馆举办临时陈列展览、活动16场次，举办免费鉴宝活动1场次，征集和接受捐赠各类藏品700多件（套），全年接待观众30余万人次。

【群众文化品牌推广活动】 2019年，市文化广电旅游体育局运用数字化手段创新推广群众文化品牌活动知名度，通过网络直播、微文推送等现代化手段传播活动的信息，使受惠群众人数从上年的1.49万人次增至374.54万人次，提升群众对茂名文化的普及率。

【“同饮一江水”——2019广东打工者歌唱大赛（茂名赛区）】 2019年9月，由广东省文化和旅游厅、省总工会和市文化广电旅游体育局主办，市文化馆承办的“同饮一江水”2019广东打工者歌唱大赛茂名赛区总决赛在市体育中心体育馆举行。12位歌手（组合）同台竞技，角逐4个晋级全省半决赛席位。林晓梨、石剑光、陈克明、钟明晋级成功。

【馆外图书分馆、图书流动站建设】 2019年，茂名市图书馆扩大服务覆盖面，先后在化州市、市人民检察院建立2个图书分馆，其中市人民检察院分馆是第一家智能化分馆。至2019年年底，全市在学校、军营、社区、乡镇、机关企事业单位等地建有馆外服务网点43个，促进全民阅读的开展。

【全民阅读活动】 2019年，茂名市图书馆发挥资源优势，以“4·23”世界读书日、服务宣传周、南国书香节等为契机，组织开展阅读推广活动，让全民阅读活动时间覆盖全年，受众有各行业、各年龄段的市民群众。先后开展“我听·我读——2019年全国少儿读者朗诵大赛”、暑假

"21天阅读挑战书"活动、"知网杯"青少年中华优秀传统文化经典诵读、阅读之星评选、新书好书推荐、"领略国学风采漫画活动"数字漫画阅读等活动。依托"苗圃之家"品牌服务平台，持续推进青少年阅读推广服务，开展半小时绘本阅读及"爱与阅读"绘本剧之夜等亲子阅读活动、"探索自然百科"AR3D科普阅读活动及幼儿英语App互动交流会等青少年阅读推广活动。全年全馆开展各类阅读活动近90场次、各类型公益性读者活动50多场次。

【茂名露天矿博物馆】 2019年3月23日，茂名露天矿博物馆开馆。该馆历经近5年的建设，是茂名市露天矿生态公园建设的其中一个项目，利用露天矿内的2栋旧厂房改建而成，建筑总面积9000多平方米，是集展览、科普、藏品收集等多功能于一体、传承茂名矿业文化和油城精神的专题博物馆，成为茂名市又一城市文化名片。根据博物馆的功能，室内设置历史陈列馆、石化科普馆、观光休闲、文物库房、公共服务5个功能区。

【茂名建市60周年成就展陈列】 2019年，由中共茂名市委宣传部主办，市文化广电旅游体育局、茂名日报社承办的"辉煌六十年——茂名建市60周年成就展"在露天矿生态公园博物馆与公众见面，茂名露天矿博物馆"峥嵘岁月·城市记忆——油页岩与茂名崛起"展览、"石化科普馆"同步对外开放。展览征集到各类图片1000多张、实物展品500多件（套）。

文化旅游市场监管

【文化旅游市场执法检查】 2019年，茂名市出动执法人员9433人次，检查类文化经营单位3239家次，检查广播电视播出机构23家次，检查旅行社540家次、旅游景区261家次，检查互联网上网服务营业场所682家次、演出场所856家次、歌舞娱乐场所344家次、出版物经营单位366家次、印刷企业103家次，现场监控涉境涉外艺人演出6场次，警告违规经营单位58家。成功调解旅游纠纷6件，联合相关职能部门取缔摆卖"六合彩"码报摊点49个，收缴非法出版物1.29万册（张），责令书店下架违法口袋书3009册，约谈7家经营单位，引导4家经营单位办理经营许可证。责令改正101家次，受理各类案件44件，立案调查38件，办结案件38件，罚款5.41万元。

【文化案件查办】 2019年，茂名市查办重要文化市场案件13件，其中行政罚款5件，停业整顿6件，取缔2件。案件主要涉及编印及网上销售内部资料、擅自从事经营性互联网文化活动、经营非法网络出版物、歌舞娱乐场所在禁止营业时间内营业、违规接纳未成年上网、"黑网吧"及无证经营游艺场所、售卖盗版出版物案等，净化文化市场环境。

【互联网营业场所巡查监控】 2019年，茂名市针对互联网上网服务营业场所监管平台升级安装工作存在的问题，对全市202家互联网上网服务营业场所进行网上巡查、督促和跟踪指导。印发《茂名市2019年度1月份互联网上网服务营业场所监管平台升级工作情况通报》，组织全市执法机构查处存在问题的互联网上网服务营业场所18家，责令现场整改14家、停业整顿4家。1月，茂名市网吧监管平台升级工作在全省排第三名。通过技术监管手段净化全市互联网上网服务营业场所。

【接收设施专项检查】 2019年，市文化广电旅游体育局联合局茂

▲ 2019年11月20日，茂名市组团参加广东（惠州）文化旅游体育产业博览会

南区文化广电旅游体育局、广电网络茂名分公司等开展广电市场执法检查，全面清理违规传播境外电视节目的小片网点及酒店擅自接收境外电视信号源行为。重点加强排查小片网点、宾馆酒店和城乡接合部等非法卫星地面接收情况，检索每个网点播放的电视节目内容，查看在电视节目播放过程中是否存在插播非法内容和其他违规经营行为。行动中检查单位14家，依法关闭有线电视小片网违规境外电视信号源5家。

【旅游市场专项整治】 2019年，市文化广电旅游体育局开展全市旅游安全生产专项整治，进行假日旅游安全联合专项检查、A级景区安全管理、玻璃桥项目专项整治，开展"不合理低价游"及非法经营旅行社业务及在线旅游产品及信息专项整治，营造安全有序的旅游环境。全市旅游执法部门派出执法人员455人次、车辆143台次，检查A级景区、旅行社、星级饭店等旅游企业229家次，发出责令整改通知书23份。全市没有被上级旅游主管部门或者媒体通报过不文明旅游行为，导游征信无不良信息，在境外因不文明记录被处罚或者录入黑名单的市民人数为零。

文化遗产保护

【文物保护级别提升】 2019年，茂名市申报第八批全国重点文物保护单位4处和第九批省级文物保护单位10处。其中，高州市宝光塔于10月晋级，被公布为全国重点文物保护单位，为茂名市再添一处全国重点文物保护单位。信宜市的文明门、化州市的封诰楼、茂南区的邓龙光故居（云门祠）等9处在5月份被省政府公布为省级文物保护单位。至2019年年底，全市全国重点文物保护单位2处，省级文物保护单位由原来的19个增至27个。

【文物保护工作专家组成立】 2019年3月22日，市文化广电旅游体育局发文成立首届茂名市文物保护工作专家组，聘请尚杰为专家组顾问、陈朝晖等7人为茂名市文物保护工作专家组第一届组成成员，聘期1年。6月4日，专家组全体成员来到滨海新区，组织开展对中国共产党电白县支部暨电白县农民协会旧址（严家祠）修缮工程的竣工验收工作。专家组各成员开展对《茂名市民办博物馆工作指引》研讨；就《茂名市不可移动文物修缮工程管理规定》（征求意见稿）进行专家论证，推动茂名市文物保护工作向纵深迈进。

【文物消防安全风险专项排查】 2019年春节前夕，茂名市加强各级博物馆和文物建筑消防安全工作，健全和落实安全防范措施，强化火灾隐患整改，由市文化广电旅游体育局的文物、旅游、市场监管、文化综合执法等多部门组成联合检查组，开展全市范围的文化、文物场所全面检查工作，抽查博物馆和文物保护单位，发现隐患问题16个，当场提出处理意见并限期整改。

【"国际博物馆日"宣传】 2019年，茂名市博物馆举办《茂名市博物馆文创产品》《茂名馆藏历史文物陈列》《茂名民俗风情展》《茂名革命史陈列》《那些年，我们遇到的鲁迅》等展览；高州市博物馆举办《高凉古韵——高州历史文物陈列》《中国古代大铁炮》等；信宜市博物馆举办《古旧家具陈列展》《信宜市历史民俗文物展》《信宜市部分英烈人物事迹展》等；茂南博物馆、电白博物馆以不同形式、不同题材，独具特色、富有历史感的展览吸引现场观众和过路群众驻足观看。市文化广电旅游体育局组织各地博物馆到广东省"博物馆日"的主会场——珠海、潮州、梅州学习取经。

【非物质文化遗产体系建立健全】 2019年，茂名市开展第五批国家级非物质文化遗产代表性项目的推荐申报工作，谋划茂名市第六批非物质文化遗产代表性项目列入市级代表性名录的报批工作和茂名第五批市级非物质文化遗产代表性传承人列入市级名录的认定工作。全市列入国家级非物质文化遗产名录代表性项目3项、省级17项、市级47项、县（区）级95项。认定国家级非物质文化遗产代表性传承人3人，省级非物质文化遗产代表性传承人17人、市级非物质文化遗产代表性传承人50人、县（区）级非物质文化遗产代表性传承人141人。有省级非物质文化遗产传承基地5个、省级非物质文化遗产生产性示范基地1个、省级非物质文化遗产研究基地1个、市级非物质文化遗产传承基地11个。初步构建起国家、省、市、区（县）四级非物质文化遗产保护体系。

【非遗项目"五进"活动】 2019

年，茂名市通过统一谋划，与各中小学校、社区、企业、军营和基层单位联系，根据茂名市非物质文化遗产特色，优先选送木偶戏、跳花棚、高州木刻画、冼夫人信俗、潘茂名传说、杨筠松文化、王家拳、镇隆飘色、高脚狮等经典项目，开展进校园、进社区、进企业、进军营和进基层单位"五进"活动，全市全年开展活动500多场次。

（市文化广电旅游体育局）

▲ 2019年9月10日，市政府副秘书长李恒和、市档案馆馆长黄国琪为市档案馆揭牌，市档案馆新馆投入使用

档案事业

【档案馆馆藏概况】 2019年，茂名地区国家综合档案馆进馆全宗833个，馆藏档案47.65万卷23.16万件，实物档案6486件，照片档案2.7万张，图书资料4.73万册。其中：茂名市档案馆进馆全宗161个，馆藏档案11.63万卷7.86万件，照片档案8765张，实物档案955件，资料1.26万册。市档案馆接收文书档案1591卷1.05万件，接收会计档案5653卷，新增照片档案163张，新增资料202册，裱糊档案300卷。馆藏档案资料21.77万卷（件、张），其中文书档案3.79万卷7.72万件，专门档案6514卷1366件，基建档案1329卷，设备档案187卷，会计档案7.04万卷，光盘档案439张，录音录像幻灯片117盒。茂南区档案馆进馆全宗92个，馆藏档案2.82万卷3.96万件，照片档案3898张，实物档案321件，资料4547册。电白区档案馆进馆全宗105个，馆藏档案3.55万卷2.1万件，照片档案3205张，实物档案322件，资料8260册。信宜市档案馆进馆全宗116个，馆藏档案7.36万卷5.65万件，照片档案4218张，实物档案3373件，资料3755册。高州市档案馆进馆全宗169个，馆藏档案12.73万卷2.79万件，照片档案5868张，实物档案485件，资料1.08万册。化州市档案馆进馆全宗190个，馆藏档案9.56万卷8176件，照片档案1057张，实物档案1030件，资料7403册。各级综合档案馆修裱重点档案7544卷。

【档案馆库建设】 2019年9月，茂名市新档案馆启用，占地面积4474平方米，建筑面积1.39万平方米；5月，高州市新档案馆启用，规划用地面积2141平方米，建筑总面积4800平方米；信宜市档案馆、博物馆、规划展馆三馆合一，土地面积1.04万平方米，建筑总面积2.17万平方米，其中档案馆面积7000平方米。化州市建设集图书馆、档案馆、会议室三大功能于一体的综合性大楼。华伟图书馆（档案馆）占地1000平方米，楼高八层，建筑面积1.18万平方米，其中五至八层为档案馆，建筑总面积约3000平方米，完成查阅室、办公用房、整理室的装修工作；电白区档案馆重新选址，地块位于电白区陈村片区规划范围内，待土地权属厘清后启动项目建设。

【档案安全管理】 2019年，茂名市各地档案管理部门将自查和档案安全检查相结合，以"不留死角、不留空白、不走过场，不放过任何一处风险隐患"为原则，主要从档案安全工作机制、档案馆（室）库安全、保护设施设备安全、档案管理安全以及档案信息系统和档案数字化加工场所的管理情况等方面开展各级档案馆检查、市有关部门自查。各级档案行政管理部门组成工作组，开展档案安全检查实地抽查工作，查找档案风险隐患，对存在的问题现场通报和现场反馈，督促各单位立行整改，坚决排除风险隐患，确保库房档案安全。茂名市档案管理部门实地检查信宜市档案馆、高州市档案馆等6个单位，排查发现风险隐患问题

25个并提出整改建议。茂名市档案管理部门把档案安全纳入“平安建设”考核体系，将档案实体安全、档案信息安全、档案用房及设备安全纳入市有关单位具体考核内容；县区一级将档案实体安全、档案信息安全纳入考核内容，统一部署落实。

2019年，茂名市档案馆履行安全保管职责，做好库房除湿、防霉消毒等日常检查工作；强化汛期、台风天气的安全防范，组织消防演练，确保档案实体安全。加强市档案馆新馆管理，配备密集架157列、资料柜83个、防磁柜5个、臭氧消毒机6台等档案装具。设置温湿度调控设备、高压细水雾自动消防系统、恒温恒湿监测系统，以及干粉灭火器等消防设施。对馆藏到期档案开展鉴定工作，鉴定档案658卷。

【档案行政执法】 2019年，茂名市各级档案管理部门开展档案行政执法检查，针对精准扶贫档案、创建全国文明城市、创建国家卫生城市档案、土地确权档案和污染普查档案等开展调研，对存在问题的单位发出整改通知书132份。

【档案规范化建设】 2019年，茂名市组织全市党员干部到茂名市档案馆参观主题教育档案文献展。编制《茂名市“不忘初心、牢记使命”主题教育文件材料收集归档范围和档案保管期限表》，确保主题教育档案完整、系统、规范、安全。服务茂名市地方机构改革，确保有关部门和单位档案完整与安全，指导各涉及机构改革的单位做好机构改革期间档案管理与处置工作；审查全市14个涉及机构改革单位的档案管理与处置工作方案，监督指导档案交接工作。开展以新安镇新安村为试点的农村基层档案服务农村基层社会治理和茂名110千伏莲头（下海）输变电工程（变电站工程）项目档案验收、茂名港博贺新港区防波堤一期工程（西防波堤）工程项目档案专项验收工作。组织复查组对茂南供电局、茂港供电局进行企业档案工作规范测评复查工作。开展茂名市公安局电白分局三陵边防派出所和茂名市公安局茂南分局西粤派出所档案目标管理升省一级的考评工作。配合做好市农村土地承包经营权确权登记颁证和污染普查档案指导工作。

【档案信息化建设】 2019年，茂名市各级综合档案馆按照“存量数字化”“增量电子化”的要求，开展馆藏档案目录数字化和档案全文数字化工作。馆藏机读案卷级目录35.41万条，文件级目录355.64万条，纸质档案扫描11.1万卷、8.22万件、1029.38万幅。其中：茂名市档案馆馆藏机读案卷级目录11万条，文件级目录67.65万条，纸质档案扫描3.65万卷、6.59万件、465.68万幅。茂南区档案馆馆藏机读案卷级目录2.82万条，文件级目录35.85万条，纸质档案扫描2.05万卷、109.33万幅。电白区档案馆馆藏机读案卷级目录3.76万条，文件级目录30.37万条，纸质档案扫描1.22万卷、6639件、72.11万幅。信宜市档案馆馆藏机读案卷级目录5.13万条，文件级目录71.58万条，纸质档案扫描1.19万卷、9685件、131.26万幅。高州市档案馆馆藏机读案卷级目录9.51万条，文件级目录70.41万条，纸质档案扫描1.44万卷、143.53万幅。化州市档案馆馆藏机读案卷级目录3.18万条，文件级目录79.79万条，纸质档案扫描1.54万卷、107.48万幅。

【档案开发与利用】 2019年，茂名市各级综合档案馆共接待利用档案查询1.11万人次，查阅档案8923卷（件）。其中：茂名市档案馆利用档案327人次，查阅档案1402卷（件）；茂南区档案馆利用档案1569人次，查阅档案1837卷（件）；电白区档案馆利用档案721人次，查阅档案932卷（件）；信宜市档案馆利用档案3961人次，查阅档案4752卷（件）；高州市档案馆利用档案3160人次，查阅档案4487卷（件）；化州市档案馆利用档案1398人次，查阅档案1346卷（件）。各级综合档案馆举办展览8次，开展“6·9”国际档案日档案史料展览和档案文献展，接待参观2.79万人次。茂名市主题教育办、茂名市档案局、茂名市档案馆联合印发《关于举办“不忘初心、牢记使命”主题教育档案文献展巡展的通知》，要求各单位参观档案巡展。编辑出版市主要领导公务活动照片档案4卷12本，编写《茂名市档案馆全宗指南》《档案工作大事记》。

（市委办公室、市档案馆）

【建设档案收集】 2019年，茂名市城建档案馆办理竣工档案接收和档案移交书项目44个，接收竣工档案6013卷；审核竣工档案项目66个，档案8990卷；核发项目竣工档案预验收合格证明书70

个。收集各类城乡建设照片1061张，录像视频资料235分钟。

【建设档案服务】 2019年，茂名市城建档案馆接待到访查阅利用档案208人次，查阅档案643卷，提供档案资料583份。举办城建档案业务培训班2期，为市内各施工单位和房地产开发商的档案资料员65人提供业务培训。

（市自然资源局）

地方志事业

【地方志资料年报收集】 2019年，茂名市人民政府办公室发出《茂名市地方志资料报送的通知》。组织各单位收集2001年至2017年地方志年报资料200多份、2018年地方志年报资料80多份，收集图片400多张，全市2019年年报资料收集完成。完成年报资料的整理、归纳、审阅。

【地情资料收集补充】 2019年，茂名市完成省下达的《特色产业村》《广东物产》《美丽乡村》《特色建筑》《广东名村集萃》涉及茂名市内容稿件核查补充工作及图片调整与更换工作；做好《广东名村系列丛书》《广东乡村集萃系列丛书》涉及茂名市内容的供稿、复核及相关图片的最后确认工作、出版校对工作；6月，印发《关于共建地情网栏目稿件征集的通知》，完成资料收集、整理。对各区（县级市）地方志工作开展调研，并提出解决问题的建议，根据各地实际情况个别调整内容框架。分6批次报送共建地情网稿件，审阅修改编辑整理稿件44篇近10万字，图片200多张，形成初稿上报省志办。

（毕巧云）

【自然村落历史人文普查】 2019年，茂名市完成自然村落历史人文普查文稿终审验收工作。至2019年年底，全市1.76万条自然村文稿全部通过终审验收，各地完成终审验收率100%，向省地方志办报送7130份文稿，经省地方志办审批印刷出版。利用自然村落普查以及古驿道普查成果，筹备编纂《茂名古驿道》一书（书名暂定）；对照古驿道沿途村落名册，完成文字图片资料收集整理并形成文稿。

【《冼夫人志》编纂启动】 2019年，茂名市党史地志办完成编纂《冼夫人志》的阶段性工作。成立编纂领导小组，编定修志大纲，制定资料收集、实地调研工作方案；开展冼夫人生平相关资料收集整理工作，收集图文影像音频相关资料100多件；10月30日，召开《冼夫人志》编纂启动暨纲目研讨会，邀请省内外专家学者对编纂大纲建言献策，推进《冼夫人志》高质量编纂。

（刘夏菁）

传播媒体

新闻出版

【出版管理】 2019年，茂名市各级重视新闻出版管理，强化阵地监管意识，加强风险防控，全市新闻出版业持续、稳定、健康、协调发展。全市有印刷企业187家、发行企业289家、内部资料性出版物33家。其中印刷企业资产总额5.07亿元，销售收入4.42亿元，利润总额2655.28万元，营业收入2.66亿元。发行企业批发单位6家、零售单位283家，资产总额9677.53万元，利润总额1439.7万元。

【期刊出版】 2019年，《南方论刊》总印数3.6万册，总印张252千印张，净利润8.95万元，年平均从业人数6人。全年接收稿件4000多篇，刊发450篇，其中组织发表以习近平新时代中国特色社会主义思想和党的十九大为主题的论文66篇。

【报纸出版】 2019年，茂名市报纸出版单位有茂名报社、广东石油化工学院。茂名报社出版《茂名日报》《茂名晚报》，广东石油化工学院出版《广东石油化工学院报》。2019年，两家出版单位完成上年度报纸核验工作。茂名日报社全年报纸总印数11.15万份，总印张1.14亿印张，平均期印数11.15万份，定价总金额5869.2万元；全年总收入9635.64万元，其中广告收入3276.63万元。《广东石油化工学院报》作为广东石油化工学院党委、行政机关报，为月刊，全年向教师、学生、家长、对外交流发行，全年发行数量3.6万份。《广东石油化工学院报》数字版入网“中国高校校报展示平台”，链接学院官网首页、官微，进一步提升校报网格化、数字化水平。

【版权保护】 2019年，茂名市在全市范围内开展版权保护宣传，组织开展打击网络侵权行动，加大版权登记扶持力度，推进软件正版化工作。全市组织集中宣传活动30多场次，派发宣传资料3.2万张，悬挂宣传横幅300多条。全市组织查处侵权盗版案件10件；办理版权登记作品221件，比上年增加30件；全面完成省重点推进的12家企业的办公软件正版化工作。

【南国书香节茂名分会场暨茂名书展】 2019年8月16—20日，茂名市组织举办南国书香节茂名分会场暨茂名书展。期间组织六大类70多项文化活动，展销图书10万个品种60多万册，参观展览的市民有20万多人次，推动全民阅读的开展。

【农家书屋建设】 2019年，茂名市获得中央和广东省专项资金434万元，在全市范围内选择50家农家书屋进行出版物轮换服务，补充更新384家农家书屋出版物，配置一批书架和阅览桌椅，进一步提升服务效能。

【“好心书屋”】 2019年，茂名市投资100余万元，在“1959南越”文化创意街建设“好心书屋”，并于12月17日揭牌开放。书屋建筑面积近200平方米，拥有电子图书期刊1.8万种（册）、纸质图书5000多册，24小时全天候为市民提供自助免费的智能借阅服务。 （市委宣传部）

【新闻宣传报道】 2019年，茂名日报社旗下《茂名日报》《茂名晚报》、茂名网及新媒体平台立足新闻主业，围绕市委、市政府中心工作，策划系列重点报道，做好新闻宣传报道。宣传习近平新时代中国特色社会主义思想和党的十九大精神及十九届二中、三中、四中全会精神，做好学习贯彻习近平总书记系列重要讲话精神，庆祝中华人民共和国成立70周年、庆祝建市60周年，推进“不忘初心、牢记使命”主题教育等宣传报道工作；加强“依法治市”、创建“平安茂名”、践行和培育社会主义核心价值观等方面的宣传报道；配合全市创建全国文明城市、创建国家卫生城市工作开设《创文进行时》《创卫进行时》等专栏；深入宣传以新发展理念引领经济发展新常态的生动实践，报道茂名市在企业生产经营、重点项目推进、精神文明建设等方面的发展情况，宣传茂名市各条战线涌现出来的先进典型事迹，增强新闻舆论引导公信力和影响力，为茂名市加快跨越发展摇旗呐喊、营造氛围。全年《茂名日报》《茂名晚报》发布二维码660多个，进一步丰富阅读内容，满足读者对新闻资讯的多重需求，拓展新闻内容全媒体呈现方式。

【媒体融合发展】 2019年，茂名日报社在做好《茂名日报》《茂名晚报》两份纸质媒体外，通过升级茂名网和“茂名+”，经营好茂名网、“茂名发布”新浪微博，新开通运营“茂名日报”“茂名晚报”微信公众号和“茂名发布”“茂名日报社”抖音号，对接新华社客户端等高端新媒体，运用无人机航拍新手段，加快建设户外广告阅报栏，打造具有强大引领力影响力的新型主流媒体传播矩阵。1月，广东省网信办公布全省41家获得省互联网新闻信息服务许可的单位，茂名日报社成为该批次中茂名地区唯一获得互联网新闻信息服务许可的新闻单位。

新媒体矩阵 2019年，茂名日报社各新媒体平台粉丝量近200万人次，其中，茂名网新浪微博粉丝量突破40万人次，代市委运营的“茂名发布”新浪微博粉丝量超35万人次，“茂名创卫”微信公众号粉丝量41万，在茂名创建国家卫生城市中发挥舆论监督和信息传播等作用。

“学习强国”平台 2019年，茂名日报社通过茂名网端口被选登“学习强国”平台的稿件189条，其中被“学习强国”全国平台选登的稿件9条，上稿率在粤东西北前列；推送广东乡村短视频大赛作品15条，其中《博贺渔港·海鲜重镇》等6个短视频获评三等奖。

网络直播 2019年，茂名日报社发挥直播优势，以新华社“现场云”为依托，打造报社媒体融合标杆项目。至2019年年底，开展直播260场次，视频直播125场次，发布报道3.2万条、视频近1万个，总点击量1.4亿人次。其中：3月27日“广东媒体大咖看茂名——茂名日报社”直播，进行最高浏览量516.16万人次；2019年国庆节期间，茂名日报社开展“放歌新时代，茂名不一样”直播，进行全景式播报，直播总发稿量1155条，总浏览量140万人次，深受市民好评。茂名日报社全媒体在“现场云”直播平台生产力总榜位列全国第五名。

【报社多元化经营发展】 2019年，茂名日报社开展多元化经营，先后举（承）办徒步节、龙舟赛、网络春晚、南国书香节茂名分会场、汽车文化节、荔枝文化形象大使选拔赛、冼夫人文化宣传大使选拔赛等大型活动共18场，各类中小活动保持平均每半个月一次的高频率，摆脱较为单一的经营局面。除两报版面广告及网络新媒体页面广告外，茂名日报社还拥有户外阅报栏等广告投放平台，建立“报、网、屏、栏”为一体的立体化全媒体广告投放媒介。经营创收始终保持逆势上扬的态势，年收入首次突破亿元大关，创下历史新高。

【报刊发行模式创新】 2019年，茂名日报社探索发行模式，建立适应市场化新形势的发行和营销理念，强化订户数据库的管理和服务，较好完成2020年党报党刊发行目标。全市日均发行《南方日报》3.74万份、《南方》杂志4.2万份，《茂名日报》日均发行再次突破9万份大关；《茂名晚报》日均发行近3万份，比上年增加7000份。 （茂名日报社）

【新媒体宣传】 2019年，茂名市文化传媒集团有限公司联合广东电视台旗下上市公司广东南方新媒体股份有限公司，打造“无线茂名”手机客户端和“粤TV”互联网电视茂名专区两大新媒体板块。“无线茂名”用户数20万，活跃用户3万人；“粤TV”全省用户1500万人，其中茂名本地用户60万人、活跃用户30万人，茂名专区日均点击量位居全省地级市第二位。协助制作的《文明在哪里·从我来做起》创建全国文明城市接力H5页面被25万人次转发。在第四季度，举办第三十一届粤西订戏会暨粤剧艺术展演以及第九届《我唱我歌》原创歌曲大赛，采取现场观看和在线直播传播方式，首次开展抖音短视频宣传。

【冼太文化周活动】 2019年12月17日，茂名市第二届“好心茂名”冼夫人文化周在市区南越文创街开幕，活动由中共茂名市委宣传部、茂名市文化广电旅游体育局主办，茂名日报社等12个单位机构承办，《好心宝宝之冼夫人》动漫连续剧项目与冼夫人动漫图书出版合作举行签约仪式，市民反映良好。12月18日，市委宣传组织中新社、《南方日报》《羊城晚报》、凤凰网等十几家媒体到茂名市文化传媒集团有限公司的《好心宝宝之冼夫人》工作室进行采访。

（茂名文化传媒集团有限公司）

▲ 2019年11月21日，第31届粤西（茂名）订戏会暨粤剧艺术展演在南越文创街开幕

广播·电视·电影

【“黑广播”“伪基站”查处】 2019年，市文化广电旅游体育局、市无线电委员会办公室、市公安局等相关部门组成联合执法小组，监测广播电视台站的播出内容，甄别非法频率、频道。全市派出人员95人次，出动车辆17辆次，监测设备2台。其中市文化广电旅游体育局、市无线电委员会办公室、化州市文化广电旅游体育局行动时长84小时；信宜市文化广电旅游体育局、高州市文化广电旅游体育局、电白区文化广电旅游体育局行动66次。经过联合监测，未发现“黑广播”“伪基站”违法犯罪行为。

【广播电视行业安全生产大检查】 2019年，茂名按照《网络安全法》《安全生产法》及国家新闻出版广电总局“62号令”及其专业细则的标准和要求，由市文化广电旅游体育局组成检查小组，采取查阅台账、现场查看、听取汇报、座谈等方式，到全市各地广播电视台、广电网络茂名分公司，对组织架构建设、日常安全监管、应急防范处置、运行维护管理、重要保障安全、广电设施保护、供电消防安全、事件事故处置等进行全方位的隐患排查，逐项逐条进行梳理。同时对播出、总控、传输、演播室、发射、运行支撑等相关系统进行安全隐患的排查。加强前端播出、条件接收、广告、网管及运营支撑系统等播出相关系统的安全漏洞检查。年内，全市广播电视系统的整体安全状态良好。

【广播影视奖评选】 2019年，茂名市文化广电旅游体育局在全市开展新闻、专题、文艺、播音主持、公益广告、媒体融合、论文等广播影视奖评选活动。参加评选的有七大类别66个项目，收到作品177件，由省级专家、学者组成的评选委员会评审，经过公示，产生获奖作品120件，其中一等奖21件、二等奖34件、三等奖65件。

【县级融媒体中心组建】 2019年，高州市融媒体中心建立，全面实现统一采编、各发布平台同时发布，统管高州市新闻阵地、统筹市新闻媒体、统领全市新闻舆论的效果。

（市文化广电旅游体育局）

【乡镇影院建设】 2019年，茂名市开展乡镇影院试点工作，茂名滨海新区博贺镇、信宜市怀乡镇建成影院并投入使用，高州市长坡镇加快推进建设影院1座。

【电影院安全生产管理】 2019年，茂名市加强电影院安全生产工作，加强日常管理，开展管理人员消防安全培训，明确消防安全和放映安全的标准，做好应急预案，开展自查自纠，确保安全防控措施和生产责任落实到位。7月19日，市委宣传部联合市文化广电旅游体育局、市应急管理局、市消防支队等部门，对市区10座电影院的安全生产隐患进行全面检查。检查组重点对消防通道、疏散通道、安全出口，各类警示牌、指示牌、安全提示等消防安全设施和安全生产管理制度等方面进行逐一排查。针对检查中发现的消防设施不规范和院内指示标志不明显、不齐全、不标准等问题，检查人员对各场所责任人明确指出存在的问题，并责令影院限期整改。至2019年年底，全部问题整改完成。

（市委宣传部）

【电影经营】 2019年，茂名市文化传媒集团有限公司旗下文化广场电影城实现票房收入688.6万元，比上年增加101.2万元，增幅17.2%。商业电影在经历市场饱和、竞争恶化的冲击后，呈现出触底反弹态势。全年承担全市1.95万场农村电影节目统一订购和放映管理工作，具体负责茂南区、电白区（含滨海新区、高新区等）农村电影放映任务。

（茂名文化传媒集团有限公司）

卫生健康

综　述

【卫生事业概况】 2019年，茂名市有卫生机构4127个，其中医院类机构76个、基层医疗机构4020个；有床位3.65万张，其中医院类机构床位2.25万张、基层医疗机构床位1.12万张；全市每千名常住人口床位数5.7张；卫生机构在岗职工4.19万人，其中卫生技术人员3.4万人，含执业（助理）医师1.33万人、注册护士1.55万人，全市每千名常住人口拥有执业（助理）医师2.1人、注册护士2.42人。全年全市诊疗量6032.06万人次，出院量124.06万人次。

2019年，茂名市卫生健康局坚持以人民健康为中心，推进卫生强市建设，持续深化综合改革，推进高水平医院和强基项目建设，培养和引进人才，建设中医药强市，强化基本公共卫生服务，改革和完善计生服务管理。茂名市域内住院率96.6%，在全省排第六位，居粤东西北地级市首位。县域内住院率分别为：高州市96.2%、信宜市91.1%、化州市84.7%，在全省分别排第一、第六、第十八位，基本实现“大病不出县”“基层首诊”的目标。11月17日，茂名市“坚持强基层补短板，实现大病不出县”获评2019年“广东医改十大创新典型”。

【爱国卫生】 茂名市卫生健康局设置爱国卫生运动科，承担市爱国卫生运动委员会日常工作。创建省级卫生镇2个（茂南区镇盛镇、电白区沙琅镇），省级卫生村282个，市级卫生镇8个，市级卫生村40个，市级卫生单位22个。全市医疗卫生机构1.61万间厕所管理达标率100%，无害化卫生厕所1.6万间，普及率99.3%。

【国家卫生城市创建】 2019年，在创建国家卫生城市8大项工作任务中，茂名市卫生健康局牵头负责爱国卫生组织管理、健康教育与健康促进、重点场所卫生、公共卫生与医疗服务和病媒生物预防控制5大项任务，承担创卫13项“一票否决项目”中的7项任务。6月，广东省爱卫办组织评估组对茂名市病媒生物防制效果进行考核鉴定，鼠、蚊、蝇和蟑螂的密度控制水平分别达到国家标准的B级、C级、B级和A级。12月，全国爱卫办组织专家组对茂名市创建国家卫生城市工作进行暗访，其中：健康教育与健康促进得分率85.1%，重点场所卫生得分率83.8%，公共卫生与医疗服务得分率86.4%，病媒生物预防控制得分率79%，通过国家暗访。

医药卫生体制改革

【医药卫生体制改革概况】 2019年，茂名市有三级公立医院9所（含三甲公立医院4所）、二级公立医院12所、乡镇卫生院99所、社区卫生服务中心25所。茂名市人民医院被确定为广东省建立健全现代医院管理制度试点医院，高州市被确定为建立健全现代医院管理制度试点县（县级市）。5月，广东省医改办委托北京大学国家发展研究院李玲教授团队，到茂名市开展“广东十年医改评估”。高州市作为“公立医院综合改革成效较为明显的地方”获国务院“2018年落实有关重大政策措施真抓实干成效明显的地方”激励支持，在公立医院综合改革中央财政补助资金分配中得到政策支持，新增安排中央资金500万元。

【现代医院管理制度建设】 2019年，茂名市制定《茂名市建立现代医院管理制度实施方案》，于4月24日在高州市人民医院召开“以党建引领、促医院发展”的党建工作和现代医院管理制度建设现场会推介会，全面推进现代医院管理制度建设工作。茂名市人民医院、高州市人民医院两所试点医院制定医院章程，围绕“党建、定位、章程、制度、人员、文化”等关键要素，制定完善相关管理制度，致力实现医院管理的规范化、精细化和科学化。

【紧密型县域医共体建设】 2019年，茂名市坚持以人民健康为中心，以强基层为重点，以让群众“不得病、少得病”和“就近看得上病、看得起病、看得好病”为目标，推进紧密型县域医共体建设，促进优质医疗资源下沉，提高县域医疗卫生资源配置和使用效率，促进分级诊疗，缓解群众特别是农村群众“看病难、看病贵”问题。

【医疗服务价格调整】 2019年1月1日，茂名市所有公立医疗机构全面取消耗材加成，由此减少的合理耗材收入，全部通过调整基本医疗服务价格予以补偿。同步调整医疗服务价格，借以补偿因取消药品加成减少的合理收入，进一步体现医务人员技术劳务价值，通过优质服务取费合理补偿医疗机构。

【药品采购制度改革】 2019年5月1日，茂名市实施药品跨区域集中采购，上线全市药品集中采购平台，新增17种抗癌药均可在省平台和广州、深圳平台采购，为减轻人民群众用药负担、遏制医药行业不正之风、促进医药产业健康发展奠定基础，实现“腾空间、调结构、保衔接”的目标。

【医保支付方式改革】 2019年，茂名市城乡居民医保个人缴费标准220元，财政对居民医保的人均补助标准520元。城乡居民参保患者在乡镇卫生院、一级及以下、二级、三级医疗机构医疗费用报销比例分别提至90%、85%、75%、65%；城镇职工参保患者在乡镇卫生院、一级（含未定级）、二级、三级定点医疗机构的住院报销比例分别为90%、90%、80%、80%。

公共卫生

【疾病预防控制】 2019年，茂名市适龄儿童建证率100%，卡介苗、脊灰疫苗、百白破疫苗、白破疫苗、含麻类疫苗、乙脑疫苗、甲肝疫苗等免疫规划疫苗报告接种率95%以上，继续维持“无脊灰状态，无白喉和流脑病例”报告。全市全年报告法定传染病3.25万例，死亡132例，无甲类传染病；报告乙类传染病2.03万例、丙类传染病1.22万例。其中：报告登革热病例109例，输入病例78例、本地病例31例，未发生登革热暴发疫情；报告流感病例3660例，比上年上升140.6%。全市无感染H7N9禽流感、霍乱及狂犬病病例报告。免费检查可疑肺结核病人9200人，确诊活动性肺结核患者2713例，下降1%。麻风病新发病人4例（其中儿童病例1人），现症病患者12例，规范管理率100%。

2019年茂名市法定传染病发病/死亡率一览表

分类	发病率（1/10万）	死亡率（1/10万）
甲类	0	0
乙类	276.74	2.06
丙类	193.8	0.03

【卫生应急】 2019年，茂名市成立市级常备直属卫生应急队伍6支，参加和开展演练8次；完善修订《茂名市突发公共卫生事件卫生健康系统应急预案》《茂名市饮用水安全卫生健康系统应急预案》《茂名市卫生健康局救灾医疗救护防疫防病应急预案》《茂名市突发化学中毒卫生健康系统应急预案》《茂名市突发事件紧急医学救援卫生健康系统应急预案》等市级卫生应急预案和工作方案，建立覆盖全市的卫生应急预案体系；加强与茂名海关建立口岸突发公共卫生通报制度，定期互通口岸传染病防控信息。开展卫生应急知识"走出去"活动，组织"卫生应急进校园"讲座17次，印发知识试卷1.3万份、宣传资料2万份，直接教育学生近2万人次。处置10人以下较大事件85件，包括市区"5·6"自来水异味、电白区"7·22"较大交通事故、高州市"7·24"首发本地登革热、电白区"8·19"在校生食物中毒、信宜"9·10"在校生食物中毒等突发事件。

【卫生监督】 2019年，茂名市出动监督执法人员2180人次，出动监督车辆730车次，督查"四小"公共场所2390户次、二次供水74户次、非法行医和非法医疗广告41户次、医疗机构58户次，发出督查情况通报38期。茂南区、电白区95%以上的"四小"公共场所和二次供水单位能够做到持证亮证经营和规范卫生信息集中公示，卫生管理水平提高，两区的非法行医情况减少。全市各级卫生监督机构在国家信息平台上录入有效案件1386件，卫生监督行政处罚案件数在广东省内排第五名，在粤东西北地区排第一名。执行国家级监督抽查工作任务968个、省级监督抽查工作任务95个。茂名市落实"双随机一公开"工作，完成国家"双随机一公开"卫生监督抽检任务1060个，完成率91.5%，完结率100%。至9月底，提前完成国家和广东省两级的"双随机一公开"监督抽查的工作任务，完成率排全省第八名。

基层卫生健康

【基层卫生概况】 2019年，茂名市围绕"保基本、强基层、建机制"的工作要求，以"县级强、镇级活、村级稳、上下联、信息通、模式新"为主线，全面统筹推进基层卫生各项工作，在全省2018年度国家基本公共卫生服务项目绩效考核中排第十一名，较2017年度上升5个名次。茂名市国家基本公共卫生服务项目人均补助标准提高到69元，全年各级实际到位资金4.18亿元，人均实际到位补助经费70.41元，居民2周患病首选基层治疗比例77.4%。至2019年年底，全市建成公建规范化村卫生站1386间，占全市1628间村卫生站公建规范化建设总任务的85.1%。其中，2017年、2018年共计711所建设任务全部完成并投入使用；2019年省财政资金补助建设的706所全部完成主体建设，完成率100%；自筹资金建设的211所有187所完成主体建设，完成率88.6%。组建家庭医生团队913个，普通人群签约290.03万人，签约率46.9%；重点人群签约151.47万人，签约率74.4%。建立居民电子档案583.48万份，居民电子建档率76.9%；0～6岁儿童健康管理率84.1%，新生儿访视率88.2%；孕产妇早孕建册率87.8%，产后访视率88.4%；老年人健康管理率66.6%，老年人中医医院健康管理率50.6%；按规范管理高血压患者14.8万人，规范管理率72.6%；按规范管理2型糖尿病患者4.28万人，规范管理率69.8%；按规范管理严重精神障碍患者3.12万人，规范管理率94.5%；管理肺结核患者2629人，管理率97.4%。

【医共体建设】 2019年，信宜市将省下拨资金1000余万元全部投入基层分院，用于改善分院院容院貌、购置医疗设备。信宜市人民医院总院先后派出医疗专家

8人及护理专家8人，长期驻点基层分院工作，其中1名医疗专家兼任分院的副院长，组织93人分27批次到各分院督导指导工作。派出85批专家212人次分别到4所分院工作，进行教学查房203次，会诊1188次，直接指导手术56台，专题授课178次，培训基层医务人员2263人次。各分院转到信宜市人民医院患者202人次，比上年下降7.8%；转到各分院406人次，比上年增加9.1%。各分院开展呼吸机的应用、甲状腺手术等新技术11项。高州市由高州市人民医院托管高州市长坡镇中心卫生院，成立高州市人民医院长坡分院，促进优质医疗资源下沉。长坡分院全年门诊量12.04万人次，增长15.8%；血透量7135人次，增长24.4%；开展新技术45项，增加40.6%。

【基层卫生综合改革】 2019年，茂名市5个区、县级市出台基层卫生综合改革文件，121个公立基层医疗卫生机构基本初步落实公益一类财政供给、公益二类核定绩效工资总量。全市实行基层医疗机构“公益一类财政供给、公益二类事业单位管理”，人才实行“县招县管镇用”等政策，优化卫生技术人员进出结构。全市县级及以下医疗卫生机构卫生技术人员2.75万人；每千名常住人口执业（助理）医师数1.88人；每万名常住人口全科医生数2.59人。

【优质服务基层行活动】 2019年5月，茂名市启动优质服务基层行活动，各区（县级市）同步开展安排部署，全市99所乡镇卫生院和26所社区卫生服务中心全面铺开。10月14—16日，市卫生健康局抽调15名市级专家对各区（县级市）自评为基本标准的机构进行现场抽查复核。全市125所基层医疗卫生机构均按要求完成自评工作，自评率100%，79所机构自评在合格标准以上（包含自评为推荐标准11所、基本标准68所），自评合格率63.2%。

【基层卫生人才引进及培养】 2019年1月，茂名市卫生健康局依托同心圆工程乡村医生培训项目，为基层培训乡村医生3520人，内容涵盖基本公共卫生服务、儿科、中医及农村常见病、多发病的规范诊治等方面知识。5月和8月，组织参加基层卫生人才“填洼计划”培训600余人。2019年，区、（县级市）级及以下医疗卫生机构每千名常住人口执业（助理）医师数2.07人，每万名常住人口全科医生数2.59人。全市基层医疗卫生机构实有在编在岗人员6600人。

妇幼健康

【妇幼健康概况】 2019年，茂名市有市级妇幼健康服务机构1个、区（县级市）机构5个。5岁以下儿童死亡率3.16‰，婴儿死亡率2.16‰，孕产妇死亡率8.52/10万。孕产妇系统管理率92.5%、产前医学检查率97.7%、住院分娩率100%，3岁儿童系统管理率92.2%、7岁以下儿童保健管理率91%。为7.39万人提供免费孕前优生健康检查，为10.56万名孕产妇提供地贫血常规初筛，初筛阳性1.62万例，诊断重症地贫胎儿113例，重症地贫胎儿干预率100%。全市为9.34万例孕产妇免费提供艾滋病、梅毒和乙肝感染情况的检测服务，孕期检测率97.1%，达到省项目管理目标（≥90%）。为35～64岁农村妇女免费进行“两癌”（宫颈癌、乳腺癌）检查，宫颈癌完成筛查5.41万例，乳腺癌完成筛查5.37万人。开展出生缺陷综合防控工作，其中进行产前唐氏筛查5.96万例，产前结构畸形超声筛查5.23万例，确诊干预唐氏综合征胎儿33例、六大致死性畸形胎儿29例。开展新生儿遗传代谢性疾病筛查9.24万例，新生儿听力筛查9.19万例。制订《茂名市母婴安全和健康儿童行动计划（2018—2020年）实施方案》，全市通过茂名市人民医院、茂名市妇幼保健院市级危重症孕产妇救治中心和重症新生儿救治中心2个，区（县级市）危重症孕产妇救治中心和重症新生儿救治中心7个，全面构建危重症孕产妇和新生儿转诊网络。全市推广使用国家统一的母子健康手册和“母子健康e手册”，使用“广东省妇幼卫生信息系统”录入孕产妇和儿童健康检查信息。继续强化妇幼系统专科联盟建设，增加专科联盟单位3所，与全市65个医疗卫生单位组建成立专科联盟，在基层医院成立名医工作室13个，接收专科联盟转诊1382人次。在全省第一次、第二次免费孕前优生健康检查项目临床检验室间质量评价活动获评为优秀。提前完成99名产科医师、助产士为期半年的转岗培训任务，受到广东省通报表扬。茂名市妇幼保健院产前诊断技术通过市级校验。电白区、高州市、信宜市、化州市妇幼保健院4所妇幼保健院升级建设全面完成年度任务。12月，茂名市妇幼保健院新筛中心，被中国妇幼保健协会评为全国十大出生缺陷防控——耳聋基因检测优秀基地之一。

【妇幼健康宣传活动】 2019年11月11日，由茂名市卫生健康局主办的“科学婚育、幸福相伴”——茂名市2019年“妇幼健康促进行动”系列宣传活动启动仪式在市区文化广场举行。茂南区卫生健康局等15个单位医务工作者400多人参加活动。18对新人在现场进行宣誓并领取结婚证。茂南区妇幼计生中心医务人员现场开展国家免费孕前优生健康检查工作和提供健康咨询服务，免费派发计生用品以及相关健康宣传资料，倡导婚育文明。

【高校“防艾宣传”形象大使活动】 2019年12月1日，茂名市2019高校“防艾滋病宣传”形象大使活动在茂南区德育学校举办。活动由茂名市卫生健康局、茂名市教育局主办，茂名市妇幼保健院、茂名市广播电视台“一线关注”栏目承办。活动主题为“社区动员同防艾·健康中国我行动”。广东石油化工学院等学院（校）12名优秀选手同台竞技，争相成为高校“防艾”宣传形象大使，为“防艾”代言，以青春的名义向艾滋病说不。600多名大学生到场观看，派发宣传资料1000份。广东茂名幼儿师范专科学校代表队获一等奖，茂名职业技术学院代表队获二等奖，广东茂名幼儿师范专科学校代表队获三等奖；广东石油化工学院、茂名职业技术学院、广东茂名农林科技职业学院、广东茂名健康职业学院、广州科技职业技术大学滨海校区获“防艾能手”奖；广东茂名幼儿师范专科学校获最佳组织奖。

职业健康

【职业健康概况】 2019年，茂名市成立尘肺病防治工作领导小组，建立茂名市职业病防治工作部门间联席会议制度。茂名市卫生健康局联合民政局等部门印发《关于进一步加强茂名市职业病防治工作的实施意见》，对“十三五”期间职业病防治工作进行总体部署和具体细化。先后出台《茂名市卫生健康局2019年职业健康工作要点》《茂名市卫生健康局2019年职业健康执法年活动实施方案》等专项整治方案，制订具体工作方案，以问题为导向，倒逼专项行动的开展。专项行动中坚持“横向到边、纵向到底、不留死角、盯死看牢”的原则，通过各个职业健康专项行动达到“整治一批、教育一片、警醒一地、保障一方”的效果。茂名市用人单位完成职业危害网上申报636个，开展职业卫生“三同时”项目（含现状评价）126个，职业卫生培训1600余人，发出整改指令596份；职业健康体检人数突破2.64万人，其中岗前4182人、在岗2.15万人、离岗692人。全年报告职业禁忌症173人，疑似职业病人46人（其中疑似职业病噪声聋33例、疑似职业病苯中毒7例、疑似职业性硅肺6例）。监督检查全市（县区级）1562余家企业，处罚违反职业卫生相关法律法规企业16家，处以罚金15.1万元。结合健康中国，职业健康同行——第17个《职业病防治法》宣传周、安全生产月等普法活动以及创建全国文明城市、创建国家卫生城市工作，开展以“集中宣传为主，入厂、入社区宣传为辅”的宣传普法活动，全市开展大型宣传活动10余场，深入工厂宣传71场次，印刷宣传资料10万余份。

【职业卫生监管职能转隶】 2019年1月23日，原茂名市安全生产监督管理局（职业健康综合监管科）4人到茂名市卫生健康局报到，整体完成茂名市市级职业卫生监管职能划转和人员转隶工作。全市各、区（县级市）级职业卫生监管职能转隶工作均完成。为促进市、县、乡（镇）三级网络建设，茂南区在羊角镇开展计生专干转隶试点工作，将原计生专干转为职业卫生专干，推动职业健康监管工作，并准备在全区铺开。

【“《职业病防治法》宣传周”活动】 2019年，茂名市举办“《职业病防治法》宣传周”活动，启动仪式在中心城区南香公园举行，主题是“健康中国，职业健康同行”。活动由茂名市、茂南区两级政府主办，茂名市、茂南区卫生健康局，茂名市职业病防治院承办。市、区两级应急管理局、人力资源和社会保障局、城管执法局、民政局、总工会、医保局以及相关企业职业健康管理人员等480多人参加启动仪式。市政府副秘书长吴再铭出席启动仪式。活动现场通过摆放宣传展板、发放宣传单等形式，对《职业病防治法》及配套规章、标准，职业健康检查、职业病诊断与鉴定制度，用人单位职业病防治的法定责任，劳动者依法享有的职业卫生权利，职业病患者的工伤保险待遇以及常见职业病防治科普知识等内容进行宣传。茂名市职业病防治院组织职业病防治专家及医务人员在现场开展宣传义诊及展示活动，给工人、居民测量血压、测血糖、针灸等，针对日常保健知识、职业病防治知识等为群众答疑解惑。

中医药发展

【中医药发展概况】 2019年，茂名市125所卫生院和社区卫生服务中心全部建成中医馆，中医药服务提供率100%。开展6类15项以上中医药适宜技术，治疗腰椎间盘突出、颈椎病、肩周炎、腰椎病、面瘫、中风后遗症、月经不调等疾病，配备中药饮片300种以上，中成药100种以上。个别卫生院中医科每月业务收入近50万元，发挥中医药适宜技术在基层医疗机构的作用，提升茂名市基层中医药服务能力。茂名市各级中医医院围绕“创名院、建名科、育名医”主题，明确茂名市中医医院及高州市中医医院为省中医医名院建设单位，坚持“院有专科、科有专病、病有专治、人有专长”的方针，重点抓好中医特色专科和省名中医传承工作室建设。至2019年年底，茂名市有国家重点专科（茂名市中医医院妇产科）1个；省级重点专科7个；省级中医特色专科5个，市级重点中医专科10个。开展中医医联体建设，建立中医医疗共同体2个、专科联盟4个、远程医疗协助网12个、对口支援帮扶16个。茂名市中医医院等19家医疗机构签订医联体协议，开展医疗体合作服务。派出8人次援助来宾市中医医院。全市有94人参加传统医学确有专长人员的临床考核和理论考试，有21名考生合格。

【中医药文化建设】 2019年，茂名市中医医院成立中医古籍整理办公室，全市所有中医医疗机构和中医馆均建成中医文化长廊宣传中医文化。市内5家中医医院均设有治未病科，开展“三伏天灸”“三九敷贴”等中医传统疗法。高州市中医医院治未病科颇具规模，建筑面积1200平方米，配备专职医护人员16名，配置中医体质辨识系统、中医经络检测仪，月服务量2万多人次。8月22日茂名市举办基本公共卫生中医药健康管理项目工作推进培训班，各区、县级市卫生健康局中医药股负责人，各区、县级市中医医院负责公共卫生健康管理中医药项目人员，各基层卫生院、社区卫生服务中心的负责公共卫生健康管理中医药项目人员180多人参加培训，提升对65岁以上老人及0～36月龄儿童中医药健康管理服务能力。

【中医药适宜技术和诊疗技能培训】 2019年7月下旬至8月中旬，茂名市举办3期全市基层卫生技术人员中医药知识和诊疗技能培训班，邀请省第二中医医院教授秦敏和曾科学等讲课。全市镇卫生院及社区卫生服务中心中医馆医生247人参加培训，培训内容包括中医药基本理论和基本知识、中医常用推拿手法及其治疗、中医常用针灸方法及其治疗，进行秦氏飞针、中医针灸、推拿治疗方法现场教学。进一步提升茂名市基层卫生技术人员的中医诊疗技能水平和服务能力，推进中医治未病健康工程，为群众提供优质的中医诊疗服务。

医政药政管理

【医政药政管理概况】 2019年，茂名市持续加强医疗服务能力建设，全面提升医疗服务质量，保障医疗质量安全。开展医疗质量安全评估、血液透析医疗质量安全评估、医疗美容医疗质量评估等专项调研评估。举办医疗质量管理、院感防控等业务培训班，对全市医政管理以及医务人员2000余人次进行有关业务知识培训，提高全市医疗质量管理水平和风险防范能力，规范医疗机构诊疗活动。成立市消毒供应质量控制中心、市医院感染管理质量控制中心、市院前急救质量控制中心3个质量控制中心，加强各学科医疗质量管理。先后开展重点科室院感防控排查、全市医疗机构感染防控排查整顿、监督执法专项行动等系统性院感防控管理排查工作，加强对医疗机构日常监测管理。建立医疗质量管理长效机制，发挥各级卫生健康主管部门、质控中心、学术组织作用，加强医疗质量管理。加强临床研究管理及技术推广，加强学科发展和能力建设，推进临床医疗服务规范化、标准化、制度化建设，促进医疗质量同质化和持续改进，缩小地区之间、学科之间、机构之间和不同医疗技术之间的差距，提高医疗质量和医疗服务水平。各级医疗机构继续实施临床路径管理工作，临床路径管理率提升，进一步规范高值耗材的应用。茂名市人民医院被确定为广东省第二批高水平建设医院，争取在3～5年内建成为区域医疗中心。9所试点医院和茂名市人民医院（高水平建设医院）均完成章程制定工作，将医院党建工作相关要求写入章程。继续深入落实改善医疗服务行动计划，持续开展优质护理服务工作。全市各级医疗机构进一步应用新理念、新技术，创新医疗服务模式，在改善患者体验和医疗秩序方面取得成效。公立医院厕所革命持续推进，急诊绿色通道进一步畅通，群众看病就医获得感进一步增强。高州市人民医院通过2019年第三批次中国胸痛中心（标准版）认证，茂名市中医院被评为国家高级卒中中心。全市有10所医院被纳入国家脑防委卒中急救地图，茂名市是广东省纳入国家卒中急救地图的6个地市之一。

平安医院建设 改善医患关系，全年全市处理医疗纠纷投诉信访案件169件，开展医疗纠纷防范和处置业务培训350次。全市医疗纠纷人民调解案件71件，成功调解67件，调解成功率94.3%。

重大活动医疗保障 全年全市各大医院派出多个医疗保障队伍，出动救护车90多台次、医务人员380多人次参与春运、迎春灯会、小东江夜跑、亚洲沙滩排球比赛、龙舟赛、初高中考试等全市大型会议、活动医疗保障工作，完成医疗保障工作任务。

无偿献血宣传工作 先后举办无偿献血先进事迹宣讲、无偿献血宣传和招募培训班、第十六个“世界献血者日”等活动，得到群众一致好评。全年全市参加献血6.42万人次，献血量1946.15万毫升，比上年增长16.1%；供应临床用血1889.15万毫升，增长16.2%，采供血增幅居全省前列，领跑粤东西北地区。持续加强血液安全管理，未发生血液安全事故。

【高水平医院建设】 2019年8月8日，茂名市人民医院与广东省人民医院高水平医院建设合作签约仪式在茂名市人民医院举行。截至12月，茂名市人民医院开展新技术14项；成立广东省博士工作站和博士后创新实践基地；在第四届全国临床创新与发明大赛中，获得三等奖和优秀奖各1项；启动科研立项15项，组织2期SCI（核心期刊）论文撰写培训班，主办学术前沿知识讲座3期，撰写SCI（核心期刊）文章10篇；成立粤西首家药学门诊；成为国家级胸痛中心、中国房颤中心建设单位；遴选18个学科作为重点建设专科；水东湾分院门诊部和急诊楼投入使用；引进博士4人，在职攻读博士2人。在全国住院医师规范化培训年度业务水平测试中排名第四十五名；在南方医科大学临床能力竞赛中，获得教师组和学生组双冠军；在广东医科大学第二届临床教学基地临床技能操作竞赛中，获特等奖（第一名）；获中国医院质量管理（医疗2019）卓越奖；实现微信公众号预约挂号、移动支付等便民惠民服务，启用自助挂号缴费查询打印一体机等智能设备；推行日间手术；组团式帮扶信宜市人民医院，对口支援广西壮族自治区来宾市人民医院、广西壮族自治区上林县人民医院和妇幼保健院。

卫生科技与健康宣传

【卫生科技】 2019年，茂名市卫生健康系统获广东省医学科研基金立项项目8项，广东省中医药局建设中医药强省科研课题立项4项。加强全科医生培训，制定方案，采取全科医生规范化培训、助理全科医生培训，全科医生转岗培训、全科医生岗位培训等方式开展全科医生培训。认定助理全科医生培训基地10个，招收全科医生762人，其中招收全科医生规范化培训学员（5+3）17人，助理全科医生培训学员（3+2）77人，全科医生转岗培训学员238人，全科医生岗位培训学员430人。实施订单定向免费培养农村卫生人才计划157人。

【健康宣传】 2019年，茂名市健全“医疗卫生系统”“教育系统”“社区”“行业”和“大众传媒”5大健康教育网络。茂名市卫生健康局先后组织专业培训23场，受惠6700人次；组织各机关和大型企事业单位建设健康教育专栏，定期更换健康知识，覆盖率100%；各医院设置LED（视频）等健康教育平台和健康知识发放点，覆盖率100%；各学校能做到“有计划、有教材、有教师、有教案、有课时”等健康教育“五有”要求；全市建成区126个社区均安装健身设施，覆盖率100%；设置村（居）健康教育活动室239个；市区建设“健康教育主题公园”3个，各主街道建设“绿道”100多千米；信宜市建设“锦江画廊碧道”43千米，电白区建设“红树林海滨健康主题公园”4.3千米；全市印发13种健康教育宣传资料129万份，推送宣传栏样板11期；各宣传媒体广泛传播健康素养知识；全市组织健康素养知识讲座1169场次，组织健康促进大型宣传活动49场次；全市成功申报健康促进单位691个、“戒烟门诊”11所、“无烟单位”1515个，创建健康促进家庭19.3万个。组织开展居民健康素养水平和烟草流行监测。全市居民健康素养水平22.1%，比上年高出2.5个百分点；居民烟草流行水平21.8%，低于全省25%以下的指标要求。“创建国家卫生城市”得分815.2分，分值81.5%，高分通过国家暗访。其中，健康教育与控烟工作得分59.6分，占比85.1%。在广东省基本公共卫生控烟禁烟项目暗访中，茂名市综合评价得分87.54分，排行全省第三名。各区、县级市全面创建“广东省健康促进区（县）”，申报率100%。

家庭发展

【概况】 2019年，茂名市投入配套资金815.42万元，用于兑现计生各项奖励。发放农村部分计划生育家庭奖励金1297.18万元，奖励10.79万人次；发放计划生育“节育奖”奖励金118.55万元，奖励1434人次；发放计划生育家庭特别扶助金349.56万元，扶助4320人次；发放城镇独生子女父母奖励金1804.84万元，奖励1.78万人次。全市投入112万余元，为2.5万户计生家庭购买意外伤害保险。

【生育关怀行动】 2019年，茂名市围绕“健康快乐夕阳红”“70周年共奋进，齐心协力建新功”的活动主题，在高州市瀛洲公园举行茂名市2019年婚育新风进万家暨计生协“5·29”会员日活动，为市民免费开展测量血压、听心肺、发放药品，为流动人口提供健康教育宣传等义诊服务。举办广东省广府人珠玑巷后裔海外联谊会扶助失独困难家庭捐赠仪式，为50户困难失独家庭捐赠15万元扶助金；举办茂名市健康进镇、村（居）启动仪式和授旗仪式；组织医疗专家到镇、村（居委会）为群众义诊；组织“一元爱心捐助”现场捐款，为困难计划生育家庭送温暖献爱心，共收到捐款4799元。在“5·29”会员活动日活动期间，全市组织群众为生育关怀基金筹集善款20多万元。

（市卫生健康局）

体 育

综 述

【体育设施建设加快推进】 2019年，茂名奥林匹克体育场馆项目取得突破，《项目建议书》《可行性研究报告》初稿编制完成，开展第一批国有建设用地使用权网上公开挂牌出让与配建奥体中心游泳跳水馆工作。2018—2019年，累计完成20座社区体育公园建设。建立社会足球场地建设联席会议制度，落实资金1076万元，46块足球场地建设任务如期完成；建设南香公园、官渡公园等公园示范健身点。继续完善全民健身设施，建设市、县两级公共体育场馆，电白区新建体育场、游泳池；高州市田径场竣工。

【全民健身创新发展】 2019年，茂名市打造包括万人全民健身徒步节、“好心茂名”龙舟邀请赛、茂名国际生态马拉松赛、“市长杯”足球赛、南粤古驿道定向大赛（信宜站）等赛事。承办2019亚洲沙滩排球锦标赛以及“好心茂名”广东省龙舟锦标赛等省级、国际级赛事。全市参加体育健身的人数增加，经常参加体育锻炼的人数250.4万人，占全市总人数的40.9%；1628个行政村均实施农民健身工程，覆盖率100%；274个社区全部建成“城市15分钟健身圈”，社区体育健身设施实现全覆盖；大部分区、县级市均建有全民健身广场（公园）、体育馆（综合训练馆）、体育场、游泳池，公共体育设施免费或低收费开放率100%。

【省运会前期筹备工作】 2019年，茂名市制定《茂名市体育人才引进方案》及实施细则，制定《茂名市备战广东省第十六届运动会工作方案》。在官渡公园以及小东江建设全民健身精品暨备战第十四届全运会航海模型训练基地。组织多批次运动员参加“示范基地”、省体校及省体工队的试训，其中向上级训练单位输送运动员31人，省体校转正9人，省体工队转正1人，作为茂名市参加省运会重要的后备力量。

拓展备战渠道，发动社会力量参加并承担篮球项目以及武术套路项目比赛备战工作。

群众体育

【全民健身活动】 2019年，茂名市利用各类型场地设施进行全民健身活动20多项。“千人气功”为主题全民健身日、“市长杯”足球赛、南粤幸福活动周、体育节、南粤古驿道系列活动、县域副中心千人徒步活动、茂名市首届武林大会、2019年茂名古驿道（高州站、化州站）徒步骑行大赛、茂名市首届篮球联赛，省级山地自行车赛、航海模型锦标赛、省篮球联赛等全民健身主题活动相继开展。多个单位和个人获广东省第十九届体育节表彰。

【组团参加北部湾城市运动会】 2019年12月6—16日，茂名市代表团派出164名运动员参加第二届北部湾城市运动会，参加足球、篮球、气排球、乒乓球、游泳等9个项目的比赛，获得团体总分565分和金牌7枚，均排第三名。

【“好心茂名”2019年广东省龙舟锦标赛】 2019年6月18—19日，在茂名市小东江举行，来自广东各地的22支队伍、700多位选手展开竞逐。分男子组、女子组和邀请组3大组别，竞赛项目为男子、女子100米、500米直道竞速（标准龙），赛事分两天在茂名小东江永久桥至官渡桥河段上进行。顺德乐从罗浮宫龙舟队夺得男子组100米、500米直道赛冠军，茂名海龙阁饼业女子龙舟队夺得女子组100米、500米直道赛冠军，信宜市龙舟队夺得邀请组500米直道赛冠军。“好心茂名”龙舟赛连续三年在小东江举行。

【茂名市首届武术大会】 2019年1月3日在茂南区鳌头镇举行。由茂南区人民政府、市文化广电旅游体育局、茂名市广播电视台主办，以“弘扬国粹、以武会友”为主题，由茂名当地武协及邀请的省市武术代表队展示传统武术，设有区、县级市武术展览馆、“武林风”书法等内容。

▲2019年，茂名市在小东江举办广东省龙舟锦标赛

【“市长杯”足球赛】 2019年11月16日，在茂名市体育中心足球场开幕。市委常委、常务副市长吴刚强出席活动并宣布比赛开幕。比赛由市政府主办，市文化广电旅游体育局、市教育局、市广播电视台承办，比赛场地分设于市体育中心、市祥和中学、市第十七中学、市福华学校、市博雅中学南校区等处。赛事从11月中旬持续到12月底，进行近400场比赛。全市各学校代表队、各业余足球俱乐部、各青少年足球俱乐部、各青少年足球培训中心近160支队伍参赛，分校园组、竞技组（自由组队）和业余成人组（男子），根据参赛者年龄设置“11人制、8人制、5人制”3种赛制。

【先进集体表彰】 2019年，在广东省第十九届体育节评优评先活动中，茂名市文化广电新闻出版局、电白区文化广电新闻出版局、信宜市文化广电新闻出版局获广东省第十九届体育节“优秀组织单位”称号，茂名市社会体育与训练竞赛中心、茂名市围棋协会获“先进单位”称号，茂名市广播电视台获“优秀报道单位”称号。

竞技体育

【竞技体育比赛成绩】 2019年，茂名市运动员参加省级比赛取得好成绩，在广东省青少年锦标赛中获得金牌8枚、银牌9枚、铜牌13枚。参加国际、国家级比赛成绩取得突破，其中：茂名市摔跤运动员罗银在波兰举行的奥运摔跤积分赛获第五名；罗银、黄鸿昌获全国冠军3个，其他运动员获第二名1个，第三名1个；参加全国第二届青年运动会获第一名2个、第二名2个、第五名1个；参加其他全国青年比赛获第二名1个，第三名4个。

【竞技体育人才输送】 2019年，茂名市向上级训练单位输送运动员31人。其中，省体校转正9人，其中上半年转正3人（女排1人、乒乓球1人、田径1人）、下半年转正6人（排球3人、田径2人、摔跤1人）；省队转正1人（田径1人）。

【组队参加2019年广东省青少年锦标赛】 2019年，茂名市文化广电旅游体育局组织茂名市队伍参加2019年广东省青少年锦标赛举重、拳击、摔跤、游泳、网球、田径、跳水、水球、乒乓球、击剑、射击步手枪、射击飞碟、赛艇、皮划艇、跆拳道、武术套路、男子篮球17个项目的赛事，获得金牌8枚、银牌9枚、铜牌13枚，团体总分在全省地级市中排第十二名。

▲ 2019年11月13日，茂名市金源置业2019年茂名市“市长杯”足球赛举行

【2019年茂名市“体彩大乐透杯”青少年各项目锦标赛】 2019年，茂名市组织开展2019年茂名市青少年田径、射击、跆拳道、摔跤、游泳、跳水、举重、乒乓球、击剑、网球、拳击11个项目的锦标赛。电白总分1983分，为第一名；信宜总分1961分，为第二名；高州总分1925分，为第三名；化州总分1795分，为第四名，茂南区总分1539分，为第五名。

【省运会备战渠道拓展】 2019年，茂名市发动社会力量参加省运会备战工作，经过申请、考察，把篮球、足球和武术套路3个项目的参赛任务交由社会力量承担。授权茂名市晞望体育俱乐部承担篮球项目，授权化州市王家拳武术俱乐部承担武术套路项目，授权油都俱乐部承担足球项目。

体育产业

【体育产业结构优化】 2019年，茂名市体育产业市场机制完善，发展环境优化，业态融合发展趋势明显，政府培育和社会资本运作融合。茂名体育产业协会有会员单位40多家，业态覆盖体育俱乐部、文化体育发展公司、体育协会、互联网企业等，基本涵盖体育产业的整个链条。全市拥有包括体育馆、各种球类场地、游泳池（馆）、健身休闲场所等各类体育场地1.67万个，有体育企业或者涉及体育的企业1812家，其中法人单位354家、个体经营户1458家。

【体彩销量平稳】 2019年，茂名全市体育彩票销售2.37亿元，其中电脑型彩票销售2.27亿元、即开型彩票销售1001万元。开发阿里渠道和美宜佳渠道网点36个。（市文化广电旅游体育局）

链接

2019年，茂名市摔跤运动员罗银在波兰举行的奥运摔跤积分赛获得第五名；罗银、黄鸿昌等2人获得全国冠军3个，其他运动员获得第二名1个，第三名1个；参加全国第二届青年运动会获得第一名2个、第二名2个、第五名1个；参加其他全国青年比赛获得第二名1个，第三名4个。

社　会

重点人群

妇女·儿童

【妇女儿童规划】 2019年，茂名市妇女儿童发展规划112项可量化指标中，有83项达标，总达标率74.1%。其中，妇女发展规划68项可量化指标中，有51项达标，达标率75%；儿童发展规划44项可量化指标中，有32项达标，达标率72.7%。

【主题活动开展】 2019年，茂名市妇联加强未成年人思想道德建设，继续开展“扣好人生第一粒扣子”主题教育实践活动，联合评选2019年市 “新时代好少年”，举办“喜迎六一·祝福祖国”暨茂名市“新时代好少年”揭晓活动。举办中华优秀传统文化传承活动，组织儿童诵读中华优秀传统文化经典诗文。

【“儿童之家”示范点建设】 2019年，茂名市妇联继续创建30个市级“儿童之家”示范点，推选4个村（社区）入选第八批广东省“儿童友好示范社区”。推进社区（村）家长学校建设，对茂南区、电白区、高新区所有社区家长学校开展指导，聘请多名讲师进入100多个社区开展家庭教育巡回讲座。

【关爱女性健康保障体系建设】 2019年，茂名市妇联联合茂名人寿保险公司继续推进“茂名巾帼安康”行动，“巾帼安康”保险累计承保1.89万名妇女。提前超额完成农村妇女“两癌”（宫颈癌、乳腺癌）免费筛查3年总任务，9月底在全省率先提前超额完成14.49万名适龄妇女的“两癌”（免费检查任务，较原计划2017—2019年总任务14.41万人超额完成823人）。定期开展关爱女性健康宣传活动，举办预防“两癌”健康知识培训班和知识讲座200多场次，受益妇女2万多人次。建设“舒心驿站”心理咨询室、实施女性心理健康关护计划项目，举办妇女心理健康教育大讲堂活动等，为妇女提供心理健康服务。

【困境妇女关爱】 2019年，茂名市妇联开展春节慰问活动，整合资金及物资折合8万余元，走访慰问171户患大病妇女、单亲特困母亲、贫困妇女儿童等困

▲2019年7月2日，茂名化州两级妇联、残联联合到化州市甲隆小学开展“践行‘好心茂名’精神 我们在行动”系列活动

难妇女儿童家庭。继续开展援建“母亲安居房”项目，争取市政府将“母亲安居房”补助标准提高到2万元/户，援建14户母亲安居房。开展“贫困母亲关爱工程”，帮助13名遭遇重大疾病的贫困妇女儿童申请疾病救助资金10.98万元。为24名贫困“两癌”妇女争取全国妇联中央福利彩票基金、省人寿保险公司“两癌”救助金22万元。

【困境儿童关爱】 2019年，茂名市妇联继续开展“爱心父母大联盟行动”，筹集帮扶款480多万元，召集“爱心父母”总数2.1万余人，通过助学、助养及助教等方式帮扶2.8万多名困境儿童。开展“六大行动”关爱留守儿童。各级妇联共走访关爱留守儿童2000多人，整合筹集帮扶资金及物资折合60万余元。举办暑期儿童安全宣传教育、主题实践活动600余场次，受教育的家长及儿童6万余人次，发放宣传手册、单张11万余份。开展“爱心家庭”+革命老区留守儿童项目，争取省妇女儿童基金会捐助近7万元，组织爱心家庭为革命老区留守儿童开展为期一年的习惯养成、情感陪护、学习帮助、交通和日常安全知识、预防性侵知识等教育活动。 （市妇联）

青年人

【共青团助力精准脱贫攻坚行动】 2019年，中国共产主义青年团茂名市委员会（简称团市委）带领全市青少年积极助力精准扶贫。开展“携手奔小康”茂名市青年企业家“助学远行”活动，为南

▲ 2019年9月12日，共青团茂名市委组织市青年志愿者到文光社区开展“清洁家园”志愿服务活动 （团市委提供）

宁市、来宾市两地贫困学生筹集结对资助帮扶资金20万元；组织茂名、南宁、来宾3市90名农村青年致富带头人参加“领头雁”培训班，助力乡村振兴。搭建市、县、镇、村四级“河小青”志愿服务队，全年开展市级、县级培训班6场次，培训600多人，开展活动300场次。

【青年创新创业创优】 2019年，茂名团市委助力青年成长成才，选拔6名优秀金融干部赴县级团委挂职。建立创业金融服务站34个，发放金融知识宣传材料19万份，开展金融知识下乡集中宣讲活动53次，对农村青年开展知识培训3610人次。启动第五届“税务杯”青年创新创业大赛，筹集活动资金22万元，吸引100个项目（团队）报名参赛。开展“展翅计划”工作，有293个党政机关、事业单位和优秀企业参与，为大学生提供实习、见习岗位2047个。联合市农业农村局表彰“大学生回乡创业推进乡村振兴先进个人”。举办“2019年公务员考试考前公益辅导班”。举办茂名市高端人才交流会，激发人才创新创造创业活力，吸引70名研究生、博士生参加。举办“六十华载、纳贤招才”茂名市第三届人才就业专场供需见面会，有145家企事业单位参会，提供2856个岗位，现场人流量超过1.5万人次。

【青年志愿者服务】 2019年，茂名团市委联合各部门组织上万人次的志愿者联合开展“小手拉大手·文明齐步走”“好心茂名·最美少年”和“文明祭祀”防火宣传志愿服务、“礼让行人文明行车”“交通无违章创文好榜样”及“牛皮癣”清理、慈善公益、扶贫济困志愿服务活动。深化保护母亲河植树护绿工作，开展“有喜事·来种树”公益植树活动24场次，种植树木7357棵，参与人数2668人。

【青年成长成才成家活动】 2019年，茂名团市委实施新生代产业工人圆梦计划，合作院校广东白

云学院和广东开放大学各招生50人，帮助100名新生代产业工人实现“每天一元”圆大学梦。服务青年婚恋交友，组织未婚男女青年开展单身男女交友活动4场次，参加的单身青年500人次。开展“我的中国梦·青春七彩梦”广东省第十届留守少年儿童茂名市福彩夏令营活动。（团市委）

老年人

【老年人概况】 2019年，茂名市推进养老服务领域“放管服”改革，取消养老机构设立审批，放宽民间投资市场准入条件。向市委、市政府提出“关于进一步推动茂名市养老服务业高质量发展的意见建议”。实施养老床位配送计划，为乡镇（街道）老人活动中心、村委会老人活动服务站配送养老用床990张。全市有各类养老机构149所，其中公办养老机构110所、民办养老机构39所，有养老床位4万多张，每千名老人拥有床位33.9张。

【“颐年苑”项目建设情况】 2019年，茂名市颐年苑BT项目完工，一期工程按要求完成整改并通过验收，领取工程质量监督报告，完成项目建设的阶段性任务。颐年苑项目一期工程完善装修及内部配套设施建设于11月8日立项，处在施工前期准备工作阶段。

【社区养老服务建设】 2019年，茂名市有社区养老服务设施2063个，其中城市社区330个、乡镇91个、农村社区1642个，城市社区养老服务设施覆盖率100%、乡镇覆盖率达91%、农村覆盖率94%。社区老人活动服务中心（站）内设活动室、阅览室、棋牌活动室、康复室、健身室、养老休息床位等多层次的服务设施，组织兼职护理员、社区工作人员、志愿者义工团等各界参与开展各类文体娱乐、医疗、日间照料等服务，让老年人“老有所养、老有所医、老有所乐”。

【养老院服务】 2019年，茂名市对149所养老院开展服务质量建设专项行动暨养老院安全问题专项整治工作，提升养老院服务质量。建立养老机构责任保险制度，全市109所公办养老机构和28所民办养老机构购买养老机构责任保险。举办1期养老机构管理人员培训班，参加培训人数83人。

【高龄老年人津贴】 2019年，茂名市16.34万高龄老人享受高龄津贴，合计发放高龄津贴7029万元。从2011年10月1日起，由茂名市各县（市、区）民政部门通过银行向茂名市户籍80周岁以上高龄老人社会化发放生活津贴，津贴标准为：80至89周岁每人每月30元，90至99周岁每人每月50元，100周岁以上每人每月400元，高龄津贴按时足额发放。

【医养结合试点】 2019年，茂名市继续推进村级医养结合试点工作，以居家养老为主，以村级卫生站为依托，以村建老人活动服务站为平台，以医生志愿者和学生志愿者队伍为助力，通过村级卫生站医疗服务、家庭医生签约、日常检查、心理咨询，以及老人活动服务站日常照料、集中娱乐、志愿服务、养生科普、推拿养护等形式，解决村中老年人小病无去处、养生无知识、精神无寄托、孤独无陪伴的问题。全市12个试点村委会完成设施设备的配置安装，投入使用。

【农村留守老年人关爱服务】 2019年，茂名市通过在原全国留守儿童和困境儿童信息管理系统基础上，升级开发农村“三留守”人员信息管理系统，在全市范围内上线运行。全面摸清农村留守老年人基本情况，完善县级农村留守老年人定期探访制度，为留守老年人提供相应的援助服务。

【老年人关爱】 2019年，茂名市各级政府各单位组织召开各种形式茶话会、座谈会，各级领导干部上门慰问部分百岁、孤寡、特困、空巢老人，每人发放慰问品和慰问金。各地各单位组织共产党员、共青团员、学生和各类志愿者，走进城乡社区、养老服务机构和老年人家庭，开展关爱服务。（市民政局）

【老龄健康】 2019年，茂名市60周岁以上常住人口110.47万人，其中80周岁以上21.53万人、90周岁以上3.57万人、100周岁以上1773人。65岁以上老年人健康管理率66.6%，65岁以上老年人家庭医生签约率79.6%。全市有医养结合机构19个，其中12个村（居）级机构是居家养老型医养结合机构，医养结合机构床位1687张。一级以上医疗机构有182个，全部设置老年人绿色通道。全市有146家养老机构与医疗机构签约，以不同形式为入住养老机构的老年人提供医疗服务。

【老年健康宣传周活动】 2019年6月11日，“茂名市2019年老年健康宣传周”活动在茂名市油城老年大学举行，活动由茂名市卫生健康局、茂名市委老干部局、茂名市油城老年大学主办，主题是“懂健康知识，做健康老人”，有500多名老年群众参与活动。现场有文艺表演、老年健康知识讲座、老年病防治专家义诊，设置老年健康相关政策和健康知识等内容展板，宣传普及老年健康科学知识和老年健康相关政策。

【“健康进镇村”义诊活动】 2019年6—12月，茂名市卫生健康局落实国家老龄委关于开展“健康快乐夕阳红”主题活动的部署，组织各类老年人慢性病防治专家到各区、县级市的镇村开展义诊、宣传健康知识和咨询等活动，为群众提供免费量血压和测血糖服务，对老年人常见的慢性病、多发病的预防和治疗提供专业的指导。全年组织“健康进镇村”义诊活动7场。

【“敬老月”活动】 2019年9月29日，茂名市2019年“敬老月”活动启动仪式暨敬老茶话会在茂名市东园酒店举行，市委常委、组织部部长徐晓霞，茂名市原市四套班子老领导、茂石化公司老领导和获得全国、省劳动模范称号的老劳模代表，市直离退休干部、职工代表300多人参加活动。

【“温暖重阳”关爱老年健康义诊活动】 2019年10月8日，茂名市卫生健康局在茂名市人民医院开展“温暖重阳”关爱老年健康义诊活动，赠送“健康礼包”，为前来咨询的群众解疑释惑，提供把脉搏、开药方、测血糖、量血压等服务，宣传普及各种老年人慢性病医学知识和健康知识，派发健康知识宣传手册，开展老年人健康知识有奖问答活动等。

（市卫生健康局）

残疾人

【残疾人康复服务】 2019年，茂名市残疾人联合会以实施0～6岁残疾儿童康复救助项目、家庭医生签约服务、残疾人精准康复辅助器具适配工作为重点，全面推进残疾人康复工作。制定《茂名市贯彻落实〈广东省残疾儿童康复救助实施办法〉的实施意见》，建立形成党委领导、政府主导、残联牵头、部门配合、社会参与的残疾儿童康复救助工作格局，确保残疾儿童康复救助应救尽救，对符合救助条件的残疾儿童进行兜底救助、应救尽救。做好残疾儿童康复评估，为1200多名0～6岁残疾儿童提供康复服务，为残疾儿童家长提供免费培训。根据残疾人的个性需求，为5187名残疾人提供个性化辅助器具适配服务，推进残疾人流动服务车进村入户，为偏远山区残疾人提供便利服务。对202名成年贫困严重精神障碍患者实行服药救助，救助金额10.1万元；对38名成年贫困精神障碍患者实行住院救助，救助金额11.4万元。全年全市有康复需求的残疾人3.91万人，有3.15万名残疾人获得不同程度的康复，康复服务率80.7%。

【残疾人就业与培训】 2019年，茂名市全国统一高考有62名残疾人高考考生被高等院校录取并落实补贴。全年对全市161名符合条件的残疾儿童给予助学金补助；开办残疾人扫盲培训班9期，参加扫盲培训591人。为残疾人搭建就业平台。与市人社局联合举办大型残疾人专场招聘会1次，有46家用人单位进场，提供568个就业岗位，有370多名残疾人参加应聘，现场与用人单位

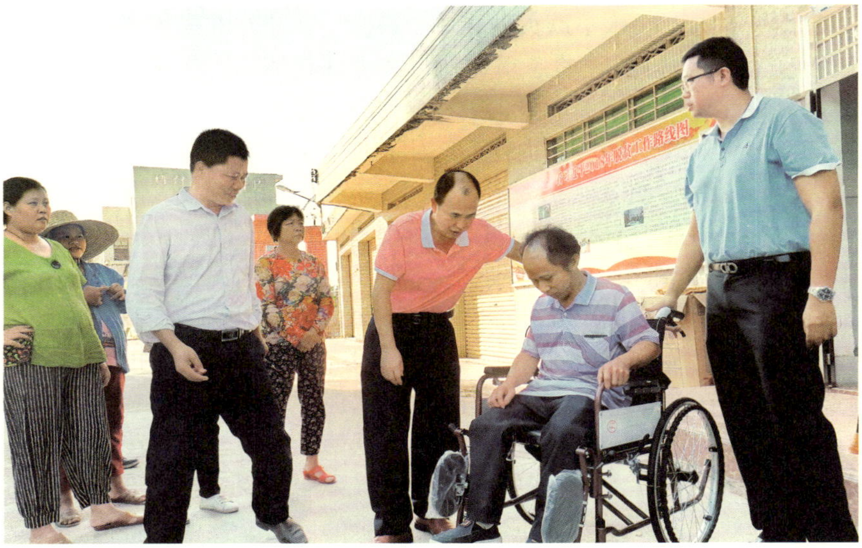

▲ 2019年，茂名市残联开展免费为残疾人适配辅具工作

达成就业意向230人。全市安排有残疾人就业的用人单位共630家，按比例安排残疾人就业1449人。组织参加2019年广东省“众创杯”残疾人公益赛。茂名市“心shine跑团”在“视障跑者带你飞”项目比赛中，以87.42分的成绩获团队组助残类银奖。

【残疾人宣传文体】 2019年，茂名市残疾人联合会通过抓好宣传、文化体育工作，帮助残疾人融入社会，参与社会生活。在春节、全国助残日、爱耳日、国际残疾人日等重大节日期间，开展走访慰问困难残疾人活动；组织新闻媒体做好相关宣传报道工作，联合电视台继续制作《携手奔小康》专题节目并通过媒体播出；与茂名电台开办的《美丽人生》专栏，全年播出52期。参加全国第十届残疾人运动会暨第七届特殊奥林匹克运动会，8名茂名选手代表广东省获7枚金牌、2枚银牌、3枚铜牌。在全市范围开展残疾人运动员选拔，选拔出36名残疾人运动员苗子53人次到省各个基地进行9个项目试训；参加第八届广东省特教学校学生文艺作品评选，《永不磨灭的记忆》获得金奖和创作奖；开展“学听跟”专项活动，增强各级残疾人组织的政治性、先进性、群众性，取得预期效果。

【残疾人信访与维权】 2019年，茂名市残联落实残疾人各项福利待遇和保障措施，维护残疾人的合法权益。配合市人大常委会做好省人大常委会执法检查组到茂名市检查《广东省实施〈中华人民共和国残疾人保障法〉办法》贯彻实施情况相关工作。全年市残联接待残疾人来信、来访、来电700余人次，与市法援处协作配合，为18名残疾人提供法律救助；与市交警协作，加强对市区92辆发放标识牌的残疾人机动轮椅车的管理。完成残疾人机动轮椅车燃油费补贴发放工作，全市有700多名残疾人领取燃油费补贴。全年投入403万元资金，完成806户贫困重度残疾人家庭配套设施改造任务，从根本上改善部分贫困残疾人家庭配套设施及出行条件。 （市残联）

民族·宗教

民族事务

【民族事务概况】 （详见第8页《民族》）

【城市民族工作】

民族村经济社会发展 2019年，茂名市以“一村一品”为突破点，扶持5个民族村种植特色农产品，分别形成信宜市桂垌村的黑榄，云开村的三华李，琶垌村的大红花油茶，化州市塘表村的淮山、那宾村的化橘红等“一村一特色”种植基地。5个民族村群众年人均可支配收入由1500元增长到8972元。加强民族村道路建设，争取到中央少数民族扶持资金300万元，为信宜市桂垌村、云开村、琶垌村，化州市那宾村修建水泥硬底化道路，解决民族村交通落后问题。做好茂名市少数民族聚居区少数民族大学生资助资金的申请、登记、审核、发放工作，对少数民族聚居村5名符合条件的少数民族大学生落实每人每年1万元的资金资助。

民族团结进步创建工作 2019年，茂南区油城社区、信宜市云开村、广东茂名幼儿师范专科学校入选市民族团结进步创建示范点培育对象，通过民族文化宣传、建立少数民族互助组织、完善过硬的民族工作软硬件设施等措施，推进民族团结进步创建活动深入开展。茂南区油城社区于2019年1月被广东省授予“广东省民族团结进步创建示范单位”称号。市委统战部、市委宣传部、市教育局联合印发《2019年全市民族团结教育宣传月活动的实施方案》，采取宣传专栏、宣传横幅、宣传讲座、篝火晚会、电影晚会、民族歌舞演出等形式，开展民族团结进步宣传教育，使党的民族政策深入人心，促进各民族交往交流交融。在《茂名日报》专题宣传党和国家的民族方针政策，报道市民族团结进步创建工作的先进单位和个人先进事迹。加强与由西北地区到茂名经商的少数民族群众的联系，解决经商、就医、子女入学等困难，维护全市民族团结稳定的局面。

宗教事务

【宗教事务概况】 （详见第8页《宗教》）

【宗教理论学习培训】 2019年，茂名市统战部门加强对市、县、镇三级宗教工作干部的政治理论和业务政策的培训。各级统战部门认真抓好宗教界代表人士政策法规学习，分别组织宗教团体领导成员、宗教场所负责人、宗教教职人员学习新修订的国务院《宗教事务条例》等宗教政策法规，实现学习培训全覆盖。各宗教活动场所结合“宗教政策法规学习月”“宪法宣传日”等活动，学习党的十九届四中全会精神及宗教法规政策，提高宗教教职人员和广大信教群众遵守国家法律法规，接受国家依法管理，爱国爱教、正信正行的观念和意识。南山寺、信愿寺等组织常住僧众、义工及工作人员集中观看学习党的十九届四中全会视频；观山寺、太平禅寺、三帝庙等场所组织教职人员、信众学习新修订的《宗教事务条例》；高州基督教堂制作普法宣传专栏和法律法规宣传专柜，将《宗教事务条例》、社会主义核心价值观、反邪教、扫黑除恶等内容展呈，供广大信众学习。

【宗教活动场所安全检查】 2019年，茂名市加强对各宗教活动场所安全生产及消防工作检查。现场听取情况汇报，询问日常管理、安全责任落实、应急预案的制定等情况，检查场所内的房屋质量隐患、电气线路隐患，消防设施、灭火器材的配备放置情况，紧急疏散通道、安全出口畅通情况，香烛存放、香纸焚烧的管理情况。对问题限期整改，杜绝安全事故发生。

【公益慈善】 2019年，茂名市统战部门引导宗教界开展公益慈善活动。在春节、中秋等节日，各宗教场所开展扶贫慰问活动，以实际行动投身和谐社会建设。在“6·30”扶贫济困日活动中，全市宗教界捐资约25万元。

（市委统战部）

人力资源·劳动就业

人事·人才

【事业单位人员招聘】 2019年，茂名市组织事业单位参加广东省人力资源保障厅开展的急需紧缺专业人才现场招聘活动，实施医疗卫生系统、教育系统以及“二本四专”（广东石油化工学院、广州科技职业技术学院滨海校区两所本科院校和茂名职业技术学院、广东茂名健康职业学院、广东茂名幼儿师范专科学校、广东茂名农林科技职业学院四所高等专科院校）高校人才招聘选聘。茂名市教育系统直属学校招聘引进398人，其中研究生131人、本科267人；市医疗系统招聘引进110人，其中研究生35人，本科72人。

【高学历（技能）人才引进与管理】 2019年，茂名市人力资源和社会保障局联合中共茂名市委组织部印发《茂名市市级急需紧缺专业人才管理暂行办法》。全年全市引进研究生以上学历人才395人，其中博士生215人、硕士生180人；新增市级急需紧缺专业人才硕士14人。全年认定高层

链接

高层次人才是指《茂名市深化人才发展体制机制改革的实施意见（实行）》划分的第一类至第五类人才。

第一类人才：国际领先人才，包括中国科学院院士，中国工程院院士，中国国家最高科学技术奖获得者，国外院士（国家最高学术权威机构会员）及其他同等层次人才。

第二类人才：国内领先人才，“长江学者”特聘教授，国家杰出青年科学基金获得者，“珠江人才计划”团队项目带头人，“珠江人才计划”科技创新领军人才，“广东特支计划”（广东省培养高层次人才特殊支持计划）杰出人才及其他同等层次人才。

第三类人才：省内领先人才，包括“珠江人才计划”团队项目核心成员，“珠江人才计划”高层次人才项目入选者、“广东特支计划”入选者，中国青年科学家奖获得者及其他同等层次人才。

第四类人才：拥有正高级职称的专业人才，教育部承认的全日制普通高校毕业博士研究生及其他同等层次人才。

第五类人才：本科、硕士均在“211”“985”“双一流”及以上层次大学、学科毕业并取得学位的全日制硕士研究生。

次人才47人，其中第二类人才1人、第四类人才24人、第五类人才22人，发放补贴549.8万元。高技能人才12.78万人，其中年内新增高技能人才2.16万人（含教育部门数据）。

【博士（后）工作站、人才工作联络站建设】 2018—2019年，茂名市拥有博士后科研工作站1个（中国石油化工股份有限公司茂名分公司博士后科研工作站），博士后创新实践基地7个（茂名市炜邦矿业有限公司、茂名市水果科学研究所、高州市人民医院、电白区德威圣科技有限公司、化州化橘红药材发展有限公司、电白区金阳热带海珍养殖有限公司、茂名市人民医院）。2019年，新增博士后创新实践基地1个（茂名市人民医院），成立博士工作站6家（广东石油化工学院、中国石油化工股份有限公司茂名分公司、化州化橘红药材发展有限公司、茂名市人民医院、高州人民医院和广东新华粤石化集团股份公司）。2018—2019年，茂名市与南京大学、西北工业大学、大连理工大学、武汉大学、暨南大学、华南师范大学成立人才工作联络站。2019年，新增挂牌华南师范大学人才工作联络站。

【专业技术人员职称评定】 2019年，经茂名市人力资源和社会保障局所辖评委会评审（认定）：全市高级评审申报3335人，通过2309人，高级评审通过率69.2%；中级认定申报25人，通过21人，中级认定通过率84%；初级认定申报364人，通过346人，初级认定通过率95.1%。

【专业技术人员资格考试】 2019年，茂名市组织专业资格考试8项。广东省二级建造师资格考试报名3187人，通过考试182人。全国会计专业技术初、中级资格考试报名8735人，通过考试897人。全国社会工作者职业水平考试报名1560人，通过考试210人。执业药师资格考试报名4652人，通过考试695人。全国计算机软件（水平）资格考试全年报名626人，通过考试102人。全国经济专业技术资格考试报名1042人，通过考试106人。全国卫生资格考试报名5060人，通过考试2438人。全国护士资格考试报名1895人，通过考试1004人。

【职业技能鉴定】 2019年，茂名市组织职业技能鉴定4.42万人次，获得职业资格证书2.99万人。其中：获得初级工证书1.54万人，获得中级工证书1.07万人，获得高级工证书3684人，获得技师证书36人，获得高级技师证书105人。

（市人力资源社会保障局）

【公务员管理】 2019年，茂名市选优配强各级各类领导干部，提拔、调整市管副处以上干部474人次。实施一线干部锻造工程，在脱贫攻坚、扫黑除恶等重点工作、项目一线中考察干部185批次、2600多人次，选拔任用基层一线市管干部38人，提拔驻村期满的第一书记35人，提拔（晋升）重用扶贫干部110人。完善干部非任用性考察办法，开展非任用性考察1316人次。完善优秀年轻干部发现培养选拔机制，安排98名选调生到基层锻炼，对61名年轻市管干部及28名年轻镇（街道）党政正职干部进行专项考察。从严监督管理干部，抓好选人用人“一报告两评议”（专题报告年度干部选拔任用工作情况，评议干部选拔任用工作，评议选拔出来的干部）工作，严格执行“凡提四必”（凡提必审、凡提必核、凡提必听、凡提必查），开展“带病提拔”倒查市管干部2人次。开展提醒函询诫勉工作，个人事项报告提函诫28人次。建立健全“容错纠错、能上能下、激励鼓励”三位一体保障机制，重新使用受处分科级干部2人，对3名处级领导干部实行组织“下”的调整。推进公务员职务与职级并行制度的落实，完成机构改革工作。完成公务员奖惩、2018年度市直机关单位绩效考核奖金金额审核等工作。从严做好2020年选调生与急需紧缺专业公务员招录及从优秀村（社区）党组织书记中招录乡镇公务员考试工作；组织开展2019年市直机关公开遴选（选调）公务员工作。严格程序，做好公务员考试录取工作，茂名市面向社会公开招录公务员385人，经笔试、公安体能测评、面试、体检、考察、公示等环节，录用公务员375人。选拔储备优秀人才，精准科学选调优秀大学毕业生。在2018、2019年国内“双一流”（一流大学和一流学科）高校、省内部分高校的优秀毕业生、国外知名院校的优秀留学生和境外入境优秀学生中选调114人，由组织部门安排到基层锻炼，跟踪培养。从优秀村（社区）党组织书记中专项选拔乡镇公务员9人。按照机构改革要求，完成人员转隶手续，全年完成市直33个机关单位机构改革转隶808名公务员的调动手续。完成68个市直机关单位上年度考核的审核备案工作，审核考核备案公务员4472人，638人被评为优秀等次。开展茂名市公务员“四类培训”（初任培训、任职培训、专门业务培训和在职培训）。　　（市委组织部）

就业促进

【就业概况】　2019年，茂名市城镇新增就业6.01万人，城镇失业人员再就业1.7万人，就业困难人员实现就业2243人，城镇登记失业率2.4%。

【就业政策】　2019年3月，中共茂名市委办公室、茂名市人民政府办公室印发《关于进一步引导和鼓励高校毕业生到基层工作的实施意见》。9月，市人力资源社会保障局联合市财政局印发《转发〈广东省人力资源和社会保障厅广东省财政厅关于明确进一步促进就业若干政策有关资金使用管理问题的通知〉》；市人力资源社会保障局联合市财政局、市金融局和中国人民银行茂名市中心支行印发《关于印发〈茂名市人力资源和社会保障局 茂名市财政局茂名市金融局中国人民银行茂名市中心支行关于茂名市创业担保贷款担保基金和贴息资金管理办法的〉的通知》。10月，市人力资源社会保障局印发《茂名市人力资源和社会保障局关于印发茂名市实施“好心家政”工程促进就业工作方案的通知》。12月，市人力资源社会保障局联合市教育局印发《茂名市促进“二本四专”高校毕业生留茂就业实施办法》。

【高校毕业生就业创业】　2019年，茂名市应届高校毕业生登记报到2.64万人，接收应届毕业生档案3.77万册。1至4月，茂名市开展“春风行动”“南粤春暖”专项招聘活动，在全市范围内举办招聘会44场，有2629家企业参加，提供岗位数4.3万个，进场应聘人数3.6万人次，岗位涵盖普工、物管、业务、销售、行政、技术等方面，达成意向9386人。7月，由市人力资源社会保障局主办、茂名市职业介绍服务中心承办的2019年“三支一扶”（支教、支农、支医和扶贫）高校毕业生专场招聘会，在广东省粤西创业创新孵化基地举办。招聘会有50余家单位（含机关、事业单位、企业）进驻并提供1600多个岗位，应聘人数200多人，其中有60多名高校毕业生现场成就业意向。11月7日至12月21日，由茂名市人力资源和社会保障局主办、茂名市职业介绍服务中心承办，开展“茂名市2019年（冬季）高校毕业生就业服务”招聘专场6场，提供1.24万个就业岗位和实习机会，应聘人数高达1.04万多人次，其中3025人初步达成就业意向。茂名市制定《茂名市职业技能提升行动实施方案》，向138名应届高校毕业生发放基层就业补贴67.5万元；将困难的应届高校毕业生求职创业补贴标准从每人1500元提高到2000元，向1340名高校毕业生发放求职创业补贴268万元。

【组队参加人社系统2019年度窗口单位业务技能练兵比武赛】
2019年7月25日，广东省人社系统2019年度窗口单位业务技能练兵比武活动在广州市举行。广东省人力资源社会保障厅以及全省21个地市人社局共组织22支代表队参赛，其中8支代表队入围总决赛。茂名市以晋级赛总分第四名进入总决赛，最终获团体三等奖、优秀组织奖；茂名市选手黄东飞、曾俊玮均获个人优秀奖。黄东飞作为广东省代表队6名组员之一，参加全国人社系统窗口单位业务技能练兵比武赛。

【技能培训促创业】　2019年，茂名市劳动力技能培训4.56万人，补贴参加技能晋升培训劳动者1.38万人次，补贴金额2376.32万元；开展创业培训1.09万人，促进创业人数2500人。茂名市提高就业专项资金使用效能，各项创业专项资金支出1318.24万元，惠及9271名创业者；印发《茂名市创业担保贷款担保基金和贴息资金管理办法》，发放创业担保贷款119笔2581万元，为创业担保贷款贴息84.31万元。

【“南粤家政”工程促进就业启动】　2019年8月22日，广东省实施“南粤家政”工程促进就业工作启动仪式在茂名市举行。活动由广东省人力资源和社会保障厅、茂名市人民政府主办，茂名市人力资源社会保障局承办。广东省副省长张光军、省人力资源和社会保障厅厅长陈奕威、省直单位领导，市委、市政府领导、全省21个地级市副市长、人力资源社会保障局长以及全省家政服务业行业代表近300人出席启动仪式。至2019年年底，茂名市推进茂名市高级技工学校建设南粤家政综合培训就业基地，开展家政人员培训，组织开展育婴员、保育员等“好心月嫂”家政职业技能培训1.09万人，带动就业1.79万人；完成《家庭育婴服务培训规范》《居家养老护理培训规范》“一老一幼”地方标准申报和《月子餐通则》企业标准申报且通过评审。

【“好心家政”促进就业工程】 2019年，茂名市印发《茂名市人力资源和社会保障局关于印发茂名市实施“好心家政”工程促进就业工作方案的通知》，以实施“好心家政”品牌创建行动为重点，全面开展专业化、精细化、特色化家政服务技能培训，打造“好心月嫂”“好心保姆”“好心陪护”“好心护理”特色培训品牌，强化技能培训和促进就业创业渠道。茂名市有家政服务业企业238家，从业人员约6万人，主要从事保育员、育婴员或者家政服务员工作；茂名市有家政行业协会14家。7月，茂名市成立广东好心家政职教集团，成为全省首家家政服务业职业教育集团。广东好心家政职教集团与广东茂名健康职业学院、茂名技师学院、茂名市高级技工学校、茂名市交通高级技工学校签订战略合作协议，分别和韶关市签订驻粤北职业技能培训协议、肇庆市签订驻大湾区职业技能培训协议、在澳门设立就业服务分支机构，并向澳门输送首批订单。

【“人社杯”创业创新大赛】 2019年9月19日，“向海而行·好心茂名”2019年茂名市“人社杯”创业创新大赛（总决赛）在广东省粤西创业孵化基地举行。大赛由茂名市人力资源和社会保障局主办，茂名市就业服务管理中心承办，茂名伊电园创业孵化器有限公司协办，有来自24支初创团队和24家成长企业92个项目参赛。纳米银花、茂名市合创势咨询服务有限公司，分别获得比赛团队组、企业组第一名。

【劳务现场招聘会】 2019年，茂名市举办各类大型专场招聘会269场，参加招聘单位9260家，提供就业岗位19.74万个，进场求职18.29万人次，达成就业意向4.81万人。

【创业孵化基地】 2019年，茂名市认定市级创业孵化基地10家、市级示范性创业孵化基地3家、省级示范性创业孵化基地1家。广东省粤西创业创新孵化基地投入运营，属广东省第一批区域性创业孵化基地。

【人力资源市场】 2019年，茂名市有人力资源服务机构61家，其中市区50家、茂南区1家、电白区4家、信宜市2家、高州市1家、化州市3家。市人力资源服务机构开展就业推荐、举办招聘会、职业培训等业务，全市人力资源服务机构提供招聘岗位3.64万个，帮助实现就业和岗位流动人数24.81万人次，服务用人单位1.2万家，举办培训班496次。

▲2019年11月7—21日，茂名市人力资源和社会保障局与茂名市职业介绍服务中心联合举办“茂名市2019年（冬季）高校毕业就业服务”招聘会

劳动关系

【和谐劳动关系创建】 2019年，茂名市人力资源和社会保障局推进创建和谐劳动关系工作、企业工资集体协商工作，化解企业劳资纠纷。全市企业劳动合同签订率95.8%，集体合同签订率82%。

【劳动保障监察】 2019年，茂名市有731个建筑施工企业建立工程建设领域工资保证金制度，存储工人工资支付保证金6.03亿元。茂名市建立健全欠薪应急周转金制度，欠薪应急周转金总数达到广东省要求的1000万元目标。按阶段分别开展解决拖欠农民工工资问题专项行动、清理整顿人力资源市场秩序专项行动、用人单位遵守劳动用工法律法规情况专项检查行动、根治欠薪夏季行动、人力资源社会保障领域矛盾化解“百日攻坚”专项行动、根治欠薪冬季行动。茂名市各级劳动保障监察机构检查用人单位6526家，立案查处劳资纠纷105宗，比上年下降26.6%，当期结案率100%；责令清退欠薪3805万元，下降22.9%；涉及2823人，下降33%。

【人力资源社会保障信访】 2019年，茂名市各级人力资源社会保障信访工作机构加强人力资源社会保障领域信访矛盾化解工作。全市人社系统接待来访群众1320批次，涉及群众2250人次，受理各项信访事项233个，接受“12345”政府服务热线转入电话2.6万次，转入群众诉求工单436张，100%按时按质办结。

（市人力资源社会保障局）

收入·消费

城乡居民收入与消费

【城乡居民人均可支配收入】 2019年，茂名市全体居民人均可支配收入2.32万元，比上年增长8.6%。

居民收入增长快于经济增长 2019年，茂名市全体居民人均可支配收入比上年增长8.6%，提高1.2个百分点，扣除价格因素影响，实际增长5%。全市实现地区生产总值（GDP）3252.34亿元，总量继续位居粤东西北地区首位，比上年增长4.3%，人均GDP增速2.6%，居民收入增长快于经济增长。

城乡收入差距缩小 2019年，茂名市城镇常住居民人均可支配收入2.94万元，比上年增长8.3%；农村常住居民人均可支配收入1.85万元，增长9%，城乡居民收入涨幅均较上年高1个百分点。农村居民人均可支配收入增速高于城镇居民0.7个百分点，城乡居民收入比值由上年的1.60降低至1.59，城乡居民收入相对差距缩小。

地区间发展平衡 2019年，茂名市内茂南、电白、高州、化州、信宜5个区（县级市）全体居民人均可支配收入分别为2.85万元、2.27万元、2.2万元、2.19万元、2.2万元，增速分别为8.3%、6.8%、8.5%、7.7%、8.7%，两个山区县级市高州、信宜增幅分别超过茂南区、电白区，区域收入差距缩小，地区间发展更趋平衡（见表1）。

表1 2019年茂名市居民收入情况表

类别 地区	全体居民		城镇居民		农村居民	
	绝对值（元）	增幅（%）	绝对值（元）	增幅（%）	绝对值（元）	增幅（%）
茂南区	28466.9	8.3	33100.9	8.2	18824.9	10.2
电白区	22674.6	6.8	28506.3	6.7	18744.5	9.7
高州市	22022.9	8.5	28301.5	8.4	18423.3	8.6
化州市	21872.4	7.7%	27660.8	7.6%	18598.0	9.7%
信宜市	21968.9	8.7%	27243.0	8.6%	18384.9	10.6%

城乡收入低于全国、全省平均水平 2019年，茂名市全体居民人均可支配收入2.32万元，增长8.6%，绝对值分别比全国、全省均值低7554元、1.58万元，差距较大。增幅均比全国、全省均值低0.3个百分点，略微落后。分城乡看，茂名市城镇常住居民人均可支配收入2.94万元，增长8.3%；农村常住居民人均可支配收入1.85万元，增长9%，城镇和农村常住居民收入增速均低于全省平均水平（见表2）。

表2 2019年茂名市与全国、全省居民人均收入对比表

地区＼类别	全体居民		城镇居民		农村居民	
	绝对值（元）	增速（%）	绝对值（元）	增速（%）	绝对值（元）	增速（%）
全国	30733	8.9	42359	7.9	16021	9.6
广东	39014	8.9	48118	8.5	18818	9.6
茂名	23179	8.6	29405	8.3	18482	9.0

农村居民收入居东西两翼沿海经济带首位 2019年，茂名市农村常住居民人均可支配收入18482.2元，绝对值位居广东省东、西两翼沿海经济带7市的第一位，全体、城镇常住居民人均可支配收入均位居第四位。茂名市城镇常住居民人均可支配收入增长8.3%，为广东省东、西两翼沿海经济带7市的最高增速，较同处粤西地区的阳江、湛江分别高1.8个百分点和0.7个百分点，全体、农村常住居民收入增速分别位居第三位和第六位（见图1）。

图1 2019年广东东西两翼沿海经济带居民人均收入对比图

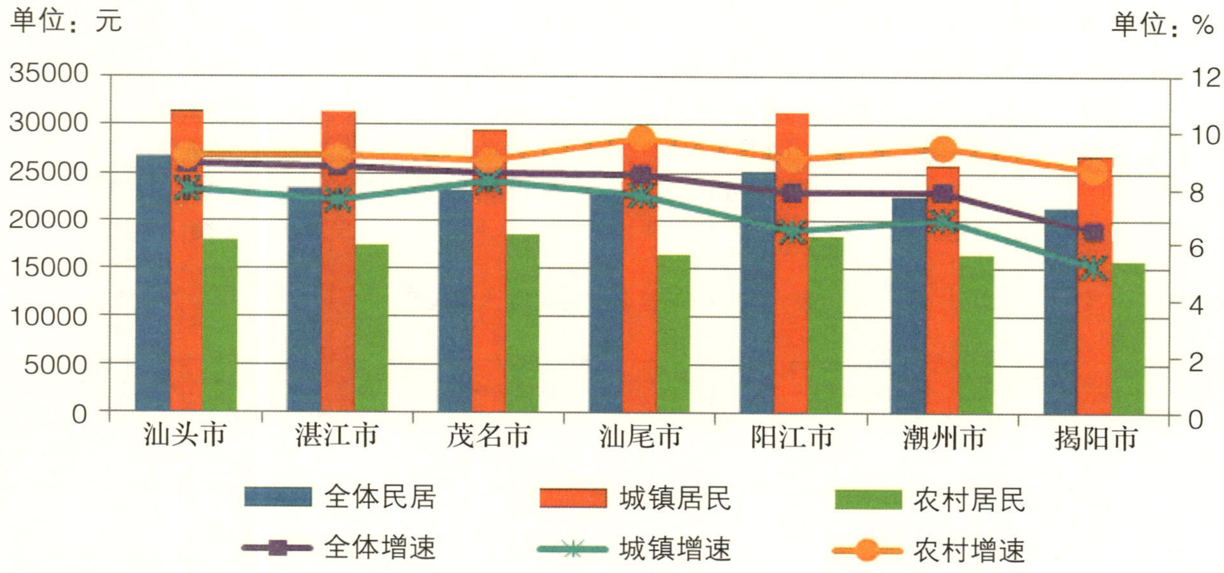

【四大类收入“三升一降”】 2019年，从收入构成看，除财产性收入外，其余三大类收入普遍增长。在全体居民人均收入中，工资性收入1.27万元，增长6.8%；经营净收入3160.7元，增长17.5%；转移净收入5735.7元，增长12.3%（见表3）。

表3 2019年茂名市居民人均可支配收入构成表

指标名称	全体居民（元）	比上年增长（%）	城镇居民（元）	比上年增长（%）	农村居民（元）	比上年增长（%）
可支配收入	23179.0	8.6	29404.9	8.3	18482.2	9.0
一、工资性收入	12694.7	6.8	18850.7	7.0	8050.7	6.7

续表

指标名称	全体居民(元)	比上年增长(%)	城镇居民(元)	比上年增长(%)	农村居民(元)	比上年增长(%)
二、经营净收入	3160.7	17.5	4564.6	16.5	2101.7	19.3
三、财产净收入	1587.8	–4.9	2533.7	–4.0	874.3	–6.7
四、转移净收入	5735.7	12.3	3455.9	15.3	7455.5	11.2

工资性收入　2019年，茂名市落实各项工资福利制度，提高最低工资标准，发放行政事业单位绩效奖；实施“促进就业十一条”政策，就业形势稳定。全年城镇新增就业6.01万人，城镇登记失业率2.4%，全市资质以上总承包和专业分包建筑业企业期末从业人员17.41万人，比上年增长6%。全市全体居民人均工资性收入1.27万元，增长6.8%，占人均可支配收入的54.8%；城镇常住居民人均工资性收入1.89万元，增长7%，占人均可支配收入64.1%；农村常住居民人均工资性收入8050.7元，增长6.7%，占人均可支配收入43.6%。工资性收入对居民收入增长的贡献率最大。

经营净收入　2019年，茂名市实有市场主体28.44万户，较上年增长13.2%。1—11月，全市减税降费33亿元，市场主体普遍受益。全市全体居民人均经营净收入3160.7元，比上年增长17.5%，涨幅较上年提高9.1个百分点。农业产业转型升级，特色产业助推经营收入增长，全年茂名市农林牧渔业增加值592.1亿元，比上年增长3.7%，拉动农村居民经营净收入增长。农村常住居民人均经营净收入比上年增长19.3%，提高9.6个百分点。

转移净收入　2019年，茂名市提高养老金标准，惠及全市23万多退休人员。提高城乡居民基本养老保险基础养老金标准，自1月1日起，将城乡居民基本养老保险基础养老金最低标准提高至每人每月170元，增长14.9%。提高个人所得税起征点，依据个人所得税专项附加扣除政策对六大项目进行抵扣，转移性支出中个人所得税指标有所下降。工伤保险和职工医疗保险缴费比例下调，全年茂名全市城镇职工医保参保人数50.93万人，大病保险报销比例提高，全体居民人均转移净收入5735.7元，比上年增长12.3%。

【城乡居民人均消费支出】　2019年，茂名市全体居民人均消费支出1.65万元，比上年增长7%，提高0.5个百分点。其中：城镇常住

图2　2018—2019年两年恩格尔系数对比图

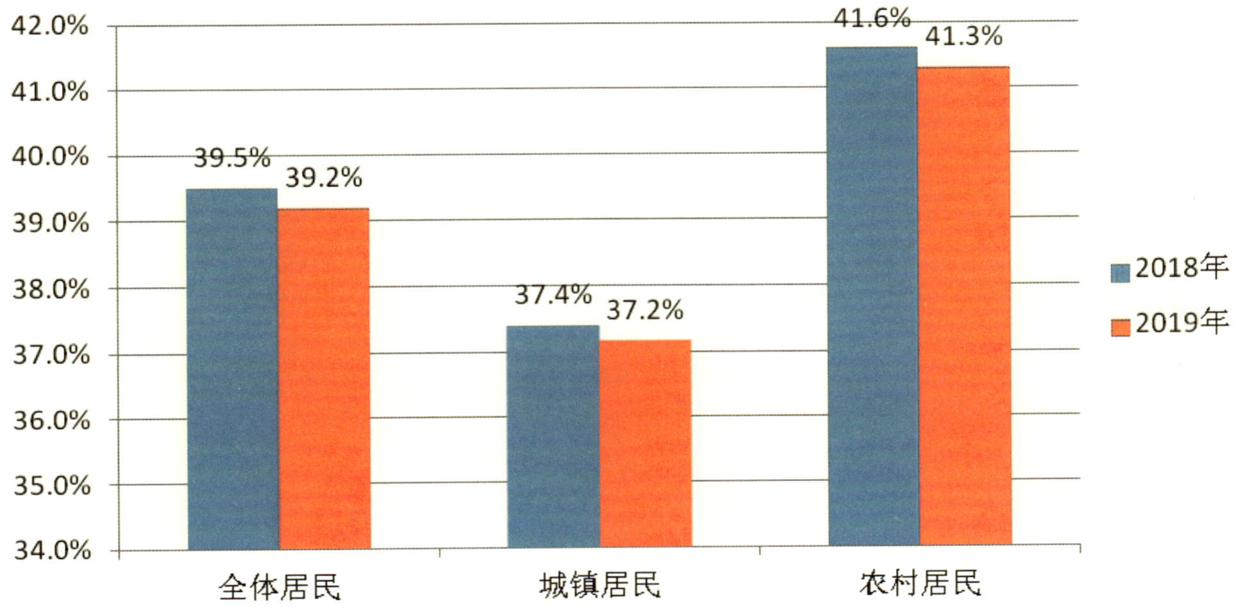

居民人均消费支出1.93万元，增长6.8%；农村常住居民人均消费支出1.45万元，增长7.1%。农村居民消费增长快于城镇居民0.3个百分点。

恩格尔系数下降　2019年，茂名市居民消费价格持续上涨，食品烟酒类价格增长过快，导致茂名居民食品烟酒支出增加。茂名全体居民人均食品烟酒支出6476.6元，增长6.2%；恩格尔系数39.2%，比上年下降0.3个百分点。城镇居民人均食品烟酒支出7155.9元，增长6.0%，恩格尔系数37.2%；农村居民人均食品烟酒支出5964.2元，恩格尔系数41.3%（见图2）。2019年全国居民恩格尔系数28.2%，高于全国平均11个百分点。

发展型、享受型消费支出比重扩大　2019年，茂名市居民人均医疗保健类消费支出1373.4元，增长11.9%，提高4.1个百分点，占人均生活消费支出比重8.3%，增幅为八大类消费最高；人均交通通信类消费支出2013元，增长11.8%，提高5.2个百分点，占人均生活消费支出比重12.2%；人均教育文化娱乐类消费支出1834.8元，增长6.6%，占人均生活消费支出比重11.1%。全年全市居民人均医疗保健类、交通通信类、教育文化娱乐类消费支出总比重31.6%，提高0.9个百分点。

耐用消费品拥有量增加　2019年，茂名居民家庭生活水平提高，耐用消费品拥有量增加，城镇居民每百户家用汽车拥有量38辆，每百户摩托车拥有量130辆，每百户移动电话拥有量298部，每百户空调拥有量150台。农村居民每百户家用汽车拥有量20辆，每百户摩托车拥有量145辆，每百户移动电话拥有量297部，每百户空调拥有量70台。（见表4）。

表4　2019年茂名市居民主要耐用消费品拥有量（平均每百户）

指标名称	单位	城镇居民	农村居民
家用汽车	辆	38	20
摩托车	辆	130	145
洗衣机	台	100	80
彩色电视机	台	118	114
空调	台	150	70
移动电话	部	298	297
计算机	台	63	30

（国家统计局茂名调查队）

社会保障

社会保险

【社会保险概况】　2019年，茂名市有社会保险经办机构8个，其中市级1个、区（县级市）级7个。全市三大险种（基本养老、失业、工伤保险）参保人数408.2万人。城镇职工基本养老保险（含离退休）参保人数78.37万人，比上年下降23.6%，其中企业职工养老保险参保人数（含离退休人员）60.12万人，机关事业单位养老保险参保人数（含退休人员）18.25万人；城乡居民基本养老保险参保人数262.99万人，增长0.95%；失业保险参保人数31.46万人，增长8.8%；工伤保险参保人数35.38万人，增长1.2%。全市三大险种（基本养老、失业、工伤保险）基金征缴收入71.55亿元。城镇职工基本养老保险基金征缴收入68.02亿元，增长43.4%；城乡居民基本养老保险基金征缴收入1.98亿元，下降14.6%；失业保险基金征缴收入1.01亿元，下降11.6%；工伤保险基金征缴收入0.54亿元，下降39.9%。

【三大险种待遇提高】　2019年，茂名市企业退休人员月人均基本养老金提高至2232.30元，机关事业单位退休人员月人均基本养老金提高至4809.5元，城乡居保基础养老金最低标准提高至170元/月，工伤伤残津贴月人均提高至3545.26元，失业保险金提高至1269元/月，各项社会保险政策向困难群体倾斜。

【失业保险】 从2019年10月起，茂名市失业保险再执行阶段性浮动费率，失业保险用人单位缴费率由平均0.5%降至平均0.4%。全年向374家企业发放稳岗补贴1616.1万元，惠及职工6.17万人。

【工伤保险】 从2019年1月1日起，茂名市工伤保险缴费费率在工伤保险八类行业基准费率和浮动费率政策的基础上，统一阶段性下调40%。从5月1日起，下调比例从40%调整至50%，平均费率降至0.16%。

【城乡居民养老保险10周年】 2019年，是茂名市城乡居民基本养老保险试点工作10周年。茂名市全面宣传城乡居民基本养老保险，印发茂名市城乡居民基本养老保险宣传小册子、茂名市城乡居民基本养老保险宣传海报，拍摄《城乡居民养老保险让群众更有“获得感”——茂名市城乡居民基本养老保险十周年发展历程》《织就茂名市城乡居民养老保障网——茂名市城乡居民基本养老保险十周年发展历程》两辑宣传纪录片。各区（县级市、经济功能区）开展进村（社区）进千家万户活动宣传政策。

【社会保障卡20周年】 2019年，茂名市人力资源和社会保障局联合社会保障卡发卡银行，以社会保障卡20周年惠民服务季活动为契机，推进快速发卡（新增制卡、补换卡）服务网点建设，面向广大群众提供申办卡、补换卡快速发卡服务，从申请、制作到领卡约30分钟内完成，实现申办卡、补换卡“立等可取”。全市建成快速发卡服务网点25个，覆盖工商银行、中国银行、建设银行、广发银行、农商银行等5家发卡银行，实现每个区（县级区）至少有3个快速发卡服务网点。

【人社服务平台建设】 2019年，茂名市110个镇（街道）和1902个村（居委会）均按“六到位”（机构、人员、场地、经费、制度和工作到位）“八统一”（工作职责、业务流程、管理制度、服务标识、服务规范、资料台账、信息系统和经费保障统一）的标准规范建设基层人社服务平台，实现信息网络全覆盖。

（市人力资源社会保障局）

【医疗保险】 2019年，茂名市参加城乡基本医疗保险人数652.75万人，其中参加城镇职工基本医疗保险51.22万人，参加城乡居民基本医疗保险601.53万人，参保率稳定在98%以上。参加生育保险34.01万人，基本实现“人人享有基本医疗保障”的目标。

【医保基金运行】 2019年，茂名市医疗保险基金运行平稳安全。城镇职工医保基金总收入18.48亿元，基金总支出18.35亿元，历年累计结余21.27亿元；城乡居民医保基金总收入49.80亿元，基金总支出47.68亿元，历年累计结余40.11亿元；生育保险基金总收入1.01亿元，基金总支出1.62亿元，历年累计结余8618万元。

【医保基金监管治理】 2019年，茂名市医疗保障局牵头加强医保政策法规宣传力度，增强定点医药机构和参保人员法律意识。4月开展打击欺诈骗保集中宣传月活动；5—11月，开展打击欺诈骗取医疗保障基金专项治理行动。市医疗保障局联合卫生健康、市场监督、社保等部门，对全市2115家定点医药机构进行全覆盖现场检查，处理违规定点医药机构125家，追回及扣罚金额合并90.02万元。

【基本医疗保险待遇提升】 2019年，茂名市城乡基本医疗保险待遇水平提升，保持在全省中上水平，群众获得感、幸福感和安全感增强。其中，参保居民在乡镇卫生院的住院报销比例90%，一级医院85%，二级医院75%，三级医院65%；对特困供养人员倾斜政策，住院享受“零起付”线，二、三级医院的住院报销比例分别再提高5个百分点。参保职工在乡镇卫生院和一级医院的住院报销比例90%（退休职工92%），二、三级医院报销比例80%（退休职工85%）。扩大门诊特定病种范围，其中，职工门诊特定病种26种，居民门诊特定病种23种。职工补充医疗保险支付比例80%，年度最高支付限额提高至40万元。城乡居民大病保险支付比例75%，年度最高支付限额30万元，城乡居民大病保险政策继续向困难人员倾斜，降低起付标准，提高报销比例，不设年度最高支付限额，减轻患者医疗负担。

（市医疗保障局）

社会救助

【城乡低保】 2019年，茂名市城乡低保标准（人/月）为：各区、县级市城镇低保标准调整为每人每月702元，补差水平554元/人·月。农村低保标准调整为每人每月484元，补差水平251元/人·月。市城乡低保对象5.22万户，13.99万人（其中城镇6350户1.37万人，农村4.58万户12.61万人）。全市支出低保金4.74亿元，其中城镇低保金支出9080.36万元，农村低保金支出3.83亿元。

【特困供养】 2019年，茂名市城镇特困供养标准为：茂南区1.72万元/人·年；电白区、滨海新区、高新区1.5万元/人·年，信宜市1.39元/人·年；高州市1.47万元/人·年；化州市1.43万元/人·年。农村供养标准为：茂南区、电白区、高州市、滨海新区和高新区供养标准1.14万元/人·年；信宜市供养标准1.11万元/人·年；化州市供养标准1.13万元/人·年。全市有特困供养对象2.76万户2.77万人，其中集中供养821人，分散供养2.69万人。全市支出农村特困供养金3.23亿元，其中集中供养支出1118.87万元，分散供养支出3.12亿元。

【流浪乞讨人员救助管理】 2019年，茂名市救助流浪乞讨人员2316人次，其中流浪未成年人95人次。全市自查整改救助管理机构5个，开展长期滞留流浪乞讨人员寻亲送返工作，对全市滞留在站的174名流浪乞讨人员全部进行人脸识别，核查发现17名滞留人员身份信息并帮助他们回归家庭。

【残疾人"两项补贴"】 2019年，茂名市困难残疾人生活补贴标准1980元/年/人、重度残疾人护理补贴标准2640元/年/人。全市发放残疾人两项补贴10.45万人，资金2.43亿元。其中：困难残疾人生活补贴2.79万人，资金5060.02万元；重度残疾人护理补贴7.66万人，资金1.93亿元。

【社会救助重点工作】 2019年，茂名市制定2019年低保标准和特困供养标准调整方案，《关于调整2019年低保标准和特困供养标准有关事项的请示》报市政府审批，获市政府十二届72次常务会议审议通过。市民政局会同市财政局联合印发《关于调整2019年全市城乡低保标准和特困供养标准的通知》，要求各地从2019年1月1日起，实施全市城乡低保和特困供养新标准，对未达标的月份按最新低保名册从1月起予以补发。召开全市农村低保专项治理和打黑除恶专项斗争工作会议，印发《茂名市民政局关于印发〈2019年全市农村低保专项治理工作要点〉的通知》。推进农村低保制度与扶贫开发政策有效衔接，对符合低保条件的农村贫困人口实行政策性兜底保障。落实《茂名市特困供养人员护理工作实施办法》，明确市级指导标准，各区（县级市）组织开展入户调查，开展生活自理能力评估，确定护理档次及标准，优化照料护理服务供给方式，落实特困人员照料护理制度相关工作。制定《贯彻落实〈关于积极推行政府购买服务加强基层社会救助经办服务能力的实施意见〉的实施方案》，明确政府购买服务的人员配比、工作经费配置比例、招录条件、招录方式等详细内容，加强基层社会救助经办服务能力。

（市民政局）

【医疗救助制度完善】 2019年3月，医疗救助职能从民政部门划转到医疗保障部门，优化医疗救助制度，实施由商业保险公司承办医疗救助经办服务的新模

▲2019年4月，茂名市医保部门开展"打击欺诈骗保·维护基金安全"宣传月活动

（市医保局供稿）

式，实现“五统一”（救助范围、救助标准、基金管理、经办管理、身份识别）的市级统筹制度，并建立部门间医疗救助信息共享机制。茂名市符合条件的医疗救助对象可享受政府全额资助参保、门诊医疗救助、住院医疗救助和二次医疗救助保障，其中特困供养人员、孤儿的门诊、住院和二次医疗救助比例均为100%，均不设起付线，住院年度最高救助不限额；城乡最低生活保障对象、建档立卡扶贫对象等困难对象的门诊、住院和二次医疗救助比例均为80%。

【医疗救助“一站式”结算】 2019年7月，茂名市医疗救助系统“一站式”结算上线，市定点医疗机构实现市域内和省内和跨省异地就医医疗救助和基本医疗保险、大病保险“一站式”直接结算服务，实现市、县、镇三级全覆盖。医疗救助对象在联网定点医疗机构发生的住院等费用，只需支付经基本医疗保险、大病保险和医疗救助结算后个人负担部分费用即可出院。全年资助参保34万人，资助参保支出7481.3万元；全市实施医疗救助35万人次，涉及救助金额2.2亿元。其中，“一站式”直接结算服务9.97万人次，救助金额4827.46万元；“一站式”直接结算服务建档立卡贫困人员4.3万人次，救助金额1620.27万元。

【“打击欺诈骗保·维护基金安全”宣传活动】 2019年4月27日，茂名市医疗保障局在茂名市“1959南越”文创街开展“打击欺诈骗保 维护基金安全”主题宣传活动。市领导、市直有关部门业务人员、定点医药机构代表、中国人民财产保险公司茂名市分公司有关人员参加。宣传活动包括节目表演、宣传视频播放、市民有奖问答等内容。

（市医疗保障局）

社会福利

【社会福利概况】 2019年，茂名市有儿童福利中心（院）6所。全市供养孤儿1482人，其中，集中供养孤儿534人、分散供养孤儿948人。茂名市研究制定《茂名市公办社会福利机构综合改革实施方案》，构建全市大儿童保障体系，把市社会福利院升格为市社会福利中心，新建、扩建、改造基础设施，配置完善基础设备，打造成医、康、教、养、护设施设备齐全的区域性综合社会福利中心。全市县级儿童福利机构逐步将服务对象移交至市社会福利中心代养，县级福利院完成转型。面向农村留守儿童和困境儿童做好指导、摸排、探访、帮扶、照料服务等工作。茂名市公办福利机构改革被省民政厅确定为全省社会福利机构综合改革试点，省财政划拨第一期专项改革经费8000万元。

【孤儿基本生活保障】 2019年，茂名市建立孤儿基本生活保障标准自然增长机制，儿童福利信息接入全国儿童福利信息管理系统，实行动态管理。按《茂名市民政局、茂名市财政局关于落实2018年至2020年孤儿基本生活最低养育标准的通知》，调整2019年孤儿基本生活保障标准。全市孤儿集中供养每人每月基本生活费标准1650元、散居孤儿每人每月基本生活费标准1025元，达到省规定保障标准。

【脑瘫儿童康复】 2019年，茂名市位于市福利院的脑瘫康复示范基地全年接收53名残疾儿童进行全天候的康复，其中市社会福利院脑瘫儿童25人、社区脑瘫儿童10人、其他福利院脑瘫儿童18人。经过四期结合特殊教育的康复训练，市社会福利院脑瘫儿童会走路的有6人，社区脑瘫儿童回到学校2人；其他福利院脑瘫儿童能独走的有10人，扶走或拉行的有8人，康复效果100%。同时，高标准完成茂名地区福利院脑瘫儿童的筛查评估和康复技术支持指导工作。

【困境儿童保障】 2019年，茂名市加强基层儿童工作队伍建设。12月24—25日，组织市农村留守儿童关爱保护工作联席会议成员单位及各区、县级市民政局负责儿童工作的工作人员，全市镇（街道）儿童督导员共150多人，开展为期2天的业务培训。邀请省民政厅、市公安局、市妇联、市教育局、市义工协会等相关单位负责人，就农村留守儿童和困境儿童政策、儿童防性侵、“黑户”儿童户口问题、失学辍学儿童劝返复学、教育资助政策、儿童维权服务等方面进行专业解读，提高基层儿童工作队伍开展儿童工作的能力。实施困境儿童基本生活分类保障制度，按《关于落实困境儿童基本生活保障的通知》要求，将符合条件的困境儿童按政策分别纳入最低生活保障、特困人员救助供养和临时救助范围。为符合条件的残疾儿童落实困难残疾人生活补贴和重度残疾人护理补贴政策。对父母双方不能履行抚养义务的儿童，以个人为单位全部纳入最低生活保障，并按低保标准全额享受低保。全市有事实无人抚养儿童4022人，农村和城镇父母双方不能履行抚养义务儿童补助标准分别月人均484元、702元，达到省定标准。

【农村留守儿童关爱保护】 2019年，茂名市农村留守儿童有2.37万人。开展“合理监护、相伴成长”专项行动，关注农村留守儿童无人监护、无户籍、失辍学等问题。依托联席会议平台，及时通报各地信息数据检索情况，定期和不定期加强与公安、教育等部门沟通联系，共同推进相关工作。

慈善事业

【慈善捐助】 2019年，茂名市“扶贫济困日”活动共接收到账资金6016.61万元，用于精准扶贫。全年免费为全市60岁以上民政对象中的老人安装5000台“关爱铃”紧急呼援装置。为血液、肿瘤类患者发放“恩瑞格、格列卫、达希纳、易瑞沙”4种中华慈善会援助药品2135人次，派药17.5万片。

【福利彩票】 2019年，茂名市福利彩票，发行量4.47亿元，超额完成省下达任务。为国家筹集公益金1.37亿元，其中地方获得公益金约4790.9万元。

（市民政局）

住房保障

【棚户区住房改造】 2019年，广东省下达茂名市棚户区住房改造开工目标任务2713套，棚户区住房改造新开工2715套；广东省下达茂名市棚户区住房改造基本建成任务288套，基本建成288套；广东省下达茂名市租赁补贴发放任务1133户，全市发放1153户。茂名市区清退不符合入住保障性住房资格住户78户，安置保障性住户3户、直管公房住户6户。（市住房城乡建设局）

【住房公积金】 2019年，茂名市住房公积金新开户单位449家，净增缴存单位340家，新开户职工2.32万人，完成全年任务的100.8%；累计全市住房公积金实缴单位5894个，实缴职工24.72万人。全年归集住房公积金44.48亿元，比上年增长15.4%；累计缴存住房公积金316.95亿元，缴存余额121.12亿元。全年发放住房公积金个人住房贷款6400笔、16.54亿元，分别下降4.2%、19.8%；累计发放住房公积金个人住房贷款6.72万笔、177.25亿元，贷款余额108.86亿元。全年办理住房公积金提取31.08亿元，增长3.1%；累计办理住房公积金提取195.83亿元。

【公积金制度推进】 2019年，茂名市住房公积金管理中心（简称市住房公积金管理中心）通过上线“民声热线、与法同行、法治茂名”等栏目以及报刊、微信、网站等媒体平台，广泛宣传公积金制度。在全市经调研选出30个有代表性的单位，以点带面，有选择性地推进归集扩面工作。召开归集扩面专题会议，建立与受托银行归集联动机制和每月通报制度。

【公积金运作】 2019年，市住房公积金管理中心在上年度住房公积金增值收益中上缴财政城市廉租住房（公共租赁住房）建设补充资金1.3亿元，累计上缴9.74亿元；支付职工住房公积金利息1.6亿元；办理转存定期4.3亿元；住房公积金增值收益1.75亿元，比上年增长6%。年末，个贷率89.9%，个贷逾期率0.2‰，资金使用率96.2%，资金运用基本面比上年好转。

【服务提速增效】 2019年1月28日，市区公积金服务窗口整体搬迁至市政务服务数据管理局，实行一个窗口办理多项业务的综合岗服务。年内新增中信银行、交通银行以及信宜、高州、化州农商银行等合作金融机构；配合数字广东网络建设有限公司做好“粤省事”工作，实现公积金提取进度查询、可贷额度计算、手机微信办理公积金面签等功能；完成住房公积金数据共享平台建设，配合税务部门做好减税工作。（市住房公积金管理中心）

应急管理

安全生产监督管理

【安全生产监督管理概况】 2019年，茂名市发生生产安全事故117起、死亡82人、受伤88人，直接经济损失约445.47万元，4项指标比上年分别下降33.9%、9.9%、48.5%和46%；其中发生1起较大生产安全事故（道路交通事故），造成4人死亡，事故起数和死亡人数均同期下降50%。

【安全生产责任制】 2019年，茂名市召开市委常委会5次、市政府常务会9次，研究解决安全生产和应急管理重点难点工作。市委、市政府主要领导到市应急管理局调研指导安全生产和应急管理工作17次，多次做出批示，推动安全生产工作落实。印发《茂名市应急管理局工作协同机制及内设机构主要职责规定》，划分科室职责，强化科室间协同配合。履行应急管理牵头抓总职责，调整市安委会、市防汛防旱防风指挥部、市森林防灭火指挥部等机构成员单位及其办公室成员，理顺安全生产、三防、森林防灭火等工作机制。按照“平时分、急时统”的原则，在启动全市应急响应时，对外全市实施联合值班值守制度，各有关局全部按规定派领导到市应急管理局集中会商值守；对内把市应急管理局的13个科室形成7个专业组，打破科室界限。通过统分结合，构建起“平时分工、急时协作、战时齐上”的“全局一盘棋”工作格局。印发《茂名市党政领导干部安全生产责任制实施细则》，推动全市8个区（县级市）、111个镇街全部落实安委会“双主任”制。开展电白区“5·13”、沈海高速“12·16”较大道路交通事故调查，提级调查高新区“9·10”中准爆炸事故；开展对国庆节期间3起典型道路交通事故深度调查工作，追究相关责任单位和人员的责任。对全市29起一般典型生产安全事故挂牌督办，审核事故调查报告。完成2018年度安全生产责任制考核工作，对评为优秀的2个区（县级市）、9个市直单位通报表扬和颁发牌匾，取消在省级责任制考核失分较多的单位的评优资格。

【事故隐患排查治理】 2019年，茂名市组织风险点、危险源排查整治，排查红色风险点危险源22个、橙色风险点危险源76个。牵头组织行业主管部门开展“防风险、保安全、迎大庆百日攻坚”专项行动，检查企业701家，督促整改隐患837项。全市全年检查危化企业3800家次，督促整改安全隐患4334项；应急管理系统监督检查企业9712家次，督促整改隐患6005项，行政处罚125次，罚款184.11万元。

【安全生产领域改革】 2019年，茂名市加大安全投入力度。设立安全生产专项资金，茂名市财政局下达300万元，专项用于安全生产监管执法、生产安全事故隐患排查及治理、事故调查、市安委办日常工作等事务。国家税务总局茂名市税务局按照安全生产专用设备企业所得税优惠目录，对中国石油化工股份有限公司茂名分公司进行安全生产专用设备企业所得税抵免优惠，抵免企业所得税3.88万元。投入200多万元建设市应急指挥中心，基本满足三防指挥视频会商需求，初步实现上下联通的视频会商、指挥和调度。整合原有视频系统3个，接入业务系统9个，并与市政府指挥中心、市地震局、危险化学品应急救援基地（茂名）、茂名军分区和茂名消防救援支队实现视频联通。投入1100余万元，在茂名市危险化学品应急救援基地建设危险化学品应急救援指挥平台，集危化品管理、重大危险源监控、火灾预警、指挥调度、应急评估等功能于一体，推动危险化学品应急救援建设。牵头推进建设茂名市危险化学品道路运输安全信息化系统，重点解决现阶段危险化学品道路运输监管难题。项目建设完成立项，每年投入200万元用于项目购买服务。

【安全生产执法监察】 2019年，茂名市应急管理系统监督检查企业9712家次，督促整改隐患6005项，行政处罚125次，罚款184.11万元。强化危险化学品行业专项整治，开展专家指导服务。对全市危险化学品生产、带储存设施经营、使用企业开展专家指导服务；围绕6大方面267项内容，排查整治安全隐患。指导企业65家，发现隐患3551项，现场复核完成隐患问题整改1874项。强化对危险化学品、烟花爆竹企业执法检查；推动高新技术产业开发区、茂南石化工业园区开展新一轮安全风险评估，提升园区本质安全水平。下达责令限期整改指令书293份，现场处理措施决定书25份，实施行政处罚38次，责令停业停产整顿企业4家，罚款36.09万元。2017—2019年开展危险化学品综合治理，累计完成危险化学品综合治理工作任务39项，持续推进3项；危化品企业得到优先监管，危化品领域未发生影响大的安全事故，安全生产形势总体平稳。在矿山方面，印发《2019年茂名市非煤矿山安全生产专项整治工作方案》，完成露天矿山自查自纠49家，地下矿山自查自纠3家，尾矿库自查自纠1家；执法检查露天矿山102家次，地下矿山3家次；责令限期整改露天矿山19家，地下矿山1家。在有限空间方面，制定《茂名市有限空间作业安全专项整治工作方案》，对相关行业（领域）生产经营单位有限空间开展“专项整治”，排查出茂名市存在有限空间作业场所的工贸企业224家、危化企业74家。在冶金工贸方面，制定《茂名市2019年度10个重点行业安全生产执法检查及推动落后产能退出工作方案》，对钢铁、水泥、平板玻璃、造纸、印染、制革、铅蓄电池、铜冶炼、铅冶炼、陶瓷10个重点行业企业的现状底数、健全监管档案、加强宣传培训等方面开展专项执法，摸底排查出水泥行业企业5家，平板玻璃行业企业1家，造纸行业企业10家，制革企业29家。

【应急处置】 2019年，茂名市推动应急处置能力提升。建立军地抢险联动工作机制，走访军分区、武警部队和消防救援队伍，围绕抢险队伍调用、装备维护、物资收储、新闻报道、信息共享等工作开展座谈协商，建立救灾物资保障联动机制。建立24小时值班制度，茂名市应急管理局整合原三防、森林防火、安全生产的值班职能，统一建立大应急值班制度，设置专门的值班室，落实“三级值班制度”和24小时值班值守。节假日实行“五个一”机制，一日一研判、一日一报告、一日一调度、一日一抽查、一事一处理。于6月组织开展危险化学品道路运输事故应急演练活动，磨合机制，锻炼队伍。

【安全生产宣传教育】 2019年，茂名市改进安全生产宣传教育方式，推进安全生产宣传教育“七进”活动，加大安全生产、应急避险、防灾减灾公益宣传和科普力度。全市各级政府部门和各相关单位开展“5·12”防灾减灾宣传及演练活动，参加人员1.5万人次。开展第十八个全国“安全生产月”和“安全生产万里行”活动，在《茂名日报》设置应急管理专栏8期，在茂名广播电台开设安全警示教育专栏10期，刊登、播放事故警示信息，普及安全知识；加大对特种作业、高危行业主要负责人、安全管理人员等培训考核工作，培训考核8828人次。 （市应急管理局）

消防救援

【消防救援概况】 2019年，茂名市发生火灾434起，死亡2人，无受伤人员，直接财产损失497.1万元，未发生较大以上火灾事故。火灾起数较上年下降33.5%，亡人数、直接财产损失数与上年基本持平，伤人数下降100%。全年消防队伍接警出动941次，出动车辆1928辆次，出动人员8970人次，抢救遇险群众605人，疏散被困人员296人，抢救财产价值1.1亿元。

【安全生产消防监督】 2019年，茂名市消防救援支队（简称茂名消防支队）响应国家优化营商环境改革号召，强化执法能力素质，提升执法规范化建设水平。开展建设“消防安全家园”等8项专项整治行动和“博物馆和文物建筑消防安全大检查”“大型商业综合体消防安全专项整治”2项“回头看”活动。检查单位1.17万家，督促整改火灾隐患9894处，印发行政处罚决定书127份，印发临时查封决定书70份，责令“三停”单位46家，罚款140.33万元。在全省防火监督岗位大比武中获第六名，全年执法质量考评获全省优秀。高州市消防救援大队获评应急管理部消

▲ 2019年11月14日，滨海新区滨海消防救援站开工建设 （陈添明 摄）

防救援局“2019年度全国消防监督管理工作先进单位”。各级消防救援部门提请市政府对茂南区袂花镇顿标村等5个高风险区域和茂名天恒文化发展有限公司等18个重大火灾隐患单位进行挂牌督办，委托第三方机构评估验收。完成庆祝中华人民共和国成立70周年、澳门回归20周年和茂名建市60周年等重大消防安保任务，火灾起数、亡人数、伤人数、直接财产损失数“四项指数”稳中有降。

【消防宣传】 2019年，茂名市各级消防部门利用微信、微博、抖音等新媒体，全时段更新、发布消防安全知识；采用第三方培训机构、讲师团和宣传大使的“三位一体”培训模式，与教育、文化、住建等部门建立行业宣传机制；定期开放消防科普教育基地，推动对常住人口消防宣传全覆盖。针对全市444家消防安全重点单位人员，开展“面对面”培训；落实隐患曝光警示制度，强化媒体曝光威慑和跟踪问效机制。组织拍摄《父与女》《奉献》《水到用时方恨少》3部消防宣传公益广告。其中，《父与女》获广东省一等奖和全国三等奖，《水到用时方恨少》获全省一等奖，《奉献》获全省二等奖。市消防救援支队获评2019年度全省消防宣传工作先进支队。

【公共消防基础设施建设】 2019年，茂名市投入消防队（站）建设经费1517万元。4月11日，滨海新区电城临时消防执勤点投入使用；4月29日，化州合江消防救援站，开工建设；6月14日，电白沙琅直管政府专职消防队投入执勤使用。11月14日，广东茂名滨海新区消防救援站开工建设。

【消防救援队伍建设】 2019年，茂名消防支队下辖消防救援大队7个，执勤消防站11个，应急通信与车辆勤务站1个，临时消防执勤点1个和直管政府专职消防队1个。全市消防救援队伍坚持主业主抓，开展全员岗位训练。全年开展危化品槽罐车事故、山岳、水域救援和应急通信等培训班12个，培育各类优秀骨干205人；在全省消防救援队伍装备、应急通信等多类比武培训中名列前列。特勤消防救援站获评应急管理部消防救援局2019年度执勤训练先进单位，4名同志被省消防救援总队选拔参加全国首届“火焰蓝”比武，其中1人获全国枪炮协同灭火项目第九名。处置“5·28”高州金山20吨保险粉仓库火灾，“6·1”茂南袂花560立方米油罐车火灾扑救，“9·10”中准新材料科技有限公司爆炸事故处置等急难险重任务圆满完成，被省消防救援总队评为2019年度先进支队。

（茂名消防支队）

自然灾害·防灾减灾救灾

【防灾减灾救灾概况】 2019年，受冷空气、西南季风、强对流云系、台风“韦帕”“白鹿”等影响，茂名市出现12次较大范围明显降雨过程；全市平均降雨量1780毫米。全年应急部门启动应急响应7次，召开视频调度会30多次，派出20个工作组赴各地指导防灾减灾救灾和事故处置工作，组织抗击“木恩”“韦帕”“白鹿”台风和5轮强降雨袭击。全市因灾全倒户38户，涉及全市3个县（市、区）14个镇（街道），其中，高州市20户、化州市7户、信宜市11户。

【自然灾害应对】 2019年3月，茂名市三防办部署茂名市汛前各项工作，抓实隐患排查和治理。全市检查水库495座，检查组发现存在问题的水毁修复工程6项，各地自查中发现存在问题的水库17座、堤防25个、水闸14个、泵站3个、库容1万立方米以上山塘13个，全部落实整改；排查地质灾害点374个、威胁人员1.7万人，削坡建房灾害点1168个，全部明确整治责任主体、责任人、整治措施，制定人员转移方案；排查灾害易发区铁皮屋25座，全部落实整改。主要领导带队走访军分区、武警部队和消防救援队伍，理顺抢险队伍调用、装备维护、物资收储、新闻报道、信息共享等工作，建立军地抢险联动工作机制。9月起，茂名市连续84天大部无有效降雨，9—12月全市降雨仅128毫米，较多年同期328毫米偏少6成，为有历史资料（1954年份）以来最少年份。全市冬种农作物受旱面积8084.37公顷，占全市冬种面积8.67万公顷的9.3%，其中粮食3394.27公顷，蔬菜4243.53公顷，其他农作物1113.2公顷。12月3日，茂名市召开全市防旱抗旱工作视频会议，研判全市防旱抗旱工作形势，以“保生活、保生产、保生态”为重点，对防旱抗旱工作做出部署。从11月中旬开始，关注天气情况及旱情动态，加强与气象、水文、水务、农业农村等部门会商研判，组织相关人员到各地调查旱情并检查落实抗旱措施，对全市用水进行统一调度，在规定时间集中安排供水，先解决人畜饮水，再解决农业用水。11—12月市气象局适时开展人工影响天气增雨作业2次，缓解旱情。市应急管理局在主要路口和进山路口设置临时检查站，阻止违规火种进山，打击违法用火行为，全年发生森林火灾5起。8月26日凌晨5时，信宜金垌遭遇强降雨；10月12日22时55分，广西壮族自治区玉林市北流市发生5.2级地震。对此，市应急管理局第一时间开展灾情排查、协调前置救援力量、发布权威消息，安抚公众情绪，及时维护社会安全稳定，实现人员零伤亡。

【因灾全倒户重建】 2019年，茂名市各级政府部门采取时间倒逼等措施，开展全倒户重建工作。全年发放中央、省自然灾害生活救助资金159.964万元，用于自然灾害地区受灾群众救助安置、过渡性生活、倒房恢复重建和损坏房屋修缮等。完成因灾全倒户重建任务，全市38户全倒户于2020年春节前搬入新居。

【应急演练与宣传】 2019年7月24日，市应急管理局在高州市新垌镇高良村举办以多发易发的山洪地质灾害为主题的防汛防风应急演练。茂名、高州两级应急管理、自然资源、公安、消防救援、供电、通讯等部门及新垌镇政府参加演练，投入车辆40多台、人员170多人、设备60多台套。由市减灾委牵头，制定茂名市2019年“5·12”全国防灾减灾日宣传工作方案，组织全市各级政府部门和各相关单位开展防灾减灾宣传及演练，提高群众防灾减灾意识和自救互救技能。“5·12”防灾减灾宣传周期间，全市挂宣传横幅246条、发宣传单张18万余份、制作宣传展板370块、发出防灾短信近20万条、其他宣传资料3万余份，制作墙报3000多块，参加活动人员达1.5万人次。推进综合减灾示范社区建设工作，信宜市东镇街道高城村委会、信宜市金垌镇木新村委会2个社区，获全国综合减灾示范社区称号。

（市应急管理局）

防震减灾

【地震监测台网运行】 2019年，茂名市加强地震监测台网运行管理，维护全市地震监测台网的设备设施，保证地震观测数据传输记录准确、连续和可靠。

【地震监测情况】 2019年，茂名市陆地及近海共发生M≥1.0级地震23次，最大为2019年10月12日23时31分14秒，化州市（北纬22.15度，东经110.54度）发生的M2.5级地震。

2019年茂名地区M≥1.0级地震目录

序号	发震时刻						震级	震中位置		
	年	月	日	时	分	秒	M	北纬（度）	东经（度）	地点
1	2019	2	1	22	0	46	1.0	22.10	111.00	广东高州
2	2019	2	21	16	11	43	1.1	22.20	110.50	广东化州
3	2019	3	6	18	9	20	1.9	22.40	111.30	广东信宜
4	2019	3	16	16	11	29	2.2	22.10	111.00	广东高州
5	2019	3	16	11	0	38	1.5	22.10	111.00	广东高州
6	2019	3	28	21	26	35	1.5	22.10	111.00	广东高州
7	2019	6	20	0	32	46	1.3	21.90	110.40	广东化州
8	2019	10	12	23	31	12	1.6	22.16	110.54	广东化州

续表

序号	发震时刻						震级	震中位置		
	年	月	日	时	分	秒	M	北纬（度）	东经（度）	地点
9	2019	10	12	23	31	14	2.5	22.15	110.54	广东化州
10	2019	10	13	7	5	23	1.0	22.16	110.54	广东化州
11	2019	10	15	2	36	30	1.9	22.13	110.52	广东化州
12	2019	10	19	19	35	49	1.4	22.15	110.53	广东化州
13	2019	10	19	22	59	25	1.1	22.17	110.54	广东化州
14	2019	10	23	9	42	46	1.1	22.16	110.54	广东化州
15	2019	10	30	8	41	46	1.2	22.16	110.54	广东化州
16	2019	11	8	15	21	45	1.1	22.16	110.54	广东化州
17	2019	11	15	19	56	52	1.0	22.16	110.53	广东化州
18	2019	12	9	8	47	30	1.2	22.16	110.54	广东化州
19	2019	12	9	11	50	28	1.2	22.16	110.54	广东化州
20	2019	12	13	3	26	10	2.4	22.16	110.54	广东化州
21	2019	12	13	3	57	51	1.2	22.16	110.54	广东化州
22	2019	12	24	22	35	7	1.1	22.15	110.55	广东化州
23	2019	12	25	17	3	19	1.5	22.16	110.54	广东化州

【地震应对】 2019年10月12日22时55分，广西壮族自治区北流市发生5.2级地震，茂名市震感较强。市地震局启动局内三级应急预案，开展应急处置：向市委、市政府总值班室、市应急管理局和省地震局报告震情；通过市广播电视台、《南方日报》等媒体和网络发布震情信息等权威信息，接听并回复群众的电话咨询，消除群众恐慌情绪；保持与省地震局密切联系和沟通，了解地震趋势和灾情，会商意见；连夜派出现场工作队，赶赴震中附近的镇村，会同省地震局派出的工作组，开展现场处置工作。全市各地群众基本不受地震事件影响，生产生活秩序正常。市委、市政府、市应急管理局和市地震局及时高效应对，受到省减灾委和省应急管理厅的通报表扬。

【中国地震动参数区划图执行检查】 2019年，茂名市向各区、县级市地震局（地震工作管理部门）和市工业和信息化局、市住房和城乡建设局、市交通运输局、市水务局等部门，转发省地震局《转发中国地震局关于开展〈中国地震动参数区划图〉（GB18306-2015）执行情况检查的通知》（粤震〔2019〕41号）。全市辖区内所有的设计单位都按照新一代《中国震动参数区划图》（GB18306-2015）规定的抗震设防要求进行抗震设计。

【“5·12”防灾减灾日宣传】 2019年5月12日，茂名市地震局指导组织各区（县级市）地震部门开展以“提高灾害防治能力，构筑生命安全防线”为主题的“5·12”防灾减灾宣传周活动。参加由市减灾委员会办公室主办的“2019年茂名防灾减灾日宣传活动”。接受群众咨询，普及地震自救互救等防灾减灾常识，派发防灾减灾宣传资料，宣传防震减灾知识。举办防震减灾科普展，展出宣传板，向群众派发《农村民居地震安全示范工程宣传培训手册》等防震减灾知识资料，宣传普及地震知识、防震减灾措施及应急医疗自救互救常识。开展防震减灾知识进校园宣传活动。5月31日，市地震局联合广东石油化工学院邀请省地震监测中心副主任、高级工程师何寿清，举办“地震应急与自救互救”主题讲座，讲解地震发生的基本原因、地震灾害防御、地震应急避险与自救互救技巧。

【防震减灾科普和法律法规宣传】2019年9月19日，茂名市地震局参加由市依法治市办、市普法办举办的第八期茂名“民生与法治”普法宣传活动，主题是“弘扬宪法精神，建设法治茂名”。活动现场开展法律知识展示宣传、案例互动点评和接受群众的咨询，为市民提供防震减灾法律法规咨询，向市民宣传《中华人民共和国防震减灾法》《广东省防震减灾条例》等法律法规，派发有关防震减灾法律法规、科普知识等宣传资料。参加2019年茂名市科普展和科技咨询活动，展出地震科普知识展板，为市民传授地震科普知识和防震避震基本常识，派发《防震减灾知识手册》。

【地震应急疏散演练】 2019年5月10日，茂名市地震局联合市应急管理局，在茂名市第二小学举行以“提高灾害防治能力，构筑生命安全防线”为主题的防震演练活动。全校1500多名师生参加演练，模拟在危险环境中应急避险、迅速逃生和自救互救。

【防震减灾联席会议】 2019年11月21日，粤桂琼交界地区第二十六届防震减灾联席会议在茂名市召开。会议由茂名市政府主办、市应急管理局和市地震局承办。粤桂琼三省（区）地震局的领导、专家，联防区成员单位的领导，围绕“提高防震减灾能力，构筑生命安全防线”的主题分析探讨粤桂琼交界地区的地震形势，共商区域联防对策，交流各地的防震减灾工作经验。中国地震局、广东省、海南省、广西壮族自治区地震局的专家在会上做专题报告。

【国家地震烈度速报与预警工程台站建设】 2019年，茂名市协助省地震局，遵循技术标准，按时保质继续推进在茂名市行政区域内新建的基准站、基本站、一般站等104个台站建设工作。9—10月，省地震局委派省地质工程公司对“国家地震烈度速报与预警工程”项目广东子项茂名片区拟建的11个基本站的站址进行勘探，抽取基岩岩芯，为建站后续工作打好基础。

（市应急管理局）

社会事务

社会治理

【违规发放津补贴专项治理】2019年，茂名市成立调研小组，制定《茂名市村（社区）“两委”违规发放津补贴专题调研工作方案》，开展自查自纠和专项整治工作。要求各镇（街道）加大对《广东省村务公开条例》的宣传力度，提高村（社区）“两委”班子成员、村小组长对做好村务公开的意识，增强责任感和紧迫感；加强对村务监督委员会和理财小组成员的教育、培训，提高他们对村务公开工作的重视度、业务水平和工作能力，发挥村务监督委员会的监督作用。

【村规民约（居民公约）修订】2019年2月27日，茂名市民政局联合市文明办、市委农办印发《关于印发茂名市村规民约工作指引的通知》，规范和完善村规民约工作。8月13日，联合市委组织部等7个部门印发《关于印发做好茂名市村规民约和居民公约工作行动方案的通知》，明确2019年、2020年村规民约和居民公约修订任务。全市有村规民约修订任务1904个村（社区），完成1164个村（社区），分别为茂南区143个、电白区211个、信宜市251个、高州市292个、化州市224个、滨海新区31个、高新区12个，占全市的61.1%，完成2019年修订任务。

【村（社区）建设】 2019年，茂名市推进村务公开“五化”（公开设施建设标准化、公开内容规范化、公开时间经常化、公开形式多样化、公开地点公众化）创建活动，建立实施村务公开考评通报机制。强化村务监督工作，全市实现村（居）务监督全覆盖，开展村务监督“九有”（有人员、有场所、有牌子、有章子、有经费、有制度、有奖惩、有培训、有作为）规范化建设。按照省财政厅、省委组织部、省民政厅《关于加大农村基层组织工作经费保障力度的通知》要求，解决村务监督委员会的补贴，落实市级补贴1186.81万元。

【城乡社区协商】 2019年，茂名市印发《中共茂名市委办公室 茂名市人民政府办公室印发〈关于加强城乡社区协商的实施方案〉的通知》，指明茂名市村（社区）协商的指导思想、基本原则和目标任务，明确协商内容、协商主体、拓展协商形式、健全形式程序、运用协商成果等。选取条件成熟的茂南区河东街道迎宾社区、新坡镇车田村，电白区水东街道森高村，信宜市东镇街道北逻社区，高州市潘州街道南关社区，化州市东山街道江岸村开展城乡社区协商示范点建设。创新城乡社区协商工作的内容、形式和载体，构建试点突破、亮点示范、以点带面、整体推进的城乡社区协商工作新思路，提升城乡社区协商工作的创新水平。

【正常离任村干部】 2019年，茂名市正常离任的村（社区）干部有1.41万人，发放正常离任村（社区）干部补贴2500万元。10月21日，各地开展正常离任村干部信息采集工作，至2019年年底，采集工作全部完成。

【社区规范服务建设】 2019年，茂名市结合基层公共服务综合平台建设，开展社区公共服务事项梳理工作，通过推进社区工作事项标准化，实行网上一站式办理。开展行政审批事项清理工作，清理面向社区的各类创建达标、检查评比项目，除法律法规规定和市委市政府文件规定的检查评比项目外，其他针对社区考核评比活动一律撤销，削减达标、检查评比项目。全市社区除平安创建、综合治理、安全维稳等几项重点考核工作外，各职能部门不再单独组织考核评比。打造社区综合服务平台，整合社区各类服务资源，按照机构人员、场所标识、流程人员、信息系统、经费保障“五个统一”的要求，加快推进社区公共服务中心（站）建设，为居民提供“一站式”综合服务，从而提升村（社区）办事效率。加强基层公共服务综合平台建设，让社区办事人员通过平台了解社区人员流动情况及个人相关事项，便于社区工作人员能及时为社区百姓服务，做到居民的网络信息共享。

社会组织建设

【社会组织概况】 2019年，茂名市新登记成立社会组织367家，登记在册社会组织共2504家。其中：社会团体1071家，占42.7%；民办非企业单位1426家，占56.9%；基金会7家，占0.4%。从区域分布看：市本级社会组织613家，占24.5%；茂南区526家，占21%；电白区315家，占12.6%；信宜市258家，占10.3%；高州市428家，占17.1%；化州市364家，占14.5%。

【社会组织工作联席会议制度】 2019年，茂名市政府印发《茂名市人民政府办公室关于建立茂名市社会组织工作联席会议制度的通知》，建立茂名市社会组织工作联席会议制度，强化部门间协作配合，加强对社会组织工作的领导和管理。推动各区、县级市和经济功能区建立社会组织工作联席会议制度。信宜市政府印发相关通知，茂南区、化州市、高州市、电白区人民政府将《建立社会组织工作联席会议制度方案（草案）》提上议事日程。

【社会组织联合执法机制】 2019年，由茂名市民政局牵头，建立茂名市社会组织联合执法机制协调小组。小组由市民政局、市委宣传部、市委政法委、市委外办、市委网信办、市公安局等单位组成，市民政局局长担任组长。根据执法案件的工作需要，可适时增补协调小组成员单位。加强协同配合，实现部门之间横向执法联动。

【社会组织管理】 2019年，茂名市根据《社会团体登记管理条例》《民办非企业单位登记管理条例》和《基金会管理条例》等政策法规，加强社会组织“进门”前的网上申报材料审核，及“进门”后的动态管理和事后监督。贯彻落实行业协会商会类、科技类、公益慈善类、城乡社区服务类社会组织依法直接向民政部门申请登记，其他社会组织及工商联所属商会，实行登记管理机关和业务主管双重负责的管理体制。在社会组织监管中推行“双随机一公开”（即在监管过程中随机抽取检查对象，随机选派执法检查人员，抽查情况及查处结果及时向社会公开）监管。12月5—25日，对社会组织开展“双随机一公开”执法工作对茂名市朝阳春苑小学、茂名南方口腔门诊部、茂名市永金奖教奖学慈善公益协会、茂名市慈爱颐养院等社会组织开展现场检查，查阅社会组织的年检报告、章程、有关管理制度、信息公开资料、重大活动备案表、账务账册、凭证、党建工作资料。抽查结束之后，执法检查人员向被抽查的社会组织发出整改通知书，要求不合格的进行限期整改。

【社区社会组织培育和发展】 2019年，茂名市根据社会组织登记管理相关政策法规，面向全市镇、街道拟成立社会组织联合会，发起人由县级民政部门审核推荐，市级民政部门审定。被列为县域副中心、特色产业专业镇的区县可要求优先、优选社会组织发起人。社会组织发起人的资格、人数、行为、责任等事项须符合有关政策法规要求，发起人应当担任首届负责人，发起人为中共党员的优先。落实“谁主管谁负责”的原则，社会组织登记材料的合法性、真实性、准确性、有效性、完整性由发起人做出承诺，试点通过直接登记社会组织的管理方式进行管理。重点培育和发展服务群众、创文创卫、慈善帮扶、文体娱乐等4大类社区社会组织。全市有社区社会组织5734个，其中登记社区社会组织1462个，备案社区社会组织4272个。

【社区社会组织参与基层社会治理】 2019年，茂名市社区社会组织结合各自优势，深入社会治理一线服务，关注社会治理薄弱环节及群众的生产生活问题，以实际行动增强社区群众的幸福感、获得感、安全感。参与、协助地区开展禁毒工作，承担维持禁毒活动秩序、知识宣传和法律解答等服务工作，提高群众认识。开展社区活动，规范和指引群众遵守社会秩序、文明守礼，提升社区整体文明风气；以茂名创建全国文明城市和创建国家卫生城市为契机，以实际行动普遍参与到活动中，主要针对社区脏、乱、差等进行整治；不受区域和时间限制，多种形式助力茂名全国文明城市创建活动。开展互帮互助活动，聚集家庭、健康、养老、助残、育幼等社会互助服务，为低保对象、特困人员、空巢老人、无业青年、社区留守儿童、残疾人等提供服务。

【行业协会商会与行政机关脱钩】 2019年，茂名市民政局、市发改局转发《广东省民政厅广东省发展改革委员会关于开展地方行业协会商会与行政机关脱钩改革摸底调查工作的通知》，部署开展地方行业协会商会与行政机关脱钩改革。围绕“五分离、五规范”展开摸底调查：机构分离，规范综合监管关系；职能分离，规范行政委托和职责分工关系；资产财务分离，规范财产关系；人员管理分离，规范用人关系；党建、外事等事项分离，规范管理关系。推进脱钩行业协会商会党的建设工作，把握政策标准，对脱钩的行业协会商会党员情况进行全面调查了解，传达相关党建思想，指导条件成熟的行业协会商会开展党建工作，要求在章程中普遍增加党的建设内容。全市性无业务主管单位社会组织的党建工作，由市社会组织党委管理。各区、县级市民政部门登记机关登记管理的社会组织，其党建工作由当地直属工委、业务主管单位或业务指导部门管理。

【协会商会涉企收费管理】 2019年，茂名市各级民政部门执行行业协会商会涉企收费相关政策规定，规范会费管理、经营服务性收费、发展会员行为，规范其评比达标表彰活动，加大涉企收费违法违规行为的查处力度，落实清理整改各项措施，减轻企业负担。市民政局转发《茂名市发展和改革局、茂名市财政局、茂名市市场监督管理局联合转发关于全面清理规范涉企收费的通知》，建立健全规范涉企收费目录和监督检查清单制度。明确规定会费收入及其使用情况应当向会员大会（或会员代表大会）公布，接受会员大会（或会员代表大会）的监督检查。依托省社会组织信息管理平台，建立社会组织法人信息数据库，遵循依法公开、统一管理、分级负责、信息共享、动态更新的原则，依法管理社会组织信用信息（包括基础信息、年报信息、行政检查信息、行政处罚信息和其他信息）。加强对行业协会商会其他服务性收费的监管，指导会费结余较多的行业协会商会主动减免企业会员会费，鼓励其对困难企业、小微企业会员实行免交会费。

【打击非法社会组织专项行动】 2019年，茂名市民政局、市公安局将打击整治非法社会组织专项行动延期半年，组织开展专项行动“回头查”工作。全市摸底排查发现并查处涉嫌非法的社会组织3家，劝散3家。查处劝散“粤西潘氏文化研究会”“沙琅黄缘龟友联谊会”，协助核查“获嘉华夏甯氏根祖文化研究院化州分院”涉非组织。民政、公安等职能部门相互配合，相对集中业务精干力量，精准打击整治涉嫌非法社会组织，加强舆情研判分析，实现打击整治非法社会组织工作常态化，促进社会组织健康有序发展。

社会工作

【社会工作概况】 2019年，全市动员参加2019年度全国社会工作者职业水平考试1559人，取得社工证书210人，其中初级177人、中级33人。至12月底，全市取得社工证书753人，其中初级637人、中级116人。“三社联动”（社区、社工和社会组织融合）工作持续发展。

【社工站与机构建设】 2019年7月，茂名市增加15个镇（街道）入列《粤东西北“双百镇（街道）社会工作服务五年计划”》，全市镇（街道）社会工作服务站增至24个。至12月底，信宜市北界、水口、钱排、洪冠、丁堡镇，高州市长坡、深镇、曹江镇、石仔岭、宝光街道，化州市合江、新安镇、河西、东山、下郭街道，茂南区山阁镇与河东、河西、红旗街道，电白区沙琅镇、南海街道，茂名滨海新区电城、博贺镇，茂名高新区七迳镇均设立社会工作服务站。加快培育和发展社工机构，全市民办社工服务机构增至29家。其中，市直19家、茂南1家、信宜1家、高州3家、电白2家、化州3家。

【社工宣传周活动】 2019年3月22—26日，茂名市民政局在茂名市“1959南越”文化创意街和电白、高州、化州城区举办以“追梦新征程·社工在行动”为主题的社工宣传周活动。通过现场解答社会工作者职业水平考试有关问题，社会工作、禁毒知识答疑，游戏互动、派发社工机构服务宣传单张，LED屏滚动播放各单位、机构提供的宣传视频（短片）等形式，宣传社工服务成效，传播社会工作专业知识，提高社会工作认知度和影响力。

（市民政局）

信　访

【信访工作概况】 2019年，茂名市信访系统坚持以人民为中心，开展初信初访办理、重复访治理和信访矛盾化解攻坚战，信访工作质效、公信力和群众满意度提升。全年全市共受理国家、省、市、区四级信访机构录入信访事项10250件，比上年下降4.5%，其中，群众网上信访4239件、群众走访3204批次、群众来信2807件次，及时办理率100%。群众信访反映问题主要集中在农村农业、国土资源、城乡建设、政法及纪检监察等领域。

【市信访局机构改革】 2019年，茂名市信访局独立设置为市政府工作部门，内设办公室、接访科、办信科、督查科4个科室和1个公益一类事业单位——茂名市信访事务中心。建立健全党委领导、政府主导、协调有序、运转顺畅、高效便民的信访工作领导体制，发挥信访工作联席会议综合协调、组织推动、督导落实的作用，建立信访、维稳、公安与各区、县级市、经济功能区和各职能部门齐抓共管的信访问题处置工作模式。

【信访渠道建设】 2019年，茂名市信访局在坚持传统信访渠道的基础上，把网上信访打造成为群众信访的主渠道，推出“茂名信访网”“茂名信访App”“茂名市信访局”微信公众号，让群众通过手机反映诉求。全年网上信访占全市信访总量的50%，“网上信访”向“掌上信访”延伸。通过“网上受理、网下处理、网上回复”高质量办理群众诉求，实现“让数据多跑路、让群众少跑腿”，减少群众信访成本，提高信访工作效能。全市信访总量（群众到国家、省、市、县区四级信访部门以及有关单位，通过来信、来访、网上信访三种渠道反映问题的信访总量）比上年下降4.5%，

【信访突出问题治理】 2019年，茂名市建立信访突出问题治理工作细则，通过“治源、去增、减存、固效”的思路与招法，加强信访矛盾纠纷排查，推动信访问题依法及时就地化解，有效遏制信访增量、化解信访积案、巩固信访工作成效。开展暖心接访和“最多访一次”工作，重视群众的第一次来信、第一次来访，严格把好“接待关”“疏导关”“告知关”，努力将群众诉求一次性处理到位。推动领导接访、下访、包案常态化、制度化。各级党政领导干部通过重点约访、专题接访、带案下访的方式，牵头化解群众反映强烈、社

会关注度高、影响本地区和谐稳定的热点难点问题。年内，广东省交办茂名市攻坚化解信访案件281件，办结率100%。

【法治信访建设】 2019年，茂名市信访部门坚持用法治思维和法治方式处理信访问题，将群众反映的涉法涉诉信访事项快速、直接导入司法程序。建立完善律师参与信访矛盾化解和包案化解涉法涉诉信访问题工作制度，发挥律师在信访矛盾化解中释法明理作用。市“保稳定促发展”律师团在工作日每天安排1名律师进驻接访中心，为来访群众免费提供法律咨询和解释、指引。全年安排律师262人次到市接访中心协助接访，累计接待涉法涉诉信访群众280多人次，陪同市领导接待群众来访191批552人次，参与疑难案件的处理化解工作，维护社会稳定。

【信访宣传教育】 2019年，茂名市信访部门运用报纸、电台、电视台、门户网站及各类新媒体加大信访法规政策、典型案例等宣传力度。12月4日，上线茂名市广播电视台综合广播《茂名民声热线》直播节目，就信访途径及形式、群众信访流程、依法分类处理信访诉求等工作，接受人民群众的咨询、投诉和建议。12月30日，在“茂名网”“茂名信访网”同步开展“在线访谈”，围绕“结合党的十九届四中全会精神谈信访工作如何更好地服务群众”主题，与网民互动交流。通过多种渠道引导群众依法、逐级、有序、理性反映诉求，树立“依法信访受保护、违法闹访必追究”的正确导向。 （市信访局）

婚姻登记

【婚姻登记概况】 2019年，茂名市共办理婚姻登记6.45万对，婚姻登记合格率100%，无群众投诉记录。

【婚姻法规与习俗宣传】 2019年，茂名市依托婚姻登记机关推广结婚登记免费颁证服务，开展婚姻家庭辅导服务；传递健康的婚姻价值观，培育好家风、传承好家教。5月20日，高州市联合市党建部门组织党员新人，举办集体颁证仪式。各地通过举办大型交友联谊活动，为年轻人提供相识相遇平台。七夕期间，在小东江同心岛举办“鹊桥相遇，缘来是你”七夕青年交友联谊活动。化州市在新安镇农业热带公园举办“化州市七夕鹊桥会——我们的节日”大型活动。活动通过“绑的就是你”“执子之手”“风雨同舟”“甜甜蜜蜜”等游戏，为适龄男女搭桥牵线，宣传提倡好家风、好家训，共同传递爱情甜蜜、家庭幸福、社会和谐的正能量。来自全市的150名单身男女青年参加活动，在中国民间传统节日——七夕节，寻找生命中的有缘人。

【婚姻登记便民措施】 2019年，茂名市茂南区、电白区和高州市婚姻登记机关按照《广东省婚姻登记机关形象设计规范》完成统一婚姻登记机关形象标识运用工作，推进婚姻登记场所标准化建设。5月8日，电白区民政局婚姻登记处进驻电白区公共服务中心二楼，提升婚姻登记公共服务水平，方便群众办事。茂南区民政局婚姻登记处通过政府购买服务的方式，在婚姻登记处开设《幸福学堂》，建立以预防为指导的婚姻家庭辅导服务。策划涵盖以“幸福婚姻·爱在家庭”为主题的系列讲座，给更多希望提升幸福指数的家庭提供婚姻心理健康交流平台。

殡葬管理

【殡葬管理概况】 2019年，茂名市贯彻实施《茂名市殡葬事业发展“十三五”规划》，推进惠民殡葬、绿色殡葬，提升殡葬工作基本公共服务水平。继续实施“长青计划”，增加节地生态安葬服务供给；加快电白、信宜、化州殡仪馆建设，完成电白区殡仪馆土建工程和设备安装；抓好殡改宣传和清明节祭扫服务保障工作。支持高州市殡仪馆创建省一级殡仪馆。加强殡葬服务机构标准化、规范化建设，继续推进殡葬管理信息化建设。

【殡葬服务惠民政策】 2019年，茂名市免费提供殡葬基本服务，项目包括遗体接运（普通殡仪专用车）、遗体消毒、遗体存放（不超过3天）、遗体告别厅租用（小型告别厅）、遗体火化（普通火化炉）、骨灰盒（简易标准型）和骨灰寄存（不少于1年或海葬、树葬）等7项。政府免费提供殡葬基本服务标准为：茂名市电白区、信宜市1800元/具，其他区（县级市）1300元/具，全年提供殡葬基本服务2.1万宗，免费金额3047.7万元。

（市民政局）

人 物

新任市级领导（2019年）

新任中共茂名市委书记、副书记、常委

许志晖 1968年5月生，广东潮州人，1998年10月加入中国共产党，1990年7月参加工作，在职研究生学历，理学博士。1986.09—1990.07，在南开大学旅游系旅游经济管理专业本科学习。1990.07—1992.02，任惠州市惠海工贸实业总公司业务员、部门经理。1992.02—1993.09，任惠州市外经企业集团公司总经理助理。1993.09—1995.09，任惠州市外经企业集团公司副总经理。1995.09—2000.09，任惠州市惠城区汝湖镇副镇长。2000.09—2001.12，任惠州市惠城区汝湖镇党委副书记、镇长。2001.12—2003.04，任惠州市惠城区汝湖镇党委书记、人大主席。2003.04—2007.03，任惠州市惠城区人民政府副区长。2007.03—2007.05，任龙门县委副书记，县人民政府代理县长。2007.05—2009.02，任龙门县委副书记，县人民政府县长。（2003.09—2007.06，参加南京大学城市资源系自然地理学专业博士研究生学习）。2009.02—2009.04，任龙门县委书记。2009.04—2013.09，任龙门县委书记、县人大常委会主任（其间：2010.07—2010.08，参加广东省第3期领导干部早稻田大学经济管理专题研究班学习；2013.07—2013.08，参加广东省第13期领导干部美国高级培训班学习）。2013.09—2016.12，任潮州市委常委、组织部部长、党校校长。2016.12—2017.01，任潮州市委常委，市人民政府党组副书记。2017.01—2017.03，任潮州市委常委，市人民政府党组副书记、副市长。2017.03—2017.04，任茂名市委副书记。2017.04—2018.12，任茂名市委副书记，市人民政府市长、党组书记。2018.12—2019.01，任茂名市委书记，市人民政府市长、党组书记，市人大常委会主任候选人。2019.01，任茂名市委书记，市人大常委会主任、党组书记。

袁古洁 女，1968年5月生，贵州遵义人，1992年10月加入中国共产党，1988年7月参加工作，研究生学历，法学博士。1984.09—1988.07，在中山大学法律系法学专业本科学习。1988.07—1990.08，任广东省新技术进出口公司法律顾问。1990.08—1993.07，在中山大学法律系法学专业硕士研究生学习。1993.07—1994.08，任广东对外经济律师事务所律师。1994.08—1997.07，在北京大学法学院国际法专业博士研究生学习（其间：1996.05—1997.05，任韩国高丽大学高级访问学者）。1997.07—2000.06，任华南师范大学政法系讲师、副教授。2000.06—2004.12，任华南师范大学政法学院副教授、教授。2004.12—2006.12，任华南师范大学法学院院长、教授。2006.12—2011.10，任广东省人大常委会法制工作委员会专职副主任（其间：2008.11—2008.12，参加广东省委党校厅级干部培训班学习）。2011.10—2015.12，任阳江市委常委、宣传部部长（其间：2013.02—2013.05，挂职江苏省盐城市政府党组成员；2014.03—2015.01，参加中央党校第14期青年干部培训二班学习）。2015.12—2016.03，任阳江市委常委、宣传部部长，市政府党组成员。2016.03—2018.03，任广东省人民检察院副检察长、党组成员、检委会委员。2018.03—2018.10，任广东省民

族宗教事务委员会主任、党组书记。2018.10—2019.04，任广东省委统战部副部长，省民族宗教事务委员会主任、党组书记。2019.04—2019.05，任茂名市委副书记，市人民政府市长候选人。2019.05—2019.06，任茂名市委副书记，市人民政府党组书记、副市长、代理市长。2019.06，任茂名市委副书记，市人民政府市长、党组书记。

李长林 1968年3月生，河南鲁山人，1986年11月加入中国共产党，1992年7月参加工作，研究生学历，法学硕士。1985.09—1989.07，在河南大学政治学系政治专业本科学习。1989.09—1992.07，在中国政法大学法律系刑法专业研究生学习。1992.07—1994.02，任深圳市纪委调研室科员。1994.02—1997.02，任深圳市纪委检查二室副主任科员。1997.02—2001.02，任深圳市纪委检查一室主任科员。2001.02—2002.02，任深圳市纪委、市监察局派驻第三纪检监察组主任科员。2002.02—2004.11，任深圳市纪委办公厅案件管理处副处长。2004.11—2010.02，任深圳市纪委、市监察局派驻第一纪检监察组副组长（正处级）。2010.02—2011.01，任深圳市纪委、市监察局派驻第一纪检监察组副组长（正处级，主持工作）。2011.01—2012.03，任深圳市纪委、市监察局派驻第一纪检监察组组长。2012.03—2014.08，任深圳市纪委第二案件检查室主任。2014.08—2016.06，任深圳市纪委常委。2016.06—2016.08，任深圳市人民检察院党组成员、反贪局局长。2016.08—2018.01，任深圳市人民检察院副检察长、党组成员、反贪局局长，深圳市第六届市纪委委员。2018.01—2018.04，任深圳市监察委员会委员。2018.04—2018.08，任茂名市委常委，市纪委书记，市监委主任候选人。2018.08—2019.01，任茂名市委常委，市纪委书记，市监委副主任、代理主任。2019.01，任茂名市委常委，市纪委书记，市监委主任。

刘灿莹 1968年7月生，山东汶上人，1985年10月参加工作，1987年8月加入中国共产党，在职研究生学历。1985.10—1987.09，任山东省济宁军分区战士、班长，1987.09—1989.07，任信阳陆军学院步兵指挥专业学员，1989.07—1990.08，任原济南军区司令部办公室秘书一处正排职警卫员，1990.08—1992.08，任西安政治学院保卫工作专业学员，1992.08—1993.08，任原济南军区通信团一营三连副指导员、代理指导员，1993.08—1995.04，任原济南军区通信团二营五连指导员，1995.04—1999.12，任原济南军区政治部保卫部警卫处干事。1999.12—2002.12，任政治部保卫部刑侦处干事。2002.12—2005.04，任政治部保卫部保卫处副团职干事。2005.04—2005.12，任政治部保卫部警卫处副处长。2005.12—2007.02，任政治部保卫部保卫处正团职干事。2007.02—2009.12，任政治部保卫部警卫处处长。2009.12—2010.07，任政治部办公室副师职专职联络干事（其间：2007.05—2010.01在国防大学联合作战指挥专业军事硕士班学习）。2010.07—2014.03，任政治部保卫部副部长兼警卫办主任，2014.03—2015.12，任海军汕头水警区副政委。2015.12—2018.09，任陆军政治工作部保卫局副局长。2018.09—2019.03，任茂名军分区政治委员。2019.03，任茂名军分区政治委员，茂名市委常委。

新任茂名市副市长

吴世文 1972年12月生，广东始兴人，1995年7月参加工作，1996年8月加入中国共产党，大学学历，工商管理硕士。1990.09—1995.07，在清华大学过程自动化与自动检测专业学习。1995.07—2001.07，在华南自动化工程联合公司工作。2001.07—2002.07，任广东省发展计划委员会高技术产业处试用期公务员。2002.07—2005.02，任广东省发展和改革委员会（省发展计划委员会）高技术产业处副主任科员。2005.02—2008.06，任广东省发展和改革委员会高技术产业处主任科员（其间：2005.12—2007.11挂任清远市阳山县副县长；2003.03—2005.10，在中山大学工商管理专业学习，取得硕士学位）。2008.06—2012.02，任广东省发展和改革委员会高技术产业处副处长。2012.02—2015.01，任东莞市委副秘书长（正处级）。2015.01—2015.02，任东莞市科学技术局党组书记、局长人选。2015.02—2018.11，任东莞市科学技术局党组书记、局长。2018.11—2018.12，任东莞市石龙镇党委书记（其间：2018.11—2018.12，挂任松山湖高新区党工委副书记）。2018.12—2019.01，

任茂名市人民政府副市长人选。2019.01，任茂名市人民政府副市长、党组成员。（市委组织部）

先进模范人物（2019年）

全国五一劳动奖章获得者

王茂生 1962年5月生，高州市人民医院院长、党委书记。年主刀心脏直视手术300多例，成功完成心肺移植等很多心胸外科高难度手术，被誉为“粤西第一刀”。扎根山区县级医院，接连填补国内县级医院同类手术技术的空白；突破县域医改难点，提前4年实现“大病不出县”的国家医改目标，中央改革办专题点赞“改革取得成功”并报送中国共产党中央委员会办公厅、中华人民共和国国务院办公厅、中国共产党中央全面深化改革委员会。先后获评国务院特殊津贴专家、全国医德标兵、中国优秀医院院长、广东省五一劳动奖章，是广东省医学会胸外科学分会副主任委员、广东省医学会心血管外科学分会副主任委员等。王茂生以第一作者或者通讯作者发表SCI论文4篇，单篇最高影响因子12.353。2017—2018年，连续中标国家自然科学基金面上项目和青年基金项目，SCI和国自然项目填补茂名医疗系统空白。2018年3月，王茂生联合中山大学等单位，开展以高州医院改革经验的研究成果《县级医院“大病不出县”模式实践与应用》，获2017年度广东省科学技术进步奖三等奖。

广东省五一劳动奖章获得者

吴思志 1962年7月生，高州市潘州画院院长。在传统高州木刻画雕刻技术上独创木刻画“粒点刀法”“拼板套色法”“背拓着色法”，是广东省非物质文化遗产——高州木刻画项目省级代表性传承人、广东省岭南民间工艺研究院副研究员。先后被评为“广东省基层文化宣传能人”“茂名市优秀宣传文化人才”“广东省职工艺术家”“好心茂名·十大最美工匠”“茂名市首批优秀民间艺术大师”“慈善·公益·爱心之星”，是茂名市、高州市两级专家库成员、“高州市第四、第五批优秀专家和拔尖人才”“茂名市文艺志愿服务工作先进个人”。吴思志被评为2018年茂名市劳动模范。他主创作的高州木刻画作品被评为茂名文化名片20强。他用非物质文化遗产打造文化景观，创作高州市根子镇贡园艺术长廊《大唐荔乡》等13件雕刻作品。

曹　球 1966年10月生，茂名市恒兴饲料有限公司副经理。2009年获“湛江市优秀共产党员”称号，2010—2015年连续5年被公司评为先进管理标兵，2017年被化州市鉴江区开发区评为优秀共产党员。他带领公司科研团队研究的“罗非鱼低氮磷排放”课题成果，获化州市科技局奖励5万元，为公司带来经济效益400万元/年。

蒋友珺 1973年9月生，茂名石化港口分部第三作业区主任。他以厂为家，把罐区、泵房和施工现场当作办公室，与当班职工同吃住、同学习、同劳动。敢抓善管，解决制度执行落地难问题，在车间形成学制度、用制度、敬畏制度的风气，促进职工“想干、肯干、多干”。第三作业区被评为2018年度茂名石化模范车间，车间党支部被评为茂名石化红旗党支部。蒋友珺先后被评为中国石化优秀共产党员、茂名石化劳动模范。

梁培松 1968年12月生，茂名实华公司液态烃分离厂厂长。他带领工厂围绕企业中心工作精心管理，实现装置连续安全长周期运行，连续10年被评为“落实制度保安全”竞赛活动优胜单位，2018年公司被评为先进集体。个人先后获中国质量管理协会化工分会QC成果一等奖、广东省科学技术奖励三等奖、茂名市科学技术奖励一等奖、茂名市杰出青年岗位能手、茂名市劳动模范等称号。茂名实华公司液态烃分离厂工会被茂名市总工会授予市级“先进职工小家”称号。

刘春华 女，1973年9月生，茂名市妇幼保健院女职委主任、妇委会主任。从2013年开始，围绕医疗保健业务，每年与茂名市劳动竞赛委员会联合开展医务人员岗位技能等劳动竞赛活动，组织1000多人次职工参与竞赛，评选出茂名市技术能手12名，提升职工技术能力，2016年医院成为广东药科大学教学基地，并获茂名市劳动竞赛先进集体等称号。刘春华先后获广东省工会女职工工作先进工作者、茂名市工会先进女职工、茂名市工会女职工工作先进工作者、茂名市直卫生系统优秀共产党员称号，撰写的《综合指数法在妇幼保健机构绩效评估中的应用》等8篇论文，在国家及省级医学杂志刊登。

龙　良　1972年12月生，信宜江东电子有限公司车间主任。他研究开发电磁炉加热线圈单钩、双钩形磁芯经权威检测机构证实，电磁炉改用钩形磁芯后，向周围散播的微波比原来减少60%，受客户及消费者的欢迎；与公司技术团队开发20多种实用新型电磁炉加热线盘，其中1项获广东省专利优秀奖，2项获茂名市专利优秀奖，3项获信宜市专利奖；对电磁炉加热线圈绕盘工艺改革10多项。2004年，其获电器助理工程师职称，连续多年被评为公司优秀员工，先后获茂名市人民政府科学技术奖二等奖、信宜市人民政府科学技术进步工作奖特等奖及一等奖。其改造创新的匝间间隔电磁加热线盘获2009年广东省专利优秀奖；管理的车间先后被评为共青团信宜市委“青年就业创业见习基地”、茂名市 “青年文明号”单位，信宜市劳动竞赛委员会、信宜市总工会“工人先锋号”单位。

邵广明　1968年1月生，茂名市电白区第一中学副校长。引领教师成功申报省级名教师工作室2个、茂名市名教师工作室1个；获省级奖项的教师16人次，获市区级奖项的老师76人次。推行 “原生态课堂” “小组合作探究”等教改活动，提升学校的教学课堂效率及学生综合素质，获2018年广东省创客大赛特等奖。学校各类考试成绩突出，学生获省级荣誉28人次，市级荣誉44人次。他以抓边缘生作为突破口，引用大数据精准备考，创新课堂教学模式。2018年该校学生优先投档线上线人数482人，比上年增长70%，增长率居全市第一位。

吴锦滨　1976年10月生，中国石化销售有限公司华南分公司茂名站副站长。参与茂名站流程优化、罐区扩容、主输泵改造等100余项施工管理，罐容从15万立方米扩容到39万立方米，输油能力达到1300立方米每小时，提升27%。创新工作法，推行管理人员监督唱票、班长安全带班，确保每年5000多次操作无误。加强培训，提高员工素质，培养科级干部6人，技术员9人，技师5人。2018年，被评为中国石化集团公司精神文明建设先进个人、茂名市劳动竞赛优胜个人，获评公司各类先进荣誉13次。

▲ 2019年5月，茂名市领导与获得全国、广东省五一劳动奖和全国工人先锋号的代表合影

张连成　1976年9月生，广东省南粤交通云湛高速公路管理中心主任兼阳化管理处主任、党支部书记。他带领团队安全、优质、高效地推进项目建设，在支线动工晚的情况下，管理参建单位实现主线、支线于2017年年底建成通车，比原计划提前一年，项目品质获得地方及行业主管部门的好评。他紧抓营运管理创新发展，在全省首创高分可视化智能监控系统，有效保障司机、乘客安全舒适出行。围绕“保畅通、保安全、保服务”，开展“厕所革命”和拒绝超限超载等工作，通车首年，顺利完成春运、国庆等重大节假日保畅工作，增强司机乘客、群众的归属感、幸福感、安全感。

夏吉红　1981年11月生，大亚木业（茂名）有限公司部门经理。在担任设备部经理期间，执行公司的经营方针，针对生产线设备存在影响生产效率、影响产能的瓶颈问题，带领设备人员刻苦钻研，对设备进行技术改造，对生产工艺进行改进，累计获得10余项发明或实用新型专利授权，生产效率提高7%以上，产能提高10%，累计为公司创造经济效益超过5000万元。

（市总工会）

区、县级市及经济功能区

茂南区

【茂南区概况】 茂南区位于茂名市南部。2019年辖9个镇8个街道。土地面积587.35平方千米。年末户籍人口107.18万人，常住人口105.4万人。

2019年，茂南区耕地面积1.88万公顷，粮食播种面积2.37万公顷（三季播种面积合计），粮食产量12.83万吨。林地面积13.31万公顷，森林覆盖率17.3%，活立木蓄积量23.21万立方米。重要矿产资源有油母页岩、高岭土、石英砂和地热矿泉等。油母页岩可开采量51亿吨，是南方的炼油基地。高岭土品位高，呈片状结构，自然白度高，探明储量8亿吨。土特产有荔枝、龙眼、香蕉等岭南佳果。茂南区是圆椒、玉豆等北运菜生产基地和广东省乃至全国规模最大的罗非鱼良种生产基地；是“广东美食旅游之乡”，主要旅游景区（景点）有广东茂名森林公园（国家AAAA级旅游景区）、南越1959文化创意街（国家AAA级旅游景区）、鳌头古镇、逸和生态庄园、灵惠寺、食为天生态农业科普园、合水乡村旅游和章福乡村绿道等。

中共茂南区委书记：李相；区人大常委会主任：倪超群；区长：廖述毅；区政协主席：刘进廷；区纪委书记：刘志恒。

【经济发展】 2019年，茂南区完成生产总值406.92亿元，比上年增长7%。其中第一产业增加值34.92亿元，增长1.7%；第二产业增加值157.11亿元，增长11.8%；第三产业增加值214.89亿元，增长4%。其中工业增加值增长12.7%；规模以上工业总产值增长10.9%；规模以上工业增加值增长20.4%；全区固定资产投资下降39.4%。人均地区生产总值6.6万元，增长6.5%。社会消费品零售总额493.54亿元，增长8.1%。外贸出口额21.4亿元，增长44.2%；实际利用外资346万美元，增长150.7%。全年金融机构本外币存款余额1045.64亿元，增长9.9%；金融机构本外币贷款余额715.18亿元，增长19.8%；城镇常住居民人均可支配收入3.31万元，增长8.2%，农村常住居民人均可支配收入1.88万元，增长10.2%。一般公共财政预算收入9.92亿元，增长8.6%。其中：税收收入7.21亿元，增长0.9%；非税收入2.71亿元，增长36.1%。

农业 2019年，茂南区完成农林牧渔业总产值59.53亿元，比上年增长1.8%。农作物播种面积4.16万公顷，总产量52.17万吨。优化农业种植结构，实施火龙果、红薯芋、辣椒、梅花鹿、油菜心、花生油加工、沉香精加工等“一村一品”项目，建立“一村一品”示范基地7个，推广种植“晶优华粘、粤禾丝苗、合丰油粘、湛薯12、福薯604、汕油188”等新品种6700公顷。加快推进水利工程建设2宗，茂南区羊角镇禄段片国家农业综合开发高标准农田建设项目完成，茂南区公馆镇黄泥塘片国家农业综合开发高标准农田建设项目持续推进。完成农村土地确权面积1.56万公顷，占应确权面积112.5%（羊角镇是2017年从电白区划入茂南区），颁证10万本，发证率99.6%。推广水稻全程机械化技术，提高农业机械化水平。国家现代农业产业园、省级农产品加工示范园建设加快推进，茂南罗非鱼省级现代农业产业园申报获批。年内，茂南区通过国家农产品质量安全县验收。至2019年年底，茂南区有国家级农业龙头企业1家，省级农业龙头企业15家，市级农业龙头企业20家，国家级示范社523家，省级示范社

23家，各类专业合作社608家，家庭农场411个。畜牧业生猪饲养量60多万头，出栏量45万头，产量快速增长；家禽饲养量1675万羽，出栏量1150万羽。全区种鸽存栏35万对，上市肉鸽500万羽；种鸭（番鸭）存栏20万羽，生产鸭苗1200万羽，供应当地和省外。全区畜牧业生产总值16.5亿元。全区水产养殖面积3400公顷，全年渔业产业链经济总产值8亿元，比上年增长3.5%。初步建成生态养殖示范基地1个，标准化育苗示范基地3个，户外标准化养殖示范基地2个，室内工厂化养殖示范基地1个，冷链加工物流示范基地1个；建成罗非鱼文化展示中心、新坡合水荷鱼共生观光农场，创建电子商务平台1个，制定罗非鱼标准化养殖规范及标准化防疫中心等，实现全环节升级、全链条增值，一、二、三产业融合发展。

工业　2019年，茂南区规模以上石油化工企业28家，年产值比上年增长52.6%。天源石化（二期、三期）、泓宇能源10万吨/年生物柴油等一批产业项目投产，恒孚6万吨/年催化剂综合回收再利用等项目动工。实施重点骨干企业、重点工业项目服务官制度，解决企业难题35个。深化创新驱动发展战略，通过国家级高新技术企业认定22家，新增省级高新技术产品26个。

第三产业　2019年，茂南区完成第三产业增加值214.89亿元，比上年增长4%。全年金融机构本外币存款余额1045.64亿元，增长9.9%；金融机构本外币贷款余额715.18亿元，增长19.8%。外贸进出口总额30.1亿元，增长18.8%，其中，茂名栢

▲ 2019年，茂南石化工业园全景图　（茂南石化工业园管理办供图）

信体育用品制造有限公司进出口额超2亿元。完成农村淘宝服务站升级34个，新建天猫优品店5个。完成农贸市场升级改造工程14家，完成家禽档口的冷链终端设备配置工作67户，市区超市设立减盐减油食品专柜。全年社会消费品零售总额493.54亿元，比上年增长8.1%。

【“放管服”改革】　2019年，茂南区推进“放管服”改革，开展“数字政府”建设。做好茂南区各类政务服务事项梳理、修改、调整等工作，在广东政务服务网向社会公开1300个权力事项及公共服务事项。茂南区政务服务事项“网上办”“一窗办”的比例分别88%、71%，在全市排名首位。在镇级推行“前台综合受理、后台分类审批”的综合窗口服务模式，红旗街道、站前街道公共服务中心综合窗口设置完成，对外受理业务，镇级“一窗”综合受理比例92%。从1376项政务服务事项中选定260项作为即办件，占比19%。区社保分局窗口、区公安分局户政治安窗口、区交通运输分局业务进驻区行政服务中心办理，进驻率91%；茂南区有93个事项实现全市通办事项，区级“最多跑一次”可以办结的事项1109项。增加即办件比例、在线申办业务事项，由区财政安排经费邮寄办事结果。依托茂名市开办企业“一窗一表”系统，提供刻章备案、银行开户预约、税务登记等服务，企业开办全流程压缩为“商事登记、公章刻制、申领发票”3个环节。开设“企业开办专窗”，为企业开办提供“一站式”便捷服务，实现企业开办全流程3个工作日内办结。政务大厅实现综合受理、容缺受理、延时服务、免费自助打印复印、基层政务服务中心网格化指导机制等全市首创工作机制。区行政服务中心设立“学雷锋志愿者服务岗”、手机充电站，免费借用爱心伞、轮椅、婴儿车，提供应急药品等，协调照相店为办理残疾证的群众提供5折优惠，为行动不便的群众提供专人全程陪护等服务，协调公交公司增加3条公交线路途经区行政服务中心。实

现市、区、镇三级政务网络全覆盖，新增开通接入政务网络光纤点25个，建设开通村（社区）级公共服务中心政务网络试点15个。推出项目采购容缺受理“马上办”制度；简化二手房土地交易鉴证流程，精简交易手续。取消具有“双证”（房产证、土地证）的商品房交易鉴证，由群众直接到不动产登记中心办理不动产证；对非商品房的二手房交易鉴证，取消评估报告、闲置意见等材料。1月，建设茂南区网上中介服务超市，全区10个单位、59个事项进入超市。全年茂南区受理工单1.26万宗，办结1.7万宗，工单受理量、办结率居全市第一。

【生态环境建设】 2019年，茂南区落实河长制，249名河长通过“广东智慧河长平台”巡河8105次，发现问题555处；开展“五清”（清理非法排污口、清理水面漂浮物、清理底泥污染物、清理河湖障碍物、清理涉河湖违法违建）专项行动，清理河道187千米，水域面积16.83平方千米，清理漂浮物4.96万吨。开展整治“四乱”（乱占、乱采、乱堆、乱建）行动，拆除乱占地面积1.62万平方米、建筑物9栋、建筑面积5720平方米；加强土地矿产卫片执法，拆除违法建筑物面积1.68万平方米，复耕复绿面积54.92公顷，完善用地手续7.11公顷。加快推进生态修复工作，投资850万元完成造林77公顷。加强土壤污染防治，与8家市重点监管企业签订土壤污染防治责任书。加强危险废物管理，排查企业63家，对15家在危险废物管理方面存在问题的企业提出整改要求。加强医疗废物监管，辖区内447家医疗机构均与茂名粤西危险废物处理中心签订医疗废物处置协议。抓好加油站地下油罐更新改造，全区需改造的加油站53家，年内全部改造完成。

【社会事业】 2019年，全区有中小学200所，其中高级中学1所，完全中学2所，初级中学11所，九年一贯制学校2所，完全小学77所（含民办2所），教学点107个；在校高中学生9445人，初中生1.76万人，小学生5.51万人；有教师发展中心、德育学校、特殊教育学校、中小学生实践基地各1所。医院、卫生院18所，床位1858张。文化馆1座，公共图书馆1座，博物馆2座。

社会保障 2019年，全区民生支出31.54亿元，占一般公共预算支出的73.2%，比上年增长24.7%。全面开展乡村振兴，落实各项帮扶措施，发展产业扶贫，推进19个省定贫困村新农村建设工作。全年投入扶贫资金41万元，1.68万人脱贫，占贫困人口96.98%。危房改造步伐加快，完成危房改造190户。城镇新增就业1.25万人、失业人员再就业4006人。城乡居民医疗保险参保70.6万人；养老保险参保32.2万人，其中，企业养老保险5.09万人，机关事业单位养老保险9677人，城乡居民养老保险26.17万人。全年纳入最低生活保障2.21万人。修缮敬老院3所，有养老床位6698张。全区实施自来水“村村通”工程，通水覆盖率100%。提高低保、五保、救助、残疾人保障、孤儿供养等民生保障水平，农村特困人员供养标准提高到每人每年11364元，开展农民工工资支付保障工作。

教育、卫生 2019年，全区新增幼儿园12所，其中公办、普惠性幼儿园8所；全区学前教育公办幼儿园和普惠性民办幼儿园占比90.6%。实施学校建设项目16个，其中竣工2个，开工9个，加快推进前期工作5个，总投资1.79亿元；全年新增中小学学位1080个。资助学前教育困难家庭幼儿1.12万人次，资助金额559.6万元；办理助学贷款1928笔，贷款金额1531.65万元。全区需公建规范化建设村卫生站153所，至年末，完成主体建设152所，完成率98.9%。153所村卫生站全部配备38种基本设备。

【社会治理】 2019年，茂南区推进“平安茂南”建设，全区刑事警情比上年增加10.4%、治安警情同比减少7%，社会治安稳定。推进扫黑除恶专项斗争，全区破获涉黑恶案件98件。打掉涉黑犯罪组织2个、涉恶犯罪集团3个、一般恶势力团伙34个。全民禁毒工程见成效，全年破获涉毒刑事案件61件，社区戒毒社区康复执行率100%。全年受理群众来访案件532件，办结532件，按时办结率100%；受理网上信访案件333件，办结333件，按时办结率100%；上级立案交办信访案件（含国家、省、市）44件，到期办结率100%。全年调处各类民间纠纷1749件，调解成功1739件，调解成功率99.4%。

【茂南区戏剧曲艺家协会】 2019年1月6日，茂南区戏剧曲艺家协会成立，第一次会员大会在市区举行，茂南区文联、茂南区民政局、茂名市戏剧家协会、茂名市曲艺家协会等有关领导出席，出席会议代表200多人。大会审议通过协会章程，审议通过协会理事会人选，选举产生协会领导班子，陈海萍当选协会主席。

【茂名国家高新区茂南科技园】 2019年2月27日，茂名国家高新区茂南科技园成立，将茂南石化工业园管理办公室、茂南区中科云粤西产业园管理办公室、茂南（公馆）产业转移工业园管理办公室纳入“一区多园”范围，“一区多园”建设和管理遵循“资源共享、互利共赢，创新体制、简政放权，统筹协调、科学发展”的原则，突破发展空间和体制瓶颈。

【茂南区新建行政服务中心办事大厅启用】 2019年5月8日，茂南区新建行政服务中心办事大厅启用，茂南区31个部门1018个申请事项实现集中审批、“一站式”办理。办事大厅位于市区茂南大道东72号。配备屏幕、自助服务终端、复印机、叫号机等信息化设备，及备休闲区和母婴室，设置综合、公安、税务、社保、不动产等63个办事窗口，统筹推进“数字政府”建设。

【山阁镇李亚珍家庭农场获评“广东省巾帼创业基地”】 2019年7月，广东省妇联、省农业农村厅命名20个巾帼创业示范基地为第十批“广东省巾帼创业基地”。茂南区山阁镇李亚珍家庭农场获第十批“广东省巾帼创业基地”。李亚珍家庭农场创办于2000年11月，位于红色革命老区山阁镇烧酒村委会扶岭塘岭。农场由猪场、鱼塘、果园三大支柱产业构成。至2019年年底，农场有能繁母猪500头，年出栏生猪1万头；深水鱼塘3.33公顷（50亩），年出产罗非鱼约6万千克；荔枝、龙眼、黄皮、树菠萝果树1000棵，年出产水果约5万千克。自创办农场，李亚珍通过资金支助、技术支持，先后带动近100户养猪户脱贫；利用自己掌握的龙眼催花技术，带动周边果农提高龙眼开花挂果率，增加果农的收入；还帮扶、带动周边妇女投身到种养致富行业。

【广东省茂南商会成立】 2019年5月10日，广东省民政厅批复同意成立广东省茂南商会。10月20日，广东省茂南商会举行第一届理监事会就职典礼，茂南籍乡贤、各界嘉宾、各商会代表600多人参加。茂南区领导为第一届商会的会长陈光明、监事长陈圣辉、执行会长吴朱宝、秘书长梁亮授牌，标志着广东省内茂南籍企业家的共同家园成立并运作。商会会员有来自广东省内多个地区，涉及地产、工程、教育、科技、能源、文化、艺术、传媒、投资、服装、酒店、餐饮等行业的80多家民营企业。

【新坡镇车田村获评全国乡村治理示范村】 2019年12月31日，全国乡村治理示范乡镇与全国乡村治理示范村名单公布，茂南区新坡镇车田村上榜。车田村位于茂名市西南部，属城郊结合地带，是著名的革命老区。曾获“全国文明村”“全国民主法治示范村”“全国创建无邪教示范村”“广东省名村”“广东省卫生村”“广东省文明示范村”“广东省社会主义核心价值观示范单位”等称号。车田村创建“车田模式”，即党员联村包户工作机制。以典型评选激励村民，以移风易俗凝聚人心，以村规民约规范行为，以孝爱传统教育后代，以文化活动提升修养，以优美环境陶冶性情，为乡村注入“精气神”，让乡村发展充满活力。车田村引进大产业13家，村民人均纯收入3万元，由经济落后村跃升为茂名地区的“富裕村”，全村实现“小有教、老有靠、病有报、玩有场、食有供、行有车”的新时代小康水平，凝聚力、向心力提升。车田村自治、法治、德治、善治后，各项工作步入良性循环的发展之路。

2019年茂南区国民经济发展情况表

指标	单位	绝对值	比上年增长（%）
地区生产总值	亿元	406.92	7.0
第一产业增加值	亿元	34.92	1.7

续表

指标	单位	绝对值	比上年增长（%）
第二产业增加值	亿元	157.11	11.8
工业增加值	亿元	—	12.7
第三产业增加值	亿元	214.89	4.0
人均地区生产总值	元	66015	6.5
规模以上工业总产值	亿元	—	10.9
农林牧渔业总产值	亿元	59.53	1.8
固定资产投资	亿元	—	-39.4
社会消费品零售总额	亿元	493.54	8.1
外贸进口总额	亿元	8.7	-17.3
外贸出口总额	亿元	21.4	44.2
实际利用外资	万美元	346	150.7
地方一般公共预算收入	亿元	9.92	8.6
地方一般公共预算支出	亿元	43.11	27.9
城镇常住居民人均可支配收入	元	33101	8.2
农村常住居民人均可支配收入	元	18825	10.2

（吴华彬）

电白区

【电白区概况】 电白区位于茂名市东南部，辖19个镇5个街道（行政上包含电城、博贺、七迳3个镇），土地面积2128平方千米。2019年年底户籍人口197.31万人，常住人口158.84万人。

2019年，电白区有耕地面积5.13万公顷，粮食播种面积5.18万公顷（三季播种面积合计），粮食产量36.7万吨。水果面积3.91万公顷，水果产量41万吨。其中：荔枝面积2.45万公顷，荔枝产量17万吨；龙眼面积0.67万公顷，龙眼产量3.55万吨。林地面积8.95万公顷，森林覆盖率45.5%，活立木蓄积量261万立方米。重要矿产资源有黄金、锡矿、钨矿、稀土、地热、水泥用石灰岩、建筑用花岗岩。电白区面临南海，是茂名市唯一沿海县（区），有海岸线182.1千米，深20米以内的海域面积1132平方千米，滩涂面积85平方千米。海域属亚热带浅海区域，是虾类、蟹类、虾蛄类、头足类和多种贝类的栖息地和产卵繁育场所。海域内有鱼类、虾类、蟹类、贝类以及海胆、海星、海蜇等海洋生物140多种，大型海藻类十分丰富。重要海洋资源有海盐、海产品等。海鱼有黄鱼、马鲛、黑鲳、白鲳、刀鲤、青鳞、赤鼻、带鱼、吉尾、石斑、羊鱼、鳗鳝、龙舌、鳘鱼、沙鲇、乌贼、鱿鱼、章鱼、鲨鱼等100多种。还有对虾、龙虾、膏蟹、海蜇、南风螺、蚝等。土特产有优质大米、花生油、水东芥菜、红心鸭蛋、小耳花猪、长白猪、荔枝、龙眼、沉香、龟鳖、海产干货等。其中电白花生油、电白红心鸭蛋被誉为国家星火计划特优绿色食品，水东芥菜是广东唯一获国家地理标志认证和保护蔬菜类品种。电白区是全国生猪调出大县（区）、全国重要对虾生产基地、全国最大的龟鳖养殖基地、全国最大的香精香料生产基地、全国最大的连片荔枝产业基地、全国最大的白木沉香规范化种植研究示范基地、全国沉香树种植面积第一县（区）、中国沉香之乡、中国建筑之乡。全区有国家AAAA级旅游景点5个：冼太文化故里旅游度假区、“南海旅游岛·中国第一滩”旅游度假区、放鸡岛海上娱乐世界旅游度假区、浪漫海岸旅游度假区、御水古温泉旅游度假区；有国家AAA级旅游景点2个：忠良沉香街和六韬珠宝产业园。

2019年，电白区获“中国十大特色休闲县市”“中国营商环境百佳示范县市”“全国规范化家长学校实验区”称号。

中共电白区委书记：陈小锋；区人大常委会主任：谢金坚；区长：华翠（任至6月），谭剑锋（8—10月代职，11月任职）；区政协主席：钟林矿（任至7月），阮汉（11月任职）；区纪委书记：黄轩（任至7月），欧美霖（7月任职）。

【经济发展】 2019年，电白区生产总值663.76亿元，比上年增长4.1%。其中：第一产业增加值141.10亿元，增长2.7%；第二产业增加值221.97亿元，增长0.5%（工业增加值107.42亿元，下降2.2%）；第三产业增加值300.69亿元，增长8.2%。人均地区生产总值4.22万元，增长2.6%。固定资产投资228.63亿元，增长4.1%。社会消费品零售总额325.91亿元，增长9.3%。外贸出口额42.79亿元，增长26.6%；实际利用外资220万美元，下降70.7%。地方一般公共预算收入21.37亿元，增长4.2%。城镇常住居民人均可支配收入2.27万元，增长6.8%；农村常住居民人均可支配收入1.88万元，增长9.7%。

农业　2019年，电白区完成农林牧渔业总产值227.24亿元，比上年增长2.5%。农作物播种面积10.3万公顷，总产量90.71万吨。农业种植结构不断优化，实施省级农作物良种良法示范基地建设项目、全国基层农技推广体系改革与建设补助项目，全年建立农业科技示范基地6个，建立其他示范基地6个，推广种植花生、蔬菜、优质稻、水稻野香优9号、水东芥菜、千禧圣女果等新品种7134公顷。多宗水利工程建设顺利推进，总投资4830万元。建设2247公顷高标准基本农田。完成农村土地确权面积3.6万公顷，占应确权面积100%；颁证20.63万本，发证率100%。推广测土配方施肥技术、水肥一体化技术；推广农业机械2679台套，总动力12374千瓦，其中旋耕机48台、微耕机2503台、田园管理机81台、动力喷雾机21台、谷物收割机6台、轮式拖拉机20台，提高农业机械化水平。国家现代农业产业园、省级农产品加工示范园建设加快推进，电白区沉香省级现代农业产业园获批。电白区通过国家农产品质量安全验收。至2019年年底，电白区有省级农业龙头企业20家，市级农业龙头企业11家，国家级示范社5个，省级示范社17个，市级示范社47个，市级以下合作社481个，家庭农场927个（其中省级示范家庭农场7个）。畜牧业发展良好，生猪年末存栏量40.13万头，出栏量119.98万头，分别比上年减少54%、25%；牛年末存栏量3.34万头，出栏量4700头，分别增长6%、16%；家禽年末存栏量951.59万羽，出栏量3099.97万羽，分别增长14%、23%；肉类总产量13.95万吨，减少11.7%；全区畜牧业总产值45.55亿元，增长11.98%。上半年，因受猪瘟疫情影响，全区生猪存栏量大幅减少，生猪生产受到严重影响。区委、区政府抓好非洲猪瘟综合防控措施，生猪复产保供工作取得阶段性成效。12月，全区生猪复养场（户）186个，生猪存栏量40.13万头，能繁殖母猪存栏5.6万头，环比增加13%和30%，完成省、市下达的102万头出栏任务。2019年，电白区对生猪产业进行奖励扶持，区财政安排生猪调出大县奖励金、畜禽养殖废弃物资源化利用资金、生猪政策性保险资金3326.52万元。加快与温氏食品集团股份有限公司等大型养猪公司合作步伐。区政府与温氏食品集团股份有限公司、深圳市康达尔（集团）股份有限公司、唐人神集团股份有限公司等企业签订合作战略框架协议书。投资30.58亿元进行生猪养殖一体化项目建设，增养生猪160万头。加强畜禽养殖废弃物资源化利用工作，全年举办畜禽养殖废弃物资源化利用工作培训班4期，参加培训800多人次。完成畜禽粪污资源化利用直联直报系统数据录入、更新，录入规模养殖场（户）信息1401个。312个养殖场全部落实沼气池、沼液池、雨污分流设施和堆粪场等配套设施设备。至12月，全区畜禽粪污综合利用率75%，规模养殖场粪污处理设施装备配套率95.8%，大型规模养殖场粪污处理设施装备配套率

100%。引导群众转变经营模式，利用山地多、林地多优势，发展禽蛋生产。利用空置猪舍，发展山地鸡、白鸽、肉鸭、肉鹅和蛋鸡养殖，禽蛋供应量大幅增加，缓解当地猪肉紧缺情况。全区水产养殖总面积1.6万公顷，比上年增长0.7%。其中：海水养殖面积1.1万公顷，淡水养殖面积4579公顷。水产品总产量36.72万吨，比上年增长4.6%。全区有捕捞渔船783艘，功率3.7万千瓦，比上年减少7.7%。加大海洋资源环境管护力度，现代渔业发展较快，全区创建国家级水产健康养殖示范场9家，加快创建国家级水产健康养殖示范场1家。有3万多平方米的工厂化养殖车间和1万多亩南美白对虾无公害农产品生产基地。全年完成垦造水田项目13个，面积181.73公顷。

工业 2019年，电白区（含三大平台）规模以上工业增加值48.74亿元，全区完成工业投资64.28亿元，工业技术改造投资15.82亿元。举办迎接茂名建市60周年项目集中竣工、签约、开工活动，全区项目竣工22个、开工27个、签约9个。广州白云江高（电白）产业转移园区发展格局完善，“食品加工、香精香料、珠宝加工、医药健康、绿色建筑、海洋产业”六大“硬核”特色主导产业发展壮大。冠利达海洋产业园进一步发展，茂名新洲海产有限公司、广东省电白海宝罐头食品有限公司等水产品加工企业继续做强；省级现代农业产业园瑜丰沉香产业园一期工程基本完成；电白意顺食品有限公司建成茂名首家“观光工厂”；波顿香精香料产业园、绿色建筑产业园等项目建设有序推进；沙琅县域副中心生物医药产业园建设加快。森源电子、惠众水产、中轻枫泰3家企业被评为广东省高成长中小企业。启动区中小微企业贷款风险补偿基金，区中小企业服务中心被省认定为公共服务示范平台。全年获省级科技进步奖一等奖1项、二等奖1项，获省级科技项目立项13项，奖励1090万元。9家企业获国家高新技术企业认定，全区国家高新技术企业发展到19家。有各类创新平台51个，其中博士后创新实践基地2个，省院士专家（企业）工作站2个，省小微型企业创新创业示范化基地2个，省级工程技术研究中心9个。惠众水产等7家企业与中国水科院南海研究所等高校、科研院所合作共建省级工程技术研究中心，其中2家获得认定。中轻枫泰公司被评为广东省创新产业化示范基地。

第三产业 2019年，电白区完成第三产业增加值300.69亿元，比上年增长8.2%。实现旅游业总收入81.3亿元，比上年增长17.6%；接待游客1014.9万人次，比上年增长15.2%。电白区以创建省级全域旅游示范区为契机，推进各旅游项目建设，观珠温泉（第一期）、粤西野生动物乐园、粤西文化（沙院）温泉度假村、中华巾帼英雄山等项目立项待批。房地产完成投资额33.67亿元，增长130%，新建商品房交易面积69万平方米，库存减少2.21万平方米。全年金融机构存款余额517.18亿元，比上年增长13.8%；贷款余额223.04亿元，增长15.2%。物流服务体系建设逐步完善。物流快递配送年吞吐量619.79万件，较上年增加30.2%。全区建有县级物流服务中心24个、镇级物流服务站189个、村级物流服务点373个。建立以沙琅镇县域副中心为引领的山区片物流体系，涵盖7个镇、125个行政村，推进133.33公顷沙琅综合物流园区建设。完善15万吨冷链物流配套建设，实现全区行政村物流全覆盖。电子商务发展加快，全区开展电子商务的企业近300家，带动就业人员2000余人，全年电商销售额约2亿元。区电子商务协会推动会员单位优势互补，整合果场、电商平台、物流企业，形成高效配送供应链，促进荔枝、龙眼、圣女果等鲜果销售。全区跨境电商清关中心运营顺畅，进出口额近3亿元人民币。省定贫困村旦场镇楼阁堂村电商扶贫服务站点全年销售额近5000万元，成为全市农村电商精准扶贫、实施乡村振兴战略的亮点。商贸流通市场保持活跃，全年全区社会消费品零售总额325.9亿元，比上年增长9.3%。其中：批发业销售额92.72亿元，增长7.4%；零售业销售额210.21亿元，增长10%；住宿业营业额2.47亿元，增长65.1%；餐饮业营业额20.5亿元，增长6.5%。电白万达广场建成开业，商业档次明显提升，迅速形成“万达商圈”。对外贸易增长平稳，全区进出口总额56.96亿元，比上年增长24.6%，进出口总额全市第一。其中，出口42.79亿元，增长26.6%；进口14.17亿元，增长19.1%。新增备案登记进出口经营权企业42家。全年全区吸收外资额220万美元，合同利用外资额2231万美元，新批外商投资项目18个。吸收外资保持全市前列。

【城乡建设】 2019年，电白区以创建“全国文明城市、国家卫生城市”为抓手，推进城乡基础设施建设，全力开展“十乱”（乱贴乱画、乱泼乱倒、乱搭乱建、乱牵乱挂、乱停乱放）整治。荔枝公园、歌美海公园建成使用，御湖公园、海湾湿地公园建设加快推进。青少年活动中心、体育公园等公共服务项目投入使用。区博物馆、美术中心动工建设。电白万达广场建成开业。城区凤凰大道、水东大道（水东段、彭村段）、绿城大道（G228——海滨大道段）、安寨路的工程建设稳步推进；完成城区道路黑底化建设及升级改造9条；完成水东河片区截污工程；水东河、关屋河、寨头河、森高河河流综合整治工程加快建设。城市绿地总面积1840.05公顷，城市绿地率40.9%，城区主干道路灯亮化率98%。沙琅、岭门、电城等镇房地产业发展，镇、村污水治理设施建设推进，农村人居环境整治、100条宜居美丽乡村建设开展，城乡建设同步推进。

【交通设施建设】 2019年，电白区新、改建公路106千米、桥梁25座。至年末，全区公路通车总里程达6308.14千米。其中：高速公路里程123.29千米，国道（G228、G325）120.6千米，省道303千米，县道106.62千米，乡道1599.24千米，村道606.39千米，乡村小路3449千米。公路桥梁521座/13790延米。全区公路管养水平提高，交通网络不断完善。国道G325线、省道S388线、省道S291线、县道X728线路面改造工程开工建设，省道S282线改建工程完成前期工作。广湛高铁电白段、广东滨海旅游公路电白先行段、凤凰大道、环市路东段动工建设，北部互联公路、中德大道电白段，连接电白、马踏高铁站的一级公路和观沙一级公路一期工程完工。“四好农村路”（把农村公路建好、管好、护好、运营好）工作稳步推进；危桥改造完工12座、在建13座。引入省粤运公司完成城乡公交一体化改造，50辆新能源纯电公交车投入使用。全年完成交通基础设施建设投资8.41亿元，比上年增长3.1%。

【特色旅游发展】 2019年，电白区加快旅游规划编制，以创建省级全域旅游示范区为契机，推进旅游项目建设。观珠温泉（第一期）、粤西野生动物乐园、粤西文化（沙院）温泉度假村、中华巾帼英雄山等项目立项有序推进。景区基础设施和旅游公共服务设施逐步完善，御水古温泉（二期）项目喜来登酒店主楼完成，全区完成旅游厕所建设5个。乡村旅游加快发展民宿、农家旅舍、特色客栈等。组织企业参加2019年广东省旅游产业博览会、广东省旅游投资推介会，赴广西壮族自治区马山县开展旅游扶贫推介会等活动，加大旅游宣传营销力度。全年全区旅游接待游客1014.9万人次，比上年增长15.2%；旅游总收入81.3亿元，增长17.6%。电白区获“2019年度中国十大特色休闲县市”称号。六韬珠宝创意产业园获“省级文化产业示范园区”称号，南海环岛渔村观光一日游线路入选省乡村旅游精品线路，并获得省级财政扶持资金20万元；里平村入选2019年广东省文化和旅游特色村，获得省级奖励金20万元。重点打造包括乡村旅游厕所、购物商店、停车场、医疗站、垃圾站、旅游标牌标识、旅游咨询服务中心以及A级旅游景区“八小工程”。

【“放管服”改革】 2019年，电白区推进“放管服”改革。5月，区民政局进驻区公共服务中心办理婚姻登记业务。8月，茂名市道路运输业务“全市通办”电白通办点开通。在全市率先将交警车辆管理便民服务业务引入公共服务中心。梳理“最多跑一次”事项，推动各相关单位持续提高网上可办事项比例和优化事项流程，“最多跑一次”或“零跑动”事项达711项。推进“一窗受理”窗口建设，企业开办时间压缩到3个工作日，不动产一般登记及抵押登记时间压缩到5个工作日。完成“十统一”（实现基本编码、实施编码规则、事项名称、子项拆分、事项类型、设定依据、办理流程、办理时限、提交材料及表单内容要素的“十统一”）事项标准化录入工作，政务服务部门事项全部进驻省政务服务网，使用统一申办受理平台办理业务，最多跑一次事项占比99.4%，综合受理事项占比88.1%，进驻政务大厅事项占比89.9%，网上可办事项占比93.3%。区政务数据管理局25次组织人员下基层宣传推广“粤省事”“粤商通”移动服务平台应用，发放宣传小册子3万份，接受群众咨询2万人次，全年上线687项高频便民服务事项和59种电子证照，茂名地区上线467项政务服务事项，其中特色事项22项（公积金11项、不动产1项、企业开办10项），涉及办理类287项，查询类180项，实现“零跑动”事项396个。至年末，“粤省事”实名用户数24.89万户。全区52个单位注册进驻“广东省网上中介服务超市”，3个单位的服务事项可在省网上中介服务超市内选取。全年区公共服务中心进驻窗口部门27个，办事窗口73个，工作人员122人，办理政务服务事项1379项，进驻实体大厅事项1314项，为群众办理各种业务13.6万件，办结率100%。沙琅分中心设窗口14个，其中专业窗口12个，综合窗口2个，工作人员40人，全年办理业务3.9万件，办结率100%。电白区获“2019年度中国营商环境百佳示范县市”称号。

【生态环境建设】 2019年，电白区落实河长制，402名河长通过“广东智慧河长平台”巡河887次，发现问题64处，整改率100%；投入约4500万元开展“五清”（清理非法排污口、清理水面漂浮物、清理底泥污染物、清理河湖障碍物、清理涉河湖违法违建）专项行动，清理河流废物面积2695平方米、河道垃圾3.67万吨。推进水污染防治工作，城区入海河流水东河提前达标，森高河、寨头河水体环境持续改善，全区集中式饮用水源水质达标率100%，完成36个集中式饮用水水源地环境问题整治工作，强制拆除罗坑、黄沙水库周边34家草纸厂，开展洗砂行业环保专项行动，关停取缔查洗砂企业9家，推进全区101个美丽乡村示范村生活污水处理设施建设。投资近80亿元的电白区绿能环保发电项目于3月初动工建设。开展大气污染防治工作，打好蓝天保卫战，做好禁止露天焚烧和禁止燃放烟花爆竹工作。加强工业污染源治理，推进重点行业企业污染减排，完成80家“散乱污”（“散”是指不符合城镇总体规划、土地利用规划、产业布局规划的工业企业；“乱”是指违法违规建设、违规生产经营，以及使用闲置设施农业用房、教育、农房等非工业用房进行非法生产的工业企业；“污”是指违法违规排放、超标排放废水、废气、废渣的工业企业）工业企业（场所）整治工作。加强土壤污染防治，打击固体废物非法转移倾倒处置行为，处理观珠塘芾、沙院海尾固体废物非法转移倾倒案件2件。加强土地矿产卫片执法，年内拆除违法建筑物面积5600平方米，复耕复绿面积10.18公顷。整治非法采砂等行动，清理乱占乱围海面20公顷。生态修复加快推进，查处涉林案件2件。开展森林修复工作，修复林954公顷。投资1095万元完成造林143.5公顷、幼林抚育3076.2公顷。推进创建广东省文明城市工作，实行“门前三包”（临路、街所有的单位、门店、住户将担负起一定范围的市容环境责任，承担一定的城市管理任务，包卫生、包绿化、包秩序）“六乱”（指乱搭乱建、乱堆乱放、乱设摊点、乱拉乱挂、乱贴乱写乱画、乱扔乱吐）整治，村庄保洁覆盖面90%以上，农村生活垃圾分类减量95%以上，98%农村生活垃圾得到处理，开展乡村绿化美化工程4200多个，创建省级卫生村18个、市级卫生村5个。

【社会事业】 2019年，电白区有普通高校3所，在校学生1.18万人；普通中学49所，在校学生7.65万人；小学400所，在校学生12.79万人。医院、卫生院40所，床位5748张。群众文化艺术馆1座，公共图书馆1座，博物馆1座。

社会保障 2019年，全区社会民生支出65.05亿元，占一般公共预算支出83%，比上年增长12.2%。精准扶贫工作稳步推进。全面开展乡村振兴，落实各项帮扶措施，发展产业扶贫，全区35个省定贫困村新农村建设工作推进，新一轮电网改造完成投资超3亿元，省定贫困村电网改造全面完成。全年投入扶贫资金3202.95万元，2.63万人脱贫，占贫困人口96.3%。危房改造步伐加快，完成危房改造156户。建成棚户区改造安置房1151套。城镇新增就业1.15万人、失业人员再就业3280人。城镇职工基本养老保险参保和城乡居民医疗及基本养老保险参保人数67.02万人，其中，城镇职工基本养老保险参保10.82万人，城乡居民医疗及基本养老保险参保56.20万人。全年纳入最低生活保障2.77万人。新建残疾人社区康园中心3个，全区15个残疾人社区康园中心持续正常运转，麻岗镇残疾人社区康园中心被省残联选定为全省14个示范点之一，是茂名市唯一的示范点；水东街道残疾人社区康园中心被选定为全省28个辐射点之一。实施自来水“村村通”工程，有400多个行政村通水，通水覆盖率92%以上。完成12所敬老院修缮，配备养老床位7226张。提高低保、五保、救助、残疾人保障、孤儿供养等民生保障水平，城镇特困人员供养标准提高到每人每月1250元，农村特困人员供养标准提高到每人每月950元。开展农民工工资支付保障工作。

教育　2019年，电白区坚持教育优先发展，增加教育投入。持续改善教育教学条件，缓解学位不足问题。“创现”仪器设备全部安装调试验收完毕。电白一小新校区9月投入使用；电白五小完成规划选址；区委区府幼儿园扩建工程前期工作完成。沙琅镇新城小学（电白一小沙琅校区）动工扩建，投资约5000万元。华南师范大学附属电白学校开工建设。教育集团化办学、县管校聘等教育改革举措稳步推进，成立电白一中教育集团和电白一小教育集团，提升各学校办学水平和教育质量。广东实验中学电白班、广州大学附属中学电白班成效初显。全年电白区考生优先投档线上线607人，再创电白历史新高。7月11日，电白区被广东省教育厅授予“广东省推进教育现代化先进区”称号。10月22日，电白区被授予“全国规范化家长学校实验区”称号。

卫生　2019年，全区投入12.3亿元，改扩建或整体搬迁新建区直医院4所，其中包括区人民医院和区第二人民医院改扩建，区中医医院和区妇幼保健院整体搬迁新建工程。区人民医院改扩建工程建筑总面积6.48万平方米，增设床位886张。区第二人民医院改扩建工程总投资5600万元，升级建设项目包括旧住院楼病房、妇产科、高压氧舱治疗室、手术室、血透室等，增加床位140张，10月24日投入使用。区中医医院新院总建筑面积7.72万平方米，设置床位545张，总投资3.9亿元。区妇幼保健院新院总建筑面积6.7万平方米，其中新建业务用房4.5万平方米，设27个临床科室，500张床位，总投资3.8亿元。升级建设沙琅镇中心卫生院，投资约3亿元，建设一栋总面积4.65万平方米的住院综合楼，设置床位560张。

文体　2019年，电白区加强基层文化设施建设，推进综合性文化服务中心提升工程，开展镇（街道）综合文化站专项治理工作，促进城乡公共文化服务均等化发展。全区建成“好心戏台”30个；在11月30日全省文化和旅游产业工作会议上，茂名电白六韬创意产业园被认定为省级文化产业示范园区。区博物馆、美术中心项目动工建设，区体育公园项目于6月完工，加快对调试发现问题的场地及设备设施进行整改。电白区配合举办2019年亚洲沙滩排球锦标赛，主办“2019电白·100越野挑战赛”“‘健康电白·你我同行’2019全民健身日”系列活动、2019年首届创美荧光夜跑活动、第七届电白足球超级联赛等一系列群众体育赛事，让体育运动走进百姓生活、引领群众健康理念。

【社会治理】　2019年，电白区推进“平安电白”建设，全区刑事警情比上年下降19.8%、治安警情下降13.5%，社会治安稳定。推进扫黑除恶专项斗争，全区破获涉黑恶案件22件。打掉涉黑犯罪团伙1个、涉恶犯罪集团21个。全年破获涉毒刑事案件96件，社区戒毒社区康复执行率99.7%。开展社会矛盾纠纷排查化解，全年受理办理群众信访事项1520宗，比上年下降3.4%；排查发现突出信访问题167宗，落实区领导包案化解5期167宗，化解154宗，化解率92.2%。全年调处各类民间纠纷4463件，调解成功率98.8%。

【水东湾城区引罗供水工程通水】　2019年10月12日，茂名市水东湾城区引罗供水工程建成通水，占鳌水厂开机制水。水库水从国家一级水源保护区罗坑水库随管道蜿蜒40千米进入旦场镇的占鳌水厂制水车间，再通过10.5千米配水管线到达电白主城区流入千家

▲ 电白区林头镇槟榔村新貌　（丘立贺　摄）

万户。长期困扰电白城区的水资源供需矛盾得到根本性扭转。该工程是广东省第一批供水类PPP项目，省、市、区重点民生水利工程项目，总投资11.24亿元，于2015年12月开始土地征收工作，2016年9月开工建设占鳌水厂，2016年11月开工建设沙琅泵站，2017年7月开始建设原水管线，2018年9月开始建设配水管道，2019年10月建设完成，10月12日调试供水。工程前期每天可生产8万立方米自来水，完全满足电白城区用水需求；后期每天可生产24万立方米自来水，满足电白城区未来30年发展的用水需求。

【茂名市人民医院水东湾分院】 2019年11月12日，水东湾分院建成启用，形成“一院两区”的高水平医院建设新格局。分院位于电白区进港大道旁、水东湾湖畔，是省、市重点工程，按综合性三级甲等医院的标准进行规划建设，是一家集医疗、保健、康复、科研、教学于一体的现代化综合性三级甲等医院。开设内科、外科、妇产科、儿科、医技科、检验中心等科室，开放床位2000张，由茂名市人民医院直接管理，医护人员由市人民医院派出。该院每天可接纳5000人次的门诊量，把三甲医院优质医疗资源带到水东湾新城群众的家门口，改善全市的医疗条件和就医环境。

【博贺疏港铁路项目动工建设】 2019年11月13日，茂名市博贺疏港铁路动工建设。该铁路起点为茂名东站，终点为茂名市博贺新港区港前站，线路全长49.9千米，初步估算总投资41.65亿元，按铁路二级、速度120千米/小时标准设计。经电白区线路长32.85千米，途经辖区内林头、麻岗、树仔3镇。其中：林头镇17.6千米，沿线途经黄阳、那关、秧前、木院、新屋、新墟、龙记、水丰场十九队、石民、大群、塘迳、大角等11个村委会及1个农场；麻岗镇10.35千米，途经大路街、热水、茶亭、双目、白马、仙桃园等6个村委会和热水御古温泉景区；树仔镇4.9千米，途经文峰、莘陂、清茶等3个村委会。项目需征地面积105.47公顷，拆迁房屋面积48551平方米。全线设茂名东、林头、仙桃园、电城、博贺等5个车站。茂名东为接轨站，博贺为港前站，其余为会让站。初期开放“茂名东、仙桃园、博贺”3个车站。

【电白建设集团、广东永和建设集团入围“广东百强民营企业”】 2019年11月28日，由省政府、省政协、省工商联联合主办的2019粤商大会在广州举行。电白建设集团有限公司、广东永和建设集团有限公司入围“2019广东省百强民营企业”，分列第65和96位。电白建设集团是一家以建筑施工为基础，集金融、投资、设计、工程管理、运营服务于一体的大型综合性现代建筑产业集团。在职员工7000人，技术人员1500人，其中中高级职称800人。业务经营地域覆盖国内20多个省、市、自治区，海外业务拓展至非洲和东南亚等地，全年竣工面积超1000万平方米，连续18年被广东省市场监督管理局评为“广东省守合同重信用企业”，入选“中国民营企业500强”“中国建筑业竞争力200强企业”“全国优秀施工企业”“全国AAA级资信企业”“广东省优秀企业”等称号。广东永和建设集团有限公司是集房地产开发、工程施工（设计）、建筑劳务输出、建筑材料销售等为一体的大型建筑企业。集团辖8个子公司，分别在广东、贵州、广西、四川、重庆、安徽等地成立分公司，有职工8269人，各类工程技术管理人员1732人。集团获省、市级优良样板工程50多项，获省、市安全文明施工示范工地46项；连续5年获“守法纳税大户”称号，被评为“广东省连续五年守合同重信用企业”等。

【电白万达广场建成开业】 2019年12月19日，电白万达广场建成开业。项目地处茂名电白区迎宾大道与凤凰大道交汇处，占地面积12万平方米，总建筑面积63万平方米，总投资额20多亿元。电白万达广场为茂名市重点引进项目，是集购物、餐饮、娱乐、休闲、商住于一体的大型综合体，建有购物中心、商业步行街、IMAX影院、儿童娱乐城、高尚住宅等，是茂名地区最具影响力、最高端的大型城市商业综合体。

【全市首家农产品“观光工厂”建成】 2019年，电白区建成全市首家农产品“观光工厂”——意顺观光茂名物产馆。电白意顺食品有限公司于1992年成立，是一家台商独资企业，主要生产经营冷冻鱼糜、鱼糜制品、肉制品及高级冷冻调理食品，年生产能力1万吨以上，是茂名地区冷冻鱼浆糜品行业的龙头企业。公司位于茂名市电白区水东镇安乐东路，占地面积2万平方米，建筑面积1.96万平方米，厂区包括体验馆、休闲美食区、亲子DIY互动区、产品购物区、招商推介平台、游客停车场等，形成集“加工、美食、娱乐、购物、文创、休闲”于一体的一站式具有茂名风情文化特质的现代化旅游观光工厂。

【以沉香为主导产业的省级现代农业产业园】 2019年，茂名市瑜丰沉香创意产业有限公司作为广东省现代农业产业园落户电白区。公司位于电白区观珠镇大榕村，首期投资10亿元，以打造沉香文化为核心，集特色产业、观光旅游、休闲养生为一体，推动沉香产业、文化交流和旅游观光融合发展，打造“世界沉香之都”。瑜丰沉香产业园规划占地面积80公顷，设置有医院、学校、银行等市政配套设施。

【博贺湾大桥建成通车】 2019年12月31日零时，位于博贺镇博贺湾的博贺湾大桥实现全线通车。博贺湾大桥路线呈东西走向，于2015年12月完成项目立项，2017年3月破土动工。其西接博贺镇，东接博贺湾新城和电城镇，是广东省沿海公路茂名段的重要组成路段，属省、市重点工程项目。其西侧与规划的滨海大道相接，直通水东港区；东侧与博贺湾大道相连，接茂名港大道，直通博贺新港区。大桥总长4.96千米，桥梁长2.21千米，连接线长2.75千米，桥梁宽度18米，连接线路基宽度19米，按公路兼城市道路标准建设，设计时速40千米，桥梁及连接线设双向4车道。工程总投资3.98亿元。

【旦场镇楼阁堂村入选广东省乡村振兴示范村】 2019年，电白区旦场镇楼阁堂村探索乡村振兴之路，推进美丽乡村建设，修建集教育、休闲、健身于一体的主题文化公园“好心公园”，设有讲习所、阅览室、篮球场、健身器械区。养殖黑棕鹅，建成6.67公顷（百亩）广合香种植基地，带动村民就近就业。利用自有农土产品、生态环境等资源，建立“吃农家饭菜、购乡土特产、游生态乡村、赏田园风光、采绿色果蔬、体农事乐趣”乡村旅游体系，打造一个面向全市、具有全省影响力的农业旅游示范村。2019年获“茂名市十大美丽旅游乡村”“茂名市新农村建设示范村”“茂名市文明村”“广东省乡村振兴示范村”等称号。

【林头镇槟榔村入选全国乡村治理示范村】 2019年12月，槟榔村被认定为全国乡村治理示范村。林头镇槟榔村以党建引领为核心，以村民自治为抓手，以富民兴村为动力，党员、干部、乡贤、群众共同参与社会治理，着力解决群众关切的生产就业、邻里矛盾、人居环境整治等问题。种植燕窝火龙果、百香果、柠檬等水果8.6公顷，设置观光长廊、观光棚、摄影基地，打造集种植观光于一体的田园综合体。按照绿色生态的理念，建设外坡公园1.3公顷、百姓广场2000平方米及人行碧道1.8千米，拓宽、美化绿化道路1.2千米。建立“一村支一调解队一警务室”“一村支一廉政监督站”，组建“红袖章”志愿巡逻队，发动群众群防群治，实现村民从“袖手旁观”到“撸起袖子加油干”。

【霞洞镇打造乡村振兴示范点】 2019年，霞洞镇申请纳入荔枝国家现代化产业园建设示范区获批，以冯家村古荔园、岭南圣母山“浮山岭”为基点，构建以好心文化、趣味旅游、健康养生和特色农业为支撑的特色文化古镇。以“红色资源”创建乡村振兴示范点。打造塘涵村史馆，设“追源溯本、红色讲堂、今日新颜、农耕文化”等七大展区和村史馆外围三大区域展示，以翔实的史料讲述中国共产党的光辉历程和革命先辈的英勇事迹，以朴实的旧器物、精美的图片，全方位、多角度展现历史人文美、自然风光美、古风古韵美、家风家教美、党建团队美。

【电白区首家镇级水质净化厂建成】 2019年，电白区那霍镇投入资金1200多万元建设水质净化厂。该厂位于那霍镇石塘村一村东面、石塘河南面，占地3300多平方米。厂区日处理污水4000吨，铺设管网3千米。厂综合楼、一体化池和消毒出水池等建设完成；污水管网于6月中旬开工建设，年底全部建设完成。经调试，运行情况基本正常，各项指标基本达标，基本能满足项目设计要求，成为电白区首家验收完成的镇级水质净化厂。

【电城镇入选全国“扫黄打非”进基层示范点】 2019年，电城镇全面实施“扫黄打非”“五进”（进机关、进社区、进学校、进农村、进家庭）活动，并结合各自站点资源条件、区域特点和文化特色，打造“扫黄打非+”模式，重点打造“冼太夫人故里文化旅游景区、冼太夫人纪念学校、山兜村委会、电城镇文化中心”4个基层示范点，将“扫黄打非”同冼夫人好心文化阵地资源、中共电白县支部旧址红色文化资源、新时代文明实践中心、基层社会综合治理、农家书屋及书香校园建设相结合，形成以资源为依托、以阵地为平台、以文化为特色、以成效为目标的独具特色的“电城模式”，成为全省4个入选全国“扫黄打非”进基层示范点之一。

附表1：2019年电白区国民经济发展情况表（快报）

指标	单位	绝对值	比上年增长（%）
地区生产总值	亿元	663.76	4.1
第一产业增加值	亿元	141.10	2.7
第二产业增加值	亿元	221.97	0.5
工业增加值	亿元	107.42	-2.2
第三产业增加值	亿元	300.69	8.2
人均地区生产总值	元	42152	2.6
规模以上工业总产值	亿元	222.88	-18.1
农林牧渔业总产值	亿元	227.24	2.5
固定资产投资	亿元	228.63	4.1
社会消费品零售总额	亿元	281.61	9.3
外贸进口总额	亿元	14.17	19.1
外贸出口总额	亿元	42.79	26.6
实际利用外资	万美元	220	-70.7
地方一般公共预算收入	亿元	21.37	4.2
地方一般公共预算支出	亿元	106.69	23.4
城镇常住居民人均可支配收入	元	28506	6.7
农村常住居民人均可支配收入	元	18745	9.7

附表2：茂名市电白区2018—2019年社会事业发展情况

指标	单位	2018年	2019年
普通高校	所	3	3
普通高校在校学生	万人	1.07	1.09
中等职业学校和技工学校	所	0	0
中职在校学生	万人	0	0
技校在校学生	万人	0	0
普通中学	所	49	49

续表

指标	单位	2018年	2019年
普通中学在校学生	万人	7.8225	7.6467
小学	所	400	400
小学在校学生	万人	12.1707	12.7893
医院、卫生院	所	40	40
医院、卫生院床位	张	5487	5748
群众艺术馆、文化馆	座	1	1
公共图书馆	座	1	1
博物馆	座	1	1

（吴兴旺　谢树银）

信宜市

【信宜市概况】　信宜市位于茂名市北部。2019年，全市辖18个镇、1个街道，402个村（居）委会。全市土地面积3101.7平方千米，2019年年末户籍总人口150.3万人，常住人口102.46万人。全市有耕地面积4.04万公顷，粮食播种面积5.5万公顷（三季播种面积合计），粮食产量34.26万吨。森林覆盖率68.3%，活立木蓄积量0.18亿立方米。

信宜市是全省最大的竹器、玉器、松香、花岗岩板材的生产基地之一和全省山地鸡、三华李、荔枝、龙眼、南药、反季节蔬菜生产的重要基地。有“南国玉都”“竹编之乡”“水电之乡”“三华李之乡”“南药之乡”“山地鸡王国”之称。探明的矿产主要有金、银、铁、锡等30多种，银岩锡矿是全国第三大锡矿，东坑金矿为广东省第二大金矿。南玉是全国唯一的“南方碧玉”。信宜风景秀丽，开发的旅游景点有西江温泉、天马山、石根山、大仁山、太华山、甲门峡漂流等。位于大雾岭自然保护区的大田顶海拔1704米，是粤西最高峰、广东第二高峰。

中共信宜市委书记：邓惠林；市人大常委会主任：封小翠；市长：王土瑞；市政协主席：杨志宇；市纪委书记：伍进。

【经济发展】　2019年，信宜市生产总值482.97亿元，比上年增长5.1%。其中：第一产业增加值120.69亿元，增长4.6%；第二产业增加值98.99亿元，增长4.5%（工业增加值60.53亿元，增长4.6%）；第三产业增加值263.28亿元，增长5.7%。人均地区生产总值4.74万元，增长3.7%。固定资产投资增长3.5%。金融机构人民币存款余额442.04亿元，增长12.7%；贷款余额205.05亿元，增长27.7%。社会消费品零售总额268.15亿元，增长9.2%。外贸进出口总额30.47亿元，增长62.4%；外贸出口额30.41亿元，增长62.8%；实际利用外资290万美元，下降51.4%。地方一般公共预算收入11.09亿元，增长3.4%，其中税收收入7.32亿元，增长4.0%；非税收入占比由原来的34.4%下降到34%。全市居民可支配收入2.2万元，增长8.7%，其中城镇常住居民人均可支配收入2.72万元，增长8.6%；农村常住居民人均可支配收入1.84万元，增长10.6%。

农业　2019年，信宜市完成农林牧渔业总产值185.78亿元，比上年增长4.5%。农作物播种面积8.86万公顷，总产量30.29万吨。

实施“一村一品、一镇一业”项目21个。获得无公害农产品认证产品40个、绿色食品认证产品4个，7个农产品被评为全省“经营专用品牌”，11个产品被评为全省名特优新农产品“区域公用品牌”，其中，信宜市“三华李”被评为广东省2019年最有价值十大农产品区域公用品牌，品牌价值153.9亿元。广东盈富农业有限公司获评广东省名特优新农产品区域公用品牌核心企业。全市农村经济合作组织、家庭农场总数分别为1022家、852家，建成省级专业镇3个、国家级养殖标准化示范区1个，筹建省级农业标准化示范区2个，建设电商生产基地45个；发展省级农业龙头企业3家、茂名市级农业龙头企业4家、信宜市级农业龙头企业24家。

工业　2019年，信宜市有规模以上企业117家，年产值53.6亿元，比上年增长0.03%。生态环保产业加快成型，签约和意向入园企业4家，绿能环保发电项目建成并将投入营运、茂名市循环经济示范中心加快推进。装备制造产业加速集聚发展，模具制造园、新能源汽车制造园签约和意向入园企业12家、投资总金额24亿元；华南（信宜）生态汽车小镇项目推进顺利，广东翔天汽车智能化有限公司被国家工业和信息化部批准为“新设立专用车生产企业”。全市珠宝玉石企业发展到400多家，年总产值20.5亿元。完成南玉城升级改造，新建南玉博物馆、南玉商场、广东省质量监督玉石珠宝及贵金属检验站（信宜）、南玉国家级技能大师工作室；制定发布《信宜南玉分级》等3个茂名市地方标准。产业园区扩能增效，“一园四区”（信宜产业转移工业园、水口高新区、池洞工业区、丁堡物流产业区、朱砂特色资源加工区）完成预征土地406.67公顷，完成园区基础设施建设投资7000万元、工业固定资产投资9.4亿元、规模以上工业产值14.35亿元，新增入园企业10家。全市新增规模以上工业企业5家。

第三产业　全年新增市场主体6380户，比上年增长14.7%，增速排茂名市各区（县级市）第一位。房地产业开发投资额29.6亿元，增长20%；新开工面积141.09万平方米，增长92.97%，增速居茂名市各区（县级市）第一位。

【城乡建设】　2019年，信宜市加快建设育才路、一河两岸南延段、站前大道等城市骨干路，完成市区南北出入口道路优化升级，市档案馆、玉湖桥、竹山桥、市大木垌片区和旧街的亮化及路面黑化、竹山路升级改造等市政项目开工建设。加快推进钱排大道、东部应急指挥中心等县域副中心建设项目。实施电力、通信等设施的扩容提质工程。开展文明城市提升和城市管理提质工作。开展“六乱”（乱搭建、乱摆卖、乱停放、乱挂拉、乱堆挖、乱张贴）“两违”（违法占地建筑、违法建设建筑）整治。完成市区“一河两岸”、淘金湾公园等美化、亮化工程。

【交通设施建设】　2019年，信宜市加快云茂高速公路（信宜段）建设，完成投资率63.5%。阳春至信宜高速公路纳入茂名市高速公路网。北界连接线、环东大道、玉都快速干线（A段）路基工程全面贯通。国道、省道、县道、乡道路网改造升级和水毁道路修复工作加快推进，完成省道352线信宜贵子至朱砂段路面沥青罩面铺设。完成“四好农村路”年度建设任务，完成村道硬底化改造600千米、窄路基路面改造108千米、公路安全防护工程364千米、危桥改造30座。

【特色旅游发展】　2019年，信宜市全年接待游客707.35万人次，实现旅游总收入50.92亿元，比上年分别增长14.9%和76%。建成43千米“锦江画廊”碧道；池洞莲花湖庄园大型综合景区建成营业，“锦江画廊”美丽乡村集群化景区、碧道沿线美丽乡村项目和高城水库景区项目启动建设；钱排镇入选首批“广东省旅游风情小镇”；镇隆镇八坊村获评“全国乡村旅游重点村”“广东美丽乡村特色村”。

【“放管服”改革】　2019年，信宜市深化重点领域改革，改善营商环境，加快“数字政府”建设，确保“放管服”改革的推进。

重点领域改革　2019年，信宜市深化经济体制、行政管理体制、重大民生领域等十大重点领域改革。完成新一轮政府机构改革、审计体制基础性改革、城管执法体制改革、农村集体产权制度改革等重要改革，启动镇级高质量发展评价和市直机关事业单位年度绩效评价。落实国务院减税降费政策，全年全市减税降费2亿多元。

营商环境改善　信宜市“放管服”、商事制度、企业投资项目审批制度等重点改革事项落实，开办企业时间压缩至3个工作日以内。应用广东投资项目在线审批监管平台，项目报建时间压缩至45个工作日。金融部门全面取消企业开立银行账户行政许可。市政务服务大厅事项进驻率99.8%，“最多跑一次”事项100%。“数字政府”建设加快推进，“粤省事”“粤商通”小程序广泛推广应用。

动能加速集聚　2019年，信宜市完成省财政资金扶持的企业技术改造重点项目5个、工业技改投资2亿多元，新增企业技术改造备案项目10个。6家高新企业获得茂名市级规模以上工业企业科技创新奖励。组织申报省“大专项”科技专项5个、茂名市科技计划立项37个。加强知识产权保护工作，全市全年有效注册商标3172件，专利申请377件，授权264件。

【生态环境建设】 2019年，信宜市开展环境污染防治工作，完成四大林业重点生态工程及碳汇造林年度建设任务，做好河库管护治理工作，推进生态环境建设工作。

污染防治 2019年，信宜市整改完成中央环保督察交办问题，“回头看”交办件全部办结。依法关停、整治“散乱污”（“散”是指不符合城镇总体规划、土地利用规划、产业布局规划的工业企业；“乱”是指违法违规建设、违规生产经营，以及使用闲置设施农业用房、教育、农房等非工业用房进行非法生产的工业企业；“污”是指违法违规排放、超标排放废水、废气、废渣的工业企业）企业72家，完成油站地下油罐改造46家。完成禁养区畜禽养殖场清理等农业面源污染治理以及大气、土壤污染防治等年度目标任务，全市空气质量保持优良。完成城区生活垃圾无害化填埋场和19个镇级生活垃圾转运站建设任务。

生态环境工程 持续开展“绿化信宜大行动”，完成四大林业重点生态工程以及碳汇造林年度建设任务，全市森林覆盖率68.3%。创建国家森林城市获得国家林业和草原局备案，建设镇级公园8座，新建湿地公园1座，打造乡村绿化美化工程示范点28个。钱排镇获评“广东省十大绿美森林小镇”称号，全市有21个行政村入选广东省首批“国家森林乡村”候选名录。

▲ 2019年，信宜市水口镇赤坎村选区人大代表向选民述职

河库管护治理 全面实施河长制，开展河道“五清”“清四乱”（乱占、乱采、乱堆、乱建）专项行动，8个年度中小河流治理项目完成治理任务80%。完成城区饮用水源保护及备用水源引水、市第二水质净化厂、尚青污水处理厂升级提标改造等工程。市区自来水厂迁建和县、镇、村三级水质净化设施项目建设加快推进，饮用水水源水质全面达标。

【社会事业】 2019年，信宜市有中等职业学校和技工学校2所，在校学生1.39万人；普通中学52所，在校学生7.97万人；小学383所，在校学生12.12万人。有医院、卫生院41所，床位5677张；群众艺术馆、文化馆1座，公共图书馆1座，博物馆1座。2019年全市脱贫1.66万户4.12万人，分别占脱贫总户数和脱贫总人数的96.9%、97.1%；完成129户农村危房改造年度任务；建立扶贫基地143个，新发展凉果加工等企业22家。与广西壮族自治区忻城县对接扶贫协作工作取得新成效。

民生保障 2019年，信宜市全年财政民生支出61.66亿元，比上年增长8.4%，占一般公共预算支出的88.4%。超额完成全年城乡居民养老保险参保任务，社保扩面征缴工作在全市名列前茅，城乡居民基本医疗保险覆盖面稳步提升，完成机关事业单位养老保险制度改革工作，建立完善5项保障弱势群体权益工作机制及市、镇、村三级退役军人服务保障体系。在全省打造“粤菜师傅”工程的“信宜模式”，培养“粤菜师傅”1909人；“南粤家政”“广东技工”工程稳步推进。就业创业服务质量提升，完成技能晋升培训7179人，新增就业1.25万人，城镇登记失业率控制在2.4%以内。

【社会治理】 2019年，信宜市加强“平安信宜”建设，开展“飓风2019”专项行动和“扫黑除恶”专项斗争，打掉涉黑恶犯罪团伙14个，刑拘247人，逮捕166人，移送起诉235人，冻结资产1700多万元。防灾减灾体系建设完善，金垌镇“8·26”特大暴雨灾害防御工作得到广东省通报表扬，经验在全省推广。安全生产和食品药品安全监管加强。保障农民工工资支付，依法为农民工追偿工资金额2400多万元。

【新能源智能车辆产学研示范基地落户信宜】 2019年3月22日，新能源智能车辆产学研示范基地暨粤西新能源智能车辆重点实验室落户信宜市水口镇高新科技园区。广东翔天汽车智能化有限公司、广东翔天智能汽车研究园有限公司与广东省电动汽车工程重点实验室签署新能源智能车辆产学研合作框架协议。华南理工大学广东省汽车工程重点实验室重点把人才和技术引入广东翔天汽车智能化有限公司、广东翔天智能汽车研究园有限公司，联合开发、联合技术创新，产品更新换代。

【信宜“锦江画廊”碧道建成】 2019年10月信宜市“锦江画廊”碧道竣工，起点为镇隆镇八坊村，终点为东镇街道高城村，全长43千米。碧道于2018年11月动工建设，总投资2.4亿元，结合全域旅游、中小河流治理、新农村示范片建设、“四好”农村公路、水生态保护与修复等方面工作融合推进，以原生态自然景观为主，利用原有村道、机耕路、果园、竹林等资源，建设碧道及相关配套服务设施，结合名人名事、历史典故打造，碧道沿线串连八坊、德乔、十里、岭上、赤坎、山背、旺同、英地坡、高城、北逻10个“美丽乡村”，融入“古城遗韵、锦江田园、竹沙水岸、陶艺竹编、十里竹道、山水高城”等人文生态景观。集“碧道、观光绿道、古驿道和马拉松赛道”于一体。

【信宜八坊村成为首批全国乡村旅游重点村】 2019年7月12日，首批全国乡村旅游重点村名单公布，信宜八坊村上榜。八坊村位于镇隆镇中心区旁，鉴江与西江交汇处，207国道贯穿全境，全村总面积5平方千米，有13条自然村，居民1035户3200多人。八坊村是“广东省岭南名村”“广东省历史文化名村”“广东省古村落”“全国传统村落”“广东省首批省级新农村示范片”。

【信宜图书馆获国家一级图书馆称号】 2019年，信宜图书馆在全国公共图书馆第六次评估定级中获“国家一级图书馆”称号。占地面积2720平方米，楼高6层，建筑面积6069平方米，设计图书总藏量40多万册，可容纳1000多名读者。馆内设10余个服务功能室，馆藏纸质图书16万余册，电子图书13万余册，年订报纸近100种，杂志200余种，所有书籍按《中图法》分类。馆藏特色线装古籍书3256册，有《廿四史》《古今图书集成》《中国大百科全书》《四库全书》等名贵书籍，有1951年《新华月报》、1957年《信宜报》、1962年《人民日报》等20种珍贵历史资料。累计办理借书证3万多个，接待进馆读者60多万人次，图书流通100多万册次。

2019年信宜市国民经济发展情况表

指标	单位	绝对值	比上年增长（%）
地区生产总值	亿元	482.97	5.1
第一产业增加值	亿元	120.69	4.6
第二产业增加值	亿元	98.99	4.5
工业增加值	亿元	60.53	4.6
第三产业增加值	亿元	263.28	5.7
人均地区生产总值	元	47385	3.7
规模以上工业总产值	亿元	56.3	0.03
农林牧渔业总产值	亿元	185.78	4.5
固定资产投资	亿元	—	3.5

续表

指标	单位	绝对值	比上年增长（%）
社会消费品零售总额	亿元	268.15	9.2
外贸进口总额	亿元	0.06	-27.6
外贸出口总额	亿元	30.41	62.8
实际利用外资	万美元	290	-51.4
地方一般公共预算收入	亿元	11.09	3.4
地方一般公共预算支出	亿元	69.78	10.4
城镇常住居民人均可支配收入	元	27243.0	8.6
农村常住居民人均可支配收入	元	18384.9	10.6

（卢昆　杨荣　苏杭）

高州市

【高州市概况】　高州市位于广东省西南部、茂名市中部。2019年，全市辖23个镇5个街道，土地面积3276平方千米，年末户籍人口184.78万人，常住人口142.91万人。

高州有耕地面积6.05万公顷，粮食播种面积5.47万公顷（三季播种面积合计），2019年粮食产量37.21万吨。林地面积17.89万公顷，森林覆盖率68.49%，活立木蓄积量1216.39万立方米。高州市的重要矿产资源有40多种，其中高岭土储量7000多万吨。植物资源有1500多种，有生态公益林4.67万公顷，工业原料林2万公顷。高州市境内有动物资源500多种。土特产有缅茄雕、荔枝、龙眼、香蕉、爆皮黄番薯、薯包粄、簸箕炊等。高州市有华南地区最大的蛋鸡场、粤西最大的生猪养殖场、全国最大的鳄鱼养殖基地，是著名的荔枝、龙眼、香蕉之乡。高州市是中国民间文化艺术之乡，被评为中国楹联文化城市、广东省十大传统美食之乡，是冼太故里、“三个代表”重要思想发源地。高州境内有冼太庙、宝光塔、观山寺、长坡古电白城遗址等古迹；有高州水库、浮山、三官山、平云山、仙人垌、高凉岭等旅游景区景点；有木偶戏、山歌、版画、八音锣鼓、冼夫人庙堂文化等非物质文化遗产。“中国巾帼英雄第一人”冼夫人、岭南道教先驱潘茂名、唐代名宦高力士、清末工部左侍郎杨颐、新中国首任中国农科院院长丁颖以及著名画家丁衍镛等均为高州人。

2019年，高州市被评为全国农村危房改造真抓实干成效明显激励支持县，全国公立医院综合改革真抓实干成效明显激励支持县，国家农村集体产权制度改革试点县，全国基层中医药工作先进县，国家级电子商务进农村综合示范县；国家农产品质量安全县，全国“七五”普法中期先进县，全省全域推进农村人居环境整治示范县。

中共高州市委书记：黄晨光；市人大常委会主任：李国锋；市长：朱春保；市政协主席：张万盛；市纪委书记：韦彦。

【经济发展】　2019年，高州市完成生产总值631.89亿元，比上年增长4.8%。第二产业增加值下

链接

新上项目：朗坤环保、兴陶建材、海纳金属项目

新投产项目：冠美铝型材、深德物流园、希普生物、鼎壹饲料、兴陶建材、天象生物、福中福项目

降3.2%；工业增加值下降3.6%；规模以上工业总产值下降8.3%；规模以上工业增加值下降5.1%；全市固定资产投资179.58亿元，增长2.4%。金融机构存款余额594.25元，增长8.5%；贷款余额246.66亿元，增长21.1%。全市居民人均可支配收入2.2万元，增长8.5%。一般公共财政预算收入17.77亿元，增长1.1%，其中，税收收入9.35亿元，下降3.9%；非税收入占比下降到47.36%，财政收入质量不断优化。

农业　2019年高州市农业全年完成农林牧渔业总产值241.2元，比上年增长3.8%。发展市级农业龙头企业16家、省级20家。建成生产专业村33个、省级“一村一品、一镇一业”专业镇3个。高州市的香蕉、荔枝、龙眼、淮山薯、鸡蛋进入“粤字号”2019年县域名特优新农产品区域公用品牌百强名单，品牌总价值约181亿元。有6个单位获评省级休闲农业与乡村旅游示范点。有3个农业公园被授予“2019年广东农业公园”称号。

工业　2019年，高州市规模以上企业完成工业总产值229.97亿元；实现规模以上工业增加值67.45亿元，比上年下降5.1%；新增规模以上工业企业22家，完成茂名市下达目标任务的200%，新增规模以上工业企业家数在全市各区（县级市）排名第一。至2019年年底，高州市农副产品加工、金属制造、轻工纺织、医药健康等四大工业主导产业规模以上工业企业160家，产值占全市比重62%；完成工业投资47.58亿元，与上年持平；完成工业技改投资11.55亿元，比上年下降2.7%。高州产业转移工业园有工业企业118家，其中规模以上工业企业45家。该工业园全年新上项目3个、新投产项目7个（见306页“链接”），新立项投资总额9.71亿元。完成固定资产投资13.79亿元，其中完成工业固定资产投资13.09亿元，实现规模以上工业产值56.34亿元，完成规模以上工业增加值14.79亿元，园区税收总额9530万元。

第三产业　2019年，全市全年完成第三产业增加值298.64亿元，增长10.6%。实现旅游业总收入73.3亿元；房地产完成投资额75.1亿元，增长80.8%。全年金融机构存款余额594.25亿元，增长8.5%；贷款余额246.66亿元，增长21.1%。全年社会消费品零售总额274.9亿元，增长8.9%。

【城乡建设】　2019年，高州市完成续建市政项目6个，新建市政项目5个，实施待建项目及筹划实施项目7个。其中，永青大道（一期）和桂圆东路建成通车；宝光路建设工程、四中桥维修改造工程、旧城区街巷修缮二期和城区道路黑化改造二期工程完成；沿江路（竹栏街）改造工程完成拆迁进度80%；桂圆西路完成项目概算审核；桂圆二路项目主干道完成。对迎阳广场、高凉路、兴教路等道路进行绿化改造升级，补种乔木90株、灌木球80株、种植袋苗4万多株、地被植物100平方米，补植绿化面积4000平方米。全年建设完成城区公厕19座和3座公园内公厕升级改造；金坑垃圾填埋场无害化处理城乡生活垃圾44.56万吨。

【交通设施建设】　2019年，高州市完成交通基础建设投资10.8亿元。其中：云茂高速建设投资5.12亿元，省道S281、S282线路面改造投资5000万元，投资3.14亿元完成“畅返不畅”公路整治工程524千米，投资9100万元完成新农村公路硬底化182千米，投资7200万元完成安防工程任务721千米，投资4100万元完成危桥改造18座。

【特色旅游发展】　2019年，高州市仙人洞景区创建国家AAAA级旅游景区，古郡水城、宏益鳄鱼世界、南果花乡创国家AAA级旅游景区。根子镇“大唐荔乡游”线路入选首批广东省乡村旅游精品线路名单，根子镇柏桥村入选首批广东省文化和旅游特色村。

【“放管服”改革】　2019年，高州市行政服务中心进驻部门24个，进驻政务服务网依申请办理事项1324项，进驻实体大厅事项1062项，进驻率80.2%，即办事项542项，即办率40.9%。市行政服务中心1—11月受理业务10.52万件，办结率100%，群众满意率100%。

目录梳理　高州市梳理个人服务类事项6416项，包括行政许可577项，行政给付59项、行政裁决8项、行政奖励44项、行政确认105项、其他权力事项321项、公共服务事项518项、行政处罚4831项、行政强制247项、行政征收47项、行政检查380项。省、市级委托下放事项23项，新增事项5项，取消事项26项。全年高州市完成认领录入工作639项，实施546项，实施率85.4%。依申请办理事项1324项中，“最多跑一次”事项有1261项，占比

95.2%；政务服务事项网上可办事项1201项，占比90.7%。高州实名用户总数26.14万人。

“12345”政府服务热线 全年受理“12345”政府服务热线平台工单5419宗，其中投诉类4794宗，咨询类175宗，举报类144宗，求决类254宗，建议类35宗，表扬类9宗，求助类8宗。全面落实工单承接、处理、回复实行专人跟踪、登记、回访制度，督促各部门及时处理和按要求回复。政府服务热线工单处理总体办结率100%，群众对工单处理的满意度96.7%。全年完成公共资源交易业务118宗，成功交易金额25.49亿元，为财政增收4.09亿元，溢价率30.3%，节支1.07亿元，下浮率11.8%。其中：工程建设项目招标投标交易35宗，交易额7.12亿元；土地使用权出让交易数13宗，交易额17.41亿元，增收4.07亿元，溢价率30.4%。公共产权成功交易37宗，交易额1357万元，增收节支额189万元。政府采购成功交易33宗，交易额8266万元，节约金额143万元，节约率0.9%。

【生态环境建设】 2019年，高州市推进河长制工作，投入资金950多万元，完成河道“清漂”483.1千米，河道“清淤”556.15千米，清理河湖障碍物85处，整治入河排污口274宗。完成省水利厅核定的44宗河湖“四乱”（乱建、乱占、乱堆、乱采）问题整治，落实“关猪场、截污水、打偷排、清底泥、补好水、修河堤、建湿地、管鱼塘、广发动、强责任”的工作要求，推进鉴江城区段、城区南关河涌以及白沙河等污染较严重河流的水体治理工程，全市水环境质量整体稳中趋好。全市饮用水水源水质达标率100%，重点水功能区鉴江及高州水库水质均值达到Ⅲ类以上，主要考核断面平均水质指数在茂名市排名第二。完成企业清洁生产评估验收4家。加强土壤污染防治，打击固体废物非法转移倾倒处置行为，处理固体废物非法转移倾倒案5件。

社会保障 2019年，高州市全年社会民生支出71.9亿元，占一般公共预算支出的89.8%，比上年增长9.7%。精准扶贫工作稳步推进。开展乡村振兴系列工作，落实各项帮扶措施，发展产业扶贫，全年投入扶贫资金3380万元，3.54万人脱贫，占贫困人口的97.9%。危房改造步伐加快，完成危房改造197户。城镇新增就业1.22万人、失业人员再就业3079人，养老保险参保5.96万人。提高低保、五保、救助、残疾人保障、孤儿供养等民生保障水平，农村特困人员供养标准提高到每人每年1.14万元。

教育、卫生、文化、体育 2019年，高州市有普通高校1所，在校学生4520人；中等职业学校和技工学校5所，在校学生1.39万人；普通中学71所，在校学生10.28万人；小学293所（教学点241个），在校学生14.18万人。新建设小学1所，异址新建幼儿园1所。高考优先投档线人数2035人，首次突破2000人大关，比上年增加287人。4名学生被清华大学、北京大学录取；2名学生进入全省理科前50名；2名学生被空军航空大学录取。11月，广东高州中学被清华大学授予“优质生源基地”称号，获授“清华大学2019生源中学”牌匾。高州市有医院、卫生院40所，床位6762张。三甲医院2所、二级医院3所，基层卫生院31所（包括5所社区卫生服务中心）、公建规范化村卫生站438所。高州市第二人民医院整体搬迁项目完成；石鼓镇中心卫生院升级建设项目门诊住院综合大楼、精神科住院楼完成主体结构封顶；高州市人民医院高压氧楼建设项目完成主体封顶；高州市妇幼保健院整体搬迁项目封顶；高州市人民医院长坡分院完成主体建设。高州市卫生健康系统全年招聘226人，其中高校现场招聘110人、公开招聘116人；引进高层次人才18人，其中博士1人，硕士17人。高州市有文化馆1座，公共图书馆1座，博物馆1座。文物保护单位59处，其中省级13处，茂名市级5处，高州市级41处。高州市第一个民间博物馆——高州市高凉乡土文化博物馆开馆。举办“2019年高州市新春音乐会——汪洁独唱专场晚会”、《魅力中国城》第三季启动仪式系列活动之贡园行活动、“千年荔乡”2019年荔枝文化节等系列文化活动。文化馆总分馆体系建设加快推进，分馆从8个增加至15个，基层服务点从24个增至45个。宝光塔获批第八批全国重点文物保护单位，是高州市第一个全国重点文物保护单位；成功申报6个广东省第九批文物保护单位。投入1亿多元综合改造高州市运动场，投入1亿多元拆迁、复原和扩建冼太文化广场，投入1200多万元建设革命历史博物馆及“三个代表”重要思想发源地史迹陈列馆，投入1300万元修缮人民会堂。高州市参加“好心茂名”2019年广东省龙舟锦标赛并获邀请组决赛第二名；参加2019

中国小篮球联赛广东省茂名赛区总决赛，获U8组季军，分获U10男子组、U10混合组、U12男子组的季军和殿军；参加茂名市青少年锦标赛，获总分第三名。组织参加2019年广东省健身广场舞联赛（茂名赛区），2支参赛队伍分别获特等奖和一等奖，晋级全省总决赛。

【社会治理】 2019年，高州市推进“平安高州”建设，全年刑事警情比上年下降45%、治安警情下降26%，社会治安稳定。推进扫黑除恶专项斗争，全市破获涉黑恶案件103件，打掉涉黑犯罪团伙1个、涉恶犯罪集团3个、一般恶势力团伙4个。全民禁毒工程成效明显，全年破获涉毒刑事案件74件，社区戒毒社区康复执行率99%。开展社会矛盾纠纷排查化解，全年受理群众来信来访等229批378人次，比上年下降28%；信访无立案件；受理信访事项245件，办结245件，办结率100%。全年调处各类民间纠纷149件，调解成功率为61%。

2019年高州市国民经济发展情况表

指标	单位	绝对值	比上年增长（%）
地区生产总值	亿元	631.89	4.8
第一产业增加值	亿元	156.59	3.7
第二产业增加值	亿元	176.66	–3.2
工业增加值	亿元	127.98	–3.6
第三产业增加值	亿元	298.64	10.6
人均地区生产总值	元	44449	3.2
规模以上工业总产值	亿元	67.45	–5.2
农林牧渔业总产值	亿元	241.26	2.9
固定资产投资	亿元	179.58	2.4
社会消费品零售总额	亿元	274.90	8.9
外贸进口总额	亿元	0.7898	–30.5
外贸出口总额	亿元	46.0989	26.1
实际利用外资	万美元	488	–26.4
地方一般公共预算收入	亿元	17.7733	1.1
地方一般公共预算支出	亿元	80.0429	10.1

【高州市高文小学】 2019年秋季建成招生，为城区义务教育新增学位4500个。高文小学总投资1.29亿元，占地面积4.36万平方米，办学规模100个班。

【高州市第一幼儿园】 2019年11月搬迁开园招生，作为高州市重点工程，由市政府投资2900万元异址新建，占地面积1.44公顷（21.6亩），为原幼儿园占地面积的6倍，可容纳32个标准教学班。是融阅读馆、创意馆、生活馆、科学馆等9个功能室为一体的现代化幼儿园。

【粤西地区首个国家级电子商务进农村综合示范县（市）】 2019年，广东省商务厅公布2019年国家级电子商务进农村综合示范县名单，高州市成功入选。高州市有高州电子商务产业园、高州根子镇柏桥电商街以及高州东岸方垌村电商中心等电商聚集地。农村电商集聚发展效应初显。高州市入选国家级电子商务进农村综合示范县后，获得中央财政资金扶持，重点支持农村流通基础设施建设、农村电商公共服务体系建设、农村电子商务培训等，对促进地方农村电商发展、推动产业升级、助力脱贫攻坚将起到推动作用，对茂名市农村电子商务发展也起到示范引领作用。

【高州宝光塔入选全国重点文物保护单位】 2019年10月，《国务院关于核定并公布第八批全国重点文物保护单位的通知》发布，高州市宝光塔入选全国重点文物保护单位。这是高州市首次有文保单位入选全国重点文物保护单位，实现零的突破。高州宝光塔建于明代万历四年（1576），为八角九层楼阁式砖塔，通高65.8米，底层边长5.72米，塔身全部用青砖砌筑，塔基为须弥座，束腰部分各面均嵌有花岗岩浮雕图案3幅，每幅浮雕长1.45米，高0.55米。基座每角镶嵌一尊托塔力士浮雕，高0.55米，宽0.38米。托塔力士双手高擎塔身，给人以安全稳重之感。高州宝光塔还是明代第二高塔，也是广东最高的楼阁式砖塔，塔内建有螺旋形砖级，为壁内折上式，沿着阶梯，可以逐层攀登，直到塔顶。每层都有佛像数尊，其中底层为护塔大佛像，造型高大威严，其余各层为小佛像，形态各异，加之塔下同时兴建的发祥寺中有众多的大小佛像，具有较高历史价值和艺术价值。

【高州市创新推行“群众办事不出村”】 2019年，高州市落实上级关于“数字政府”改革决策部署，推进政务服务向村（社区）基层下沉，在茂名地区推行公共服务“办事不出村”试点建设工作。5月，高州市在茂名市推行公共服务“办事不出村”试点建设工作。7月15日，广东政务服务网公共审批平台村级代办业务受理，首批试点的镇江、谢鸡、南塘3个镇49条行政村（社区）开始在村服务中心线上受理群众办理高频事项14项，代办事项1项。10月9日，完成全市28个镇（街道）488个村（社区）的培训工作。12月30日，全市488个村（社区）全部开始办理事项，办结1.5万件，实现“办事不出村”。基层政务服务水平提升，打通服务群众的“最后一千米”，经验在《南方日报》《人民日报》上推介。

【全国农民合作社质量提升整县推进试点交流会】 2019年12月10日，全国农民合作社质量提升整县推进试点交流座谈会在高州市召开。农业农村部，省农业农村厅、省委农办、省扶贫办及茂名市、高州市领导出席会议。高州市委副书记、市长朱春保代表高州在座谈会上作工作经验交流发言。来自河北、江苏、浙江、安徽、山东、湖北、广东、陕西等省农业农村厅农村合作经济指导处（站）和30个试点县（市、区）负责同志参加座谈会。高州是全国第一批30个农民合作社质量提升整县推进试点之一，是茂名地区唯一入列的县级市。全市有农民专业合作社1187家，其中国家级示范社7家、省级示范社24家、市级示范社61家、县级示范社40家，社员2.45万人，带动农户8万多户，年销售农产品总值超12亿元。

【广东首个国家级“美丽乡村建设”标准化试点创建】 参见第63页《年度关注》。

（罗 勇 李文辉）

化州市

【化州市概况】 化州市位于广东省西南部、茂名市西部。2019年，化州市辖17个镇、5个街道、1个经济开发区。土地面积2356.52平方千米。年末户籍人口178.1万人，常住人口131.55万人。

2019年，化州市有耕地面积5.97万公顷，粮食播种面积5.92万公顷（三季播种面积合计），粮食产量33.78万吨。全市有林地面积8.89万公顷，森林覆盖率47.8%，活立木总蓄积量443.84万立方米。有速生丰产桉树林2万余公顷，拥有大片的松、杉、橡胶林，水松、格木、赤藜、红车、鸡毛松、箭毒木、白木香、赤楠、铁力木、白桂木等国家Ⅰ、Ⅱ、Ⅲ级保护植物，及见血封喉等珍稀树种。境内水资源丰富，按平均年径流量计，境内地表水资源18.3亿立方米，过境客水37.3亿立方米，全市地表水资源55.6亿立方米。主要河流有9条。全市境内水能理论蕴藏量4.2万千瓦，其中可开发利用的水能2.2万千瓦。化州市地下30米以上浅层地下水蕴藏总量4.01亿立方米，水质良好，适宜人畜饮用。矿产资源丰富，初步探明的矿种31种，矿点280多处。石灰石储量800亿吨以上，其中文楼镇白石储量约400亿吨，石灰石含艚58%，碳酸钙含量98%，纯白度大于93%，高品质在国内罕见。平定钛矿储量780万吨，位列广东省第一，伴生锆英石、磁铁矿，钛精矿品位48%～50%。动物资源有500多种，有黄猄、果子狸、金头龟、山瑞、水獭、穿山甲等珍贵动物。植物种类有1900多种。广东省在农业区划中，将化州市划入早熟荔枝、龙眼生态的最适宜区。全市有龙眼、荔枝、香蕉、杧果、菠萝蜜、地菠萝、柑橙、石榴、杨桃、黄皮等水果，面积4.47万公顷。化州橙果大汁多、酸甜适中。“红阳牌”红阳桃、番石榴、无核鸡心黄皮、“名富牌”番石榴、红阳桃、“绿蕉牌”“绿士牌”绿色香蕉等多次获中国农业博览会“名牌产品”“中华名果”称号。土特产有化橘红、笪桥黄瓜、丽岗竹头红番薯、新安榕树茶等。化州市主要旅游资源有化州孔庙、广垦（茂名）国家热带农业公园、丽山胜景、南山寺、中火嶂、龙王山（六皇山）、扶荫地、名教倒流湾、那务时代温泉等。

化州市是全国最早和著名的北运菜产销基地，也是桑茧生产基地、优质黄红麻种子生产基地、广东省商品粮生产基地、广东省冬种玉米基地、广东省糖蔗生产基地。

中共化州市委书记：黄永；市人大常委会主任：陈坦；市长：谭剑锋（任职至7月），代市长：邓泽友（10月任职）；市政协主席：阮汉（任职至7月），黄轩（8月任职）；市纪委书记：朱金生。

【经济发展】 2019年，化州市生产总值551.76亿元，比上年增长4.3%。第一产业增加值128.27亿元，增长3.8%；第二产业增加值135.73亿元，下降0.5%（工业增加值88.07亿元，下降1.9%）；第三产业增加值287.76亿元，增长7.4%。化州市有规模以上企业155家，实现工业总产值116.56亿元，实现增加值38.62亿元；人均地区生产总值4.22万元，增长2.7%。社会消费品零售总额235.9亿元，增长8.8%。外贸出口额28.18亿元，增长26.2%；实际利用外资202万美元，下降24.6%。地方一般公共预算收入12.95亿元，增长7.3%。城镇常住居民人均可支配收入2.77万元，增长7.6%；农村常住居民人均可支配收入1.86万元，增长9.7%。引进项目81个，投资总额96亿元。新增市场主体7048家，增长22.4%。累计有效注册商标7130件，在茂名市各区（县级市）中排名第二。获国家地理标志产品专用标志2件、地理标志证明商标2件、省著名商标13件。化橘红、罗非鱼、蚕桑、水果等“十大”特色农业产业带初具规模。平定镇、新安镇、宝圩镇、杨梅镇入选省级“一村一品、一镇一业”专业镇。化橘红入选全国农业品牌“百强榜”。平定镇被国家列入农业产业强镇。年内，化州市省级重点农业龙头企业发展至8家。农民专业合作社发展至970家，其中国家级示范社2家、省级示范社9家。入园投产企业27家。粤西（茂名）空港物流园22公顷用地加快报批。杨梅产业集聚区建成创业孵化服务中心。河西产业集聚区水质净化厂完成主体建设。

【城乡建设】 2019年，化州市有序推进城南、罗江、城东等片区的规划修编工作。完成环城东路、东堤南路等市政道路工程，基本完成北京路广海路扩改管廊建设，城东大道等市政项目实现动工建设。城市公交持续优化，建成公共交通线路7条。市体育中心田径场改造完成投入使用。城市水质净化厂提标改造工程建成通水调试。基本完成“三江六岸”整治工程，建成绿道14.3千米。绿能环保发电项目在茂名各区（县级市）率先建成投产。

【交通设施建设】 2019年，化州市机场大道一期建设完成，二期顺利推进，三期完成征地拆迁；省道S284线播扬至合江段改造工程，汕湛高速公路丽岗出口至石龙山森林公园新建公路基本建成；省道S283线宝圩段改建，省道S284线合江至城区段扩改，中林线改造工程加快推进。玉茂一级公路城区至丽岗先行段、沈海高速扩改工程动工建设。

【“放管服”改革】 2019年，化州市推进“放管服”改革，下放产业园区和合江县域副中心办理事项79个和113个。推进“证照分离”“24证合一”改革，企业开办和投资项目审批时间分别压缩至3天和45天。持续开展“减证便民”行动，取消71个证明事项。“数字政府”建设有序推进，“一张网”“一站式”办理率80%。推广应用“粤省事”微信小程序茂名专版，433个事项实现“零跑动”。全面推行

"双随机、一公开"监管工作。

【生态环境建设】 2019年，化州市开展生态环境建设工作。建成一级饮用水源保护区水质净化点9个。基本完成中小河流治理（二期）治理项目6个。镇级水质净化厂动工建设17座，其中建成通水调试2座、完成主体4座。河长制从"有名"向"有实"迈进。完成河湖"四乱"问题整治工作91宗。完成入河排污口整治43个、"清漂"248千米、"清淤"89.5千米。鉴江江口门国考断面水质持续稳定在Ⅲ类标准以上。完成"散乱污"工业企业整治109家。市区大气监测指标均达到II级标准。完成土壤污染状况详查工作。完成碳汇造林218.67公顷、生态景观林带80千米。成功创建六王山省级森林公园、文楼镇省级森林小镇。

【社会事业】 2019年，化州市有中等职业学校和技工学校2所，在校学生8000人；普通中学50所，在校学生10.16万人；小学398所，在校学生16.05万人。医院、卫生院46所，床位5360张。群众艺术馆、文化馆1座，公共图书馆1座，博物馆1座。

社会保障 2019年，化州市社会民生支出65.92亿元，占一般公共预算支出的86.1%，比上年增长8.4%。精准扶贫工作稳步推进。开展乡村振兴系列工作，落实各项帮扶措施，发展产业扶贫，39个省定贫困村全部脱贫。2.81万人脱贫，占贫困人口的96.1%。危房改造步伐加快，完成危房改造351户。实施自来水"村村通"工程。

教育、卫生、文化、体育 2019年，化州市上本科线以上7540人，比上年增加535人；1人被北京大学录取。成功创建国家级农村职业教育和成人教育示范县。卫生服务能力增强，完成市中医医院总体搬迁，市人民医院、市妇幼保健计生服务中心升级项目建设加快推进。183所村卫生站规范化建设基本完成。加强文体旅事业发展；化州市获得第二届全国青年运动会金牌1枚。旅游厕所增至20座。"中国化橘红之乡康养度假之旅"获评首批广东省乡村旅游精品线路。笪桥柑村获批"广东省文化和旅游特色村"。

【社会治理】 2019年，化州市推进"平安化州"建设。开展群防群治工作推进扫黑除恶专项斗争，打掉涉黑涉恶犯罪团伙48个，刑拘791人，逮捕524人，移诉650人；"黄赌毒"、涉盗抢拐等违法犯罪得到遏制。建成综合警务室107所。

【官桥产业集聚区获广东省批复】 2019年1月，广东省工信厅批复，同意将官桥产业集聚区纳入化州产业转移工业园统计和管理，享受省产业转移政策。化州市依托化州产业转移工业园带动官桥片区产业集聚发展，规划重点发展精细化工产业。官桥片区规划总面积93.33公顷，与四会市捷泰投资管理有限公司签订精细化工产业园区合作开发协议，一期开发建设33.33公顷，总投资超过7亿元。

【化州市大埇村入选全国乡村治理示范村】 2019年，化州市合江镇大埇村入选全国乡村治理示范村。位于合江镇西南面的化州大埇村基本实现村党组织领导有力、村民自治依法、文化道德形成新风、农村社会安定有序，基本符合乡村治理示范村创建。把美丽乡村建设规划与经济社会发展规划、农业和旅游业发展规划、文化特色产业相衔接，做到开发与保护结合。拓宽村道至6米，从大塘路口至大埇、汉田全程路面扩宽为双向车道，扩宽长度4.5千米，部分路段扩宽至8米，新种绿化树村道4千米，安装路灯120多盏。建成经济项目有油菜花园、葡萄园、百香果园、橘红基地、砂糖橘园、草莓园、烧烤场、文化广场、儿童乐园、生态农庄等。加快筹建的项目有雨污分流和污水处理设施、观光长廊、荷花池、水上乐园、农副产品贸易区等一系列的基础设施和观光旅游项目。

【化州市获"国家级农村职业教育和成人教育示范县（市）"称号】 2019年2月，化州市被教育部、科学技术部、农业农村部、国家林业和草原局、国家粮食和物资储备局授予"第四批国家级农村职业教育和成人教育示范县"称号。由化州市长任"国家级农村职业教育和成人教育示范县"工作领导小组组长，形成政府统筹、教育主管、部门配合的创建工作机制；建设各级成人文化技术学校和村文化站、农业培训基地；开展各类成人教育培训，改善职业学校办学条件。全市职校实训设备完善，设备总值4291万元，新增电子商务综合实训室、电子商务基础实训室、农村电商实训室、跨境电商实训室、电商美工与商品拍摄实训室、农村电工实训考核实验室等6个。化州市职业学校先后与广东金立集团企业等企业开展合作办学，建立多个校外实习实训基地，实现办学规模、专业建设、师资培养、产教融合，毕业生就业率在99%以上。

【笪桥柑村获首批“广东省文化和旅游特色村”】 化州笪桥柑村是著名革命老区和省定贫困村，是茂名地区参加革命人数最多、为革命献身人数最多、革命烈士人数最多的村庄。全村有革命烈士26人，其中全国英烈3人。2017年12月，柑村村被广东省委组织部列为第一批“红色村”示范点。化州市先后投入“红色村”建设资金1300多万元。在红色资源挖掘保护利用方面投入100多万元，扩改占地面积1700平方米柑村革命烈士陵园；投入200多万元，建设广东南路革命化州纪念馆；投入400多万元，建设南路革命纪念园；投入300多万元，扩改革命遗址橘山小学；投入30多万元，建设橘山广场；投入200多万元，修缮锡光楼、宗玙故居。2018年11月，柑村村在广东省抓党建促乡村振兴暨红色村党建示范工程现场会上做经验介绍。2019年，柑村被评为广东省首批文化和旅游特色村；柑村脱贫攻坚各项指标达到退出省定贫困村标准，柑村村乡村振兴工作在全市排名前列。

【化橘红康养产业小镇】 2019年12月16日，化橘红康养产业小镇获“年度魅力最具投资价值文旅项目”奖项。化州橘红，也称“化橘红、化州陈皮、柚皮橘红”等，是广东省茂名市化州物产，有“南方人参”之称，是由芸香科植物化州柚果实外果皮干燥而成，具有散寒，燥湿，利气，消痰的功能。明清两代被列为宫廷贡品，其制剂及工艺品红极一时，是“中国四大南药”“十大广药”之一。2006年，“化橘红”被列入国家地理标志产品保护。2009年6月，化州获授“中国化橘红之乡”称号。“化橘红”药用历史悠久，早在南宋时期，化州市开始种植橘红。早期的橘红，由橘皮制成，由于加工费时、产量低，后被柚皮类橘红取代。《本草纲目拾遗》中，将柚皮类橘红收录为“化州橘红”。

【首家“茂名方志驿站”】 2019年7月18日，茂名市首家“茂名方志驿站”在化州市新安镇揭牌成立。设于新安镇人民政府文化站，占地面积50平方米，内有各类地方文献3600多册。方志驿站集展示、阅览、借阅、休闲为一体，全年免费向市民开放，对外开放时间为每周星期二至星期日的上午8:30～11:30，下午2:30～5:30（星期一休息整理内务）。该方志驿站发挥史志“存史、资政、教化”作用，打造惠及人民群众的史志文化传播体系。

【粤西首家臭氧治疗中心】 2019年1月22日，由南方医院臭氧治疗专家何晓峰教授牵头成立的粤西首家臭氧治疗中心，在化州市人民医院分院揭牌投入使用，为粤西地区群众提供臭氧治疗服务。臭氧疗法是一种微创、无痛、绿色的治疗疾病新方法。至2019年年底，市人民医院臭氧治疗中心开展关节灌注374次，自体血回输66次，血液光量子自体血回输38次。

2019年化州市国民经济发展情况表（快报）

指标	单位	绝对值	比上年增长（%）
地区生产总值	亿元	551.76	4.3
第一产业增加值	亿元	128.27	3.8
第二产业增加值	亿元	135.73	–0.5
工业增加值	亿元	88.07	–1.9
第三产业增加值	亿元	287.76	7.4
人均地区生产总值	元	42158	2.7
规模以上工业总产值	亿元	116.6	—

续表

指标	单位	绝对值	比上年增长（%）
农林牧渔业总产值	亿元	199.74	3.0
固定资产投资	亿元	—	—
社会消费品零售总额	亿元	235.9	8.8
外贸进口总额	亿元	0.44	1627.8
外贸出口总额	亿元	28.18	26.2
实际利用外资	万美元	202	-24.6
地方一般公共预算收入	亿元	12.95	7.3
地方一般公共预算支出	亿元	76.56	9.9
城镇常住居民人均可支配收入	元	27660.8	7.6
农村常住居民人均可支配收入	元	18598.0	9.7

（李春杏）

广东茂名滨海新区

【广东茂名滨海新区概况】 广东茂名滨海新区（以下简称“茂名滨海新区”）位于茂名市东南部。2012年4月，广东省政府批准成立广东茂名滨海新区。2012年4月26日，广东茂名滨海新区党工委、管委会挂牌成立。2013年，中共茂名市委、茂名市人民政府决定设立广东茂名博贺湾海洋经济综合试验区，作为茂名滨海新区重点起步区。2019年，茂名滨海新区辖电城镇、博贺镇，总面积208.6平方千米，年末户籍人口25.2万人，常住人口25.7万人。耕地面积4000公顷，粮食播种面积7800公顷（三季播种面积合计），全年粮食产量4.18万吨。茂名滨海新区按照“建深水大港、兴现代产业、造滨海新城”三位一体的总体要求，以建设国家海洋产业聚集发展区、广东省重要能源基地、区域性航运物流枢纽、广东对东盟开放的门户为平台和抓手，全面实施以港兴城、产业带动和临海拓展战略，把茂名滨海新区建设成为国家南海健康体育避寒旅游度假胜地、区域性物流中心和茂名宜业宜居的生态新城，成为粤西集群效应强、生产规模大、产业链条长、发展水平高的现代临港产业基地。

2019年，全年全区规模以上工业增加值比上年增长9.6%，固定资产投资增长98.3%；地方一般公共预算支出21.80亿元，增长84.2%；地方一般公共预算收入1.1亿元，增长20.7%；税收总收入2.39亿元，增长31.1%。

中共广东茂名滨海新区党工委书记：刘芳；管委会主任：陈尧；纪工委书记：谭尧芬。

【经济发展】 2019年，广东茂名滨海新区全区规模以上工业增加值比上年增长9.6%，固定资产投资增长98.3%；地方一般公共预算支出21.8亿元，增长84.2%；地方一般公共预算收入1.1亿元，增长20.7%；税收总收入2.45亿元，增长29.6%。广东茂名滨海新区全年接待游客181万人次，比上年增长20%；全年旅游总收入25.3亿元，比上年增长30%；旅游直接带动就业人数2000多人，间接带动就业人数近1万人。

【重点项目建设】 2019年，茂名博贺湾大桥建成全线贯通。省道S291线红花至博贺段路面改造工程全部完成。博贺镇水质净化厂开工建设。博贺湾新城东路新建工程、茂名市吉达大道加快建设。茂名滨海新区配套污水管网（二期）工程及莲岭路新建（一期）工程开工建设。茂名滨海新区配套污水管网（一期）工程完成6.8千米的管网及3座污水提升泵站建设。滨海新区供水工程（原水）通水。蓝光滨海钰泷湾、保利海湾城和海景明珠新城快建设。东湾绿城棚户区改造项目开工建设。博贺湾新城公租房配套基础设施建成投入使用。

【产业建设】 2019年，东华能源有限公司落户广东茂名滨海新区。12月，粤电博贺电厂一号机组定速3000转一次成功，具备并网投产条件；二号机组锅炉点火一次成功，进入调试阶段。益海嘉里粮油和食品加工项目加快建设。浪漫海岸海昌公园项目、粤西LNG项目造陆工程和东区油品码头开工建设。道道全菜籽油综合加工项目落地。

【社会事业】 2019年，茂名滨海新区有中小学54所，在校学生2.7万人。其中普通中学5所，在校中学生7564人；小学49所，在校学生2万多人。医院、卫生院4所，床位590张。广东茂名滨海新区深化行政审批改革，推行“一窗通办”服务模式，确保窗口实质性授权，推进审批服务便民化；推进“数字政府”建设，提升“一网式”办事水平，加快移动政务服务平台推广应用，推进网上网下一体化服务；推进行政审批标准化建设，规范行政审批行为。加强“12345”政府服务热线建设，实现“最多跑一次”的区级事项比率占总事项的98.2%以上。“12345”政府服务热线受理属于滨海新区的投诉、求决、举报、咨询等各类诉求事件625件，期限内办结率100%。开展45次大型拆违行动，出动挖掘机70辆次，日常巡查出动车辆3500辆次、人员1.5万人次，整治各类新增及存量“两违”（违法建筑、违法用地）建筑676宗，整治面积10.07万平方米、其中拆除239宗，面积3.17万平方米。

【港口建设】 2019年，广州港集团与广东茂名滨海新区管委会签订深化港口合作框架协议。博贺新港区开港，广州港通用码头、粤电煤炭码头投入运营，30万吨级航道工程项目立项，博贺新港区10万吨级成品油码头和茂名港铁路开工建设。昌利油品码头、东区化工码头、利丰散货码头岸线获得交通运输部批复。粤西LNG项目护岸工程基本完工，造陆工程有序开工建设。粤西LNG接收站前期工作基本完成。茂名博贺新港区西区公用基础（一期）工程完成生态修复方案的编制，加快开展勘察设计招标工作。口岸通关中心加快建设。吉达港区加快启动，茂名港吉达港区防波堤一期工程及东作业区进港航道工程加快开展前期专项论证工作。

【招商引资】 2019年，广东茂名滨海新区签署投资协议4份，分别是道道全公司100万吨食用油综合加工项目合作协议、烷烃资源综合利用项目投资协议、深化茂名港博贺新港区港口合作框架协议、基础设施和产业项目合作框架协议等，协议投资额超过410亿元。对接客商考察48批次，外出考察20多次，对金枪鱼钓竿项目、博贺远洋渔业基地项目、海洋生物产业园项目、福建省钜港环保科技有限公司36万吨油脂副产品加工项目、智能冷链集装箱等项目的可行性进行研究并出具评估意见。

▲ 2019年12月31日零时，茂名博贺湾大桥实现全线贯通

【征地工作】 2019年，广东茂名滨海新区协议征收土地541.51公顷。其中包含吉达新材料产业园区436.49公顷、新区供水工程项目征租用地2.09公顷（31.3979亩）、新区东部污水处理厂24.33公顷、吉达大道项目29.1公顷、电城自来水厂项目8.15公顷、昌利化石仓储基地码头项目2.83公顷、茂名滨海道道全粮油加工地项目1.59公顷等。

【茂名港博贺新港区通用码头建成开港】 2019年3月22日，茂名港博贺新港区通用码头建成开港。茂名港博贺新港区位于茂名市东南部的博贺湾，地处南海之滨。陆路运输距茂名市中心城区60千米、距珠江三角洲大部分地区300千米左右，水路运输距广州港口437.07千米、距香港港口355.58千米、距海口港口240.76千米、距上海港口2100.17千米，距新加坡港口2296.48千米。茂名博贺新港区陆域范围自G325国道线起向南至莲头岭，南北长10千米、东西宽5.5千米，可开发面积约50平方千米。最早开发于1994年，于莲头岭建设30万吨级单点系泊装置1个，是中国首套海上原油接卸系统。博贺新港区规划分东、西两部分，东部作业区以大型深水泊位建设为主，采用“两港池”开发格局；西部作业区以通用泊位为主，码头建设主要采用顺岸式。规划建设万吨级生产性泊位33个，其中：15万吨级煤码头泊位2个，并预留10万吨级煤码头1个；20万吨级矿石码头2个，15万吨级矿石码头1个，3万吨级散货泊位3个；10万吨级通用泊位7个，10万吨级集装箱泊位2个，5万~10万吨级液体化工泊位12个，预留30万吨级原油泊位1个，LNG液化天然气码头泊位2个。

【茂名博贺湾大桥全线贯通】 2019年12月31日零时，茂名博贺湾大桥实现全线贯通，实现茂名水东湾与博贺湾连通。茂名博贺湾大桥于2016年10月开工建设，总投资估算3.98亿元。工程由中交第二公路工程局有限公司承建，按公路兼城市道路标准建设，设计时速40千米，桥梁及连接线设双向四车道。茂名博贺湾大桥是茂名开建的第二座跨海大桥，位于博贺镇东南部，路线呈东西走向。其东侧与博贺湾大道相连，接茂名港大道，直通博贺新港区，西侧与规划的滨海大道相接，直通水东港区。茂名博贺湾大桥路线总长4.96千米，其中桥梁总长2.21千米，连接线长2.75千米，桥梁宽度18米，连接线路基宽度19米，是连接西侧的博贺镇与东侧的博贺湾新城和电城镇的主要通道，是广东省沿海公路茂名段的重要组成路段。

【第二届“好心茂名”冼夫人文化周活动】 2019年，第二届“好心茂名”冼夫人文化周活动电白区、茂名滨海新区分会场于12月18—23日在电城镇举办。活动由中共茂名市委宣传部，中共茂名市电白区委、区人民政府，滨海新区党工委、管委会为指导单位，中共茂名市电白区区委宣传部、茂名滨海新区社会事务管理局、电白区文化广电旅游体育局主办，《南方日报》《羊城晚报》《茂名日报》、茂名市广播电视台、茂名市电白区冼夫人故里文化旅游景区、茂名市俚人文化研究会协办。文化周活动主要有击鼓鸣钟，敬献花篮，拜读祭文，吃长寿面，非遗文化展演等项目。参加活动的主要有海南省和茂名市的非遗表演队。非遗表演队表演穿令箭、麒麟舞、高脚狮舞等省、市非遗文化节目。 （范丽莎）

茂名高新区

【茂名高新区概况】 茂名国家高新技术产业开发区（简称茂名高新区），位于茂名市中心城区与茂名水东湾城区的中间节点地带，是茂名市三大经济功能区之一。茂名高新区的前身是茂名石化工业区，成立于2003年，于2018年2月升级为国家高新区。茂名高新区与七迳镇实行“园镇互动、区镇合一”管理体制，辖20个村（社区），管辖面积102平方千米，含工业园区、七迳镇及露天矿生态公园，常住人口约10万人。

2019年，茂名高新区完成规模以上工业总产值169.52亿元，比上年下降4.1%；实现规模以上工业增加值37.56亿元，增长0.4%。完成固定资产投资44.39亿元，增长35.4%。其中，工业固定资产投资18.06亿元，下降3.6%；实现税收总额9.6亿元，增长15.5%。区本级一般公共预算收入1.1亿元，增长34.9%。一般公共预算支出5.27亿元，增长28.3%。区本级税收收入完成1亿元，增长39.7%。

中共茂名高新区党工委书记，李多民；党工委副书记、管委会主任，梁剑辉；纪工委书记：肖海鹰。

【产业发展】

基础化工产业 2019年，茂名高新区通过提升园区企业承接能力、提高环氧乙烷隔墙供应水平，全力支持茂名石化提高环氧乙烷的产能，茂名石化环氧产能基本全部释放，成为全国第二大环氧产能区。帮助解决南海精细化工40万吨/年苯乙烯项目的能源评价问题，完成前期工作；与茂名石化推进协商投资40多亿元的环氧丙烷项目。加快推进茂石化热电扩改、乙烯扩能等项目建设。

新材料产业 2019年，茂名高新区化工新材料产业向精细化、高端化延伸。香港红福聚醚、龙汇化工醇醚衍生物等项目建成投产，辽宁奥克化学股份有限公司等企业扩改完成，亚洲最大的醇醚企业江苏德纳化学股份有限公司入驻茂名高新区，茂名高新区成为全国第二大环氧深加工基地。众和对位酯、新华粤树脂和金刚烷、日本阪田环保油墨等项目建成投产，加速推进实华丙烯腈、中金芳纶等新材料项目。金属新材料产业逐步成规模，形成茂名高新区钛、锆两大产业的基础材料支撑。茂名高新区组织编制完成钛锆产业发展规划。

新能源产业 2019年，茂名高新区重点培育以氢能源为代表的新能源产业，打造氢能源产业链。中氢动力氢燃料电池项目于10月全面开工；茂名首个加氢示范站完成项目选址、勘探等工作；加快与新能源汽车生产企业洽谈，推进新能源汽车整车制造项目落实；加快推进茂名滨海新区至茂名高新区的长输管线建设，打通氢源路径；对接法国液化空气（中国）投资有限公司在氢能产业等方面的合作；成立茂名高新区氢能产业技术研究院，全面加强与佛山市的合作，学习借鉴佛山氢能产业发展经验。

新一代信息技术 2019年，茂名高新区打造粤西和北部湾地区的数据中心。云兴科技绿色智慧大数据中心一期建成投用；投资10亿元的易华录粤西/北部湾数据湖产业园开工建设；中国联通茂名5G创新基地项目加快推进；茂石化“5G+工业互联网”智慧园区项目扎实推进；动物芯片项目签约落户。茂名高新区牵头成立粤西大数据产业创新联盟，参与全国大数据产业竞争。

生物医药和绿色健康食品产业 2019年，茂名高新区大参林医药基地、三环医药园一期基本建成，北科生物干细胞库项目、华大基因提供技术支撑的健康产业园项目落地。茂名高新区依托园区现有企业打造绿色食品产业园。支持茂名市新威龙食品有限公司、广东金维牛奶有限公司等食品加工企业做大做强。广州酒家粮丰园生产基地技术改造项目于2019年10月建成投产。茂名高新区健康产业城完成规划，一批知名企业等候入园。

【科技创新】 2019年，茂名高新区制定《茂名国家高新区关于企业研发机构建设和加大科研创新投入的指导意见》《茂名国家高新区企业研发机构建设资助办法（试行）》《茂名国家高新区“名研汇”人才计划实施意见（试行）》，完善科技和人才政策，激发企业创新创业活力。通过摸底调查建立高新区研发机构建设培育库，引入华南理工大学茂名技术创新中心，指导园区企业申报省级工程中心、省级重点实验室和及各类科技奖项。通过建立高新技术企业培育对象库等方式，帮助企业申报高新技术企业，全区高新技术企业增加24家。加快孵化育成体系建设，新引进孵化企业33家，在孵企业147家；多次举办创新创业活动，指导云兴科技牵头组建粤西大数据产业创新联盟，建立茂名高新区国家科技企业孵化器分园。茂名高新区还搭建知识产权服务平台，加快国家知识产权试点园区建设，组织实施科技项目。成功申报国家科技项目1个、省科技项目6个、省知识产权项目2个，合计获得支持资金1105万元。建立院士、博士工作站，与国内知名研究院、大学等进行产学研合作；通过“人才计划”、国信创谷人才驿站建设等方式，引进高层次创新型人才、深化人才智力交流。

【“放管服”改革】 2019年，茂名高新区精简行政审批事项，全面实施企业和个体工商户“多证合一”登记，工商业务的法定办理时限由15个工作日缩短至《商事登记条例》规定的7个工作日，实际办理实现1～2个工作日，提高企业开办速度。对新落地项目采取全程“保姆式”免费代办服务，最大限度地缩短前期工作时间。全年完成代办服务428项，其中行政审批326项，非行政审批102项。茂名高新区印发《2019年重点项目挂钩领导分工表》，由区领导“一对一”挂钩帮扶企业，及时掌握项目建设进度，及时解决项目推进中的困难和问题，为企业项目排忧解

▲ 2019年，茂名高新区环氧乙烷成为全国第二大环氧乙烷生产和深加工基地。图为高新区环氧乙烷管廊

难。委托第三方开发公司为茂名高新区开发企业信息反馈系统。

【园区配套建设】 2019年，茂名高新区在东片以“道路先行”推进城镇化，在西片以“配套完善”方式优化项目落地环境。推进交通路网建设，完成市民大道三期建设，推动青年大道、高铁大道开工建设，开展高新大道东段的前期工作。加强配套设施建设，完善管廊建设，纵贯园区的28千米管廊系统实现原料隔墙供应，供水、供电等公用工程配套建设完成。茂名长青热电联产等项目建成投用，西南片区水质净化厂及配套管网建设加快推进，博贺新港区码头至高新区管线工程、园区工业天然气工程推进前期工作。茂名市危险化学品应急救援基地建成投用，茂名石化消防支队入驻工业园区。

【“一区多园”发展】 2019年，茂名高新区按照《茂名国家高新区“一区多园”发展模式实施意见（试行）》，将茂南产业转移工业园、电白产业转移工业园、茂名博贺新港产业集聚区纳入“一区多园”范围。成立茂名国家高新区茂南科技园、茂名国家高新区电白科技园、茂名国家高新区滨海科技园以及茂名国家高新区绿色化工和氢能产业园，实行“一区四园”布局。将136家企业纳入科技部火炬统计报表，各分园区共享主园区的创新服务平台、孵化平台等科技服务体系资源，享受国家、省、市对高新区的有关优惠政策，并参与主园区招商引资工作，共享主园区招商引资资源。实施“一园多区”发展模式，发挥国家高新区品牌效应，引导各分园突出主导产业，优化产业布局，实现以主园区带动各分园区经济、科技、产业协调联动发展格局，促进茂名市产业转型升级和高质量发展。

【茂名高新区成为全国第二大环氧乙烷生产和深加工基地】 2019年，茂名高新区环氧乙烷产能进一步释放，总产能30万吨，成为全国第二大环氧乙烷生产和深加工基地。茂名市通过提升工业园区企业承接能力、提高环氧乙烷隔墙供应水平，茂名高新区致力于构建和延伸以环氧乙烷为核心的石化产业链，开展精准招商工作。至2019年年底茂名高新区工业园区集聚广东奥克化学有限公司、广东锦昱材料科技有限公司、佳化化学（茂名）有限公司、茂名实华东成化工有限公司乙醇胺分公司等9家环氧乙烷生产和深加工企业。2019年，广东龙汇化学工业有限公司项目、茂名红福化学有限公司聚醚项目相继建成投产。其中：广东龙汇化学工业有限公司的3万吨/年醇类衍生物项目总投资5210万元，采用自主研发的生产技术，建设产品生产线8条；茂名红福化学有限公司的5万吨/年聚醚项目总投资1.05亿元，主要生产聚羧酸系高性能减水剂用聚醚单体。茂名高新区环氧乙烷全产业链产值达百亿元，成为华南地区第一大环氧乙烷生产和深加工集群基地。

（张凌双）

茂名水东湾新城

【茂名水东湾新城概况】 茂名水东湾新城成立于2013年7月，是茂名经济功能区。其位于茂名市南部，距离茂名中心城区15~20千米，开发建设范围包括南海街道、高地街道、沙院镇（部分）、水东镇、陈村镇、旦场镇（部分），总面积168平方千米（其中水域面积25平方千米）。水东湾新城分为重点开发区、控制发展区和协调发展区。

重点开发区包括南海、高地、旦场3个片区；控制发展区包括陈村片区、水东湾，规划面积66平方千米，协调发展区为水东片区，规划面积46平方千米。至2019年年底，水东湾新城总人口31万人。

水东湾新城范围内的水东湾是全国罕见的城市内湾，是杭州西湖面积的4倍，堪称“中国第一湾”“中国小地中海”。有可盘整开发土地2800公顷，其中南海旅游岛就有1000公顷，接近全岛面积的50%。大部分存量建设用地获广东省政府批复，具备立即开发建设条件，部分土地只经过低层次简单开发；水东湾新城有国家AAAA级景区的“中国第一滩”、省级风景名胜区虎头山生态公园、水东湾海洋公园、晏镜岭生态公园、歌美海景区等山水滨海景观旅游资源，具有自然山水和人文景观优势。

中共茂名水东湾新城党工委书记：陈小锋；管委会主任：潘伟强；纪工委书记：彭新华。

【经济发展】 2019年，茂名水东湾新城完成固定资产投资41.8亿元，比上年增长33.7%。10项省、市重点项目开工率100%，完成投资28.2亿元，完成年度投资计划的101.1%。水东湾新城全年接待游客510.14万人次，比上年增长19.48%；全年旅游总收入860.29万元，比上年增长11.72%。

【发展规划】 2019年，水东湾新城邀请华侨城集团、今典集团、融创集团、开心麻花股份有限公司等企业谋划南海旅游岛南、北、西片区文旅标杆项目，按国际水准打造滨海文旅新品牌。组织规划编制工作，完成控制性详细规划全覆盖，做到“三规合一”（产业规划、城市规划、土地利用规划）。联合华侨城集团开展多次综合论证和修改完善，编制南海旅游岛概念规划。系统整合国土、林业、海洋等资源，推进《茂名市南海片区控制性详细规划》修编，南海片区由“行政区域中心”调整为“滨海旅游目的地”。

【交通设施建设】 2019年，水东湾大桥建设完成75%；高地片区“两纵三横”（智城大道、智城五路、海宁街、海洋大道、慧城三路）路网初具规模；歌美海景区西岸路网与主次干道连通，加快融入城市交通和旅游交通步伐。

【主导产业】 2019年，水东湾新城坚持把一流的旅游资源打造成一流的旅游产品，加快推进南海旅游岛综合开发，打造“好心之城”。“南海旅游岛·中国第一滩”全面提升，成功举办2019年亚洲沙滩排球锦标赛；水东湾海洋公园一期工程竣工验收；“南海环岛渔村一日游”入选首批省乡村旅游精品线路；广科大滨海校区（二期）、香港约克学校等加快建设；香雪制药·颐恒苑、恒大·滨海康养项目加快推进，康养产业取得新突破。推进华侨城集团项目的辐射和带动作用，推动产业发展。香雪制药等高地片区产业项目规模突破200亿元。

【土地盘整】 2019年，水东湾新城加快推进南海旅游岛土地盘整工作，化解“中国第一滩”片区、虎头山片区存在的证地不符、权属纠纷问题。促进群众思想观念转变，虎头山片区征土地勘界取得历史性突破，收储征收土地66.67公顷，新征土地33.33公顷，收储6宗17.07公顷“有证有地”类宗地，完成113.33公顷土地规划调整报批工作。

【“放管服”改革】 2019年，水东湾新城制定《水东湾新城纵深推进“放管服”改革优化提升营商环境专项整改工作实施方案》，深化“放管服”改革。工程建设项目审批从162天压减到45天，完成水东湾新城行政服务中心升级改造，加强实体政务大厅软硬件设施设备建设，服务窗口由9个扩充到29个。

【招商引资】 2019年，水东湾新城重点跟踪落实市政府与华侨城集团签署的投资500亿元的框架协议，谋划南海旅游岛综合开发项目；赴广州、深圳、北京等地开展主题招商，围绕四大主导产业引进新项目；对接华侨城集团“欢乐海岸”项目，引进开心麻花股份有限公司，规划建设“开心街区”；对接南海旅游岛大型主题文旅项目，引进红树林酒店、亿航无人机项目等，打造空中、地上和水面无人驾驶体验区等。

【歌美海景区建设】 2019年，华侨城集团第一个文旅项目落地建设，歌美海景区雏形初现。歌美海景区由歌美海东岸和西岸组成，规划占地166.67公顷；景区东岸配套设施项目，由东岸园林、酒店设施、市政道路和“华侨城·半岛水岸”等子项目组成。歌美海景区东岸园林主要由

▲ 2019年11月12日，茂名市人民医院水东湾分院建成启用 （林显滨 摄）

“歌美海岸公园、欢乐广场、潮汐湿地公园”三大主题公园及长2.2千米的两条市政道路组成，占地21公顷。歌美海景区东岸包括水幕光影秀、人工沙滩、嬉水乐园、游船码头和潮汐体验园等20余项游乐项目，8月开工。西岸园林（二期）及市政道路项目总投资0.7亿元，占地8.33公顷，由“渔人文化公园、亲子活水公园”两大主题公园及长1.24千米的歌美海西路等3条市政道路组成，包括“礁石乐园、船之故事、灯塔之光”等游乐项目。项目主体已完工并对外开放。毗邻景区的华侨城·纯水岸项目总投资约30亿元，占地面积17.47公顷，总建筑面积38.5万平方米，包括商业、滨海旅游社区及配套公共服务设施等。项目首期于2019年12月开工。

【2019亚洲沙滩排球锦标赛】

2019年5月9—12日在茂名南海旅游岛——中国第一滩举行。由亚洲排球联合会授权，国家体育总局排球运动管理中心、广东省体育局、茂名市人民政府主办，茂名水东湾新城管委会、电白区人民政府、茂名市文化广电旅游体育局、茂名市广播电视台具体承办，中视体育娱乐有限公司营运，来自中国、澳大利亚、卡塔尔、新加坡、日本、哈萨克斯坦等14个国家和地区的56支队伍112名运动员参加比赛。男子组，卡塔尔队获得第一名，中国队获得第二、三名；女子组，澳大利亚队获得第一名和第三名，中国队获得第二名。

【茂名市人民医院水东湾分院】

2019年11月12日，茂名市人民医院水东湾分院建成启用，开设内科、外科、妇科、儿科等科室门诊。工程总投资22亿元，按综合性三级甲等医院标准建设，总建筑面积38万平方米，分三期建设，建筑面积分别5.5万平方米、25.5万平方米、7万平方米。

（王伟宁 林海珊）

▲ 茂名市歌美海湿地公园景色 （丘立贺 摄）

文献专载·文件目录

文献专载

中共茂名市委书记许志晖在中共茂名市委十一届十次全会上的报告

在市委十一届十次全会上的报告
（2020年1月8日）
许志晖

同志们：

现在，我受市委常委会委托，向全会做工作报告。

一、关于2019年工作

刚刚过去的2019年是有纪念意义的一年，是新中国成立70周年，也是茂名建市60周年。一年来，在党中央和省委坚强领导下，市委常委会坚持以习近平新时代中国特色社会主义思想为指导，全面贯彻党的十九大和十九届二中、三中、四中全会精神，深入学习贯彻习近平总书记对广东重要讲话和重要指示批示精神，认真落实省委“1+1+9”决策部署，团结带领全市广大党员干部群众，攻坚克难、锐意进取，各项工作有力、有序、有效推进，茂名改革发展呈现新局面。

过去一年，市委常委会认真履行“把方向、管大局、做决策、保落实”的职责，着重抓好四件大事：

一是深入开展“不忘初心、牢记使命”主题教育，以思想自觉引领行动自觉，凝聚起不断前行的磅礴力量。注重发掘红色基因，用李卡等烈士“永远跟着太阳走”的精神砥砺初心，创新打造固定课堂、板凳课堂、在线课堂、思政课堂、红色课堂、船上课堂等“六个课堂”，使理论学习真正触及干部灵魂，普及基层群众。建立市委常委会落实习近平总书记重要指示批示精神和党中央决策部署工作阶段性台账，深入推进“大学习、深调研、真落实”，开展8大领域24个专题研究，明确改革发展思路举措，推动习近平新时代中国特色社会主义思想在茂名落地生根、结出丰硕成果。

二是开展庆祝新中国成立70周年系列活动，推动茂名建市60周年再出发，极大振奋全市人民精气神。广泛组织开展“我和我的祖国”群众性主题宣传教育活动，举办茂名港博贺新港区开港仪式、建市60周年成就展、沿海经济带发展推进大会等，讲好中国故事、茂名故事，全面展示新中国成立70年来的光辉历程和茂名建市60年翻天覆地的变化，激励广大党员干部群众厚植家国情怀、胸怀爱茂之心，达到展示成就、提振精神、凝聚力量的良好效果。同时，营造平安祥和欢乐的节日氛围。

三是提高政治站位，强化政治担当，扎实做好省委巡视“后半篇文章”。围绕省委巡视组反馈的五方面问题，对标梳理出49个分项整改问题187项整改措施，并重点对“党员干部担当作为、污染防治攻坚、工程建设领域廉政风险、营商环境”四方面问题开展专项整治。49个分项整改问题都整改完成或阶段性完成，建章立制工作在深化完善。同时，以落实省委巡视整改为契机，着力推进全市巡察工作高质量开展。全年巡察146个单位党组织、660个村（居）党组织，巡察利剑震慑作用强化。

四是聚焦向海而兴，旗帜鲜明抓产业引项目，为打造新增长极开创新局面。茂名港与广州港集团深化合作，与粤港澳大湾区港口实现互动发展。投资400亿元的东华能源烷烃资源综合利用项目签约落户，成为茂名历史上最大民营工业项目，开启茂名绿色石化产业新时代，带动氢能源、新材料等新兴产业发展，助力茂名产业迭代升级。华侨城南海旅游岛项目加快推进，对市全域旅游发展和水东湾新城建设产生催化效应。保利集团助力共青河新城开发建设，拉开“未来之城”建设大幕。重大产业和城建项目的全线突破，为建设产业实力雄厚的现代化滨海城市注入强大动力。

过去一年，除了四件大事外，我们主要抓以下工作。

（一）坚持以习近平新时代中国特色社会主义思想统领茂名一切工作，党的建设全面加强。

把学习贯彻习近平新时代中国特色社会主义思想作为首要政治任务，与学习贯彻习近平总书记对广东重要讲话和重要指示批示精神一体学习领会、整体贯彻落实。市委领导班子以上率下，带头落实“第一议题”制度，带头学习调研、联系督导、讲授党课。着力防范化解意识形态领域重大风险，加强意识形态阵地管理。全面落实加强党的基层组织建设三年行动计划，突出抓好“头雁”工程、候任村（社区）干部等工作，全面推行村级组织向党组织报告工作制度，创新开展党员联系户活动，多项做法被中组部肯定。推进基层正风反腐三年行动，深入开展“三大攻坚战”和扫黑除恶斗争领域腐败和作风问题专项治理，“红脸出汗”逐渐成为日常监督重要手段，强震慑力度不减。认真贯彻“三个区分开来”原则，出台查处诬告陷害行为实施办法，保护干部干事创业积极性。

（二）坚持高质量发展，经济社会迈上新台阶。

坚持稳中求进工作总基调，认真贯彻新发展理念，统筹“六稳”工作，深入实施六大行动计划，全市经济社会发展取得明显进步。一是经济发展稳中有进。预计全年地区生产总值3280亿元，增长4.5%左右，总量继续位居全省第七和粤东粤西粤北地区第一。一般公共预算收入139.88亿元，比上年增长2.8%。存贷比15年来首次超50%。全社会用电量增长7.3%。引进超千万元项目282个。二是产业持续转型升级。聚焦延伸石化产业链条，茂名石化投资33亿元的产品结构优化项目即将建成，10万吨/年高端碳材料项目动工建设；高新区成为全国第二大环氧深加工基地。中氢动力氢燃料电池项目全面开工。全市旅游收入增长11.8%。6个省级产业园完成规模以上工业增加值125亿元，增长11.3%。三是创新驱动取得新进展。获省政府批准建设岭南现代农业科学与技术广东省实验室茂名分中心。新建院士工作站8家。组建广东粤科粤茂创新创业投资基金。6个项目获广东省科技奖，获省科技奖数量连续三年进入全省前六。四是交通基础设施实现新突破。博贺新港区开港运营，粤电煤炭码头建成投产，10万吨级成品油码头开工建设，百年大港梦想得以实现。广湛高铁先开段、广东滨海旅游公路茂名先行段、沈海高速茂名段改扩建等重大项目动工建设。五是民生保障持续加强。全市民生支出379.72亿元，增长6.6%，占财政支出83%。扎实开展“广东技工”“粤菜师傅”“好心家政”三大培训工程，成功创建粤东粤西粤北首个现代职业教育综合改革示范市，成为家政服务业全国“领跑者”重点推进城市。支持教育优先发展，成功创建广东省推进教育现代化先进市。广东石油化工学院西城校区迎来首批新生。市人民医院水东湾分院启用。

（三）全力以赴推进全国文明城市创建，城市品位进一步提升。

推进以人为核心的新型城镇化，城市空间拓展，居住环境改善，文化味道浓厚，安全感提升。一是硬件设施加快完善。茂名站南站房建成投用，站南片区城市CBD持续推进。启动建设高品质城市社区生态休闲廊道“好心绿道”。电白区博物馆、美术中心动工建设。共青河新城进入规划实施阶段。南海旅游岛土地盘整工作顺利推进。博贺湾大桥建成通车。二是城市环境明显改善。实施创文“八大提升行动”，开展“十乱”整治、“六小”行业整治、集贸市场升级改造、老旧小区及城中村治理、交通秩序治理等重点专项工作，城区面貌焕然一新，高质量完成创卫国家级专家组暗访迎检工作。新建和提质建设森林公园33个。三是全力创建好心平安茂名。纵深推进扫黑除恶专项斗争和“飓风2019”专项行动，打掉涉黑组织和提起公诉涉黑涉恶案件数量均排全省第四名，受到省公安厅通报表扬，刑事治安警情下降6.1%。创新基层社会治理，全面推行村（居）综合警务室建设、治保主任纳为辅警等做法，试点推动社会风险防控中心、司法惠民服务站等创新举措，全市有3个行政村被评为全国乡村治理示范村。推进危化品安全综合治理，安全生产形势保持稳定。四是城市形象持续提升。成功举办亚洲沙排锦标赛、央视《魅力中国城》第三季启动仪式等大型文体活动，承办广东省道德模范与身边好人现场交流会，打响“滨海绿城·好心茂名”城市品牌。

（四）坚持把“三农”工作摆在突出位置，打造乡村振兴“茂名样板”。

落实四级书记责任，推动全市乡村振兴从“动起来”到“热起来”。一是突出党建引领，培养储备3827名村（社区）党组织书记后备干部及3155名候任村（社区）干部，统筹选派1622名干部挂任村（社区）第一书记，调整撤换村级党组织书记71人。二是全面推进农村人居环境整治，建成示范亮点村61个，干净整洁村达标率66%。圆满完成“四好农村路”建设年度任务。三是形成“1+1+2+6”现代农业新格局，“好心湖畔”和“大唐荔乡”国家田园综合体试点完成首期建设，6个省级现代农业产业园建设项目122个。15个镇被认定为省级特色农产品专业镇，入围数量全省第一。四是大力推进禽畜集约化、规模化、产业化养殖，温氏、康达尔等知名农业龙头企业进驻茂名。五是精准脱贫攻坚成效明显，全市退出贫困户6.6万户15.3万人，退出贫困人数占97%；退出贫困村175个，占97.2%。

（五）大力推进污染防治，生态环境质量明显改善。

坚定践行“两山”理念，真抓实干推进、真金白银投入、真刀真枪查处，推动生态环境再上新台阶。一是推进中央、省环保督察和国家海洋督察反馈问题整改，环保督察交办案件全部办结。二是集中力量打好碧水保卫战，建成城镇污水处理设施35座，铺设管网349千米。2018—2019年累计投入14亿元治理中小河流。建成43千米的信宜“锦江画廊”碧道。全市地表水7个国考断面全部达标。近岸海域一、二类水质比例居全省前列。三是集中力量打好蓝天保卫战，完成“散乱污”工业企业整治527家、生物质成型燃料锅炉整治203台、企业VOCs综合整治90家，市区空气质量居全省前列。四是集中力量打好净土保卫战，开展联合打击固体废物环境违法行为专项行动，市循环经济示范中心和4个绿能环保发电项目快速推进，化州绿能环保发电项目竣工投产。

（六）全力以赴推进改革创新，内生动力进一步激发。

推行改革事项清单管理，统筹实施50大项192小项改革。市县两级机构改革全面完成。持续深化“放管服”改革，“1369”审批便民服务体系日趋完善。深化“证照分离”改革，企业开办时间大幅压减。全市新登记市场主体5.3万户，增长18%。高州市公立医院综合改革和棚户区改造、农村危房改造两项工作获国务院督查奖励。“大病不出县”获评广东省医改十大创新典型。完成教师“县管校聘”改革工作。农村“三变”改革深入推进。

一年来，市委总揽全局、协调各方。坚持党的领导、人民当家做主、依法治国有机统一，加强和改进党委对人大、政协工作的领导。支持各民主党派、工商联、无党派人士开展工作，加强党外代表人士队伍建设和民族、宗教、侨务、港澳台、新的社会阶层人士等工作，健全党外代表联系制度。发挥工会、共青团、妇联等群团组织的作用，党管武装、国防动员和军民融合发展等工作得到全面加强。

过去一年的成绩，是在复杂形势、艰巨挑战下取得的，凝聚全市上下攻坚克难、锐意进取的智慧和汗水，难能可贵、鼓舞人心。但也必须清醒认识到，我们的工作还存在许多不足，茂名发展还面临一些突出问题，迫切需要解决。比如，产业基础薄弱，固定资产投资下滑，经济下行压力增大；城市功能不够完善，城镇化水平不高，城市集聚能力不强；污染防治欠账较多，生态文明建设短板不少；党的建设还有薄弱环节，基层治理能力不强，“两个责任”落实还不够到位，仍有少数干部不收敛不收手，违反中央八项规定问题还时有发生。我们必须高度重视这些问题，强化责任担当，奔着问题去，下大力气加以解决。

二、关于当前形势和工作要求

2020年是一个重要的年份，是全面建成小康社会、“十三五”规划、精准脱贫攻坚战的收官之年，我们面临的任务很重、压力很大、挑战很多。但我们要看到，茂名市交通瓶颈打破了，城市框架拉开了，外出人口回流了，重大产业项目落地了，营商环境持续改善中，整个社会面信心不断增强，而且茂名市当前金融、用电量、运输、就业等先行指标支撑有力，资金、人口、资源、城镇化潜力正逐步释放。建市60周年再出发，我们要昂扬奋斗精神；决战决胜收官之年，我们要坚定信心决心。要善于在挑战中捕捉发展机遇，善于把内外压力转化为改革开放的强大动力，善于把重大任务落细落小落实，切实把心思放在工作上、精力放在发展上、时间放在落实上，努力提升茂名城市能级。

*一要牢记初心使命，牢牢把握政治引领。*茂名今天风清气正的政治生态、心齐劲足的干事氛围，靠的是中央、省委的坚强领导，靠的是以刀刃向内自我革命的勇气和决心，靠的是坚定的政治信仰、政治定力。正是因为有着强大的政治引领，我们才能在每一个决策、每一项部署中，不为局部利益所困，不被个人利益所扰，坚持为党的事业、人民的根本利益、茂名的长远发展奋斗不息。面对新形势新任务，我们要坚持党对一切工作的领导，加强政治建设，把“两个维护”这个首要任务、民心这个最大的政治、净化政治生态这个基础性工作落到实处，引领茂名各项事业向着更高目标迈进。

*二要提升治理效能，以茂名实践推动茂名之治。*2019年，化州、信宜邻避项目推进受阻，信宜发生智力残疾女童受侵害案，这都反映出茂名市在社会治理特别是基层治理上仍然存在短板。当前，中央做出推动治理体系和治理能力现代化的顶层设计，省委做出重大部署，我们要坚持问题导向，突出关键重点，强化改革意识，把中央和省委部署的任务全面落实到位。要坚持以人民为中心的发展思想，紧紧依靠人民群众，推动治理体系和治理能力现代化，把制度优势转化为治理效能。

*三要紧扣时代脉搏，在融入“双区”中推动茂名振兴发展。*随着粤港澳大湾区和深圳先行示范区加快推进，以及大运量高快速交通的投入运营，一体化进程将在更大范围内实现，各种发展要素将在更广范围内整合，要素的流动会更频繁，产业会进一步细分，产业链各环节会在更大的区域内布局。这就意味着融入“双区”是必然进程，关键我们是主动融入还是被动融入。我们要把握“双区”建设蕴含的发展机遇，结合落实“一核一带一区”区域发展新格局，发挥自身优势，找准定位和结合点，按照“快速、特色、集聚、向海”要求，主动融入“双区”，在全省动员、全域参与中做出茂名贡献，助推茂名发展。

*四要集聚资源要素，坚定不移向海而兴。*从“把茂名建设成为美丽的现代化的海滨城市”到“建设产业实力雄厚的现代化滨海城市，打造沿海经济带上的新增长极”，是茂名的历史选择、必然选择。当前，涉海系列重大项目相继落地，博贺新港区开港，疏港铁路动工建设；粤电博贺电厂发电机组点火成功，粤西LNG项目加快推进；东华能源烷烃资源综合利用项目即将动工，吉达港区启动建设；益海嘉里粮油和食品加工项目加快施工，道道全菜籽油综合加工项目取得项目用地；华侨城集团南海旅游岛项目和海昌海洋公园项目加快建设。茂名临港物流、能源、绿色化工、粮油加工和滨海旅游等向海经济扬帆起航，我们要只争朝夕，不负韶华，坚定不移地向蓝色梦想进军。

*五要顺应群众期待，擦亮茂名城市品牌。*茂者，盛也。一个洞彻响亮、广为传播的茂名之名，已经成为全市人民的共同愿景。近年来，我们挖掘、提炼、打响“滨海绿城·好心茂名”城市品牌，在内聚人心、外树形象上发挥作用。接下来，要围绕“好心、滨海、绿城”三个层面的城市品牌内涵，不断夯实基础、凝聚共识、扩大影响。要把“滨海绿城·好心茂名”作为增强城市竞争力、提升居民幸福指数和凝心聚力的重要抓手，集全民之力扬茂名之美名，奋力打造让本地人自豪、让外地人向往的城市品牌。

*六要传承历史文化，昂扬新时代奋斗精神。*茂名60年发展历程，就是一路奋斗的征程。我们仅用一年半时间就建成高州水库，我们“从石头里榨出油来”，我们做好“山”字文章让“三高”农业誉满全国，这些无不体现茂名人民砥砺奋进、开拓进取的精神。步入新时代，我们要思考和回答好我们这一代要给后人留下什么的命题，以奋斗者姿态践行初心使命。要坚定茂名发展信心，看清发展优势和趋势，自强不息，绝不妄自菲薄；要百折不挠，敢于担当、善于作为，绝不因一时一事的困难而气馁；要务实进取，各项工作争先晋位，不为困难找借口，要为成功找方向，绝不做昏官、懒官、庸官和贪官；要开放包容，以世界眼光和战略思维兼收并蓄、博采众长，绝不能有偏居一隅、自给自足的心态；要向上向善，大力弘扬新时代好心精神。

三、关于2020年工作

今年全市工作的总体要求是：以习近平新时代中国特色社会主义思想为指导，全面贯彻党的十九大和十九届二中、三中、四中全会以及中央经济工作会议精神，全面贯彻落实习近平总书记对广东重要讲话和重要指示批示精神，树牢“四个意识”、坚定“四个自信”、做到“两个维护”，紧扣全面建成小康社会目标任务，坚持稳中求进工作总基调，坚持新发展理念，坚持以供给侧结构性改革为主线，坚持以改革开放为动力，深入落实省委十二届七次、八次、九次全会精神和“1+1+9”工作部署，融入粤港澳大湾区和深圳先行示范区建设，聚焦聚力“1+4+6”工作布局，坚定推动高质量发展，坚决打好“三大攻坚战”，坚定不移向海而兴，全面做好“六稳”工作，统筹推进稳增长、促改革、调结构、惠民生、防风险、保稳定，保持经济社会平稳健康发展，确保全面建成小康社会和“十三五”规划圆满收官。

市委考虑，今年经济增长的预期目标5%~5.5%，聚焦新发展理念，推动高质量发展。稍后，市长袁古洁将对经济工作作具体部署。这里，我重点强调几方面工作。

（一）突出产业引领作用，推动茂名实现高质量发展

产业是茂名的立市之本和核心竞争力所在。全市上下要不为任何干扰所惑，牢固树立大抓产业鲜明导向，奋力打造实力雄厚的现代产业强市。

全力打造特色主导产业。要聚焦绿色化工与氢能、港口物流、文化旅游、大健康、现代农业等主导产业，在规划引领、政策引导、人才引进、资金投入等方面给予更大支持，着力打造千亿级产业集群。要因势利导，善于站在产业前沿、产业风口抓产业，善于通过成熟产业培育新兴产业，善于借助市场力量打造产业集群。要用好人口和资源等传统优势，发展特色产业，引入大湾区劳动密集型产业。要谋划编制好“十四五”规划。

做大做强产业平台。要充分发挥三大平台的引领作用，培育茂名高质量发展的动力源。探索完善三大平台经济管理和行政管理体制机制，突出放权赋能，进一步在机构人事、财税体制、土地机制等方面创新发展。探索三大平台在园区建设、营运、招商、管理和服务等方面进行市场化运作。要抓好各地工业园区扩容增效，用好产业园帮扶专项资金，完善园区基础设施和配套设施。

发挥重大项目综合带动作用。要结合茂名市产业定位，着力引进一批产业龙头项目，力争年年有工业大项目落地建设、年年有工业大项目竣工投产。要举全市之力推动重大项目建设，确保东华能源烷烃资源综合利用项目尽快动工、早日投产，推动华侨城南海旅游岛项目加快建设。

发挥交通基础设施支撑作用。要强化对外交通联系，谋划新一轮交通大会战，完善“东承西接北联”交通要道。谋划构建“五横五纵”高速公路网，力争建成云茂高速茂名段，加快沈海高速茂名段改扩建，力争开工建设阳春至信宜高速公路，谋划推动北流至化州高速公路项目。加快广湛高铁茂名先开段、茂名东站至博贺港区铁路等项目建设。加快亿吨大港建设，推进博贺新港区LNG造陆工程、东区油品码头等项目建设。要抓好市域内快速路网建设，构建中心城区“二环七横十二纵”主干路网，加快推进广东滨海旅游公路茂名先行段、复兴大道、甲子大道等工程建设，建成水东湾大桥。

打造一流营商环境。要有争创一流营商环境的雄心壮志，通过三五年努力，让茂名成为审批事项少、办事效率高、投资环境优、企业获得感强的产业城市。认真落实好《中共中央、国务院关于营造更好发展环境支持民营企业改革发展的意见》。围绕主导产业规划和发展需求，细化招商引资扶持系列措施。针对性解决好影响民营经济发展的融资、用工、用地、审批等问题，降低企业负担，保护企业和企业家合法权益。聚焦服务优化提升，推进审批服务便民化，探索集成审批改革。切实发挥“企业服务官”作用。聚合茂商资源，塑造茂商品牌，在全社会营造重商、亲商、安商社会氛围。

（二）牢固树立开放融合发展理念，在融入粤港澳大湾区和支持深圳先行示范区建设中借力借势发展壮大茂名

要立足茂名资源禀赋、比较优势和产业基础，推动茂名加快融入“双区”建设。要加强交通对接，打通茂名市与“双区”的人流物流通道。要加强产业对接，主动承接“双区”产业转移，融入产业链分工体系。探索“双区总部+茂名基地”“双区研发+茂名生产”等发展模式。用活用好“双区”产业发展大平台开展招商引资。要加强创新资源对接。利用好高新区等产业平台优势，加强与大湾区创新资源对接，打造大湾区科技项目的重要中试基地、孵化基地和生产基地。建立健全茂名市院士工作站、联合实验室等高端平台产学研结合和成果转化体制机制，吸引更多高层次人才参与茂名市发展。推动“二本四专”高校加强与大湾区高校、科研院所合作。要加强市场对接。推动茂名市优势产业向“卖质量、卖品牌、卖服务”的产业中高端转变。着力打造中国南海旅游休闲度假康养目的地。依托“广东技工”“粤菜师傅”“好心家政”拓展“双区”市场。要加强机制对接。推动茂名市法治环境、营商环境、市场环境向大湾区看

齐，积极构建与大湾区开放互通的政策环境和相互衔接的公共服务体系。

（三）推动改革创新再深入，激活经济社会发展新动力

改革关乎发展，创新决胜未来。要着力抓好战略性引领型改革，深入推进功能区体制机制改革、营商环境改革、农村“三变”改革。围绕“人、地、钱”等关键要素做文章，一揽子推进人才下乡机制、农村土地流转、涉农资金整合等改革。注重发挥基层首创精神，树立“大胆地试、勇敢地改”的鲜明改革导向，鼓励和支持基层从实际出发大胆探索、先行先试。着眼制度集成加强改革经验总结提炼和复制推广，推动制度和治理体系的完善和发展。要聚焦重大产业发展，集中资源、集中资金、集中人力等核心要素，着力在科技创新上实行重点扶持、重点突破。加快重大创新平台建设，推进建设岭南现代农业科学与技术广东省实验室茂名分中心，以高新区为重要载体，加快孵化育成体系建设，建设一批科技成果转化基地，推动先进高新技术成果落地转化。支持规模以上工业企业和高新技术企业建立国家级、省级工程中心、重点实验室和新型研发机构，提升企业主体创新活力。支持广东石油化工学院建设高水平理工科大学。

（四）坚持问题导向，坚决打赢“三大攻坚战”

打赢脱贫攻坚战。以更大决心、更实举措、更硬作风打好脱贫攻坚战，确保如期全面完成任务。要抓紧补齐短板，有针对性地解决贫困人口增收，稳定实现“两不愁三保障”、农村基本公共服务保障等弱项，严把贫困人口和贫困村退出关。要做到扶贫项目优先安排、扶贫资金优先保障，着力解决资金使用管理不规范的突出问题。要建立解决相对贫困长效机制，做好返贫人口和新发生贫困人口的监测和帮扶。

打好污染防治攻坚战。要抓好工业源、移动源、焚烧源、扬尘源等方面的源头防控，确保大气质量持续优良。强化“河长制”“湖长制”作用，加快推进中小河流治理和重点流域水环境保护工作，加快县镇两级污水处理设施及管网等项目建设进度，确保小东江、鉴江、袂花江和电白3条入海河流水污染治理有明显成效，国考断面全面消除劣V类。建设一批碧道工程。加快土壤污染状况详查，做好污染地块修复治理，强化固废危废监管，确保如期完成市循环经济示范中心一期和绿能环保发电项目建设。

打好防范化解重大风险攻坚战。要扎实开展政治安全8个专项行动，切实维护国家政治安全。要着力防范化解生态安全、产业安全风险隐患，扎实做好“六稳”工作。要以市域社会治理现代化试点为抓手，探索具有茂名特色、市域特点的社会治理新模式。加强科普和普法，培育科学精神、理性思维和法治意识。将“好心文化”与“枫桥经验”融合升华，在全市营造崇德向善、见贤思齐的浓厚氛围。要树牢“一盘棋”理念，把公共法律服务网络延伸至基层，整合提升信访、综治维稳、司法惠民、公安综合信息平台等资源力量，强化网格化管理，重视信息技术运用，构建起市、县、镇村社会风险防控体系。要牢牢守住安全生产底线，紧盯重点地区、重点行业薄弱环节，督促企业落实主体责任，坚决查处危害安全生产的违法行为，提升防灾减灾救灾能力，坚决遏制重特大安全事故。要“坚持房子是用来住的、不是用来炒的”的定位，促进房地产业稳健发展。

（五）以全国文明城市创建为主抓手，打造滨海绿城好心茂名

提升城市品质。高标准高水平规划建设共青河新城。大力繁荣城市经济，积极引入城市营运战略投资者，打造更多中高端消费商圈和特色街区。推进城镇老旧小区改造，加强存量住房改造提升，加速城市更新。要抓住消费升级机遇期，培育发展更多新业态新动能项目。要抓住人口回流和消费下沉的机遇，加快县域城区和县域副中心建设。

改善城市面貌。力争2020年成功创建国家卫生城市和获得全国文明城市提名城市。实施创文“六大攻坚行动”，优化城区路网结构，着力解决城区道路交通拥堵问题。完善中心城区城市基础设施配套，推进城中村、老旧小区道路硬底化，加大城市车位供给。建立健全长效管理机制，推动落实“门前三包”责任，推动市容环境卫生执法管理下沉，推行城市生活垃圾分类，建设垃圾分类示范点（区），巩固创卫工作成果。力争成功创建国家森林城市。

繁荣城市文化。持续打造好心文化品牌，推动冼夫人题材电视连续剧《巾帼传奇》、动画连续剧《好心宝宝》的拍摄和创作。推动文化旅游融合发展，打造一批文化旅游精品景区和线路。着力完善城市公共文化设施，打造有茂名特色的文化地

标。培育和践行社会主义核心价值观，广泛开展“好心”系列群众性文明实践活动和评比活动。认真抓好新时代文明实践中心试点工作。举办更多有影响力的活动，擦亮“滨海绿城·好心茂名”城市品牌。

维护城市平安。以开展“一十百千万”行动为抓手，打赢扫黑除恶专项斗争。强力打击整治涉枪涉毒、电信网络诈骗、非法集资、赌博、侵犯公民个人信息等社会治安突出问题，着力提升茂名市“两度一率”，建设更高水平的平安茂名、法治茂名。

（六）坚持城乡融合发展，打造乡村振兴“茂名样板”

促进乡村产业全面振兴。在“1+1+2+6”现代农业新格局基础上，积极申报广东荔枝、广东生猪优势产区和其他特色现代农业产业园。大力发展“一村一品、一镇一业”，扶持更多农村发展农业特色产业，积极申报认定省级特色专业镇。大力发展农村电子商务，培养一批淘宝镇、淘宝村。大力开发山地康养休闲、特色农业体验、滨海渔乡度假等旅游产品，提高乡村旅游知名度和竞争力。

补齐农村基础设施短板。加强产地农产品流通基础设施建设，配套完善物流配送中心和冷链仓储物流设施。加快推进农村集中供水工程，推动实现省定贫困村自然村集中供水全覆盖，基本实现行政村集中供水全覆盖。大力实施新一轮农村电网改造。加快农村信息基础设施建设。抓好“四好农村路”建设。

推进农村人居环境整治。全域推进“千村示范、万村整治”工程，积极开展“三清一改”村庄清洁行动，推动80%以上行政村达到干净整洁村标准。加快推进180个相对贫困村创建新农村示范村建设，推动实现60%以上自然村达到“美丽宜居”标准，打造“特色精品村”。推动农村生活垃圾分类减量，提升生活污水治理率。推进农村“厕所革命”。

（七）深入践行以人民为中心的发展思想，切实提升群众获得感、幸福感、安全感

要牢固树立“老百姓的事就是天大的事”理念，用心用情用功解决好老百姓的操心事、烦心事、揪心事。要坚持就业优先和积极就业政策。发挥好创业孵化基地、好心家政品牌等平台的辐射带动效应，加大对外出务工回流人员和贫困家庭等重点群体就业创业的培训和指导。要大力发展教育事业。全面完成学前教育“5080”任务，促进城乡义务教育均衡优质发展，巩固提升“两本四专”高校建设成果。要加快推动医疗卫生事业发展。深化医药卫生体制改革和加快紧密型县域医共体建设，推动健康茂名行动的实施。深化推进药品跨区域集中采购改革和按病种分值付费改革，规范医疗服务价格管理，优化就医结算服务，切实增强群众获得感。要坚持社会政策托底。深化医疗养老等民生服务领域市场化改革，引入更多高水平服务机构，增强多层次、多样化供给能力。建立落实保障特殊弱势群体权益机制，推动公办社会福利机构综合改革，让特殊弱势群体充分感受到社会主义大家庭的温暖。要落实好广东省和茂名市十件民生实事。

（八）全面加强党的领导和党的建设，为新时代茂名改革发展提供坚强保证

要全面落实新时代党的建设总要求，坚定不移推动全面从严治党向纵深发展，实现党的建设再上新水平。

毫不动摇把党的政治建设摆在首位。要坚持用习近平新时代中国特色社会主义思想武装头脑。要树牢“四个意识”，坚定“四个自信”，做到“两个维护”。严肃党内政治生活，严格执行新形势下党内政治生活的若干准则，认真落实民主集中制，严格落实“三会一课”、民主生活会、民主评议党员等组织生活制度。自觉遵循党章，严明政治纪律和政治规矩，着力涵养风清气正的政治生态。持续抓好省委巡视反馈意见的整改落实工作，确保全面彻底整改到位。

把党的领导制度落实到治理实践全过程。要健全党的全面领导的体制机制，强化全市各级党组织在同级组织中的领导地位，充分发挥党委职能部门和议事协调机构作用，把坚持和加强党的全面领导落实到推进各方面制度建设、推动各项事业发展、加强和改进各方面工作中。要巩固主题教育成果，建立“不忘初心、牢记使命”主题教育制度，总结完善“大学习、深调研、真落实”工作方法。要建立权威高效的制度执行机制。强化制度意识，构建多层次全覆盖的制度执行监督机制和问责机制，坚决杜绝“做选择、搞变通、打折扣”等现象，不断增强制度的权威性和执行力。

坚决筑牢意识形态安全“护城河”。要逐步建立完善市、县、镇三级意识形态工作体系，加大对落实意识形态工作责任制的实地检查考核和巡察力度，推动意识形态工作责任落细落实。要全方位

加强阵地管理，从严监管新闻出版市场，切实加强“扫黄打非”进基层站点规范化标准化建设。加强网络安全管理，不断提升网络舆情应急处置能力，决不给各种错误思想观点提供传播渠道。各级领导干部要站到意识形态斗争第一线，带头抓意识形态工作、带头管阵地、把导向、强队伍、带头批评错误观点和错误倾向。

牢固树立大抓基层鲜明导向。要以深化拓展加强党的基层组织建设三年行动计划为抓手，全面完成软弱涣散基层党组织整顿工作，推动基层党组织全面进步全面过硬。要深入推进“头雁”工程。着力完善“村推、镇选、县考察”培养选拔制度，深化实施候任村（社区）干部制度，不断优化村（社区）“两委”班子结构，选优配强基层党支部带头人，发挥“头雁”引领带动作用。要致力提升基层服务能力。建立健全城市基层党建工作体系，推进镇街体制改革，完善基层治理体系，推动力量下沉、管理下沉、服务下沉。整合各方资源，拓展服务项目，切实发挥党群服务中心效能。加强和创新外出务工经商群体的党建引领工作，加强党员的发展、教育、管理、联系和服务，通过党组织和党员更好地凝聚外出务工经商群体。要持续为基层减负，规范基层问责追责，加强对督查检查考核的统筹，让基层干部把更多时间和精力放到抓落实上。

努力打造高素质专业化干部队伍。要坚持党管干部原则。坚决落实新时代好干部的标准，提升准确识人和科学用人的能力。要强化干部教育培训。依托党校和高校，开展多形式、深层次的理论培训和专业培训，拓宽干部发展视野，提升干部思维能力。要加强干部培养锻炼。注重在基层一线和艰苦环境中锻炼培养干部，选派优秀年轻干部到招商引资、项目建设、乡村振兴、脱贫攻坚、信访维稳、三大平台等岗位历练，让干部在实践中砥砺品质、增长才干。要加快人才制度落实。加强党管人才工作，继续推动深化人才发展体制机制改革实施意见落地生效，完善人才驿站服务体系，全力聚集各方面优秀人才参与茂名建设。

驰而不息抓好正风肃纪反腐。要深化整治形式主义、官僚主义，深挖细查隐形变异的享乐主义和奢靡之风，完善落实中央八项规定精神、纠治“四风”长效机制。要强化党内监督。突出政治监督，充分发挥巡察“利剑”作用，深化运用监督执纪“四种形态”，加强对领导干部尤其是“一把手”的监督。要保持惩治腐败高压态势。一体推进不敢腐、不能腐、不想腐，强化对重点领域、重要部门、关键岗位的监管，严厉整治群众身边的不正之风和腐败问题，切实推动全面从严治党向纵深发展、向基层延伸。

同志们，站在新征程的起点上，茂名未来的发展前景让人期盼，发展目标催人奋进！让我们更加紧密地团结在以习近平同志为核心的党中央周围，不忘初心、牢记使命、接续奋斗，闻鸡起舞、日夜兼程、风雨无阻，加快建设产业实力雄厚的现代化滨海城市，打造沿海经济带上的新增长极，为广东实现“四个走在全国前列”、当好“两个重要窗口”、打造“一核一带一区”区域发展新格局，做出茂名应有贡献！

（市委办公室）

政府工作报告

——2020年1月10日在茂名市第十二届
人民代表大会第七次会议上
茂名市市长　袁古洁

各位代表：

我代表市人民政府向大会做工作报告，请予审议，并请政协各位委员和其他列席人员提出意见。

一、2019年工作回顾

刚刚过去的2019年，是茂名建市60周年，是茂名在新的历史起点上汲取力量、砥砺前行的奋进之年。一年来，市政府坚持以习近平新时代中国特色社会主义思想为指导，全面贯彻党的十九大和十九届二中、三中、四中全会精神，深入落实习近平总书记对广东重要讲话和重要指示批示精神，紧紧依靠省委、省政府和市委坚强领导，在市人大、市政协监督支持下，坚持稳中求进工作总基调，统筹推进稳增长、促改革、调结构、惠民生、防风险、保稳定，沉着应对经济下行压力，全市经济社会发展稳步向前。实现地区生产总值3252.34亿元，增长4.3%，总量继续位居全省第七位。来源于茂名的财政总收入587.15亿元，增长4.7%。地方一般公共预算收入139.88亿元，增长2.8%。社会消费品零售总额1667.36亿元，增长8.2%。外贸进出口总额196亿元，增长29%。连续5年上榜“中国百强城市”。

一年来，我们坚持以人民为中心，把抓落实作为市政府最鲜明的工作举措，不忘初心、牢记使命，重点做了以下工作。

（一）强实体，产业发展迈出新步伐

树立大抓产业的鲜明导向，坚持优存量与引增量“两手抓”，加快产业转型升级。

招商引资成效明显。坚持抓产业必须抓招商，举办沿海经济带发展大会、北京世园会·茂名投资推介会等高规格招商会，引进超千万元项目282个，开工186个。成功引进总投资400亿元的烷烃资源综合利用项目，省政府给予专项补助10亿元。与中石油、协鑫集团开展合作，联手加快粤西LNG项目建设。亚洲最大的醇醚类企业“江苏德纳”落户茂名。

工业发展提质增效。聚焦延伸石化产业链条，茂名石化投资33亿元的产品结构优化项目即将建成，10万吨/年高端碳材料项目动工建设。10万吨/年生物柴油项目建成投产。高新区成为全国第二大环氧乙烷深加工基地。由世界500强企业“丰益国际”投资的益海嘉里粮油及食品加工项目加快推进。粤电博贺电厂调试点火。200家工业企业开展技术改造，新增“小升规”企业超过40家，全市完成工业投资191.34亿元。电白建设集团入围“广东百强民营企业”，“茂名石化实华、新华粤”上榜“广东企业500强”。民营经济对经济增长的贡献率76.2%。产业集聚态势良好。信宜、高州、化州产业集聚区获省批复，全市享受广东省产业转移政策的园区面积拓展到68平方千米。全年6个省级产业园完成规模以上工业总产值490亿元；实现增加值125亿元，增长11.3%。

新兴产业加速培育。中氢动力氢燃料电池项目全面开工，粤西首个加氢加油混合示范站即将动工。云兴科技大数据中心（一期）建成投用，粤西数据湖产业园开工建设。建成5G基站152个。信宜广东翔天汽车智能化有限公司获得国家新设立“专用车生产企业”牌照，成为茂名市首个生产专用车辆的企业。

服务业发展加快。大力推动金融服务实体经济，金融机构本外币存款余额首次突破3000亿元，达到3012.91亿元，增长10.6%；各项贷款余额创历史新高，达到1582.35亿元，增长19.3%；存贷比15年来首次突破50%，达到52.52%。农信社改制工作全面完成，茂名农商行挂牌开业。交通银行茂名分行开业运营。广东股权交易中心在茂名设立运营中心。电白上榜中国十大特色休闲县市，信宜八坊村成为首批全国乡村旅游重点村。六韬珠宝创意产业园获评“广东省省级文化产业示范园区”。全市旅游接待人数4545万人次，比上年增长11.3%；收入476.1亿，比上年增长11.8%。茂名市成为全国家政服务业32个“领跑者”重点推进城市之一。

（二）补短板，基础设施建设实现新突破

全年基础设施建设完成投资305.89亿元，比上年增长7.9%。

交通建设持续发力。全年完成交通建设投资81.8亿元，增长14.3%。茂名火车站南站房建成投用，北站房改造同步启动。时速350千米的广湛高铁先行段在电白观珠镇动工。博贺湾大桥通车。连接博贺湾大桥至水东湾大桥的广东滨海旅游公路茂名先行段开工建设。云茂高速茂名段全力推进，沈海高速改扩建工程全面动工。茂化快线东延线基本建成，大园桥及大园西路顺利贯通，水东湾大桥、复兴大道、甲子大道等加快建设。圆满完成“四好农村路”建设年度任务。新购进和投放80辆新能源公交车，新开通11条城际公交线路，进一步加快同城化发展步伐。

港口建设取得突破。博贺新港区开港运营，吉达港区开发建设启动。粤电煤炭码头建成投产。博贺疏港铁路、10万吨级成品油码头、粤西LNG造陆工程等项目动工建设。博贺新港区深水大港加快崛起，开启茂名“亿吨大港”建设新时期。

水利项目扎实推进。2018—2019年中小河流治理（二期）项目累计完成投资14亿元，治理河长762千米。完成饮水型氟超标改水工作，惠及电白、高州、化州11条自然村1110户群众。水东湾城区引罗供水工程通水成功，滨海新区供水工程（一期）通水。河东水厂10万吨扩容工程建成投产。全长43千米的信宜“锦江画廊”碧道如期建成，成为展现山水田园风光的靓丽风景线。

电气通信设施不断完善。投入22亿元加快电网建设，500千伏博贺电厂送出工程全线贯通。粤西天然气主干管网茂名至湛江段建成投用。20户以上自然村通光纤率、4G网络覆盖率均98.8%。

（三）提品质，城市建设增添新动能

坚持推进城市扩容提质，努力打造宜居宜业宜游的“滨海绿城、好心茂名”。

全国文明城市创建成果显著。创卫改变城

市，聚万众之力创建国家卫生城市，让茂名天更蓝、水更碧，城市更洁净而宜居。市区生活垃圾无害化处理率100%，完成农贸市场升级改造28个，新建改建城市公厕100座。创建全国文明城市“八大提升行动”有序推进，建成县、镇、村三级新时代文明实践中心517个，吴金源等5人荣登“中国好人榜”。创建国家森林城市加速推进，完成造林更新作业面积1.14万公顷，新建和提质建设森林公园33个。信宜、高州、化州全部启动创建国家森林城市工作。扎实建设平安茂名，深化扫黑除恶专项斗争，严厉打击“盗抢骗”“黄赌毒”、涉枪涉爆等突出违法犯罪，刑事治安警情比上年下降6.06%。电城镇入选全国“扫黄打非”进基层示范点。

城市更新提质加速。建成金城路、站南路、西粤北路等6条市政道路，完成79条共7万平方米内街道路硬底化及亮化工程。初步建成12千米高品质城市社区生态休闲廊道“好心绿道”。新湖公园升级改造基本完成。加强文化建设，茂名影剧院拆除重建。电白万达广场建成开业，城光世纪城、爱琴海购物公园等城市综合体快速推进。保利集团助力共青河新城开发建设，奥体中心、奥体大道等项目加快前期工作。水东湾新城全面提速，华侨城项目落地开工，歌美海公园雏形初现，高地片区在建项目超200亿元。

（四）增优势，农业现代化呈现新亮点

以供给侧结构性改革为引领，持续扩大农业优势，推动农业由“大”向“强”转型发展。

农业产业化进程加快。依托现代农业重大平台和优势资源，构建“1+1+2+6”和“一县一园、一镇一业、一村一品”现代农业新格局。荔枝国家现代农业产业园首期工程竣工验收。“好心湖畔”“大唐荔乡”国家田园综合体试点三产融合初显成效。6个省级现代农业园建设项目122个，完成投资6.89亿元。制定《茂名市“一村一品、一镇一业”建设奖励办法》，15个镇入选省级“一村一品、一镇一业”专业镇，为全省最多；103个村加快发展特色产业。

农业品牌优势持续扩大。“茂名罗非鱼”“化州橘红”成为国家区域公用品牌。电白建成全市首家农产品“观光工厂”意顺观光茂名物产馆。全市农产品网店超4000家。高州入选国家电子商务进农村综合示范县，化州跨境电商产业园开工建设。茂名荣获“中国月饼名城”称号。

新农村建设发力提效。筹集24.7亿元支持新农村建设，建成信宜毛家村、高州桥头村、化州湖艳村等人居环境整治示范村61个。茂南车田村、电白槟榔村、化州大埇村入选全国乡村治理示范村。高州成功创建广东首个国家级“美丽乡村建设”标准化试点。

脱贫攻坚成效显著。180个省定贫困村中200人以上自然村村道全部硬底化，集中供水完成率96.8%。1062户农村危房改造工程竣工投用。全市累计6.6万户15.3万人退出贫困户，占比97%。与广西壮族自治区南宁、来宾市扶贫协作扎实推进，完成扶贫项目48个。

（五）优生态，美丽茂名展现新容颜

坚定绿色发展不动摇，出台《茂名市打好污染防治攻坚战实施方案（2019—2020）》，着力建设天蓝地绿的美丽茂名，厚植茂名永续发展的生态本底。

蓝天保卫战成效明显。开展工业源、扬尘源、焚烧源治理，完成527家“散乱污”企业整治任务。市区空气质量稳居全省前列，“茂名蓝”成为展现茂名魅力的新名片。

碧水保卫战纵深推进。坚决落实广东省污染防治攻坚战指挥部“一号令”，重拳治理水污染。全面加快城镇生活污水处理设施及管网建设，新开工项目60个，建成项目35个，完成管网铺设349千米。深入实施河长制湖长制，388宗河湖“四乱”完成整治。全市地表水7个考核断面全部达标，小东江在全省9个攻坚劣V类国考断面中水质排名第一。

净土保卫战进展加快。土壤污染详查工作全面开展。纳入中央环保督察整改的18个镇级垃圾填埋场完成整治。市循环经济示范中心（一期）和4个绿能环保发电项目快速推进，化州绿能环保发电项目竣工投产。开展打击固废违法专项行动，立案查处225宗。

（六）激活力，改革创新释放新能量

持续深化改革开放，启动实施50大项192小项改革，增强发展内生动力。

营商环境有效改善。“数字政府”建设取得突破，政务云平台茂名节点建成投用。“1369”审批便民服务体系日趋完善。“粤省事”微信小程序茂名专版上线514项民生事项，441项实现“零跑动”。建成网上中介服务超市。制定《政务服务投诉处理暂行办法》，为解决群众办事“投诉难”

打开便利之门。全面推进工程建设项目审批制度改革，建成项目审批管理系统。企业开办平均时间压减至1个工作日，市场活力有效激发，全市新登记市场主体5.3万户、实有各类市场主体28.5万户，分别增长18%、13.2%。

减税降费落实见效。实施小微企业普惠性税收减免政策，近7万户企业受惠，乡镇小微企业和个体工商户基本实现零税负经营；落实下调社保费率等优惠政策，为企业减费5.6亿元，全市减税降费40.25亿元。建立中小微企业贷款风险补偿基金、转贷资金，鼓励引导金融机构向中小微企业发放贷款，缓解融资难。

创新驱动活力显现。坚持创新引领，获准立项省级以上科技项目128项，获省科技奖数量连续三年排全省前6位。省批准建设岭南现代农业科学与技术广东实验室茂名分中心。支持区域创新体系建设，设立华南理工大学—广东石油化工学院（茂名）联合技术创新中心。茂名本正化橘红研究院获批为广东省新型研发机构。新增茂名高新区绿色化工和氢能产业园，并纳入高新区“一区多园”管理范围。深化产学研合作，新建院士工作站8家。新增高新技术产品94个。规模2亿元的广东粤科粤茂创新创业投资基金运作。成功举办首届“茂名人才活动周”。首次承办中国创新创业大赛地方赛，并取得突出成绩。

融湾强带步伐加快。制定《茂名市融入粤港澳大湾区建设行动方案（2019—2021）》，按照“快速、特色、集聚、向海”要求，立足优势融入“双区”，强化“湾区带”联动。茂名港与广州港集团深化合作，与大湾区港口实现互动发展。国务院批复同意水东港口岸更名为茂名港口岸，并扩大开放水东港区和博贺新港区。

（七）办实事，社会民生实现新改善

着力解决群众切身利益问题，努力让改革发展成果更多更公平惠及全体人民。

坚决兜牢基本民生。坚持政府过紧日子，财政支出重点保民生，全市民生支出379.72亿元，增长6.6%，占一般公共预算支出83%。抓好稳就业，全市14家创业孵化基地带动就业9695人，新增城镇就业6.01万人。开展“广东技工”“粤菜师傅”“南粤家政”工程。制定《茂名市城乡居民大病保险实施办法》，城乡居民大病保险年度最高支付限额从20万提高到30万元。落实《茂名市医疗救助基金市级统筹实施办法》，全面实现异地就医医疗救助“一站式”结算服务。困难人群应保尽保，核定贫困人员100%享受医保待遇。出台残疾儿童康复救助实施意见，全市户籍0~6岁残疾儿童纳入康复救助范围。公办福利机构综合改革全面启动。镇级敬老院升级改造基本完成，市颐年苑养老服务项目竣工验收。建立市县镇村四级退役军人服务保障体系。新开工棚户区住房改造2715套。高州农村危房改造、公立医院综合改革工作成效明显，获国务院督查激励。

教育卫生事业不断进步。支持教育优先发展，全市教育支出132.5亿元，占一般公共预算支出29%。建成市崇文学堂、东湾学校、电白一小新校区，新增1万个优质学位。占地15公顷、投资近18亿元的广东石油化工学院西城校区投入使用，全市高校在校生6.9万人。顺利通过广东省推进教育现代化先进县（市、区）督导验收。建成粤东西北首个广东省现代职业教育综合改革示范市，信宜、高州、化州成功创建“国家级农村职业教育和成人教育示范县”。茂名职业技术学院加入德国双元制职业教育联盟（AHK），并与巴斯夫（中国）有限公司开展校企合作，首批订单班开始招生。落实4.9万名农村教师生活补助，人均1004元/月。做好困难学生资助工作，发放资金6.2亿元，21.6万人次学生受益。卫生创强扎实推进。加快高水平医院建设，广东省人民医院与茂名市人民医院签订合作共建协议。新增社会办医疗机构62间。完成10家县级公立医院升级项目年度建设任务，1628间村级卫生站规范化建设加快推进。茂名市人民医院水东湾分院启用。高州获评全国基层中医药工作先进单位。茂名“坚持强基层补短板，实现大病不出县”获评“广东医改十大创新典型”。

文体事业成绩显著。成功举办亚洲沙排锦标赛、央视《魅力中国城》第三季启动仪式、“好心茂名”广东省龙舟赛等大型文体活动。原创歌曲《归来仍是少年》获广东省精神文明建设“五个一工程”奖。广东省道德模范与身边好人现场交流、第二届冼夫人文化周等文体活动成功开展。“好心书屋”投用。露天矿博物馆对外开放。高州宝光塔入选全国重点文物保护单位。同时，第四次经济普查工作基本完成。国防动员、双拥共建等继续加强。残疾人事业进一步发展。民族宗教、地方志、地震、统计、外事、侨务、妇女儿童、气象、档案等工作取得新成绩。

一年来，我们注重政府自身建设，坚持以政治建设为统领，开展“不忘初心、牢记使命”主题教育，在找差距、抓落实中守初心、担使命，推动学习习近平新时代中国特色社会主义思想不断走深走实。着力建设法治政府，在法治广东建设考评中成绩良好，排粤东西北首位。加强政府立法，《茂名市村庄规划建设管理条例》《茂名市危险化学品道路运输管理条例》《茂名市烟花爆竹燃放安全管理条例》等3部法规提交市人大常委会审议。全年办理行政复议案409件。支持完善法律顾问制度。化解行政机关及国有企业诉讼积案。接受人大法律监督和政协民主监督，办理人大代表建议105件、政协委员提案260件，办复率100%。巩固拓展落实中央八项规定精神成果，查处形式主义、官僚主义问题31起58人。注重督查督办，强化审计监督，认真抓好中央环保督察“回头看”、省委巡视等发现问题的整改落实。

各位代表，过去一年的成绩来之不易。这是在经济下行压力加大、发展困难较多的情况下，省委、省政府和市委坚强领导的结果、全市人民奋力拼搏的结果。在此，我代表市人民政府，向辛勤工作在各行各业的广大干部群众，向大力支持政府工作的人大代表、政协委员、各民主党派、工商联、各人民团体和社会各界人士，向驻茂单位和人民解放军指战员、武警官兵、公安干警、消防救援队伍指战员，致以崇高的敬意！向所有关心和参与茂名建设的港澳台同胞、海外侨胞及国际友人，表示衷心的感谢！

各位代表！我们也清醒地认识到，茂名市经济社会发展中仍然存在不少突出矛盾和问题：一是宏观经济形势偏紧，下行压力持续加大，经济增长趋缓，项目投资等指标完成不理想。二是企业生产经营还面临不少困难，融资难、引才难、转型难等问题仍然突出。三是环保基础设施历史欠账较多，污染治理任务艰巨。四是城乡区域发展差距较大，县域经济薄弱，农业生产“小散弱”问题普遍存在。五是民生领域欠账多，群众普遍关心的教育、医疗、养老、住房等领域问题仍较突出。六是营商环境欠佳，“放管服”改革效果与企业和群众预期有差距，“办事难、办事繁、来回跑”的问题仍然存在。此外，政府作风还需持续改进，政务服务效率有待提高。对这些问题，我们必须高度重视，采取更加有力的措施加以解决。

二、2020年工作安排

2020年是全面建成小康社会和“十三五”规划收官之年，是茂名市打造沿海经济带新增长极的关键之年，做好2020年工作意义重大。新的一年，我们既面临国内外风险挑战明显增多、不确定性增加的复杂局面，也迎来粤港澳大湾区、深圳先行示范区“双区驱动”带来的历史机遇；既面临区域竞争态势加剧、长期积累的潜在风险有所暴露等现实挑战，也迎来“一核一带一区”新格局深入推进，茂名交通瓶颈逐步打破、外出人口不断回流，土地、生态、人力资源等要素优势逐步释放的有利条件；既面临营商环境硬条件与软实力需要不断提高的压力，也迎来活力显现、人心思齐、人心思进的良性态势。困难和机遇同生并存。我们要辩证看待当前形势，不为困难找借口，要为成功找方向，做好借势借力的文章，集中精力办好自己的事情，以实干精神推动茂名行稳致远。

做好2020年政府工作，要以习近平新时代中国特色社会主义思想为指导，全面贯彻党的十九大和十九届二中、三中、四中全会及中央经济工作会议精神，深入贯彻落实习近平总书记对广东重要讲话和重要指示批示精神，增强“四个意识”、坚定“四个自信”、做到“两个维护”，紧扣全面建成小康社会目标任务，认真落实省委十二届七次、八次、九次全会精神，按照市委“1+4+6”工作布局和十一届十次全会部署，坚持稳中求进工作总基调，坚持新发展理念，抢抓“双区驱动”机遇，统筹“六稳”工作，力促产业升级，壮大海洋经济，深化改革开放，提升城市品质，加快乡村振兴，增进民生福祉，打好“三大攻坚战”，推动茂名在沿海经济带建设中争先进位，在决胜全面建成小康社会中取得优异成绩。

2020年经济社会发展主要预期目标是：地区生产总值增长5%～5.5%，固定资产投资增长5%，社会消费品零售总额增长7.5%，一般公共预算收入保持正增长，居民收入增长与经济增长同步，单位生产总值能耗、主要污染物总量完成省下达的目标任务。

为实现今年目标任务，要重点抓好八方面工作：

（一）坚定不移做强产业，聚力构建现代化产业体系

推动制造业高质量发展。全力推动纳入2020

年重点项目库的71个产业项目建设。制定推动制造业高质量发展实施意见。支持粤桥集团等180家企业技术改造。推动“个转企、小升规”，全年新增规模以上企业38家以上。着力培育新动能，制定《氢能产业规划》，力促氢燃料电池项目建成试产，引导发展气体化工。发展数字经济，加快粤西数据湖产业园、联通5G通信枢纽信息技术项目建设。抢抓5G商用机遇，推动5G在政务服务、工业、医疗等领域应用。加快培育新能源汽车、生物医药、大健康、节能环保、循环经济等新兴产业。

加快临港产业绿色崛起。抢抓新能源、新材料、高端化工产业向沿海经济带布局的机遇，打造世界级绿色化工和氢能源产业园。按照今年上半年动工、2022年投产目标，举全市之力推动烷烃资源综合利用项目建设。加快吉达港区开发建设，开展《吉达港区控制性详细规划》编制，推进吉达港防波堤、航道、公用工程等工作。加快粤西LNG项目建设。围绕烷烃资源综合利用，加快产业链招商选资，推动港口物流、绿色石化、气体化工等集群化发展，汇聚茂名沿海经济带建设的强大动能。

做强做优产业园区。抓好全市工业园区扩容增效，全面攻坚产业园发展瓶颈，加强水电气路、通讯、消防、污水处理等基础设施建设，一体化建设园区公用工程。创新园区建设模式，引入专业工业地产运营商参与园区建设。有效盘活闲置和低效用地，争取用地、能耗、环境容量等指标，支持重大产业项目上马建设。加快粤西空港经济区、博贺新港物流园建设，推动海港、空港经济“双翼齐飞”。支持茂名高新区冲刺“百强国家高新区”，加快茂南汽车产业、电白绿色建筑、信宜生态环保、高州医药健康、化州精细化工等特色园区建设。

提高招商引资实效。始终把招商引资作为“重头戏”，抢抓“双区”等国内重点区域产业转移有利时机，开展以商招商、商会招商、委托招商、乡情招商。加强招商机构队伍建设，提高招商引资专业化能力。建立健全招商引资绩效考核、项目对接和跟踪落地机制。支持乡贤回乡创业，扶持本土企业增资扩产，努力让所有在茂投资兴业的企业平等享有出彩机会。

大力发展文旅产业。编制实施《茂名市文化产业发展纲要》。通过搭建冼夫人军营、码头、俚人寨、海南寨等系列实景，打造冼夫人影视文化城，全力推动拍摄冼夫人题材电视连续剧《巾帼传奇》、动画连续剧《好心宝宝》。深化冼夫人文化周、南国书香节等文化品牌活动。拓展粤西（茂名）订戏会文化产业平台。聚焦打造南中国滨海旅游目的地，推动华侨城项目加快建设，歌美海景区完工开放。加快建设广东滨海旅游公路茂名段，将茂名博贺湾、放鸡岛、浪漫海岸、“中国第一滩”、水东湾、歌美海等滨海旅游景区串珠成链，构建“六点一线”旅游发展格局，形成内湾运河景观带和外海度假景观带；同时，由南向北打造全域旅游发展轴，辐射带动滨海旅游、人文旅游、乡村旅游、红色旅游、山地运动休闲旅游等，实现茂名陆海旅游资源互补、产业互动、布局互联，在联动发展中展现茂名文旅产业新形象、新优势。

（二）坚定不移扩大投资，聚力强化稳增长关键支撑

全力抓好重点项目。强化重点项目跟踪问效和督办落实，全年实施省市重点项目208项。紧扣国家政策所向，争取在生态环保、水利交通、老旧小区改造、冷链物流等领域扩大有效投资，抓好新一轮基础设施补短板“窗口期”。建立支持民间投资政策体系，推动民间投资持续增长。抓好国土空间规划编制。科学编制“十四五”规划，推动重大项目纳入国家和省规划“盘子”。

建设“融湾”大通道。着力构建高快速立体化交通网络。加快“亿吨大港”建设，开工建设博贺新港区东区化工码头及附属设施项目，推进博贺新港区30万吨级航道及原油码头等项目前期工作。建成博贺新港区口岸通关服务中心。完成茂名综合客运枢纽二期建设。全面建设博贺疏港铁路、广湛高铁茂名段。建成云茂高速茂名段，加快沈海高速茂名段改扩建工程，力争开工建设阳春至信宜高速公路。全力推进化州至广西（北流）高速公路建设前期工作。

完善城乡基础设施建设。以基础设施建设为先导，持续扩大有效投资、促进城乡一体发展。高水平编制交通运输“十四五”规划和主城区路网规划，加快推骨干交通项目，完善“东承西接北联”交通体系。推进茂南大道东延线、复兴大道延长线、G228改线（一期）等7条交通干线建设。全面完成53个普通国、省道升级改造工程。建成水东湾大桥。推进中小河流治理、大中型水库除险加固、

海堤达标加固等水利项目建设。全力配合做好环北部湾水资源配置工程前期工作，抓紧粤西水资源配置工程茂名阳江分干线项目建设。加快河西污水厂提标改造等工程建设。推进电网规划建设，年内投产“茂名石化220千伏用户站接入”等9项输变电工程。开工建设粤西天然气主干管网茂名至阳江干线项目。

（三）坚定不移做优城市，聚力建设宜居宜业的品质城市

巩固拓展全国文明城市创建成果。深化文明城市创建，实施“六大攻坚行动”，力争年内获得全国文明城市提名城市。推动创卫工作长效化、常态化，确保成功创建国家卫生城市。推进森林进城围城、乡村绿化美化等重点工程，全力冲刺创建国家森林城市。持续建设好心平安茂名。建成智慧新警务项目，构筑大数据立体化治安防控体系。加强基层派出所建设。坚决打好扫黑除恶专项斗争收官战。深化信访制度改革，加强人民调解工作，努力将矛盾化解在基层。扎实开展“扫黄打非”工作。

优化提升城市品位。坚持人民城市为人民，努力让城市成为百姓宜居宜业的乐园。建成“好心绿道”1号、2号线，横向串起文化广场—春苑公园—新湖公园—小东江，纵向串起石油化工学院—春苑公园—中心广场—人民广场，打造功能多元、富有特色的城市社区生态休闲廊道。提质建设露天矿生态公园，开工建设环湖路改造工程。坚持用绣花精神治理城市，以大数据赋能城市管理，推动城市治理现代化。探索城市执法体制改革，加快城市管理由单一执法向多元共治转变。加强城中村、老旧小区、内街小巷等市容黑点治理。推进生活垃圾分类，高标准建设垃圾分类示范片。加快建设厨余垃圾处理中心。多渠道建设停车场，完成露天矿、人民北生态停车场等项目建设，缓解市区停车难。实施主城区雨污分流工程，提升城市内涝防范能力。推进西城片区水电路等配套设施建设，加快西城崛起。规划建设电白区“四馆一中心”。

繁荣发展城市经济。抓住消费升级机遇期，培育发展更多城市经济新业态、新动能。发展商圈经济、夜间经济，加快建设“钧明城、保利天环、雅居乐乐活心城”等商住项目，推进影剧院片区改造工程，打造城市经济集聚区。以万达广场为中心，构建电白新商圈。发展中介服务、家政服务等生活服务业。举办“食在广东、鲜在茂名”首届茂名美食周，推广茂名餐饮美食和食材品牌。建设运营好“1959文创街、小东江啤酒街”等特色街区，构建布局合理、业态多元的夜间经济格局。抓住外出人口回流、消费下沉和城镇化发展机遇，加快县城区和县域副中心建设。

抓紧共青河新城建设。认真实施共青河新城总体规划，完成道路、管廊、给排水、供电等专项规划，高标准建设“未来之城”。启动奥体中心、奥体大道等项目建设，拉开共青河新城建设新格局。

（四）坚定不移支农强农，聚力打造乡村振兴“茂名样板”

大力发展富民兴村产业。全面落实省现代农业产业园21条政策措施，用好国家和广东省关于设施用地、点状供地支持乡村振兴的政策，破解园区用地难、资金筹措难，做实“1+1+2+6”现代农业新格局。加快中国荔枝博览馆建设。建成世界荔枝种质资源圃，精心发掘、培育和改良荔枝品种，促进荔枝产业提质增效。全力抓好广东荔枝、广东生猪优势产区申报工作。加快发展“一县一园、一镇一业、一村一品”，推进特色农产品品牌创建、品种优化、品质提升及商品化处理，延伸产业链，提升价值链。发展农业产业化联合体，争取每个区（市）培育1个以上产业联合体。抓好生猪复产和肉品质量安全，稳定粮食生产，保障好群众“米袋子”“菜篮子”。支持渔业高质量发展，抓好水产健康养殖示范创建工作。加快垦造水田和拆旧复垦，推进高标准农田建设。

深化农业农村改革。加快涉农资金统筹整合，推动政策性农业保险“扩面、提标、增品”。创新“三农”投融资机制，加快建立农业发展基金。抓好农村承包土地经营权流转，完成茂南、高州农村集体产权制度改革试点任务。推广“三变”改革，盘活农村资产资源。加快城乡冷链物流布局发展，建设以中心镇为单位的物流配送中心、专业批发市场、冷链仓储物流等基础设施。

加快建设美丽乡村。对标三年硬任务精准发力，全域推进“万村整治”，实施“三清一改”清洁行动，推动全市80%以上行政村达到干净整洁标准，示范县、示范镇所有行政村建成美丽宜居村。加快180个贫困村创建新农村示范村，确保60%以上自然村达到美丽宜居标准。加快村级污水处理设施建设，确保全市村庄生活污水治理率45%以上、

自然村雨污分流率80%以上。打造乡村绿化美化示范点128个。加强农村削坡建房综合整治工作。

（五）坚定不移改革开放，聚力培育高质量发展新优势

抓紧行政审批改革。以“数据上云、服务下沉”为主线，推动“数字政府”纵深发展。全面落实“三集中一分开”，减少审批事项体外循环。探索集成审批改革，推动行政审批由单项审批“一项事”向协同审批“一件事”转变。加快实体办事大厅、网上政务平台、移动客户端、自助终端等综合运用，推进审批服务便民化，做到群众办事“马上办、网上办、一次办、一窗办”。深化“证照分离”改革。出台投资项目审批告知承诺制管理办法，公布证明事项清单。尽快完成工程建设项目审批制度改革、不动产登记“一窗受理、并行办理”等关键改革。整治工程项目招投标秩序，推进工程招标“评定分离”改革，严防围标串标。实行水电气外线工程报建“容缺受理”“并联审批”。

大力发展民营经济。贯彻落实中央扶持民营企业“28条”政策和国务院《优化营商环境条例》，营造市场化、法治化营商环境。建立规范化机制化政企沟通渠道，畅通企业家、行业商会协会提出意见诉求通道，针对性解决好影响民营经济发展的用工、用地、用电、审批等问题。多措并举做大政策性融资担保规模，设立“政银保”合作信用贷款促进资金，管好用好中小微企业转贷资金、贷款风险补偿基金；支持广东股权交易中心茂名运营中心发展，鼓励中小企业在区域性股权市场融资，缓解企业融资难。全面落实减税降费政策，降低企业营商成本。加快社会信用体系建设，建成公共信用信息平台。着力稳预期，抓好中小企业账款清欠等关系企业切身利益的工作，做负责任、有担当的人民政府。

深化经济领域改革。政府带头过紧日子，坚决压缩一般性支出，推动财政资金统筹整合、提质增效，与投资、消费、产业等政策形成合力，引导资金投向民生建设、基础设施补短板等领域。坚持节用裕民，把节省的资金用于保工资、保重点、保基本民生。加强地方政府债券管理，确保支出进度和资金效益。推进国有“僵尸企业”出清重组、有序退出。

切实提升创新能力。坚持创新驱动发展，引导全社会加大研发投入。支持有条件的企业申报省级工程中心，鼓励规上工业企业设立研发机构。稳步建设岭南现代农业科学与技术广东实验室茂名分中心。支持“两本四专”高校及省农业科学院茂名分院等驻茂科研院所科技创新和成果转化。全面落实“人才政策20条”。

推动开放融合发展。制定实施《茂名融入粤港澳大湾区建设、对接深圳先行示范区》建设行动方案，立足茂名资源禀赋、比较优势和产业基础，推动茂名加快融入“双区”，实现“湾区带”联动发展。积极探索“双区总部+茂名基地”“双区研发+茂名生产”等发展模式，努力将茂名资源优势转化为竞争优势，在开放融合中发展壮大茂名。用好各地茂名商会及港澳茂名同乡会，为茂名融入“双区”出谋划策、牵线搭桥。推进茂名港口岸博贺新港区开放验收工作，争取早日对外开放。助力企业“走出去”，促进外贸稳中提质，推动出口市场多元化。办好2020年北部湾经合组织第11次成员大会。抓好与黑龙江伊春市对口合作等工作。

（六）坚定不移改善民生，聚力增进人民群众生活福祉

夯实民生基本保障。聚焦群众最急、最忧、最盼的问题，加强普惠性、基础性、兜底性民生建设，坚决落实省十件民生实事。坚持稳就业，实施“十大重点群体职业技能提升工程”，突出抓好高校毕业生、下岗失业人员、退役军人、贫困人员等就业创业。建立落实保障特殊弱势群体权益机制，推动公办社会福利机构综合改革，加强福利院、敬老院、救助站（所）、未成年人救助保护中心等弱势群体保护机构建设，全力保障妇女、儿童、老人、残疾人合法权益，让特殊弱势群体充分感受到社会主义大家庭的温暖。扩大养老供给，引导社会力量参与养老服务，扶持一批专业化社区养老机构。进一步扩大门诊特定病种范围，将高血压、糖尿病等慢性病患者门诊用药纳入医保支付，给予50%报销。推进生育保险和职工基本医疗保险合并实施，全面配合抓好基本医疗保险省级统筹。开展创建双拥模范城（县）工作，完善退役军人服务中心（站）建设，加快建设茂名英烈馆。稳地价、稳房价、稳预期，促进房地产市场平稳健康发展。

做强教育卫生事业。坚持教育优先发展。加快农村义务教育寄宿制学校建设。力争市愉园中学体育馆、市二职学生宿舍楼等11个项目建成投用。

持续提升“两本四专”竞争力，支持广东石油化工学院申硕工作，加快广东茂名农林科技职业学院、幼儿师范专科学校、健康职业学院二期建设，支持茂名职业技术学院、广州科技职业技术大学滨海校区提质建设。弘扬和培育工匠精神，加快全市21所中职（技工）学校建设，为“广东技工”工程夯实基础，在全社会营造技能成才的理念。全面加强校园安全防控工作。推进健康茂名行动，年内推动2个以上区（市）创建“广东省健康促进区（县）”。稳步建设紧密型县域医共体，加快10个县级公立医院升级项目建设，完成村级卫生站标准化建设项目。加强公共卫生体系建设和重大传染病防控工作。强化卫生应急管理。

繁荣发展文体事业。持续打造有情怀、有温度的“好心之城”。深化新时代文明实践中心试点建设，推动创建文明村镇、文明家庭、文明单位。强化“唱响茂名”“好心茂名”文化品牌建设，丰富群众精神文化生活。推动基层公共文化设施提质建设，加快“三馆一站”升级改造。认真落实《茂名市体育人才引进方案》，做好教练员、运动员引进选配工作，积极筹备省运会。同时，全力抓好第七次全国人口普查，推进民族宗教、国防动员、海防管控、优抚安置、外事、侨务、统计、残疾人、红十字等工作。

提升基层治理效能。推动社会治理重心下移、资源下沉，加快基层治理现代化。推进基层治理“三治融合”，完善村级议事协商制度，形成民事民议、民事民管基层协商新格局。坚持发展新时代“枫桥经验”。推广高州市基层司法惠民服务站做法，强化基层法治化治理。制定《加强和完善城乡社区治理实施办法》，培育社区志愿服务组织，健全社区管理服务机制。依法加强网络空间治理，扶持发展市级重点网站，培育健康向上的网络文化。

全力办好十件民生实事。一是提高低保、特困人员、孤儿基本生活及困难残疾人两项补贴保障水平。二是完成“四好农村路”建设任务。三是发展“一村一品、一镇一业”富民兴村产业。四是加强住房保障和污水处理设施及管网建设。五是推进学前教育和义务教育学校扩容提质。六是全力做好食品药品安全监管。七是加快公园绿地和体育场地建设。八是实施北组团城市生活小区改造工程。九是优化完善城市路网结构。十是提升城乡防灾减灾能力。

（七）坚定不移全力攻坚，聚力打赢打好“三大攻坚战”

坚决打赢脱贫攻坚战。咬定2020年总目标，全面完成脱贫任务。严格执行贫困村、贫困人口退出标准和程序，确保稳定实现“两不愁三保障”。抓好返贫人口和新发生贫困人口帮扶。建立稳定脱贫长效机制，力争每个有劳动力的贫困户至少联结一个龙头企业或专业合作社。强化与南宁市、来宾市携手奔小康，在扶贫协作中展现茂名担当、做出茂名贡献。

打好污染防治攻坚战。坚持“绿水青山就是金山银山”发展理念，努力让碧水蓝天成为茂名最鲜亮的底色。持续抓好中央、省环保督察整改落实工作。攻坚小东江、鉴江流域工业及畜禽养殖污染，铁腕推进生活污水处理设施及管网建设，加快彭村湖生态修复，确保小东江石碧及电白森高河、寨头河、关屋河等入海河流国考断面稳定消除劣V类，其他断面稳定达标。发挥河长制湖长制作用，下大力气修复河湖水环境。全面加强高州水库、罗坑水库等饮用水源地生态环境保护。持续推进VOCs污染防治，加强露天焚烧管控和扬尘源治理，确保市区空气质量稳居全省前列。加快土壤污染状况详查。强化固废危废监管和无害化处理，建成循环经济示范中心和绿能环保发电项目。抓紧建设建筑垃圾处置设施。

打好防风险攻坚战。始终强化“一失万无”理念，以滴水不漏的作风防范化解各类风险，为美好生活筑牢安全底线。切实加强政府隐性债务管理。强化互联网金融专项整治，突出打击乱办金融、非法集资。绷紧危化品安全生产之弦，持续深化化工园区和危化品企业安全生产综合整治。加快建设危化品运输车辆停车场。推进消防安全、道路交通、建筑施工等领域风险隐患排查整治，落实重大事故隐患挂牌督办制度。加强应急救援队伍建设，强化应急管理装备技术支撑，提升应急救援和处置能力。

（八）坚定不移廉洁从政，聚力打造忠诚干净担当的干部队伍

毫不动摇加强政治建设。始终保持政治上的清醒和坚定，把学习习近平新时代中国特色社会主义思想作为首要政治任务，在对标学习中铸牢忠诚之魂，确保政府工作始终沿着正确政治方向前进，树牢“四个意识”、坚定“四个自信”、做到“两

个维护”。严守政治纪律和政治规矩，坚决贯彻落实习近平总书记和党中央决策部署，落实省委、省政府和市委工作要求，保证政令畅通、令行禁止。

驰而不息建设法治政府。始终牢记依法行政，强化法治政府示范创建，推进行政机关治理体系和治理能力现代化。全面实施《茂名市人民政府规则》，提高政府运作规范化水平。切实落实政府法律顾问制度，加强政府立法和行政执法监督。完善政府部门内部法律政策审查机构，强化政策举措合法性审查。强化政务公开。自觉接受人大和政协监督，定期向市人大报告工作、向市政协通报情况，全力办好人大代表建议、政协委员提案。

笃定心志弘扬实干精神。始终牢记实干兴茂，坚决带领政府全体同志不忘初心，牢记使命，知重负重，担当作为，竭尽全部智慧和力量，把省委省政府和市委决定的重点工作、重大项目扎扎实实落到实处，办好一批得人心、暖人心、稳人心的民生实事，推动广大干部职工把心思放在工作上、精力放在发展上、时间放在落实上，打造真正担当起历史使命的实干、高效、有为政府。

严以律己坚守廉政底线。始终牢记作风建设永远在路上，自觉扛起全面从严治党主体责任，落实管党治党“一岗双责”，持之以恒落实作风建设各项规定，自觉抵制形形色色的形式主义、官僚主义。深化廉政风险防控，强化审计监督和结果运用，加强对公共资源、公共资金、工程招投标等重点领域监管，坚决整治侵害群众利益的不正之风，以务实清廉作风推动发展落实落细。

各位代表，习近平总书记强调，历史只会眷顾坚定者、奋进者、搏击者，而不会等待犹豫者、懈怠者、畏难者。这个时代属于奋斗者的时代，幸福是奋斗出来的。新的一年，让我们紧密团结在以习近平同志为核心的党中央周围，高举习近平新时代中国特色社会主义思想伟大旗帜，紧紧依靠全市人民，以更加饱满的热情、更加务实的作风，闻鸡起舞，日夜兼程，风雨无阻，为加快建设产业实力雄厚的现代化滨海城市，打造沿海经济带上的新增长极，实现人民对美好生活的向往而努力奋斗！

附件1

2020年市十件民生实事

2020年，市政府按照尽力而为、量力而行的原则，全力办好十件民生实事：

一、提高低保、特困人员、孤儿基本生活及困难残疾人两项补贴保障水平。城镇、农村低保对象最低生活保障人均补差水平，分别从每月554元、251元提高到609元、276元。特困人员基本生活标准达到不低于当地最低生活保障标准的1.6倍。孤儿基本生活最低养育标准集中供养和分散供养水平，分别从每人每月1685元和1025元提高到1820元和1110元。困难残疾人生活补贴、重度残疾人护理补贴标准分别从每人每年1980元、2640元提高到每人每年2100元、2820元。

二、完成“四好农村路”建设任务。全年完成“四好农村路”建设任务2397千米，包括完成等外路改造233千米，砂土路改造903千米，新建通村组硬化路1147千米，通现代农业产业园、旅游景区公路114千米，改造危桥10座。

三、发展“一村一品、一镇一业”富民兴村产业。推动各区（市）统筹省级及中央财政涉农资金，按平均每村100万元，扶持93个村发展农业特色产业；争取新增10个以上省级特色专业镇。市财政安排600万元，扶持40个市级专业村建设，对认定的国家示范镇、省级专业镇按每镇20万元进行奖励。

四、加强住房保障和污水处理设施及管网项目建设。加强困难人群住房保障，开工建设保障性住房1500套以上，发放住房租赁补贴965户。全面完成6个县级以上生活污水处理厂提标改造工程和7个新增县级以上生活污水处理厂项目。完成30个镇级生活污水处理设施项目，新增铺设污水管网70千米。

五、推进学前教育和义务教育学校扩容提质。全面完成学前教育“5080”任务（公办幼儿园在园幼儿数占比达50%以上，公办幼儿园和普惠性民办幼儿园占比达80%以上），加快4000人以下行政村独立公办幼儿园建设。建设市福地小学、市第三幼儿园、茂南第一实验学校、电白区第二幼儿园、华南师范大学电白附属学校，新增优质学位7600个，全面解决城区学校“大班额”问题。

六、全力做好食品药品安全监管。大力推进学校食堂“互联网+明厨亮灶”工程建设，年底实现全市学校食堂“互联网+明厨亮灶”全覆盖。落实食品抽验量“每年每千人5批次”和食用农产品快速检测工作任务，完成食品抽检量3.2万批次和69家农贸市场食用农产品快速检测共26.28万批次任务。开展药品生产企业基本药物抽样检验工作，实现基本药物抽检覆盖率100%。

七、加快公园绿地和体育场地建设。建设站南公园、红旗湖（2号湖景观公园）、石油文化公园、石挞小公园及电白海湾湿地公园等项目，增加公共休闲场所供给。完成新湖公园、春苑公园、江滨公园及电白区御湖公园升级改造工程。建成10个社区体育公园，新建26个足球场地。

八、实施北组团城市生活小区改造工程。年内完成南华小区、石鳌塘小区、文光小区、新福小区、竹园小区、黎岭小区、龙岭小区等7个小区改造工程；动工改造官山小区、雅园小区、祥和小区、桥北小区、桥南小区、沙田小区、宾南小区、新塘小区、站西小区、河西小区等10个小区，重点实施小区破旧人行道铺装、排水管清疏、雨水口改造、矮防护栏安装、加装路灯、摩托车停车位施划等工程。

九、优化完善城市路网结构。年内动工建设东粤路、官山七路、双山八路、官山六路、大园六路、文才路、保利东湾东侧街坊路、福地小区街坊路以及电白区环市路东段、连接高铁站一级公路、开元路、迎春路、体育南路、体育西路等新建道路。年内完成红旗北路、茂南大道（茂名大道-天桥路）、人民南路（站北路-迎宾路）、光华北路（官山路-官渡路）、小东江西堤路（官渡桥-大园桥）、幸福路、滨河一街及电白城区凤凰大道（一期）、海堤路等道路升级改造工程。建成12千米城市社区生态休闲廊道“好心绿道”。

十、提升城乡防灾减灾能力。2020年全市消除地质灾害隐患点35个，其中：信宜市15个、高州市9个、化州市6个、电白区5个。全面推进中小河流治理，完成治理河长300千米。实施化州长湾河水库除险加固、电白共青河拦河闸除险加固等水利工程。建设10条生态宜居美丽移民村。全面铺开碧道建设。

附件2

名词解释

1. 个转企、小升规：指个体工商户升级转变为现代企业；规模以下小型微型企业升级为规模以上企业。其中，规模以上企业指年主营业务收入2000万元及以上的工业企业。

2.“八大提升行动”：指基础设施建设提升行动、环境卫生提升行动、公共秩序提升行动、社区建设提升行动、宣传教育提升行动、志愿服务提升行动、文明校园创建提升行动和文明窗口创建提升行动。

3. “1+1+2+6”：即1个荔枝国家现代农业产业园、1个国家农业科技园、2个国家田园综合体试点、6个省级现代农业产业园。

4. 广东省污染防治攻坚战指挥部“一号令”：省主要领导签发的《关于开展全面攻坚劣Ⅴ类国考断面行动的命令》（简称“一号令”），明确从2018年12月25日至2020年12月31日，以广州市珠江西航道雅岗断面等9个劣Ⅴ类国考断面为重点，开展全面攻坚劣Ⅴ类国考断面专项行动，是广东治水攻坚一项重要举措。

5. 河湖“四乱”整治：指河湖乱占、乱采、乱堆、乱建问题。

6. “散乱污”企业：“散”是指不符合城镇总体规划、土地利用规划、产业布局规划的工业企业；“乱”是指违法违规建设、违规生产经营，以及使用闲置设施农业用房、教育、农房等非工业用房进行非法生产的工业企业；“污”是指违法违规排放、超标排放废水、废气、废渣的工业企业。

7. 粤省事：国内首个集成民生服务微信小程序，也是广东省“数字政府”改革建设的重要成果，用户通过“实人+实名”身份认证核验，即可通办多项民生服务事项。

8. “1369”审批便民服务体系：“1”即坚持一个服务理念，坚持以人民为中心的发展思想，以为企业和群众“办好一件事”为标准；“3”即提升实体大厅、政务服务网、“粤省事”茂名版微信小程序三个服务平台；“6”即创新六种服务模式；“9”即强化九项服务保障。

9. 湾区带联动：指粤港澳大湾区、深圳先行示范区与沿海经济带联动发展。

10.“广东技工”工程：广东省依托技能人才培养优势、产业基础雄厚优势，全面推进实施技能人才培养系列工程，加快建设一支知识型、技能型、创新型广东技工大军，推动经济高质量发展。

11.“粤菜师傅”工程：为助力实施乡村振兴战略，采取职业培训与学制教育相结合模式，大规模开展粤菜师傅职业技能教育培训，提升粤菜烹饪技能人才培养能力和质量，打造“粤菜师傅”文化品牌，提升岭南饮食文化海内外影响力。

12.“南粤家政”工程：指围绕“一老一小”对家政服务迫切需求，以母婴服务、居家服务、养老服务、医疗护理服务等领域为重点，推动广东省家政服务业提质扩容而提出的一项民生工程。

13. 双区驱动：指粤港澳大湾区、深圳建设中国特色社会主义先行示范区给经济社会发展带来的引擎推动效应。

14. 一核一带一区：“一核”指珠三角地区，是引领全省发展的核心区和主引擎；“一带”指沿海经济带，是新时代全省发展的主战场；“一区”指北部生态发展区，是全省重要生态屏障。

15.“1+4+6”工作布局：以加强党的领导和党的建设为根本保证，推进“改革开放、科技创新、乡村振兴、三大攻坚战”四项重大工作，全力实施“沿海经济带建设、现代产业、交通建设、城市发展、社会治理、民生与基本公共服务”六大行动计划。

16.“六稳”举措：2018年7月31日，中央政治局会议提出稳就业、稳金融、稳外贸、稳外资、稳投资、稳预期等工作。

17. 六大攻坚行动：即开展基础设施建设、环境卫生整治、公共秩序治理、公益广告宣传、公共服务优化、市民素质提升等创文六大攻坚行动。

18. 四馆一中心：电白区重点公共基础设施建设项目，分别为区博物馆、图书馆、综合档案馆、规划展览馆和区美术中心。

19.“三变”改革：指“资源变股权、资金变股金、农民变股民”三方面改革。

20. 万村整治：指广东省委2019年印发的《广东省关于深入推进“千村示范、万村整治”工程的行动方案》中，重点部署开展的以“三清三拆三整治”为重点的村庄清洁专项行动。

21. 三清一改：即清理农村生活垃圾、村内塘沟、畜禽养殖粪污等农业生产废弃物，改变影响农村人居环境的不良习惯。

22. 三集中一分开：指市政府工作部门及直属单位内设机构在不新增机构编制的前提下，将所有行政审批职能向一个科室集中、该科室向市行政服务中心集中、行政审批事项向网上办事大厅集中，推行审批权和监管权分开。

23.“证照分离”改革：指对所有涉企经营许可事项按照“直接取消审批、审批改为备案、实行告知承诺、优化审批服务”等4种方式分类推进的一种改革制度。通过采取改革审批方式和加强综合监管，进一步完善市场准入机制，使企业办证更加快速便捷高效。

24. 容缺受理：针对那些具备基本条件、主要申报材料齐全且符合法定条件，但次要条件或手续有欠缺的行政审批事项，职能部门可以“暂时性容忍”办理，办事群众和企业只需在相应时间内补齐相应材料即可。即“手续未齐，申办事项一样办好”。

25. 中央支持民营企业“28条”政策：为进一步激发民营企业活力和创造力，中共中央国务院于2019年12月4日制定《关于营造更好发展环境支持民营企业改革发展的意见》。

26.“僵尸企业”：指已停产、半停产、连年亏损、资不抵债，主要靠政府补贴和银行续贷维持经营的企业。

27. 人才政策20条：2018年印发的《茂名市深化人才发展体制机制改革的实施意见（试行）》中提出的20条人才政策。

28. 两本四专：指广东石油化工学院、广州科技职业技术学院滨海校区2所本科院校和茂名职业技术学院、广东茂名健康职业学院、广东茂名幼儿师范专科学校、广东茂名农林科技职业学院等4所高等专科院校。

29. VOCs：即Volatile Organic Compounds，挥发性有机物。

30.“互联网+明厨亮灶”工程：指利用互联网，推进厨房管理“透明化”，逐步实现餐饮单位食品安全操作环节可视化，便于社会监督。

31. 十大重点群体职业技能提升工程：《广东省职业技能提升行动实施方案（2019—2021年）》中提出实施新生代产业工人培养工程、“粤菜师傅”工程、“南粤家政”工程、企业学徒培养工程、企业职工转岗转业培训工程、农村劳动力精准培训工程、退役军人职业技能培训工程、城乡未继续升学初高中毕业生教育培训工程、安全技能提升工程和残疾人职业技能提升工程。

32. 三馆一站：指文化馆、图书馆、博物馆和基层镇级文化站。

33. 基层治理“三治融合”：党的十九届四中全会《决定》提出，健全党组织领导的自治、法治、德治相结合的城乡基层治理体系。

（市政府办公室）

文件目录

中共茂名市委2019年印发的文件目录选

2019年茂名市委文件目录

序号	文件名称	发布文号
1	中共茂名市委 茂名市人民政府关于印发《茂名市机构改革方案》的通知	茂发〔2019〕1号
2	中共茂名市委 茂名市人民政府关于深化体制机制改革加快高新区高质量发展的意见（试行）	茂发〔2019〕3号
3	中共茂名市委关于建立市政府向市人大常委会报告国有资产管理情况制度的意见	茂发〔2019〕4号
4	中共茂名市委关于印发《中共茂名市委巡察工作实施意见》的通知	茂发〔2019〕5号
5	中共茂名市委、茂名市人民政府印发《关于开展质量提升行动的实施方案》的通知	茂发〔2019〕8号
6	中共茂名市委关于印发《2019—2023年茂名市干部教育培训规划》的通知	茂发〔2019〕11号
7	中共茂名市委关于设立和撤销市直部分单位党组的通知	茂委〔2019〕7号
8	中共茂名市委关于成立中共茂名市委教育工作领导小组的通知	茂委〔2019〕50号
9	中共茂名市委关于成立市委“不忘初心、牢记使命”主题教育领导小组的通知	茂委〔2019〕52号
10	中共茂名市委办公室、茂名市人民政府办公室印发《关于进一步引导和鼓励高校毕业生到基层工作的实施意见》的通知	茂办发〔2019〕56号
11	中共茂名市委办公室印发《关于加强我市立法工作队伍建设的实施意见》的通知	茂办发〔2019〕60号
12	中共茂名市委办公室 茂名市人民政府办公室印发《关于深化市级预算编制执行监督管理改革的意见》的通知	茂办发〔2019〕61号
13	中共茂名市委办公室 茂名市人民政府办公室关于坚决打好污染防治攻坚战的通知	茂办发〔2019〕62号
14	中共茂名市委办公室、茂名市人民政府办公室关于印发《茂名市贯彻落实中央环境保护督察“回头看”及固体废物环境问题专项督察反馈意见暨省级环境保护督察反馈意见整改方案》的通知	茂办发〔2019〕67号
15	中共茂名市委办公室关于建立茂名市红色革命遗址保护利用联席会议制度的通知	茂委办〔2019〕9号
16	中共茂名市委办公室 茂名市人民政府办公室关于印发《茂名市公办社会福利机构综合改革实施方案》的通知	茂委办〔2019〕14号

（市委办公室）

茂名市人民政府2019年印发的文件目录选

序号	文件标题	发文字号	公开方式
1	关于印发《茂名市出租汽车经营服务管理实施细则》的通知	茂府规〔2019〕3号	主动公开
2	关于印发《茂名市医疗废物管理办法》的通知	茂府规〔2019〕4号	主动公开
3	关于印发《茂名市城市建筑垃圾管理办法》的通知	茂府〔2019〕5号	主动公开
4	关于印发《茂名市政务服务投诉处理暂行办法》的通知	茂府规〔2019〕8号	主动公开
5	关于印发《茂名市贯彻落实〈广东省残疾儿童康复救助实施办法〉的实施意见》的通知	茂府规〔2019〕9号	主动公开
6	关于修改《茂名市区“三旧”改造项目管理办法（试行）》的决定	茂府规〔2019〕11号	主动公开
7	关于划定茂名市第一阶段禁止使用高排放非道路移动机械区域的通告	茂府规〔2019〕12号	主动公开
9	关于推动“数字政府”与政务服务改革创新融合发展的情况报告	茂府〔2019〕8号	依申请公开
10	关于印发《茂名市打赢蓝天保卫战实施方案（2019—2020年）》的通知	茂府〔2019〕20号	主动公开
11	关于印发《茂名市全面开展工程建设项目审批制度改革实施方案》的通知	茂府〔2019〕27号	主动公开
12	关于印发《茂名市人民政府工作规则》的通知	茂府〔2019〕42号	主动公开
13	关于印发《茂名市加快新能源汽车产业创新发展实施方案》的通知	茂府办〔2019〕1号	主动公开
14	关于印发《茂名市高质量发展综合绩效评价体系（试行）》的通知	茂府办〔2019〕9号	依申请公开
15	关于印发《茂名市中心城区防洪排涝应急工作方案》的通知	茂府办〔2019〕11号	主动公开
16	关于修订印发《茂名口岸突发公共卫生事件联防联控应急处置协作机制》的通知	茂府办〔2019〕12号	依申请公开
17	关于印发《茂名市构建“1369”审批便民服务体系实施方案》的通知	茂府办〔2019〕13号	主动公开
18	关于印发《茂名市促进学前教育普惠健康发展行动方案》和《茂名市推动义务教育优质均衡发展行动方案》的通知	茂府办〔2019〕14号	主动公开
19	关于印发《茂名市进一步繁荣城区夜间经济促进消费增长实施方案（2019—2021年）》的通知	茂府办〔2019〕23号	主动公开
20	关于印发《茂名市职业技能提升行动实施方案（2019—2021年）》的通知	茂府办〔2019〕25号	主动公开
21	关于印发《茂名市道路危险货物运输安全整治方案》的通知	茂府办函〔2019〕26号	依申请公开
22	关于印发《茂名市高速公路违法广告标牌设施专项整治工作方案》的通知	茂府办函〔2019〕30号	依申请公开
23	关于印发《茂名港总体规划（2017—2035年）》的通知	茂府办函〔2019〕141号	依申请公开
24	关于印发《茂名市2019年春运工作方案》的通知	茂府办明电〔2019〕1号	主动公开
25	关于组织2019年防空警报试鸣及城市人口疏散演练的通知	茂府办明电〔2019〕6号	主动公开

（市政府办公室）

茂名市人民政府制定、修改、废止的规范性文件目录

2019年度市政府规章目录清单

序号	文件名称	文件号	备注
1	城市道路管理规定	茂名市人民政府令第3号	

2019年度市政府规范性文件目录清单

序号	文件名称	文件号	备注
1	茂名市区“三旧”改造补缴土地价款办法（试行）	茂府规〔2019〕1号	
2	茂名市区“三旧”改造项目管理办法（试行）	茂府规〔2019〕2号	已修改
3	茂名市出租汽车经营服务管理实施细则	茂府规〔2019〕3号	已修改
4	茂名市医疗废物管理办法	茂府规〔2019〕4号	
5	茂名市城市建筑垃圾管理办法	茂府规〔2019〕5号	
6	茂名市城市规划区闲置土地处置办法实施细则	茂府规〔2019〕6号	
7	茂名市人民政府关于修改《茂名市出租汽车经营服务管理实施细则》的决定	茂府规〔2019〕7号	此文件为对“茂府规〔2019〕3号”的修改
8	茂名市政务服务投诉处理暂行办法	茂府规〔2019〕8号	
9	茂名市贯彻落实《广东省残疾儿童康复救助实施办法》的实施意见	茂府规〔2019〕9号	
10	茂名市城乡居民大病保险实施办法	茂府规〔2019〕10号	
11	关于修改《茂名市区“三旧”改造项目管理办法（试行）》的决定	茂府规〔2019〕11号	此文件为对“茂府规〔2019〕2号”的修改
12	关于划定茂名市第一阶段禁止使用高排放非道路移动机械区域的通告	茂府规〔2019〕12号	

2019年度市政府规范性文件废止目录清单

序号	文件名称	文件号	备注
1	《关于印发〈茂名市“三旧”改造国有划拨土地使用权协议出让实施细则〉的通知》	茂府办〔2010〕42号	
2	《关于印发〈茂名市“三旧”改造非划拨国有建设用地协议出让实施细则〉的通知》	茂府办〔2010〕43号	
3	《茂名市区“三旧”改造若干问题的补充规定》	茂府办〔2011〕22号	部分废止
4	《关于修订〈茂名市区“三旧”改造若干问题的补充规定〉的通知》	茂府办〔2012〕53号	

（市司法局）

统计资料

2019年茂名市国民经济和社会发展统计公报

茂名市统计局 国家统计局茂名调查队

2020年3月30日

2019年，茂名以习近平新时代中国特色社会主义思想为指导，全面贯彻党的十九大和十九届二中、三中、四中全会精神，深入贯彻习近平总书记对广东重要讲话和重要指示批示精神，坚持稳中求进工作总基调，坚持新发展理念和推动高质量发展，认真落实省委“1+1+9”工作部署，扎实推进市委“1+4+6”（以加强党的领导和党的建设为根本保证，推进“改革开放、科技创新、乡村振兴、三大攻坚战”四项重大工作，全力实施“沿海经济带建设、现代产业、交通建设、城市发展、社会治理、民生与基本公共服务”六大行动计划。）工作布局，统筹做好稳增长、促改革、调结构、惠民生、防风险、保稳定，奋力建设产业实力雄厚的现代化滨海城市、打造沿海经济带上的新增长极，经济和社会发展迈上新台阶。

一、综合

至2019年年底，全市常住人口641.15万人，比上年增加9.83万人，其中城镇常住人口287.30万人，占常住人口的比重（常住人口城镇化率）为44.81%，比上年末提高1.81个百分点。年末全市户籍人口817.71万人，比上年增加7.16万人。全年出生人口11.47万人，出生率13.98‰；死亡人口2.95万人，死亡率3.60‰；自然增长人口8.52万人，自然增长率10.38‰。

表1 2019年年末常住人口及构成

指标	年末常住人口（万人）	比重（%）
常住人口	641.15	100.00
其中：城镇	287.30	44.81
乡村	353.85	55.19

经广东省统计局统一核算，2019年全市实现地区生产总值（初步核算数）3252.34亿元，比上年增长4.3%。人均地区生产总值51119元，增长2.6%。

2019年，第一产业增加值581.60亿元，增长3.6%，对地区生产总值增长的贡献率12.5%；第二产业增加值1124.89亿元，增长2.5%，对地区生产总值增长的贡献率20.7%；第三产业增加值1545.86亿元，增长5.9%，对地区生产总值增长的贡献率66.7%。三次产业结构比重为17.9：34.6：47.5。

图1 2019年三次产业增加值及结构比重

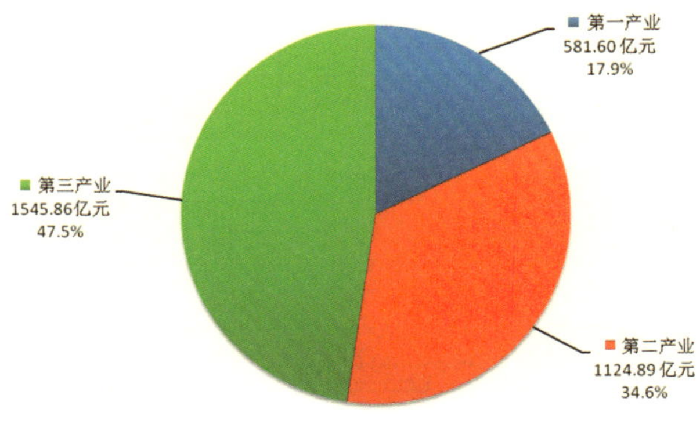

全年地方一般公共预算收入139.88亿元，比上年增长2.8%。其中，税收收入73.75亿元，下降12.4%。全年地方一般公共预算支出457.63亿元，增

长8.1%。其中，教育支出124.71亿元，增长0.7%；卫生健康支出58.02亿元，增长11.4%；社会保障和就业支出73.83亿元，增长14.1%。民生类支出379.72亿元，增长6.6%，占一般公共预算支出比重为83.0%。

全年城镇新增就业6.01万人，就业困难人员实现就业0.22万人。年末城镇实有登记失业人员3.2万人，城镇登记失业率2.44%，与上年持平。

全年居民消费价格比上年上涨3.9%。分类别看，食品烟酒类价格上涨9.2%，衣着类价格上涨9.0%，居住类价格下降0.8%，生活用品及服务类价格上涨1.5%，交通和通信类价格下降2.4%，教育文化和娱乐类价格上涨2.5%，医疗保健类价格上涨5.3%，其他用品和服务类价格上涨2.4%。

图2　2019年居民消费价格月度涨跌幅度

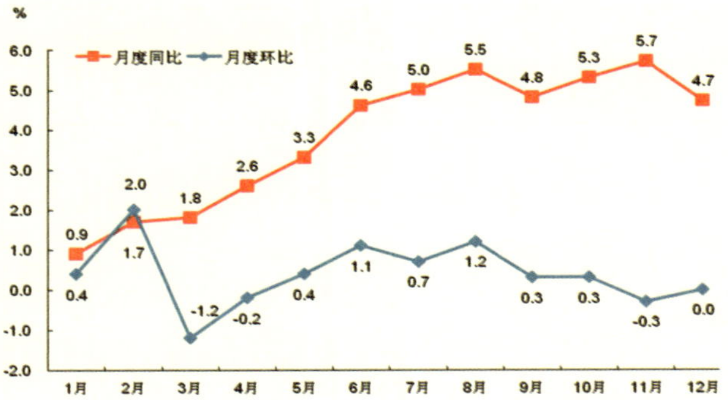

表2　2019年居民消费价格比上年涨跌幅度

指标	价格指数（上年=100）	比上年涨跌幅度（百分点）
居民消费价格	103.9	3.9
食品烟酒	109.2	9.2
其中：粮食	97.7	–2.3
鲜菜	102.9	2.9
畜肉	141.5	41.5
水产品	104.4	4.4
蛋	106.8	6.8
鲜果	110.6	10.6
衣着	109.0	9.0
居住	99.2	–0.8
生活用品及服务	101.5	1.5
交通和通信	97.6	–2.4

续表

指标	价格指数（上年=100）	比上年涨跌幅度（百分点）
教育文化和娱乐	102.5	2.5
医疗保健	105.3	5.3
其他用品和服务	102.4	2.4

工业生产者出厂价格比上年下降2.4%。其中，轻工业上涨0.4%，重工业下降3.4%。32个大类行业“18升14降”，其中石油、煤炭及其他燃料加工业下降4.4%，化学原料和化学制品制造业下降3.4%，农副食品加工业上涨1.6%，非金属矿物制品业下降6.5%，电力、热力生产和供应业下降0.1%，木材加工和木、竹、藤、棕、草制品业下降5.7%，非金属矿采选业上涨4.6%，皮革、毛皮、羽毛及其制品和制鞋业上涨2.0%，橡胶和塑料制品业上涨0.4%，文教、工美、体育和娱乐用品制造业上涨4.1%。

二、农业

全年粮食作物播种面积24.7万公顷，与上年持平；糖蔗种植面积6340公顷，增长2.4%；油料种植面积4.51万公顷，增长2.5%；蔬菜种植面积11.72万公顷，增长4.2%；水果种植面积23.95万公顷，增长2.4%，其中，荔枝面积9.04万公顷、龙眼面积5.22万公顷，均下降0.2%；中草药种植面积1.15万公顷，增长6.3%。

年末农业机械总动力208.25万千瓦，比上年增长2.0%。

全年粮食产量150.16万吨，比上年增长4.1%；糖蔗产量47.61万吨，增长2.6%；油料产量14.93万

图3　2014—2019年粮食产量及其增长速度

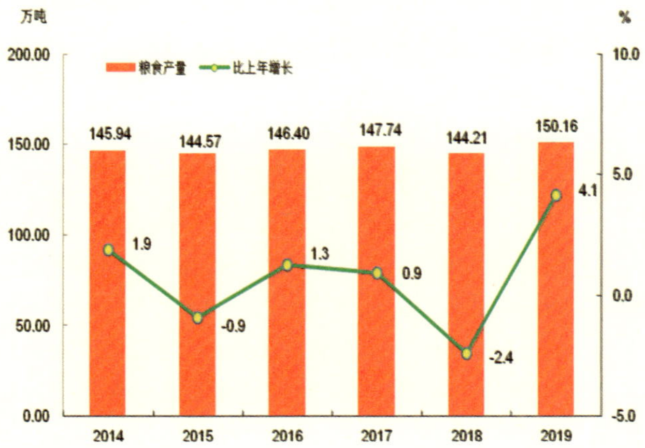

吨，增长4.3%；蔬菜产量336.38万吨，增长7.0%；水果产量395.77万吨，增长6.1%，其中，荔枝产量43.82万吨、下降25.1%，龙眼产量45.46万吨、下降2.4%，香蕉产量174.34万吨、增长11.6%，李子产量27.38万吨，增长3.0%。

全年肉类总产量71.18万吨，比上年下降7.2%。出栏肉猪521.85万头，下降25.4%；出栏家禽20941.31万只，增长22.7%。水产品总产量92.21万吨，增长2.5%。其中海产品产量60.16万吨，增长1.1%；淡水产品产量32.05万吨，增长5.1%。

全年木材产量36.30万立方米，比上年增长6.8%。

三、工业和建筑业

全年全部工业增加值比上年增长2.8%。规模以上工业增加值增长0.5%，分隶属关系看，中央省属企业增长2.9%，地方企业下降2.8%；分企业类型看，大型企业增长1.7%，中型企业增长30.4%，小微企业下降7.7%；分行业看，其中石油加工炼焦及核燃料加工业增长6.7%，化学原料及化学制品制造业下降3.6%，农副食品加工业下降23.7%，非金属矿物制品业增长9.7%。全年规模以上工业经济效益综合指数546.07%，全员劳动生产率61.19万元/人年，产品销售率99.45%，主营业务收入下降3.3%。

图4　2014—2019年规上工业增加值增长速度

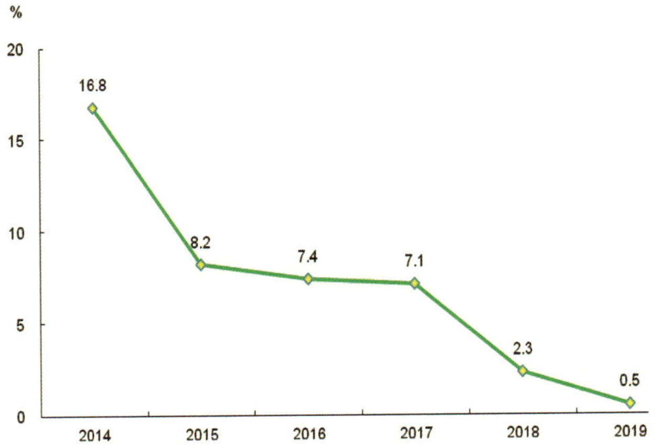

表3　2019年全市规模以上工业主要产品产量

产品名称	计量单位	产量	比上年增（%）
铁矿石原矿量	万吨	12.80	-25.9
发电量	亿千瓦时	67.07	-1.6
成品糖	万吨	8.07	13.1
服装	万件	2191.30	25.1
家具	万件	65.80	-20.8
人造板	万立方米	68.49	-11.1
原油加工量	万吨	1990.59	4.4
汽油	万吨	438.27	3.7
润滑油	万吨	16.54	2.5
柴油	万吨	433.79	5.0
液化石油气	万吨	274.76	68.5
化肥（折纯）	万吨	0.49	7.0
乙烯	万吨	118.20	-0.7
纯苯	万吨	34.21	7.5
初级形态塑料	万吨	179.70	0.3
合成橡胶	万吨	17.62	0.6
塑料制品	万吨	17.26	10.1
水泥	万吨	271.54	7.0
钢材	万吨	11.83	-12.6

全年全社会建筑业完成总产值938.44亿元，实现增加值304.36亿元，比上年增长1.3%。全市具有资质等级的总承包和专业分包建筑业企业206个，比上年增加11个。其中，特级企业2家，一级建筑业企业25家，二级建筑业企业77家，三级及以下102家。签订施工合同额1812.71亿元，增长21.2%；其中，本年新签1163.02亿元，增长4.0%。完成施工产值915.85亿元，增长10.7%，竣工产值575.42亿元，增长20.8%。年末就业人员17.41万人，增长6.0%。

四、服务业

全年批发和零售业增加值449.42亿元，比上年增长1.9%，交通运输、仓储和邮政业增加值118.72亿元，增长7.3%，住宿和餐饮业增加值55.75亿元，增长2.5%，金融业增加值97.63亿元，增长9.3%，房地产业增加值199.89亿元，增长1.5%。现代服务业增加值733.50亿元，增长5.9%。生产性服务业增加值551.59亿元，下降8.1%。

全年规模以上服务业企业实现营业收入213.11亿元，比上年增长21.1%；利润总额12.30亿元，增长10.9%。分行业看，信息传输、软件和信息技术服务业营业收入增长3.3%，水利、环境和公共设施管理业增长1.2%，科学研究和技术服务业增长86.7%，卫生和社会工作下降6.1%，租赁和商务服务业增长16.2%，居民服务、修理和其他服务业增长16.7%，交通运输、仓储和邮政业增长29.3%。

全年完成公路客运量6721万人，比上年增长1.3%，旅客周转量63.21亿人千米，增长1.6%；货运量1.17亿吨，增长10.0%，货物周转量206.45亿吨千米，增长10.6%。完成水路客运量32万人，增长34.4%，水路旅客周转量568万人千米，增长29.7%；水路货运量764万吨，增长12.0%，水路货物周转量77.07亿吨千米，下降4.3%。港口货物吞吐量2508万吨，下降1.1%。

年末公路通车里程17705.38千米，其中，高速公路里程361.70千米。年末全市民用汽车保有量71.80万辆，比上年末增长16.7%，其中，私人汽车68.36万辆，增长17.1%。民用轿车保有量46.37万辆，增长18.0%，其中，私人轿车45.42万辆，增长18.3%。

全年完成邮电业务总量357.29亿元，比上年增长58.3%。其中，邮政业务总量15.99亿元，增长23.8%；快递业务量3820.53万件，增长23.8%；快递业务收入13.28亿元，增长13.0%；电信业务总量341.30亿元，增长60.4%。年末电话总用户600.57万户，比上年末增长7.2%。其中，固定电话用户55.0万户，下降0.4%；移动电话用户545.57万户，增长8.0%。年末4G用户452.49万户，全年净增40万户，占移动电话用户比重达82.9%。年末移动互联网用户452.58万户，增长6.0%。

五、固定资产投资

全年固定资产投资比上年下降7.1%。分产业看，第一产业投资比上年下降45.9%；第二产业投资下降6.4%；第三产业投资下降6.0%。民间投资下降15.4%，占固定资产投资的比重为62.6%。工业投资下降5.6%，占固定资产投资的比重为23.3%。基础设施投资增长7.9%，占固定资产投资的比重为37.3%，其中，电力、热力生产和供应业投资增长62.5%，道路运输业投资增长4.2%，生态保护和环境治理业投资下降4.1%。

全年房地产开发投资下降1.0%。其中商品住宅开发投资下降1.8%；办公楼投资下降71.5%；商业营业用房投资增长2.8%。商品房施工面积增长12.8%，竣工面积增长8.7%，销售面积下降14.9%。

六、国内贸易

全年社会消费品零售总额1667.36亿元，比上年增长8.2%。分地域看，城镇消费品零售额1184.33亿元，增长8.0%；乡村消费品零售额483.03亿元，增长8.7%。分行业看，商品零售1526.76亿元，增长8.3%；餐饮收入140.60亿元，增长6.9%。

图5　2014—2019年社会消费品零售总额及其增长速度

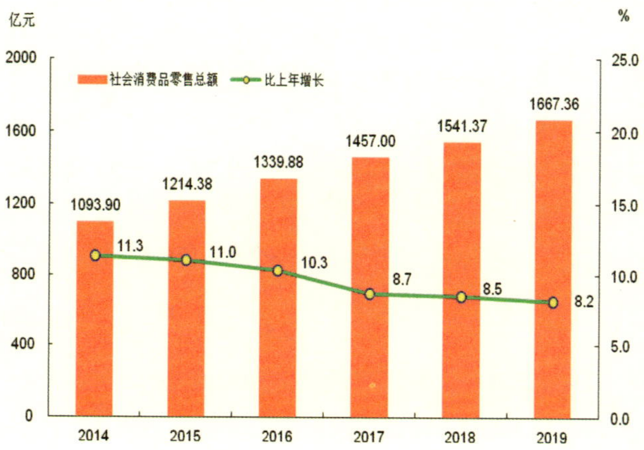

在限额以上批发和零售业商品零售额中，粮油、食品、饮料、烟酒类比上年增长2.1%，服装、鞋帽、针纺织品类下降1.7%，化妆品类增长17.2%，金银珠宝类增长11.3%，日用品类增长8.6%，体育、娱乐用品类增长16.6%，书报杂志类增长46.7%，家用电器和音像器材类下降3.0%，中西药品类增长19.3%，文化办公用品类增长5.4%，通信器材类下降9.9%，汽车类增长7.1%，建筑及装潢材料类增长26.9%，石油及制品类下降2.3%。从限额以上零售业业态看，限额以上单位无店铺零售业态零售额增长35.9%。

七、对外经济

全年进出口总额196.4亿元，比上年增长29.4%。其中，出口170.6亿元，增长34.0%；进口25.8亿元，增长5.7%。进出口差额（出口减进口）144.8亿元，比上年增长40.7%。

表4 2019年进出口总额及其增长速度

指标	2019年	增长%
进出口总额（亿元）	196.4	29.4
出口额	170.6	34.0
其中：一般贸易	163.8	60.0
加工贸易	5.5	5.8
其中：机电产品	56.9	-26.2
高新技术产品	3.3	32.0
其中：国有企业	0.03	-62.5
外商投资企业	10.5	-5.4
其他企业	160.1	37.9
进口额	25.8	5.7
其中：一般贸易	19.0	4.4
加工贸易	4.2	2.4
其中：机电产品	0.6	50.0
高新技术产品	0.3	0.0
其中：国有企业	0.03	-72.7
外商投资企业	4.6	2.2
其他企业	21.2	7.1
进出口差额（出口减进口）	144.8	40.7

表5 2019年主要国家和地区货物进出口总额及其增长速度

国家和地区	出口额（亿元）	比上年增长（%）	进口额（亿元）	比上年增长（%）
欧盟	59.4	17.5	1.2	37.9
东盟	44.2	42.3	11.3	-16.5
美国	26.8	1.1	0.4	-42.3
澳门地区	5.8	106.5		
香港地区	5.5	2.8	0.03	-89.4
俄罗斯	3.0	-0.7	0.003	-31.0
韩国	2.4	-5.6	0.7	30.0
日本	2.2	-9.3	1.1	68.6
中国台湾	1.2	-16.9	0.6	-62.3

全年新签外商直接投资项目37个，比上年下降91.4%；合同外资金额4.87亿元，下降79.4%。实际利用外资金额1.73亿元，增长5.7%。

八、金融

至2019年年底，全市银行业金融机构本外币各项存款余额3012.91亿元，比上年末增长10.6%；各项贷款余额1582.35亿元，增长19.3%。年末全市农村合作机构本外币存款余额835.56亿元，比上年末增长8.8%；各项贷款余额384.02亿元，增长10.8%。银行业金融机构本年利润（税后）37.79亿元，比上年增长5.3%。年末银行业金融机构不良贷款率为0.94%，上升0.02个百分点。

表6 2019年末金融机构本外币存贷款及其增长速度

指标	绝对数（亿元）	比上年末增长（%）
各项存款余额	3012.91	10.6
其中：住户存款	1996.80	10.1
非金融企业存款	314.54	10.0
各项贷款余额	1582.35	19.3
其中：住户贷款	988.38	24.3
非金融企业及机关团体贷款	593.09	11.8

图6 2014—2019年本外币住户存款余额及其增长速度

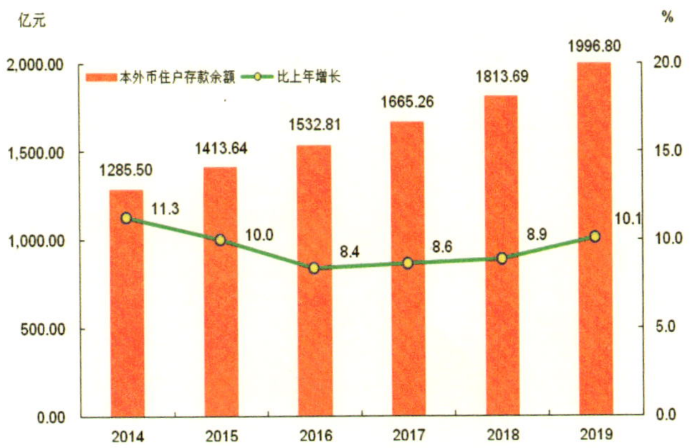

全年实现保费收入93.28亿元，比上年增长18.9%。其中，寿险业务保费收入51.18亿元，增长15.5%；财产险业务保费收入24.49亿元，增长9.2%；健康险和意外伤害险业务保费收入17.61亿

元，增长50.5%。全年支付各项赔款和给付26.51亿元，增长1.5%。其中，寿险业务赔付支出6.71亿元，下降36.4%；财产险业务赔款支出12.49亿元，增长12.8%；健康险和意外伤害险赔付支出7.31亿元，增长62.8%。

九、人民生活和社会保障

全年全市居民人均可支配收入23179元，比上年增长8.6%。按常住地分，城镇居民人均可支配收入29405元，增长8.3%；农村居民人均可支配收入18482元，增长9.0%。城乡居民人均可支配收入之比为1.59，比上年下降0.01。

全年全市居民人均消费支出16517元，比上年增长7.0%。按常住地分，城镇居民人均消费支出19256元，增长6.8%；农村居民人均消费支出14451元，增长7.1%。全市居民恩格尔系数为39.2%，比上年下降0.3个百分点；其中城镇为37.2%，下降0.2个百分点；农村为41.3%，下降0.3个百分点。全市城镇居民人均住房建筑面积37.56平方米，比上年增长2.5%；农村居民人均住房建筑面积48.50平方米，增长1.9%。

图7 2014-2019年全市居民人均可支配收入及其增长速度

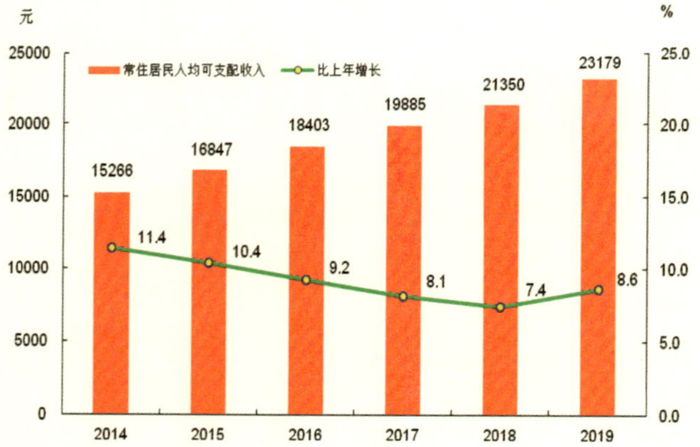

图8 2019年全市居民人均消费支出及其构成

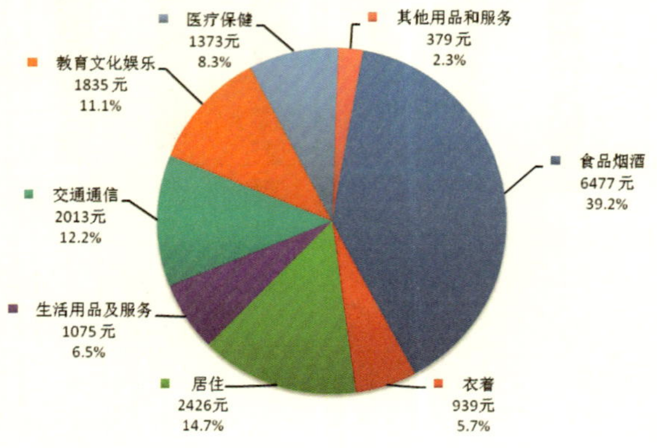

至2019年年底，全市参加基本养老保险（含离退休）341.36万人，比上年末下降6.0%。参加城镇职工基本养老保险78.37万人。参加城乡居民基本养老保险人数262.99万人，增长1.0%。参加基本医疗保险652.75万人，增长0.8%。其中，参加职工基本医疗保险51.22万人，增长4.4%；参加城乡居民基本医疗保险601.53万人，增长0.5%。参加工伤保险35.38万人，增长1.2%。参加失业保险31.46万人，增长8.9%。参加生育保险34.01万人，增长6.9%。

全年全市养老、失业、工伤保险基金总收入149.48亿元，比上年增长67.3%，年末累计结余19.98亿元，比上年末增长76.5%。全年全市基本医疗和生育保险基金总收入69.28亿元，比上年增长11.0%；年末累计结余62.25亿元，比上年末增长2.7%。年末城镇低保人数1.37万人，农村低保人数12.61万人。全年城镇职工领取失业保险金人数0.33万人，比上年下降2.1%。

至2019年年底，各类提供住宿的社会服务机构床位4.11万张。全市有各类社会福利院6所，集中供养孤儿652人；敬老院105所，集中供养老人1172人。全市共有5.22万户家庭、13.99万人享受最低生活保障，发放最低生活保障费4.80亿元。农村五保供养对象2.75万人，集中供养和分散供养水平都达到年人均11321元。全市养老床位4.00万张；其中，民办养老机构拥有床位0.86万张。全市共发行福利彩票4.47亿元，筹集福利彩票公益金0.47亿元。

十、教育和科学技术

茂名市有普通高等教育院校6所，招生2.11万人，比上年增长40.6%；在校学生5.9万人，增长28.8%；毕业生1.22万人，增长3.2%。中等职业学校17所，招生2.29万人，增长0.1%；在校学生6.13万人，增长8.9%，毕业生1.56万人，增长4.5%。技工学校6所，招生1.32万人，增长16.5%；在校学生3.41万人，增长6.5%；毕业生1.15万人，增长46.8%。

普通高中招生5.37万人，比上年增长5.2%，在校学生15.67万人，下降3.8%，毕业生5.94万人，增长0.3%。普通初中招生9.76万人，增长4.3%，在校学生28.14万人，增长1.5%，毕业生9.18万人，增长0.1%。小学招生12.85万人，增长6.9%，在校学生67.94万人，增长5.0%，毕业生9.59万人，增长3.6%。学前教育招生17.27万人，下降16.2%，在校学生33.48万人，增长7.1%，毕业生12.70万人，下降

8.0%。特殊教育学校招生394人，增长8.8%，在校学生1698人，增长17.8%，毕业生203人，下降11.4%。

全年组织申报国家、省级各类科技项目124项，比上年增长21.6%。全市专利申请量4911件，下降13.3%；其中，发明专利申请851件，增长8.1%。全年专利授权总量2506件，下降3.3%；其中，发明专利授权量94件，下降22.3%。全年《专利合作条约》(PCT)国际专利申请量17件，增长41.7%。全年有效发明专利654件，增长13.7%。每万人口发明专利拥有量1.02件，增长9.7%。全年经各级科技行政部门登记技术合同55项，技术合同成交额2461万元。全市高新技术企业146家，比上年增长8.1%。

十一、文化、旅游、卫生和体育

至2019年年底，茂名市有各类专业艺术表演团体77个，演出6416场次；群众艺术馆、文化馆6个，组织文艺表演活动179次；县级以上博物馆7个；文化站109个。全市有县级以上公共图书馆7个，总藏量500.90万册（件），其中图书231.62万册。全年读者总流通人次405.25万人次。全市现有广播电视台5座，中波发射台1座，调频转播发射台8座，电视转播发射台7座，有线广播电视总用户数32.59万户，广播和电视人口综合覆盖率均达到100%。

全年全市住宿设施接待过夜游客1551.29万人次，比上年增长10.9%。其中，入境游客5.47万人次，增长9.4%；国内游客1545.81万人次，增长10.9%。旅行社组织境内游34.08万人次，出境游1.90万人次。旅游总收入476.09亿元，增长11.8%。其中，旅游外汇收入3338.43万美元，增长18.6%。星级酒店客房出租率67.2%。

全市有各类医疗卫生机构4127个（含村卫生室），其中，医院76个、卫生院99个，社区卫生服务机构58个，妇幼保健机构5个，专科疾病防治机构5个，疾病预防控制中心6个，卫生监督机构6个，村卫生室3463个。拥有各类卫生技术人员3.40万人，比上年下降3.3%；其中，执业医师和执业助理医师1.33万人，注册护士1.55万人。拥有医疗床位3.65万张，其中医院2.25万张。全市乡镇卫生院拥有卫生技术人员0.88万人，床位1.05万张。疾病预防控制中心拥有卫生技术人员629人，卫生监督机构拥有卫生技术人员99人。甲、乙类传染病发病总数2.03万例，死亡130人，发病率321.34/10万，死亡率2.06/10万。农村自来水普及率91.4%，比上年提高6.0个百分点。

全市体育健儿在参加全省及以上体育比赛中，共获得金牌22枚、银牌25枚、铜牌45枚。其中，在全国体育比赛中，共获得金牌5枚、银牌4枚、铜牌5枚。

十二、资源、环境和安全生产

全年水资源总量114.35亿立方米，比上年下降6.6%。年平均降水量1633.9毫米，下降11.7%。年末全市大型水库蓄水总量7.68亿立方米，下降9.5%。

全年规模以上工业综合能源消费量1071.54万吨标准煤，比上年下降1.7%。单位工业增加值能耗下降2.17%。全社会用电量123.61亿千瓦时，增长7.3%。其中，工业用电量64.74亿千瓦时，增长2.5%。

全市共有18个水质监控断面，Ⅰ－Ⅱ类水质的断面比例33.3%，Ⅲ类水质的断面比例55.5%，Ⅳ类水质的断面比例11.2%，Ⅴ类水质、超过Ⅴ类水质的断面比例均为0。近岸海域17个海水质量监测点，达到一、二类海水水质标准的占76.5%，三类海水占5.9%，四类、劣四类海水占17.6%。

全市平均雾霾天气日数10.2天，比上年少1.2天；全年日照时数1813.2小时，比上年少5.6小时。二氧化硫（SO_2）、二氧化氮（NO_2）、可吸入颗粒物（PM_{10}）、细颗粒物（$PM_{2.5}$）、分别为10微克/立方米、14微克/立方米、45微克/立方米、25微克/立方米，年均值分别达到《环境空气质量标准》一级、一级、二级、二级标准。臭氧（O_3日最大8小时均值第90百分位数）、一氧化碳（CO日均值第95百分位数）年平均浓度分别为150微克/立方米、1.1微克/立方米。城市空气质量达到二级以上天数比例92.6%，比上年下降4.1个百分点。全市建成城市（县城）生活污水处理厂13座，污水日处理能力达46.75万吨。城市生活垃圾无害化处理率100%。

全年农作物受灾面积10.82千公顷，损失1114万元。发生地质灾害2起，无人员伤亡，造成经济损失0.03万元。

全年完成人工造林459公顷，当年新封山育林4880公顷，退化林修复6093公顷，人工更新2883公顷，中幼林抚育21094公顷。全市森林覆盖率达55.8%。全市国家级自然保护区1个，国家级自然保护区面积12511公顷；国家矿山公园1个，面积1007公顷。

全年发生生产安全事故117起，死亡82人，受伤88人，直接经济损失445.47万元。亿元地区生产总值生产安全事故死亡人数0.025人，比上年下降85.7%。全年发生道路交通事故641起，比上年下降1.2%；死亡218人，下降5.2%；受伤480人，下降25.9%；直接经济损失177.2万元，增长10.6%。道路交通万车死亡人数1.21人。其中，生产经营性交通事故90起，下降39.6%；死亡56人，下降13.8%；受伤81人，下降50.3%；直接经济损失169.97万元，下降38.5%。

注：

1. 本公报中2019年数据为初步统计数。

2. 从2011年起，规模以上工业统计口径由500万元调整为2000万元及以上；固定资产投资项目统计起点由计划总投资50万元提高到500万元，增速为可比口径。限额以上批发和零售业统计标准为：批发业年主营业务收入2000万元及以上；零售业年主营业务收入500万元及以上。2012年四季度，国家统计局实施了城乡一体化住户调查改革。2013年起按照新的调查口径对外发布城乡一体的居民人均可支配收入和分城镇、农村常住居民人均可支配收入数据。由于新老调查方案在调查范围、调查对象、城乡划分标准、样本抽选、计算和汇总方式、指标口径等方面变化较大，改革后新口径数据和旧口径数据存在不可比的差异。从2015年起，“地方公共财政预算收入”更名为“地方一般公共预算收入”；各项金融机构存款余额中，“单位存款”更名为“非金融企业存款”、“储蓄存款”更名为“住户存款”。

3. 地区生产总值、三次产业及相关行业增加值、人均地区生产总值绝对数按现价计算，增长速度按可比价计算；地方一般公共预算收入增长速度按可比口径计算。

4. 2018年地区生产总值根据第四次全国经济普查结果进行修订，农业相关历史数据根据第三次全国农业普查结果进行修订。

5. 规模以上服务业包括年营业收入1000万元及以上，或年末从业人员50人及以上的交通运输、仓储和邮政业，信息传输、软件和信息技术服务业，房地产业（不含房地产开发经营），租赁和商务服务业，科学研究和技术服务业，水利、环境和公共设施管理业，教育，卫生和社会工作；年营业收入500万元及以上，或年末从业人员50人及以上的居民服务、修理和其他服务业，文化、体育和娱乐业法人单位。

6. 基础设施投资包括电力、热力、燃气及水生产和供应业，交通运输、邮政业，电信、广播电视和卫星传输服务业，互联网和相关服务业，水利、环境和公共设施管理业投资。

7. 进出口中的机电产品、高新技术产品数据根据海关内部制定的参数范围统计。

8. 从2019年起，企业职工养老保险加大清理中断缴费人数，参保统计人数有所减少。

9. 2019年近岸海域海水质量监测站点位置调整，监测数据与上年无可比性。

资料来源：本公报中户籍人口、民用汽车保有量、道路交通事故数据来自市公安局；人口自然增长率、卫生数据来自市卫生健康局；财政数据来自市财政局；城镇新增就业、登记失业率、社会保障（养老、失业、工伤保险）、技工学校教育数据来自市人力资源和社会保障局；农机总动力、水产品产量、农作物受灾数据来自市农业农村局；林业、造林、森林覆盖率、自然保护区数据来自市林业局；公路运输、水路运输、港口货物吞吐量、公路通车里程数据来自市交通运输局；邮政业务、快递业务数据来自市邮政管理局；电信业务、电话用户总量数据来自中国电信股份有限公司茂名分公司、中国移动通信集团茂名分公司、中国联通茂名分公司；进出口数据来自茂名海关；外商直接投资数据来自市商务局；货币金融数据来自人民银行茂名中心支行；银行业利润、不良贷款率数据来自茂名银保监分局；保险业数据来自市保险行业协会；社会保障（医疗、生育保险）数据来自市医疗保障局；低保人数、社会服务、农村五保户、福利彩票数据来自市民政局；普通高校数据来自广东石油化工学院、广州科技职业技术大学滨海校区、茂名职业技术学院、广东茂名健康职业学院、广东茂名农林科技职业学院、广东茂名幼儿师范专科学校；基础教育、特殊教育数据来自市教育局；科技项目、技术合同、高新技术企业数据来自市科学技术局；专利数据来自市市场监督管理局；文化、旅游、体育数据来自市文化广电旅游体育局；农村自来水普及率、水资源总量、大型水库蓄水量数据来自市水务局；气象数据来自茂名气象局；环境监测数据来自市生态环境局；城市污水处理、城市生活垃圾无害化处理数据来自市住房和城乡建设局；各类地质灾害、国家矿山公园数据来自市自然资源局；安全生产、生产经营性道路交通事故数据来自市应急管理局；其他数据来自茂名市统计局和国家统计局茂名调查队。

茂名市国民经济主要指标占广东全省比重表

	单位	2019年			2018年		
		全省	茂名市	茂名市占全省(%)	全省	茂名市	茂名市占全省(%)
年末户籍人口	万人	9663.41	817.71	8.46	9502.12	810.55	8.5
年末常住人口	万人	11521	641.15	5.57	11346.00	631.32	5.6
地区生产总值	亿元	107671.07	3252.34	3.02	97277.77	3092.18	3.2
人均地区生产总值	元	94172	51119	54.28	86412	49406	57.2
农林牧渔业总产值	亿元	7175.89	914.44	12.74	6326.28	783.13	12.4
社会消费品零售总额	亿元	42951.75	1667.36	3.88	39501.12	1541.37	3.9
外贸出口总额	亿元	43416.04	170.55	0.39	42718.30	127.30	0.3
实际利用外资	亿美元	1522	1.73	0.11	1450.88	0.24	0.0
地方一般公共预算收入	亿元	12654.53	139.89	1.11	12102.90	136.14	1.1
城镇常住居民人均可支配收入	元	48117.6	29405	61.11	44341	27163	61.3
农村常住居民人均可支配收入	元	18818.4	18482	98.21	17168	16951	98.7
住户存款	亿元	77943.9	1996.8	2.56	70293.46	1813.69	2.6
粮食总产量	万吨	1240.8	150.16	12.1	1193.49	144.21	12.1
油料产量	万吨	110.22	14.93	13.55	105.50	14.31	13.6
糖蔗产量	万吨	1241.64	47.61	3.83	1207.97	46.40	3.8
水果产量	万吨	1644.38	395.77	24.07	1547.81	372.90	24.1
肉类产量	万吨	412.12	71.18	17.27	449.90	76.67	17.0
水产品产量	万吨	866.4	92.22	10.64	842.44	90.01	10.7

2019年茂名市各区、县级市地区生产总值(GDP)表

地区别	绝对值(亿元)				2019年比2018年增长(%)			
	地区生产总值(GDP)	其中:			地区生产总值(GDP)	其中:		
		第一产业	第二产业	第三产业		第一产业	第二产业	第三产业
茂名市	3252.34	581.60	1124.89	1545.86	4.3	3.6	2.5	5.9
茂南区	921.95	34.92	491.53	395.51	5.4	1.7	5.8	5.1
电白区	663.76	141.10	221.97	300.70	4.1	2.7	0.5	8.2
信宜市	482.97	120.70	99.00	263.29	5.1	4.6	4.5	5.7
高州市	631.89	156.59	176.66	298.64	4.8	3.7	−3.2	10.6
化州市	551.76	128.27	135.73	287.76	4.3	3.8	−0.5	7.4

注：数据为快报数据。

2019年茂名市和各区、县级市户籍人口表

单位：万人

地区别	总人口	城镇人口	乡村人口	男性	女性
全　市	817.71	389.74	427.97	438.52	379.19
茂南区	107.18	55.91	51.27	56.10	51.86
电白区	197.32	86.79	110.53	106.95	90.36
信宜市	150.33	80.52	69.82	79.98	70.35
高州市	184.78	82.46	102.32	99.14	85.65
化州市	178.10	84.07	94.03	96.36	81.74

注：茂南区含羊角镇，电白区不含羊角镇。

2019年茂名市社会从业人员情况表

单位：万人

	2019年	2018年	增长%
合　计	323.63	285.70	13.28
一、按经济类型分组			
1. 国有单位	19.74	19.95	-1.06
2. 集体单位	144.53	143.69	0.59
3. 股份合作单位	0.42	2.41	-82.76
4. 联营单位	0.18	0.59	-69.42
5. 有限责任公司	27.19	19.15	42.00
6. 股份有限公司	5.17	3.85	34.30
7. 外商投资单位	0.57	0.93	-38.59
8. 港澳台投资单位	1.55	2.14	-27.69
9. 私营单位	28.50	31.85	-10.52
10. 个体经济	91.16	60.52	50.63
11. 其他经济	4.62	0.62	646.51
二、按国民经济行业分组			
1. 农、林、牧、渔业	136.36	138.07	-1.24
2. 采矿业	0.88	1.50	-41.65
3. 制造业	24.32	40.83	-40.42
4. 电力、热力、燃气及水的生产和供应业	2.34	2.25	4.34
5. 建筑业	34.62	20.24	71.05
6. 批发和零售业	56.15	30.93	81.52
7. 交通运输、仓储和邮政业	10.46	7.24	44.48
8. 住宿和餐饮业	8.71	9.12	-4.51
9. 信息传输、软件和信息技术服务业	1.23	1.20	2.50

续表

	2019年	2018年	增长%
10. 金融业	3.51	2.27	54.59
11. 房地产业	3.19	1.28	149.63
12. 租赁和商务服务业	10.83	2.15	403.39
13. 科学研究和技术服务业	2.04	0.72	185.23
14. 水利、环境和公共设施管理业	1.00	0.80	25.38
15. 居民服务、修理和其他服务业	5.16	8.26	-37.47
16. 教育	10.55	9.23	14.21
17. 卫生和社会工作	4.27	3.21	32.94
18. 文化、体育和娱乐业	1.30	0.90	44.30
19. 公共管理、社会保障和社会组织	6.71	5.50	21.90
三、按产业类型分			
一次产业	135.57	138.07	-1.8
二次产业	62.16	64.82	-4.1
三次产业	125.90	82.81	52.0
比例			
一次产业	41.89	48.33	-13.33
二次产业	19.21	22.69	-15.34
三次产业	38.9	28.99	34.18

2019年各区、县级市农林牧渔业总产值表

单位：亿元

	绝对值	2019年比2018年增长%
一、农林牧渔业总产值	914.44	13.1
1.茂南区	57.60	-3.6
2.电白区	229.58	1.6
3.信宜市	188.90	6.8
4.高州市	242.01	3.8
5.化州市	196.35	4.5
二、农林牧渔业增加值（当年价）	590.86	15.7
1.茂南区	34.15	-2.2
2.电白区	144.59	1.8
3.信宜市	124.85	6.5
4.高州市	158.89	4.3
5.化州市	128.38	5.3

注：增长速度按可比价格计算。

2019年茂名市农业生产情况表

	计量单位	绝对值	增长%
一、水果总产量	万吨	395.72	6.1
其中：香蕉	万吨	174.34	11.6
荔枝	万吨	43.82	-25.1
龙眼	万吨	45.46	-2.4
二、生猪年末存栏	万头	193.69	-46.75
出栏肉猪	万头	521.85	-25.4
三、家禽年末存栏	万只	7029.05	14.06
出栏家禽	万只	20941.31	22.7
四、肉类总产量	万吨	71.18	-7.2
其中：1.猪肉	万吨	39.24	-26.4
2.家禽肉	万吨	30.41	39.4
五、水产品产量	万吨	92.22	2.5
其中：1.海产品产量	万吨	60.16	1.1
2.淡水产品产量	万吨	32.05	5.1
其中：罗非鱼	万吨	22.45	4.3

2019年茂名市和各区、县级市规模以上工业企业数和总产值、增加值表

单位：个、亿元

	规模以上企业单位数	规上工业总产值	规上工业增加值
全　市	810	1988.87	502.47
市　直	11	1183.60	304.12
茂南区	109	206.49	39.50
电白区	225	226.63	49.74
信宜市	98	50.07	15.81
高州市	232	214.66	59.99
化州市	135	107.42	33.32

2019年茂名市规模以上工业企业数和总产值表（按类别分）

单位：亿元

项目	规模以上单位数（个）	规上工业总产值（当年价，亿元）
全市合计	810	1988.87
按经济类型分		
国有企业	26	8.87
集体企业	3	1.33
股份合作企业	—	—
联营企业	—	—

续表

项目	规模以上单位数（个）	规上工业总产值（当年价，亿元）
有限责任公司	—	—
股份有限公司	—	—
私营企业	324	1158.91
港澳台投资企业	—	—
外商投资企业	—	—
其他企业	—	—
按轻重工分		
轻工业	411	338.15
重工业	399	1650.72
按企业规模分		
大型企业	6	1133.62
中型企业	35	179.81
小型企业	671	636.93
微型企业	98	38.51

2019年茂名市规模以上工业企业经济效益指标表

指标	单位	2019年
企业单位数	个	810
亏损企业	个	66
从业人员平均人数	万人	94053
工业总产值（当年价）	亿元	1988.87
主营业务收入	亿元	2050.69

2019年茂名市各区、县级市规模以上工业企业财务指标表

单位：个、亿元

县（市、区）	企业单位数		主营业务收入	利税总额	利润总额
	小计	亏损企业			
合　计	810	66	2050.69	343.41	136.33
市　直	11	—	1245.53	—	69.43
茂南区	109	7	220.62	—	7.99
电白区	225	45	229.82	—	22.07
信宜市	98	1	46.35	—	4.17
高州市	232	6	209.37	—	27.65
化州市	135	7	98.99	—	5.05

2019年茂名市固定资产投资增速情况表

单位：%

	计量单位	增长%
基础设施	亿元	7.9
按区域分组		
市　直	亿元	
茂南区	亿元	-33.1
电白区	亿元	4.1
信宜市	亿元	3.5
高州市	亿元	2.4
化州市	亿元	2.2
按产业分		
第一产业	亿元	-45.9
第二产业	亿元	-6.4
第三产业	亿元	-6.0
其中：房地产开发	亿元	-1.0
按行业分		
其中：农林牧渔业	亿元	-49.3
工　业	亿元	-5.6
交通运输仓储和邮政业	亿元	-3.3
水利环境和公共设施管理业	亿元	-2.2
信息传输软件和信息技术服务业	亿元	-14.7
教　育	亿元	-17.9
卫生和社会工作	亿元	-4.9
公共管理社会保障和社会组织	亿元	-33.3
新增固定资产	亿元	-9.7
施工面积	万平方米	7.0
#：房地产	万平方米	12.8
竣工面积	万平方米	-12.1
#：房地产开发	万平方米	8.7
商品房销售面积	万平方米	-14.9

注：2016年起，统计范围由亿元以上项目调整为5000万元及以上项目。

2019年茂名市和各区、县级市房地产主要指标情况表

单位：亿元、万平方米

项目	完成投资	房屋施工面积	房屋新开工面积	房屋竣工面积	商品房销售面积
茂名市	306.7	2995.08	695.57	214.47	444.17
茂南区	60.50	853.97	69.19	20.52	110.29

续表

项目	完成投资	房屋施工面积	房屋新开工面积	房屋竣工面积	商品房销售面积
电白区	101.98	636.17	123.65	61.35	103.35
信宜市	29.60	350.47	115.94	22.24	65.41
高州市	75.11	679.34	276.46	61.01	87.25
化州市	39.48	475.13	110.33	49.36	78.39

2019年茂名市和各区、县级市社会消费品零售总额表

单位：亿元

	全市	茂南区	电白区	信宜市	高州市	化州市
批零业销售总额	1319.06	445.57	261.75	211.55	215.80	184.38
批发业	—	—	—	—	—	—
零售业	—	—	—	—	—	—
社会消费品零售总额	1440.68	486.02	281.61	231.70	237.53	203.83
按行业分						
批发零售业	1319.06	445.57	261.75	211.55	215.80	184.38
住宿餐饮业	121.62	40.45	19.85	20.14	21.73	19.45
按城乡分						
城镇	1023.32	—	—	—	—	—
乡村	417.36	—	—	—	—	—

茂名市接待旅游者情况表

	2019年	2018年	增长（%）
一、住宿设施接待过夜游客（万人次）	15512876	13985426	10.9
1. 境外游客	54738	50030	9.4
外国人	9579	8444	13.4
香港同胞	26417	24577	7.5
澳门同胞	14101	12643	11.5
台湾同胞	4641	4366	6.3
2. 境内游客	15458138	13935396	10.9
二、旅行社组织境内游人数（万人次）	340795	426046	–20.0
1. 省内游	283003	362153	–21.9
2. 省外游	57792	63893	–9.5
三、旅行社组织出境游人数（万人次）	19041	14530	31.0
1. 香港	4209	2561	64.3
2. 澳门	3415	2519	35.6
3. 海外	11417	9450	20.8
四、旅游总收入（亿元）	476.09	425.86	11.8
其中：外汇收入（万美元）	3338.43	2815.43	18.6

2019年全社会客货运输量表

指标名称计算单位	客运量（万人）	旅客周转量（万人千米）	货运量（万吨）	货物周转量（万吨千米）
合计	7574	669130	19862	4894396
公路	6721	632100	11722	2064549
水路	32	568	764	770688
铁路	821	36462	859	133487
管道	—	—	6517	1925672

说明：1. 数据按省统计局反馈资料整理。

2. 从2011年起，邮电业务总量按2010年不变价格计算。

3. 从2015年起，管道运输数据包含中国石化销售有限公司华南分公司数据。

2019全市主要区域（地区）进出口情况表

单位：万元

区域（地区）	出口			进口		
	2019年	2018年	增长（%）	2019年	2018年	增长（%）
总值	1705880	1273271	34.0	258153	244718	5.7
亚洲	777332	569647	36.5	177695	190071	-6.4
东盟	441690	310540	42.3	113392	135796	-16.5
非洲	182430	106417	71.4	34565	20690	67.1
欧洲	219462	147156	49.1	19340	16683	15.9
欧盟	175053	108660	61.1	12004	8709	37.9
拉丁美洲	176440	131195	34.5	1615	5082	-68.2
北美洲	306434	292561	4.7	4408	7214	-36.4
大洋洲	43784	26295	66.5	20530	4978	312.4
香港、澳门	113655	82050	38.5	268	2533	-89.4
日本	21851	24083	-9.3	11390	6944	68.6
美国	267611	264760	1.1	3965	7162	-42.3
澳大利亚	31359	19371	61.9	20361	4846	320.1
韩国	23801	25217	-5.6	7216	5717	30.0
英国	34971	18415	89.9	198	1180	-83.3
德国	28024	19637	42.7	7123	2372	200.7
法国	10102	4805	110.3	668	433	54.5
印度	43272	27430	57.8	27675	17333	59.7
新加坡	118579	141812	-16.4	23307	31388	-25.7
泰国	66980	27895	140.1	5515	12370	-55.5

2019年全市外商直接投资情况表

地区	项目（企业）个数		合同外资金额		实际利用外资金额	
	本年累计（个）	同比增长（%）	本年累计（万美元）	同比增长（%）	本年累计（万美元）	同比增长（%）
全　市	37	-91.4	6997	-80.5	2546	5.3
茂南区	3	-92.7	1615	-78.9	346	150.7
电白区	20	-28.6	3514	-34.4	1220	62.5
信宜市	1	-98.9	619	-91.0	290	-51.4
高州市	12	-95.5	1864	-85.4	488	-26.4
化州市	1	-80.0	-615	-119.2	202	-24.6

2019年茂名市财政一般预算收入决算表

单位：亿元

	2019年	2018年	增长（%）
一、税收收入	73.76	84.15	-12.3
增值税	25.19	31.25	-19.4
企业所得税	6.31	6.11	3.4
个人所得税	1.55	2.12	-26.8
资源税	0.37	0.38	-4.3
城市维护建设税	11.16	12.88	-13.4
房产税	2.36	2.38	-1.1
印花税	1.61	1.23	31.5
城镇土地使用税	2.49	2.67	-6.8
土地增值税	8.84	11.95	-26.0
车船税	1.81	1.67	8.3
耕地占用税	3.03	3.68	-17.7
契税	8.74	7.60	15.0
二、非税收入	66.13	51.99	27.2
专项收入	9.69	10.72	-9.6
行政事业性收费收入	8.97	10.31	-13.0
罚没收入	5.77	5.66	1.9
国有资源（资产）有偿使用收入	39.30	21.30	84.5
其他收入	2.33	2.76	-15.3
本年收入合计	139.89	136.14	2.8

2019年茂名市财政一般预算支出决算表

单位：亿元

	2019年	2018年	增长%
一、一般公共服务	39.04	35.23	10.8
二、国防	0.04	0.08	-46.1
三、公共安全	18.80	16.68	12.7
四、教育	124.71	123.63	0.9
五、科学技术	3.70	3.37	9.9
六、文化体育与传媒	11.79	10.64	10.8
七、社会保障和就业	73.83	65.07	13.5
八、医疗卫生与计划生育	58.02	51.54	12.6
九、节能环保	17.35	10.72	61.9
十、城乡社区	29.59	28.92	2.3
十一、农林水	36.98	35.55	4.0
十二、交通运输	13.63	18.50	-26.4
十三、资源勘探信息等	2.23	2.06	8.2
十四、商业服务业等	1.54	1.17	31.9
十五、金融	0.37	0.24	58.2
十六、援助其他地区		0.02	-100.0
十七、国土海洋气象等	3.82	2.97	28.6
十八、住房保障	13.17	12.65	4.1
十九、粮油物资储备	1.78	1.67	6.6
二十、其他	4.44	1.18	277.6
二十一、债务发行费用和付息	3.28	3.24	1.3
本年支出合计	458.123	425.12	7.8

2019年茂名市各区、县级市金融机构本外币存款情况表

单位：亿元

	各项存款		住户存款		非金融企业存款	
	余额	比年初增长（%）	余额	比年初增长（%）	余额	比年初增长（%）
全市合计	3012.91	10.6	1996.80	10.1	314.54	10.0
茂南区	1045.64	9.9	508.86	10.7	164.20	6.7
电白区	517.18	13.6	380.93	9.8	50.96	33.7
信宜市	442.22	12.6	323.26	9.8	33.28	35.5
高州市	594.25	8.5	455.00	8.8	33.79	27.9
化州市	413.27	9.5	328.67	11.6	32.05	-22.9

2019年茂名市居民消费和商品零售价格指数表

项目名称	上年同期=100
居民消费价格总指数	103.9
一、食品烟酒	109.2
1.食品	112.5
（1）粮食	97.7
（2）薯类	106.5
（3）豆类	100.0
（4）食用油	99.4
（5）菜	102.6
（6）畜肉类	141.5
（7）禽肉类	111.4
（8）水产品	104.4
（9）蛋类	106.8
（10）奶类	103.2
（11）干鲜瓜果类	108.4
（12）糖果糕点类	100.9
（13）调味品	101.0
（14）其他食品类	102.3
2.茶及饮料	101.9
3.烟酒	101.5
二、衣着	109.0
三、居住	99.2
四、生活用品及服务	101.5
五、交通和通信	97.6
六、教育文化和娱乐	102.5
七、医疗保健	105.3
八、其他用品和服务	102.4
商品零售价格总指数	101.9
一、食品	109.6
二、饮料、烟酒	101.9
三、服装、鞋帽	109.5
四、纺织品	96.1
五、家用电器及音像器材	97.4
六、文化办公用品	97.4
七、日用品	101.4

续表

项目名称	上年同期=100
八、体育娱乐用品	99.7
九、交通、通信用品	98.5
十、家具	100.2
十一、化妆品	100.9
十二、金银珠宝	109.3
十三、中西药品及医疗保健用品	104.0
十四、书报杂志及电子出版物	100.5
十五、燃料	92.5
十六、建筑材料及五金电料	98.6

2019年茂名市居民收支情况表

指标名称	单位	全体居民			城镇居民			农村居民		
		2019年	2018年	增长(%)	2019年	2018年	增长(%)	2019年	2018年	增长(%)
人均可支配收入	元	23179	21350	8.6	29405	27163	8.3	18482	16951	9.0
一、工资性收入	元	12695	11881	6.8	18851	17610	7.0	8051	7547	6.7
二、经营净收入	元	3161	2690	17.5	4565	3917	16.5	2102	1762	19.3
三、财产净收入	元	1588	1670	-4.9	2534	2639	-4.0	874	937	-6.7
四、转移净收入	元	5736	5108	12.3	3456	2998	15.3	7456	6705	11.2
人均消费性支出	元	16517	15441	7.0	19256	18022	6.8	14451	13487	7.1
一、食品烟酒	元	6477	6098	6.2	7156	6749	6.0	5964	5605	6.4
二、衣着	元	939	954	-1.6	1110	1131	-1.8	810	820	-1.2
三、居住	元	2426	2223	9.1	2801	2610	7.3	2143	1930	11.0
四、生活用品及服务	元	1075	1032	4.2	1182	1121	5.4	995	965	3.1
五、交通通信	元	2013	1800	11.8	2691	2405	11.9	1502	1343	11.9
六、教育文化娱乐	元	1835	1722	6.6	2357	2205	6.9	1441	1356	6.3
七、医疗保健	元	1373	1228	11.9	1614	1481	9.0	1192	1036	15.1
八、其他用品和服务	元	379	384	-1.4	346	319	8.3	404	434	-6.9

附录A：2019年茂名市及各区、县级市主要经济指标表（1）

项目 区县（市）别	户籍人口（万人）	常住人口（万人）	地区生产总值		人均地区生产总值		规上工业增加值		农林牧渔业总产值		固定资产投资额
			绝对数（亿元）	比上年增长（%）	绝对数（元）	比上年增长（%）	绝对数（亿元）	比上年增长（%）	绝对数（亿元）	比上年增长（%）	比上年增长（%）
全　市	817.71	641.15	3252.34	4.3	51119	2.6	502.47	0.5	914.44	3.5	-7.1

续表

区县（市）别 \ 项目	户籍人口（万人）	常住人口（万人）	地区生产总值 绝对数（亿元）	地区生产总值 比上年增长（%）	人均地区生产总值 绝对数（元）	人均地区生产总值 比上年增长（%）	规上工业增加值 绝对数（亿元）	规上工业增加值 比上年增长（%）	农林牧渔业总产值 绝对数（亿元）	农林牧渔业总产值 比上年增长（%）	固定资产投资额 比上年增长（%）
茂南区	107.18	105.40	921.95	5.4	88816	2.7	39.50	20.4	57.60	-3.6	-39.4
电白区	197.32	158.84	663.76	4.1	42152	2.6	49.74	-15.8	229.58	1.6	4.1
信宜市	150.33	102.45	482.97	5.1	47385	3.7	15.81	0.3	188.90	6.8	3.5
高州市	184.78	142.91	631.89	4.8	44449	3.2	59.99	-5.1	242.01	3.8	2.4
化州市	178.10	131.55	551.76	4.3	42158	2.7	33.32	-4.6	196.35	4.5	2.2

2019年茂名市及各区、县级市主要经济指标表（2）

区县（市）别 \ 项目	外贸出口总额 绝对数（万元）	外贸出口总额 比上年增长（%）	实际利用外资 绝对数（万美元）	实际利用外资 比上年增长（%）	地方财政一般预算收入 绝对数（亿元）	地方财政一般预算收入 比上年增长（%）	社会消费品零售总额 绝对数（亿元）	社会消费品零售总额 比上年增长（%）	城镇居民人均可支配收入 绝对数（元）	城镇居民人均可支配收入 比上年增长（%）	农村居民人均可支配收入 绝对数（元）	农村居民人均可支配收入 比上年增长（%）
全　市	170.59	34.0	2546	5.3	139.89	2.8	1440.68	8.2	29405	8.3	18482	9.0
茂南区	21.40	44.1	346	150.7	26.71	8.6	486.02	8.1	33101	8.2	18825	10.2
电白区	42.79	26.6	1220	62.5	21.37	4.1	281.61	9.3	28506	6.7	18745	9.7
信宜市	30.41	62.8	290	-51.4	11.09	3.4	231.70	9.2	27243	8.6	18385	10.6
高州市	46.10	26.1	488	-26.4	17.77	1.1	237.53	8.9	28302	8.4	18423	8.6
化州市	28.18	26.0	202	-24.6	12.95	7.3	203.83	8.8	27661	7.6	18598	9.7

2019年广东省各市地区生产总值、人均地区生产总值及财政收入表

市别	地区生产总值（亿元）	人均地区生产总值（元）	地方一般预算收入（亿元）
全　省	107671.07	94172	12654.53
广州市	23628.60	156427	1699.04
深圳市	26927.09	203489	3773.38
珠海市	3435.89	175533	344.49
汕头市	2694.08	47669	138.25
佛山市	10751.02	133850	731.62
韶关市	1318.41	43743	101.05
河源市	1080.03	34842	77.48
梅州市	1187.06	27096	91.59
惠州市	4177.41	86043	400.86
汕尾市	1080.30	35958	42.45
东莞市	9482.50	112507	673.27

续表

市别	地区生产总值（亿元）	人均地区生产总值（元）	地方一般预算收入（亿元）
中山市	3101.10	92709	283.42
江门市	3146.64	68194	256.83
阳江市	1292.18	50412	64.30
湛江市	3064.72	41720	131.27
茂名市	3252.34	51119	139.89
肇庆市	2248.80	53936	114.21
清远市	1698.22	43770	118.54
潮州市	1080.94	40664	48.01
揭阳市	2101.77	34471	73.02
云浮市	921.96	36354	60.48

2019年广东省各市地区农业生产主要指标完成情况表

	粮食产量（万吨）	糖蔗产量（万吨）	水产品产量（万吨）	农林牧渔业总产值（亿元）
全省合计	1240.80	1241.64	866.40	7175.89
广州市	13.20	0.03	46.55	446.31
深圳市	0.91		8.44	48.16
珠海市	2.55		32.48	105.31
汕头市	46.29		47.31	224.32
佛山市	4.39		69.81	319.56
韶关市	72.61	9.82	8.32	286.78
河源市	79.33	6.53	4.49	189.44
梅州市	110.35	0.39	10.82	360.66
惠州市	58.61	7.06	15.81	328.08
汕尾市	41.01	0.52	58.40	246.77
东莞市	0.59		4.86	43.98
中山市	2.12	0.06	34.24	104.61
江门市	93.22	16.82	79.24	459.25
阳江市	61.83	2.87	118.67	403.52
湛江市	146.89	1123.16	125.54	937.90
茂名市	150.16	47.61	92.22	914.44
肇庆市	118.29	0.90	51.13	590.06
清远市	68.41	25.88	13.42	430.18
潮州市	26.99		20.00	166.28
揭阳市	80.66		14.47	292.95
云浮市	62.39		10.16	277.33

附　录

壮丽七十载春华秋实　奋斗新时代滨海绿城

——新中国成立70周年茂名经济社会发展成就

茂名背山面海，位于南海之滨，地势由东北向西南倾斜，山地、丘陵、台地、平原层次分明，兼有迂回海岸线。1949年10月底，茂名四县解放。在石油短缺的新中国成立初期，国家战略立项，在茂名开采储量丰富的油页岩“搞人造石油”，来自五湖四海的建设者响应祖国号召汇聚茂名、建设茂名，拉开茂名建设大发展的序幕。茂名石化在岭南大地上崛起，茂名一举成为远近闻名的“南方油城”，为祖国甩掉“贫油国”帽子做出重要的贡献。茂名1959年建市，1983年实行市管县体制，现辖茂南、电白两个区，代管信宜、高州、化州三个县级市。新中国成立70周年以来，在党中央、国务院和省委、省政府的坚强领导下，市委、市政府坚持科学可持续的绿色发展理念，团结带领全市人民拼搏奋斗，艰苦创业，积极探索茂名振兴发展之路，着力推动经济社会全面发展，经济社会发展取得辉煌成就。70年的春华秋实，造就新时代滨海绿城。

一、经济发展突飞猛进，综合实力与日俱增

（一）经济持续快速增长

新中国成立70周年以来，特别是1992年邓小平同志南行以来，茂名进一步打开思想禁锢，深化改革开放，不断释放发展动能，经济发展加快

图1　1949–2019年茂名地区生产总值及增速

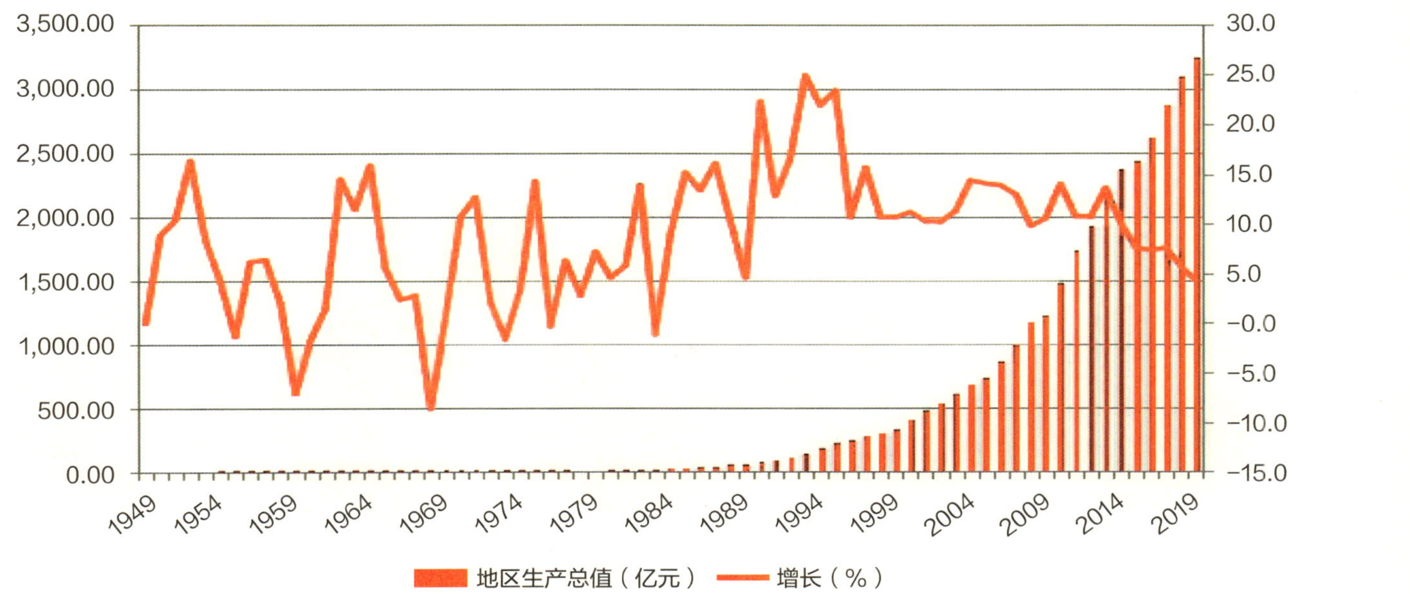

图2 1949—2019年茂名人均地区生产总值变化轨迹

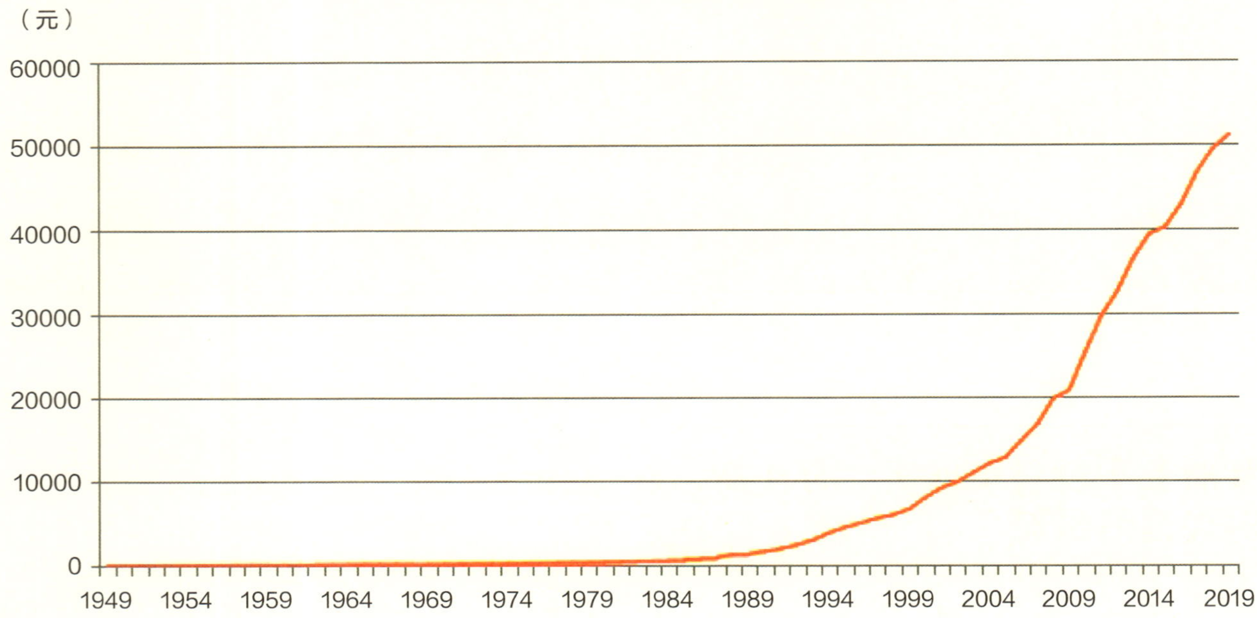

提速。解放初期，茂名经济落后，百废待兴，1949年地区生产总值（GDP）1.29亿元，人均地区生产总值60元。经过70年不懈的努力，茂名经济取得突飞猛进的发展。地区生产总值自2012年开始稳居全省第7位；2018年首次突破3000亿元大关，达到3095.11亿元；2019年3252.34亿元，按可比价计算，比1949年增长358.5倍，年均增长8.8%；其中1993-2019年年均增长12.1%，高于全国2.8个百分点，高于全省0.6个百分点。2019年人均地区生产总值51119元，居全省第10位，按不变价计算，比1949年增长444.0倍，年均增长9.1%。

（二）产业结构不断优化

新中国成立初期，茂名经济以农业为主，1949年全市第一、二、三产业占地区生产总值的比重分别74.4%、3.9%、21.7%。随着农业生产巩固加强、工业化建设深入推进以及服务业的加快发展，2019年第一产业增加值581.60亿元，按可比价计算（下同）比1949年增长61.3倍，年均增长6.1%；第二产业增加值1124.89亿元，比1949年增长1049.9倍，年均增长10.4%；第三产业增加值1545.86亿元，比1949年增长687.7倍，年均增长9.8%。第一、二、三产业占地区生产总值比重分别优化调整为17.9%、34.6%和47.5%，第一产业比1949年下降56.5个百分点，第二产业提升30.7个百分点，第三产业提升25.8个百分点。产业结构由解放初期的“一三二”调整为“三二一”，产业结构得到进一步的优化。

图3 部分年份茂名三次产业结构变动

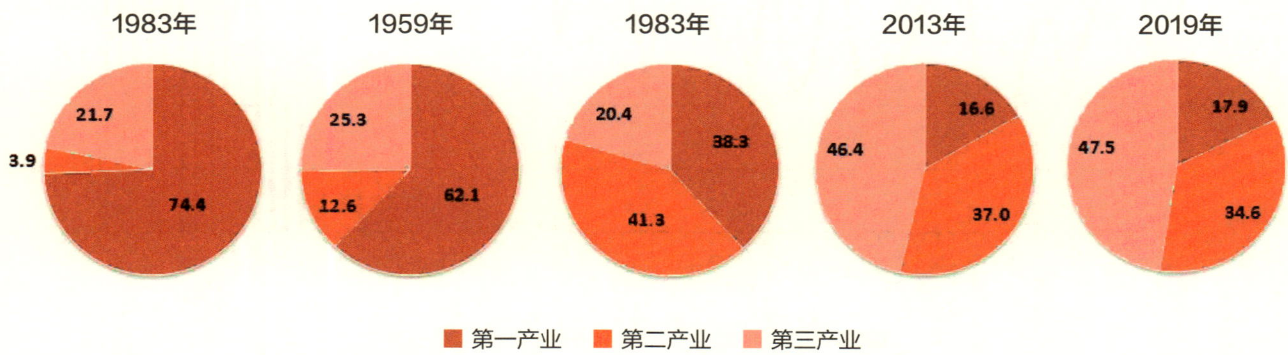

（三）财政金融实力日益增强

1. 财政实力加快增强。新中国之初，茂名经济以农业生产为主，地方财税来源较少，财力十分薄弱，1950年全市地方一般公共预算收入400万元。新中国成立以来经济持续快速增长，茂名财政收入快速增加，财政实力明显增强。2019年全市地方一般公共预算收入139.89亿元，比1950年增长3496.3倍，年均增长12.6%。随着地方财政实力不断增强，政府提供公共服务、改善民生能力显著增强，为经济建设和各项社会事业发展提供雄厚的财力支持。全市地方一般公共预算支出由1950年的0.01亿元增加到458.12亿元，年均增长16.8%。2019年全市民生支出380.85亿元，比上年增长6.1%，占地方一般公共预算支出的83.1%，其中教育支出124.71亿元，增长0.9%；社会保障和就业支出73.83亿元，增长13.5%；卫生健康支出58.02亿元，增长12.6%；环保节能支出17.35亿元，增长61.9%。

图4　1950—2019年茂名地方一般公共预算收入及增速

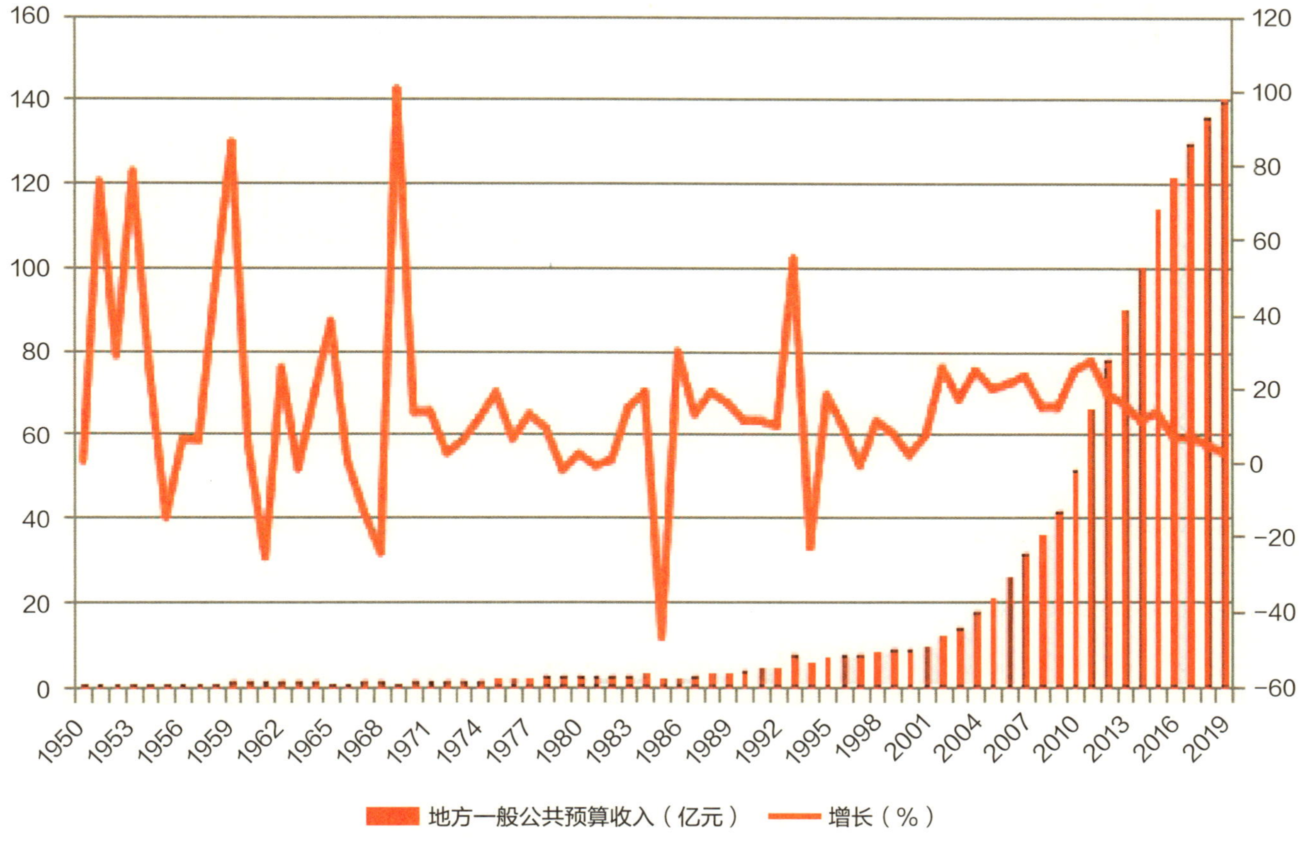

2. 金融机构资金快速扩充。金融是现代经济的血液，金融机构资金总量是经济运行的动力之源。新中国之初，茂名经济发展处于起步阶段，资金匮乏，1950年全市金融机构本外币存款余额仅0.03亿元。经过70年的快速发展，茂名金融机构资金总量规模在不断扩大，2019年金融机构本外币存款余额已增加到3012.91亿元，年均增长18.2%。金融机构本外币存款余额规模不断扩大，贷款余额规模也随之相应扩大。全市金融机构本外币贷款余额由1953年的0.04亿元增加到1996.80亿元，年均增长17.4%。茂名经济运行的动力在源源不断的积累，与茂名实体经济互为依托，相互促进。近年来全市存贷比在逐步提升，经济活跃度不断增强。2010年茂名存贷比35.2%，比2009年提高0.2个百分点，存贷比开始出现持续、稳定的提升，茂名迎来经济发展的拐点，经济活跃度在逐渐增强。2019年全市存贷比52.5%，比2009年提升17.5个百分点，年均提高1.6个百分点。

图5 1950—2019年茂名金融机构本外币存款余额及增速

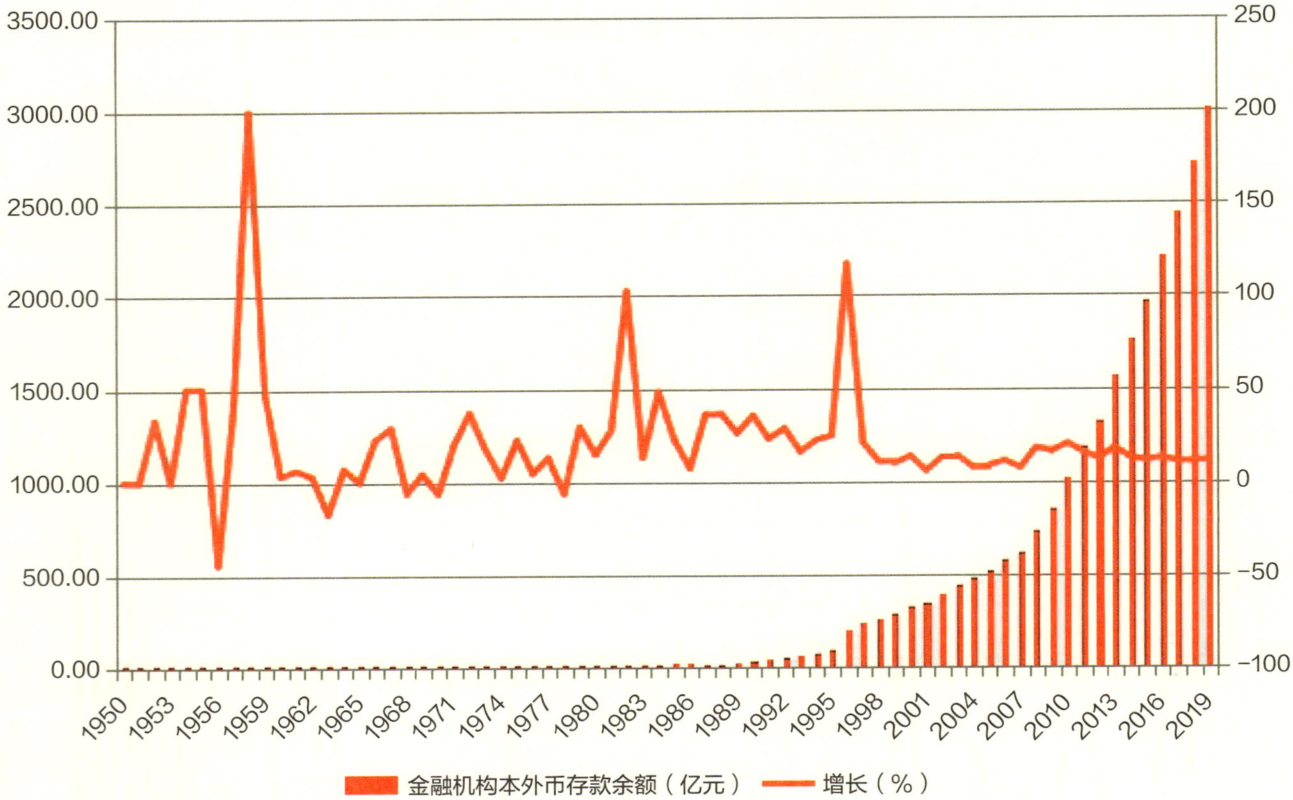

近10年来茂名金融机构本外币存贷款及存贷比

年份	各项存款（亿元）	各项贷款（亿元）	存贷比（%）
2009	855.78	299.77	35.0
2010	1028.67	362.40	35.2
2011	1188.72	444.74	37.4
2012	1332.42	540.64	40.6
2013	1571.63	642.08	40.9
2014	1772.22	759.50	42.9
2015	1974.75	858.33	43.5
2016	2216.93	1005.87	45.4
2017	2452.39	1146.37	46.7
2018	2725.29	1326.32	48.7
2019	3012.91	1582.35	52.5

（四）供给能力蒸蒸日上

1. 农业生产巩固加强。茂名农业资源条件优厚，新中国初期生产方式落后、生产力水平低下，以粮食作物为主，农业供给品种单一且有限。新中国成立以来，特别是建市以来，茂名市委、市政府依托农业资源优势，大力发展“三高”农业和特色农业，农业生产持续巩固加强。2019年全市农林牧渔业总产值914.44亿元，按可比价计算比1949年增长68.0倍，年均增长6.2%。粮食总产量150.16万吨，比1958年的71.31万吨增长1.1倍，年均增长1.2%，其中稻谷132.09万吨，比1958年的59.56万吨增长1.2倍，年均增长1.3%；水产品产量92.22万吨，比1958年的2.59万吨增长34.6倍，年均增长6.0%；肉类总产量71.18万吨，比1958年的2.95万吨增长23.1倍，年均增长5.4%；水果总产量395.77万吨，比1958年的1.08万吨增长365.5倍，年均增长10.2%，其中荔枝43.82万吨，比1961年的0.27万吨增长161.3倍，年均增长9.1%，龙眼45.46万吨，比1990年的0.85万吨增长52.5倍，年均增长14.7%。全市农林牧渔业增加值590.85亿元，按可比价计算比1949年增长52.6倍，年均增长5.9%。茂名市成为全世界最大的罗非鱼生产基地、全省最大的蔬菜生产基地、粮食生产基地、肉类生产基地，荔枝、龙眼等热带亚热带水果享誉全国，享有“中国罗非鱼之都”“蔬菜天然大棚”“全国水果第一市”“中国荔乡”的美称。

图6　1950—2019年茂名农林牧渔业增加值及增速

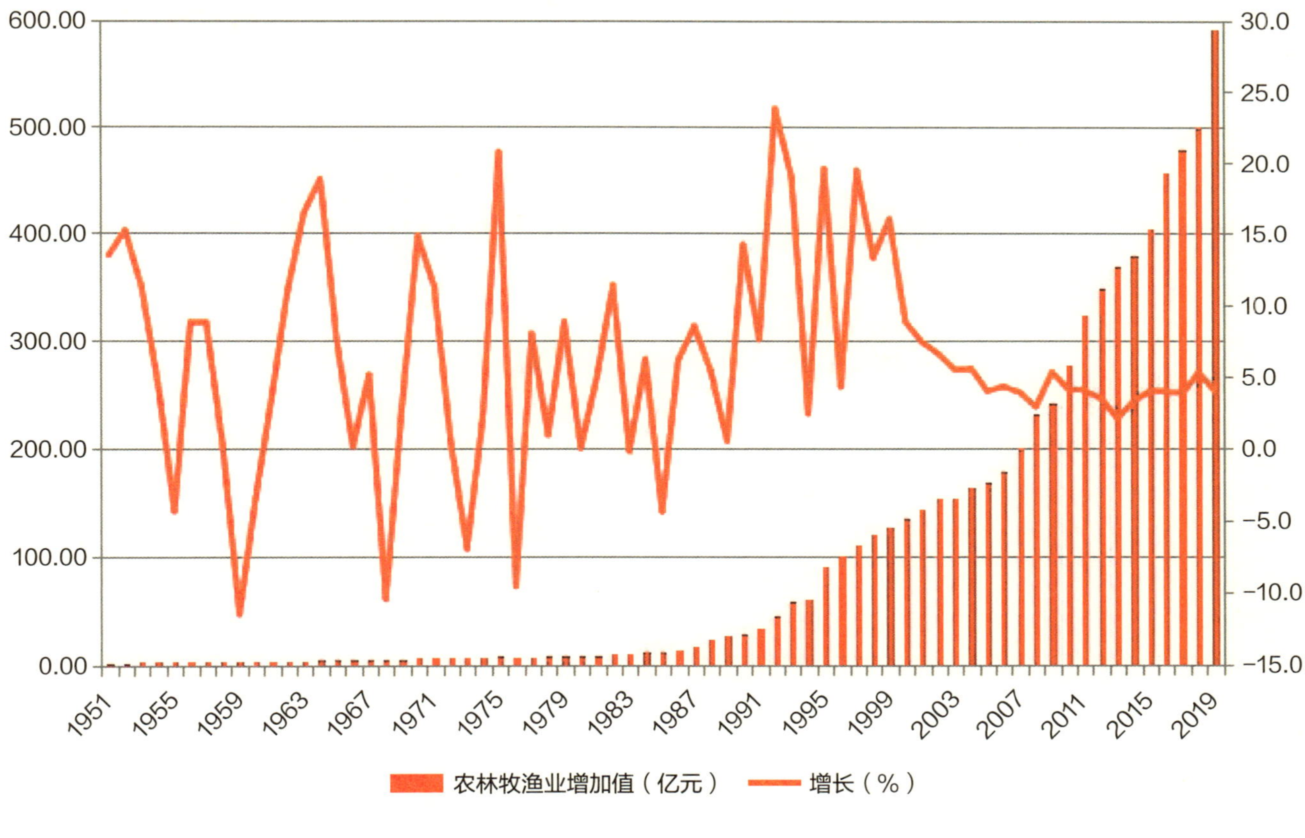

2. 工业生产发展壮大。茂名因油而兴、以工业立市，工业经济是茂名经济发展的基础。新中国初期茂名工业几乎从无到有，1949年全市工业增加值0.03亿元，仅占地区生产总值的2.3%。随着茂名石化公司“开矿炼油”顺利进行，一批为石油化工服务的中小型工业企业也随之兴起，地方工业蓬勃发展，如今已发展形成以石油化工为主，电力、建材、食品等门类比较齐全的现代工业体系，茂名市成为华南地区最大的石化基地，全国重要的能源、原材料工业基地。2019年全市规模以上工业企业原油加工量1906.01万吨，比1961年增长7655.1倍，年均增长16.7%；生产汽油438.27万吨，比1963年增长520.8倍，年均增长11.8%；柴油433.79万吨，比1958年增长21688.5

倍，年均增长17.8%；乙烯产量119.06万吨，比1996年增长20.7倍，年均增长14.3%。全市工业增加值增加到592.14亿元，按可比价计算，2019年比1949年增长15364.4倍，年均增长14.8%，高于地区生产总值年均增速6.1个百分点，有力的拉动全市经济发展。

图7 1949—2019年茂名工业增加值及增速

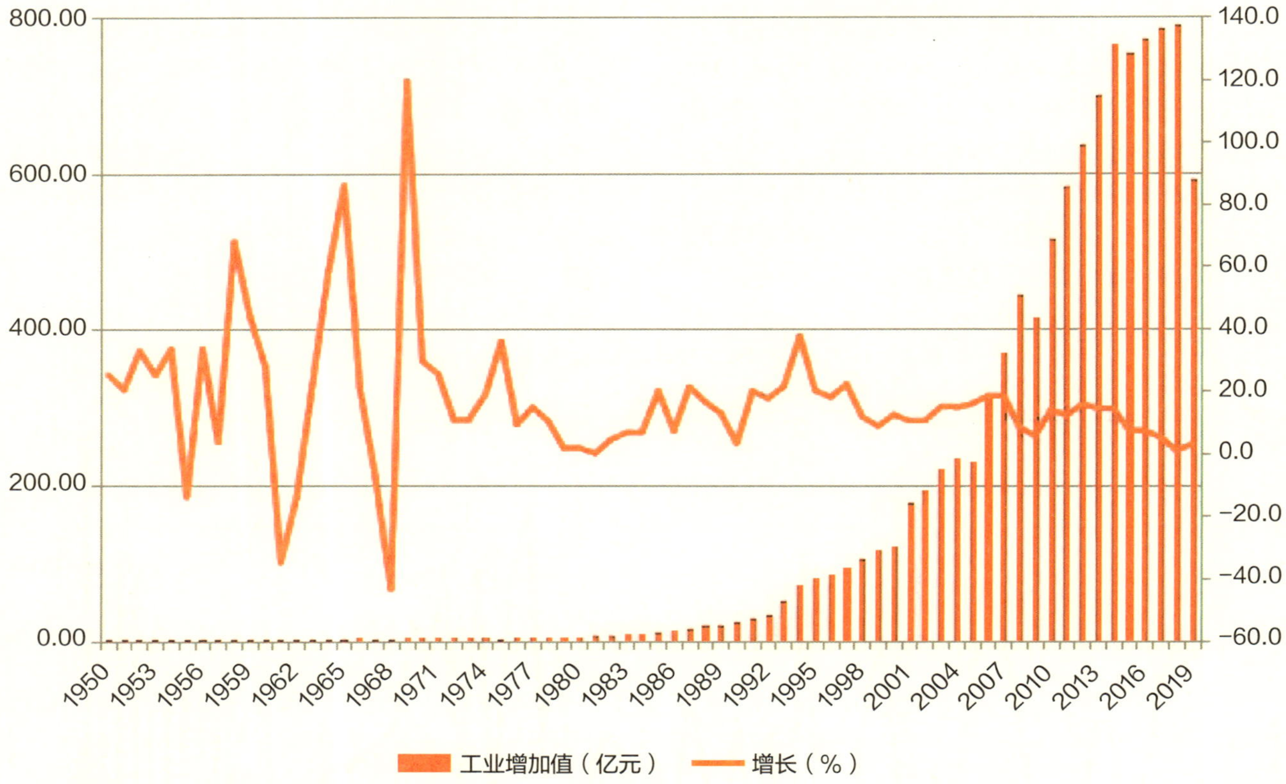

3. 服务业迅速崛起。工农业生产的快速发展，生产、生活的服务需求明显扩大，人民收入大幅提高，服务业市场流通体制改革不断深化，市场经济体系日渐完善，商贸活动日益活跃，茂名服务业经济开始崛起并与日俱进，成为拉动经济快速增长的重要动力。2019年，全市第三产业增加值1545.86亿元，比1949年增长687.7倍，年均增长9.8%，比地区生产总值的年均增速高1.0个百分点，对经济增长的贡献率66.7%。

（五）需求领域欣欣向荣

1. 投资规模逐步扩大。新中国初期，茂名经济发展水平低下，金融资金紧缺，财政力量薄弱，投资规模较小，1949年全市固定资产投资只有3万元。自建市以来，茂名市委、政府着力破解基础设施和基础产业薄弱瓶颈，紧抓产业、城市、交通的发展，社会再生产不断扩张，产业发展加快转型升级，基础设施日趋完善，投资规模逐步扩大。按可比口径计算，1950—2019年全市固定资产投资年均增长25.8%。

2. 消费市场规模日益扩大。全市消费市场由新中国初期落后的传统小商品买卖模式，升级为较发达的现代消费模式，“互联网+”推动线上线下加快融合，城市综合体、分享经济等新模式渗透发展，新产业、新业态、新模式不断涌现并茁壮成长，消费市场繁荣兴旺，规模日益扩大。2016年全市社会消费品零售总额1339.88亿元，居全国第三十四位、全省第七位。2019年全市社会消费品零售总额1440.68亿元，比1950年的0.36亿元增长4000.9倍，年均增长12.8%。

3. 对外贸易进出口规模快速扩大。2019年全市对外贸易进出口总额28.44亿美元，比1986年的0.10亿美元增长283.4倍，年均增长18.7%，其中出口总额24.69亿美元，比1986年的0.09亿美元增长273.3倍，年均增长18.5%；进口总额3.75亿美元，比1986年的0.01亿美元增长374.0倍，年均增长19.7%。

图8 1950—2019年茂名社会消费品零售总额及增速

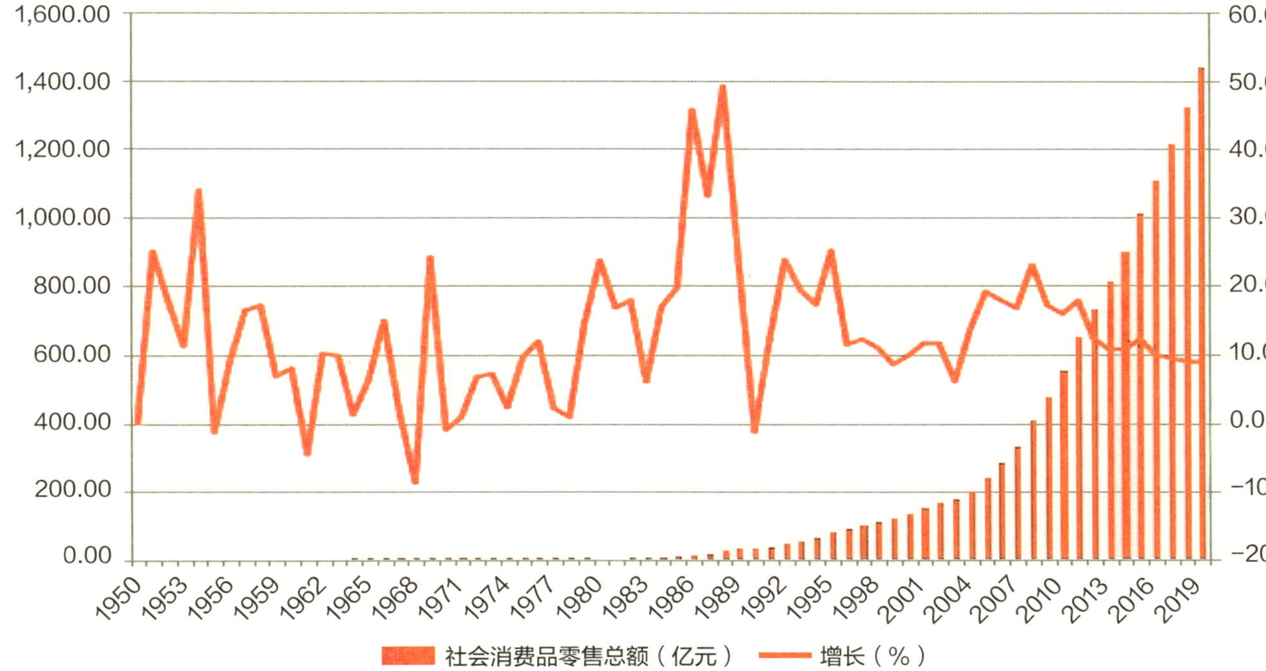

二、社会进步翻天覆地，创新动力日渐增强

（一）科技创新能力持续增强

科学技术是第一生产力，茂名市委、市政府一直以来重视科技创新发展，不断加大政策支持以及投入力度，科学配置科技资源，企业研发创新意识不断强化，科研创新能力持续增强。2018年茂名高新区正式升级为国家级高新技术产业开发区，为茂名称市科技创新发展注入新动力。

1. 研发投入逐步加大。2019年，全市研发经费（R&D经费）支出14.60亿元，比1993年的0.89亿元增长15.5倍，年均增长11.4%，研发经费占地区生产总值比重0.45%。R&D人员8131人，比1993年的1704人增长3.8倍，年均增长6.2%。有R&D活动的规模以上工业企业274个，是1993年的23.7倍。

2. 专利数量大幅增加。2019年，全市专利申请总量4911件，比2001年的84件增长57.5倍，年均增长25.4%。专利授权量2506件，比2001年的72件增长33.8倍，年均增长21.8%。发明专利拥有量94件，比2001年的5件增长17.8倍，年均增长17.7%。

（二）教育事业提质发展

茂名历来重视教育、支持教育优先发展。经过多年不懈的努力，茂名普通高等教育经历从无到有逐步升级，全市现有广东石油化工学院、广州科技职业技术学院滨海校区两所本科院校和茂名职业技术学院、广东茂名健康职业学院、广东茂名幼儿师范专科学校、广东茂名农林科技职业学院等四所高等专科院校，形成“两本四专”良好格局。2019年全市普通高等院校在校学生5.62万人，比1987年的0.03万人增长196.4倍，年均增长18.0%。根据2015年全国1%人口抽样调查结果，全市小学文化程度人口占总人口比例27.11%，比1982年全国第三次人口普查时下降10.63个百分点；初中和高中学历人口比例53.31%，提高29.95个百分点；大专及以上学历人口比例5.21%，提高5.05个百分点。

（三）文化事业繁荣发展

新中国成立70年来，特别是茂名建市60年来，茂名以繁荣和发展为主题，推进文化强市建设，广泛开展特色文化活动，打造冼太夫人文化、荔枝文化、石油文化、民俗文化等文化品牌，实现市县镇村四级公共文化设施全覆盖。2018年全市文化及相关产业增加值69.37亿元，比上年增加16.50亿元，占地区生产总值比重2.44%，比上年提高0.42个百分点。从2012年开始，广播、电视实现综合覆盖率100%。2019年全市艺术表演团体演出8890场次，自2015年起连续五年举办新年音乐会，规格和品质不断升级，其中“好心茂名”2019新年音乐会由著名词曲作家、指挥家李海鹰担任指挥，“中国最具声望的乐团之一”的广州交响乐团担纲演出，为茂名市民献上一场高规格、高水平的音乐盛宴。文化事业的繁荣发展，不断满足茂名人民群众日益增长的多方面、多层次、多样性的文化需求。

（四）卫生医疗服务不断提高

新中国初期，医疗卫生机构有限，1979年全市医疗卫生机构77个，医疗卫生服务稀缺。70年来，茂名以农村卫生、社区卫生等公共卫生为重点，完善构建城乡医疗卫生服务网络，推动茂名卫生医疗服务水平不断提高。2019年，全市医疗卫生机构4127个，比1979年增长52.6倍，年均增长10.5%；医疗卫生机构床位3.65万张，比1950年91张增长400.4倍，年均增长9.1%。卫生技术人员3.40万人，比1950年的224人增长150.9倍，年均增长7.6%。全市每万人口拥有医疗机构床位56.97张，比1950年的0.41张增加56.56张，增长136.4倍；每万人口拥有医生20.65人，比1950年的0.93人增加19.72人，增长21.1倍。

图9 1950—2019年茂名卫生技术人员及增速

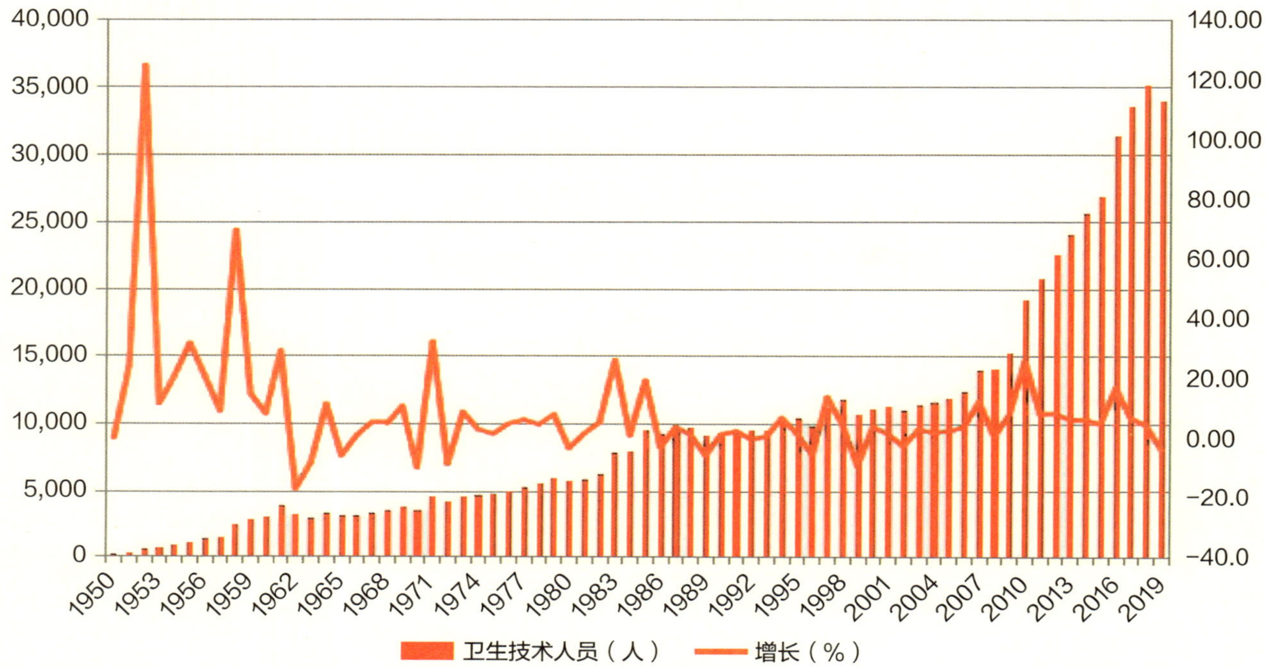

（五）交通运输邮电旅游迅猛发展

1. 交通运输较快发展。全市客运量从1950年6万人增加到2019年7574万人，按可比口径计算，年均增长11.9%，旅客周转量从1950年的180万人千米增加到66.91亿人千米，年均增长14.6%；货运量从1950年的10万吨增加到1.99亿吨，年均增长11.3%，货物周转量从1950年的340万吨千米增加到489.44亿吨千米，年均增长14.4%。港口货物吞吐量从1950年的4万吨增加到2508万吨，年均增长9.8%。

2. 邮电业务快速扩张。邮电业务总量从1950年的12万元增加到2018年的356.74亿元，按可比价计算年均增长22.9%。2019年移动电话年末户数545.57万户，自1993年以来年均增长43.2%。

3. 旅游人数及收入大幅增加。2019年入境旅游5.47万人次，比1989年的0.13万人次增长41.1倍，年均增长13.3%，国内旅游1545.81万人次，比1989年的29.03万人次增长52.2倍，年均增长14.2%；2019年旅游总收入476.09亿元，比1989年的0.25亿元增长1916.4倍，年均增长28.7%，其中入境旅游外汇收入3338.43万美元，比1989年的2.66万美元增长1254.0倍，年均增长26.8%。

三、人民生活今非昔比，生活质量日益提升

新中国成立以来，特别是茂名建市以来，茂名市委、市政府促发展保民生，带领全市人民勤劳致富，解决温饱，攻坚脱贫，进入全面建成小康社会决胜阶段。城乡居民收入不断增加，逐步走向富裕，生活质量加快提升。

（一）人民收入水平不断提高

2019年，全市城镇单位在岗职工年平均工资由1950年的215元增加到73057元，增长338.8倍，年均增长8.8%。全体常住居民人均可支配收入23179元，比2014年的15266元增长0.5倍，年均增长8.7%。城镇常住居民人均可支配收入29405元，比2003年的7528元增长2.9倍，年均增长8.9%。农村常住居民人均可支配收入18482元，比1978年的122元增长150.5倍，年均增长13.0%。住户存款1813.69亿元，比1958年的0.03亿元增长66559.0倍，年均增长20.0%。人均住户存款由1958年的1.14元增加到3.14万元，年均增长18.2%。

图10　1950-2019年茂名城镇单位在岗职工年平均工资及增速

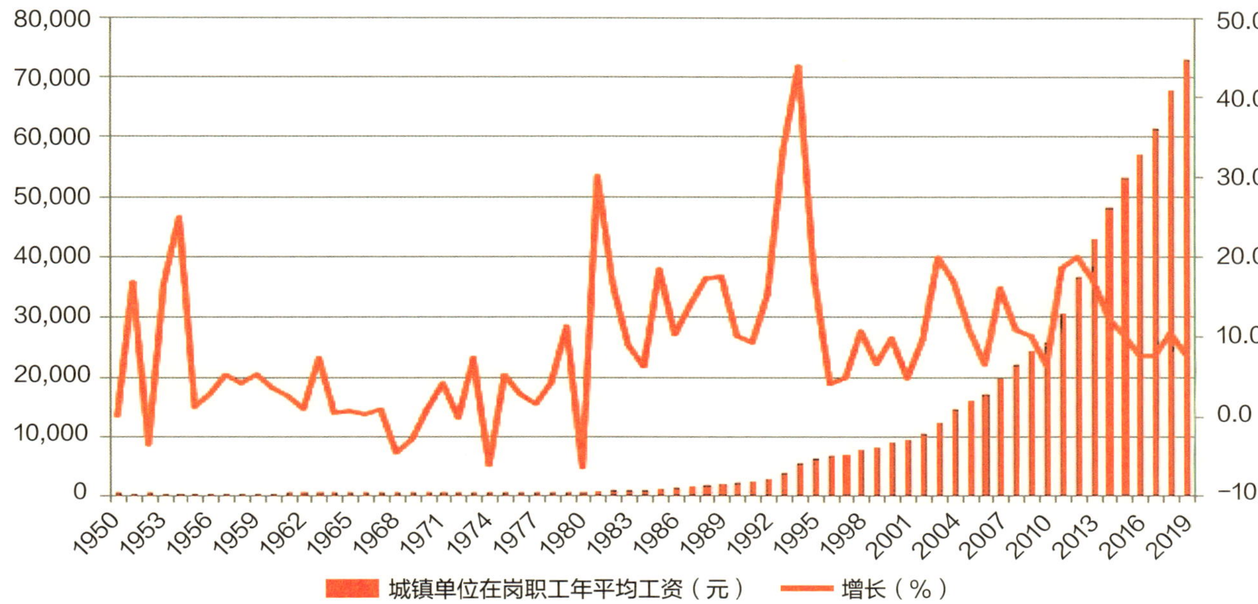

（二）人民生活质量显著提升

2019年，茂名城镇居民人均消费支出19256元，比2003年的5347元增长2.6倍，年均增长8.3%。农村常住居民人均消费支出14451元，比1978年的102元增长140.7倍，年均增长12.8%。居民消费结构明显升级改善，食品支出占家庭消费的比重不断下降。茂名城镇常住居民恩格尔系数37.2%，比2003的42.1%下降4.9个百分点；农村常住居民恩格尔系数41.3%，比1978年的65.4%下降24.1个百分点。教育文化娱乐消费快速增加，城镇居民人均教育文化娱乐支出2357元，比2003年人均教育文化娱乐支出604元多1753元，年均增长8.9%。手机成为人民群众日常生活的必需品，汽车大幅度普及，城镇居民家庭每百户拥有移动电话298台，比2003年113台增加185台；城镇居民家庭每百户拥有汽车44辆，是2003年的22倍。人民居住条件日益改善，城镇人均住房建筑面积37.56平方米，比2005年增加7.62平方米。根据2015年全国1%人口抽样调查结果，茂名人口平均预期寿命由1981年的69.07岁提高到77.12岁，2015年比1981年提高8.05岁。

茂名市委、市政府在推动经济发展、居民增收的同时，注重稳定物价，保障居民的生活质量。自1983年开始监测居民消费价格指数以来，茂名居民消费价格指数年均上涨4.8%，比全省、全国分别低0.2个百分点和0.1个百分点，物价稳定在较低的上涨范围以内。

四、城市建设日新月异，滨海绿城领航新时代

茂名建市以来，特别是进入中国特色社会主义新时代以来，茂名市委、市政府坚定不移践行绿色发展理念，努力修复生态，积极推动茂名经济社会走绿色发展道路，把茂名从一个以工矿配套为主的城市逐步建设成为一个美丽的现代化滨海城市。露天矿矿坑，在承载半个世纪的辉煌后在茂名市区西北角所留下的一个10.07平方千米的巨大城市伤疤，如今是茂名的好心湖，建设成集工业特色糅合山水园林矿和休闲于一体的大型开放式生态公园，重新焕发出夺目的光彩。茂名城市面貌有了日新月异的变化，城市魅力不断绽放。2017年茂名在央视“魅力中国城”竞演评选中以最高分入选“十佳魅力城市”并获“最具人气魅力城市”称号。当前全市正努力创建国家文明城市、国家卫生城市、国家森林城市和好心平安茂名，“四城同创”开创提升城市发展品质的新阶段。

（一）交通建设取得新突破

交通一直是制约茂名发展的瓶颈。以往茂名境内高速公路只有沈海高速，通车里程不足78千米，包茂高速通车之后，结束信宜、高州不通高速的历史，实现茂名县县通高速的梦想。目前由沈海高速、包茂高速、云茂高速、汕湛高速及支线构成的“三纵三横”高速公路网络初步成型，由洛湛、茂湛、广茂、河茂、深茂、博贺疏港铁路组成的“四横两纵”铁路网正在形成，打破茂名原有的时空格局。2018年深茂铁路江茂段通车，茂名融入珠三角2小时生活圈，2019年高速公路通车里程361.70千米，交通建设取得飞速的发展。随着湛江粤西机场迁建和茂名深水大港建设逐步推进，茂名交通正在形成“对外交通高速化、市域交通快速化、港口建设现代化”的立体体系，茂名作为粤西交通枢纽的雏形已基本形成。

（二）城市建设不断推进

全市加快完善全域城乡建设规划，做大城市规模，推动电白沙琅、信宜钱排、高州长坡、化州合江建设县域副中心。城市建成区面积由建市初期的3.8平方千米扩大到2019年的123.31平方千米，形成中等城市规模。根据全国人口普查结果显示，1982年全市城镇化率12.38%，2010年全市城镇化率35.06%。2019年全市城镇化率44.81%，比2010年提高9.75个百分点，比1982年提高32.43个百分点。1983-2019年间全市城镇化率年均提高0.88个百分点，十八大以来年均提高1.05个百分点。

图11　茂名主要年份城镇化率变动

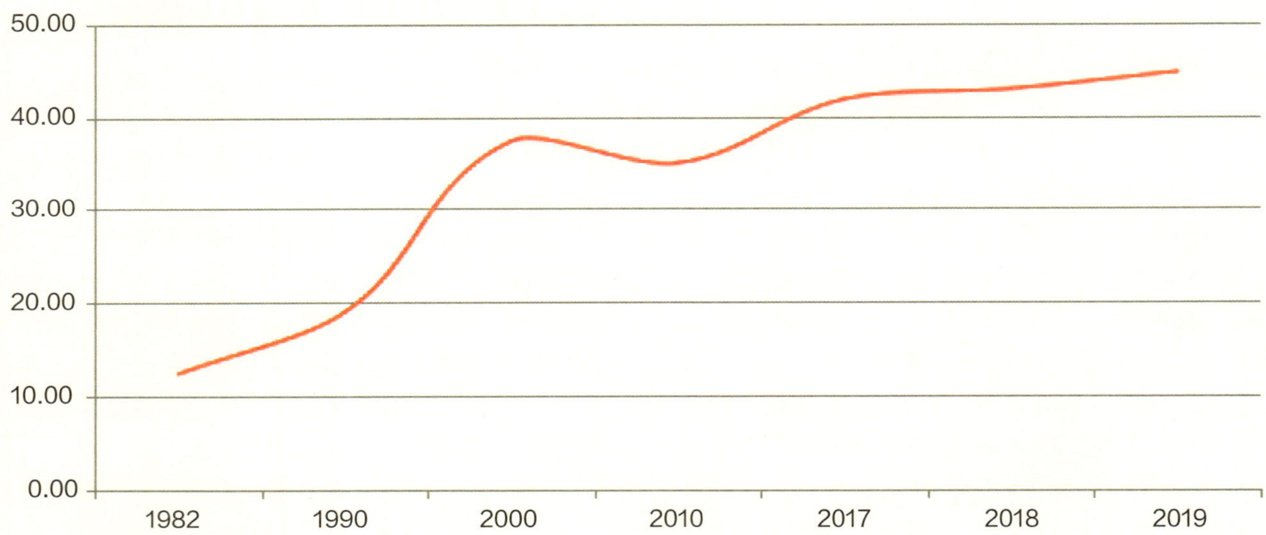

（三）绿色发展不断强化

茂名坚持人与自然的和谐共生，注重优环境、保生态，努力践行绿色发展理念，整治与绿化美化并举，综合污染指数持续下降，生态居住环境持续改善。绿色发展成效显著，2006—2018年，全市单位地区生产总值能耗累计下降42.33%，年均下降3.86%。

环境整治与绿化美化并举。整治鉴江、小东江和高州水库等江河流域及水库水源保护区污染成效显著，城市集中式饮用水源水质达标率保持100%。至2019年，建成城市（县城）生活污水处理厂13座，污水日处理能力达46.75万吨，城市生活垃圾无害化处理率100%。云开山自然保护区晋升为国家级自然保护区，露天矿生态公园获批国家矿山公园。官渡公园、潘茂名纪念公园、上宾体育公园、江东体育公园及1号湖公园相继建成开放，小东江十里休闲景观带逐步打造为城市会客厅，城市人居环境提质升级。2019年成人工造林459公顷，当年新封山育林4880公顷，退化林修复6093公顷，人工更新2883公顷，中幼林抚育21094

公顷，城市建成区绿地率40.9%，全市森林覆盖率55.8%。

生态环境明显改观，极大地改善空气质量。2019年茂名全面完成省下达的2018年大气污染防治攻坚战约束性考核指标。二氧化硫（SO_2）、二氧化氮（NO_2）年均值分别达到《环境空气质量标准》一级标准，可吸入颗粒物（PM_{10}）、细颗粒物（$PM_{2.5}$）的年均值达到国家《环境空气质量标准》二级标准。市区空气质量优良率为92.6%，空气综合指数全省排名第四，市区空气质量优级212天，占比58.1%，全省排名第二。

70年的筚路蓝缕，70年的风雨同舟，70年的春华秋实，壮丽的70年，新中国昂首阔步进入中国特色社会主义新时代，茂名也从一个以工矿配套为主的城市建设成为一个美丽的现代化滨海城市。立足新时代，展望新征程。全市人民将更加紧密团结在以习近平同志为核心的党中央周围，高举习近平新时代中国特色社会主义思想伟大旗帜，以新时代新发展理念为引领，全面深化改革，开拓创新、奋斗不息，全力建设产业实力雄厚的现代化滨海城市，打造沿海经济带上的新增长极，继续以奋斗的姿态走好茂名发展之路、建好“滨海绿城、好心茂名”，为茂名谱写更加灿烂绚丽的新时代新篇章。

（王　强）

70年栉风沐雨，茂名建筑业成就辉煌

建筑业是国民经济重要的产业部门之一，在国民经济各行业中占有重要地位。新中国成立70年来，茂名建筑业企业认真贯彻落实国家政策方针，建筑业改革开放步伐不断加快，积极稳妥推进各项改革，开拓有为，发展日新月异，取得巨大的成就，为茂名经济社会的快速发展做出突出贡献。

一、70年风雨兼程，发展回顾

综观70年的发展历程，建筑业企业发展经历四个阶段，从而实现跨越式发展。

（一）新中国成立之初，被动发展阶段（1950—1977年）

从建国初期到改革开放初期，全市建筑业长期处于计划经济时期，属于被动发展阶段。这个阶段的主要特点是：企业规模小，发展波动较大。主要表现为：企业没有自主经营权，工作任务按计划分配，利益分配吃“大锅饭”，技术装备落后，人员素质低，建筑企业规模小、发展波动较大。建筑业总产值从1950年的0.09亿元提高并稳定在1亿元以内用了20年时间，年平均增长10.6%。

图1　1950年—1977年建筑业总产值及增速发展趋势

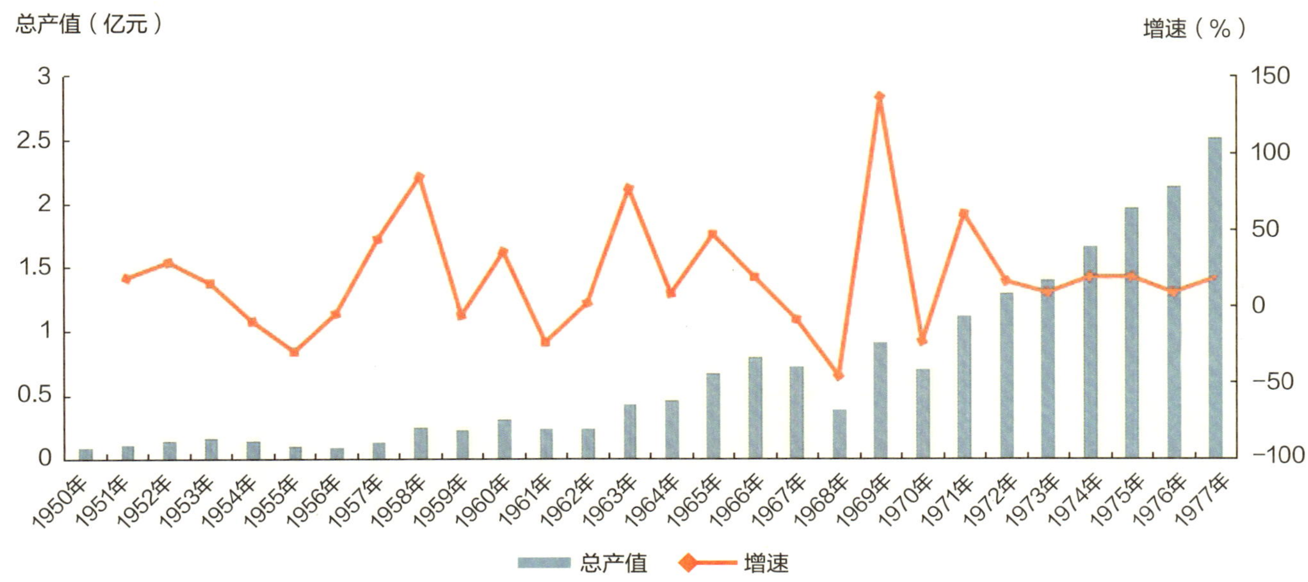

（二）改革初期，探索阶段（1978—1991年）

建筑业企业改革开放以建材价格改革为突破口，推动如合同管理，竞价招标，钢材、水泥等定价权改革，价值规律，经济刺激等市场经济运行机

理和原则，逐步得到认可和施行。企业经营从政府指令到自主经营，出台允许价格浮动和禁止封锁建筑市场等政策。经济体制从计划到商品经济，从农村向城市，价格打破了计划指导的束缚。这一时期，全市建筑业企业主要为全民所有制和集体所有制企业，1992年全市建筑业总产值9.56亿元，是1978年的4倍，年平均增长10.3%。

图2　1978年—1991年建筑业总产值及增速发展趋势

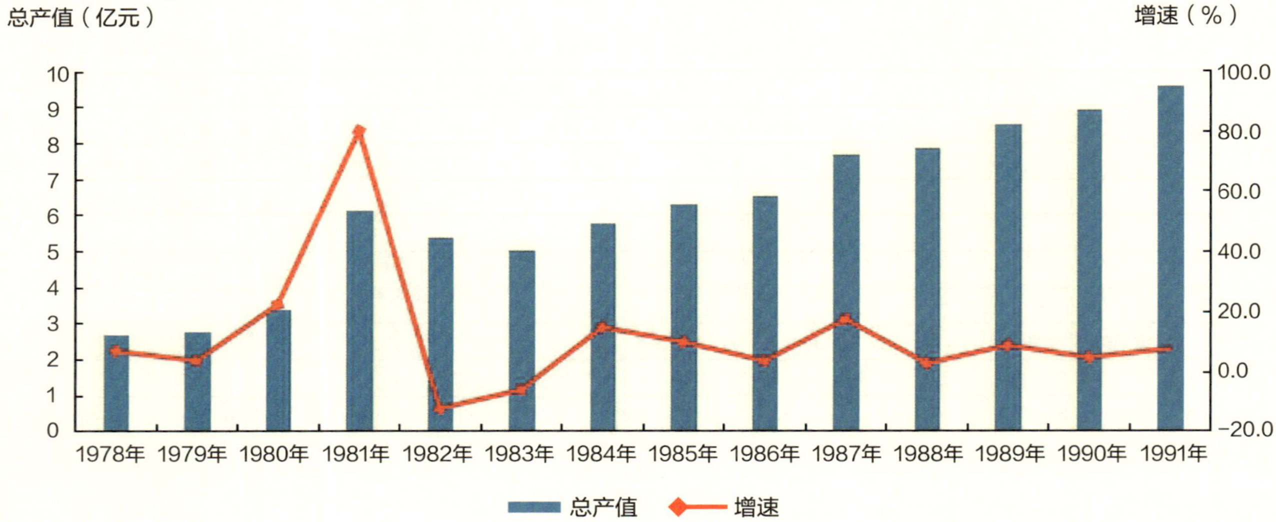

（三）深化改革，较快发展阶段（1992—2011年）

这一时期，全市建筑业得到快速增长。随着从福利分房变成货币化分配的住房制度市场化改革，极大推进建筑业全面发展，1992年年初的邓小平南行，明确确定建立社会主义市场经济体制。此后，基础设施、房地产业、道路交通设施等与建筑业密切相关的产业快速发展。二是组织结构的调整。2001年国家出台《建筑业企业资质管理规定》，建立了严格的建筑市场准入和清出制度。历经十几年调整与发展，建立了施工总承包、专业承包和劳务分包构成的承发包组织结构，改变单一劳务密集型、大而全的企业组织结构。2011年全市建筑业企业145家，完成建筑业总产值181.09亿元，是1992年的17倍，年平均增长16.1%。

图3　1992年—2011年建筑业总产值及增速发展趋势

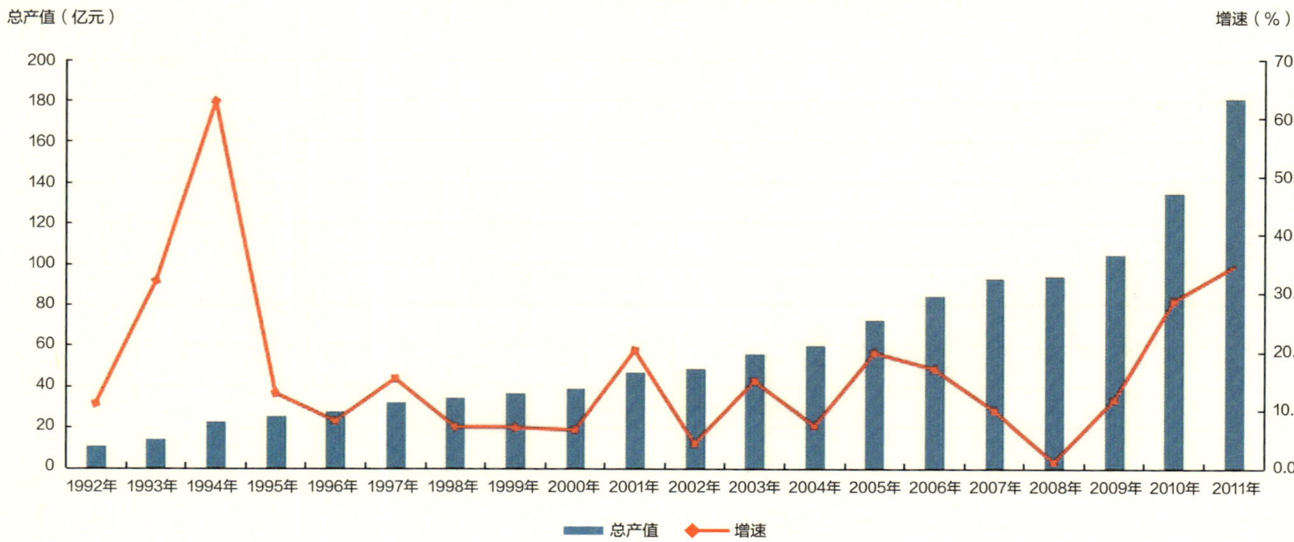

（四）绿色发展，提质发展阶段（2012—2019年）

召开党的十八大以来，经济发展进入新常态，城市建设由扩张期进入平稳推进期，建筑业企业进入提质转型新阶段。进入新常态，全市建筑企业攻坚克难，开拓创新，积极参与“深水大港、现代产业、美丽滨海新城”建设，发挥了国民经济支柱产业作用。建筑业企业不断进行产业结构升级，建筑节能减排取得新进展、行业人才队伍素质不断提高。2016年，茂名市电白区荣获广东省首个“中国建筑之乡”殊荣。主要做法：一是提出“走出去”战略。“走出去”战略的成功实施，全市建筑企业不断向外发展拓市场，全市二级以上施工企业基本在外地都设立有分支机构，业务范围遍布全国二十多个省市，外埠市场不断拓展，所创产值不断提高。二是2014年我市出台了《茂名市建筑行业业诚信管理办法（试行）》。提高企业信用，将诚信结果运用到招投标中，建立和完善了守信激励和失信惩戒机制，进一步营造了企业诚信守法经营的氛围，建筑市场管理得到加强，市场秩序进一步规范。三是实施扶持措施。2014年，电白区出台了《关于加大扶持力度促进建筑业发展的意见》，加大对企业的扶持，提出具体扶持措施，加快提质发展。四是全面为建筑业企业减负。2016年6月建筑业全面实行“营改增”，税负降低，同时出台保证金相关政策，释放企业流动资金，并通过引入银行的信用监督，落实企业质量责任，提高企业竞争力。2019年底，全市建筑业企业达到206家，其中特级企业2家。完成总产值938.44亿元，是1992年的88.4倍，年平均增长18.1%。

图4 2012年—2019年建筑业总产值及增速发展趋势

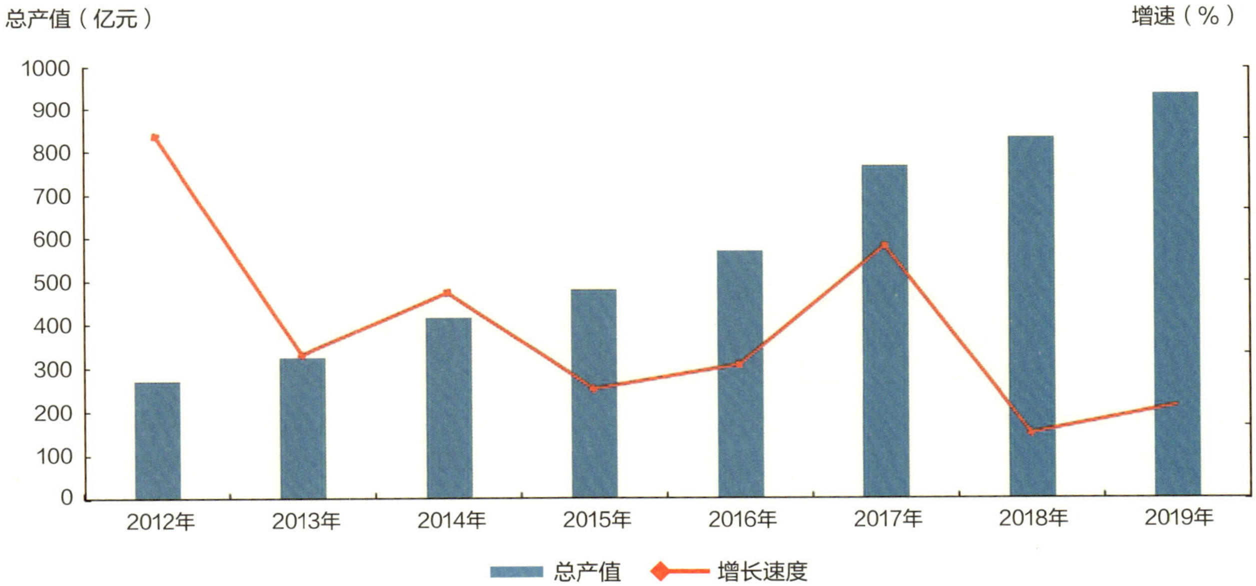

二、70年春华秋实，成就辉煌

70年风雨兼程，70年砥砺奋进，茂名在广东省素有“建筑之乡”的美誉，建筑业作为我市的传统产业和支柱产业企业之一，其足迹遍布全省和全国各地，为全省和茂名的经济建设和发展做出了巨大贡献。

（一）建筑业行业规模不断扩大

经过新中国成立70年建设与发展，全市建筑业生产规模不断扩大。建筑业总产值从1950年的0.09亿元增加到2019年的938.44亿元，增长了10426多倍，年均增长14.3%。

在新中国成立初期，建筑业总产值规模较小，1992年以后，建筑业快速发展，建筑业总产值突破十亿元；2009年总产值超过百亿元，达到104.75亿元，2006年起每年跨过一个千亿台阶，1992—2011年年均增速达16.1%；2012 年以后规模和速度不断扩大。2012—2019年年均增长19.4%。到2019年，建筑业总产值突破九百亿元，达到938.44亿元。

图5 1991—2019年建筑业总产值及增长趋势

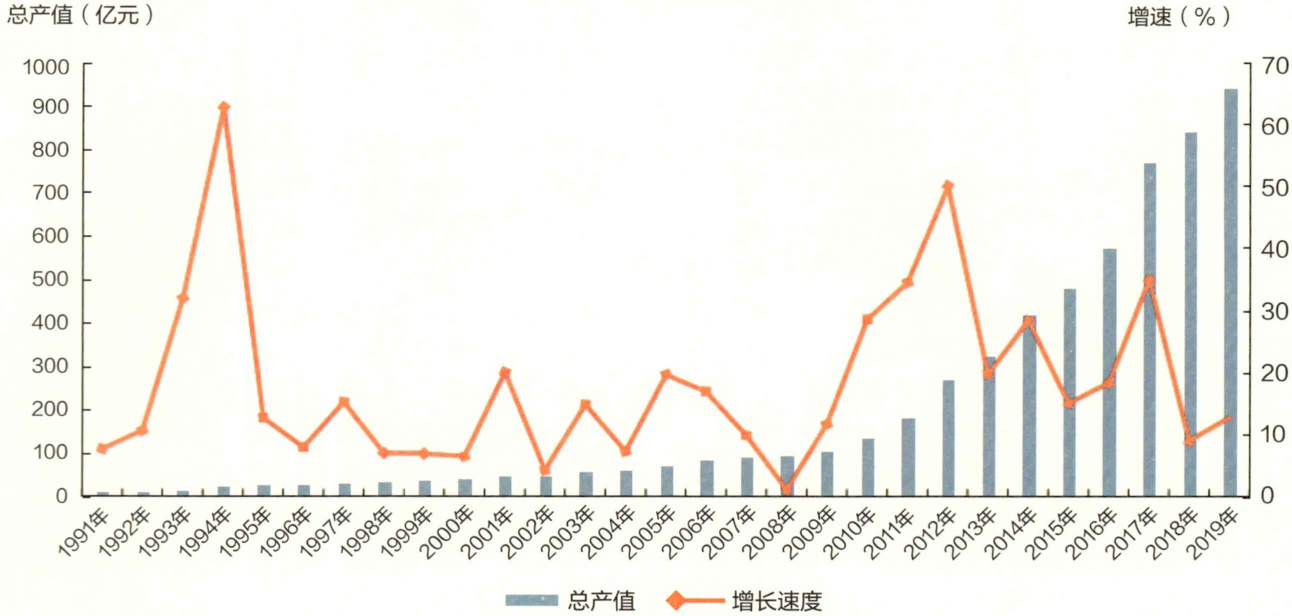

（二）业务范围迅速扩大，活动范围实现地域突破

改革开放初期，全市建筑业企业主要在市内开展相关业务活动，随着政策的放宽，全市建筑业企业凭借自身发展优势开展市外业务。我国加入世界贸易组织后，全市建筑业企业迅速参与国际市场竞争，如今全国各地都有我市建筑业企业的身影。2002建筑业企业总产值48.88亿元，2019年达到938.44亿元，其中外省完成总产值118.53亿元，2019年完成产值是2002年的19.2倍，2002—2019年年均增量达52.3亿元，年均增长19.0%。龙头建筑业企业积极借助“一带一路”倡议的东风，参与市场竞争，大力开展工程建筑等，除了传统的本市市场以外，业务范围已扩张到全国各地。

（三）经济总量迅速提升，对经济发展贡献保持稳定

改革开放以来，全市建筑业迅速发展，建筑业增加值迅速提升，有力地促进经济发展。按可比价格计算，1991年全市建筑业增加值为3.15亿元，2012年为58.73亿元，2019年（快报数）为304.36亿元，占全市生产总值达到9.4%，已成为国民经济的重要组成部分，对全市经济发展起到至关重要的作用。

（四）施工面积和竣工面积稳步增长，对生活提供保障

施竣工面积能够反映出建筑业主要业绩活动，同时也反映出建筑业活动对人民群众的生产生活的重要作用。改革开放以来，建筑业企业切实以抓生产促建设作为己任，不断提高自身业绩能力和业绩水平，实现施、竣工面积稳步增长。1978年完成竣工面积为63.39万平方米；2019年全市建筑业企业共计施工面积6021.54万平方米，完成竣工面积3308.27万平方米；改革开放以来，全市建筑业实现竣工面积增长了51.2倍。

（五）纳税总额大幅增长，对财政增收贡献保持稳定

新中国成立以来，建筑业税收制度虽经过多次变革，但建筑业仍是财政税收的重要来源。随着建筑业发展，纳税总额大幅增长，有力地为财政提供可靠、稳定的税源，支撑国家和地方经济建设。1990年全市建筑业缴纳税金为0.20亿元，2012年为11.97亿元，2019年达到60.4亿元，比1990年增长了301倍，是2012年4倍。建筑业企业上缴税金成为国家特别是各地地方财政稳定而重要的来源。

（六）促进相关产业发展，改善城乡居民居住条件

建筑业的发展对建筑材料、建筑设备产生了的相应的需求，从而带动这些为建筑业提供中间投入的产业部门的发展；施竣工面积能够反映出建筑业主要业绩活动，同时也反映出建筑业活动对人民群众的生活生活的重要作用。改革开放以来，建筑业企业切实以抓生产促建设作为己任，不断提高自

身业绩能力和业绩水平，实现施工面积和竣工面积稳步增长。1978年完成竣工面积为63.39万平方米；2012年全市建筑业企业共计施工面积2840.62万平方米，完成竣工面积1243.48万平方米；2019年，全市建筑业企业共计完成施工面积6021.54万平方米，完成竣工面积3308.27万平方米。从1978年完成竣工面积63.39万平方米到2019年，全市建筑业实现竣工面积增长52.1倍。建筑业的快速发展，使居民居住环境得到了改善、居住水平进一步提高。

三、70年跨越发展，砥砺奋进新时代

回顾建筑业走过的历程，可谓70年栉风沐雨，70年春华秋实。展望未来，全市建筑业企业以习近平新时代中国特色社会主义思想为指引，在市委、市政府的正确领导下，不忘初心、牢记使命，认真贯彻新发展理念，积极适应和引领经济发展新常态，大力推进绿色建筑、装配式建筑的发展。坚定走加快转型、绿色发展、跨越提升的新路。把茂名建设成为经济持续繁荣、社会和谐、宜业宜居、富有魅力的现代化国际化滨海城市，茂名建筑业还大有可为。经济持续、稳定的发展，科技进步推动的变革将给建筑业带来新的机遇；建筑市场化发展和“走出去”的进一步深入，建筑业将面临国内国际更加激烈的市场竞争环境和更为艰巨的挑战。机遇和挑战并存，必将促进茂名建筑业实现再一次飞跃，创造新的辉煌。（朱美蓉）

沧桑巨变70载，从忧居到优居

新中国成立70周年以来，特别是改革开放40年来，从平房到楼房、从福利房到商品房，从楼梯房到电梯房、从毛坯房到精装房、从大杂院到精致的小区，中国的房地产业从无到有，从小到大，从弱到强，蓬勃发展，成为国民经济中举足轻重的产业。茂名市城乡居民的居住环境发生了沧桑巨变，实现了从“居者忧其屋”，到“居者优其屋”。

一、70年栉风沐雨，发展回顾

新中国成立以来，全市房地产业的发展，是与住房制度变革相伴相随的。改革开放以前，我国一直处于计划经济体制时期，全市城镇居民的住房基本上由国家政策分配，不存在房地产交易市场。纵观房地产业的发展历程，经历了三次历史性的飞跃。

第一次飞跃。1980年4月邓小平同志提出“出售公房、调整租金、提倡建议个人建房买房”的设想，第一次把房子定义为商品，拉开了住房商品化的序幕。1988年全国人大修改宪法，规定“土地可以依照法律的规定转让”，从而为以土地为基础的房地产市场进一步发展奠定了法律基础。房地产业实现了第一次飞跃。这一时期，由于房地产业尚处在探索、起步阶段，房地产企业的规模和开发量都很有限，1990年底全市房地产开发企业完成开发投资仅为0.25亿元。

第二次飞跃。1992年，迎来了房地产业发展的春天，在邓小平视察南方讲话精神的指引下，房地产业呈跳跃式发展。尽管之后出现了一定程度的“房地产虚热”，但经过宏观调控，房地产虚热现象逐步退烧，1992年成为我国房地产业发展的又一转折点。1992—1995年，全市房地产开发投资以年均146.3%的速度增长，四年共完成投资22.48亿元。其中，1993年房地产开发投资由0.6亿元跳跃上升到5.82亿元，增幅达到这一时期的顶峰，比1992年增长了8.7倍。

第三次飞跃。1998年7月，国务院颁布了《关于进一步深化城镇住房制度改革加快住房建设的通知》，明确提出了停止住房实物分配，实行住房分配货币化，首次提出建立和完善以经济适用住房为主的多层次城镇住房供应体系。中国住房开始进入商品房时代。从此，我国住房市场发生了根本性变化，由集团消费向个人消费转变，城镇住宅建设持续快速发展，由此带来了房地产业的一系列变化。这一打破旧体制建立新机制的重大举措，使我国房地产业实现了第三次飞跃。1998年以后，全市房地产业跨上了一个新台阶，步入了蓬勃发展的新时期，产业规模、生产能力、管理水平等方面得到快速提升。1998—2019年，全市房地产开发投资共1443.76亿元，年均增长24.6%。商品房销售面积共4259.11万平方米，2019年是1998年的36.2倍，年均增长18.6%；销售额共1971.84亿元，2019年是1998年的259倍，年均增长30.3%。这期间，各区（县级市）政府严格按照上级统一部署，加强宏观调控，严格落实各项调控政策，力求达到“房子是用来住的，不是用来炒的”，确保全市房地产市场健康平稳发展。

二、70载春华秋实，成果丰硕

七十载栉风沐雨，七十年春华秋实。全市房地产投资呈现跨越式发展，从1990年起步之初的0.25亿元增加到2019年的306.67亿元，房地产投资总量规模增长1226倍。

（一）开发规模持续增长，商品房供应水平提高，需求旺盛。

1990年，全市房地产业已经开始起步，但初期投资规模较小，随着经济的快速发展，全市房地产投资规模逐年扩大。1990年全市商品房建设投资只有0.25亿元，1993年至1996年房地产开发投资在5～9亿元之间徘徊，1997年至2001年回落到3亿多元，2005年突破10亿元，达到10.9亿元，2009年突破20亿元，达到25亿元，2010年突破30亿元，达到37.2亿元，2012年跃过70亿元大关，达到74亿元，是1990年的296倍。1990年～2012年，全市房地产开发投资以年均29.5%的速度快速增长。2013年～2016年全市房地产开发投资跌宕起伏。2017年～2018年全市房地产开发投资以超50%的速度高速增长后，2019年，房地产开发完成投资稍有回落，下降1%。

图1 1991—2019年房地产开发投资额及增长幅度趋势

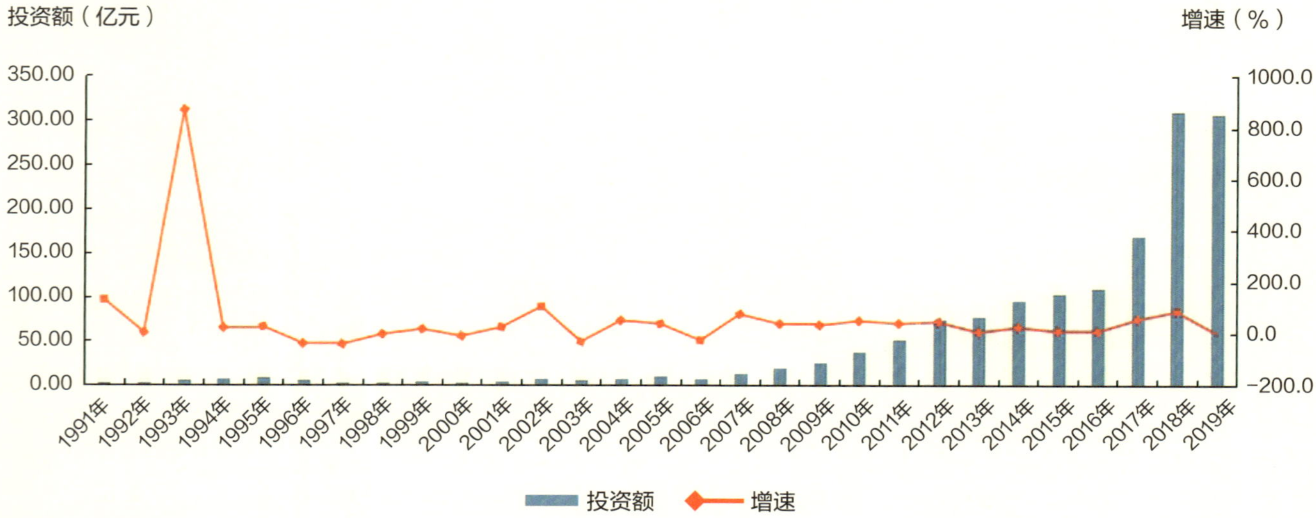

1990-2019年，全市商品房建设力度不断加大，竣工面积快速上升。1995年-2019年，商品房竣工面积共2262.31万平方米。2019年商品房竣工面积214.47万平方米，比1995年增长了4.6倍。1995-2019年，商品房销售面积4310.72万平方米，2019年商品房销售面积444.71万平方米，比1995年增长了22.3倍。（见表1）

表1 1995年-2019年茂名市商品房竣工和销售情况表

年份	竣工面积（万平方米）	环比增长%	销售面积（万平方米）	环比增长%
1995	38.31		19.06	
1996	28.25	-26.3	14.06	-26.2
1997	28.99	2.6	18.49	31.5
1998	11.72	-59.6	12.3	-33.5
1999	19.28	64.5	17.38	41.3
2000	11.22	-41.8	15.75	-9.4

续表

年份	竣工面积（万平方米）	环比增长%	销售面积（万平方米）	环比增长%
2001	24.93	122.2	25.26	60.4
2002	33.38	33.9	31.83	26.0
2003	39.02	16.9	33.08	3.9
2004	39.3	0.7	74.7	125.8
2005	80.23	104.1	83.98	12.4
2006	86.87	8.3	86.86	3.4
2007	90.3	3.9	113.89	31.1
2008	82.87	-8.2	147.49	29.5
2009	90.94	9.7	165.75	12.4
2010	154.64	70.0	198.89	20.0
2011	232.17	50.1	261.09	31.3
2012	214.3	-7.7	327.69	25.5
2013	102.92	-52.0	329.87	0.7
2014	148.66	44.4	258.39	-21.7
2015	71.41	-52.0	270.43	4.7
2016	104.64	46.5	321.26	18.8
2017	116.15	11.0	516.08	60.6
2018	197.34	69.9	522.43	1.2
2019	214.47	8.7	444.71	-14.9

（二）房地产大力推动城镇化发展，改善居住环境。

改革开放以前，房地产市场还未形成，城镇居民住宅设施简陋，住房、卫生间配套不完善。随着商品化开发的推进，住房市场化改革以来，全市居民的居住条件和生活环境日益改善，逐步实现了从“居者忧其屋”到“居者有其屋”再到“居者优其屋”的转变。众多功能齐备、配套完善、环境幽雅的住宅小区相继建成，新建住宅的功能品质和环境条件明显提高，使居民居住环境得到了有效改善。经济条件好、收入高的家庭已不满足购买的福利房，而是投入积蓄购买环境更好、面积更大、配套设施更齐全、物业服务更周到的新居，环境花园化、管理规范化、卫生洁净化成为社区的标准“配置”。

（三）企业综合实力不断增强，对经济增长贡献突出。

2019年，全市共有房地产开发企业 359家，中国房地产百强企业中分列前三名的华讯、保利等一批综合实力强的大型房地产企业进驻茂名，投资完成额较高，完成投资达98.01亿元，占全市完成投资额32.0%。极大拉动全市房地产投资高速增长。1991-2019年房地产投资年均增长25.1%，28年间，除少数几个特殊年份外，其余年份均保持两位数的增长。

（四）房地产业发展带动相关产业的发展，拉动经济增长。

房地产业是一个具有高度综合性和关联性的行业，是国民经济中许多行业相对集中、相互联系的重要枢纽，在经济发展中起着重要作用。同时作为社会生产和生活的基本载体以及区域经济发展的动力来源之一，房地产业不但直接影响到人居环境的改善和人民生活水平的提高，而且促进了城市基础设施水平的提高，加快了城市化进程，有力地促进了经济快速增长和社会发展进步。

首先，房地产开发投资作为全社会投资的重要组成部分，直接拉到了投资增长，促进经济发展。1991—2019年，全市房地产开发投资以年均25.1%的速度增长，占全部投资的比重呈不断上升之势。1991年房地产开发投资占全社会投资的比重仅为3.6%，随着规模的不断扩大，“十五”期末的2005年提高到7.5%，2019年占投资的比重继续上升到37.4%。由于房地产投资增长快、比重高，目前已成为支撑全社会投资增长的重要力量，对经济增长的促进作用也随之增强。其次，房地产业涉及的产业链长、相关产业多、关联度大，能够带动建筑、建材、冶金、化工家电、装潢等多个物质生产部门的发展，其发展与国民经济的发展是息息相关、相互促进的。房地产业是涵盖建筑、建材、运输、中介、金融在内的大产业，并关联着十几个相关产业，是一国经济结构不可或缺的关键行业，其发展速度和质量在一定程度上决定着中国经济社会的发展速度和质量

（五）房地产消费带动了居民消费，拉动经济增长。

安居才能乐业，房屋作为人们基本的生产、生活必需品，是重要的消费资料，在整个家庭总支出中，占重要比例。以商品房销售额占社会消费品零售额比重这一强度相对数来看，2001年至2018年商品房销售额占社会消费品零售额的比重逐年上升，2001年，全市新建商品房销售额仅占社会消费品零售额的1.4%，2011年升至12%，2019年达21.1%。一方面房地产市场的繁荣，商品房消费的增加，带动居民消费的增加，从而拉动了经济的增长。另一方面，房地产业发展引起相关部门收入增加，比如房地产开发企业以及相关的建筑、钢铁、水泥、化学工业等部门带来的直接或间接收益增加，势必会增加这些部门及其内部人员的消费，从而促进国民经济的增长。

表2　2001年以来商品房销售额与社会消费品零售额之比

年份	商品房销售额（亿元）	社会消费品零售额（亿元）	商品房销售额占社会消费品零售额的比重（%）
2001	2.45	177.56	1.4
2002	4.53	199.04	2.3
2003	4.92	211.78	2.3
2004	10.36	240.37	4.3
2005	14	287.24	4.9
2006	13.78	341.82	4
2007	22.14	405.77	5.5
2008	29.47	499.59	5.9
2009	39.39	591.05	6.7
2010	55.62	704.97	7.9
2011	101	842.86	12

续表

年份	商品房销售额（亿元）	社会消费品零售额（亿元）	商品房销售额占社会消费品零售额的比重（%）
2012	123.56	902.2	13.7
2013	142.95	983.13	14.5
2014	116.26	1093.9	10.6
2015	127.5	1214.38	10.5
2016	169.82	1339.88	12.7
2017	317.17	1457	21.8
2018	368.64	1541.37	23.9
2019	303.66	1440.68	21.1

三、奋进新时代，再创新辉煌

70年筚路蓝缕，70年风雨兼程，砥砺前行，继往开来。房地产发生的沧桑巨变万众瞩目。人民居住环境日新月异，彰显了全市房地产发展取得的巨大成就。抚今追昔，七十年发展的辉煌成就，让我们倍感自豪；展望未来，促进房地产市场健康平稳发展，我们责无旁贷。奋进新时代，再创新辉煌。要坚持“房子是用来住的，不是用来炒的”，按照“多主体供给、多渠道保障住房”的原则，进一步完善以政府为主提供基本保障、以市场为主满足多层次需求的城镇住房供应体系，确保住房供需保持基本平衡、住房结构保持基本合理，住房价格保持基本稳定。为实现房地产市场健康平稳发展不懈奋斗，奋力谱写新时代新华章！（朱美蓉）

主题索引

说 明

一、本索引采用主题分析方法，款目按首字汉语拼音字母（同音字按声调）顺序排列。
二、文中的类目题、分目题、次分目题用黑体字标明，其余用宋体字排印。
三、索引款目后的数字表示内容所在的页码，数字后的英文字母（a、b、c）表示栏别（即版面的1、2、3栏）。
四、本索引对《2019年茂名大事记》《文献专载·文件目录》《统计资料》等类目不作内容主题分析。

E

F

H

M

N

P

Q

R

S

T

W

Y

Z